U0412391

朱載堉全集

彭林 主編

第八册 史傳三編（上）

復旦大學出版社

本册總目

史傳三編（上）

朱莉莉　張旭輝　整理

整理説明

史傳三編由朱軾和蔡世遠主持編纂，是歷代名儒傳、歷代名臣傳和歷代循吏傳三書的合稱。歷代名儒傳八卷，共收録八十九人，由李清植纂。歷代名臣傳三十五卷收録一百八十人，又續編五卷收録三十九人，共收録二百一十九人，由張江、藍鼎元、李鍾僑等纂。歷代循吏傳八卷，共收録一百二十一人，由張福昶纂。據總序可知，本書成于雍正六年（一七二八），當時明史尚未成書，故所録自漢始，至元而止。

朱軾官至文華殿大學士，歷仕康熙，雍正，乾隆三朝，他爲官清正，于理學、史學領域均有所成就，本身就是「名儒、名臣、循吏」的代表，史傳三編就是其理學和史學思想的體現，是他以「經世致用」爲目的給學者和官吏編選的人生「教科書」。

本書的編纂緣起是朱軾和蔡世遠均認爲舊史中對於名儒、名臣、循吏的界定和記述、評價都有不到之處，「夫以馬遷良史之才，父子相繼，勒成一家言，猶不免疏略抵牾之譏」，因此決定「輯録兩漢至元以儒稱、以臣顯、以吏著者若干人，各爲一傳，事皆本諸舊史，而詞之遊者删之，義之疑者缺之，其嘉言懿行見於他書者採而益之。」可見對於各傳的編纂雖是以舊史爲主，編纂者還按照自己的標準進行了增删改訂，並在各傳之後對傳主進行評點，提綱挈領地提示讀者傳主可貴之處。

全書由蔡世遠參加商榷，朱軾裁定，書前有朱軾、蔡世遠總序，三編各有專序。本書現存版本有清康熙至乾隆刻朱文端公藏書本，後曾以歷代名儒傳、歷代名臣傳、歷代循吏傳爲名分别刊行，有同治三年重刊本，此次整理以四庫本史傳三編爲底本，全書總序及三傳序跋文依朱文端公藏書本整理，統一置於卷首，又參核二十一史等對各傳文進行了校勘。

整理者

二〇二一年五月

目録

史傳三編卷四……（一〇四）

史傳三編卷五……（一二七）

史傳三編卷八

史傳三編卷九

史傳三編卷十三……（二九七）

名臣傳五……（二九七）

漢……（二九七）

鄧禹……（二九七）

馮異……（三〇一）

寇恂……（三〇六）

來歙……（三〇九）

馬援……（三一三）

耿弇……（三二一）

史傳三編卷十四……（三二七）

名臣傳六……（三二七）

漢……（三二七）

劉蒼……（三二七）

第五倫……（三三一）

袁安……（三三四）

何敞……（三三八）

楊震　秉　賜……（三四二）

史傳三編卷十五……（三五三）

名臣傳七……（三五三）

漢……（三五三）

李固　杜喬……（三五三）

朱穆……（三六二）

虞詡……（三六七）

張綱……（三七一）

劉陶……（三七三）

史傳三編卷十六……（三七八）

名臣傳八……（三七八）

史傳三編卷十七……（四〇三）

史傳三編卷十八……（四三二）

史傳三編卷十九……（四五一）

史傳三編序

史傳三編者，予與少宗伯蔡聞之先生所訂歷代名儒、名臣、循吏列傳也。自司馬子長變編年爲紀傳，後之作史者因之。凡傳一人，必叙其人之所學、所守、所言、所行、所值之時、所居之官，原始要終，無虚美，無隱惡，而後加之褒貶，以爲勸爲懲，猶用藥之按病症，折獄之比罪案，舍此不能臆爲論斷也。今考史記所載：帝紀、世家、列傳，凡百有十二卷；而儒林、循吏，以類爲目；其他名公巨卿，或分或合，其義例蓋有取焉。漢初儒者不概見，所傳惟文、景間明經數人。然等孟氏於荀卿，列子貢於貨殖，其所謂儒，蓋可知矣。汲黯與鄭當時合傳，而王陵之戇直，僅附見於陳平世家；子產、公儀休，孔子、孟子之所稱述，而與石奢、李離同列之循吏。毋怪後人之議其疏略牴牾也。夫以馬遷良史之才，父子相繼，勒成一家言，猶不免疏略牴牾之譏，他無論矣。

聞之先生嘗與予上下二千載中，學術事功之真僞純疵，於聖人是非之義，未敢自信爲有當，然如黄老之害道，游俠之亂政，必嚴加退斥，斷不敢附會史氏以疑誤學者。是則予兩人之志也。於是與同學諸子商確纂輯，録兩漢至元以儒稱、以臣顯、以吏著者若干人，各爲一傳。事皆本諸舊史，而詞之游者删之，義之疑者缺之，其嘉言懿行見於他書者，採而益之。蓋安溪李君岦巖與其從子立侯、南城張百川、南靖張季良、漳浦藍玉霖爲之草創，而討論折衷，聞之先生實總其成。予不揣固陋，間出其一知半解與相參酌。書成，析爲若干卷，爰以質之當世。

或云：「蓄之爲德行，發之爲事業，論道經邦，宣猷宰化，莫非性分内事。今區而别之，爲名儒，爲名臣，爲循吏，使人疑儒術之迂疏，而謂卓然樹立者，皆適逢其會，非有所本而爲之，其可乎？」予曰：「天德王道，原無二致，然淺深同異，視乎其人。士元才絀于百里；黄霸入相，功名減於治郡；申公、轅固生以宿儒應辟，卒無所建白而去。此由氣質之禀于天者，不能無蔽，是以優於此、絀於彼，見知見仁，各隨其性之所近，欲其體備而用周也，難矣。我皇上以天縱之資，亹亹翼翼，用人行政，一本於欽明緝熙之學，又日進内外臣工，教以省身、克己、存誠、主敬之道。而程能課績，雖有不逮，苟其中無他，必寛以目新之路。是以人思感奮，争相濯磨，臣品官方，彬彬日上。顧日月漸摩者，聖主之所以立教也；夙夜寅畏者，臣子之所以自勵也。有不能者，才之禀于氣；無不備者，性之根于命也。惟格物明理以啓其端，戒懼慎獨以踐其實，擴而充之，以化其氣質之偏，由是出其所學，上而輔佐聖君，爲萬世開太平之治，即效一官，分一職，亦必休養涵濡，登風俗於淳古。此一德泰交，唐虞師濟之盛也。漢唐以下，烏足道哉！」

雍正七年己酉歲長至日，高安朱軾書。

歷代名儒名臣循吏傳凡例

名儒、名臣、循吏，俱始于漢，終于元，何也？據二十一史以立傳也。天德與王道，大用與小用，原無二致，三者原不必分，但依類以见耳。如龔遂豈不是名臣，而列在循吏；虞詡豈不是循吏，而列在名臣；司馬光豈不是名儒，許衡豈不是名臣，而姑以分屬；程、朱在朝則爲名臣，牧民則爲循吏，而列之名儒。讀書論世，但存是則是傚之心不必泥也。

稱名，史例也。周、程、張、朱獨稱子者，聖祖仁皇帝所定也。凡詔誥奏章俱然，于以見我朝尊尚正學卓越前代焉。

各傳雖依據二十一史本傳，然多採傳記及各家文集以成之。凡大人物，尤加意蒐羅。如諸葛亮，則兼採裴松之、習鑿齒諸史及諸葛丞相集；魏徵及唐初名臣，則採貞觀政要，陸贄則採宣公奏議是也。名儒漢史有不立傳者，則旁採以成之。宋名儒則採之伊洛淵源録及續録，若本人語録、文集等書。宋名臣則採之名臣言行録及續集、別集等書，按其年月，擇其簡要，有三易稿而後成者。

一人之事，有散見于他傳者，則類聚之。本傳如周勃誅諸吕，則取高后紀以入之，張柬之復唐祚，則採五王傳以入之是也。是故苟其無關體要，雖原傳所有，必删繁以就簡；苟其事不得略及言行可法者，雖散見于他傳，亦必參考以成文，期于辭省而事備耳。

奏疏不能詳也，有至要者則載之，并採之歷代名臣奏議，與其詳于大人子虚、解嘲也，毋寧詳于奏疏、論贊，不必盡録也，録其尤善者。

續編者何？擇其次焉者也。或卷帙編次已定附之于後焉耳。

羊祜、杜預、曹彬，昔之所謂名臣也，但祜與預在魏朝皆有封爵，彬亦爲周之國戚，不能無春秋責備之意，故列之續編。若周瑜、魯肅、慕容恪、王猛等，亦降列之者，蜀漢爲正統，非魏、吴之比，東晉爲正統，非南北朝之比也。

歷代名儒傳序

盡天下之人，別其業而命之，士、農、工、商四者而已。而士獨以儒稱重之也，亦責之也。戰國異端蜂起，其最甚者爲楊、墨，挾其爲我、兼愛之説，以誣民而與儒抗。顧其爲術淺陋，人人不深，孟子辭而闢之，二家之患亡矣。漢初學者，惑於黄、老之術，儒道大衰。迨後佛教興，其所論著，較老氏之恍惚杳冥爲尤甚，而信從者益衆。韓子曰：「古之民四，今之民六。古之教，一今之教三。」吾謂天下之人，不歸老，即歸釋。二氏之學徧天下，而儒教幾乎息。是教二而民五：農也，工、商也，緇流、衲子也。無所謂士矣。然非佛、老之過，儒者之過也。

今聖天子崇儒重道，超軼漢、唐，嘗謂：「朕所重者，大儒、真儒；所惡者，小儒、僞儒也。」覺世牖民之盛心，至矣、盡矣。孔子訓子夏曰：「女爲君子儒，無爲小人儒。」即此意也。彼佛、老方張大其説，以爲彌天蓋地而莫能外。又竭力殫心，以工其術。而儒者以其小且僞者當之，有不退然沮喪者乎？吾思大儒、真儒一也，而小與僞有別焉。聖人與天地相似，惟其公而已。彼小忠小信、小廉小謹、㘅㘅之仁、孑孑之義，皆挾私用智之爲害也。然小也，非僞也。一涉于僞，則無所不至矣。是故有儒而阿諛取容者，公孫宏、張禹是也；有儒而依權附勢者，馬融、王肅也；有儒而毁禮滅義者，王弼、何晏也。若夫不逞之徒，以邀名市利之心，假託仁義道德之説，以惑人聽聞，久之而一倡百和，别户分門，同者黨之，異者伐之，甚而恣其横議，變亂黑白，犬吠梟鳴，無所不至，猶自號於人曰：「吾儒也。」何怪乎學者以儒爲污，而相率入於二氏乎？

漳浦蔡聞之先生，嘗與予言儒之雜糅謬亂，痛心切齒。予曰：「堯、舜在上，黜邪崇正，千載一時。顧欲盡去雜糅謬亂之穢習，莫如表彰先賢，使學者知儒術之有真，而浮僞者不得而託。庶少贊一道同風之聖化於萬一。」於是倣大全編次諸儒之例，録漢至元儒者凡若干，各訂其本傳，彙爲一編，曰名儒傳。

書成，有難者曰：「何休之黜周王魯，王文中子之僭經，烏乎取之？」曰：「過不掩功也。」「小戴以貪去官，劉向以獻書進，不録可也。」曰：「聖之去官，忤何武也。或曰九江太守德也，非聖也。向父得鴻寶秘書於淮南，向欲不獻而不敢，非以干進也。」「始于漢而終于元者何？」「漢儒拾殘經于灰燼之餘，有功於道術不小。晉、唐如范甯、孔穎達之徒，類能發明經義，以輔翼聖教。至宋而濂、洛、關、閩諸儒，直接鄒、魯之傳。前乎此者，開其先；後乎此者，皆紹其緒者也。明儒未有史傳，故弗録也。」「傳以『名儒』稱，何也？」「猶言純儒、真儒、君子儒也。學術邪正之分途，名與實而已。無所爲而爲者爲君子，有所爲而爲者小人也。學者誠能體察於身心之間，存理遏欲，進進不已，則聖人可學而至，何有於名儒乎？所貴乎儒者，爲其學而至於聖人也。明乎此，而章甫逢掖之士，能不顧名思義乎？」

雍正七年己酉歲長至前一日，高安朱軾書。

歷代名儒傳跋

儒有儒術，有儒行，有儒效。術詭於經，雖有箋注，如魏之何晏、晉之王弼，不可以爲儒；行詭於聖，雖有物望，如漢之揚雄、馬融，不可以爲儒；效詭於王，雖有敷陳創建，如漢之匡衡，宋之王安石，不可以爲儒。是故必能窮經而後其儒也醕，能崇王而後其儒也大。循是三者，以求儒於三代以下，獨周、程、張、朱數子爲能充其道而無愧耳。雖然，先王祭川之義，先河後海。數子之於儒，譬則海也；漢、唐諸儒，則其川也。何者？數子之道，皆求諸遺經而得之，而經之存實漢、唐諸儒是賴。况其間如董仲舒、劉向、鄭康成、王通、韓愈氏之倫，皆彬彬然升堂之選哉！逮乎洛閩之興既盛，淵源所漸，有若親承授受者，有若私淑艾者，有若聞風而興起者。其於詮經閑聖，尊王黜霸，皆與有勞西山、魯齊，尤其繼起之傑出者也。

吾師高安公篤嗜正學，勤勤至治，而又適值聖天子親承道統，稽古右文之會，凡諸文、武之政，唐、虞之傳，既躬行神契於九重之上，穆清之中，復特命斟酌從祀之典，自漢迄明，諸儒多所升配，天下用是憬然知上志所嚮，而吾師見知之遇實與臯、夔等烈也。吾師論道之暇，與梁村蔡先生念欲輯歷代名儒傳一書以惠學者，而以屬之清植。顧植凡下，豈足發先哲之精微，以副吾師之雅志?姑禀承指授,用究厥業。吾師又與梁村先生增删而是正之,凡閲一歲而書始成。昔朱子編言行録、淵源録,又與東萊合成近思録,皆足以明學術、正人心、厚風俗于無窮。吾師與梁村先生之爲是書也,欲使群儒之衣冠聲謦恍若遇諸一堂,其嘉言懿行,纍纍然如貝之編而珠之貫。學者苟緣是以端其術,正其行,則經學之津梁,聖道之階梯,當不外是。而推之以爲世用,凡所以佐聖天子而成勲華之盛者,亦將由此其選矣。受業安溪李清植敬跋。

歷代名臣傳序

名臣傳，始漢留侯迄元董搏霄，凡二百有奇。

或曰：「人才莫盛於虞、周，五臣、十亂盡之矣。夏禹、啓閒，類皆先代之臣。殷伊尹、仲虺、伊陟、臣扈、巫咸、甘盤、傅説外，他無聞焉。今編名臣若干，毋乃濫乎？」曰：「必如皋、夔、伊、傅、周、召而後謂之名臣，則得與斯選者幾何？且取法乎上，僅得乎中。集中所載，皆上法古人而卓自樹立者也。孟子曰：『有安社稷臣者，有大人者，有天民者。』如汲長孺、魏文貞者，非所謂社稷臣乎？漢之武侯，唐之宣公，宋之韓、范、司馬，第其品，在天民、大人之間歟？」或謂：「武侯、宣公、韓、范、司馬之有功聖道者不少，何以不列於名儒？」曰：「天生聖賢以爲天下，未有功名不本於道德，亦未有道德而不發爲功名者。不幸而著書育才，以守先待後，非得已也。程朱之不爲名臣，有以夫？是故有堯舜而後有五臣，有文王、武王而後有十亂。漢、唐以下，遭際不同，聲績亦異。總其要歸，多由元首。」

我皇上嘗訓廷臣，謂：「非皋、夔、稷、契成堯、舜，堯、舜實成皋、夔、稷、契。吾君臣其交勉之！」恭繹聖言，夙夜警惕，自念遭遇聖明，不能感發刻勵，附日月之末光，垂榮施於無窮，可謂上負吾君，下負所學矣。爰録名臣，都爲一編，審其所值之時、所行之事、所守之節、所建之業。或俊偉光明，直行己志，或委婉曲折，務達其心之所誠然而後已。雖不能與皋、夔、伊、傅、周、召等量而齊觀，要從此日以尚友千載，高山景行，其長人神識志氣者豈少哉！夫求珠者必于淵，求玉者必於山，適伯樂之厩者，纖離緑駬，惟駕所適。願覽斯集者，各取法於上，而設身處地，參觀效法，以自奮於堯舜之世。《書》曰：「汝翼汝爲，汝明汝聽。」《詩》曰：「有憑有翼，有孝有德。」行將旦暮遇之矣。

雍正七年己酉歲長至日，高安朱軾書。

歷代名臣傳序

竊聞聖賢出處不同，其道原無二致也。果有得於窮理、正心修己治人之學，則大用即爲名臣，小用亦爲循吏，而用與不用皆可爲名儒，總以盡其分之所當爲行其心之所不容已，斯可以自問於隱微寤寐者，即可以共白於天下後世，而一時榮辱毁譽俱勿計焉。自人之氣禀不能無偏，物欲不能無蔽，於是明不足以自見，而眩其明者日益多；力不足以自守，而撓其力者日益衆。則將上負主知，下負民望，而先内負吾心，此具臣竊位，處士虚聲，所繇貽笑千古也。方今聖天子以聰明睿知之姿，繼重熙累洽之治。高安朱先生以一代名儒，由詞林出爲縣令，歇歷中外，迄掌綸扉，謨明弼諧，贊襄盛美。凡名臣、循吏之境地，皆身歷而實踐之，洵乎接濂、洛、關、閩之心傳，而紹稷、契、皋、夔之洪業矣。乃坐論之暇，不廢稽古，爰採歷代名臣、循吏、名儒列傳，各爲一集，分别論定，鋟諸梓以廣其傳，合數千年間名公鉅卿豐功偉烈、潛德幽光，莫不朗朗如列鏡中，赫赫如在昨日。蓋仿史、漢之體裁而更精其權量，千古之臣極在是，千古之人紀亦在是矣。衛不敏，幸嘗侍教左右，略知策勵。是集之刻，猥蒙命以弁言。竊思三代以後，名臣、循吏莫盛於漢，名儒莫盛於宋，何哉？漢之世，用人不拘流品，明試惟以實功；宋之君仁慈恭儉，優渥儒臣。故經濟學業雲蒸霞蔚，如響應聲，如影隨表，不可誣也。當兹景運光昌，天子立賢過於成湯，作人邁於周文，其抱經世大猷，乃心體國者，固已賡歌廊廟，垂懿旂常，而循良守令，惠政方施於境中，徵書已降於闕下。至於通經學古之士，莫不拔茅連茹，彙聚而升，將見名臣、循吏、名儒比肩接踵，古今人豈遂不相及耶？先生之編是集也，欲使服官涖民者見諸寔效，而閉户窮經者嬗其薪傳，所以黼黻太平，媲隆三代，意至深遠。凡讀是集者，能無觀感而興乎？此則衛之所以皇然自勉，而願與天下士大夫共勉之者也。謹序。

雍正丁未壯月，彭城後學李衛頓首拜撰。

歷代名臣傳序

名臣傳之始於漢，何也？秦以前，左氏、史記簡而備矣。秦無名臣也。削陳平、趙普何也？羅豫章謂立朝以正直忠厚爲本，陳、趙於四者有歉焉，非所以示訓也，故削之也。苟其心有可原，雖闊疏如陳寶、張浚，必録之；苟其心有可議，雖事功如陳、趙，必削之。猶名儒之不列揚雄，循吏之不列趙廣漢也。廣漢純用鈎距之術，揚雄爲莽大夫，故均削之也。漢、唐以來，人材輩出，後先相望，略綜其概，雍容翊贊，有始有終者，魏丙、第五倫、姚、宋、王旦、李沆、韓、富也；才本王佐，學爲帝師，諸葛武侯、陸宣公、范文正、司馬文正也；身爲開國功臣而遂相之，紀綱百度者，蕭、曹、房、杜、耶律楚材也；抱負經綸，鬱不得施，嚮用方殷，遽奪之年者，賈誼、楊綰也；頗見施用，功在天壤，竟以齟齬，不究其材者，裴晉公、李忠定也；屹如山岳，不可動摇，所遭不偶，蹇蹇匪躬，王嘉、李、杜、楊震、褚遂良、岳忠武也；苦心調護，輪忠報國者，狄梁公、李鄴侯也；邵德高年，蔚爲國瑞者，高允、文彦博也；盡行所學，魚水相歡，貞觀致治，幾于三代，魏鄭公偉矣。蘇綽、王朴雖偏安之臣，未可小也。安邦戡亂，德盛禮恭，郭令公尚矣。周勃父子、温嶠、李晟、祖逖、宗澤、孟珙、察罕帖木兒或功已成，或志未就，亦足欽也。謀略蓋世，寵利不居，張子房高矣，鄧禹、曹彬亦可嘉也；抗節不屈，則張、許、段、顔、文信國、佘闕最烈；直言不諱，則汲黯、鮑宣、劉蕡、陳瓘、胡銓最顯。合千數百年巨公碩彦崇勳峻節，彙次成書，若聚之於一堂而親聞其謦欬緒論也。若設身處地而親見其設施，張弛温恭之度，剛明英卓之概也。若琳瑯羽革，絺縞杶箘，五色之土，三品之金，九江之龜之貢于夏后氏之廷也。若大訓球圖貝鼓兑戈和弓之陳周家之房序也。

編次者誰？自漢至隋，南城張君百川也；唐至後五代，漳浦藍君玉霖也；宋至元，安溪李君世厰也。三君稽古有得，慨慕前修，負經世之志。高安公既定其規模，三君纂討之，世遠僭加脩飾之，高安公又從而潤色之，蓋高安公贊襄密勿于帝廷，時聆疇咨之訓，賡明良之歌。世遠又簪筆起居，忝在講筵侍從之末。四載以來，每親聞聖天子之所以誨飭臣工，示以忠誠體國，忘私忘家者，諄懇詳盡，非語言記注之所能繪，可以垂之千百代而爲典謨。爰推本此意，與諸君合訂此書，以備朝夕之省覽，起臣子之興觀。多士幸際昌期之會，奮乎百世之下，以斯書爲階梯而上溯焉，皋、益、甘、傳、周、召可比隆也。漢唐以下云乎哉？

雍正五年丁未夏五端陽日，漳浦蔡世遠書。

歷代循吏傳序

昔在帝堯，克明峻德，平章百姓，協和萬邦，帝治之隆，萬古爲昭。及考二典終篇，而知時雍之化雖本於峻德之明，實因内有九官，外有十二牧，師濟盈朝，循良布列也。内無九官，不能以成都俞吁咈之盛；外無十二牧，則承流宣化者闕焉，又何能官得其職，吏當其材，烝爲風俗哉？十二牧之職，即漢之刺史、牧守，宋之節度、觀察、廉察、轉運等使也。帝之咨十二牧曰：「食哉惟時，柔遠能邇，惇德允元，而難任人」。蓋亦不外養之撫之，厚德以風之，飭屬以安之而已，此後代循良之極則也。欽惟我皇上留心民瘼，選飭吏治，凡廉聲丕著、實績昭彰者，必加以不次之擢，反是者則降且黜。天下親民之官，争自濯磨，以成時雍之化矣。竊謂親民之官，以廉爲基，以仁爲本，引而近之，欲其親格而禁之，欲其嚴理之，欲其明惜之，欲其簡慮民之不給也。爲之課農桑，訓節儉，輕徭賦，廣蓄積，遇有故則賑貸之，又加詳焉；慮民之不戢也，爲之教孝弟，敦睦婣，懲奸黠，息訟争，以事至者誨諭之，又加詳焉。根於中而不徇乎外者，賢守令也；結歡上官而不體下情者，民之蠹也；自恃無他而張弛不協者，誠不足、識不充也。視猶傳舍，因爲利藪者，殃及其身者也。審此數者，其於帝廷咨牧之意、聖天子懷保之心，庶有合乎！

南靖張君季長，學古通務，有守有爲之士也。適高安公與世遠欲脩歷代循吏傳，屬其手纂。既成，加以釐訂，與名儒傳、名臣傳并梓以行。世遠不揣固陋，敬論之於簡端，以質天下之有志於化民成俗者。

雍正七年己酉歲長至日，漳浦蔡世遠書。

歷代循吏傳序

傳曰循吏，仍史目也。吏者，涖也，爲天子涖此民也。自牧伯監尹，下逮一州一邑之長，統謂之吏。吏得其人，則民安，民安則天下治矣。顧必如何而後爲得人？曰廉、曰才、曰慈惠、曰强幹，四者盡之矣。而史傳不以四者名吏，而標其目曰「循」。循之爲言良也。舍四者無所謂良，而卒不得謂之廉吏、才吏、慈惠强幹吏者。然則所云循良者，可會而知矣。論語記仲弓、子夏諸賢之爲宰，嘗問政於孔子，而其爲政無可考。子賤、子游以鳴琴弦歌傳，其他亦未有聞焉。漢史稱龔、黄、卓、魯之治郡，多異績，吾不知其爲政於聖門諸賢何如也？宋張觀自謂「守官以來，惟持勤、謹、和、緩四字」，又云「世間何事不從忙後錯過」，蓋爲其事而輒計其效，則進鋭者退必速。即幸而有成，而急遽苟且，終遺後日之悔。彼悃愊無華之吏，循守繩墨，而程能效功。日計不足，月計有餘，況煦育涵濡，以養以教，事不煩而民享和平之福，此王道之所以悠而久也。循良之目，其謂是歟？

顧吾猶有慮焉。庸庸者自托於簡易鎮静，以文其迂拙，固卑卑不足道。其或慕古人之雅化，而優游無爲，即使子賤鳴琴而理，而怨咨愁苦之聲不息。雖日奏南風之曲，能使阜財解愠乎？有恒産而後有恒心，假而終歲不飽，而欲使家弦户誦，吾知子游有所不能也。我皇上念切民依，勤求吏治，嘗謂：「司民牧者存一沽名市譽之念，將有廉而矯激、寬而姑息者矣。朕非教人以不廉，廉且不可，而况於貪乎？非教人以不寬，寬且不可，而况於嚴乎？惟中道而行，實政實心，上爲國而下爲民，莫善於是。」大哉聖謨，無以復加矣。蓋中者，堯、舜、禹、湯、文、武之所以傳心，施之於政事，即洪範「無黨無偏，王道平平蕩蕩」，商頌「不競不絿，不剛不柔，敷政優優」之謂也。由乎此，則處爲顔、孟、周、程，出爲皋、夔、稷、契。悖乎此，雖一郡一邑，可得而治乎？今傳循吏若干，其所爲治，雖未盡有合於聖訓，而優游無爲與矯激姑息以立異者，概不録焉。讀者循覽體察，庶於吏治或有少補與？

雍正七年己酉歲長至前一日，高安朱軾序。

史傳三編卷一

名儒傳一

漢

田何

田何，字子莊，齊淄川人。自魯商瞿子木受易孔子，以授魯橋庇子庸，庇授江東馯臂子弓，臂授燕周醜子家，醜授東武孫虞子乘，虞以授何。當秦禁學，易以筮卜之書，獨不禁，故傳受者不絶。漢興，梁項生受易於何，而雒陽丁寬爲項生從者，讀易精敏，材過項生，遂事何。學成，何謝寬。寬東歸，何謂門人曰：「易以東矣。」寬授碭田王孫，王孫授施讎、孟喜、梁丘賀，由是易有施、孟、梁丘之學。其後讎授張禹，禹授彭宣，則施家又有張、彭之學。喜授白光、翟牧，則孟家又有白、翟之學。而士孫張、鄧彭祖、衡咸三家皆爲梁丘之學，梁人焦延壽亦嘗問易於喜，以授京房，於是又有京氏學。至劉向校書，考易説，以爲諸家皆祖田何，惟京氏爲異。後東萊費直、沛高相亦治易，其學皆無章句，然施、孟、梁丘經間脱，惟費氏與古文同。終西漢時，費、高二家未得立。

論曰：易之爲書，潔静精微，雖聖人猶假年以學，况其餘乎？漢興，諸儒互相付受，然談經義者，徒啜其糟醨；推象占者，或淫於術數。故王弼興，而諸家盡廢。夫弼不過剿襲莊、老，於所謂窮理盡性以至於命者，曷嘗有聞哉？顧已駕其説，而奪諸家之幟，則諸家之未足以盡易明矣。雖然易爲五經之源，其傳授所自，不可以無悉也，故標田何而紀其源瀾於篇。

伏生

伏生，濟南人，故爲秦博士。治尚書，當秦禁學，伏生獨壁藏之。漢興，求其書，亡數十篇，獨得二十九篇，以教齊、魯之間。齊學者由此頗能言尚書。孝文時，求能治尚書者，天下亡有，惟伏生治之，欲召。伏生年已九十餘，老不能行，乃詔太常，使掌故晁錯往受之。伏生所授，有濟南張生及千乘歐陽生。

歐陽生字和伯，以授兒寬，寬復以授歐陽生之子，世世相授。故尚書有歐陽氏學，世父子相授。至曾孫高，高以授濟南林尊，尊授平陵平當、梁陳翁生，則歐陽氏又有平、陳之學。

濟南張生以授族子始昌，始昌以授夏侯勝，勝以授從兄子建。故尚書有大小夏侯之學。勝又别授孔霸及周堪，堪授許商，則大夏侯又有孔、許之學。建授鄭寬中、張無故、秦恭、假倉、李尋則，小夏侯又有鄭、張、秦、假、李氏之學。凡言今文尚書者，皆本之伏生。

論曰：尚書今文多詰屈，衛宏以爲錯受書時，伏生老，不能正言，使女傳言教錯。齊音與潁川異，錯所不知者十二三，略以意屬讀而已。夫此二十九篇者，伏生壁藏未亡之書也。既嘗以教於齊、魯矣，則錯銜命往受，伏生何難出所藏以示之？即不然，亦可使它弟子傳言，何必以女哉？衛宏之云，不足信也。

申公

申公，魯人，少與楚元王俱受詩於齊浮丘伯。吕太后時，浮丘伯在長安，元王復遣子郢與申公俱從卒學。元王薨，郢嗣使申公傅太子戊。戊不好學，病申公。及戊立，胥靡申公。初，申公與穆生、白生皆見禮於元王。穆生不耆酒，元王每置酒，常爲設醴。及戊即位，常設，後忘設，穆生退曰：「可以逝矣。不去，楚人將鉗我於市。」稱疾卧。申公、白生强起之，曰：「獨不念先王之德與？今王一旦失小禮，何足至此？」穆生曰：「易稱『知幾其神』，先王所以禮吾三人者，爲道存也。今而忽之，是忘道也。忘道之人，胡可與久處，豈爲區區之禮哉？」遂謝病去。申公、白生獨留。後戊淫暴，與吴通謀，二人諫不聽，卒被胥靡。申公愧之，歸魯教授，終身不出門，謝賓客，獨王命召乃往。弟子自遠方至，受業者千餘人。申公爲詩訓故以教，疑者則闕弗傳。蘭陵王臧、代趙綰皆受詩申公，後臧爲郎中令，綰爲御史大夫，請立明堂，不能就其事，乃言師申公。申公時已八十餘，上使束帛加璧，安車蒲輪，駕駟迎之。弟子二人，乘軺傳從。至見上，上問治亂之事，對曰：「爲治者，不在多言，顧力行何如耳。」時上方好文詞，見申公對，默然。然已招致，即以爲大中大夫，舍魯邸，議明堂事。竇太后喜老子言，不説儒術，得綰、臧之過，以讓上，上因廢明堂事，下綰、臧吏，皆自殺。申公亦病免歸，數年卒。弟子爲博士者十餘人，至大夫、郎、掌故者，以百數。而所授魯許生、免中徐公，以授王式，式以授山陽張長安、東平唐長賓、沛褚少孫，由是魯詩有張、唐、褚氏之學。而燕韓生、齊轅固亦皆治詩，爲之傳。

韓嬰當孝文時，爲博士，景帝時至常山太傅。嬰亦以易授，燕趙間好詩，故其易微，惟韓氏自傳之。武帝時，嬰嘗與董仲舒論於上前，其人精悍，處事分明，仲舒不能難也。嬰授河内趙子，趙子授蔡誼，誼授食子公與王吉，吉授長孫順。則韓詩又有王、食、長孫之學。

轅固，孝景時爲博士，嘗與黄生争論「湯武受命」於上前。及竇太后好老子，召問固，固曰：「此家人言耳。」太后怒曰：「安得司空城旦書乎？」使入圈擊彘。上知固直言無罪，假以利兵，彘應手倒，乃免。武帝初，以賢良徵。時固已九十餘矣。公孫弘亦徵，仄目而事固，固曰：「公孫子，務正學以言，毋曲學以阿世。」諸齊以詩顯貴，皆固弟子也。惟夏侯始昌最明。始昌授后蒼，蒼授翼奉、匡衡，衡授師丹、伏理，則齊詩又有翼、匡、師、伏之學。

齊、魯、韓三家詩，皆立於學宫，或取春秋，採雜説，咸非其本義。與不得已，魯最爲近之。

論曰：後儒論申公對武帝以力行，當明言所行者，何若以啓發武帝之心。又謂武帝不問，故申公不言。二者固皆有見。竊謂申公之爲人，抱遺經而守寧静者也。意其所謂力行，大都清心寡欲，息事寧人爲先。武帝以雄心大略之主，一望其詞氣，固已枘鑿而不相入矣，故無容於再問再對也。獨惜所謂魯詩竟與轅固之齊詩同湮没而不傳，使後代好古之士，無所考稽，劉歆有言：「與其過而廢之，寧過而存之。」諒哉。

高堂生　后蒼

高堂生，字伯，魯人。其先，齊公族也。齊卿高敬仲食采於高堂，因氏焉。生，其裔也。傳儀禮。昔帝王質文，世有損益，至周曲爲之防，事爲之制，故曰「禮儀三百，威儀三千」。及周之衰，諸侯將踰法度，惡其害己，皆滅去其籍。自孔子時而不具，至秦大壞。漢興，生爲博士，傳士禮十七篇，即儀禮也。至武帝時又有禮古經出於魯淹中，而河間獻王好古愛學，收集餘燼，得而獻之，合五十六篇，并威儀之事。而又得司馬穰苴兵法一百五十五篇，及明堂陰陽之記，并無敢傳之者。惟古文十七篇，與生所傳不殊，而字多異。生所傳者今文也，五十六篇字皆篆書，古文也。生授瑕丘、蕭奮，奮以授東海孟卿，卿以授后蒼。漢興傳禮者十三家，惟高堂生所傳歷久愈明云。

后蒼，字近君，東海郯人。自漢興，高堂生爲博士，傳士禮十七篇。迄孝宣世，蒼最明。蒼嘗受詩于夏侯始昌，又從東海孟卿受禮。其説禮凡數萬言，號曰后氏曲臺記，大抵皆推士禮而致於天子。蒼授梁戴德、戴聖，及沛慶普三家，皆立於學官。故禮有大戴、小戴、慶氏之學。大戴授琅邪徐良，小戴授梁橋仁及楊榮，故大戴有徐氏，小戴有橋、楊氏之學，皆淵源于蒼云。

論曰：昔先王以禮化民成俗，横渠張子每教學者，以知禮成性變化氣質。禮顧不重歟！經秦火後，禮失其傳。傳自高堂生，歷后蒼而益著。二先生之有功于禮也。顧或謂生所傳止士禮，疑爲未全之書。不知朝廟邦國之典，周官載之，儀禮詳于冠、昏、喪、祭，推士禮以達于天子，固其所也，周公之精意存焉。後之學者每治禮記，而缺儀禮。夫儀禮經也，禮記傳也。傳宜分類，以附于經之後，乃舍此而取彼，是猶習春秋之書，舍孔子之經文，而但習三傳，其可謂之通春秋哉！

毛萇

毛萇，趙人。善説詩，自謂子夏所傳。蓋自孔子以詩授子夏，子夏作詩序，以授魯人曾申，申授魏人李克，克授魯人孟仲子，孟仲子授根牟子，根牟子授趙人荀卿，荀卿授魯人毛亨，亨爲訓詁，傳於其家，河間獻王得而獻之朝。時萇受亨詩，爲獻王博士，每説詩，獻王悦之。因復取「詩傳」加「毛」字，以别齊、魯、韓三詩也。故世謂亨爲大毛公，萇爲小毛公。亨詩傳由萇盛行於漢，萇所著有毛詩故訓二十卷、詩傳十卷，平帝時立於學宫。萇授同國貫長卿，長卿授解延年，延年爲阿武令，授徐敖，敖授九江陳俠，俠授同郡謝曼卿。曼卿善毛詩，又爲之訓，東海衛敬仲受學於曼卿。先儒相承謂詩序子夏所創，毛公及敬仲又加潤益。鄭衆、賈逵、馬融并作毛詩傳，鄭康成作毛詩箋。齊詩魏代已亡，魯詩亡於西晉，韓詩雖存，無傳之者。惟毛詩鄭箋至今獨立。

葉夢得曰：詩有四家，毛詩最後出而獨傳，何也？曰：六經自秦火後，獨詩以諷誦相傳。韓詩既出於人之諷詠，而齊、魯與燕語音不同，訓詁亦異，故其學往往多乖。獨毛之出也，自以源流得於子夏，而其書貫穿先秦古書。其釋鴟鴞也，與金縢合；釋北山烝民也，與孟子合；釋昊天有成命，與國語合；釋碩人清人黄鳥皇矣，與左傳合；而序由庚等六章，與儀禮合。蓋當毛氏時，左氏未出，孟子國語儀禮未甚行，而學者亦未能信也。惟河間獻王博見異書，深知其精。迨至晉宋諸書盛行，肄業者衆而人始翕然知其説近正。且左氏等書，漢初諸儒皆未見，而毛説先與之合，不謂之源流子夏，可乎？

論曰：毛公所謂傳自子夏者，則今之大小序是也。當西漢時，三家得立，惟毛獨否。及其後惟毛獨著獨行千數百年之間，説詩者莫敢有異議。至朱子始疑之，自立傳義，然亦多採其説。夫毛之序詩，謂全無所本於子夏則不可，謂全出於子夏之説而無所臆揣附會，則非也。要其傳經之功，勤且偉矣。

劉德

劉德者，孝景帝子也，前二年立爲河間王。修學好古，實事求是。從民得善書，必爲好寫，與之留其真，加金帛，賜以招之，由是四方道術之人不遠千里。或有先祖舊書，多奉以奏王者，故得書多，與漢朝等。是時淮南王安亦好書，所招致率多浮辯。王所得書盡古文，先秦舊書周官尚書禮禮記孟子老子之屬，皆經傳説記，七十子之徒所論。其學舉六藝，立毛氏詩、左氏春秋博士，修禮樂，被服儒術，造次必於儒者，山東諸儒者從而游。武帝時来朝獻雅樂，對三雍宮及詔策所問三十餘事。其對推道術而言得事之中，文約指明。立二十六年薨。中尉常麗以聞，曰：「王身端行治，温仁恭儉，篤敬愛下，明知深察，惠於鰥寡。」大行令奏：謚法聰明睿知曰獻，宜謚獻王。傳五世至元，國除。建始元年復立。元弟良爲河間王，良修獻王之行，母太后薨，服喪三年如禮。哀帝下詔褒揚，益封萬户，薨，謚曰惠。傳子尚，至王莽時絶。

論曰：周衰，禮壞樂崩，及經秦火，書籍亡失。漢儒修補，每限於耑門。惟獻王藉屏藩之力，多士景從，故蒐輯獨備。藝文志所載儒家書目，有河間周制十八篇，意獻王述禮之作。又記獻王與毛生等共采周官及諸子言樂事者，以作樂記。然則禮樂之事，其存什一於千百，猶傳於今不廢者，獻王之勞尤不可誣。班固曰「夫惟大雅，卓爾不群」，豈不諒夫！

董仲舒

董仲舒，廣川人。少治春秋。孝景時爲博士，下帷講誦，弟子傳以久次相授業，或莫見其面。蓋三年不窺園，其精如此。進退容止，非禮不行，學士皆師尊之。武帝即位，舉賢良文學之士，前後百數。而仲舒以賢良對策，其策有曰：「天道之大者在陰陽，陽爲德，陰爲刑。刑主殺，而德主生。是故陽常居大夏，而以生育養長爲事；陰常居大冬，而積於空虛不用之處。以此見天之任德不任刑也。天使陽出，布施於上，而主歲功；使陰入伏於下，而時出佐陽，陽不得陰之助亦不能獨成。歲終陽以成歲爲名，此天意也。王者承天意以從事，故任德教而不任刑。刑者不可任以治世，猶陰之不可任以成歲也。」又曰：「夫不素養士而欲求賢，譬猶不瑑玉而求文采也。養士之大者，莫大乎太學。今以一郡一國之衆，對亡應書者，是王道往往而絶也。臣願陛下興太學，置明師，以養天下之士；數考問，以盡其材，則英俊宜可得矣。」又曰：「天令之爲命，命非聖人不行。質樸之謂性，性非教化不成。人欲之謂情，情非度制不節。是故王者上謹於承天意，以順命也；下務明教化民，以成性也；正法度之宜，别上下之序，以防欲也。修此三者而大本舉矣。」又曰：「孔子曰：天地之性，人爲貴。明於天性，知自貴於物；知自貴於物，然後知仁誼；知仁誼，然後重禮節；重禮節，然後安處善；安處善，然後樂循理；樂循理，然後謂之君子。故曰：不知命無以爲君子。」又曰：「今師異道，人異論，百家殊方，指意不同。是以上無以持一統，法制數變，下不知所守。臣愚以爲諸不在六藝之科，孔子之術者，皆絶其道，勿使并進。邪辟之説滅息，然後統紀可一，而法度可明，民知所從矣。」對既畢，天子以爲江都相，事易王。易王帝兄，素驕好勇。仲舒以禮義匡正，王敬重之。問曰：「粤王句踐與大夫泄庸、種、蠡謀伐吴，遂滅之。孔子稱殷有三仁，寡人亦以爲粤有三仁。」仲舒曰：「昔者魯君問柳下惠：『吾欲伐齊，何如？』柳下惠曰：『不可。』歸而有憂色，曰：『吾聞伐國不問仁人，此言何爲至於我哉？』徒見問耳，猶且羞之，况設詐以伐吴乎？由此言之，粤本無一仁夫仁人者。正其誼不謀其利，明其道不計其功。是以仲尼之門，五尺之童羞稱五伯，爲其先詐力而後仁義也。五伯比於他諸侯爲賢，其比三王猶武夫之於美玉也。」王曰：「善！」仲舒治國，以春秋災異之變，推陰陽所以錯行，故求雨，閉諸陽縱諸陰，其止雨反是。行之一國，未嘗不得所欲。中廢爲中大夫。先是遼東高廟長陵高園殿災，仲舒居家，推説其意。草稾未上，主父偃候仲舒私見，嫉之，竊其書而奏焉。上召視諸儒，仲舒弟子呂步舒不知其師書，以爲大愚。於是下仲舒吏，當死，詔赦之，仲舒自是不敢復言災異。仲舒爲人廉直。是時方外攘四夷，公孫弘治春秋，不如仲舒，而希世用事，位至公卿。仲舒以弘爲從諛，弘嫉之。膠西王亦上兄也，尤縱恣，數害吏二千石。弘乃言於上曰：「獨董仲舒可使相膠西王。」膠西王聞仲舒大儒，善待之，仲舒恐久獲罪，病免。凡相兩國，輒事驕王，正身以率下，數上疏諫爭，教令國中所居而治。及去位歸居，終不問家産，業以修學著書爲事。朝廷如有大事，使使者及廷尉張湯就其家問之，其對皆有明法。自武帝初立魏其武安侯爲相而隆儒矣。及仲舒對策，推明孔氏，抑黜百家，立學校之官，州郡舉茂材孝廉，皆自仲舒發之。年老，以壽終於家。子及孫皆以學至大官。仲舒所著，皆明經術之意，及上疏條教，凡百二十三篇。而説春秋事得失，聞舉、玉杯、蕃露、清明、竹林之屬，復數十篇，十餘萬言，皆傳於後世。前漢書贊曰：「劉向稱董仲舒有王佐之材，雖伊、呂亡以加。管、晏之屬，伯者之佐，殆不及也。至向子歆，以爲伊、呂乃聖人之耦，王者不得則不興。故顏淵死，孔子曰：『噫！天喪予。』惟此一人爲能當之，自宰我、子貢、子游、子夏不與焉。仲舒遭漢承秦滅學之後，六經離析，下帷發憤，潛心大業，令後學者有所統壹，爲群儒首。然考其師友淵源所漸，猶未及乎游、夏。而曰管、晏弗及，伊、呂不加，過矣。至向曾孫龔，篤論君子也，以歆之言爲然。」

論曰：孔子作春秋，始於春，亦終於春，所以明千秋必還之運，而開太平於無窮也。當秦酷烈之餘，陰慘極矣，於是惓惓以教化爲言，是陽春之德也。夫欲興教化，必先崇學校，欲崇學校，必先一道術。道術既一，學校既崇，而後賢者循理處善，以成其君子。不賢者亦節情防欲，以別於群生，此實王道之正，非管、晏以下卑卑伯業之所得托也。向惟粗知王伯之分，故尊仲舒而黜管、晏。歆不知然，遂乃過其父論。夫仲舒之於伊、吕，雖若不逮，然以視管、晏，固已分軌而殊塗，豈復與較優劣哉！向使武帝深加嚮用，以董仲舒爲丞相，以汲黯爲御史大夫，漢治其幾於三代乎！

孔安國

孔安國，孔子後也。武帝時，魯共王好治宫室，壞孔子宅，欲以廣其宫，於壁中得古文尚書及禮論語孝經凡數十篇，皆科斗文字。王又升孔子堂，聞琴瑟鐘磬之音，於是懼，乃止，不壞。而悉以書還孔氏。科斗書廢已久，時人無能知者。安國乃以所聞伏生之書比校考論，定其可知者爲隸古，更以竹簡寫之，增多伏生二十五篇，其析出者又五篇，并伏生二十九篇都爲五十九篇。其餘錯亂磨滅，弗可復知者，悉上送官，藏之書府。安國又承詔爲五十九篇作傳，既成，遭巫蠱事，不復以聞，故未立於學官。安國爲諫大夫，以授都尉朝。司馬遷亦嘗從安國問。其後又有百兩篇者，出東萊張霸，文意淺陋，以中書校之，非是。霸自言受於父，父有弟子尉氏樊竝。平當等勸存其學，及後樊竝謀反，乃黜其書。

論曰：諸儒疑古文者非一，至朱子親注二典、禹謨，而囑其餘篇於蔡沈，後世猶有顯肆訶詆如吴澄之倫者。蓋是經之爲諸儒裂也久矣。推其致疑之由，則以今文詰屈，而古文從順也。先儒云：記録之實，語難工；潤色之雅，詞易好。文之參雜難易，它經傳皆有之，何獨疑於書乎！至伏生口授之書，偏得其難，而安國比校之書，反得其易。則又有説，凡書之難讀者，誦數必多。誦數多者，着心必牢。安知伏生之偏得其難者之非因難而得乎？當秦火後，群經散亡，而尚書尤甚。百篇之義，既莫得聞，僅有存者，又復指爲贋作。則是杜塞餘道，絶滅微學也。程子云：「伊訓説命諸篇，非聖人不能作。」可以爲古文之定論。

夏侯勝

夏侯勝，字長公，魯東平人。少孤，好學。從張始昌受尚書，及洪範五行傳。後又事簡卿。爲學精熟，所問非一師也。善説禮服。徵爲博士、光禄大夫。會昭帝崩，昌邑王嗣，數出。勝當乘輿前諫曰：「天久陰而不雨，臣下有謀上者。陛下出欲何之？」王怒謂爲妖言，縛以屬吏。吏白大將軍霍光，光不舉法。是時光與車騎將軍張安世謀廢昌邑王，光讓安世以爲泄語，安世實不言。乃召問勝，勝對：「在洪範傳曰：『皇之不極，厥罰常陰。時則下人有伐上者，惡察察言。』故曰臣下有謀。」光、安世大驚，以此益重經術士。後十餘日，光卒與安世共白太后，廢昌邑王，尊立宣帝。光以爲群臣奏事，東宫太后省政，宜知經術，白令勝用尚書授太后。遷長信少府，賜爵關内侯。以與謀廢立，定策安宗廟，益千户。宣帝初即位，欲褒孝武帝，詔群臣大議廷中，皆曰：「宜如詔書。」勝獨曰：「武帝雖有廣土斥境之功，然多殺士衆，竭民財力，奢泰無度，天下虚耗，百姓流離，物故者過半，畜積至今未復。亡德澤於民，不宜爲立廟樂。」公卿共難勝，曰：「此詔書也。」勝曰：「詔書不可用也。人臣之義，宜直言正論，非苟阿意順指。議已出口，雖死不悔。」於是丞相等劾勝非議詔書，毁先帝不道。及丞相長史黄霸阿縱勝，不舉劾，俱下獄。有司遂請尊孝武廟爲世宗，奏盛德文始五行之舞。勝、霸既久繫，霸欲從勝受經，勝辭以罪死。霸曰：「朝聞道，夕死可矣。」勝賢其言，遂授之。繫再經冬，講論不怠。至四年夏，關東四十九郡同日地動，或山崩，上乃素服避正殿，遣使者弔問吏民，因大赦。勝出爲諫大夫、給事中，霸爲揚州刺史。勝爲人質樸，守正簡易，亡威儀見。時謂上爲君，誤相字於前，上亦以是親信之。嘗見出道上語，上聞而讓勝，勝曰：「陛下所言善，臣故揚之。堯言布於天下，至今見誦。臣以爲可傳，故傳耳。」朝廷每有大議，上知勝素直，謂曰：「先生通正言，無懲前事。」勝復爲長信少府，遷太子太傅。受詔，撰尚書論語説，賜黄金百斤。年九十卒，官賜冢塋，葬平陵。太后賜錢二百萬，爲勝素服五日，以報師傅之恩，儒者以爲榮。始勝每講授，常謂諸生曰：「士病不明經術。經術苟明，取青紫如俛拾地芥耳。學經不明，不如歸耕。」

論曰：書曰：「大哉王言！」謨、訓、誓、誥皆言也，而載諸簡策，垂於萬世，以爲治法，何惡於傳之者哉？夫雷者天之號令也，言者王之號令也。雷聲震於百里，王言播於四方。勝之置對，其義確而篤矣。唐魏徵佐太宗，嘗以事宣付史館，太宗讓之，徵所對，大旨亦略同云。

劉向

劉向，字子政，本名更生。楚元王交之四世孫也，年十二，以父德任爲輦郎。既冠，行修飭，擢諫大夫。是時宣帝招選名儒俊材置左右，更生以通達能屬文詞，與王褒、張子僑等并進，對獻賦頌凡數十篇。初，淮南有枕中鴻寶苑祕書，言神仙使鬼物爲金之術，世人莫見。更生父德治淮南獄時，得其書，更生幼而讀誦以爲奇。至是上復興神仙方術之事，更生獻之，言黄金可成。上令典尚方鑄作，費多不驗，乃下更生吏，繫當死。其兄陽城侯安民上書，入國户半，贖更生罪。上亦奇其材，得踰冬減死論。會初立穀梁春秋，徵更生受穀梁，講論五經於石渠，復拜郎中，給事黄門，遷散騎諫大夫，給事中。元帝即位，太傅蕭望之、少傅周堪皆受遺領尚書事，甚見尊重。更生年少於望之、堪，然二人重之，薦更生宗室忠直，明經有行，擢散騎宗正給事中，與侍中金敞拾遺左右。四人同心謀議，勸道上以古制，多所欲匡正。患苦外戚許、史在位放縱，而宦官弘恭、石顯弄權。議罷，退之，未白而語泄，遂爲許、史及恭、顯所譖愬，堪、更生下獄，及望之皆免官。其春地震，夏客星見，昴卷舌間。上感悟，賜望之爵關内侯，奉朝請。秋，徵堪、向，欲以爲諫大夫。恭、顯沮之，皆爲中郎。冬，地復震。時恭、顯、許、史子弟皆側目於望之等。更生懼焉，乃使其外親上變事，請退恭、顯，進望之等。書奏，恭、顯疑更生所爲，請考詞服，遂逮更生繫獄，免爲庶人，而望之亦坐。使子上書白冤前事。恭、顯白，令詣獄置對，望之自殺。天子甚悼恨之，乃擢堪爲光禄勳，堪弟子張猛爲光禄大夫、給事中，大見信任，恭、顯憚之。更生見堪、猛在位，幾已得復進，懼其傾危。又見災異并起，天地失常，念以骨肉備九卿，雖在畎畝，猶不忘君。乃上封事，推春秋災異以救今事，一一條其所以。有曰：「執狐疑之心者，來讒賊之口；持不斷之意者，開群枉之門。讒邪進則衆賢退，群枉盛則正士消。故易有否泰，『小人道長，君子道消』，則政日亂，故爲否，否者，閉而亂也；君子道長，小人道消，則政日治，故爲泰，泰者，通而治也。」恭、顯見其書，愈與許史比而怨更生等。堪性公方，自見孤立，遂直道而不曲。是歲夏寒，日青無光，恭、顯及許、史皆言堪、猛用事之咎。上内重堪，患衆口之寖潤，無所取信。時長安令楊興常稱譽堪，乃見問興。興者傾巧士，謂上疑堪，因毁之，上於是疑。會城門校尉諸葛豐亦言堪、猛短。上發怒，免豐，亦左遷堪爲河東太守，猛爲槐里令。顯等專權日甚。後三歲餘，孝宣廟闕災，其晦日有食之，於是上召前言日變在堪、猛者責問，皆稽首謝。乃下詔徵堪爲光禄大夫，猛爲太中大夫、給事中。是時顯幹尚書，尚書五人皆其黨也。堪希得見，常因顯白事，事決顯口。會堪疾瘖，不能言而卒。顯遂誣譖猛，令自殺於公車。更生傷之，乃著嫉讒擿要救危及世頌，凡八篇，依興古事，悼己及同類也。遂廢十餘年。成帝即位，顯等伏辜，更生乃復進用。更名向。向以故九卿召拜中郎，使領護三輔都水。數奏封事，遷光禄大夫。是時帝元舅陽平侯王鳳爲大將軍，倚太后專國權，兄弟七人皆封列侯。適數有大異，而上方精於詩書，觀古文，詔向領校中五經祕書。向乃集合上古以来歷春秋六國至秦漢符瑞災異之記，推迹行事，連傳禍福，著其占驗，比類相從，各有條目，凡十一篇，號曰洪範五行傳論。奏之，天子心知向忠精，故爲鳳兄弟起此論也，然終不能奪王氏權。久之營起昌陵，數年不成。復還歸延陵，制度泰奢。向上疏諫，詞旨極切，上雖感其言而不能從。向睹俗彌奢淫，而趙衛之屬，起微賤，踰禮制。向以爲王教由内及外，自近者始，故採詩書所載賢妃貞婦興國顯家可法則，及孽嬖亂亡者，序次爲列女傳，凡八篇，以戒天子。及采傳記行事，著新序説苑，凡五十篇，奏之。屢言得失，陳法戒，書數十上，以助觀覽，補遺闕。上雖不能盡用，然内嘉其言，常嗟歎之。時上無繼嗣，政由王氏出，災異浸甚。向雅奇陳湯智謀，與相親友，獨謂湯曰：「災異如此，而外家日甚，其漸必危劉氏。吾幸得同姓末屬，累世蒙漢厚恩，身爲宗室遺老，歷事三主。上以我先帝舊臣，每進見，常加優禮，吾而不言，孰當言者！」遂上封事極諫，至曰：「事勢不兩大，王氏與劉氏亦且不并立。如下有泰山之安，則上有累卵之危。陛下爲人子孫，守持宗廟，而令國祚移於外親，降爲皂隸，縱不爲身，奈宗廟何？婦人内夫家，外父母家，此亦非皇太后之福也。」書奏，天子召見，向歎息悲傷，其意謂曰：「君且休矣！吾將思之。」以向爲中壘校尉。向爲人簡易無威儀，廉靖樂道，不交接世俗，專積思於經術，晝誦書傳，夜觀星宿，或不寐達旦。元延中，星孛東井，蜀郡岷山崩雍江，向惡此異，懷不能已。復上奏，有曰：「方今同姓疏遠，母黨專政，禄去公室，權在外家，非所以彊漢宗，卑私門，保守社稷，安固後嗣也。」向自見得信於上，故常顯訟宗室，譏刺王氏及在位大臣。其言多痛切，發於至誠，上數欲用爲九卿，輒爲王氏居位者及丞相御史所持，故終不遷居列大夫官，前後三十餘年。年七十二卒，卒後十三歲而王氏遂代漢。

論曰：孝宣以甘露三年始立穀梁博士，是歲向年三十。其鑄作黄金事前於此，則向固未及壯也，且其失在於過信父書。考向之誠諒忠謇，庶幾社稷之臣。其學之醇，西漢儒者未之或先也。顧以年少一眚，爲世疵議。夫仲舒繁露頗雜禨祥，横渠蚤歲亦喜談兵，至若逃禪以歸儒。變類而求真者，往往有之。苟其能以晚蓋，則始術曾不足以相累，何獨於向而必過爲覈論哉！

戴聖

戴聖，字次君，梁人。與戴德同受禮於后蒼。德號大戴，聖號小戴。漢興以來迄於劉向所校定禮傳，凡二百五十篇。至德删其繁重，爲八十五篇，聖又删爲四十六篇。世傳大戴禮篇第自三十九而下止於八十一，前闕三十八篇，末闕四篇，中又闕第七十二。意其闕者，即聖所删耶？德仕至信都王太傅，聖嘗以博士論石渠，仕至九江太守，行治多不法，前刺史以其大儒優容之。及何武爲刺史，行部録囚徒，有所舉以屬郡。聖曰：「後進生何知，乃欲亂人治？」皆無所決。武使從事廉得其罪，聖懼，自免。

論曰：大學中庸先聖設教傳道之書也，而皆出於聖，則聖之爲功，豈獨傳禮一家學已哉？史謂其行治多不法，意聖迂闊慕古，不盡循用漢法，故武所舉囚徒，聖無所決，而姍侮之曰「後進生何知，乃欲亂人治」，言己所以治者非武所知也。是即行治不法之一事也。夫儒家者流，於法律刑名多粃糠棄之。鄭樵因此遂譏聖爲禮家之宗，而身爲贓吏。樵安從知武所廉得者之爲贓罪耶？聖行事少所表見，獨見於何武傳者如此。因嘉其傳經之功，而疑於其罪跡，故録之。若馬融爲梁冀草詔而殺李固，則情罪彰灼，君子不能爲之辯矣。

史傳三編卷二

名儒傳二

漢

杜子春

杜子春，河南緱氏人。通周官。先是秦始皇深惡周官之書，禁絶不傳。漢武帝時有李氏得之，上於河間獻王，獨闕冬官一篇。獻王購以千金不得，遂取考工記補成一篇，奏之。至成帝時黄門郎劉歆表而出之，周禮始得列序，著於録略。子春受業於歆，能通其讀。家於南山，因以教授鄉里。永明初，年已九十，猶能誦識。鄭興、鄭衆、馬融、賈徽、賈逵皆受業焉。衆、逵爲發明其説，著周禮解。後融作周官傳以授鄭康成，康成作周官注，皆祖子春云。子春又明易，夏曰連山，殷曰歸藏，子春曰「連山伏羲，歸藏黄帝」，當必有所指云。

論曰：周官一書規模宏闊，節目明備，使後世得考見三代辨方正位、體國經野、設官分職之大端。拘儒小生猶或疑之，不猶疑尚書之古文乎？是書始得自河間獻王，表自劉歆，而子春能習其句讀，通其義類，以授群弟子，共爲註解，而其傳益著。迄今三禮并垂，非子春之功哉！

孔僖

孔僖，字仲和，魯國魯人。自安國以下，世傳古文尚書毛詩。曾祖子建游長安，與崔篆善，及篆仕王莽，亦勸子建。子建曰：「吾有布衣之心，子有袞冕之志，各從所好，請從此辭。」遂歸，終於家。僖與篆孫駰復相友，同游太學，習春秋。因讀吴王夫差事，僖歎曰：「所謂畫虎不成反爲狗者。」駰曰：「然。昔孝武始爲天子，崇信聖道，師則先王。五六年間，號勝文、景。及後恣己，忘其前之爲善。」僖曰：「書傳如此多矣。」鄰房生梁郁儳和之曰：「若然者，武帝亦是狗耶？」遂陰上書，告駰、僖誹謗先帝。事下有司，駰詣吏，僖恐誅，乃自訟曰：「凡言誹謗者，謂無此事而虚加之也。孝武政之美惡，顯在漢史，是謂直説書傳，實事非虚謗也。夫帝者爲善則天下之善歸焉，其不善天下之惡亦萃焉。斯皆有以致之，不可以誅於人也。陛下不深自爲計，徒肆私忿以快其意，臣等受戮，死即死耳，顧天下必以此闚陛下心。自今以後，苟見不可之事，終莫復言者矣。齊桓公親揚先君之惡，以唱管仲。陛下乃欲爲十世之武帝遠諱實事，豈不與桓公異哉！」帝始本無罪僖等意，及書奏，立詔勿問，拜僖蘭臺令史。元和二年春，帝東巡狩還，過魯,幸闕里,以太牢祠孔子及七十二弟子,作六代之樂,命儒者講論。帝問僖曰:「今日之會,寧於卿宗有光榮乎?」對曰:「臣聞明王聖主莫不尊師貴道,陛下親屈萬乘,辱臨敝里,此乃崇禮先師,增輝聖德。至於光榮,非所敢承。」帝大笑曰:「非聖者子孫,焉有斯言?」遂拜郎中,從還京師,校書東觀。冬,拜臨晉令。崔駰以家林筮之,不吉,止僖曰:「子盍辭乎?」僖曰:「學不爲人,仕不擇官,吉凶由己,而由卜乎?」在縣三年,果卒。遺令即葬。二子長彦、季彦,才十餘歲。或勸令反魯,對曰:「令載喪歸,則違父命。舍墓而去,心所不忍。」遂留華陰。

論曰:漢興,高祖以太牢祠孔子,自是經術寖以萌蘖。至孝武表章六經,當時中外相應以理義之文,然猶未及光武明章之盛也。夫孔子者,百王之師也。帝自師其師,而以爲私家榮,可乎?僖之持論侃侃,不憚批鱗,蓋自其談史大學時,已不復有囁嚅之態矣。若子建之不仕僞朝,長彦、季彦之不違父命,奕世忠孝,大節炳然,何聖裔之多賢也!

賈逵

賈逵,字景伯,扶風平陵人。誼九世孫也。父徽從劉歆受左氏,兼習國語周官。又受古文尚書於塗惲,學毛詩於謝曼卿。逵既悉傳其父業,復能兼通大夏侯尚書及五家穀梁之説。自兒童時常在太學,不通人間事。性愷悌,多智思,俶儻有大節,身長八尺二寸。諸儒爲之語曰:

「問事不休賈長頭。」永平中爲左氏國語解詁，凡五十一篇，上之。帝重其書，寫藏祕館，拜爲郎，與班固并校祕書，應對左右。肅宗立，降意儒術，特好古文尚書左氏傳，詔逵入講北宮白虎觀、南宮雲臺。帝善逵説，使出左氏傳大義長於二傳者。逵摘尤著明者三十事，具條奏之。帝深嘉悦，令逵自選公羊嚴、顔諸生高才者二十人，教以左氏。逵母常有疾，帝以錢二十萬使潁陽侯馬防賜之，謂防曰：「逵無人事於外，屢空，則從孤竹之子於首陽矣。」逵數爲帝言古文尚書與經傳爾雅訓詁相應，詔撰歐陽、大小夏侯與古文同異，逵集爲三卷。帝善之，復令撰齊、魯、韓詩與毛詩同異，并作周官解故。遷爲衛士令。建初八年，乃詔諸儒各選高才生受左氏穀梁春秋古文尚書毛詩，由是四經遂行於世。盡拜逵所選弟子及門生爲千乘王國郎，朝夕受業黄門署，學者欣欣羡慕焉。永元三年以爲左中郎將，八年拜侍中領騎都尉，内備帷幄，兼領秘書，甚見信用。所著經傳義詁及論難百餘萬言，號爲通儒。年七十二，十三年卒。初鄭興明左氏，自杜林、桓譚、衛宏之屬莫不斟酌焉。及逵傳父業，自是左氏有鄭、賈之學。

論曰：周官乃經世大典，程子所謂天理爛熟之書也。當西漢時，惟劉歆頗知誦講，而歆反毗王莽，助成亂亡之政，故後儒業是者益稀。逵於諸經鮮不涉其流，四經之學實賴以傳。然竊獨怪其數言古文尚書於帝，而不及周官也。夫諸經出自聖筆者，易之外，惟周官春秋而已。千載而下，叙五經者舍三傳而列春秋，獨言禮則棄周官而任戴記，豈非漢氏學宫所立舛謬相沿而致然與？

鄭衆

鄭衆，字仲師，河南開封人。年十二從父興受左氏春秋，作春秋難記條例。兼通易詩。建武中，皇太子及山陽王荆因梁松以縑帛聘，衆曰：「太子無外交之義，漢舊防藩王不宜私通賓客。」松風以「意，不可逆。」衆曰：「犯禁觸罪，不如守正而死。」太子及荆聞而奇之，亦不强也。及梁氏敗，賓客多坐之，惟衆不染於詞。永平初，辟司空府，以明經給事中，再遷越騎司馬，復留給事中。八年，北匈奴遣使求和親，遣衆報之。衆至，單于欲令拜，衆不爲屈，單于怒，圍守閉之，欲以脅服衆。衆拔刀自誓，單于恐而止，乃更發使隨衆還京師。朝議將復遣使，衆諫曰：「北單于所以要致漢使者，欲以離南單于之衆，堅三十六國之心。又令西域歸化者，局促狐疑，絶望中國耳。南單于居漢久，具知形勢，萬分離析，旋爲邊害。今有度遼之衆，揚威北垂，雖勿報答，不敢爲患。」帝不從，復遣衆。衆言：「臣前奉使，不爲匈奴拜，單于恚恨，遣兵圍臣。今復銜命，必見陵折，臣誠不忍持節拜。如令匈奴遂能服，臣將有損大漢之强。」帝不聽，衆不得已，遂行。於道猶連上書，固争之，詔切責衆，追繫廷尉，會赦歸家。後帝見匈奴來者，聞衆與單于争禮，意氣壯勇，雖蘇武不過，乃復召爲軍司馬，與馬廖擊車師至敦煌，拜中郎將，使護西域。會匈奴脅車師圍戊己校尉，衆發兵救之。遷武威太守，謹修邊備，匈奴不敢犯，召爲左馮翊。建初六年，拜大司農。是時肅宗議復鹽鐵官，衆諫以爲不可，數被責劾，執議不移，帝竟不從。其後受詔作春秋删十九篇。八年，卒官。

論曰：仗節死義之臣，必於犯顔敢諫中求之，誠哉是言也！衆之諤諤，在廷用能，奮節北陲，不爲國恥。唐殷侑使回鶻，韓愈序之曰：「士不通經，果不足用。」若衆者，其誠得於經者多耶？衆父興，與光武論郊祀事，光武將斷以讖，興曰：「臣不爲讖。」光武怒，興遂惶恐遜詞以免。衆之抗直，過於興矣！

盧植

盧植，字子幹，涿郡涿人。身長八尺二寸，音聲如鐘。少事馬融，能通古今學，好研精而不守章句。融外戚豪家，多列女倡歌舞於前，植侍講積年，未嘗轉眄，融以是敬之。既歸，闔門教授。性剛毅，有大節，常懷濟世志。及竇武援立靈帝，秉機政，朝議欲加封爵。植雖布衣，以武素有名譽，乃獻書規武，勸辭大賞，以全身名。且請依古禮，置諸子官，徵宗室賢才，訓道爵用，以强幹弱枝。武不能用。州郡數命，皆不就。建寧中，徵爲博士，乃起。熹平四年，九江蠻反，四府選植才兼文武，拜九江太守，蠻寇賓服。以疾去官，作尚書章句、三禮解詁。時始立太學石經，以正五經文字。植上書，請立毛詩、周禮、左氏博士。會南夷叛，以植嘗在九江，有恩信，拜廬江太守。植深達政宜，務存清静，弘大體。歲餘，徵拜議郎。與馬日磾、蔡邕、楊彪、韓説等并在東觀，校中書五經記傳，補續漢記。帝以非急務，轉爲侍中，遷尚書。光和元年，日有食之。植陳八事：一曰用良，二曰原禁，三曰禦癘，四曰備寇，五曰修禮，六曰遵堯，七曰禦下，八曰散利。用良者，謂宜使州郡覈舉賢良，隨方委用；原禁者，諸黨錮多非其罪，可加赦恕；禦癘者，宋后爲王甫所搆，憂死，家屬被誅，宜聽收葬；備寇者，王侯之家賦税減削，愁窮思亂，宜使給足，以防未然；修禮者，應徵有道之人，陳明洪範，禳服災咎；遵堯者，郡守刺史一月數遷，宜依黜陟，以章能否，縱不九載，可滿三歲；禦下者，請謁希爵，一宜禁塞，遷舉之事責成主者；散利者，天子之體，理無私積，宜弘大務，蠲略細微。帝不省。中平元年，黄巾賊起，四府舉植，拜北中郎中將，持節征之，連戰破賊，帥張角走保廣宗。植築圍鑿壍，造雲梯，將攻之，垂拔。帝遣小黄門左豐詣軍觀賊形勢，或勸植賂豐，植不可。豐還，譖之，帝怒。遂檻車徵植，減死罪一等。及皇甫嵩平黄巾，盛稱植方略，嵩皆資之以濟成功，乃復尚書。帝崩，何進謀誅中官，召董卓，以懼太后。植知卓凶悍難制，固止之，進不從。及進爲張讓、段珪等所害，袁紹將兵入宫，讓等劫太后、天子及陳留王，從複道走北宫。植執戈於閣道窻下，仰數珪，珪等懼，乃釋太后，太后投閣得免。紹又進兵排宫，攻省内，讓、珪等遂將帝與陳留王步出穀門，奔小平津，公卿無得從者。惟植夜馳河上，王允遣閔貢隨植後追之，貢至，手劍斬數人，餘皆投河死。明日，公卿百官乃奉迎天子還宫。董卓既至，果陵虐朝廷，大會百官，議廢立，群僚無敢言。植獨抗議曰：「昔太甲既立，不明昌邑，罪過千餘，故有廢立之事。今上富於春秋，行無失德，非前事之比。」卓怒罷會，將誅植。議郎彭伯諫曰：「盧尚書海内大儒，今先害之，天下震怖。」卓乃止，但免植官。植以老病求歸，懼不免，詭道從轘轅出。卓果使人追之，不及。遂隱于上谷，不交人事。初平三年，卒。臨困，敕其子儉葬土穴，不用槨附，體單帛而已。

後漢書論曰：風霜以別草木之性，危亂而見貞良之節。夫蠭蠆起懷，雷霆駭耳。雖賁、育、荆、諸之倫，未有不冘豫奪常者也。當植抽白刃嚴閤之下，追帝河津之間，排戈刃，赴戕折，豈先計哉？君子之於忠義，造次必於是，顛沛必於是也。

論曰：進之召卓，曹操亦笑其失謀。卓之廢主，袁紹亦折其逆志。事計雖同，而乃心實異。惟植忠於帝室，而智足察奸，勇足厲氣，其常懷濟世，豈虚哉！夫直養者，剛之本也。當植之在講筵，目不轉眄，所養固已剛矣。讓、珪逃死，何敢濫加橫戮？蔚宗論植大節，乃舍抗卓而述其追帝，不已末乎！

鄭康成

鄭康成，北海高密人。少爲鄉嗇夫，常詣學宫，不樂爲吏。父雖怒之，不能禁。後游太學，事京兆第五元，先始通京氏易公羊春秋三統曆，又善九章算術。復從東郡張恭祖受周官禮記左氏春秋韓詩古文尚書。以山東無足問者，乃西入關，事扶風馬融。融素驕貴，門徒四百餘人，升堂者僅五十餘生。康成在門下，從高業弟子傳受，日夜尋誦，三年不得見融。及融考論圖緯，聞康成善算，召見，康成因從質疑義。問畢，辭歸。融喟然曰：「鄭生去，吾道東矣。」康成自游學十餘年乃歸，家貧。客耕東萊，學徒已數百十人。及黨事起，被禁錮，遂隱修經業，杜門不出。時何休好公羊學，著公羊墨守左氏膏肓穀梁廢疾。康成乃發墨守鍼膏肓起廢疾。休見而歎曰：「康成入吾室，操吾矛，以伐我乎！」初，中興後范升、陳元、李育、賈逵之徒爭論古今學。及康成答休義，據通深，由是古學遂明。靈帝末，黨禁解，何進辟之，州郡迫脅，不得已詣進。進爲設几杖，禮待甚優，康成不受朝服，以幅巾見，一宿逃去。時年六十。弟子益進，自遠方至者以千數。後袁隗表爲侍中，以父喪不行。國相孔融深敬之，屣履造門，勅縣曰：「昔齊置士鄉，越有君子軍，皆異賢意也。鄭君鄉宜曰鄭公鄉，可廣開門衢。」令容高車，號通德門。董卓遷都，公卿舉康成爲趙相，道斷不至。會黄巾寇青部，避地徐州，州牧陶謙接以師友之禮。建安元年，始還高密，道遇黄巾數萬人。黄巾知爲康成，皆拜，約不敢入縣境。康成嘗疾篤，自慮，以書戒子曰：「吾念述先聖之元意，整百家之不齊，庶幾以竭吾才，入此歲來已七十矣。案之典禮，便合傳家。今我告爾以老歸，爾以事將閒居以安性，覃思以終業。爾其勗求君子之道，研鑽勿替，敬慎威儀，以近有德。顯譽成於僚友，德行立於己志。可不深念耶，可不深念耶！」時袁紹總兵冀州，嘗大會賓客，康成最後至，紹乃延之上坐。康成身長八尺，飲酒一斛，秀眉明目，容貌温偉。紹客多豪俊，見康成儒者，競設異端，百家互起。康成依方辯對，咸出問表，皆得所未聞，莫不嗟服。汝南應劭前自贊曰：「故泰山太守應仲遠，北面稱弟子，何如？」康成笑曰：「仲尼之門，考以四科，回、賜之徒不稱官閥。」劭有慙色。紹乃舉康成茂才，表爲左中郎將，不就公車。徵爲大司農，給安車一乘，以病乞還。五年春，寢疾。時紹與曹操相距於官渡，令子譚迫康成從軍，不得已行至元城，疾篤不進。其年六月卒，年七十四。遺令薄葬。自郡守以下嘗受業者，縗經赴會千餘人。所註周易尚書毛詩周禮儀禮禮記論語孝經及諸雜著，凡百餘萬言。其答諸弟子問五經義者，門人又相與依論語撰爲鄭志八篇。

後漢書論曰：自秦焚六經，聖文埃滅。漢興諸儒，頗修藝文。及東京學者，亦各名家，而守文之徒，滯固所稟。異端紛紜，互相詭激，遂令經有數家，家有數說，章句多者或乃百餘萬言。學徒勞而少功，後生疑而莫正。康成括囊大典，網羅衆家，删裁繁蕪，刊改漏失，自是學者略知所歸。王父豫章君每考先儒經訓，而長於康成，常以爲仲尼之門不能過也。及傳授生徒，專以鄭氏家法云。

論曰：禮始於太乙，非聖者莫能得其精。自夫子不敢輕言夏殷之禮，況其下者乎？至於經曲繁多，條貫詳密，則又不獨神明其精者之難。即欲比而櫛之，疏而理之，使數度井然，亦復匪易。康成三禮之學，所微疵者，習熟濡染，不能不間雜於讖緯耳。要其旁稽曲證，使三代質文於今猶與有存者，則非夫人之烈不及此。舍翼衛之勤，而索瘢痕以爲指摘，豈篤論哉！

何休

何休，字邵公，任城樊人，少府豹之子也。爲人質朴訥口，而雅有心思。精研六經，尤善公羊春秋，世儒無及者。以列卿子，拜郎中。非其好也，辭病去，不仕。州郡進退必以禮，太傅陳蕃辟之，與參政事。蕃被害，坐廢錮。初，公羊之學自齊胡毋子，都作條例，以授東平嬴公。嬴公授東海孟卿，孟卿授魯人眭孟，眭孟授東海嚴彭祖、魯人顔安樂，公羊遂有嚴、顔二家博士。至休，乃略依胡毋生條例，隱括使就繩墨，作公羊解詁。覃思不闚門者十有七年。又以春秋駁漢事六百餘條，妙得公羊本意。先是扶風李育亦治公羊，作難左氏義四十一事。及論五經白虎觀，育以公羊意難賈逵，往返皆有理證，最爲通儒。休既善公羊，兼通曆算，乃與師博士羊弼追述育意，以難二傳，作公羊墨守左氏膏肓穀梁廢疾。又註孝經論語，風角七分，經緯典謨，不與守文同説。黨禁解，辟司徒。群公表休道術深明，宜侍帷幄。倖臣嫉之，乃拜議郎，屢陳忠言，再遷諫議大夫。年五十四，光和五年卒。

論曰：公羊之學，韓愈謂何氏注外不見他書，要渺之義，無自而尋。則休之解詁未爲盡得公羊本旨也。況三傳互有短長,休直詆爲「膏肓」、爲「廢疾」,意所謂「黨同門,妬道真」者,休蓋未能免此歟!雖然殘經之不亡,實諸專家是賴。自休以來幾二千年,其書列於學宫,不可廢也。

趙岐

趙岐,字邠卿,京兆長陵人。初名嘉,字臺卿,後因避難,不忘本土,故自改其名字岐。少明經,有才藝。娶馬融兄女,鄙融不持士節,恥與相見。仕州郡,以廉直疾惡見憚。年三十餘有重疾,卧蓐七年,自慮奄忽,乃敕兄子曰:「丈夫生世,遯無箕山之操,仕無伊吕之勳,天不我與,復何言哉!可立石墓前,刻曰:『漢有逸人姓趙名嘉,有志無時,命也,奈何!』」後疾瘳,辟司空掾,議二千石得去官爲親行服,朝廷從之。尋爲梁冀所辟,陳損益求賢之策,冀不納。舉理劇,爲皮氏長。中常侍左悺兄勝爲河東太守,岐恥疾宦官,即日西歸。京兆尹延篤復以爲功曹。先是中常侍唐衡兄玹爲京兆虎牙都尉,郡人輕之,岐尤數爲貶議,玹深毒恨。延熹元年,玹爲京兆尹,岐懼避之,玹果收岐家屬,陷以重法,盡殺之。岐遂逃難四方,匿姓名,賣餠北海市中。道遇安丘孫嵩,嵩察岐非常人,呼與共載,岐失色。嵩乃下帷,屏行人,密問岐曰:「視子非賣餠者,又相問而色動,不有重怨,即亡命乎?我北海孫賓石,勢能相濟。」岐素聞嵩名,以實告,嵩與俱歸,入白母曰:「出行乃得死友,迎入上堂饗之。」極歡,藏岐複壁中。後諸唐死滅,因赦,乃出。

三府聞之，同時并辟。九年，應司徒胡廣之命，會南匈奴、烏桓、鮮卑反，公卿舉岐，擢并州刺史，坐黨事免。靈帝初，復遭黨錮。中平元年，四方兵起，詔選故刺史二千石有文武才用者，徵岐拜議郎。張温西征，請補長史，别屯安定，何進舉爲敦煌太守。行至襄武，爲賊邊章所執，詭詞得免，展轉還長安。獻帝西遷，復拜議郎，稍遷太僕。及李傕專政，關東擾亂，袁紹與公孫瓚争冀州，乃以岐副太傅。馬日磾撫慰天下，日磾行至洛陽，表别遣岐宣揚國命，所到百姓皆喜曰：「今日乃復見使者車騎。」是時袁紹、曹操皆自將兵數百里迎岐，岐深陳天子恩德，又移書公孫瓚，爲言利害，紹等各罷兵。與岐期會洛陽，奉迎車駕。岐南到陳留，得篤疾，經涉二年，紹等遂不至。興平元年，徵岐，時帝當還洛陽，董承奉詔先修宫室。岐謂承曰：「海内分崩，惟荆州境廣地勝，年穀歲登。岐雖迫大命，猶志報國家，欲南説劉表，使身將兵來衛，與將軍并心同力，以獎王室。」承即表遣岐，岐至，表果遣兵助修洛陽宫室，軍資委輸，前後不絶。岐以老病留荆州，而孫嵩亦寓於表，岐乃稱嵩素行篤烈，與表共上爲青州刺史。俄而桓典、孔融皆薦岐，就拜太常。年九十餘。建安六年，卒。初孝文廣游學之路，論語、孝經、孟子、爾雅皆置博士。後罷傳記博士，獨立五經，孟子博士遂廢。岐以爲周衰，異端并起，孟子悼堯舜湯文周孔之業將遂湮滅，著書七篇，包羅天地，揆叙萬類，命世亞聖之大才也。乃述所聞，證以經傳，爲章句十四卷。

論曰：當秦火時，以孟子下臚諸子，故得不燬。漢興，司馬遷始稱其述唐虞三代之德，以并孔子，然猶與荀卿合傳。惟岐值時衰亂，經籍道息，獨能抽博士所不講者，潛心畢業，且斷而置之，以爲命世亞聖，何其明也。

晉

范宣

范宣，字宣子，陳留人也。年十歲，能誦詩書。嘗以刀傷手，捧手改容，人問痛耶，答曰：「不足爲痛。但受全之體而致毁傷，不可處爾。」家人以其年幼而異焉。少尚隱遁，加以好學，手不釋卷，以夜繼日。遂博綜衆書，尤善三禮。家至貧儉，躬耕供養，親没負土成墳，廬於墓側。太尉郄鑒命爲主簿，詔徵太學博士，散騎郎。并不就，家於豫章。太守殷羨見宣茅茨不完，欲爲改宅，宣固辭之。庾爰之以宣素貧，加年荒疾疫，厚餉給之，宣又不受。爰之問宣曰：「君博學通綜，何以大儒？」宣曰：「漢興，貴經術，至於石渠之論，實以儒爲弊。正始以來，世尚老莊。逮晉之初，競以裸裎爲高。僕誠大儒，然立不與易。」宣言談未嘗及老莊，客有問：「人生與憂俱生，不知此語何出？」宣云：「出莊子至樂篇。」客曰：「君言不讀老莊，何由識此？」宣笑曰：「小時嘗一覽。」時人莫之測也。宣潔行廉約，韓康伯遺絹百疋，不受。減五十疋，復不受。如是減半，遂至一疋，既終不受。康伯後與宣同載，就車中裂二丈與宣，云：「人寧可使婦無幝耶？」宣笑而受之。宣雖閒居屢空，嘗以讀誦爲業。譙國戴逵等皆聞風宗仰，自遠而至，諷誦之聲有若齊魯。太元中，順陽范甯爲豫章太守，甯亦通儒，在郡立學校，教授恒數百人。由是江州人士并好經學，化二范之風也。年五十四歲，卒。著禮易論難，皆行於世。

論曰：自魏晉以清虚相尚，放蕩爲高，棄禮法如弁髦，國勢人心舉壞於此。當其時，在朝者乃有卞壺，壺之言曰：「諸君子皆以風流相尚，執鄙吝者非壺而誰？」卒能仗節死義，爲時名臣。宣仕不顯，潔行窮經，獨爲於舉世不爲之日，卒使江州人士化於二范之風，其可謂儒之拔出者矣！

范甯

范甯，字武子。自父汪渡江，僑於新野。汪博學，善談名理，甯亦自少多所通覽。簡文帝爲相，將辟之，爲桓温所諷而止。初，温欲以汪爲長史及江州刺史，汪皆不就。温意恨，故終温之世，甯兄弟無在列位者。時方以浮虚相扇，儒雅日替。甯謂：「其源出於王弼、何晏，二人之罪，深於桀紂。」乃著論以救之。略曰：「王、何蔑棄典文，不遵禮度，游詞浮説，波蕩後生。洙泗之風，緬焉將墜。遂令禮壞樂崩，中原傾覆。昔夫子斬少正，太公戮華士，豈非曠世而同誅乎？桀紂暴虐正足以滅身覆國，爲後鑒戒，豈能迴百姓之視聽哉？吾固以爲一世之禍輕，歷代之罪重。自喪之釁小，迷衆之愆大也。」甯崇儒抑俗，率皆如此。温死之後，始解褐爲餘杭令。興學校，養生徒，潔己修禮，志行之士莫不宗之，期年風化大行。自中興來，崇學敦教，未有如甯者也。遷臨淮太守，封陽遂鄉侯，徵拜中書侍郎。時更營新廟，博求辟雍、明堂之制，甯據經傳奏上，皆有典證。孝武帝雅好文學，甚被親愛，朝廷疑義輒咨訪之。甯指斥朝士，直言無諱。王國寶，甯甥也，諂事會稽王道子，懼甯不見容，疏隔之。甯求出爲豫章太守。前豫章守多不利，帝曰：「甯何以身試死耶？」甯不爲意，固請行。臨發，猶疏言調役勞擾之弊。尋詔公卿牧守普議得失，甯復陳時政數事，帝善之。甯在郡，大設庠序，採磬石於交州，以佐學用，改革舊制，不拘常憲，遠近至者千餘人。并拔郡四姓子弟皆充學生，課讀五經，資給衆費一出私録。又起學臺，功用彌廣。以專輒任心，爲王凝之所劾，抵罪。子泰棄官稱訴，會赦免。始家於丹陽。猶勤經學，終年不輟。年六十三卒。初，甯以釋穀梁者近十家，皆膚淺末學，不經師匠。遂沈思積年，著爲集解。其言曰：「左氏以鬻拳兵諫爲愛君，是人主可得而脅也；以文公納幣爲用禮，是居喪可得而婚也。穀梁以衛輒拒父爲尊祖，是爲子可得而叛也；以不納子糾爲内惡，是仇讐可得而容也。公羊以祭仲廢君爲行權，是神器可得而闚也；以妾母稱夫人爲合正，是嫡庶可得而齊也。」又曰：「左氏豔而富，其失也誣；穀梁清而婉，其失也短；公羊辯而裁，其失也俗。若能富而不誣，清而不短，裁而不俗，則深於其道者也。」故甯所著義最精審，爲世所重。

論曰：六朝曠達之弊，其源出於莊老。甯尋究標枝，歸罪王、何，當已。而未敢誦言以攻莊老，則猶眯乎其源者也。三傳得失，自向、歆父子已爲異同之論。至白虎分争，益加破裂。甯獨依經詁傳，據理詮經，可謂通方君子矣。

韓伯

韓伯，字康伯，潁川長社人。爲人清和有思理。殷浩稱之曰：「康伯能自標置，居然出群之器。」同郡庾龢名重一時，少所推服，獨稱伯及王坦之，曰：「思理倫和，我敬韓康伯；志力彊正，吾愧王文度。」舉秀才，徵佐著作郎，并不就。簡文帝居藩，引爲談客。自司徒佐西屬，轉撫軍掾，中書郎，散騎常侍，豫章太守，入爲侍中。陳郡周勰爲謝安主簿，崇尚莊老，脱落名教，居喪廢禮，伯斥非之，時人憚焉。嘗作辯謙論，有曰：「孤、寡、不穀，衆人之所惡，而侯王以自稱，降其貴者也。執御、執射，衆人之所賤，而君子以自目，降其賢者也。夫處貴非矜而矜己者，常有其貴；言善非伐而伐善者，驟稱其能。故懲忿窒欲，著於損象；卑以自牧，實繫謙爻。皆所以存其所不足，拂其所有餘也。」後轉丹陽尹，吏部尚書，領軍將軍。既疾病，改授太常，未拜卒，年四十九。初，王弼注易，於繫辭説卦序卦三傳猶未畢業，伯實續爲之注云。

論曰：程、邵未興，治易者皆宗王、韓之注。王淫於莊老，所注不足以翊衛名教，固其所也。伯當放浪波靡之時，斥俗崇禮，而亦未能發揮四聖之微指。讀其所著辯謙論，誠有味乎！其言之在易小過象傳曰：「行過乎恭，喪過乎哀，蓋崇本以維其衰，則過而非過。」伯殆有得於斯義者耶！

梁

皇侃

皇侃，吴郡人，青州刺史皇象九世孫也。少好學，師事賀瑒，精力專門，盡通其業。尤明三禮孝經論語。爲國子助教，在學講説，聽者常數百人。撰禮記講疏五十卷。書成，奏上，詔付秘閣。頃之命入壽光殿説禮記義，梁武帝善之。加員外散騎侍郎。侃性至孝，常日限誦孝經二十徧。丁母憂，還鄉里。平西邵陵王欽其學，厚禮迎之。及至，因感心疾，卒。所撰論語義禮記義，見重於世，學者傳焉。

論曰：南北朝之際，俗尚波靡，異教紛挐，經學微而士習不可問矣。侃獨精力專門，以明經爲業，聽者嘗數百人，時亦有重之者。此以見士貴有志，而修德者不孤，信夫！故特存之，以備一綫焉。

史傳三編卷三

名儒傳三

隋

王通

王通，字仲淹。先爲祁人，九世祖寓，當懷愍時東遷，三傳至元，則究道德，考經籍，卒爲鴻儒，江左號王先生。先生孫虬值蕭氏禪，恥食齊粟，北事魏，仕至并州刺史，家河汾，是爲通高祖。及通父隆，傳業教授，門徒千餘人。開皇初以國子博士待詔雲龍門，文帝從容問曰：「朕何如主？」隆曰：「陛下聰明神武，得之於天，發號施令，不盡稽古，雖負堯舜之資，終以不學爲累。」帝默然久，曰：「先生，朕之陸賈也。」隆乃著興衰要論七篇，奏之，帝稱善。四年，通始生。隆筮之，遇坤之師。大父安康獻公占之曰：「是子必能通天下之志。」遂名曰通。通六歲，而江東平，隆歎曰：「王道無叙，天下何爲而一乎？」通侍側，有憂色，曰：「通聞古之爲邦，有長久之策，故夏殷以下四海常一統也。後之爲邦，行苟且之政，故魏晉以下九州無定主也。夫子之歎，蓋憂皇綱不振，生人勞於聚斂，而天下將亂乎？」隆異之，遂告以元經之事，通再拜受之。十八年隆宴居，歌伐木而召通，謂曰：「自天子至庶人，未有不資友以成者。在三之義，師居一焉。小子勉旃！翔而後集。」通於是有四方之志。蓋受書於東海李育，學詩於會稽夏琠，問禮於河東關朗，正樂於北平霍汲，考易於族父仲華。不解衣者六歲，其精志如此。仁壽三年，通既冠，慨然有濟蒼生之心。西游長安，帝召見太極殿，奏太平十有二策，遵王道，推霸略，稽古驗今，恢恢乎運天下於指掌。帝大悦，曰：「得生幾晚！」下其議於公卿，公卿不悦。楊素、蘇夔、李德林見通，與之言終日。歸而有憂色，門人問，通曰：「素言政而不及化，是天下無禮也；夔言聲而不及雅，是天下無樂也；德林言文而不及理，是天下無文也。王道從何而興乎！」時將有蕭牆之釁，通知謀之不用，作東征之歌而歸。帝聞，再徵之，不至。大業二年，徵，又不至，乃曰：「吾視千載已上，未有若周公焉，其道則一而經制大備，後之爲政者有所持循。吾視千載而下，未有若仲尼焉，其道則一而述作大明，後之修文者有所折衷矣。」遂續詩書，正禮樂，修元經，讚易道，九年而六經大就。門人自遠而至，其教興於河汾，雍雍如也。通閒居儼然，其動也徐，若有所慮，其行也方，若有所畏。其接長者恭恭然如不足，接幼者温温然如有就，其使人雖童僕必斂容。鄉人有喪，通必先往，反必後。有水土之役，則具畚鍤以往，曰：「吾非從大夫也。」其言應而不唱，唱必有大端。或問人善，曰：「子知其善則稱之，不善則曰未嘗與久也。」其族婚嫁，必具六禮，曰：「斯道也，今亡矣。三綱之首不可廢，吾從古。」嘗曰：「冠禮廢，天下無成人矣；昏禮廢，天下無家道矣；喪禮廢，天下遺其親矣；祭禮廢，天下忘其祖矣。」門人有問姚義孔庭之法，曰：「詩曰，禮不及四經，何也？」義曰：「嘗聞諸夫子矣：春秋斷物，志定而後及也；樂以和德，全而後及也；書以制法，從事而後及也；易以窮理，知命而後及也。故不學春秋無以主斷，不學樂無以知和，不學書無以議制，不學易無以通理。四者非具體不能及，故聖人後之。」「然則詩、禮何爲而先也？」曰：「教之以詩，則出辭氣，斯遠暴慢矣；約之以禮，則動容貌，斯立威嚴矣。度其言，察其志，考其行，辨其德。志定則發之以春秋，於是乎斷而能變；德全則導之以樂，於是乎和而知節；可從事則達之以書，於是乎可以立；知命則申之以易，於是乎可以盡性。若驟而語春秋則蕩志輕義，驟而語樂則喧德敗度，驟而語書則狎法，驟而語易則玩神通。」聞之曰姚子得之矣。魏徵問：「聖人有憂乎？」曰：「天下皆憂，吾獨得不憂乎？」問疑，曰：「天下皆疑，吾獨得不疑乎？」徵退，通謂董常曰：「樂天知命，吾何憂？窮理盡性，吾何疑？」賈瓊問：「何以息謗？」曰：「無辯。」「何以止怨？」曰：「不争。」問事人之道，曰：「遠而無介，就而無諂，汎乎利以諷之，無鬭其捷。」問君子之道，曰：「必先恕乎！爲人子者以父之心爲心，爲人弟者以兄之心爲心，推而達之天下，斯可矣。」李密問英雄，曰：「自知者英，自勝者雄。」問勇，曰：「必也義乎！」問王霸之略，曰：「不以天下易一民之命。」房玄齡問事君之道，曰：「無私。」問使人之道，曰：「無偏。」問化人之道，曰：「先正其心。」嘗曰：「不以伊尹、周公之道康其國，非大臣也，不以霍光、諸葛亮之心事其君，皆具臣也。」又曰：「人不里居，地不井授，終苟道也。封禪之費非古也，其秦漢之侈心乎！」又曰：「無赦之國，其刑必平；多斂之國，其財必削。」又曰：「政猛寧若恩，法速寧若緩，獄繁寧若簡。臣主之際，其猜也寧信。」通見牧守屢易，曰：「堯舜三載考績，仲尼三年有成，三代之興邦家有社稷焉。兩漢之盛，牧守有子孫焉，不若是之亟也。無定主而責之以忠，無定民而責之以化，雖欲從之，末由也已。」其嘉言懿論，門人相與集而記之，號曰中説。十年召，署蜀司户，不就。十一年以著作郎、國子博士徵，并不至。十三年江都難作，通寢疾，泫然興曰：「生民厭亂久矣。天其或者將啓堯舜之運，而吾不與焉，命也。」遂卒，門人謚之曰文中。所續禮論二十五篇，列爲十卷；樂論二十篇，列爲十卷；書一百五十篇，列爲二十五卷；詩三百六十篇，列爲十卷；元經五十篇，列爲十五卷；贊易七十篇，列爲十卷，并未及行。二子，長曰福郊，少曰福時。

論曰：通名跡不見於隋史，故司馬光以爲疑。所引弟子，多唐初名臣，朱子以爲福郊、福時之所爲，非通雅意，然亦其平日好高自大之心有以啓之。又譏其續經之僭，至等之吴楚。雖然，當隋之時，道術之裂也已久，通獨鋭然修周孔之業，倡教河汾，成就後進，其學其識誠大有以過人者。故朱子又稱其學有可用之實，荀、揚、韓氏皆不及也，豈不諒哉！康節邵子亦嘗爲之贊曰：「録其所是，棄其所非，君子有歸。」斯實平恕之論。

唐

薛收

薛收，字伯襃，蒲州汾陰人，道衡之子也。年十二能屬文，以父不得死於隋，不肯仕，郡舉秀才不應。事王通，與董常、仇璋、程元備聞六經之義，爲高第。通稱之曰：「孝哉，薛收！行不負於神明。」收問仁，通曰：「五常之始也。」問性，曰：「五常之本也。」問道，曰：「五常一也。」收問政於仲長子光，子光曰：「舉一綱，衆目張；弛一機，萬事隳，不知其政也。」收以告通，通曰：「子光得之矣。」及唐高祖興，收遁入首陽山，將應義舉。堯君素覺之，迎置其母城中，收不得去。後君素東連王世充，收遂挺身歸唐。房玄齡亟言之秦王，王召見，問方略合旨，授府主簿，判陝西大行臺，金部郎中。是時方討世充，軍事繁綜，收爲書檄露布，或馬上占詞，該敏如素構，初不竄定。竇建德來援世充，諸將争請斂軍以避其鋒，收獨曰：「不然！世充據東都，府庫盈衍，所將兵皆江淮精鋭。但苦乏食，爲我所持。今建德總衆以來，若縱之至，必轉河北之粟以饋洛陽，則戰争方始，偃兵無日，混一之期殊未有涯也。不若分兵守洛陽，深溝高壘，慎勿與戰。大王親督驍鋭，先據成皋，厲兵按甲，截建德路，以逸待勞，決可克也。建德既破，世充自下。不過二旬，兩主就縛矣。」秦王曰：「善！」遂禽建德，降世充，一如收策。王入觀隋宫室，夸侈無度，收進曰：「峻宇雕牆，殷辛以亡。土階茅茨，唐堯以昌。始皇興阿房而秦禍速，文帝罷露臺而漢祚永。後主曾不是察，奢虐是矜，卒死一夫之手，爲後世笑，何此之能保哉？」王重其言。俄授天策府記室參軍。從平劉黑闥，封汾陰縣男。嘗上書諫王畋獵，王答之曰：「成我者卿也。明珠兼乘，未若一言。」賜黄金四十鋌。武德七年，寢疾，王遣使臨問，相望於道。又命輿至府，舉袂撫之，論叙平生，感激涕泗。卒時年三十三，王哭之慟。及王即位，語房玄齡曰：「收若在者，當以中書令處之。」

論曰：以嵇紹之忠而事晉，後世猶有遺議。收之不仕隋，高於紹矣。當唐之初，其登瀛洲者多隋之遺臣也。惟收起布衣以佐興朝，其出身爲獨正。及決機東都下，料敵審勝，雖良、平之智，何以加兹？王福畤又記太宗欲興禮樂，房玄齡、魏徵等苦無素業，卒不能定。太宗臨朝而歎，玄齡退，乃謂徵曰：「使董、薛在，適不至此。」董謂董常，薛即收也。

孔穎達

孔穎達，字仲達，冀州衡水人。自少誦記，日千餘言，能闇記三禮義宗。及長，明服氏春秋傳、鄭氏尚書詩禮記、王氏易。善屬文，通步曆。嘗造同郡劉焯，焯名重海内，初不之禮，及與質難，焯大畏服。大業初舉明經高第，仕隋至太學助教。隋亂，避地虎牢。唐太宗平洛，授文學館學士，遷國子博士。太宗身櫜鞬，風纚露沐，然鋭情經術，即秦王府開文學館，召名儒十八人爲學士，與議天下事。既即位，殿左置弘文館，悉引納學士，番宿更休。聽朝之間，則與討古今道，前王所以成敗。或日昃夜艾，未嘗少怠於是。封穎達曲阜縣男，轉給事中，穎達亦數數以忠言進。帝問：「『以能問於不能，以多問於寡，有若無，實若虚』，何謂也？」對曰：「此教人謙耳。非特匹夫，君德亦然，故易稱『蒙以養正』。若據尊極之位，衒聰耀明，恃才以肆，則上下不通，君臣道乖。自古滅亡莫不由此。」帝稱善。除國子司業，歲餘，以太子右庶子兼司業。與諸儒議曆及明堂事，多從其説。以論撰勞，加散騎常侍，爵爲子皇太子令。穎達撰孝經章句，因文以盡箴諷。又數争太子失，帝聞之，勞以金帛，久之拜祭酒，侍講東宫。帝幸太學，觀釋菜，命穎達講經。太子既長，稍不法，穎達争不已，至面折之。或以過穎達，穎達曰：「蒙國恩厚，雖死不恨。」剴切愈至。後致仕。卒，陪葬昭陵，謚曰憲。初，穎達與顔師古、司馬才章、王恭、王琰受詔撰諸經義訓，包貫異家，爲詳博，號義贊，詔改爲正義。及永徽間，詔于志寧、張行成、高季輔等就加增損，遂布下其書行於世。

論曰：唐儒治經不如漢，析理不如宋，故三百年中以詩文名家者至衆，而儒之醇者則寥寥，難以數覯。貞觀之初，號多老儒，然瀛洲之選，能有功於經史者，惟穎達與顔籀爲最。故時人以籀爲班固功臣，而穎達諸經正義，程、朱尚資之以明訓詁。迄於今，學宫傳誦猶未廢也。籀才餘於德，頗爲清議所薄。若穎達之執義陳善，有謇謇之節，其性行優於籀矣。

褚無量

褚無量，字弘度，杭州鹽官人。少刻意墳典。家瀕臨平湖，龍出，衆皆走，觀無量讀書若不聞，人異之。尤精禮及司馬史記。擢明經第，累除國子博士，遷司業，兼修文館學士。中宗將南郊，定儀典，時議皇后爲亞獻。無量固争，以爲郊祀，國大事，折衷莫如周禮。周禮冬至祭天圜丘，不以地配，惟始祖爲主，亦不以妣配，故后不得與。又巾車内司服掌后六服與五路，無后祭天之服與路，是后不助祭天也。其議不行，遂以母老解官。明皇爲太子，復拜國子司業，兼侍讀，撰翼善記以進，優被禮答。太子釋奠國學，令講經，建端樹義，博敏而辨。進銀青光禄大夫。及即位，遷左散騎常侍，兼國子祭酒，封舒國公。母喪，解官。廬墓左，鹿犯所植松柏，無量號曰：「山林不乏，忍犯吾塋樹耶？」自是群鹿馴擾，無量爲終身不御鹿肉。喪除，復故官，以耆老隨仗，聽徐行。又爲設腰輿，許乘入殿中。頻上書，陳得失。開元五年，帝將幸東都，而太廟壞。姚崇以廟本苻堅故殿，久腐故壞，不必罷行。無量鄙其言，以爲不足聽。乃上疏曰：「王者陰盛陽微，則先祖見變。今後宫非御幸者，宜悉出之。舉俊良，擯奢靡，輕賦慎刑，納諫争，察諂諛，繼絶世，則天人和會，災異訖息。」帝卒從崇言，車駕遂東。無量又上言：「昔虞舜之狩，秩山川，徧群神，願陛下所過名山大川，古帝王賢臣在祀典者，并詔致祭。自古受命，必興滅繼絶，崇德報功，故存人之國大於救人之災，立人之後重於封人之墓。願到東都，收叙唐初逮今功臣世絶者，雖在支庶，咸得承襲。」帝納用其言，即詔無量祠堯平陽，宋璟祠舜蒲坂，蘇頲祠禹安邑。又求武德以來勳臣苗裔，紹續其封。初，内府舊書自高宗時甲乙叢倒，無量請繕録補第，以廣秘籍。詔於東都乾元殿東厢彙之，而以無量爲之使。又求天下遺書以補闕文，不數年四庫完治。帝西遷，徙書麗正殿，復詔無量就麗正纂續前功。皇太子及四王未就學，無量以孝經、論語五通獻，帝曰：「朕知之矣。」乃選儒臣爲太子、諸王侍讀，七年太子齒胄于學，詔無量升坐講勸，百官觀禮。年七十五，卒。所譔述百有餘篇，卒後有於書殿得其講史記至言十二篇上之，帝爲歎息。始無量與馬懷素爲侍讀，厚見寵待，其後秘書少監康子原、國子博士侯行果繼之，雖賞賚亟加，而禮遇稍衰矣。

論曰：跡無量平生，抗直以劘上，致孝以事親，至於拂牝雞，感麋鹿，其行誼殆遠過於瀛洲諸學士。顧以著述不彰，爲後儒所鮮稱。表而揚之，是史氏之責也。且四庫遺編，非無量則零落謬失者不知凡幾矣。其爲功於藝文，又曷可没乎哉！

啖助

啖助，字叔佐，趙州人。後徙關中。淹該經術。天寶末，調臨海尉，丹陽主簿。秩滿屏居，甘足疏糗。善爲春秋，考三家短長，縫綻漏缺，號集傳，凡十年乃成。復攝其綱條，爲例統。助愛公穀二家，以左氏解義多謬，其書乃出於孔氏門人。論語所引左丘明，蓋史佚、遲任之比，後人即以左氏爲丘明，非也。年四十七，卒。門人河東趙匡、吴郡陸質，其高第也。匡字伯循，仕至洋州刺史。質字元沖，本名淳，避憲宗諱賜今名，仕歷尚書郎，國子博士，給事中，皇太子侍讀。助卒後，質與其子異裒録助所爲春秋集傳例統，請匡損益，而質纂會之，爲春秋集注十篇，辨疑七篇，微指二篇，號纂例。柳宗元稱其明章大中，發露公器，謂其道以聖人爲主，以堯舜爲的，苞羅旁魄，膠轕下上，而不出於正；其法以文武爲首，以周公爲翼，揖讓升降，好惡喜怒，而不過乎物云。

論曰：左氏所蒐載，訖於三國分晉，其人蓋與公穀同時。而自漢儒謂「左丘失明，厥有國語」，後世遂相沿以左氏爲丘明。助獨駁之，是已質之所纂，見行於今。宗元譽之容有過者，要其經學大有裨於春秋。蓋漢晉以來，解春秋者多信傳以測經，啖、趙、陸三家出，始據經以核傳，頗得孔氏之微旨。至宋諸家各出，而伊川程子及劉敞、胡安國爲最善。

韓愈

韓愈，字退之，河内南陽人。自知讀書，日記數千百言。比長，盡能通六經、百家學。年二十五，擢進士第。董晉節度宣武，表署觀察推官。晉卒，愈從喪出，不四日汴軍亂。乃依武寧節度張建封，建封辟爲府推官。操行堅正，鯁言無所忌。調四門博士，遷監察御史，論旱饑及宫市事。是時王叔文等用事，排之，貶陽山令。有愛在民，民生子多以其姓字之。順宗即位，改江陵法曹參軍。元和初，權知國子博士，分司東都，改都官員外郎，即拜河南令。河南舊有魏、鄆、幽鎮留邸，皆貯潛卒以橐罪，士官莫敢問。愈將擿其禁以壯朝廷，留守尹大恐，遽止之。或以聞於憲宗，憲宗悦，曰：「韓愈助我。」遷職方員外郎。華陰令柳澗有罪，前刺史劾之，未報而刺史罷。澗諷百姓遮刺史，索軍頓役直。後刺史惡之，按其獄，貶澗房州司馬。愈過華，以爲刺史陰相黨，劾治之。既御史覆問，得澗贓，再貶澗封溪尉。愈坐是復爲博士。愈既才高數黜，乃作進學解以自諭。執政奇其才，改比部郎中，史館修撰，轉考工知制誥，進中書舍人。初，憲宗將平蔡，命御史中丞裴度按視諸軍，及還，具言賊可滅。愈亦言淮西敗可立待，兵不可息。宰相不悦，以他事改愈右庶子。及度以宰相宣慰淮西，奏愈爲行軍司馬。愈請乘遽先入汴，説韓弘協力，弘果用命。愈又白度，蔡精卒聚界上，守城必虚，請間道以入，度未及行，而李愬果自文城提卒夜至蔡，縛元濟如愈策，蔡州平。布衣柏耆以計干愈，愈奇之，白度曰：「淮西滅，王承宗膽破。若遣辯士爲明禍福，可不勞衆而服。」度然之，愈口占爲書，使柏耆賚以往，承宗果大恐，獻德、棣二州，遣子入侍。以功遷刑部侍郎。憲宗迎佛骨，入禁中三日，乃送僧寺，王公士庶奔走膜唄，至灼體膚，委珍貝，騰沓係路。愈惡之，上表極諫。帝大怒，將抵以死。裴度、崔群救之，曰：「愈言誠訐牾，然非内懷至忠，安能及此？」帝意猶未解。於是中外皆爲愈懼，雖戚里諸貴亦爲言。乃貶潮州刺史。至潮，表謝，帝頗感悟，曰：「愈前所論，是大愛我。然不當言天子事佛，乃年促耳。」將復召用，皇甫鎛沮之，量予内移，改袁州。愈初至潮，問民疾苦，皆曰：「惡溪有鱷魚，食民畜産，民以是窮。」愈親往視，投羊豕，爲文驅之。是夕暴風震電，數日溪水盡涸，西徙六十里，自是潮無鱷魚患。袁人以男女爲隸，過期不贖，則没入之。愈至，令得計庸贖歸，因與約，禁其爲隸。召拜國子祭酒，轉兵部侍郎。鎮州亂，殺田弘正而立王庭凑，詔愈往宣撫，衆皆危之。既行，元稹言愈可惜，穆宗亦悔，詔度事從宜，無必入。愈曰：「止君之仁，死臣之義。」遂疾驅入，廷凑嚴兵見之，廷凑曰：「所以紛紛者，乃此士卒也。」愈大聲曰：「天子以公爲有將帥材，故賜以節，豈意同賊反耶？」語未終，甲士前，奮曰：「先太師爲國擊朱滔，血衣猶在，此軍何負朝廷，乃以爲賊乎？」愈曰：「以爾爲不記先太師也！若猶記之固善，且爲逆與順利害。不能遠引古事，自天寶來，安禄山、史思明、李希烈、梁崇義、朱滔、朱泚、吴元濟、李師道，有子若孫在者乎？」衆曰：「無。」愈曰：「田公以魏博六州歸朝廷，官中書令，父子受旗節。劉悟、李祐皆大鎮，此爾軍所共聞也。」衆曰：「弘正刻，故軍不安。」愈曰：「然爾曹害田公，又殘其家矣，復何道？」衆乃讙曰：「侍郎語是。」廷湊恐衆心動，遽麾使去，泣謂愈曰：「今欲廷湊何若？」愈曰：「神策六軍之將，如牛元翼比者不少。但朝廷顧大體，不可棄而不救，公久圍之，何也？」廷湊曰：「即當出之。」會元翼潰圍出，廷湊不追。愈歸，奏其語，帝大悦。轉吏部侍郎。時宰相李逢吉惡李紳，欲逐之，乃以愈爲京兆尹，兼御史大夫。特詔不臺參，而除紳中丞。愈不參紳，紳遂劾愈，愈以詔自解，臺府文刺紛然。遂罷愈爲兵部侍郎，而出紳江西觀察使。紳見上得留，愈亦復爲吏部侍郎。愈之尹京兆也，六軍將士私相誡曰：「是嘗欲燒佛骨者，安可忤？」故盗賊止息，遇旱米價不敢踊。長慶四年，卒，年五十七。贈禮部尚書，謚曰文。愈性明鋭，不詭隨，與人交，終始不少變。成就後進士，往往知名，經愈指授，皆稱韓門弟子。凡内外親若交友，無後者爲嫁，遺孤女而恤其家。愈少孤，鞠於嫂鄭氏，嫂没，制期喪報之。病革時，遺命喪葬無不如禮。「凡浮圖、陰陽、吉凶、拘忌，一無汙我。」其守禮法，排異教，至死不變乃如此。每言文章，自漢司馬相如、太史遷、劉向、揚雄後，作者不世出，故深探本原，卓然樹立，成一家言。其至者奥衍閎深，與孟子、揚雄相表裏，而佐佑六經。至它文造端置詞，要爲不襲蹈前人者然，惟愈爲之沛然若有餘。至其徒李翺、李漢、皇甫湜從而效之，遽不及遠甚。從愈游者，若孟郊、張籍，亦皆自名於時。

新唐書贊曰：唐興，承五代剖分，文弊質窮，天下已定，治荒剔蠹，討究儒術，薰濃涵浸。至貞元、元和間，愈遂以六經之文爲諸儒倡。愈之才，自視司馬遷、揚雄，至班固以下不論也。當其所得，粹然一出於正，刊落陳言，橫騖别驅，汪洋大肆，要之無牴牾聖人者。其道蓋自比孟子，以荀況、揚雄爲未淳，寧不信然？至進諫陳謀，排難恤孤，矯拂媮末，皇皇於仁義，可謂篤道君子矣。自晉迄隋，老佛顯行，聖道不斷如帶，諸儒齮天下正義，助爲怪神。愈獨喟然引聖，争四海之惑，雖蒙訕笑，跲而復奮，始若未之信，卒大顯於時。昔孟子距楊墨，去孔子才二百年，愈排二家，乃去千餘歲。撥衰反正，功與齊而力倍之，所以過況、雄爲不少矣！

程子曰：韓愈，近世豪傑之士也。古之學者修德則言可，不學而能。愈乃以學文之故，日求所未至，故所見甚高。其言曰「孟子死，不得其傳」，此非有所襲於前也。若無所見，所謂傳者，果何事耶？

論曰：愈，因文見道者也。其克己力行，雖不若宋儒之堅確，然不可不謂强有立之士也。讀其所著雜文，不免有求進憤激不平之詞，然始仕於朝，則以諫宫市、忤叔文，而貶陽山矣。蹶而復起不悔。旋以諫佛骨，批龍鱗，濱死遠斥，復起又不悔。更以使廷湊而折强藩，此非有得於朝聞夕死、舍生取義者，能之乎？至其經世謨猷，略見於淮西事宜云。

宋

王昭素

王昭素，開封酸棗人。少篤學，不仕。有至行，常聚徒教授以自給。鄉里爭訟，不詣官府，多就昭素決之。昭素博通九經，尤精詩易。以疏注或未盡，乃著易論二十三篇。開寶中，李穆薦之，召，赴闕，見於便殿。時年七十七，精神不衰，太祖恨相見之晚，賜坐。講易乾卦，至五爻，太祖曰：「此豈可令常人見？」昭素曰：「無傷也。使臣等占值之，則陛下爲飛龍在天，臣等爲利見大人。」因問以治世養身之術，對曰：「治世莫若愛民，養身莫若寡欲。」太祖愛其言，書於屏几。又訪以民間事，昭素誠實無隱，太祖嘉之。以老求歸，拜國子博士致仕。年八十九，卒。初，李穆暨弟肅從昭素學，昭素常語人曰：「二子皆令器。穆尤沈厚，他日必致公輔。」後果參政。每市物，隨所索與直，未嘗較高下。市人至相戒，毋復敢索。「王先生厚直者。」盗夜抉其門，門有横椽，盗未即得入，昭素覺之，潛擲其椽，盗慙而去，由是里中無盗。家畜一驢常以假人，每出，必問曰：「無假驢者乎？」僮曰：「無有。」然後出。其純質如此。

論曰：易之爲書，不可典要，其占法亦稽實以待虛，存體而應用。自諸家好爲博稽事迹，指實於卦爻之下，而占法幾窒不行。必如昭素所云，乃可迭爲貞悔，以畢天下之能事。故朱子採焦氏之法以窮易變，因昭素之意以神易占。後聖復起，不能易已。

孫奭

孫奭，字宗古，博州博平人，後徙須城。以九經及第，除莒縣主簿，遷大理評事，爲國子監直講。太宗幸學，召奭講尚書説命三篇，音讀詳潤，上稱善，賜緋。咸平間，爲諸王府侍讀。會詔百官轉對，奭上十事。判太常禮院，國子監，司農寺，累遷工部郎中，擢龍圖閣待制。奭以經術進，守道自處，即有所言，未嘗阿附取悦。大中祥符初，上將奉迎天書，宰相王旦以下皆再拜稱萬歲，奭獨言曰：「臣愚，所聞『天何言哉』，安有書也？」上既親受符命，遂議封禪，作禮樂。四年，將祠汾陰后土。奭上疏切諫，陳十不可。上遣宦者皇甫繼明就問，又疏，對曰：「昔陳勝起於徭戍，黄巢出於凶饑；隋煬帝勤遠略，而唐高祖興於晉陽；晉少主惑小人，而耶律德光長驅中國。陛下俯從姦佞，遠棄京師，涉仍歲薦饑之墟，修違經久廢之祠，不念民疲，不恤邊患，安知今日戍卒無陳勝，饑民無黄巢，英雄將無窺伺於肘腋，外敵將無觀釁於邊陲乎？」六年，將祠太清宫，奭又疏諫，引明皇天寶之亂爲鑒戒。上作辨疑論以解之，然知奭朴忠，雖言至切直，猶遣中使慰諭焉。久之以父老丐歸，不許，出知密州。居二年，遷左諫議大夫，罷待制，還，糾察在京刑獄。於是初置天慶、天祺、天貺、先天、降聖諸節，天下設齋醮張宴，費甚廣。奭請裁省浮用，不報。復出知河陽，求解官就養。遷給事中，徙兗州。天禧中，朱能獻乾祐天書，奭疏諫，語尤加切，未幾能敗。上嘗令陳時政得失，奭以納諫、恕直、輕徭、薄斂四事爲言，頗施行焉。仁宗即位，宰相請擇名儒侍講讀，乃召奭爲翰林侍講學士，知審官院，判國子監，修真宗實録。丁父憂，起復，兼判太常寺及禮院，三遷兵部侍郎，龍圖閣學士。奭勸講禁中二十餘年，每至前世亂君亡國，必反覆申繹，未嘗忌諱，因以規諷。仁宗意或不在書，奭輒拱默以俟，上爲悚然改聽。又掇五經中切治道者爲五十篇，號經典徽言，及畫無逸圖，并上之，上施圖於講讀閣。皇太后尤重之，每進見，未嘗不加禮。年踰七十，固請致仕，至於泣下。帝惻然，猶敦留之。乃求近郡，優拜工部尚書，復知兗州，尋改禮部尚書。累表乞歸，遂以太子少傅致仕。嘗語客曰：「白傅有言：『多少朱門鎖空宅，主人到老不曾歸。』今老夫歸矣。」喜動於色。疾革，徙正寢，屏婢妾，謂子瑜曰：「無令我死婦人之手。」奏至，上嗟惜，罷朝一日。贈左僕射，謚曰宣。奭性方重，事親孝，立朝正言諫争，有古風采。晚節勇退，優游里社，始終全德。先是郊廟禮樂尚多訛闕，奭援古奏正，輒著於禮。又撰崇祀録樂記圖五經節解五服制度，所奉詔校定者又數種。

論曰：宋初尊奬儒臣，而奭與邢昺最著。昺之選懦依阿，縈懷禄利，其志固已卑矣。奭獨正直行行，事君以義，進退有禮，可謂儒者之高節，搢紳之楷模。以王旦一時名相，當之猶有愧色，况於昺乎？若其勸講禁中，不惟問學之益，而時有以斂人主之逸志。此則聖敬所以日躋，實爲天德之本。仁宗之爲有宋令主也，宜哉！

周子

周子，名敦頤，字茂叔，道州營道縣之蓮溪人。本名敦實，避英宗諱，改焉。年十八以舅鄭向任爲將作監主簿，康定元年調分寧縣主簿。縣有疑獄，周子一訊立辨。爲政精密嚴恕，務盡道理，士民交稱。慶曆五年，遷南安司理參軍。有囚法不死，轉運使王逵欲深治之。逵，酷悍吏也。周子争不能得，則委手版將棄官去，曰："此尚可仕乎？殺人以媚人，吾不爲也。"逵悟，囚得免死。當是時程珦假倅南安，視周子氣貌非常人，與語，以爲深於道。因與結友，使二子師之。皇祐二年，移郴桂陽令。郴守李初平賢之，薦諸朝，且語曰："吾欲讀書，何如？"周子曰："公老，無及矣，請爲公言之。"初平日聽其語，二年果有得。未幾初平卒，子幼，周子曰："吾事也。"爲護其喪歸葬，經紀其家，始終不懈。周子爲人砥名節。既仕，奉己甚約，禄入，盡以周宗族，奉賓友，家或無百錢之儲。至和元年，改大理丞，知南昌。南昌人皆曰："是能辨分寧獄者，吾屬得所訴矣。」於是豪家黠吏更相告語，懼得罪，且以穢污善政爲恥也。嘉祐元年，改太子中舍，判合州，至則民心服悅。事不經手，吏不敢決，雖下之民，亦不從。部使者趙抃惑於譖，臨之甚威，周子處之超然。六年轉國子博士，判虔州。而抃復守虔，熟視所爲，大寤，執其手曰：「吾幾失君矣！今而後乃知周茂叔也。」頃之移永州，又權知邵州。熙寧初，用呂公著及抃薦，爲廣東轉運判官。三年遷虞部郎中，提點廣東刑獄。盡心其職，務在矜恕。雖荒崖絶島，皆緩視徐按，不憚瘴癘之侵。以洗冤澤物爲己任。俄得疾，又聞水嚙其母墓，乞知南康軍。改葬畢，曰：「强疾而來者，爲葬耳。今猶欲以病污麾紱耶？」遂謝事，居廬山蓮花峰下。前有溪合於湓江，乃取營道所居濂溪以名之。自是之後，新法大行，士夫沸騰，黎民騷動。趙抃再鎮蜀，復奏起之，朝命及門，而周子卒，六年六月七日也，年五十七。周子玉色金聲，從容和毅，窗前草常不除，寓懷塵埃之外。仕宦所至，如春風和氣，被飾萬物。黄庭堅稱其人品甚高，胸懷灑落如光風霽月。廉於取名而鋭於求志，薄於徼福而厚於得民，菲於奉身而燕及煢嫠，陋於希世而尚友千古。二程既受業，周子每令尋孔顔樂處，所樂何事。程伯子稱曰：「自再見周茂叔，吟風弄月以歸，有吾與點也之意。」侯師聖學於程叔子，未悟，謁周子，周子留與對榻三日乃還。叔子驚異曰：「非從茂叔來耶？」其善開發人類此。所著有太極圖説、易通、易説，易説失傳。寧宗時追謚曰元，理宗幸學，封汝南伯。

真德秀曰：自荀、揚以惡與混爲性，而不知天命之本然；老莊以虚無爲道，而不知天理之至實；佛氏以剗滅彝倫爲教，而不知天叙之不可易。周子生乎絶學之後，獨探本源，發幽秘。二程見而知之。朱子又聞而知之，述作相承，本末具備。自是人知性不外乎仁義禮智，而惡與混非性也；道不離乎日用事物，而虚無非道也。教必本乎君臣、父子、夫婦、昆弟，而剗滅彝倫非教也。闢聖學之户庭，祛世人之矇瞶。千載相傳之正統，其不在兹乎！

論曰：周子之學，莫知其淵源所自。而太極圖説易通二書，實爲六經以後僅有之編。故朱子推本於集奎之祥，以爲不由師傳，默契道體也。雖然，書不盡言，言不盡意，以陸九淵之高明，猶疑於其説，况餘子乎？二程不以圖授人，然平生發揮明闡，不離其宗，至朱子表章，尊信二書，遂臚於經。唐韓愈嘗言南條之南，鬱積旁魄，以窮於郴，其下必産異人。越數百年而周子出焉。嗚呼！星精兆瑞，嶽鎮效靈，天祚斯文，可不謂生知之亞者乎？

胡瑗

胡瑗，字翼之，泰州海陵人。布衣時，讀書泰山，攻苦食澹，十年不歸。得家問，見平安，即投澗下，不復視，其專如此。年四十餘，未嘗求仕。景祐初，更定雅樂，以知音用。范仲淹薦，召對。既至，例先就閤門習儀，瑗辭曰：「平生所讀書，即事君之禮也，何以習爲？」及對，上嘉悦，謂左右曰：「瑗進退周旋，動合古禮。」命與阮逸同較鐘律，其法以大黍累尺，小黍實龠。與逸各造鐘磬一簴，丁度以爲非古制，皆罷之。而授瑗試秘書省校書郎。范仲淹經略陝西，辟丹州軍事推官，改密州觀察推官。丁父憂，闋，以保寧節度推官，教授湖州。瑗嘗患隋唐以來，學尚文詞，遺經業，乃具科條，以身先之。雖盛暑，必公服坐堂上。嚴師弟子之禮，講解經旨，懇懇爲諸生言，所以治己而後治乎人者。其視諸生如子弟，諸生亦信愛瑗如父兄。置經義齋，以處疏通有器局而好尚經術者。又置治事齋，俾人治一事，各兼一事。凡農田水利，邊防算數之類，無所不講。既使類聚群居，互相磨壟，間又使自論所學。或出一義，使各以意對，而瑗親爲可否之。以故人皆樂從，而才適世用。慶曆四年春，天子開天章閣，與大臣講求治道，慨然詔州縣悉立學。於是建太學於京師，而下湖州，取瑗科條以爲太學法，著爲令。尋召爲諸王宫教授，以疾免，已而以太子中舍致仕，遷殿内丞於家。皇祐二年，更鑄太常鐘磬。復召瑗及逸，置局秘閣議之，以瑗爲大理評事，兼太常主簿。辭，歲餘授光禄寺丞。四年，爲國子監直講。瑗既居太學，從者益衆，庠廡至不能容，拓旁官舍以廣之。是時伊川亦游太學，作好學論，瑗遽延見，處以學職。每講罷，或引當世事証明其義。嘗講易小畜曰：「畜，止也，臣止君也。」已乃言趙中令補所碎劄子，復呈藝祖之事。諸生才業各異，要皆淳厚，修飾衣服容止，往往相類。人遇之，不問可知爲瑗弟子也。每禮部所得士，瑗弟子十常居四五。有番禺人遣子重賫就學，其子儇宕，盡靡所賁，病幾殆，適父至，擕以謁瑗，言其故，瑗曰：「是宜先警其心。」乃授以一帙，其子視之，則素問也。讀未及竟，惴惴然痛自悔責。瑗乃召而教之，曰：「知愛身則可以修身，自今以始，其洗心向道。聖人不貴無過而貴改過，無懷昔悔，第勉新業。」其人既穎脱感奮，益自力，竟登上第。樂成，遷大理寺丞。嘉祐初，擢太子中允，充天章閣侍講，仍主太學。嘗於上前講「元亨利貞」，不避諱，左右皆失色，上亦愕然。瑗徐曰：「臨文不諱。」上意遂解。既而疾，不能朝，以太常博士致仕歸，朝士及諸生祖餞之，時以爲榮。瑗治家嚴，尤謹内外，子婦非節朔，毋得歸寧。嘗曰：「嫁女須勝吾家，娶婦須不及吾家。」問其故，曰：「勝吾家則女事人必欽必戒，不及吾家則婦事舅姑必執婦道。」及卒，詔賻其家。初，師法久廢，及瑗與孫復、石介三人者出，然後學者有師，而瑗之徒最盛。福唐劉彝者，瑗高第也，瑗嘗言彝善水利，後彝試政，所至皆興水利有功。熙寧初，彝得召對，上問：「瑗文章，孰與王安石愈？」彝曰：「聖人之道，有體有用有文。國家取士，不以體用爲本，而尚聲律浮華之文，是以風俗媮薄。臣師瑗嘗病其失，遂明體用之學，以授諸生，出其門者無慮千人。今學者漸知明體適用，以爲政教之本，瑗之功也。」上悦。瑗在太學時所講五經異論，弟子記之，目爲胡氏口義，行於世。

論曰：六經皆聖人經世之書也。舍經以言事，其弊也雜；離事以談經，其弊也迂。聖人之教，德行道藝，精粗具舉，豈其時之士盡爲全材哉？教舉其全，而學猶或失則偏。苟徒以偏教，則士之有始有卒者，益鮮矣。瑗分立二齋，判治經治事爲兩途，與聖人之意雖若稍異然者，然黜浮華，崇實用，成就人才之功，良不可誣。史稱有宋師道之立，實自瑗始，不已卓乎！

孫復

孫復，字明復，晉州平陽人。舉進士不第，已而退居泰山，學春秋，著尊王發微十二篇。魯多學者，而石介最知名，自介以下皆以師禮事復。孔道輔聞而造復，介執杖屨侍左右，升降則扶之。及復往謝道輔所，介又然，魯人由是始識師弟子之禮。故相李迪知復賢，將妻以弟女，時復年已四十矣。意猶豫，介與諸弟子請曰：「公卿不下士久矣。今丞相不以先生貧，欲托以子，宜因以成丞相之賢。」復乃聽。及介爲學官，語人曰：「孫先生非隱者也。」於是范仲淹、富弼交薦之。召爲秘書省校書郎，國子監直講。初，仲淹掌學睢陽，有孫秀才者索游上謁，仲淹饋以千錢，明年又至，饋又如之。因問曰：「何僕僕至此？」生蹙然曰：「母老，無以養。若日得百錢，則甘旨足矣。」仲淹曰：「觀子詞氣，非乞客也。」補以學職，月餉錢三千，而授之春秋，生遂篤學，不舍晝夜。明年，仲淹去睢陽，生亦辭歸。後十年，聞泰山下有孫明復先生，以春秋教授學者，道德高邁。比召至，則昔日索游孫秀才也。久之，車駕幸太學，賜緋衣銀魚，命爲邇英閣祇候説書。未幾罷，孔直温常以詩遺復。直温之敗，復坐貶虔州監税，徙泗州，歷知長水縣，簽書應天府判官事，通判陵州。未上，用趙槩等言，留爲直講，稍遷殿中丞。卒，賜錢十萬。復與胡瑗不合，在太學常相避。復教養諸生不如瑗，而治經過之。復既病，韓琦言於仁宗，選書吏給筆札，命其門人祖無擇就復家，録其書凡十餘萬言，藏於秘閣。

論曰：復與胡瑗、石介，朱子所謂宋初三先生者也，而介實事復。當宋之盛，名臣輩出，至奬掖人才，必以范仲淹爲稱首。復之成學，由於仲淹，其後又與瑗、介及李覯并爲仲淹招致，與子純仁共學。故北宋臣軌，尤最仲淹。而師道之抗，從三子始。自是而後大儒踵興，聖學遂明。師道立則善人多，豈不信夫！

石介

石介，字守道，兖州奉符人。爲舉子時，寓南都，固窮苦學。王濆遺以盤餐，介謝曰：「甘脆亦介之願，但明日何以爲繼？夫朝餐膏粱，暮厭粗糲，人之常情也。介不敢當賜。」濆咨重之。既成進士及第，歷鄆州、南京推官。樂善疾惡，喜聲名，遇事奮然敢爲。御史臺辟主簿，未至，會赦書中求五代及諸僞國後，介疏論之，罷不召。秩滿，遷鎮南軍掌書記，代父丙遠官，爲嘉州軍事判官。丁父母憂，耕徂徠山下，葬五世之未葬者七十喪。以易教授於家。魯人不稱其官，而稱其德，以爲徂徠魯之望，而介魯人之所尊，故因所居山以配其有德之稱，號曰徂徠先生。介貌厚而氣完，學篤而志大，雖在畎畆，不忘天下之憂。嘗患揚劉害文，釋老害道，著怪説中國論以排之。又著唐鑑以戒姦臣、宦官、宮女。凡所發憤爲文章，皆極陳古今治亂成敗，以指切當世，賢愚善惡、是是非非，無所諱忌。由是謗議喧然，而小人尤嫉惡之。介不惑不變，曰：「吾道固如是，吾勇過孟子矣。」服除，召入國子監直講，以師道自居，弟子從之者甚衆。歲餘，用杜衍、韓琦薦，擢太子中允，直集賢院。慶曆三年，天子以兵討元昊久無功，海内重困，奮然思欲振起威德，而進退二三大臣，增置諫官御史。於是罷宰相吕夷簡、樞使夏竦，而杜衍、韓琦及章得象、晏殊、賈昌朝、范仲淹、富弼等同時執政。歐陽修、余靖、王素、蔡襄并爲諫官。介喜曰：「此盛事也！歌頌，吾職，其可已乎？」乃作慶曆聖德詩，詩所稱多一時名臣，其言大姦，蓋斥竦也。詩既出，孫復見之，曰：「子禍始於此矣。」久之，介不自安，求出通判濮州，未赴。五年七月，卒于家。會徐狂人、孔直温謀反，搜其家，得介書。竦銜介甚，因言介不死，北走契丹矣。詔編管介妻子於江淮，出中使將斲棺以驗。賴杜衍、吕居簡等全之，乃免斲棺。久之，妻子亦放還。介家故貧，妻子不免凍餒。富弼、韓琦共分俸買田以贍之。有徂徠集行於世。

論曰：仁宗渾厚之主也，於時朝多君子，宋業最盛。而介以一詩幾罹身後之禍，何歟？昔吴張温得罪，諸葛亮聞之，思其故，久之乃曰：「我得之矣：善惡太明。」夫明誠，君子所尚，然甄覈流品，絶之已甚，至使小人自甘於棄物，則未有不激而成變者也。易之姤以陽制陰，而其爻繇乃曰「苞有魚」，曰「以杞苞瓜」。惟能苞之，故能制之，貴勿激也。

劉敞

劉敞，字原父，臨江新喻人。慶曆中舉進士甲科，通判蔡州，入直集賢院。時方議大樂，上使中貴人趙談參其事。敞諫以爲「王事莫重於樂。今儒學滿朝，而參以談，臣懼爲袁盎笑也」。俄判考功。而夏竦卒，賜謚文正。敞以竦行不應法，三疏言之，卒改文莊。權度支判官，徙三司使。會秦州與羌争古渭地，上以問敞，敞曰：「若新城可蔽秦州，或地形險利，争之可也。今何所重輕而殫財困民，損士卒之命，以規小利，使曲在中國？非計也。」時議者多不同，卒守之，秦州坐是多事。以同修起居注，未一月擢知制誥。宰相陳執中沮之，上不聽。宦者石全彬領觀察，居三日爲真，敞封還除書，不草制。於是吴充、馮京皆以非罪去官。敞因對論之，上曰：「充能振職，京亦無它。中書惡其太直，不相容耳。」敞曰：「主上好諫，而中書乃逐言者，是蔽君之明，止君之善。臣恐感動陰陽，有日食、地震、風霾之異。」居五日，鎮戎軍地震，都下累日陰霾，太陽色昏，略如敞言。敞問學淵博，自佛老、卜筮、天文、方藥、山經、地志皆究知大略，爲文贍敏。嘗將下直，適封王主九人，需九制，立馬却坐成之。歐陽修每折簡問所疑，敞對使揮答不停手，修深服之。後使契丹，於道里山川故所習知，而契丹導者故回曲千餘里，以示其國險遠。敞問譯曰：「自松亭趨柳河甚直而近，何不道彼而道此？」譯驚顧駭愧。順州山中有異獸如馬，食虎豹，契丹不識，以問敞。敞曰：「此駮也。」爲言其形狀音聲，契丹益歎服。使還，求知揚州，以寬簡安拊，民用大和。徙鄆州，決獄訟，明賞罰，境内政清，道不拾遺，蝗皆出境。召糾察在京刑獄，時近例，凡上旨及中書樞密所鞫獄，皆不覆問，輒棄市。敞奏革之，著爲令。值上當祫享，宰相欲加上尊號，敞止之曰：「上持盈好謙，不受尊號且二十年。今加數字，不足盡聖德，而前美盡棄，誠可惜也。」宰相不聽。敞退，即上疏諫，且曰：「今百姓多困，倉廪不實，風俗未清，賢不肖混淆，獄訟繁多，盜賊迭起，水旱繼有。四夷雖粗定，亦本以重賂厚利羈縻之，非畏威慕義也。願陛下永執至道，以當天心，必有一謙四益之報。」上遂不受。蜀人龍昌期著書傳經，詭僻惑衆，文彦博薦之，賜五品服。敞曰：「昌期學非而博，未即少正卯之刑已幸矣，又何賞焉？」昌期聞之，不敢受賜。其識論與衆忤類此。頃之，丐外，拜翰林侍讀學士，知永興軍。召還，判三班院。英宗初，敞嘗侍講，時兩宫方有間言，敞指事據經，因以諷諫。讀史記至堯授舜以天下，拱而言曰：「舜至側微，堯禪以位，天地享之，百姓戴之。非有它道，惟孝友之德，光於上下耳。」上知其意，改容竦聽，皇太后聞之，亦大喜。以苦眩予告，上重其人，每燕見它學士，必問敞安否。疾少間，復丐外，知汝州，旋改集賢書院學士，判南京御史臺。熙寧元年卒，年五十。敞明於禮學，嘗謂儀禮有士冠禮士昏禮，戴記則有冠義昏義，以至鄉飲酒、鄉射、燕、聘皆然，獨士相見、公食大夫禮無其義，因採古經以補之。又定爲兄後之義，以弟繼兄後，兄當爲昭，弟當爲穆，以承國與天下爲重，而引春秋譏閔、僖逆祀，以正漢朝惠、文、昭、宣不相爲後之失。又有奔喪議，且謂臣僚以喪去位，當量給禄俸，以明朝廷篤於禮而厚於教。尤粹於春秋，爲書四十卷，行於世。

論曰：今之治春秋者，宗胡氏傳，以安國所著實採程子、邵子、張子及孫覺諸人之説，詞嚴義正，確乎可以範世也。然讀敞所著春秋，貫穿經傳，其旨遠，其詞文，多得聖人之意，與附會穿鑿者大别。方之胡傳，無不及也。至居官以風節自勵，上之則諫止尊號以正其君，下之則考核謚法以正其臣，尤得春秋謹嚴之旨。昔劉向治穀梁春秋，常考災異，冀以警悟上心。敞亦因事推類以救時弊，二劉之意豈異哉！

陳襄

陳襄，字述古，福州侯官人。少孤，事繼母孝，教弟妹有義方。時學者皆溺於詞章，襄獨與陳烈、周希孟、鄭穆爲友，氣古行高，磨礲鐫切，相期以天下之重。聞者笑爲迂闊，已乃信而從之，號爲四先生，四先生之名傳於四方。及舉進士，調浦城簿。浦城多世族，以請託脅持爲常，令不能制。襄攝令，欲革其俗。每聽訟，必使數吏環立於前，私謁者不得發，老奸縮手。適詔郡邑興學，襄遂繕學舍，招邑子弟教之，民畏且愛，爭圖像奉之如神明。改知河陽，富弼爲守，一見即加禮遇。始教民種稻，復留意教化。弼薦爲祕閣校理，判祠部。遇權貴人有丐寺觀名額及度僧人道士者，襄皆抑不行。出知常州，運渠横遏，震澤積水，爲常、蘇二府害。襄度渠丈尺，對民田，步畝分授，以浚深廣有制，遂削望亭古堰，水不復積，民害以除。郡庠下窄，襄更爲經始，晨入其中，坐授諸生經義，旁決郡事，由是毘陵學者盛於二浙。襄薄於奉己，及將召還，公帑贏錢至數百萬，乃召積年官逋未償，情可矜而力不足者，悉以輸之。入爲開封推官，鹽鐵判官。神宗立，奉使契丹，還，出知明州。明年同修起居注，知諫院，改侍御史，知雜事。論青苗法不便，乞斥王安石、吕惠卿以謝天下，不聽。召試知制誥，襄以言不行辭，不願試，至曰："義之所在，知無不言，臣豈知鐵鑕在前，而寵禄居後哉？一有顧利避害之心，則依違姑息，無所不至。身且不正，焉能正人？"遂乞補外。帝惜之，留修起居注，逾年乃知制誥。安石屢欲出之，帝不許。尋直學士院，安石愈忌之，吹求小失，出知陳州，徙杭州。復入爲樞密直學士，知通進銀臺司，兼侍讀，判尚書都省。病革，索紙筆書"先聖先師"四字，付其子而絶，年六十四。襄莅官所至，務興學校。每過社稷、孔子廟，必下而趨入，士知所矜式。平居急於講求利病，既没，友人尋其故篋，得手書累數十幅，盈紙細楷，大抵皆民間事也。在經筵，上顧遇甚厚，訪以人材，舉司馬光等三十三人以對。謂司馬光、韓維、吕公著、蘇頌、范純仁皆股肱心膂之臣，不當久在外；蘇軾、鄭俠愚直敢言，發於忠義，投竄瘴癘，朝不謀夕，頋使生還。帝不能用。

論曰：四先生興，而濱海有鄒魯之號、儒者之風，固如此矣。及襄所至興學，爲士民師，臨革猶惓惓於先聖先師，蓋終其身無時不結神於兩楹之間也。吕氏家塾記又載襄爲富弼上客，所以告弼者盡仁義也，有異於弼者造爲五鬼之目，而襄處其一。夫世群奉之以先生，而夫己氏者乃反指之曰鬼，名號頓殊。小人之無忌憚，抑亦何所不至哉！

史傳三編卷四

名儒傳四

宋

邵子

邵子，名雍，字堯夫。先爲范陽人，曾祖令進從衡漳，父古又徙共城。邵子少時自雄其才，既學，力慕高遠。後喪母，廬於蘇門山百源之上，堅苦刻厲，冬不爐，夏不扇，夜不就席者數年。於是北海李之才以獲嘉主簿權共城令，聞之，造其廬，謂曰：「子亦聞物理性命之學乎？」對曰：「未也。幸受教。」乃事之才受易。之才之傳，遠有端緒，而邵子探賾索隱，妙悟神契，多所自得。大名王豫者，瑰偉博達士也，號精於易。造邵子，與語，驚服，遂捨所學而學焉。邵子乃慨然曰：「昔人尚友於古，吾獨未及四方。」於是走吴適楚，過齊魯，客梁晉，久之歸，曰：「道在是矣。」年三十餘，游河南，葬親伊水上，遂定居焉。始至，蓬蓽環堵，平居屢空，而怡然有所甚樂。歲時耕稼，僅給衣食，名其居曰安樂窩，因自號安樂先生。旦則焚香燕坐，及晡，酌酒三四甌，微醺即止，不及醉。興至，輒哦詩春秋。時出游城中，風雨常不出。出乘小車，一人挽之，惟意所適。士大夫家識其車音，爭相迎候，童孺厮隸皆驩，相謂曰：「吾家先生至也。」不復稱其姓字。或留信宿乃去，好事者别築屋如所居，以候其至，名曰行窩。與司馬光皆以純德，尤爲鄉里所慕嚮，每相飭，毋爲不善，恐司馬端明、邵先生知之。士之道洛者，有不之公府，必之邵子。邵子德氣粹然，望而知其賢。不事表襮，不設防畛，群居宴笑終日，不爲甚異。與人言，必依仁義忠信，樂道人之善，而隱其惡。有就問則答之，未嘗强以語人。人無貴賤少長，一接以誠，故賢者悦其德，不賢者服其化。嘉祐中，富弼入相，將用之，乃因明堂祫享詔舉遺逸，意河南必以邵子應詔。而文彦博以使相判河南，用兩府禮，召見邵子，不能屈，遂舍邵子，舉黄景。弼不樂，詔再舉。留守王拱辰始以邵子薦，而弼已憂去位矣。除將作監主簿，不起。熙寧二年，復舉遺逸，用吕誨等薦，除秘書省校書郎，潁州團練推官，又不起。三年，王安石初行新法，天下騷然，富弼、司馬光及吕公著等皆退居洛。雅重邵子，恒相從游，爲市園宅。於是故舊門人仕宦者多欲投劾去，以訪邵子。邵子曰：「新法雖嚴，正賢者盡力之時。能寬一分，則民受一分賜矣。投劾何益？」及安石罷相，吕惠卿參政，富弼有憂色。邵子謂曰：「公無憂。是二人者本以勢利合，勢利相敵將自爲仇，不暇害他人也。」未幾，惠卿果叛安石。十年夏，感微疾，謂司馬光曰：

「雍與觀化一巡。」光曰：「何至此！」邵子笑曰：「死生常事耳。」張子來問疾，因曰：「先生盍一論命？」邵子曰：「若天命則已知之，世俗所謂命，固不知也。」張子曰：「先生知天命矣。」及病革，二程子、張子、司馬光晨夕視之。外庭議喪葬事，邵子皆能聞。召子伯温，曰：「諸君欲葬我近城地，當從先塋耳。」卒時年六十七，贈祕書省著作郎。明道程子誌其墓。初，明道從父見邵子，退而歎曰：「堯夫内聖外王之學也。」其心虛明，遇事能前知，學者用是輒謂邵子能因聲氣之動，以推其應，如管、郭之術。其實邵子未必然也。所著書曰皇極經世觀物内外篇，詩曰擊壤集。元祐中，追謚康節。先是，章惇嘗事邵子，後執政欲用伯温，伯温不往，會赴部銓，先謁部而後見敦。惇論及康節之學，曰：「嗟乎！吾於先生不能卒業也。」伯温曰：「先公先天之學，論天地萬物，未有不盡者。其信也，則人之仇怨反覆者，可忘矣。」於是，惇方興黨獄，故以是動之，惇悚然。猶薦諸朝，而伯温願補外，惇不悦。遂監永興軍，鑄錢監。時元祐諸賢南遷，莫敢過訪，獨伯温見范祖禹於咸平，見范純仁於潁昌。或爲之恐，不顧也。秩滿，以避惇，故義不至京師，從外辟。徽宗初，上書請復祖宗法度，辨宣仁誣謗，解元祐黨錮，及戒勞民用兵。嘗論元祐、紹聖之政，曰：「公卿當知國體。以蔡確奸邪，死何足惜！然既爲宰相，當以宰相待之。」其立論忠厚如此。初，邵子嘗曰：「世行亂，蜀安可避。」及宣和末，伯温載家使蜀，卒免於亂。

論曰：夫子傳説卦，惟後天方位至明，漢儒用相付受。至先天八卦以及圓横諸圖，皆出邵子。邵子嘗曰：「先天圖，心法也，吾終日言，未嘗離乎是。」然則圖之義精矣，橫圖則明道程子所謂加一倍法者是也。易以道陰陽，故數起於兩；範以叙三才，故數起於三。聖人之倚數立法，各有取爾。揚雄作玄擬易，而數乃用三，其法固已舛矣。然邵子平生樂道揚雄，豈其倍累層生之致有以發其妙悟耶？子朱子言易理則尊程，數惟宗邵，有以也。

張子

張子，名載，字子厚，世大梁人。父迪知涪州，卒於官，子幼，不克歸，僑於鳳翔郿縣橫渠鎮之南，因徙家焉。張子少喜談兵，至欲結客取洮西地。年二十一，以書謁范仲淹，仲淹知爲遠器，謂曰：「儒者自有名教可樂，何事於兵？」授以中庸。張子讀之，猶以爲未足，又求諸釋老，累年究其説，知無所得，反而求諸六經。嘗擁虎皮講易京師，聽從者甚衆。一夕二程至，與論易，遂撤坐輟講，語人曰：「是深明易道，吾所弗及。」因與二程論道學之要，渙然自信，曰：「吾道自足，何乃旁求？」於是盡棄異學，淳如也。嘉祐二年，成進士，授祁州司法參軍，遷雲巖令。爲政以敦本善俗爲先，每月吉具酒食，召高年親爲勸酬，使人知養老事長之義。因問民疾苦，及告以訓戒子弟之意。嘗謂學者曰：「孰能少置意科舉，相從於堯舜之域者乎！」學者聞法語，多有從之者。渭帥蔡子正特加尊禮，軍府之政大小咨之，所贊助尤多。神宗立，方新百度，思得才哲士。呂公著言張子學有本原，召見，問治道，對曰：「爲政不法三代者，終苟道也。」上悦，以爲崇文院校書。王安石問以新政，對曰：「公與人爲善，則人以善歸公。如教玉人琢玉，則宜有不受命者矣。」安石默然，寖不悦。明州苗振獄起，命往治之，明道言載以經術德義進，不宜使治獄。安石曰：「淑問如皋陶，猶讞囚，此何傷？」是時張子弟戩與明道同爲御史裏行，極論安石亂法，陳升之等依違徇從。章既上，又詣中書争之。安石舉扇掩面而笑，戩曰：「戩之狂直，宜爲公笑，然天下之笑公者不少矣。」升之從旁解之，戩曰：「公亦不得爲無罪。」升之有愧色。遂與明道同時補外。張子按獄還，明道等已出，遂移疾去。屏居終南山下，敝衣疏食，危坐一室，俯而讀，仰而思，有得則識之。或中夜起，取燭以書。其志道精思，未嘗須臾息也。嘗以定性之學問於明道，明道答之，有曰：「天地之常，以其心普萬物而無心；聖人之常，以其情順萬事而無情。故君子之學，莫若廓然而大公，物來而順應。」張子大悦。其後學成德尊，每患學者雖復多聞，不務畜德，徒善口耳而已。以故猶秘其學，不多爲人言講。明道謂之曰：「道之不明久矣。人善其所習，自謂至足。必如孔門不憤不啓、不悱不發，則師資勢隔，而先王之道或幾熄矣。趣今之時，且當隨其資而誘之。雖識有明暗，志有淺深，亦將各有得焉。」張子用其言，每告學者以知禮成性、變化氣質之道。以爲知人而不知天，求爲賢人而不求爲聖人，此秦漢以來學者大蔽也。故關中學士躬行之多與洛人并。張子氣質剛毅，德盛貌嚴，然與人居久而日親。其治家接物，正己以感人，人未之信，反躬自治，不以語人。聞人之善，喜見顔色，答問學者，雖多不倦。其家冠、昏、喪、祭，率用先王之意，而傅以今禮。初治期功之服，行四時之薦，聞者或疑笑之，卒乃信從。一變而從古者甚衆，皆自張子倡之。又嘗病戍卒往來不可用，不如省數，以募土人。以及井田宅里、發斂學校之法，皆欲條理成書，使可舉而措諸事業。十年，吕大防薦之，詔知太常禮院。議不合，復以疾歸。過洛，見明道，曰：「吾病已革，將不起，尚可及長安也。」其冬十一月，至臨潼，沐浴更衣而寢，比旦視之，則卒矣。貧無以斂，門人買棺奉其喪歸，一用古禮以終其志。既而門人欲謚爲明誠，中子質諸明道，明道以問司馬光，光曰：「子厚用心，欲復三代之禮。禮曰『生無爵，死無謚』，又曰『賤不誄貴，少不誄長』。諸侯相誄猶爲非禮，況弟子而誄其師乎？孔子没，哀公誄之，不聞弟子復爲之謚也。今欲謚子厚，恐不合於古，非子厚之意。」乃止。學者稱爲横渠先生。張子之學以易爲宗，以中庸爲體，黜怪妄，辨鬼神。所著正蒙行於世，嘗謂門人曰：「此予歷年致思所得。其言殆與前聖合，大要發端示人，至觸類廣之，則有待於學者。正如老木一株，枝幹自在，所少者潤澤華葉耳。」最後二篇，其兩牖銘也，一曰砭愚，一曰訂頑。砭愚者東銘，訂頑則西銘也。伊川嘗言：「西銘，吾得其意，但無子厚筆力。」又曰：「西銘明理一而分殊，擴前聖所未發，與性善、養氣之論同功。自孟子後，蓋未之見。」孝宗時追封郿伯，寧宗時賜謚曰明。

論曰：井田之法，非獨授恒産也，有封畛以别公私，而上下之分定；有溝澮以資瀦洩，而旱潦之患消。以之成賦而賦治，以之起役而役均，以之寓兵而兵强。井法既廢，歷代之議田制者紛如。即使兼採衆策，限民名田而禁其賣買，又興水利以苴之，猶不如井法之善也。故雖三十税一，而豪家收大半之租，一有事役則差役雇役，利病相半。伍有常設之兵而兵驕，國有常縻之餉而財匱，其弊皆起於井法不行故也。然井法與封建實相表裏，自郡縣置而民無定主，吏無定民，徒以朝廷之神明，疆理方内。而欲爲之分田、易田、授田、歸田，一切如周、召時立法之密，勢將不行。惟師其意，權其變，隨其風土民俗而經界之，庶幾漸以復古。張子之所論定，自期不刑一人，而數年可復條理。未及成書，可勝惜哉！

程伯子

程伯子，名顥，字伯淳。世居中山，後從開封徙河南。太宗朝，高祖羽爲三司使。仁宗録舊臣，後以父珦爲黄陂尉，歷知龔、磁、漢等州。致仕，累轉大中大夫。珦爲人慈恕而剛斷，平居與幼賤處，惟恐有傷。至犯義理，不少假，左右臧獲，無日不察其饑飽寒燠。前後五得任子，以均諸父之子孫。所得禄，分贍親戚之貧者。從女兄寡，迎以歸，撫教其子，均於諸子。伯子以明道元年生，年十二三居庠序，如老成人。比十五，以父命偕弟頤稟學於濂溪周子，慨然有求道之志。泛濫於諸家，出入於老釋者幾十年，反求諸六經，而後得之。嘉祐二年，舉進士，除鄠主簿，多異政。府境被水，倉卒興役，諸邑皆狼狽。獨伯子所部不勞而事集，已，謂人曰：「吾之董役，乃軍法也。」當路將薦之，問所欲，伯子曰：「薦士當問才之所堪，不當問所欲。」調江寧上元主簿。值令缺，攝邑事。晝法均稅，富人初多不便，爲浮言，既而莫敢不服。盛夏隄決，法由府禀漕，乃後調役。伯子曰：「必需命，則苗稿矣。」輒發民塞之，歲則大熟。邑當水運之衝，舊爲小營以處漕卒之病者，然必請府始給食，以故多死。伯子白漕司，預貯米以飼病卒，全者大半。嘗言曰：「一命之士，苟存心愛物於人，必有所濟。」遷晉城令。民以事造縣者，必告以孝弟忠信。度村鄉遠近爲伍保，使患難相恤，而姦僞無所容。孤煢殘廢者，責之親黨，使無失所。行旅疾病，皆有所養。鄉必有校，暇則親至，召父老與語。兒童所讀書，爲正句讀教者，不善爲易。置鄉民社會，爲立科條，旌別善惡，使有勸有恥。辨訴者或不持牘，徑至庭陳狀，從容告語，率感服去。河東義勇農隙演武，多應文，伯子至，晉城之民遂爲精兵。常書「視民如傷」於座右，曰：「吾常愧此。」熙寧二年八月，吕公著薦爲太子中允，權監察御史裏行。神宗素知其名，屢召見，每退必曰：「頻求對，欲常相見。」一日從容咨訪，報正午，始趨出，中官曰：「御史不知上未食耶？」所進説甚多，不飾詞辨，務以誠意感悟上心。時王安石益向用，伯子每見，必言君道以至誠仁愛爲本，未嘗及功利。嘗極陳治道，上曰：「此堯舜事，朕何敢當？」伯子愀然曰：「陛下此言，非蒼生之福也。」上使推擇人才，薦數十人，以父表弟張載及弟頤爲首。嘗勸上防未萌之欲，及勿輕天下士，上俯躬曰：「當爲卿戒之。」章疏屢上，皆係教化之本。論君道，略曰：「君道之大在於稽古正學，君志先定而天下之治成矣。所謂定志者，一心誠意，擇善而固執之。以聖人之訓爲必當從，先王之治爲必可法。不爲後世駁雜之政所牽制，不爲流俗因循之論所遷惑，必期致世如三代之隆而後已也。然患常生於忽微，志亦惑乎漸習。願陛下禮命老成賢儒，不必勞以職事，俾日親便座，講論道義。又擇賢俊，使陪侍朝夕，開陳善道，則王猷允塞矣。」論修學校，尊師儒，取士，略曰：「古者一道德以同俗，方今人執私見家爲異説。支離經訓，無復統一。宜先禮命近侍賢儒及方岳之吏，悉心推訪。凡有明先王之道德業充備者，其次篤志好學材良行修者，皆以名聞。高蹈之士，厚禮延聘，餘命州縣敦遣萃於京師，館之寬閒之宇，豐其廩餼，恤其家之有無。以大臣之賢典領其事，俾群儒朝夕講明正學。其道必本於人倫，明乎物理。其教自灑掃應對以往，修其孝弟忠信，周旋禮樂，所以誘掖激厲，漸摩成就之道，皆有節序。其要在於擇善修身，至於化成天下，自鄉人而可至於聖人之道。稍久則擇其學業大明，德義可尊者，爲太學之師，次以分教天下之學。始自藩府至於列郡，擇民之俊秀者入學，皆優其廩給，而蠲其身役，大不率教者斥之。漸又擇其道業之成者，使教於縣之學。異日則十室之鄉，皆當修其庠序，爲之立師，縣令歲與學之。師推經明行，修材能可任之士，升於州學。郡守又歲與學之，師賓興其士於太學，太學歲論其賢者能者於朝，朝廷問之經以考其言，試之職以觀其材，然後辨其等差而命之秩。既一以仁義道德教養之，又專以行實材學升進。去其聲律小碎、糊名謄録一切無義理之弊，不數年間，靡然丕變。豈惟得士寖廣，天下風俗將日入醇正，王化之本也。」論十事，略曰：「古者自天子達於庶人，必須師友。今師傅之職不修，友臣之義未著，所以尊德樂道之風未成於天下。天地四時之職，歷二帝三王未之或改。今官秩淆亂，職業廢弛，太平之治所以未至。天生蒸民，立之司牧，必制其恒産。今富者跨州縣，貧者流離餓殍，生齒益繁，而不爲之制，則衣食日蹙。古者政教起於比閭族黨、州縣酇遂，以相聯屬統治，故民用親睦，刑法鮮犯，此人情之自然，行之則效者也。庠序之教，所以化成天下，今師學廢而道德不一，鄉射亡而禮義不興。貢士不本於鄉里而行實不修，秀民不養於學校而人材多廢。古者府史胥徒受禄公上，而兵民未始判也，今驕兵耗匱，禁衛之外，不漸歸之農，則將貽深慮。府史胥徒之役毒遍天下，不更其制，則未免大患。古者民有九年之食，今耕者少，食者衆，地力不盡，人功不勤，雖富室强宗，鮮有餘積。宜漸從古制，均田務農，公私交爲，儲粟以爲之備。古者四民，各有常職，而農十居八九。今京師浮民百萬，窮蹙辛苦，日益歲滋，久將若何？此在酌古變今，均多恤寡，漸爲之業以救之。山虞澤衡，古有常禁，今用之無節，取之不時。惟修虞衡之職，則有變通長久之勢。古者冠婚喪祭、車服器用，等差分別，莫敢僭踰。今禮制未修，奢靡相尚，既無定分，則奸詐攘奪，求厭而後已，此争亂之道也。」是時王安石執政，紛更法令，中外莫以爲便。伯子既屢言不用，遂丐去。被旨赴中書議，安石厲色待之，伯子徐曰：「天下事非一家私，願平氣以聽。」安石爲之愧屈。先是，安石改法，言者多肆詆。伯子獨以至誠開納，故安石雖數逐不附己，而心服伯子，至是猶敬其忠信，但出提點京西刑獄。伯子疏辭，有曰：「臣每論列，惟知以憂國愛君爲心，不敢以揚己矜衆爲事。知人主不當自聖，則未嘗爲諂諛之言；知人臣義無私交，則不忍爲阿黨之計。明則陛下，幽則鬼神，臣之微誠，實仰臨照然。徒有捧日之心，曾微回天之力。投諸荒陬，實所甘分。」乃改僉書鎮寧軍節度判官。入辭，上問所欲言，伯子曰：「願陛下勿輕用兵而已。」時鎮寧守疑伯子自臺出，必輕己，不任事，而伯子禮之恭，事無大小罔敢不勤，守乃大懽。屢平反重獄，賴以脱死者甚衆。於是河决澶州曹村，伯子馳告州帥劉涣，曰：「曹村决，京師可虞。臣子之分，身可塞亦爲之，盍盡以廂兵見付？」涣付之，立走决，所激諭士卒，命善泅者銜細繩渡决口，因引大索以濟衆，兩岸并進，數日而合。五年，父珦以抗議新法非便致仕歸，又值郊祀霈恩，伯子曰：「吾罪滌矣。」遂求監局以養親，得監西京竹木務，與弟頤從容趨庭，讀書講學，士大夫多從游者。旋改太常丞。六年，置經義局，修詩書周禮。上欲召伯子，安石不可。八年冬十月乙未，彗出軫，伯子應詔論時政極切。差知扶溝縣事。民之濱居蔡河者多不逞，顓脅取行舟貲貨，歲必焚舟十數。伯子捕一人，使引其類，皆貫宿惡，不治，分地處之，令以挽縴爲業，且察爲奸者，自是焚剽遂絶。常權穀價，不使甚貴甚賤。會旱，教民掘井，每一井可溉數畝，邑人賴焉。嘗捕一盗，聽自新。已，復爲盗。事發，盗語妻曰：「吾與令約不復盗，今何面目見之？」遂自縊也。元豐二年，召判武學，爲李定、何正臣所劾，猶以新法之初首爲異議故也。尋除奉議郎，仍宰扶溝。扶溝地卑，方經畫溝洫之法，未及興工，坐盗逸獄罷。伯子歎曰：「以扶溝之地盡爲溝洫，必數年乃成。吾爲經畫，十里之間，開其端，後人知其利，必有繼之者矣。夫爲令，必使境内之民凶年饑歲免於死亡，飽食逸居有禮義之訓，然後爲盡。故吾於扶溝興設學校，聚子弟教之，亦幾成而廢，豈非命哉！」去之日，老稚攀號，遣之不去。遇赦，以親老，復求監局，得監汝州酒税，改承議郎。平居菽粟僅足，而老幼各盡其懽。中外孤弱無託者，皆收養之，嫁娶則先遺孤而後及己子。當是時，四方學者不遠千里而至。八年，神宗崩，伯子赴府成服，韓宗師問朝廷事將如何，曰：「司馬君實、吕晦叔作相矣。」宗師曰：「作相當如何？」曰：「當與元豐大臣同之。若先分黨與，他日可憂。」宗師曰：「何憂？」曰：「元豐大臣皆嗜利者，使自變其害民已甚之法，則善矣。不然，衣冠之禍未艾也。」司馬光、吕公著果并相。召伯子爲宗正寺丞，以疾不行。其年六月丁丑卒，年五十四。伯子德性充完，外和内剛，胸懷洞然，終日樂易，見善如出諸己。不欲勿施於人，接物辨而不間，感而能通。教人而人易從，怒人而人不怨，賢愚善惡咸得其心。狡僞者獻其誠，暴慢者致其恭，聞風者誠服，覿德者心醉。爲政治惡以寬處煩而裕，當法令繁密之際，人皆病於拘礙，而處之綽然。雖在倉卒，不動聲色。比葬，文彦博題其墓曰「明道先生」。蓋自孟子之後一人而已。寧宗時追謚曰純，理宗時封河南伯。

吕大臨曰：先生負特立之才，知大學之要，躬行力究，察倫明物，涣然心釋，洞見道體。遇事優爲誠心懇惻，其自任之重，寧學聖人而未至，不欲以一善成名；寧以一物不被澤爲己病，不欲以一時之利爲己功。其自信之篤也。吾志可行，不苟潔其去就；吾義可安，雖小官有所不屑也。

論曰：昔龐士元、蔣公琰臨縣不治，論者謂非百里才。逮觀周、程二子，大用則可大效，小用之輒亦小效。以知委吏乘田，莫非經濟，而龐、蔣之學爲已疏矣。伯子居諫垣僅九閲月，所上章疏，引義陳善，酌古變今，天德王道燦然明備。有能舉而措之者，則周公其人也。神廟既不行其道，而纂經之命亦卒沮於安石，遂使贊述之功不施於後。然聲教遺言粹然，與六籍相表裏，其裨助道術亦孔彰已。范祖禹云「不遷怒，不貳過，惟伯淳能之」，豈不信哉！

程叔子

程叔子，名頤，字正叔，少伯子一歲。年十八，詣闕上書，勸仁宗以王道爲心，生靈爲念，黜世俗之論，期非常之功，且乞召對，不報。因游太學，見胡瑗，瑗試諸生以「顔子所好何學」，得叔子論，大奇之，處以學職。嘉祐四年，試進士，報罷，遂歸，不復試。英宗朝，嘗代父珣上書，陳治道一曰立志，二曰責任，三曰求賢。懇切敷暢，可舉而行。性疏通簡易，而莊重有體。衣雖紬素，冠襟必整。食雖疏儉，蔬飯必潔。父珣年老，左右致養無違。家事悉力營辦，細務必親，贍給内外親族八十餘口。吕公著判太學，雅知叔子，延爲太學正，不至。近臣屢薦，自以學不足，不願仕也。及哲宗立，司馬光及公著等薦之，叔子曰：「將累人矣。使韓、富當國，吾猶可以有行也。」有旨，授西京國子監教授，辭。召爲祕書省校書郎，又辭。論經筵三事，且曰：「若言可行，敢不就職？如不可用，願聽其辭。」於是除通直郎，充崇政殿説書，再辭乃受。既拜命，即上言：「習與智長，化與心成。陛下春秋方富，願選名儒入侍講。講罷入分直，以備訪問。或有小失，隨事獻規。」又言：「輔養主德，非徒涉書史，覽古今已也。要使跬步不離正人，乃可涵育薰陶，成就聖德。今間日一講，解釋數行，爲益既少，又自四月罷講，直至中秋，非古人旦夕承弼之意。」又言：「立講之儀，始於明肅太后。昔王昭素講易，崔頤正講尚書，邢昺講春秋，皆於殿上坐講，此祖宗尊德重道之美，萬世所當法也。」方是時，潞公文彥博年幾九十矣，每侍立終日，上命之休，不敢退。或以謂叔子曰：「潞公甚恭，而君至嚴，何也？」叔子曰：「潞公三朝元老，事幼主，不可不恭。頤起布衣，爲師傅，敢不自重？」然彥博每歎叔子，以爲真侍講也。叔子嘗言天下重任，惟宰相與經筵，天下治亂係宰相，君德成就責經筵。每當進講，必宿齋豫戒，潛思存誠，冀以感動上意。所爲説，常於文義之外，反覆推陳，歸於人主。一日講顔子不改其樂，講畢，復言曰：「陋巷之士，仁義在躬，人主崇高，苟不知學，安能不爲富貴所移？且顔子，王佐之才也，而簞食瓢飲；季氏，魯國之蠹也，而富於周公。魯君用舍如此，非後世之監乎？」聞者歎服。五月，差看詳國子監條制，請改試爲課，不復考定高下，以銷争競，成禮讓。建尊賢堂以延道德之士，鐫解額以去利誘，省繁文以專委任，勵行檢以厚風教，凡十數事。司馬光大變熙豐之法，叔子謂曰：「役法當討論，未可輕改也。」光不聽，既而數年紛紛不能定。先是，講官以禄薄，例兼他職。八月，差判登聞鼓院，叔子曰：「古以蒲蘆喻教，謂當以誠化也。若營營於職事，則臨時進講，徒善詞説而已。」辭不受。在職累月不請俸，諸公知之，乃使户曹持給。及冬至郊祀霈恩，不爲妻求封，或問之，曰：「頤起草萊，被召，再辭不獲命，顧爲妻求封耶？」於是百官將表賀，叔子以亮陰未除，節序遷流，思慕彌切，請改賀爲慰，從之。比除喪，有司請張樂置宴，叔子謂：「通喪雖闋，猶當因事用樂。今特置宴，是喜之也。」乃輟樂。叔子進講，色甚莊，繼以諷教。聞上宫中漱而避蟻，問：「有是乎？」上曰：「然。誠恐傷之耳。」叔子曰：「此惻隱之心也，推之可以及四海。」嘗講罷，上起，折柳，進曰：「方春發生，不可無故摧折。」所講書有「容」字，上藩邸嫌名也，中人以黄覆之。講畢，因曰：「人主之勢，不患不尊，惟患臣下尊之過甚，而驕心生耳。請自今，舊名、嫌名勿復避。」其隨事獻益，多此類。於時人士從學者益衆，而蘇軾在翰林，亦多附之者，遂有洛黨、蜀黨之論。呂公著既相，遇叔子厚，多所咨訪。軾及弟轍疑叔子於人材有所進退，益忌之。會朝議，以游酢爲右正言，轍乃沮之，毁及叔子。值上病疹累日，不御邇英，而宰相未之知也。叔子身詣省，質責之，且曰：「上不御殿，太后不當獨坐。」於是大臣入問疾，而心亦不悦。軾既惡叔子，賈易、朱光庭不能平，合攻軾，而胡宗愈、顧臨亦彈叔子。諫議孔文仲素有伉直稱，然蠢不曉事，爲軾所紿，上疏極詆叔子，叔子遂罷説書，差同管勾西京國子監，再辭。以父憂歸，終喪。三省奏除館職，轍又沮之。乃除直祕閣，仍判西監，又再辭。董敦逸摭其有怨望語，改左通直郎，管勾嵩山崇福宫，未拜。紹聖元年，申祕閣西監之命，又再辭。四年，黨禍起，放歸。頃之哲宗爲輔臣言：「頤在經筵，多不遜言者，承風論之。」遂削籍，竄涪州。河南尹李清臣即日迫遣，欲入别叔母，不聽。既行，謝良佐曰：「是行也，良佐知之，乃族子公孫與邢恕之爲耳。」叔子曰：「族子至愚，不足責邢恕，故人情厚不敢疑。孟氏既知天，安用尤臧氏？」道出漢江，中流遭颶，船幾覆，同舟盡驚號，叔子正襟危坐，無怖色。有父老問曰：「獨無怖，何也？」叔子曰：「心存誠敬耳。」父老曰：「心存誠敬，曷若無心？」叔子欲與語，不顧而去。徽宗即位，移峽州，被赦，復宣德郎，任便居住。叔子在涪州，講學不輟，至歸，氣貌髭髮皆勝平昔。門人問之，叔子曰：「學之力也。夫學者學處患難耳，富貴榮達不須學也。」復以通直郎權判西監，受命即謁告，既而供職。尹焞疑之，叔子曰：「上初即位，首被大恩，不可以虚德意。吾之不能仕，亦已決矣。受俸一月，乃行吾志耳。」建中靖國二年，追所復官，依舊致仕。崇寧二年，蔡京執政，詔追出身以來文字，及所著書。范致虚又請逐其學徒，叔子乃遷居龍門之南，止四方學者曰：「尊所聞，行所知可矣，不必及吾門也。」叔子受氣甚薄，三十寖盛，四十、五十而後完，至是年七十餘，筋骨無損。嘗自述以告張繹，繹曰：「先生豈以受氣薄而厚爲保生耶？」叔子曰：「吾以忘生徇欲爲深恥。」五年正月，彗出西方，太白晝見，始弛黨禁。復宣議郎，致仕。大觀元年九月卒，年七十五。叔子之學，要本於誠，以四子爲標的，而達於六經。動止語默，一以聖人爲師，卒得孔孟不傳之統，爲諸儒宗，出其門者最多。歸自涪時易傳已成，猶逐旋修改，未嘗以示人。或以爲請，曰：「自揣精力未衰，尚覬有少進耳。」有問難及之，則取篋身自發示。又著春秋未成，中庸成而失傳。初，偕兄伯子稟學於周子，周子手太極圖授之，二程子之講學論道，淵源蓋出於此。伯子嘗言：「正叔平生不讀莊列，非禮弗動弗視，出於天與？」又曰：「異日能使人尊嚴師道者吾弟也，至接引後學隨才而成就之，則予不得而讓焉。」學者稱爲伊川先生，理宗朝賜謚曰正，追封伊陽伯。

胡安國曰：程氏之文，於易則因理以明象，而知體用之一源；於春秋則見諸行事，而知聖人之大用；於諸經、語孟則發其微指，而知求仁之方、入德之序。其行己接物則忠誠動於州里，事親從兄則孝弟顯於家庭。辭受取舍，非其道義則一介不以取；與諸人，雖禄之千鍾不顧也。

論曰：二程之道，中正明粹，若合符節。使及孔氏之門，則顔、孟之侶，冉、閔而下殆不及也。父珦知漢州時，二子同入僧寺，伯子入而右，群從皆右，叔子入而左，返顧無後從者。至堂，曰：「此某不及家兄處也。」故朱子曰：「明道德性寬大，規模廣闊；伊川氣質剛方，文理密察。其道雖同，而造德各異。」嗚呼！先哲深微之致，非知德者孰能識之？昔顔、孟潛見不同，横渠論之至當。當元豐以前，叔子不仕，豈以伯子在朝，有顔潛之意耶？

吕大臨

吕大臨，字與叔。其先汲郡人，自祖以下葬藍田，故爲京兆人。始與兄大鈞同事横渠張子。大鈞字和叔，爲横渠同年友，心悦其學，遂賓賓執弟子禮。横渠之學以誠明爲本，以禮樂爲行。他弟子徒誦其言，獨大鈞若蹈大路，日用朝夕依以爲軌轍。治父喪，自始死至葬祭，一倣古儀所得爲者。已，復推之冠、昏、飲酒、相見、慶弔之事，節文彬彬，關中化之。又嘗講井田兵制，撰爲圖籍，若可施行。其尊信横渠如此。大臨亦宗横渠之學，横渠卒，乃東見二程。其學博涉群書，妙達義理，而如不出諸口。其行以聖賢爲法，愛民利物而若無能者。其文如萬馬千兵，飽滿伉壯，幾於古人，而薄而不爲。雖盛暑燕閒，必儼然危坐。每欲掇拾三代遺文舊制，令可行，不爲空言。以門廕入仕，不應舉。或問其故，曰：「不敢掩祖宗之德。」元祐中，除太學博士，祕書省正字。嘗論選舉曰：「古之育才以多爲樂，今之選舉以多爲患。古以禮聘士，常恐其不至。今以法待士，常恐其競進。夫爲國之要，不過得人以治事。如爲治，必欲得人，惟恐才之不足，何患於多？如治事，皆任其責，惟恐士之不至，何患於競？今取人而用，不擇所任；任人以事，不問所堪，故入流之路不勝其多，而爲官擇士則常患乏才。待次之吏，歷歲不調，而考其職事，則常患不治。惟立士規以養德厲行，更學制以量才進藝，定試法以甄賢別否，修辟法以興能備用，嚴舉法以核實得人，制考法以責任考功，庶幾漸可復古。」及富弼致政居家，頗好佛學。大臨與書曰：「古者三公無職事，内則論道於朝，外則主教於鄉，必將以斯道覺斯民，豈以爵位進退，體力盛衰爲之變哉？今大道未明，人趨異學，此老成大人惻隱存心之時。若移精變氣，務求長年，乃山谷避世者所好，非所望於公也。」弼謝之。其後范祖禹以大臨修身力學，宜備講官，薦之。未及用，卒。初，大鈞爲人剛正，於所灼信，身遂行之不復疑畏，識者方之季路。而大臨婿於張戩，戩喜曰：「吾得顔回爲婿矣。」二人涵養之淺深，略可想見。故伊川稱曰：「和叔任道風力甚勁，至深潛縝密則不如與叔。」其見重如此。

論曰：銓法之弊久矣，旋用而旋退。當其用時，未嘗爲官擇才，量才授官。則其退也，必有以用違其才，而横受其辜者已。昔皋陶安於理官，后稷自謂便人，彼皆聖賢之侶用猶各有所宜，況中材乎？故知資格年勞之循，乃漢晉之弊法。爲政之道，育才要矣，審官急焉。若用大臨之論，以與明道學校取士之制相備，庶幾作人之化興，而唐虞官人之盛可復覩矣。

朱光庭

朱光庭，字公掞，河南偃師人。嘉祐二年登進士第，調萬年主簿。數假邑事，人稱明鏡。文彦博舉應制科，會仁宗登遐，罷試。丁内外艱。服除，爲修武令。邑有牧地，民久侵冒爲税籍，朝廷遣使按畝加程，總四萬餘石。光庭争之，得減萬餘石。改垣曲令。他邑斂青苗錢，類以嚴取辦，光庭不笞一人而輸以時足。樞臣薦對，神宗問：「中外何所聞？」對曰：「陛下即位以來，更張法度，臣下行之，或非聖意，故有不便。誠能去其不便，則天下均被福矣。」吕大防守長安，辟僉書判官。朝廷伐西夏，五路出師，雍爲都會，事多倚以辦。調發有非朝廷意，而急於期會者，光庭執不從。神宗崩，命勾當山陵事。洛人不知有大役，司馬光薦召爲左正言。首以辨大臣忠邪爲言，又請天子燕閒與儒臣講習。罷，提舉常平官。不散青苗錢，廣儲蓄，備水旱。太學置明師以養人才，論奏無虚日，多所薦達人無知者。遷左司諫，論急務十事。河北饑，遣往賑濟，多所全活。拜右諫議大夫，請召講官便殿，訪以治道。是歲旱，論救災十事。遷給事中。有詔幸後苑賞花，燕群臣。會春寒，請罷燕，以祗天戒。其夏日食，上疏論修德應變，乞戒諸州讞獄，毋得爲疑似之言。以論事求外補，除集賢殿修撰，知亳州。數月復召爲給事中。劉摯罷相，守鄆。光庭封還麻制，坐落職。復知亳州，改知潞州，遷集賢院學士。紹聖元年以疾卒，年五十八。光庭天性純孝，居父喪，廬墓側三年。修身治家，居官立朝，一以至誠。守亳及潞，賑饑恤災，民懷其德。嘗從孫復授春秋。受學於胡瑗，告以忠信爲學之本，光庭終身力行之。後又從二程子游，知大學爲入德之方，服膺踐行，造次不忘。初見明道於汝州，踰月歸，語人曰：「光庭在春風中坐一月矣。」伊川稱其篤學力行，至於没齒，志不渝于金石，行可質于神明，蹇蹇王臣之節，凛凛循吏之風，著見事爲皆可記述云。

論曰：程門稱游、楊、謝、吕四先生，顧自紹聖以前，半采議論，炳著朝端者，則光庭爲最著。方其坐春風中，恂恂然，粥粥然，涵養克治，惟恐有未逮也。及其立朝涖官，直節勁氣，撫民育物，卓卓表見如此，非有得于學而能然乎？

吕希哲

吕希哲，字原明，申公公著之長子也。公著簡重寡默，而申國夫人性嚴有法度，希哲甫十歲，每侍立終日，不命之坐不敢坐。日必冠帶以見長者，雖盛暑毋得輒去。巾韈縛袴，市井之語，鄭衛之音，未嘗一經於耳。不正之書，非禮之色，未嘗一接於目。又延焦千之以教之，千之方正嚴毅，諸生少有過，輒端坐，召與相對終日，竟夕不與語。既悔，乃略降詞色。以故希哲德器成就，迥絶恒流。希哲嘗言：「人生内無賢父兄，外無賢師友，而能有成者寡矣。」比長，以恩補官。事胡瑗於太學，因遍從孫復、石介、王安石游。安石謂之曰：「士事科舉者，爲貧也。有官矣而猶事科舉，是僥倖利達，學者不由也。」希哲遽棄科舉之業。及伊川至太學，與隣齋。希哲少伊川僅一二歲，然察伊川學問淵源，非常人比，首以師禮事之。由是復得游於明道、横渠諸賢間，知見益廣。希哲之學，大抵以知言爲先，自得爲本，躬行爲實。不尚虚言，不爲異行。其讀書平直簡要，不主一門。及安石紛更庶政，愎諫自信，動失衆心。希哲雖與有舊，不爲苟同。安石欲用子雱侍講殿中，以希哲亦大臣子，欲先引之以爲例，希哲固辭。至元祐中，乃除兵部員外郎，充崇政殿説書。日夕勸上以修身爲本。久之，遷諫官。方抗辭，而蘇軾戲謂曰：「法筵龍象，當觀第一義。」希哲笑不答。已謂范祖禹曰：「若辭不獲命，必以楊畏爲首。」時畏在言路，方以險詐厚於軾，故希哲及之，由是始聽其辭。紹聖初，出知太平州，坐黨謫居和州。徽宗立，復官知單州，召爲光禄少卿，直祕閣。又出知曹州，尋奪職。又知相州、邢州，奉祠。希哲性至樂易，然未嘗假人顔色悦人。以私宦京師時，不謁臺諫。遇遷轉，即一見執政，外此不見也。每述其從父舜徒事，云：「從父守會稽，或咎以不求知者，答云：『勤於職事，其他不敢不慎，乃所以求知也。』」晚居宿州、真、揚間十餘年，静坐一室，不問家計。衣食不給，或至數日絶糧，而處之宴如。嘗言：「孝子於父母，事必躬親，不可委諸臧獲。穀梁云：『天子親耕以供粢盛，王后親蠶以供祭服。國非無良農工女也，以爲人之所盡事其祖禰，不如以己所自親。』此説最盡事親之道。」又言：「初學當理會氣象詞令，容止輕重，疾徐之間。不惟君子小人於此分，亦貴賤壽夭所由定。」又言：「『攻其惡，無攻人惡。』日夜點檢，絲毫不盡，即不慊於心矣，何暇點檢他人耶？」日必讀易一爻，遍考諸儒之説，默坐沈思，隨事解釋。夜則與子孫評論古今，商確得失，久之方罷。與仙源爲夫婦六十年，未嘗一日有面赤。自少至老，雖衽席之上，未嘗戲笑。政和中卒，年七十八。

論曰：自小學廢，士之失其德基也久矣。希哲平生，不欺闇室，推厥成就，則自少小時德性固已堅定。而復觀摩於有道師友間，故所學所守一出於正。人亦孰不愛其子，而或狃於歲月之富，則教常不豫。或撓於姑息之私，則教復不嚴。其在貴胄，患又倍之。根之不培，枝於何達？人材衰息，職此之由。若公著者，豈獨有家之法？爲政者推此以譽髦斯士可也。

史傳三編卷五

名儒傳五

宋

謝良佐

謝良佐，字顯道，壽春上蔡人。始務記問，爲該博，及見明道，舉史書不遺一字，明道謦之曰：「可謂玩物喪志。」良佐聞語，汗浹背，面發赤。明道乃曰：「即此是惻隱之心。」一日復謂之曰：「君輩相從，祇學顥言語，故心口不相應，盍行諸？」請問焉，曰：「且靜坐。」良佐質雖少魯，然志學極篤，事有未徹，其顙有泚，憤悱如此。既成進士，又事伊川。嘗別一年，復至，伊川問所進，曰：「但去得一『矜』字爾。」伊川喜。適朱光庭來謁，伊川指謂光庭曰：「此人爲切問近思之學。」及歸，尹焞送之，問曰：「何以教我？」良佐曰：「吾徒朝夕從先生，見行則學，聞言則識。譬人有服烏頭者，方其服也，顏色悦澤，筋力强盛。一旦烏頭力去，將如之何？」焞歸以告伊川，伊川曰：「可謂良友矣。」良佐之學，强力不倦，舊苦多懼，即習於危階。日作課簿，記其言動視聽，得禮與非禮者，以自程督。與游酢、吕大臨、楊時同在程門，號四先生，而良佐所見最爲超越。初，授秦州教授。其帥吕大忠每枉車騎過之，良佐爲講論語，大忠必正襟肅容，曰：「聖人言行在焉，吾不敢不肅。」遷應城令，立信以示之。始至事煩，信既立，其事頓簡。是時胡安國以典學使者過之，不敢問以職事，顧因介紹，以弟子禮見，入門見吏士植立庭中，如木偶人，肅然起敬，遂稟學焉。建中間除書局官，不謁執政。或勸之，對曰：「彼安能陶鑄我？自有命在。」初，良佐未及第時，夢入内庭，不見上，惟太子涕泣。及釋褐，神宗晏駕，哲宗嗣立，每舉以告學者曰：「萬事有命，非人力所計較。必能信命，方能養氣，不復挫折。」故良佐平生未嘗干人。其後召對忤旨，出監西京竹木塲，坐口語繫詔獄，廢爲民。在西京時，朱震自太學往謁，坐定，震請益，良佐曰：「當爲君講一部論語。」震私念日晷幾何，何由得具講説。酒五行，良佐掀髯曰：「聽講論語。」乃舉「子見齊衰」及「師冕見」二章，曰：「聖人之道，無微顯，無内外，由灑掃、應對、進退而上達天德，本末一以貫之。一部論語皆以此意求。」及褫職歸，謂學者曰：「學既透得名利關，尚當窮理，方可望入聖域，否則萬難見道。吾蚤親有道，復爲克己之學，遂於世味若存若亡。比經憂患，仕意益薄矣。」良佐爲人高邁卓絶，言論宏肆，善開發人。所著有論語説，及門人所記語録。其以生意論仁，以實理論誠，以常惺惺論敬，以求是論窮理，命意皆極精當。至直指窮理居敬爲入德之門，則尤得明道教人綱領。其語録則朱子少時爲學，實賴是編以發其趣，故嘗手爲釐訂云。

論曰：良佐之没，游酢實誌其墓。當朱子時，其文蚤已失之，故事蹟不具。夫矜者氣盈，陽盈則忿，陰盈則伏，雖天地猶病之，而况於人乎？是故矜財賄者爲市道，矜禄位者爲鄙夫，矜功名者爲伯術，矜學識者爲華儒。至若顔子之視有若無，唐虞之浮雲太虚，則何矜之與有？伊川以良佐爲近思，而明道謂其足任展拓者以此。

游酢

游酢，字定夫，建陽人。與兄醇俱以文行知名，所交皆天下士。伊川遇之京師，謂其資可適道。及明道知扶溝，方以倡興道學爲己任。設庠序，聚邑人子教之。乃召酢俾職學事，酢欣然從之。得其微言，遂盡棄其學而學焉。元豐六年，第進士，調越州蕭山尉。縣有疑獄，十餘年莫能決，酢攝邑事，一問得其情，釋之，雖明習吏事者不能逮也。用侍臣薦，召爲太學録除博士，以奉親不便就，擬知河清縣。范純仁判河清，待以國士。純仁移守潁昌，辟爲府教授。純仁再相，除爲太學博士。純仁罷，酢亦丐外，授齊州判官。丁父憂，闋，調泉州簽判。徽宗立，召爲監察御史，出知和州。歲餘管勾南京鴻慶宫，久之知漢陽軍。以母老丐祠，提點成都府長生觀。丁母憂，闋，知舒州，移濠州。罷歸，僑歷陽，因家焉。酢自幼不群，讀書一過輒成誦。比壯，益自力，心專目到，儀容詞令粲然有文，望而知爲成德君子也。其事親無違，交友有信，莅官遇僚吏有恩，人樂自盡。時新法方行，編民困於征斂，所在騷然。酢歷知州軍，處之裕如，即有興建，民若不知而事集，故戴之若父母，去則見思。伊川嘗謂楊時曰：「游君德器粹然，問學日進，政事亦絶人遠甚。」其見重如此。宣和五年卒，年七十一。謚文肅，學者稱廣平先生。所著有易説詩二南義論語孟子雜解中庸義及文集十卷。

論曰：游、楊皆始事明道，繼事伊川，獨能得其宗。其立雪事，學士尤所艷稱，蓋事之之嚴如此。純仁爲一時善類宗主，而尤惓惓於酢，豈虚哉？純仁既不卒於用，酢猶浮沈州縣之間，有若不屑去者。夫存心愛物，補苴時弊，以爲民賜，是程、邵之教也。及後朱子興，論酢清德重望，皎如日星，流風餘韻，足以師世範俗云。

楊時

楊時，字中立。先弘農人，五世祖避地入閩，始家將樂。時資禀甚異，八歲能文。丁母艱，哀毁如成人。事繼母尤謹。熙寧九年，第進士，調汀州司户參軍，不赴，以師禮見程明道於潁昌，明道稱之。其歸也，目送之曰：「吾道南矣。」明道卒，時設位哭寢門。年四十事伊川。一日伊川瞑坐，時與游酢侍立不去，伊川覺，則門外雪深一尺矣。歸，杜門種學，渟滀涵浸。嘗曰：「六經之義，驗之於心而然，施之行事而順，然後爲得。若工無用之文，徼幸科第，果何益哉！」初，明道爲人温然純粹，無疾言遽色，時遽似之。故及二程之門者，明道最愛時，伊川最愛酢，其氣象實相類云。調徐州司法。丁繼母憂，闋，改虔州。讞疑立斷，議事守正不阿。丁外艱，闋，遷瀛州防禦推官，知瀏陽縣。厚見賓禮於安撫張舜民，漕使胡師文惡之，誣以他事，坐衝替，舜民入長諫垣，薦之，除荆南教授，知餘杭縣，轉南京宗子博士，出知蕭山縣。所至有惠政，既去而民思之。不求聞達而德望日重，四方之士不遠千里從之游，號曰龜山先生。久之提點均州明道觀、成都國寧觀。例罷，差監常州市易務，而時年已幾七十矣。是時蔡京當國，天下多故，京知事必敗，稍欲引用老成。會路允迪使高麗，還言國主問龜山先生安在，乃召爲祕書郎。到闕，遷著作郎。入對，首言：「自熙豐、元祐分爲二黨，縉紳之禍至今未艾。願詔有司，條具祖宗之法有宜於今者，舉而行之，當損益者損益之。元祐、熙豐姑置勿問。」又乞警戒無虞，爲宣和會計録，以周知天下財物出入之數。徽宗首肯之。除邇英殿説書。於是方圖燕雲，虛内事外。時乃陳時弊十餘事，且言：「燕雲之師宜退守内地，以省轉輸。募邊民爲弓弩手，以殺常勝軍之勢。慮都城四達，無高山巨浸爲阻衛，士人懷異心，緩急不可倚仗。」執政不能用。其爲國遠慮類此。及金兵南下，時益謇謇輸忠，上言：「今日事勢如積薪已然，當奮勵以竦觀聽。若示以怯懦，則事去矣。請罷免夫之役，及京城聚斂東南花石之害，以收人心。」已而欽宗受禪，金人日迫，勤王之師四集。大臣方以推恩晉秩爭，議行幸，莫念軍計。時請立帥以統援師，引唐九節度之敗以爲鑒。又言：「上皇禪位，而宰執叙遷，此何理也？主辱臣死，而爭爲竄亡之計，陛下何賴焉？童貫爲三路總帥，棄軍不問，故梁方平、何灌皆相繼遁，宜以軍法從事。貫以閹誤國，今防城猶用閹人，覆車之轍不可復蹈。」欽宗大悦，擢右諫議大夫。至金人約和，邀割三鎮以去。時復言：「河朔爲國家重地，三鎮爲河朔要藩。一旦棄之，是敵以二十州之地貫吾腹中，非經遠之謀。且使勤王之師無功而去，厚賜之則無名，不與則生怨。聞三鎮之民以死拒守，若遣兵躡之，使腹背受敵，宜有功。乞召种師道問方略。」疏上，欽宗下詔出師。時又疏曰：「金人尚駐磁、相，破大名，又挾肅王以往。誓墨未乾，背不旋踵，吾欲專守和議，豈可得乎？夫越數千里造人國都，危道也。彼見援兵四集，亦懼而歸，初非愛我，而割與三鎮，是助寇自攻也。臣謂宜以肅王爲問，責其敗盟。」李綱之罷，太學生伏闕上書，軍民集者數萬。欽宗患之，召問時，時言：「諸生忠於朝廷爾，非有他意。但擇老成有行誼者爲之長，即定矣。」欽宗曰：「無以逾卿。」即命兼祭酒。於是雪王珪被誣之冤，以直宣仁皇后之謗，推蔡京蠹國之禍，以摘王安石學術之非。有旨改修宣仁謗史，而黜安石從祀。初，時浮沈於州縣者四十七年，及老居諫垣僅九十日，其所論列皆切於世道如此。諫官馮澥素守王氏學，乃劾時，罷祭酒。時求去，除給事中，請益力。遂以徽猷閣直學士，提舉嵩山崇福宫，又辭。職名改待制。高宗即位，除工部侍郎，兼侍講，召赴行在。至則勸上典學納諫，及修建炎會計録，加恤勤王之兵。連章丐外，以龍圖閣直學士提舉洞霄宫。未幾告老。紹興五年卒，年八十三，謚文靖。時仁厚寬大，能容物。蔬糲脆甘皆可於口，未嘗有所嗜；狐貉緼袍皆適於體，未嘗有所擇。閒居和樂可親，臨事不動聲氣。在東郡時，先達陳瓘、鄒浩皆以師禮事之。凡紹興初崇尚元祐學術，而朱子、張栻之學得程氏之正，其源皆出於時。子迪，力學通經，亦嘗事伊川云。

論曰：名賢之澤，豈不遠哉？閩僻在嶠外，道術之興自龜山始。當南宋時，河洛、關隴之間學者寥寥，而閩士相踵起。推其流泒之所自洪，固知朱子之爲功大。然後海先河，則龜山之澤也。方今朱子傳註立於學宫，家習户誦，凡天下人心之所以正，風俗之所以醇，悉由於是。以是知明道道南之指，其於斯文運數，昭昭乎其先見之矣。

尹焞

尹焞，字彦明，一字德充。世爲洛人。初，仲宣七子，而二子有名，源字子漸，是謂河内先生；洙字師魯，是謂河南先生。源生林，林生焞。焞少孤，奉母陳氏以居。年二十，事伊川。嘗應舉，發策有誅元祐諸臣議，焞不對而去。告伊川曰：「焞不復應進士舉矣。」伊川曰：「子有母在。」焞歸告其母，母曰：「吾知汝以善養，不知汝以禄養。」伊川聞之，曰：「賢哉！母也。」自是終身不就舉。焞性鈍，其從伊川，與張繹同時，繹高識而焞篤行。伊川問焞度與繹孰愈，焞曰：「繹穎悟疏通，往往造妙。至他時，持守恐不及焞。」伊川然之。大觀中，黨禍方興，焞遂不欲仕，而德益成，同門之士尊畏之。伊川嘗喜晚得二子，謂焞、繹也。又曰：「我死，而不失其正者，尹氏子也。」伊川没，焞聚徒洛中，非弔喪問疾不出户。靖康初，种師道薦之，召至京師，不欲留，賜號和靖處士，遣歸。吕好問、胡安國等言焞學窮根本，德備中和，請加識擢，不報。次年金人入洛，焞闔門被害，焞死復甦，門人舁致山谷中以免。劉豫僭僞位，聘之，不從。以兵恐之，乃自商州走蜀。至閬，得伊川易傳，拜而受之，止於涪。涪，伊川讀易處也。闢三畏、六有二齋居之，涪人罕識其面。焞爲人端正仁實，不過於心，不欺闇室。其於六經玩味以索之，踐履以身之，涵養以成之。至於下學上達，無贅無外。所讀書耳順心得，如誦己言，天下知道者宗之。紹興四年，侍讀范沖舉焞自代，授左宣教郎，充崇正殿説書，辭。是時高宗渡江，弛元祐學術之禁，始召楊時，寘從班。胡安國居給舍，范沖、朱震在講席。諸公薦焞甚力。六年，給焞行資，遣漕臣奉詔迎之。焞始就道，至九江，聞陳公輔攻，毁程學，上奏曰：「臣事頤垂二十年，學之既專，自信甚篤。使臣濫列經筵，所敷繹不過聞於師者。舍其所學，是欺君父。」遂留不進。有詔守臣津送至國門，復辭，上曰：「焞可謂恬退矣。」以祕書郎兼説書，趣起之入見，又辭。上曰：「朕渴卿久矣。知卿之從伊川也，當從卿講學，不敢以有他。」乃就職。八年，遷少監，未幾求去。上曰：「焞老成人，所學淵源，足爲矜式。」除直徽猷閣，仍説書資善堂。翊善朱震疾亟舉焞自代，上以焞徽蹟，艱於教冑，乃轉太常少卿，仍説書。頃之以疾在告，除權禮部侍郎，兼侍講。時秦檜當國，主和，金使來，焞疏諫曰：「前年徽宗皇帝、寧德皇后崩問遽來，莫究不豫之狀，天下之人痛心疾首。禮曰：『父母之讎，不共戴天。兄弟之讎，不反兵。』陛下信讎敵之譎詐，覬其肯和，以紓目前之急，豈不共戴、不反兵之義乎！」又書抵檜曰：「和議若成，彼日益張，我日益怠，侵尋朘削天下，有改革之憂。且主上降志辱身有年矣，未聞金人悔禍，還二帝於沙漠。繼以梓宮崩問不詳，金人籠絡之計不言可見。今之上策，莫如自治，自治之要，内則進君子而退小人，外則賞當功而罰當罪。使主上孝弟通於神明，道德成於安疆，勿以小智孑義而圖大功，不勝幸甚！」疏及書，皆不報。於是固辭新命。九年，轉徽猷閣待制，又辭，且奏：「臣有五當去，無一可留，乞放歸田里。」先是檜見焞書疏不樂，至是遂不復留。以焞提舉江州太平觀。十年，請老，轉一官致仕。初，伊川教人，以敬爲本，焞請益，伊川曰：「主一則是敬。」焞受教，持守深純。嘗問於伊川曰：「焞謂動静一理。」伊川使喻之，適聞鐘聲，曰：「譬如鐘未撞時，聲固在也。」伊川喜。比老，猶手録聖賢治氣、養心之要，揭之壁間以自警。十二年卒，年七十二。嘗言經以誦説而傳，亦以講解而陋，訓經而務新奇，則無所不至矣。有論語解及門人問答傳於世。

論曰：聖門之聞一貫者，賜以敏，參以魯，而賜終不及參。然則魯固勝乎？易大畜曰：「剛健，篤實，輝光，日新其德。」匪畜不崇，匪實不畜。魯之質近實，故古之爲學修德者尚之。焞之篤守師法，進禮退義，所造雖未及曾子，要亦以魯得之。張繹不幸早世，使天假之年，庶幾與聞性道之要，然而尹子淵確矣。

張繹

張繹，字思叔，河南壽安人。家微賤，年長未知讀書。爲人傭作，一日見縣官出入，傳呼道路，頗羨慕之。問人何以得如此，曰：「讀書所致耳。」繹始發憤從人受學，執勞苦之役，遂能文。入縣府學，被薦，而自悟科舉之學不足爲也。見僧道，楷悦其道，有祝髮從之之意。時周行已官雒中，謂之曰：「子它日程先生歸，可從之學，無爲空祝髮也。」及伊川歸自涪陵，繹始得見，年已三十矣。時從學者甚衆，繹穎悟疏通，伊川甚許可，以族女妻之。嘗曰：「吾晚得二士。」蓋指繹與尹焞也。繹讀孟子「志士不忘在溝壑」二句，有自得處。時請問，或太高，伊川不答，良久曰：「累高必自下。」又言：「鄒浩以極諫得罪，世疑其賣直也。」伊川曰：「君子之於人也，當于有過中求無過，不可于無過中求有過。」嘗詬詈僕夫，伊川曰：「何不動心忍性？」繹慚謝。初，以文聞于鄉曲，後作文字甚少，伊川每云：「張繹樸茂。」其作座右銘曰：「凡語必忠信，凡行必篤敬，飲食必慎節，字畫必楷正，容貌必端莊，衣冠必肅整，步履必安詳，居處必正静，作事必謀始，出言必顧行，常德必固持，然諾必重應，見善如己出，見惡如己病。凡此十四者，我皆未深省。書此當座隅，朝夕視爲警。」其篤志自勵如此。伊川没，未幾繹亦没。尹焞被召，嘗曰：「思叔若在，自當召用，必能有爲于世也。」

論曰：繹初見傳呼者而羡慕，是志在富貴也。見禪門而願從，是未能不惑于異學也。乃一見伊川之後，窮理造微，遂爲程門高弟。考其生平，得力在孟子「志士不忘」之語，感而發奮，則立志之功大矣。

馬伸

馬伸，字時中，東平人也。自弱冠登第，不樂馳騖以階進，晦跡州縣，人無知者。崇寧初，元祐學有禁，伊川爲奸人所攻，朝廷下河南府，盡逐學徒。伸方自吏部求爲西京司法曹事，至則因張繹以求見。初以非其時，恐貽累，辭之。伸執贄，凡十反，愈恭。欲先棄官而來，且曰：「使伸得聞道，雖死無憾。」自爾出入，凡三年，公暇雖風雨必日一造焉。同僚相忌，至以飛語中傷之，不顧也。靖康初，樞密孫傅以卓行薦于朝，召至。中丞秦檜素高其節，即迎辟爲監察御史，令人取其狀。伸曰：「中丞取臺官，但問堪不堪，無問願不願。」靖康之變，金人立張邦昌爲帝，敵去滋久，邦昌恬無退避意。時人皆意邦昌實預邪謀，畏禍無敢言者。伸首具書請邦昌迎元帥康王，書成，率同院簽與俱往，相顧無一首肯。伸遂以書自抵，銀臺司進之。吏視書不稱臣，辭不受，伸投袂叱曰：「逆類！吾今日不愛一死，正爲此耳！」出即以繳申尚書省，邦昌見書氣沮，恐敗誅，乃議迎隆祐皇后爲垂簾計。高宗即位，伸屢拜章，以城陷不能救主，遷不能死，請從竄削。帝知其忠，且有功于國，遂擢爲殿中侍御史，荆湖、廣南撫諭，以誅邦昌及其黨王時雍。還臺，言執政黄潛善、汪伯彦不法十七事，不報。復上章，以「臣言可采即乞施行，非是，臣合坐誣罔大臣之罪」。移病待命，旬日貶濮州監酒税。時用事者恚甚，以濮迫金境，必欲寘之死地。伸襆被就道，無憂懼色，卒陷于死。紹興初，追贈諫議大夫。居常晨興必整衣冠，端坐讀中庸一過，然後出視事。自言曰：「吾志在行道。使吾以富貴爲心，則爲富貴所累；使吾以妻子爲念，則爲妻子所累。」又曰：「志士不忘在溝壑，勇士不忘喪其元。今日何時？溝壑乃吾死所也。」故其臨事，每奮不顧身云。

論曰：伸之受學程門，乃在崇寧禁學之後。執贄十反，稟學三年，非其志素定、中大有得者能之乎？及爲御史，以正論怵邦昌，而宗室返正。劾汪、黄不法十七事，而公論以伸，惜其竟以此而獲禍也。夫南渡以後，宋室轉移之機，全在汪、黄之斥與用。使汪、黄果斥，則内相李綱，外任宗澤，宋之興也決焉。伸以朝聞夕死而無恨，道義所發，抗節輸忠，陷九死而不悔所由，與孔光、張禹異矣。

胡安國

胡安國，字康侯，崇安人。始游太學，同舍靳裁之得程氏學，安國從之講論。既又與楊時、游酢、謝良佐諸賢游，以故聞伊洛之正。紹聖四年，成進士，試策第一，宰臣降其等。是時章敦柄政，發策欲崇熙豐，而安國所對無詆元祐語，故黜。及哲宗諦聽，稱善，乃親擢第三。調常州判官，改江寧推官，未赴。荆門帥奏爲荆門教授，遷太學録。丐外，除提舉湖北學事，改湖南。所至訪求人材，咨詢利病，剌舉必由公論。會舉遺逸，安國以王繪、鄧璋應詔。或言二人范純仁客，而鄒浩所請託也，蔡京故惡安國異己不爲用，聞之大喜，遂命湖南北提刑置獄推治，卒無驗，而安國竟坐除名。安國之使湖北，楊時方爲府教授，謝良佐爲應城宰，安國於此二人者質疑訪道，禮之甚恭。每二人來謁，辭去，安國必端笏正立目送之。及罷官，楊時爲具朝饌，蔬炙蕭然，引觴徐酌，清坐講論，不知日之既暮。頃之，臺臣爲直前事，復其官。政和元年，除提舉成都學事，以親老辭。丁内艱，闋，召至京，以疾丐歸。宣和元年，除提舉江東學事，未受命而父卒。終喪，愴然謂子弟曰：「今雖有禄萬鍾，将何以爲？」遂稱疾掛冠，築室塋旁，勤耕取給，泊如也。宣和末，除屯田郎。靖康元年，除太常少卿，起居郎，皆不就。有旨趣至京，以疾在告。一日召見，奏曰：「明君以務學爲急，聖學以正心爲要。願擢名儒明於治平之本者，虚懷訪問。」又言：「紀綱尚紊，風俗益衰。大臣争競而朋黨生，百執窺覘而浸潤作。用人失當而名器愈輕，出令數更而士民不信。若不掃除更張，大勢一傾，不可復正。」上納之。中丞許翰登對，上問識安國否，翰曰：「自蔡京得政，士大夫超然遠跡，不爲所汙者，惟安國一人。」上爲之歎息。除中書舍人，賜三品服。時耿南仲倚攀附恩，方用事，聞安國語，惡之，讒於上，不聽。則諷臺諫論之，疏又不下，於是安國始就職。中書侍郎何㮚議，分天下爲四道，各置都總管，以衛王室，捍强敵。安國以爲内外之勢，適平則安，偏重則危，今州郡太輕，固宜通變，然遽以數百州分爲四道，則權復太重，萬一抗衡跋扈，號召不至，何以待之？是時㮚方得上心，又於安國有推挽之力，見異議，駭曰：「人言山林之士不可用，信然。」然猶分四道如初策，惟稍割其旁縣而已。是冬金人大入，北道趙野遁去，爲盜所殺。及圍京師，西道王襄擁衆不救，卒敗國如安國言。李綱之罷，劉珏行詞，謂綱勇於報國。馮澥劾之，珏坐貶。安國封還詞頭，且言：「陛下欲復祖宗善政，而澥言祖宗未必全是，熙寧未必全非。陰崇王氏之學，再挾紹述之議。」於是南仲大怒，㮚從而擠之，安國遂出知通州。安國在省甫一月，多在告，每出必有所論列。或勸以事小，姑置之，安國曰：「事莫不起於細微，今以小事不必言，至大事又不敢言，是無時可言也。」安國既去，逾旬金人薄都城。上亟召還，不及。時從子寅在圍城中，或以爲言，安國愀然曰：「主上至此，人臣効忠無路，敢念子乎？」高宗即位，召爲給事中，爲黄潛善所沮，罷去。建炎三年，張浚言安國可大用，再除給事中。安國將行，先移書宰相，曰：「朝廷欲理兵以强國，而官吏不知恤民以養兵，是欲稼之長而涸其水，欲木之茂而去其根也。」行次池州，聞上走吳越，引疾還。紹興元年，除中書舍人，兼侍講。再辭不許，入見，獻時政論二十一篇。復除給事中。上知安國深於春秋，出左氏傳，命點正音讀。安國言：「春秋經世大典，陛下必欲削平僭叛，使亂賊不得作，莫若儲心聖經。左氏繁碎，不宜虛費光陰。」上稱善。除兼侍讀，專以春秋進講。初，秦檜爲密州教授，游酢過密，奇其才，嘗以語安國。及京城破，金人欲立張邦昌，檜獨抗議。安國聞，益義之。後檜歸，與聞國政，安國與之善。是時呂頤浩自都督江上還，欲傾檜，未知所出。或曰：「目爲朋黨可矣。黨魁在鎖闥，當先去之。」適朝議以朱勝非代頤浩爲都督，安國以爲不可，乃改勝非侍讀。安國又言：「朝廷以勝非處苗、劉之變，爲能調護聖躬。昔公羊氏以祭仲廢君爲行權，先儒力排其説，蓋權宜廢置，非所施於君父。臣以春秋入侍，不能與爲列。」遂卧不出。頤浩從而排之，安國遂落職。是夕彗出東南，檜三上章乞留安國，不報。諫官江躋等亦以爲言，頤浩盡去躋等二十餘人，以應天變，而檜亦解印去，臺省一空。安國天資傑出，恬静簡默，見善必爲，爲必要其成。知惡必去，去必絶其根。辭受取舍必度於義，燕閒獨處未嘗釋卷。每晨昏子弟定省，必問所業，與意合，則曰：「士當志於聖人，勿臨深以爲高。」或怠慢，必蹙額曰：「流光可惜，毋爲小人之歸。」既去國，乃渡南江，休于衡嶽，買地結廬，爲終焉計。平居食無兼味，而奉先必豐。家雖困，不以告人。嘗誡子弟曰：「對人言貧，意將何求？」有來學者，隨資性而接之，大抵以立志爲先，忠信爲本。每曰：「君子愛人，不以姑息。」故未嘗以詞色假借於人。四年，春秋傳成。自王安石詆春秋爲斷爛朝報，廢不列於學宫，崇寧間防禁益甚。安國謂六籍惟此篇出自聖手，乃厲學湛思，採拾辨正，準之以語孟，衡之以五經，證之以歷代之史，研玩沈酣者三十年。及得伊川所作傳，其間精義若合符節者十餘事，益用自信。至是書就，歎曰：「此傳心要典也。」蓋於克己修德之方，尊君父，討亂賊，存天理，正人心之術，未嘗不屢書而致詳焉。書奏御，上嘉之。五年，除知永州，辭。有頃，除兼侍讀。未行，聞陳公輔乞禁程頤學，上奏曰：「孔孟之道不傳久矣，自頤兄弟始發明之。今使學者師孔孟，而禁不得從頤學，是入室而不由户也。自嘉祐來，邵雍、張載、程顥及頤皆以道德名世，值王安石、蔡京等曲加排抑，其道不行。望下禮官，議加封爵，載在祀典，仍裒其遺書，校正頒行，使邪説者不得作。」奏入，公輔等交章論之。復除知永州，辭。久之，上念訓經納諫之忠，進寶文閣直學士。八年卒，年八十五，謚文定。安國性本剛急，比老風度凝遠，氣貌雍穆，即在疾病，必飭於禮。每慕諸葛亮、韓琦之爲人，遭中原淪没，遺黎塗炭，常若痛切於其身。雖數以罪去，其愛君憂國之心，遠而彌篤。聞有君命，即通夕不寐，思所以告君者。至於行入仕四十年，實歷不及六載。朱震被召，問出處之宜，安國曰：「講學論政，則當諏究。至於行己，大致去就語默之幾，如人飲食饑飽寒温，必自斟酌，不可決於人，亦非人所決也。」故渡江以來，儒者出處合義，必以尹焞及安國爲稱首。侯仲良言稱二程，他無所許可，及見安國，歎曰：

「始吾以視不義富貴真如浮雲者，二程先生而已，不意復有斯人也。」謝良佐亦語人曰：「康侯如大冬嚴雪，百草萎死，而松柏蒼然獨秀。」所著尚有通鑑舉要補遺及文集行於世。

論曰：仲尼作春秋於人心冥昧之時，二程紹統緒於正學滅息之後，皆斯道絶續之大機也。王安石自負爲名世皋、夔，而不知二程，欲行周禮而反廢春秋，宜其兆亂當時，貽詬後代。安國獨慨然昧人之所不昧，表章春秋，上資啓沃，又能抗正議爲二程扶衛，其功甚偉。昔夫子稱剛毅近仁，若安國近之矣。

羅從彦

羅從彦，字仲素，先世自豫章徙劍浦。從彦自幼，即不爲言語文字之學，及長嚴毅清苦，刻志求道。聞楊時得程氏之傳，慨然慕之。及時令蕭山，徒步往從焉。初見三日，驚汗浹背，曰：「不至是幾枉此生。」時亦喜，謂可與言道。於是日益親，他弟子無及從彦者。嘗講易至某爻，時曰：「伊川説甚善。」從彦即鬻田走洛，見伊川問之，歸復事時。時告之曰：「讀書之法，以身體之，以心驗之。從容默會於幽閑静一之中，超然自得於書言象意之表。」又曰：「學而不聞道，猶不學也。」從彦受命，益自力。凡事時二十餘載。時壻陳淵每造從彦，必竟日乃返，謂人曰：「自文仲素，日聞所未聞。奥學清節，南州冠冕也。」既而築室山中，絶意仕進，終日端坐，充然自得。朱松、李侗盡執弟子禮，從之游。嘗採祖宗故事爲遵堯録，靖康中將獻闕下，會國難不果。從彦之論治，曰：「祖宗法度不可廢，德澤不可恃。廢法度則變亂之事起，恃德澤則驕佚之心生。」又曰：「君子在朝則治，小人在朝則亂。蓋君子常有亂世之言，使人主多憂，憂則善心生，故治；小人常有治世之言，使人主多樂，樂則怠心生，故亂。」又曰：「天下之亂不起四方而起朝廷，譬人傷氣則寒暑易侵，木傷心則風雨易折。」其論士行曰：「周孔之心，使人明道，道苟明，則周孔之心深自得之。三代人材得周孔之心而明道，故視死生去就如寒暑晝夜之移，而行忠義也易。漢唐以後失周孔之心，不能明道，故視死生去就如萬鈞九鼎之重，而行忠義也難。」又曰：「士之立朝，以忠厚正直爲本。正直則朝無過失，忠厚則人無怨嗟。一於正直而不忠厚，則漸入於刻；一於忠厚而不正直，則流入於懦。」其議論淳正類此。朱子稱：「自龜山倡道東南，游其門者至衆。潛思力行，任重詣極如仲素，一人而已。」晚就特科，授博羅主簿。年六十四卒於官，學者稱豫章先生，淳祐間謚文質。

論曰：從彦之爲河洛正傳，朱子之論定矣。今觀其推言治忽之故，何其明以達也。當靖康時，廢法度而恃德澤，退君子而進小人，朝廷不正而邊陲是亟。及都城陷，殉義者僅李若水一人耳。推厥亂兆，則由元祐之與熙豐彼此相激，而不存忠厚之意也。從彦所言，炳若龜鑑，庶幾天民先覺之亞，乃竟不爲世用。即其書亦不及以聞於朝，惜哉！

李郁

李郁，字光祖，光澤人。元祐黨人深之子，以深命爲叔父庭後。幼不好弄，坐立必莊。從舅陳瑩中學，踰冠，謁楊時於餘杭而請業焉。時奇之，謂曰：「學者當知古人之學何所用心，學之將以何用？若言孔門求仁，則何爲而謂之仁？若言仁人心也，則何者而謂之人心？」郁受言退，求其説以進，愈投而愈不合。乃取論孟讀之，早夜不懈。龜山深許之，因妻以女。蓋十有八年，然後涣然有得。嘗曰：「治經讀之又讀，於無味處益致思焉。以至群疑并興，寢食不置，乃當驟進耳。」郁涵養有方，平居無懈容，誨人無倦色。於世務人情，官政文法，以及行陣農圃之事，靡不究知。紹興中，以遺逸召對，高宗改容傾聽。補迪功郎，除敕令所删定官，以憂去。服闋，值秦檜用事，遂築室於邑西山，闔户讀書。家計屢空，曠然不爲意。久之，辟福建帥府機宜文字，日訪民間利病以告其長。興除之後，帥欲毁民居爲列肆，争未能得，遂辭去，帥慙謝留之。卒於官，年六十五。所著有易傳論孟遺稿，學者稱西山先生，朱子爲表其墓云。

論曰：晉杜預有言：「優而游之使自求之，厭而飫之使自得之。」朱子最善其言。蓋讀書之方，莫過於是也。觀郁之所肆力，其於甘苦生熟之候，用功亦已勤矣。俗儒涉獵，不耐心於温故，無居安樂玩之休，而欲沛然於行也，豈可得乎！

劉勉之

劉勉之，字致中，崇安人。自幼强學，日誦數千言，爲文滂沛凌厲。比長，婦家富而無子，謀歸貲於女，勉之謝不受，爲擇其宗屬之賢者畀之，使奉先祀。以鄉舉，詣太學。時元祐之禁方嚴，有挾其書者，師生連坐，罪至流竄。勉之獨陰訪伊洛之書藏之，夜深乃發篋，燃膏默誦。涪陵譙定嘗從二程游，邃於易。至京師，勉之即往叩，盡得其學本末，遂揖諸生去。道謁劉勉、楊時，皆從請業。勉尤奇之，與語，無所不傾盡，勉之受其言。歸，結廬於建陽之蕭屯，讀書力穡，無求於世。平居嚴敬自持，而接物恂恂，色笑可親。臨事財處，不動聲氣。學子造門，隨其材品示以聖賢教學門户，終日娓娓無倦色。當世賢士大夫咸高仰之，與朱松、胡憲、劉子翬尤相友善。中書舍人吕居仁等薦之，詔詣闕，既至，秦檜方主和議，惡山林之士不顧利害，輒盡言，慮有所梗，乃不使見。天子第令試策後省，勉之知道不行，即日謝歸，杜門十餘載。朱松病革時，屬以後事，勉之爲經理其家。教愛朱子如己子，以女妻之。紹興十九年卒，年五十九。所居有白水，學者稱白水先生。

論曰：朱子從游三賢，及訪李侗而學乃大成。侗於龜山爲再傳，勉之身及見之，而所造於侗顧若微有軒輊。何歟？勉之平生僅一詣闕，未嘗出仕，其淡泊寧静之概，蓋君子之所養可知矣。

劉子翬

劉子翬，字彦冲，忠顯公韐之仲子也。未冠，游太學，以父任授承務郎，辟真定府幕僚。韐死靖康之難，子翬痛憤哀毁，致羸疾，廬墓三年。服除，通判興化軍。寇楊就犯境，與郡将畫計備禦，就不敢犯。以疾丐祠歸，自號病翁，獨居一室，危坐或竟日夜，嗒然無一言。至聞人有片言之善，則從容咨扣，必竭兩端。後生來問學，則隨其器識告語成就無倦色。妻死，不再娶。事繼母吕氏及兄子羽盡孝友，間日輒一走忠顯墓下，瞻望嗚咽，或累日而後反。子羽之子珙開爽嗜學，子翬教之，卒有立。籍溪胡憲、白水劉勉之與子翬交，至相得也。每見，講學外無一雜言。朱子父松将没，囑朱子於此三人。朱子見子翬，子翬告之曰：「吾於易得入道之門，所謂『不遠復』者，吾之三字符也。」初，子翬喜佛學，既而讀易，涣然有得，以爲學易當自復始。嘗闢二齋，以「復」名其東齋，又爲之銘，以見志，至是以告朱子焉。嘗作聖傳論，有曰：「樂善如貪，契理如函。聞非如獲利，捨過如遺蜕。彼以日就月将爲初學，以真積力久爲鈍才，是自誣也。」一日微疾，即謁家廟，别母氏，以書訣親朋，付珙家事。自指所葬處，中外孤遺，人人爲計久遠。已乃與學徒論修身求道之要，作訓誡數百言。二日而卒，年四十七。世居屏山，學者稱屏山先生。

論曰：劉勉之、胡憲皆受易於譙定，獨子翬於易以自得。聞昔之善學聖人者，莫如顔子，而翼傳以復之初爻當之。則子翬之三字符，固即顔子之學也。子翬既字朱子，而爲之説曰：「凛乎惴惴，惟顔、曾是畏。」蓋其志高其見卓矣。

胡憲

胡憲，字原仲，崇安人。少學於從父安國，以鄉貢入太學。時方禁伊洛之學，憲獨與劉勉之陰誦竊講。已，又學易於涪陵譙定。定謂曰：「心爲物漬則不能有見，惟學乃可明耳。」憲喟然曰：「所謂學者，非克己工夫耶？」自是一意下學，不求人知。一旦揖諸生歸，力田以養親，非其道義一毫不取，從游者日衆。近臣林彦質等薦之，被召，以母老辭。彦質入西府，又言之，輒召授左迪功郎，差建州教授。日進諸生，訓以爲己之學，諸生始而笑，繼而疑，既而視其所以修身事親接人，無不一如其所言，遂乃悦服。復延篤行程元廉節、龔何俾參學政，學者大化。秩滿，復留者再，蓋七年不徙官。以母老，求監南嶽以歸。久之，起爲福建安撫司屬，與帥不合，復請祠去。會秦檜用事，泊然無當世念者二十年。檜死，乃以大理司直召，未行，改祕書省正字。憲每論事，極意顯言，至於慷慨灑涕。未幾，金人治汴宫室，憲輒言金人必敗盟，請亟用張浚、劉錡。時二人傷於積毁，未有敢頌言用之者。憲疏入，即求去。上感其言，以爲左宣教郎，主管崇道觀。卒召浚、錡以退金師。憲性恬淡，培養深固。平居危坐植立，時然後言。望之枵然，若槁木之枝，即之温然。雖倉卒，無疾言遽色。人或犯之，未嘗與較。讀書不務自爲訓説。所纂論語會義行於世。三十二年卒，年七十七。初朱子奉父命稟學於三君子，獨從憲爲最久。而吕祖謙、林之奇、魏掞之等皆憲門人也。世稱爲籍溪先生。

論曰：憲始喟然於克己，其既訓人以爲己，克己者，所以爲己也。無爲己之志，則克之不勇。無克己之功，則爲之不實。基之以子思「尚絅」之心，繼之以顔子「請事」之力，終之以孟子「篤實輝光」之盛，是魯鄒之學的也。

李侗

李侗，字愿中，延平人。年二十四，棄舉子業，以書謁羅從彦。從彦實得程、楊之傳，然清介絶俗，人鮮知者。見侗受業，頗非笑，侗若不聞，從之累年。受春秋中庸語孟之説。從彦好静坐，侗退亦静坐。從彦令静中看喜怒哀樂未發前氣象，而求所謂中者。久之於天下之理該攝洞貫，各有條序。從彦少然可，亟稱許焉。侗爲人勁特豪邁，至充養完粹，無復圭角。色温言厲，神定氣和。自然之中，若有成法。其事親孝，仲兄性多忤，獨能得其懽。閨門肅穆，若無人聲，而衆事自理。平居恂恂若無可否，而遇事一斷以義，截然不可犯。生産素薄，然親隣或貧不能婚嫁，輒節衣食振助之。與鄉人處，長者事之盡禮，少者賤者遇之以道。言笑終日，油油如也。

答問後學，隨深淺施教，而必自反身自得始。故其言曰：「學問不在多言，但默坐澄心，體認天理，雖一毫私意之發亦退聽矣。」又曰：「讀書者知其所言，莫非吾事，而即吾身以求之，則凡聖賢所至皆可勉而進矣。若直求之文字，以資誦説，其不爲玩物喪志者幾希。」又曰：「講學切要，淵潛縝密，然後氣味深長，蹊徑不差。」嘗誦黄庭堅稱濂溪所謂「胸中灑落如光風霽月」者，以爲常存此意，庶幾遇事廓然，其指示深切類此。侗既閒居，若無意當世，而憂時論事，感激動人。語治道，必以明天理、正人心、崇節義、厲廉恥爲先，本末備具，可舉而行。朱子父松與侗同事從彦，雅重侗。鄧迪謂松曰：「愿中如冰壺秋月，瑩徹無瑕。」松以爲知言。後朱子師侗，每去復來，所聞必益，超絶上進不已乃如此。經術通明，而未嘗著書。其論春秋曰：「春秋一事，各是發明一例。如觀山水，徙步而形勢不同。」每舉中庸未發之中，謂必體此於身，實見是理，若顔子之歎卓爾，然後擴充而往，無所不通。所居在水竹間，謝絶世故，餘四十年。食飲或不繼，怡然自適。晚二子友直、信甫皆成進士，試吏旁郡，更相迎養。隆興元年十月，閩帥汪應辰以書幣聘，往見之，至之日疾作，遂卒，年七十一。謚文靖，學者稱延平先生。所傳有朱子所記延平問答行於世。

論曰：主静之旨，標自濂溪，非偏於静也。定之以中、正、仁、義，則動静該備矣。然必以静者爲主，是本原之學也。中庸所謂未發，偏言之，與已發對而專言之，則天下之大本也，故曰主也；主於静，以行乎動，則義與正固静，而仁與中亦不害其爲静也，故曰定也。羅、李之學，深會乎此用，能大本卓然，獨得程氏之宗。紫陽紹緒，其傳益彰。然羅猶有絶俗之嫌，李乃無復圭角，豈天稟異哉？抑亦所養使然耳。

胡寅

胡寅，字明仲，安國弟淳之子也。少桀黠難制，淳閉之閣閣中。有雜木，寅盡刻爲人形。安國曰：「是宜有以移其心。」乃置書數千卷其上，歲餘，寅誦閲盡遍。稍長，從侯師聖游。宣和三年成進士，除校書郎。於是楊時爲祭酒，寅復稟學焉。頃之，遷司門員外郎。金人入京師，議立異姓，寅與張浚、趙鼎逃太學中，不書狀。寅之初擢第也，張邦昌欲妻以女，寅固却之。至是邦昌僞立，寅遂棄官歸。高宗駐金陵，張浚薦爲駕部郎，擢起居郎。金人南牧，詔議移蹕，寅上書，有曰：「自古中興之主，克復舊物，莫不本於憤恥恨怒，不能報怨，終不苟已。今陛下既不爲迎二聖之策，又不爲守中原之謀，若不更轍，則永負孝弟之愆，常有父兄之責。人心一去，雖欲羈栖山海，恐非自全之計也。」吕頤浩惡其切直，除主管江州太平觀。未幾，復應詔，上十事，曰修政事、備邊陲、治軍旅、用人材、除盜賊、信賞罰、理財用、核名實、屏諛佞、去奸慝，不報。命知永州，復召爲起居郎，遷中書舍人，賜三品服。又遷給事中。時議遣使講和，寅納疏切諫，上深然之，加獎諭焉，使定不行矣。適張浚自江上還，以遣使乃兵家機權，竟遣之。寅復言：「今日大計，惟宜明復讎之義，用賢修德，息兵訓民，以圖北向。倘或未可，則堅守待時。若二三其德，必不能有所立。」寅既與浚異，遂乞便郡就養。除知邵州，辭，改嚴州，尋改永州。徽宗訃至，朝議欲用故事，以日易月。寅言：「禮，讎不復則服不除。願服喪三年，衣墨臨戎，以化天下。」俄除禮部侍郎，兼侍講直學士院。丁父艱，去。初，秦檜與安國有舊，及檜當國，倡和作威福，寅惡之，與之絶。檜怒，乃除寅徽猷閣直學士，奉祠致仕。檜憾未已，復坐與李光書譏訕落職，責授果州團練副使，新州安置。聞命，即日就道。於謫所著讀史管見數十萬言。及檜死，始聽自便，復其官。紹興二十一年卒，年五十九，謚文忠。所著尚有論語詳説、崇正辨及斐然集三十卷。學者稱致堂先生。

論曰：張浚負一時望，爲國重輕。然劾李綱，沮岳飛，其僨事也大矣。吾尤惜胡寅一疏，幾定國是，而卒撓於浚也。至檜當國，又能以公義割私交，失所不自悔，易名曰忠，豈虚哉！

胡宏

胡宏，字仁仲，安國之子也。始事楊時、侯仲良，而卒傳其父業。優游衡山下餘二十年。玩心神明，不舍晝夜，四方從學者甚衆。張栻實師事之。紹興間，上書論復讎大義，累數千言。至曰：「二帝遠適窮荒，辛苦墊隘，其願陛下加兵敵國，心目睽睽，庶幾一得生還。而陛下反欲以天子之尊，北面讐敵，是祖宗之靈終天暴露，無與復存也；父兄之身終天困辱，而求歸之望絶也；中原士民没身塗炭，無所赴愬也。陛下念亦及此乎？」是後上益偷安，群臣承旨，争爲彌文。國子司業高閌請幸太學，宏移書切責之，聞者歎服。初，秦檜與安國有舊，既當國，欲用宏及宏弟寧。怪二人不通問，貽兄寅書諷之。寧乃予書，但叙契好，而宏書詞氣尤厲。或過之，宏曰：「恐其見召耳。」寧果被召，試館職，除敕令所删定官，而卒不召宏。及秦熺知樞密院事，檜問寧曰：「熺近除，外議云何？」寧曰：「外議以爲相公必不爲蔡京之所爲也。」遷太常，丞祠部郎官。既而寅與檜忤，寧亦出爲夔州參議。及檜死，侍臣交薦宏，朝命下而宏已病，竟不克造朝而卒。所著知言，有曰：「性立天下之有，情效天下之動，心妙性情之德。」又曰：「立志以端其本，居敬以持其志。志立於萬物之表，敬行於事物之内，而後義可精。」張栻稱其言約義精，實道學之樞要，制治之蓍龜。尚有詩文五卷，皇王大記八十卷。學者稱五峰先生。

論曰：自安國以春秋專家，諸子皆潛心勵學，負志節，恢廓深遠，建崇論宏議，以消庸靡之習，是有得於春秋之旨者也。宏在諸子中，偉抱卓識自許，尤爲不偶。較其學術，亦最優也。

史傳三編卷六

名儒傳六

宋

朱子

朱子，名熹，字元晦，後改仲晦。世婺源人，居紫陽山下。父松尉尤溪，以建炎四年九月十五日午時生朱子於溪南寓舍。松既游宦入閩，晚居建州，故朱子爲建人。少時，松指天示之，問曰：「天之上何物？」松異之。從群兒戲，獨端坐，以指畫沙，視之，八卦也。始授孝經，一閲，題其上曰：「不若是，非人也。」年十四，松以不主和議，忤秦檜歸。病革，囑曰：「籍溪胡原仲、白水劉致中、屏山劉彦冲三人者，吾友也，學有淵源。吾即死，汝往事之。」朱子既孤，依父友劉子羽，僑於崇安，遂稟學於三君子。白水妻之以女。十八貢於鄉，十九成進士。紹興二十一年，以佐廸功郎，主同安簿。二十三年，之任。始徒步謁李侗於延平。初楊時倡道東南，實傳羅從彦，以及於侗，故朱子師之。至同安，職兼學事，乃選秀民，爲講説，士尊其教。二十七年，四考，罷歸，請祠。明年復謁侗，由是往來從之者累年。精思實體，所造益深。明年召，赴闕，不至。孝宗即位，應詔上封事，首言：「記誦詞藻，非所以探淵源而出治道；虚無寂滅，非所以貫本末而立大中。帝王之學，必先格物致知，以極事物之變，自然意誠心正，而可以應天下之務。」次言：「修攘之計不時定者，講和之説誤之也。願閉關絶約，任賢使能，立紀綱，厲風俗。數年之後，視吾力之强弱，觀彼釁之淺深，徐起而圖之。」三言：「斯民休戚，係守令賢否。監司者，守令之綱；朝廷者，監司之本。今之監司，無非宰相臺諫之親舊，顧陛下無從知之耳。」明年召對，辭，不許。遂入見，復陳三劄，大抵不出封事之意，而加剴切焉。是時上頗留意老釋，而宰相湯思退申和議，近習曾覿、龍大淵招權，故朱子以爲言。思退聞之，不悦。授武學博士，待次。乾道元年，促就職。值洪适相復主和，不合，丐祠去。三年，除樞密院編修，待次。明年，崇安大饑，民奪食，幾挺變。朱子乃假官粟六百石貸之，人賴以濟。其後歲一斂散，貸者出息什二，小歉弛半息，甚則盡蠲之。行之十有四年，贏益多，遂歸元粟於官，而用所贏爲貸資，每石止收耗粟三升，不復取息。以故數十年邑無饑饉患，所謂社倉者也。五年，三促就職。會魏掞之以論曾覿去，力辭。尋丁内艱。自始死至祥、禫，皆酌古制行之，用成喪、祭禮，因推之冠、昏，作家禮。六年，復召，以未終喪辭。七年，復召，以禄不逮養辭。九年，上嘉其廉退，改宣教郎，主祠。四辭。逾年始拜命。淳熙二年，除秘書郎，再辭。五年，差知南康軍，四辭。逾年始拜命。朱子歸自同安，家居幾二十年，涵養充積，理明義精。既至郡，懇惻愛民，興利除弊，惟恐不及。會旱，講求荒政，以請於朝，言無不盡。或三四上，得請乃已。嚴隣路遏糴之禁，閲境内蓄積之實。通商勸分，全活至衆。郡濱大江，舟艤岸遇颶多沈溺。乃募饑民築隄護之，民得濟饑，而舟患亦息。視民如傷，至奸豪撓法，懲之不少貸。數詣學，引士子講論，已乃建周子祠，以二程配。又復白鹿書院，每休沐，輒一至。諸生質所疑，誨誘不倦。立學規，俾守之。明年，有旨監司郡守，條具利病。朱子上言：「郡縣賦重，由於供軍。請覈兵籍，廣屯田，練民兵，以省坐食之軍，使郡縣事力稍紓。然後可禁其苛斂，責以寬恤。」卒復極論近習竊柄，援引交通之弊。疏入，上不悦，乃乞罷黜。又以人户逃移自劾者，再以疾請祠者五，皆不報。除提舉江西常平茶鹽事，待次。尋録救荒勞，晉直祕閣。以南康所募納粟人未受賞，義不獨被恩命，三辭不拜。會浙東大饑，調爲提舉浙東常平茶鹽事。即日就道，且乞奏事，之任及至闕，納粟賞行乃受。直祕閣，入對延和殿，所奏七事，辭皆剴切。其一二事言災異之由，與近習之弊，則手繕以防宣洩，因乞推行社倉。上爲下其法於諸路。方拜命時，即檄旁郡募米商，爲蠲其征。及至部，客米已大集。乃單車屏從，按行存恤，鈎訪捬問，所至人不及知。官吏憚其風采，至自引去，所部肅然。凡丁錢、和買、榷酤、役法有不便民者，悉釐革之。於救荒之餘，隨事經畫，爲經久計。猶以前後所請多見抑，幸而從者卒稽時後事，發憤抗疏言之。且移書政府，曰：「朝廷愛民，不如惜費。明公憂國，不如愛身。然財散猶可復聚，民心一失，不可復收。身危猶可復安，國勢一傾，不可復振。」九年，以賑濟勞，晉直徽猷閣，辭，知台州。唐仲友者，宰相王淮姻戚也，遷江西提刑，未及去。朱子行部至台，按得其姦贓，劾之。時久旱，疏出而天雨。淮匿不以聞，朱子申章益力，前後六上。淮不得已，奪仲友新命，以授朱子。不拜，請祠去。淮大憾，乃用陳賈、鄭丙協力以攻朱子，遂肇僞學之禍。於是朱子作武夷精舍，奉祠不出者七年。當是時海内學者尊信益衆。十四年，除提點江西刑獄，辭，不許。明年促奏事，辭，又不許。值淮罷相，遂力疾入奏，首言刑獄輕重失宜，甚至干涉人倫，亦從流宥，則天理民彝幾何不至於泯滅。卒乃極言：「陛下天理未純，人欲未盡，故便嬖得被腹心之寄，柔邪得竊廊廟之權。公議有時而不容，讒説有時而誤聽。欲報讐恥而不免苟安，欲養生靈而未免愁怨。願於一念之頃，謹而察之。果天理耶，則敬以充之，而不使少有壅閼。苟人欲耶，則敬以克之，不使少有凝滯。是行也。有要於路，謂正心誠意。」上所厭聞，戒勿言者，朱子曰：「吾平生所學，惟此四字。安敢回互以欺吾君乎？」及奏，上未嘗不稱善。時曾覿已死，王抃已去，獨内侍甘昪頗預政。朱子力以爲言，上曰：「爲其有才耳。」對曰：「小人無才，安能動人主？」翌日，除兵部郎，未供職。林栗劾之，命改它部。而宰相竟授以江西前命，再辭。除直寶文閣，奉祠。未踰月，復召。初入奏，時迫於疾作，口陳未盡，乞具封事以聞，未及上，至是再辭。遂併封事投匭以進，凡數千言。大要言：「天下大本，在陛下一心。而其急務，則輔翼太子、選任大臣、振舉綱維、變化風俗、愛養民力、修明軍政六者是已。」疏入，夜漏下七刻，上已就寢，亟起，秉燭讀之終篇。明日，除主管太乙宫，兼崇政殿説書。時上已有倦勤意，爲燕翼謀，益加嚮用。會執政有詆道學者，遂力辭。除秘閣修撰，奉外祠。光宗立，三辭職名，仍直寶文閣。居數月，除江東轉運副使，再辭，改知漳州。又再辭，不許。既之任，即奏除無名之賦七百萬，減經總制錢四百萬。加意學校，教誘諸生。又揭示喪葬嫁娶之儀，嚴禁男女傳經之會，俗爲一變。適朝議，欲行漳、泉、汀三州經界。朱子常病經界不行，聞命即訪事宜，擇人物及弓量之法上之。且言必可行之説三，將必至於不能行之説一。既而寓公、豪右果競沮之，朱子乃以地震自劾。其冬，有旨先行漳州經界，以届農期暫寢。明歲，遭嗣子喪，丐祠，除秘閣修撰，予祠去。而漳州經界竟報罷矣。頃之，除荆湖南路轉運使，四辭。三年，差知静江府，廣南西路經略安撫，辭。四年，使者自金還，言金人問「朱先生安在」，乃差知潭州，荆湖南路安撫，辭，不許。會長沙有峒獠之擾，遂拜命，至則遣人曉以禍福，皆降之。申教令，嚴武備，戢姦吏，抑豪民。湖湘士子故知學，爲之崇奬教厲，四方人士畢至。孝宗升遐，朱子慟不自勝。又聞上不任執喪，中外洶洶，益憂懼，乞歸田里。未幾，趙汝愚以太皇太后詔，尊上爲太上皇，而奉嘉王即位主喪。於是汝愚相薦朱子。先是彭龜年爲嘉王直講，因講魯莊公不能制其母，云：「母不可制，當制其侍御僕從。」王稱善，問爲誰説，對曰：「朱熹也。」自後每講，王必問朱子説云何。而翊善黄裳亦嘗言於光宗曰：「欲嘉王進德修業，追踪古先哲王，當求天下第一流人。」光宗問爲誰，以朱子對，故王之知朱子也久。至是，遂首召奏事，除焕章閣待制侍講。朱子行且辭。於道聞南内朝禮尚闕，近臣已有用事者，遂因辭章微辭以諷諫。疏再上，不許。乃乞帶元官奏事，首言：「天運艱難，國有大咎，然有可諉者。陛下前日未嘗有求位之心，今日未嘗忘思親之懷而已。夫充未嘗求位之心，可以盡負罪引慝之誠；充未嘗忘親之懷，可以致温清定省之禮。」次言：「爲學莫先於窮理，窮理必在於讀書。讀書之法，莫貴於循序而致精，致精之本又在於居敬而持志。」既對，面辭職名，不許。翌日，又辭待制，乞改説書。上報以手札，乃拜命。

每進講，務積誠意，以平日所論著者，敷陳開繹。既數次講，則復編次所講成帙以進，上亦開懷容納。又請不以寒暑雙隻日月，并令早晚進講，及瑞慶節免稱賀。皆從之。時太上意未釋然，上未即還大内，將葺東宫居之。朱子具四事以諫，不報。又議承重之禮，以爲：「子爲父，嫡孫承重爲祖，禮皆斬衰。自漢文短喪，天子遂無三年之服。爲父且然，則承重可知。壽皇至性自天，獨執通喪，宜著方册，爲世法程。間者陛下以世嫡承大統，一時倉卒，遂服漆紗淺黄，使壽皇已行之禮舉而復墜。臣竊痛之。請將來啓殯發引，仍用初喪之服。」及孝宗將祔，詔集議迭毁之次。初，太祖尊僖、順、翼、宣四祖之廟，實奉僖祖爲始祖。治平間，議者以僖祖無功德，世數寢遠，遷於夾室。未數年，王安石復之。是時趙汝愚雅不以熙寧中復祖僖祖爲然，復議祧之，而奉太祖爲始祖。朱子乃上議狀，條其不可者四，且擬爲廟制。又援伊川程子之説，以爲：「物豈有無本而生者？今日基本，啓自僖祖，安得謂無功德？」狀上，宰相持不以聞，徑創别廟，以奉四祖。上頗聞朱子有狀，召問内殿，朱子具劄及圖以進。上然之，命即榻前撰内批，直罷其事。時策免留正，擢用謝深甫等，皆以内批行之。朱子懲其弊，乞再令集議，於是朱子議竟不行。當汝愚之謀立上也，知閤門事韓侂胄用姻戚得見太皇太后，汝愚實使入白其謀。事既定，侂胄以爲己功，居中用事。汝愚方收召四方知名之士，中外引領望治。朱子獨惕然以侂胄爲慮，既屢言於上，又數白汝愚，宜酬以厚賞，勿使預政。汝愚性疏，以侂胄爲易制，不爲意。朱子乃因講筵復留身極言之，甫退，即降内批罷侍講，予宫觀。汝愚袖還内批，且拜且諫，而内侍王德謙徑以内批付朱子。朱子遂行。臺諫給舍争疏留之，不聽。乃除寶文閣待制，知江陵府。朱子辭，且乞追還新舊職名。詔仍焕章閣待制，予祠。朱子既去，明年侂胄遂罷汝愚，至誣以不軌，謫永州。朱子自以身事四朝，雖退閒，猶帶侍從，義難苟默。乃草疏萬言，極論姦邪蔽主，因以明汝愚之冤，詞旨痛切。諸生交諫，不從。蔡元定請以筮決之，遇遯之同人，朱子嘿然退，焚諫草，自號遯翁。因六辭職名，詔仍秘閣修撰。是時侂胄勢益張大，興僞學之禁。臺諫争承風旨，排詆萬端，至欲擠之於死。二年，遂落職，予祠。報至，朱子方爲諸生講論，略起視，復坐，講論如初。於是繩趨尺步從游之士皆屏伏丘壑，依阿選懦者更名他師，甚至變易衣冠以自別非黨。而朱子方講學不休，或勸以謝遣生徒者，笑而不答。是冬竹林精舍成，率諸生行舍菜禮於先聖先師，以周、程、張、邵、司馬、延平七先生配。五年，以年屆懸車，致仕。六年三月，寢疾，猶日爲諸生講太極西銘及爲學之要。辛酉，訂大學誠意章句。甲子，移寢中堂，諸生入問疾，曰：「夫子之疾革矣。萬有不諱，當用書儀乎？不允用儀禮乎？亦不允，然則參用之乎？」乃頷之。遂正坐，整衣冠，揮婦女勿近，就枕而逝。是日大風拔木，洪流崩崖，時年七十一。

朱子爲人色莊言厲，其行舒而恭，其坐端而直。閒居未明而起，深衣、幅巾、方履，拜於家廟以及先聖。退就一室，几案必正，書籍器用必整。倦而休，肅躬瞑息；休而起，端步徐行。飲食、羹菜、匙箸各有定列。中夜而寢，既寢而寤，擁衾默坐，或至達旦。閨庭之間，内外斬斬，恩義之篤，怡怡如也。祭祀必誠必敬，少不如儀，則終日不樂。已祭無違禮，則油然而喜。死喪之戚，哀戚備至。飲食、衰絰，各副其情。延遇賓客，稱家有無，常盡其歡。於親故必致其愛，於鄉閭必致其恭。平居惓惓，無一念不在於國。聞時政闕失，輒戚然不豫，語及國勢未振，常感慨以至泣下。然謹難進易退之節，則一官之拜，必抗章力辭。一語不合，即奉身亟去。故登第五十年，仕於外僅九考，立朝纔四十六日，道之難行也如此。其後侂胄誅，嘉定二年始追謚曰文。所著書有易本義啓蒙蓍卦考誤詩集傳大學中庸章句論語孟子集註或問太極、通書、西銘解楚辭集註辨證韓文考異及文集一百卷。所編次有語孟精義中庸輯略孟子指要小學通鑑綱目本朝名臣言行録家禮近思録程氏遺書外書伊洛淵源録謝上蔡語録。晚復編次禮書，未及成。至若天文、地志、律曆、兵機，無不洞究淵微。詞章、字畫未嘗用意，亦動中規矩，可爲世法。著述雖多，於四子尤所殫意，以大學論語孟子中庸爲入道之序，而後及諸經。所著書一字未安，必反覆達旦，甚至累日，要求其當而後已。諸生務學篤則喜見於言，進道難則憂形於色。講論率至夜半，雖疾病支離，至諸生問難，脱然沈痾之去體。一日不講學，則怵然以爲憂。摳衣而來，遠自川蜀；文字之傳，流及海表。至於異域，亦知慕其道，竊問其起居。窮鄉晚出，家蓄其書，私淑諸人者，不可勝數。寶慶三年，贈太師，追封信國公。紹定三年，改徽國公。淳祐元年，上幸學，詔以周子、二程子、張子及朱子從祀孔子廟。

李方子曰：夫子設教洙泗，以博文約禮授學者，顔曾思孟相與守之。自後正學失傳，士各以意爲學。其騖於該洽者，既以聞見自矜，而流於汎濫駁雜之歸。其溺於徑約也，又謂不立文字可以識心見性，而陷於曠蕩空虚之域。先生身任道統，廣覽載籍，取其所同而削其不合，稽其實用而剪其煩蕪。參伍辨證，以扶經訓，而詰其舛差。大本大根固已上達，究其所窮條分派别，經緯萬端，無所遺漏。蓋其包涵渟蓄，溥博淵泉，故出之若是其無窮也。

論曰：夫子以贊述六經而賢過堯舜，誠以萬世之君君、臣臣、父父、子子，皆夫子之力也。

自道學失傳，周子倡之，二程子從而光大之，張子、邵子又裨助而引伸之，而後斯道復明於世。然數子於六經，自伊川易傳外鮮有成書。蓋至朱子而六經之學乃揭於中天，即數子之所口授心承，亦皆賴其尋繹表章，而後學者足與有明也。平生所歷諸郡，政教聿張，尤惓惓爲其百姓請命，是伊尹内溝之心也。及後登朝，引道格非，風節嶽嶽，是皋陶陳謨之義也。使當時克究其用，則撥亂致治，興禮明樂，驟帝馳王，勳施爛焉。何至寖微寖滅，而終以不振哉！不幸小人間之，遂興僞學之禍，此與孔子不遇於春秋，横遭伐檀削跡者何異？然數百年來學校所以教，政俗所以理，無不折中於朱子，其爲萬世烈，豈直不在禹下已哉！

張栻

張栻，字敬夫，丞相浚子也。以廕補官。孝宗立，鋭志興復。浚起謫籍，開府治兵。乃辟栻書寫機宜文字，除直秘閣。時僚佐盡一時選，栻以年少内贊密謀，外參庶務，所綜畫諸人皆自以爲不及也。間以軍事入奏，因勸上稽古親賢以自輔，帝異之。及李顯忠兵敗，湯思退申和議，而盧仲賢使金，於是栻復入奏，帝引見上皇，栻輒策金人必敗，宋室必興。上皇曰：「何哉？」栻曰：「太上仁孝，上格於天，又傳位聖子，雖唐虞無以過。而金人篡奪相仍，無復君臣父子。臣以知其然也。」上皇曰：「苟仲賢使歸，事當若何？」栻曰：「臣父浚職在邊隅，戰守是務，此事惟廟堂審處之，勿貽後悔。」仲賢歸，辱命，栻劾之，奪三官。未幾，浚去國，遂罷兵。金人乘間入淮甸，中外大震。思退襲秦檜遺策，至敕諸將毋得輒縱兵。已而浚没，栻治葬畢，即上言：「國家與金，有不共戴天之讐。願繼今以往，誓不言和，專務自强，雖折不撓。」不報。乾道三年，用劉珙薦，除知撫州。未上，改嚴州。入對，言：「欲復中原之地，必先得中原之心。欲得中原之心，必先得吾民之心。所以得之者無他，不盡其力，不傷其財而已矣。今日之事，固以明大義爲本，然所施有先後，則緩急不可以不詳。所務有名實，則取舍不可以不審。」五年，召爲吏部員外郎。是時敵勢新弱，朝議將往責陵寢有憂，召兵者輒斥之。栻見上，上曰：「知敵國事乎？」栻曰：「未知也。」上曰：「金人饑饉連年，盜賊四起。」栻曰：「敵人之事，臣雖不知，境内之事則知之矣。」上曰：「何也？」栻曰：「比年諸道多水旱，民貧日甚，國家兵弱財匱，官吏欺誕，不足倚輔。正使彼實可圖，臣恐我之未足以圖彼也。」上默然。栻因出所奏疏，讀曰：「陵寢隔絶，誠臣子之至痛。今未能正名仗義以伸天討，而卑辭厚禮以求之，其屈甚矣。而或猶以召兵爲憂者，亦見我未有必勝之形故也。夫必勝之形在素定之日，不在決機之時。」上悚聽改容，栻復讀曰：「今日且當下哀痛之詔，明復讐之義，顯絶金人。然後修德立政，用賢養民，選將帥，練甲兵，通修攘戰守爲一事。且必治其實，而不爲虚文，則必勝之形隱然可見矣。」上深納之，將除爲講官。會發運使史正志行均輸法，盡奪州縣財賦，遠近騷然。栻以爲言，上曰：「正志取諸郡，非取諸民也。」栻曰：「州縣財賦，大抵無餘，取之不已，而經費有闕。不過巧爲名色，以取諸民耳。」上矍然，即詔罷之。乃以栻爲左司員外郎，兼侍講。嘗講詩葛覃，進説曰：「治生於敬畏，亂起於驕淫。使爲國者念稼穡之勞，而后妃不忘織紝之事，則心不存者寡矣。」因陳祖宗自家刑國之美，斥今日興利擾民之害。上喟然曰：「此王安石所以爲誤國也。」栻在朝未期歲，召對至六七。勸上修身務學，畏天恤民，抑僥倖，屏讒諛，宰相憚之，而近習尤不悦。知閤門事張説者，太上皇后娟戚也，驟擢樞府，外廷譁然，莫敢言。栻夜草疏極諫，旦詣朝堂，質責虞允文，且曰：「宦官執政自京、黼始，近習執政自相公始。」允文慙憤不堪。退則再疏又諫，事乃寢。然栻亦坐是，逾年遂出知袁州。

栻爲人表裏洞然，勇於從義，無纖毫滯吝。每進對，不以人主意爲隨順。上嘗歎伏節死義之臣難得，栻曰：「當於犯顔敢諫中求之。」又嘗難辨事之臣，栻曰：「曉事者難耳。若但求辨事之臣，他日敗陛下事者，未必非此人也。」一日肩輿出，遇曾覿，覿舉手欲揖，栻遽掩其檽，覿慙手不得下，其峻如此。淳熙元年，帝念栻，除舊職，知静江府經略，安撫廣南西路。始至，所部荒殘，乃簡州兵補缺籍，日習月按，申嚴保伍法，飭嵠峒酋豪，弭怨睦鄰，毋相賊殺。奏革横山買馬之弊六十餘事，諸蠻感服，善馬争至以治行。進秩直寶文閣，再任。五年，除祕閣修撰，湖北轉運副使，即知江陵。帥本路一日，去貪吏十四人。禮過諸將，加恤卒伍，咸勉以忠義，功賞必信。又劾黜縱賊大吏，募賊黨相捕告，緝斬姦民之爲逋藪者。湖北故多盗，至是盡遁。嘗捕盗數人，其一北中亡奴也。栻曰：「國家既未能正名討賊，毋使疆場之事，其曲在我。」乃縛奴歸之北，而戮其餘以徇。北人歎曰：「南朝有人。」七年二月，丐祠，未報，而疾革。有友求教，謂曰：「蟬蜕人欲之私，春融天理之妙。」因手疏，勸上親君子，遠小人，信任防一己之偏，好惡公天下之理。投筆遂絶，時年四十八。已而詔下，除右文殿修撰，提舉武夷沖祐觀，不及拜。

栻初事胡宏，宏一見喜曰：「聖門有人矣。」告以洙泗論仁之旨，栻益奮，作希顔録以自策。後與朱子交善，講習愈精，所造愈純。嘗謂學莫先於義利之辨，其言曰：「聖學無所爲而然也。無所爲而然者，命之所以不已，性之所以不偏，而教之所以無窮也。凡有所爲而然者，皆人欲之私，而非天理之所存，此義利之分也。學者當立志以爲先，持敬以爲本，而精察於動静之間，毫釐之差，審其爲霄壤之判，則有以用吾力矣。學然後知不足，平時未覺吾利欲之多也，灼然有見於義利之辨，將以救過不暇。由是而不舍，則趣益深，理益明而不可已。豈特治己之所當先，施之天下國家，一也。王者所以建立邦本，垂裕無疆，以義故也。霸者所以陷溺人心，貽毒後世，以利故也。」朱子每言己之學乃銖積寸累而成，若敬夫則大本卓然。學者稱爲南軒先生。

論曰：朱子平生所交友，最著者敬夫、東萊、象山三先生而已。象山既同門而異户，而東萊之教先列史而後六經，於博約之歸亦似不無異旨。其始終若符者，惟宣公一人。夫友所以講學，所以輔仁。漢之王、貢，唐之元、白，情厚矣，然所取不過意氣文藝之間。即進乎此者，亦僅以政事節誼相鼓勵。惟朱子與宣公出則欲同行所學，舉明主於三代之隆；處則闡道傳心，思樹億萬世人倫之極。後之交友者可以奮矣。

吕祖謙

吕祖謙，字伯恭，右丞好問之孫也。先爲河東人，自好問始居婺。祖謙之學本諸家庭，有中原文獻之傳。長從林之奇、胡憲游，既又友朱子及張栻，以故學益精。初廕將仕郎，隆興元年成進士，復中博學宏詞科，調南外宗教。丁母艱，居明招山，四方之士争就之。闋，除太學博士，待次，例補嚴州教授，復召爲博士兼國史院編修官，實録院檢討官。輪對，首勉孝宗留意聖學，且言恢復大事，乞廣攬英豪，使確陳經畫先後之實，然後與大臣定成算，而次第行之。召試館職。

祖謙常喜陸九淵之爲文，而未識其人，至是考試禮部，得一卷曰：「此必江西小陸也。」揭示果然，人服其精鑒。丁父艱，闋，主管台州崇道觀，召爲祕書郎，重修徽宗實録。書成進對，言曰：「治道體統内外，上下不相侵奪而後安。今陛下兼行大臣之事，大臣亦行有司之事，外至監司守令，職任率爲其上所侵，而不能令其下。故豪猾玩官府，郡縣忽省部，椽屬淩長吏，賤臣輕柄臣。願陛下虚心以求天下之士，執要以總萬事之機。勿以圖任或誤而謂人多可疑，勿以聰明獨高而謂智足偏察，勿詳於小而忘遠大之計，勿忽於近而忘壅蔽之萌。」又言：「國家以寬大忠厚立規模，以禮遜節義成風俗，此根本之深也。然文治可觀而武績未振，名勝相望而幹略未優，是以事功不競。今日治體，固當激厲其事功，尤當愛護其根本。」遷著作佐郎，尋兼禮部，以末疾丐祠，除直祕閣，主管沖祐觀以歸。

祖謙孝友絶人，恬淡寡欲。盡言以納忠而羞爲訐，秉義以飭躬而恥爲介。既歸，乃建麗澤書院，以會友講學。病中猶爲日記，於氣候暄凉，草木榮瘁，無不謹書。其察物内省，不以一日懈如此。病既間，除著作郎，兼國史院編修官。不就，添差淛東帥議，亦不就。淳熙八年七月卒，年四十五，謚曰成。祖謙之學以關洛爲宗，而旁稽載籍，不見涯涘。嘗言道理無窮，學者先不得有自足意。」又曰：「静多於動，踐履多於發用，涵養多於講説，讀經多於讀史。工夫至此，然後可久可大。」其論史，以爲論一時事，紀傳不如編年；論一人終始，則編年不如紀傳，二者皆不可廢。至觀史之法，於事之利害，時之禍患，必掩卷思所以處之，乃爲有益。少卞急，後讀論語至「躬自厚而薄責於人」，猛然有省，一時意氣皆平，自是終身無暴怒。朱子每稱學如伯恭，方爲變化氣質。所講畫將以開物成務，居家之政皆可爲後世法。嘗就訪朱子，及歸，朱子送之於道，祖謙欲編近思録，因與朱子同止寒泉精舍，分類抉微，一月而成。又嘗修讀詩記大事記，未及成；考定古周易書説閫範官箴辨志録歐陽公本末，皆行於世。學者稱東萊先生。

其弟祖儉，字子約，趙汝愚得罪，祖儉輒上書陳冤，坐竄韶州。在謫所讀書窮理，賣藥自給，芒屩徒步，爲踰嶺計。每言人因世變摧折，失其素履者，固不足言；若意氣反有所加，亦私心也。其後量移高安，卒。從弟祖泰，性疏達，尚氣誼，論世事無忌諱。祖儉既貶，祖泰嘗欲以言報國，懼累祖儉。及祖儉卒，祖泰乃擊登聞鼓上書，請誅韓侂胄，坐杖一百，配欽州。祖泰了無懼色。至府庭，尹誘之曰：「誰教汝共爲章者？言之，且貰汝。」祖泰笑曰：「何問之愚也！吾固自期必死，而可受教於人耶？」尹曰：「汝病風喪心耶？」祖泰曰：「以我觀之，今之附韓氏、得美官者，乃病風喪心耳！」尹宗室，據案作色，杖加毒，祖泰呼曰：「公天族，同國休戚，祖泰爲誰家計安危而受此毒也？」尹慙，趣杖訖使去。侂胄怒未已，使人迹祖泰所在，祖泰乃匿襄、鄧間。及侂胄誅，詔雪其冤，補上州文學，至都卒。

論曰：學欲博，不欲雜。又曰：博學而詳説之，將以反説約也。祖謙之學，不可謂雜，而終不得與朱子并稱大醇者，不以反約之意求之，則博即爲病。是故陸九淵之學非禪也，而徑約之弊多；祖謙之學非霸也，而騖博之心勝。惟求約於博，反博歸約，斯孔顔敎學之宗也。

陸九淵

陸九淵，字子静。撫州金谿人。四歲時，問父賀：「天地何所窮際？」賀笑不答。九淵窮思，至忘寢食。及丱角，聞人誦伊川語，輒怵然深省，曰：「自覺若傷我者。」與兄九齡相踵成進士，互爲師友，追琢講貫，和而不同。九齡字子壽，當秦檜時，無道程氏學者，而九齡獨尊其説。與九淵同爲當時所尊，號江西二陸。二陸之學，務窮本原，不爲章句訓詁，惟孔孟是崇是信。久之，九齡調桂陽軍教授，以親老道遠，改興國，未上。會湖南茶寇剽廬陵，鄉衆欲奉九齡主義社以備寇，門人不悦，九齡曰：「古者征伐，公卿即爲將帥，文事、武備一也。」遂領其事，調度、屯禦皆有法。及至興國，不以職閒自佚，益嚴規矩，肅衣冠如臨大衆。綏勸引翼，士類興起。是時九淵亦調靖安主簿，以繼母憂，兄弟俱歸。既闋，九齡除全州教授，未上，得疾卒，年四十九，謚文達。而九淵除爲崇安主簿，以史浩薦，召審察，不赴。侍從復薦之，除國子正轉，敕令所删定官。九淵少聞靖康間事，慨然有感於復讐之義，至是乃訪求智勇之士，與議大略，益知武事利病，形勢要害，人物短長。未幾，因輪對陳五論，詞旨甚美，上皆稱善。除將作監丞，爲給事中王信所駁，主管台州崇道觀以歸。

貴溪有山形如象，九淵登而樂之，結茅其上，自號象山翁，四方學徒大進。每開講席，户外屨滿，耆老扶杖觀聽。嘗謂學者曰：「平時雖號爲士人，其實何曾篤志於聖賢事業？往往從俗浮沈，與時俯仰，徇情縱欲，汩没而不能自振，日月逾邁，而有泯然與草木俱腐之恥。於此能有愧懼，大決其志，乃求涵養磨礪之方，見善則遷，有過則改，無不有益者。」又曰：「汝耳自聰，目自明，事父自能孝，事兄自能弟，本無欠缺，不必他求，要在自立而已。」或勸以著書，曰：「六經注我，我注六經。」

於是朱子方知南康軍，修復白鹿書院，聚學徒，教育其中。九淵過之，朱子率僚友延登講席，九淵乃講喻義之旨，懇到敷暢，聽者莫不竦然動心。朱子爲之避席稱謝，以爲切中隱微深痼之病焉。其略曰：「學者當辨其志。人之所喻由其所習，所習由其所志。志乎義則所習者必在於義，所習在義，斯喻於義矣；志乎利則所習者必在於利，所習在利，斯喻於利矣。故志不可不辨也。科舉取士久矣，爲士者以此相尚，汩没而不能自拔，則其志之所鄉有與聖賢背而馳者矣。推而上之，則又惟官資崇卑、禄廩厚薄是計，豈能悉心力於國事民隱，以無負於任使之者哉！誠能深思，是身不可使之爲小人之歸，其於利欲之習怛焉爲之痛心疾首，專志乎義而日勉焉，博學，審問，慎思，明辨，而篤行之。由是而進於場屋，必皆道其平日之學，而不詭於聖；由是而仕，必皆供其職，勤其事，心乎國，心乎民，而不爲身計，得不謂之君子乎？」

光宗立，差知荆門軍。荆門在江漢間，南捍江陵，北援襄陽，東蔓隨郢，西當光化、夷陵之衝，舊無城壁，九淵請於朝而城之。召集義勇，優給庸直，躬自勸督，役者樂趨，力竭工倍，二旬訖築，自是邊防益固。因罷關吏譏察而減其税，商賈畢集，税入日增。其爲政，凡訟訴，無蚤暮皆直造庭下，令自持狀以追被訴者，無不應期。至其有干涉人倫，輒使自毁狀，以厚風俗。於境内官吏貪廉，人民善惡，靡不周知。有訴盜竊而不知其主名者，九淵出二人名，捕訊之，即伏，盡得所竊還訴者。因語吏，某所某人爲暴，翌日有訴遇掠者，即其人也，乃加追治。吏大驚，以爲神。申嚴保伍法，盜發即禽，未嘗逸一人，群盜屏息。每旱，出禱輒雨，郡人異之。期年政行令修，民俗爲變，諸司交薦。

一日，語所親曰：「先教授兄有志天下，竟不得施而殁，今吾亦將死矣。」又語僚吏曰：「某將告終。」然猶出禱雪，翌日雪。乃沐浴，更衣端坐，後二日日中而卒，年五十四，謚文安。初，九淵與九齡嘗與朱子會於鵞湖，辨論所學。其後九齡深知舊見之非，幡然求益。惟九淵終始自信，持論不移。於太極、無極之説與朱子往復頻數，而卒不合。學者稱爲象山先生。

論曰：朱陸之異同，五百年來儒者以爲口實。然考鵞湖之争，朱子年四十六，而陸子乃三十七耳，其未即爲終身定論也，豈特陸哉！鵞湖所講，其言不傳，然陳傅良以爲刻畫深而傷易簡，矜持過而涉吝驕，則意皆有未概於學徒之心者。故朱子和章，特交勗於邃密深沈之旨，良有以也。逮後朱子年彌高，學彌進，卓然爲百世之師，遂令儒術有所統壹。向使陸子克躋上壽，探賾研精，去鏬歸醇，又惡知不卒於合耶？以陸子高明之資，持守之篤，學者不知所以服膺而誦法之，而徒執其一時之牴牾，紛紛置喙於異同之間，是豈善自得師者乎！

史傳三編卷七

名儒傳六

宋

蔡元定

蔡元定，字季通，建陽人。在娠時，父牧堂老人發設聖賢遺像於別室，使妻詹氏日往瞻仰，而生元定。少穎異，十歲日記千百言。牧堂授以二程、張、邵之書，曰：「此孔孟正脈也。」元定深涵其義。比長，辨析益精。聞朱子倡學，往師之，朱子叩所學，驚曰：「吾老友也。」凡性道之要，他弟子不得聞者，必以語元定，諸經奧義，多先令考究而後折衷之。每對榻講論，或至通夕不暇假寐。嘗語人曰：「造化微妙，惟深於理者識之，吾與季通言而不厭也。」因自輯所與元定問答者，號翁季録。元定之事朱子也久，義理本原心通意解，尤長於天文地理、樂律曆數、兵陣之説。凡書盤錯肯綮不可以句者，元定剖析爬梳，無不暢達。朱子稱曰：「人讀易書難，季通讀難書易。」諸從朱子游者，過建陽必謁元定，聽其言論不忍去。淳熙十五年，尤袤、楊萬里薦諸朝，召之，以疾辭，築室西山，將老焉。後韓侂胄擅政，設僞學之禁，臺諫承風排擊，元定自知不免。及沈繼祖、劉三傑連疏詆朱子，遂逮元定，謫舂陵。元定聞逮，不辭家而行。朱子偕從游數百人餞之蕭寺。元定至，寒暄外無嗟勞語，論參同疑義，意象灑然。酒既行，坐者咸感歎唏嘘，或至泣下。朱子微視元定，不異平時，喟然曰：「友朋相愛之情，季通不挫之志，可謂兩得矣。」元定於坐作詩，曰：「握手笑相别，無爲兒女悲。」遂與子沈徒步三千里赴謫所，踵盡流血。既至，父子相對以義理自怡，浩然無湘纍楚囚之狀。遠近來學者日衆。有一生素挾才簡傲，亦心服執弟子禮，人爲語，曰：「初不敬，今納命。」或勸以謝遣生徒者，元定曰：「彼以學來，何忍拒之？苟有禍患，非閉户所能避也。」一日謂沈曰：「可謝客，吾將安静以還造化舊物。」閲九日，移寢正室牖間，有聲若墜石者再，頃之而逝，慶元四年八月九日也，年六十四。沈護喪歸，比葬，朱子誄之，稱爲亡友西山先生云。

元定以孝弟、忠信、儀刑於家，在舂陵時，移書誡子曰：「獨寢不愧衾，獨行不愧影。」每言朱子立教，先訓詁文義，下學而上達。然世衰道微，邪説交作，學者非知本原，未必不惑於異端。故其教人，以性與天道爲先，自本而支，自原而流，聞者莫不興起。侂胄既誅，贈迪功郎，謚文節。所著書十餘種，律吕陣圖之書，尤爲朱子所歎重。朱子之注四書及易本義詩傳通鑑綱目，皆與參訂。啓蒙之編，則元定所起稾也。

論曰：僞學之禍，間有更名他師自别非黨者。獨蔡元定、吕祖儉蹈難如飴烈已。元定之在謫，僅期年耳，使選愞濡涊以脱於禍，亦不過期年便安，孰與名光天壤配食無窮哉！夫百年之間，一出入息，而志士仁人不少概見者，不知吾生有涯而妄縈情於其所顧戀也，故曰：「不知命，無以爲君子。」

黄榦

黄榦，字直卿，福州閩縣人。父瑀以篤行直道，高宗時爲監察御史。瑀没，榦往見臨江劉清之，清之奇之，命受業朱子。時方大雪，榦白母即行，遂從學焉。榦夜不設榻，不解帶，厲學達曙，朱子歎其堅苦，以女妻之。寧宗即位，朱子奏授榦將仕郎，而銓中授爲迪功郎，監台州酒務。丁母憂，廬於墓，從之講學者甚衆。及朱子編禮書，喪、祭二編獨以屬榦。朱子病革，書與訣，遺以深衣及所著書，曰：「吾道之托在此，吾無憾矣。」榦執心喪三年，畢，調監嘉興府石門酒庫。吴獵出帥湖北，敬榦名德，辟爲安撫司激賞酒庫，遷知臨川縣。歲旱，勸糶捕蝗，極盡心力。調新淦縣，吏民習知臨川之政，不令而行。差判安豐軍，淮西帥司檄鞫和州疑獄，榦釋囚飲食之，委曲審問，未得其情。一夜感夢，乃旦呼囚，詰曰：「汝殺人投諸井耶？何得欺我！」囚驚服。尋知漢陽軍，重庠序，先教養，即郡治後建祠以祀周、程、游、朱四先生，别爲屋以館四方士。值歲饑，荒政具舉，旁郡饑民襁至，惠撫均一，民大感悦。以病丐祠，主管武夷沖祐觀。尋起知安慶府，至則金人破光山，民情震恐。幹爲戰守備，請城安慶，不俟朝報，即日興工，分城爲十二科，先自築一科，然後使官吏、寓公、士人分科主之，悉準其一科之費。計田出役，力均費省，番休遞代，整有成法。每五鼓坐堂上，先授濠砦官以一日成算，然後治府事，理民訟，閲士卒，會賓佐。已則巡視城役，比晚，猶至書院爲學者講論經史。後二年，金人破黄州、沙窩諸關，淮東西皆震，獨安慶屹然按堵。繼而霖潦餘月，大水暴至，城卒無虞，士民喜相謂曰：「不殘於寇，不淹於水，生我者黄父也。」制置李珏辟參議，再辭，既而朝命改知和州，令先赴珏禀議。幹詣珏，珏方視師維揚，即與偕行，幹爲畫禦敵計，珏不能用。其時珏幕多輕儇士，將裨離心，而珏張宴無虚日。幹復諫珏，且請整旅以固蘄、黄，爲江南障，不聽。遂力丐去。其後蘄、黄失守，果如幹言。再命知安慶，不就。入廬山，訪李燔、陳宓，相與盤旋玉淵三峽間，俛仰朱子舊跡，講乾坤二卦於白鹿書院，山南北之士皆集。未幾，召赴行在奏事，除大理丞，不拜。初，幹入荆湖幕府，奔走諸關，豪傑往往願依。幹後倅安豐，守漢陽，安慶聲聞益著，長淮軍民翕然心嚮，在位者多忌之。比入見，又慮直言邊事，悟上心，於是群起擠之，遂罷歸。

幹涵養既久，自得益深，一時出朱門號高第者至衆，獨幹强毅有立，足任負荷。既歸，弟子益進，往來質疑請益如朱子時。俄命知潮州，辭，主管亳州明道宫。踰月致仕，没。後數年，贈朝奉郎，與一子下州文學。謚文肅，學者稱勉齋先生。有書説、論語通釋、論語意原及文集行於世。

論曰：自古名儒之興，必有名臣爲之佐佑揚顯，傳緒而表微者則及門也。程、張之時，名臣薦達有吕公著、司馬光諸人，及門游、楊、尹、謝其最著也。朱子同朝名臣如彭龜年、趙汝愚，皆賡爲揚譽，及門黄、陳、李、蔡其最著也。程門尚有朱光庭等，著聲臺諫，登高而呼，朱門則鮮位於朝者，時使然也。榦之學，歷金華四子而其緒有光，蓋其根深而源遠矣。

李燔

李燔，字敬子，南康建昌人。紹熙元年成進士，授岳州教授，未上。往謁朱子，朱子告以曾子弘毅之指，曰："致遠固以毅，任重貴乎弘也。"燔退，以弘名其齋。至岳州，教士不因時尚，且曰："古之通材，文武兼焉。"乃闢射圃使習射，廩老將善射者以教之。以承重解官歸，既闋，改襄陽教授。復謁朱子，朱子稱之曰："燔進學可畏，而直諒樸實，處事不苟，它日任斯道者，必燔也。"凡諸生未達者，令先訪燔，俟有所發，乃爲折衷，諸生畏服。朱子没，將葬，學禁方厲，鮮敢會葬者，燔獨往視封窆不少怵。及詔訪遺逸，九江守以燔名聞，召赴都堂，再辭。郡守聘爲白鹿書院長，諸生雲集，講學之盛無與比。除大理司直，辭，尋添差江西運司幹辦公事。會洞寇亂，帥漕議平之，燔曰：「寇非吾民耶？豈必皆惡然？而爲寇，則有司貪刻、將校邀功者激之耳。反是而行，則皆民矣。」帥漕然之，問誰可行者，燔自請往，乃駐兵萬安，易置近洞隅保之尤無良者，馳辨士諭以逆順禍福，寇皆帖服。洪州地下，異時贛江漲而隄壞，久雨輒潦，燔白漕帥葺之，自是田皆沃壤。改潭州通判，辭，不許。真德秀帥長沙府事，悉以咨燔。未數月，寧宗崩，史彌遠以擁立功，益當國柄用，燔慨然告歸，遂不復出。德秀及魏了翁薦之，差權通判隆興府，辭。江西帥魏大有辟充參議官，又辭。乃以直祕閣予祠。燔居閒，念無以報國，乃薦德秀、了翁及崔與之、洪咨夔、陳宓等於朝。紹定五年，上論當世高士，李心傳以燔對，曰：「燔，朱熹高第，經術行義亞黃榦，當今海内一人而已。陛下誠强起之，以寘講筵，必能裨助聖學。」上雖然之，而終不召也。年七十卒，謚文定。燔嘗言：「凡人功業不必仕宦，隨分及物即功業矣。」又言：「仕宦至卿相，不可失寒素體。君子無入不自得，正以磨挫驕奢，不至居移氣，養移體。」因誦古語曰：「分之所在，一毫攀躋不上，善處者退一步耳。」故燔處貧賤患難若平常，不爲動，被服素布，雖貴不易。蔡念成稱燔心事有如秋月。入仕四十二年，在官不過七考，居家講道學者宗之，與黃榦齊名，稱曰黃、李。

論曰：朱子之帥長沙，降其洞獠。燔在江西，治蹟相類。洞獠猶可以逆順禍福服，况於身爲赤子，乃祖乃父累世宅爾宅而畋爾田者哉？雖鴟張姦宄之徒，世不絶有，然使司牧者有陰雨之膏，析符者有保障之固，則稂莠且化爲嘉苗，而衆志堅於城郭矣。燔之言，實治忽之名論也。燔與光澤李方子同爲朱門高第，燔以弘名其齋，生平克充弘毅之旨；方子以果名其齋，善體寬大中要果決之訓，服行以造於成。甚矣古人之嗜學也！

李方子

李方子，字公晦，邵武人。少博學能文，爲人端謹純篤。初見朱子，謂曰：「觀公爲人，自是寡過，但寬大中要規矩，和緩中要果決。」遂以果名齋。長游太學，學官李道傳折官位輩行，具刺就謁。嘉定七年，廷對，擢第三，調泉州觀察推官。適真德秀來爲守，以師友禮之。德秀嘗謂人曰：「公晦學邃而氣平，本經術，明世用。事之大者，余必咨而後行。」暇則辨論經史，至夜分不倦。故事，秩滿必先通書廟堂乃除。方子曰：「通書是求也。」丞相史彌遠聞之怒，踰年始除國子録。無何將選入宮僚，而方子不少貶以求合。或告彌遠曰：「此真德秀黨也。」使臺臣劾罷之。方子既歸，學者畢集，危坐竟日，未始傾側。對賓客一語不妄發，雖奴隸亦不加詬詈，然嘗嚴憚之。嘗語人曰：「吾於學問雖未能周盡，然幸於大本有見處，此心常覺泰然，不爲物欲所漬爾。」其所編禹貢集解，朱子嘗稱許之。

論曰：爲陸學者，每妄譏朱門舍德性而專事問學。考朱子教人大端，在主敬窮理，主敬所以尊德性也，豈嘗放於支離以爲學哉？方子於大本有見處，是主敬之效也。至以學問周盡爲歉，則又以見理道之無窮而大，居敬者尤必以窮理爲貴也。真德秀稱其本經術，明世務，固非若冥目兀坐，以求大本而遺棄事物者比矣。

陳淳

陳淳，字安卿，漳州龍溪人。少習舉子業，林宗臣見而奇之，謂曰：「此非聖賢之學也。」授以近思録，淳由是盡棄所業，益求濂洛遺書讀之，慨然曰：「此實洙泗之傳，而吾乃未身其奥，吾心恧焉。」聞朱子講道武夷，欲往從而無資。及朱子守漳，進謁，得聞本原之學，益自力。朱子亟稱之曰：「南來，吾道得一安卿。」朱子自漳歸，且十年，淳復至，自述所得，朱子曰：「已見本原矣，所闕者下學之功爾。」自是所聞皆要切語，凡三月而朱子卒。淳服膺師訓，日月積累，義理貫通，洞見條緒。其居鄉，不沽名，不徇俗，恬然退守，而化及鄉人，聲播天下。世雖不用，而憂時論事，感慨動人，郡守以下皆禮重之。嘉定九年，以特試赴都，歸，過嚴陵，郡守鄭之悌率僚屬延登講座，淳乃爲四章以示學者。其論道學體統，略曰：「道原於天命，而實行乎日用。堯舜與塗人同一稟，孔子與十室同一賦。謂其君不能，賊其君者也；謂其民不能，賊其民者也；自謂其身不能，自賊者也。操則存，舍則亡，迪之吉，悖之凶。易知易行，豈有離於日用之外哉？」其論師友淵源，略曰：「濂溪不由師傳，提綱起鑰，二程親授其旨，朱子又益明之。上以達群聖之心，下以統百家而會於一。學者必以是爲迷塗之指南，庶有所取正而不差矣。」論工夫節目，略曰：「道之浩浩，何處下手？大要不過致知力行而已。致其知者所以明萬理於心，而使之無所疑；力其行者所以復萬善於己，而使之無不備也。知不致則行將何適？行不力則所知徒爲空言，竟何有於我哉！然二者亦非截然判爲二事，猶之行者，目視足履，動輒相應，蓋交進而互發也。其所以爲致知力行之地者，必以敬爲主。敬者，提撕警省此心，使之惺惺。聖學所以貫動静、徹終始之功也。能敬則中有涵養，大本清明，由是而致知力行，不復有扞格之病矣。雖然，人性皆善，而鮮有能從事於斯者，一則病於安常習故，而不能奮然立志以求自拔；二則病於偏執私主，而不能豁然虚心以求實見也。必如孟子，以舜爲法於天下，我猶未免爲鄉人者爲憂，然後爲能立志。必如顔子，以能問於不能，以多問於寡，有若無，實若虚，然後爲能虚心。既能立志而不肯自棄，又能虚心而不敢自是，然後循序而進，日有維新之益矣。」論讀書次序，略曰：「不先諸大學，則無以提挈其綱領，而盡論孟之精微。不參諸論孟，則無以發揮其蘊奥，而極中庸之歸趣。然不會其極於中庸，又何以立大本而經大經哉？讀四書之法，毋過求，毋曲引，平心以玩其旨歸，切己以察其實用，乃由以進於諸經，莫不冰融而凍釋矣。」既歸，人士師事者益進。淳與講解，率至夜分，無倦色。門人隨所口授筆之，於是有四書口義字義詳解及筠谷所聞諸編。明年以特奏恩授迪功郎，主安溪簿，未上，卒，年六十五。所著有詩禮女學傳於世，學者稱北溪先生。淳同邑有王遇者，字子合，號東湖，亦事朱子，又嘗及游張栻、吕祖謙之門，精思力行，朱子稱其淳篤。及歷官中外，皆有聲績，不附韓侂胄，多風節。其後漳人祠祀朱子，以淳及遇配焉。

論曰：蔡元定之明悟，黄幹之篤實，皆爲朱門所推重。逮觀淳之講義，何其粹也。朱子之守漳未及二年，比淳再至，僅三月耳，非嘗朝夕熟承其聲謦也，而於奥旨微言，探之能深，闡之能揚，簡而括，詳而有要，於師門學的曾無毫芒之謬，可謂穎異之姿，與聞性道之祕者已。

蔡沈

蔡沈，字仲默，元定季子也。與伯兄淵、次兄沆皆及事朱子。沈年三十，盡屏舉子業，一以聖賢爲師。及元定坐謫舂陵，藺足走三千里，惟沈獨從元定，卒護喪歸。於道有遺金，義不可受者，固却之，曰：「吾寧隨所止而殯，不以累吾親也。」初，元定使淵紹其易學，沆紹其春秋學，沈紹其書學，及朱子爲書傳，未及成，病革，亦卒以屬沈。沈受父師之命，竟踵成之。其序略曰：「二帝三王之治本於道，二帝三王之道本於心。得其心，則道與治可得而言矣。後世人主有志於二帝三王之治，不可不求其道；有志於二帝三王之道，不可不求其心。求心之要，舍是書何以哉？」卜居九峰，雖當世名卿物色訪求，不屑就也。凡元定著書十餘種，其律吕陣圖諸書，學者尤難卒曉，間以叩沈，無不毫析縷解者。又嘗叙洪範數，亦元定所命也。卒謚文正，學者稱九峰先生。

蔡氏自牧堂老人發生西山先生元定，元定生節齋先生淵、復齋先生沆及沈，淵又生素軒先生格，沈生覺軒先生模、久軒先生杭、静軒先生權，皆潔行績學，詮經衛道，世稱蔡氏九賢云。

論曰：建州當南宋時名賢挺生，而胡、劉與蔡三家尤盛。馬、班列傳之作，父子祖孫類相從附，至陳壽傳董和、董允，始釐爲各編。若沈守道著述，不負父師之命，其書傳與朱子易詩諸經并立學宫，迄於今五百餘年，業尚書者宗之。故從和、允之例，析而不附。然沈譏洞極潛虚爲牽合，至所叙範數，或未免然，何歟？

劉爚

劉爚，字晦伯，建陽人。與弟炳受學於朱子，亦嘗及吕祖謙之門。乾道八年，舉進士，調山陽主簿，轉饒州録事，擢知連城縣，改閩縣。所至講求利弊而興革之。俄差判潭州，未上，丁父憂。值僞學禁興，爚從朱子於武夷，講道讀書，怡然自適。築雲莊山房，爲終老計。後差知德慶府，修學校，糾武勇，條上便民五事。及入奏，因言：「今雖從和議，顧益恐懼修省，開言路以廣忠益，振公道以進人才，飭邊備以防敵患。」擢提舉廣東常平令。每歲春末，以其半出貸，至冬而償，常存其半以備緩急。又出公使、公用二庫羸錢，以補積欠，凡十五萬。入爲尚左郎官，因轉對，首言：「願於經筵特派大臣奏對，反復問難，以求義理之當否，政事之得失。」又乞收拾人才，修明軍政，及節内外冗費。出爲浙江提點刑獄，多所平反。復入爲國子司業。是時僞學之禁未弛，爚乃言於丞相，請以朱子所著大學論語中庸孟子之説勸講。復奏慶元以來，權佞當國，惡人議己，指道爲僞，屏其人，禁其書，義利不明，趨向污下，人欲横流，廉恥日喪。乞罷僞學之禁。又請以朱子白鹿洞規頒示太學，取四書集註刊行之。其所以扶衛正道以立國是者，忠款惓惓，未嘗少釋。又言浙西根本之地，宜詔長吏監司務儲積，禁科斂，戢强暴，撫善良。未幾，以接伴外使，至盱眙軍。還，言兩淮藩蔽江南干戈盜賊之後，宜招集流散爲足食足兵之計。規畫明備，帝嘉納之。進國子祭酒，兼工部侍郎，試刑部侍郎。時廷臣争務容默，爚首請奬忠讜以作士氣，戒諛佞以肅具僚。又因冬雷，請遴選監司以考察貪吏，訪求民瘼。又請擇沿邊諸將，城沿邊州郡，使邊民各以什伍教閲於鄉，隱然寓軍政於田里。至如罷遣賀正使，及絶金人歲幣。侃侃正言，無所回隱。兩請致仕，不允。會夏旱，復應詔上封事，曰：「言語壅而導之使言，人心鬱而疏之使通。上開不諱之門，下必有盡言之士。或者指爲好名要譽，而陛下信之，則苦言之藥、至言之實，陛下棄之而不恤矣。」擢權工部尚書，兼太子右庶子，左諭德。每至經史，所陳聲色嗜欲之戒，輒懇切敷陳之。卒贈光禄大夫，謚文簡。所著有奏議、史稿、經筵故事、東宫詩解、禮記解、講堂故事、雲莊外稿。弟炳，字韜仲，朱子均稱其嗜學可教，居官不苟云。

論曰：朱子四書章句集註，功在萬世。燏當道學屏塞之時，毅然請以勸講，刊行天下，偉哉！而奮忠陳謀，自學術人心、吏治民瘼，以暨軍政邊務，言切慮周，罔非經濟弘謨，其斯爲有體有用之儒歟！

真德秀

真德秀，字景元，後改景希。浦城人。年十五而孤，母吴氏教之。自韓侂胄設僞學之名，以錮善類，近世大儒之書皆所禁絶。德秀晚出，獨慨然以斯文自任，講習而服行之。慶元五年，成進士，復中博學宏詞科。入閩帥幕，召爲太學正。嘉定元年，遷博士。入對，時侂胄既誅，德秀首言：「今日改弦更張，當褒崇名節，明示好尚。」自是黨禁弛，正學復明於天下。試學士院，改祕書省正字，兼檢討玉牒，尋兼沂王府教授，權直學士院，三年遷祕書郎。乞開公道，窒旁蹊，以抑小人道長之漸；選良牧，勵戰士，以扼群盜方張之鋭。四年，遷著作佐郎，尋兼禮部郎。時蒙古深侵，金人屢敗。德秀言金有必亡之勢，然金亡則上下恬嬉，憂不在敵而在我，多事之端恐自此始。五年遷軍器少監，六年遷起居舍人，尋兼太常少卿，充金國賀登位使。至盱眙，聞金内變，還。乃臚舉邊防要事，且言曰：「臣自揚之楚，自楚至盱眙，沃壤無際，陂湖相連，民俗堅悍强忍，足爲大江屏障。若大修墾田之政，領以專官，數年之後，積儲充實，邊民父子相保，因其什伍，勒以兵法，不待饋饟，皆成精兵矣。」時史彌遠方以爵禄縻天下士，德秀慨然謂劉爚曰：「吾徒急當引去，使知世有不苟爲從官之人。」遂力丐外出，爲江東轉運副使。江東方傷旱蝗，乃講荒政，與同僚分賑所部，而自領其最甚者，全活至衆。又平斗斛，劾贓濫，拔賢俊，政譽日聞。改知泉州，蠲苛政以招海舶，民輸租，令自槩。有訟者，揭示名姓，人自詣理。海賊亂，設方略禽之。因偏行濱海，審形勢，增屯以備不虞。十二年，改知隆興府，以母喪歸。十五年，除知漳州，以廉仁公勤勵僚屬，以周朱之學教士子。罷榷酤，除斛面，免和糴，立義阡、社倉，及惠民、慈幼等倉，以甦其民。捐諸軍回易之利，及官田租，而月試之射。凡營中病者、死未葬者、孕者、嫁娶者，贍給有差。理宗立，召爲中書舍人，擢禮部侍郎，直學士院。首言：「濟王雪川之變非本意，願討論追封秦邸故事，興滅繼絶。」上曰：「朝廷之待濟王，亦已至矣。」對曰：「人主當以二帝三王爲法，觀舜所以處象，則陛下不及明甚。」因勸上講學進德，及言貨賂公行，薰染成俗，朝廷所用敏鋭之士多於老成。其忠亮如此。嘗入侍清暑殿，進曰：「此高、孝二祖儲神之地也。仰瞻楹桷，二祖實臨其上。陛下一心而受衆攻，未有不浸淫蠹蝕者。夫惟學可以明此心，惟敬可以存此心，惟親君子可以維持此心。」因極陳古者居喪之禮，與先帝視朝之勤。及寧宗小祥，有詔群臣易吉，德秀争之，曰：「自漢文率情變古，至我孝宗方衰服三年，朝衣朝冠，皆以大布，惜當時不遂定。臣下執喪之禮，實千載無窮之憾。然孝宗崩，易月之後，群臣猶未釋衰，朝會用黑帶公服，大祥始除。侂胄柄政，乃以小祥從吉。夫帶不以金，鞓不以紅，佩不以魚，鞍韉不以文繡，此於群臣何損？朝議何傷議？」遂格。德秀屢進鯁言，上皆虛心開納，而彌遠益嚴憚之，謀所以相撼，畏公議未敢發。及王暨、盛章駁德秀所主濟王贈典事，莫澤、朱端常、梁成大等遂相繼劾之，至請竄殛，上不可。乃落職罷祠歸。紹定四年，改職予祠，五年進徽猷閣待制，復知泉州，迎者塞路。彌遠死，乃改顯謨閣待制，知福州。有頃，召爲翰林學士。是時金亡，朝議進取，德秀以爲憂，上封事諫，進户部尚書。

德秀長身廣額，容貌如玉，望而知爲公輔器。立朝不滿十年，章疏所奏將數十萬言，皆切當時要務。四方人士誦其文，想見其風采。及宦游所至，惠政深洽，由是中外交頌。都城人時驚傳須洞，奔擁出關曰：「真直院至矣。」果至，則又填塞聚觀。彌遠益以此忌之，久擯不用。至是歸朝，而德秀衰矣。入見，上迎勞之，德秀謝。乃進大學衍義。德秀嘗言：「天下之理，惟中爲至正，惟誠爲至極。然敬所以中，不敬則無中也。敬而後能誠，非敬則無以爲誠也。氣之決驟，軼於奔駟，敬則其銜轡也；情之横放，甚於潰川，敬則其隄防也。」及是遂爲上陳祈天永命之道，以爲：「敬者，德之聚。儀狄之酒，南威之色，盤游射弋之娱，禽獸狗馬之玩，有一於此，皆足害敬。」上欣然嘉納。踰年，知貢舉，已得疾，拜參知政事。三丐祠，上不得已，進資政殿學士，提舉萬壽觀，兼侍讀，辭。疾革，冠帶起坐，神爽不亂。卒謚文忠，學者稱西山先生。所著讀書録，嘗謂門人曰：「此爲治之門，如有用我者，執此以往。」與大學衍義及甲乙集等書，皆行於世。

論曰：德秀未嘗及朱子之門，而能私淑以有成。考其學行之正，風節之著，有體立用行之效，朱子以後莫有能尚之者也。衍義一書，學術治術，引據剖辨，誠明畢周，尤爲修身之極，則理世之蓍龜。自天子以至於庶人，烏可不三復體玩哉？至其立政建議，無一不審乎國勢，察乎人倫。昔羊祜欲復諒陰之禮，而卒疑於有父子無君臣，議格不行。使理宗能因德秀之言，遂定天下執喪之制，庶幾彝倫攸叙。乃竟因循，未及著令，惜哉！

魏了翁

魏了翁，字華父，卭州蒲江人。英悟絶倫，嘗從輔廣、李燔游。慶元五年，成進士。時方諱言道學，了翁策獨及之。累官武學博士，召試博士。韓侂胄方謀開邊，中外憂駭，莫敢言。了翁獨以急於内修，姑逭外攘爲對。且曰：「舉天下試於一擲，宗社存亡不可忽也。」策出，衆大驚。改祕書省正字，遷校書郎，以親老丐外，知嘉興府。侂胄坐誅，朝廷收用諸賢，了翁被召。適史彌遠入相，專國事，了翁心不能善，固辭。丁生父憂解官，心喪，築室白鶴山下，開門授徒，士争負笈，由是蜀人知義理之學。差知漢州，坐微罪，降秩，起知眉州。眉俗習法令，持吏短長，稱難治。了翁乃禮耆耉，拔俊秀，朔望詣學宫，講説誘掖。行鄉飲酒禮以興教化，增貢士員以振文風。利民之事，知無不爲，士論大服，俗爲之變。擢潼川提刑，改轉運判官。初，周、程等倡興道學，闕無爵謚。紹興、乾道間，胡安國、魏掞之嘗以爲請，未及施行。了翁上疏曰：「周敦頤、程顥、程頤、張載嗣往聖，開來哲，發天理，正人心，使孔孟絶學復明於世，朱熹、張栻學實宗之。今熹、栻已賜易名，而敦頤等闕如，是録其後，遺其先也。」朝論韙之，卒如其請。遷直秘閣，知瀘州。丁母憂，闋，差知潼州。嘉定十五年被召，於是了翁去國十七年矣。上迎勞，所奏悉嘉納。進兵部郎中，改司封郎中。建議分江、淮、襄、蜀爲四重鎮，擇人任之，而假以事權，資以才用，爲聯絡守禦計。事下中書，不果行。累遷太常少卿，祕書監起居舍人。了翁正學危行，其入也，彌遠欲引以自助，了翁不可。至是因極言事變倚伏，人心向背，疆埸安危，鄰敵動静，以至士大夫風俗之弊，剴切無所諱忌，彌遠愈不樂。及理宗即位，彌遠以擁立功，益柄用，了翁積憂成疾，三請閒，不許。遷起居郎。屬濟王竑死，有司治葬不如禮。了翁每見上，輒請厚倫紀以弭人言，輸忠引義，彌遠心益惡之。了翁亦求去，遂出知常德府，越二日降三官，靖州居住。湖湘江浙之士不遠千里造門受業。紹定四年，復職，與祠，起知遂寧府，不拜。進寶章閣待制，潼川路安撫使，知瀘州。瀘大藩，控制邊面二千里，了翁葺樓堞，增器械，練牌手，申軍律，興學覈逋，建社倉、義塚及養濟院，未數月，百廢具舉。彌遠死，進華文閣待制。了翁負孤忠，鯁言侃侃。初扼於侂胄，繼忤於彌遠，念國家權奸嗣興，公正不容，法度隳弛，風俗偷蠹，不可滌濯。乃抗章論十弊，疏列萬言，先引故實，次陳時弊，分別利害，皎若白黑，上讀之感動。是時臣庶封章，多乞召還了翁及真德秀者。上因民望，并招之，以了翁權禮部尚書，直學士院。先是，彌遠之排真、魏也，梁成大爲之鷹犬，成大遺所親書曰：「真德秀乃真小人，魏了翁乃僞君子。」及是了翁入對，首乞明君子小人之辨，以爲進退人物之本，以杜姦邪窺伺之端。他所陳列，又十餘事，晝漏下四十刻始退。俄兼侍讀，又兼吏部尚書。了翁還朝六閱月，前後二十餘奏，皆當時急務。每進讀，上必爲之改容。既而邊警沓至，上心焦勞，將引與共政，而忌者傾之。出督視京湖江淮軍馬，五辭不獲，上勉勞，賜便宜如張浚故事。了翁乃酌上下流之中，開府江州，申儆將帥，調遣援師，列死事之臣，黜退懦之將。又奏邊防十事，甫二旬召爲僉書樞密院事。蓋朝臣特假建督以出，了翁既出，即以爲非計，復遽召還，進退牽掣，了翁遂力辭不拜。改資政殿學士，湖南安撫使，知潭州，又辭。改浙東安撫使，知紹興府，又改福建安撫使，知福州。累章乞骸骨。嘉熙元年卒，謚文靖。

了翁之學，深密明粹，嘗曰：「仁義中誠，性命天道，此致知格物之要也。今往往善柔爲仁，果敢爲義，依違以爲中，鈍魯以爲誠，氣質以爲性，六物以爲命，玄虛以爲天道。甚則以察爲知，以蕩爲情，以反經爲權，以捷給爲才。師異指殊，流弊乃爾。」又曰：「學者根本不立，而異端得以乘之，利禄得以移之，文詞得以溺之。則有口道六經而心是佛老，或心是聖學而輯爲文詞，隨世以就功名者矣。」其言切中學者之病如此。所著有九經要義、易舉隅、井田圖説、古今考、經史雜抄、師友雅言等書。

論曰：小人之擯君子，無所不用其極，苟無瑕可摘，必從而指之曰僞。至以僞爲罪，則凡言教動法無非罪也。宋南渡後，國勢弱矣，所賴諸賢相與維持，故人人知有君父。乃侂胄方以禁僞學敗，而了翁又以僞君子久斥不用。嗚呼！彼所指爲僞者，皆廉介慈惠、忠誠許國之人也。天地之元氣，國家之命脉也。就令强爲修飾，以襲君子之名，不猶愈於靦顔恣睢而蠹國虐下者乎？詩曰：「讒人罔極，交亂四國。」蓋自古傷之矣。

李道傳

李道傳，字貫之，隆州井研人。少莊重，稍長，讀程氏書，湛精玩索，至忘寢食。雖處暗室，整襟危坐，肅如也。慶元三年，成進士，調利州司户參軍，改蓬州教授。吴曦叛，抗節不撓，棄官去。以書間報安撫楊輔，論曦非雄才，犯順首亂，人心離怨，請亟誅而縛之。曦平，進官二等，嘉定初，召爲太學博士，遷太常博士，兼沂府小學教授。值沂王有母喪，府僚例進秩，道傳曰：「有襄事者，推恩可也，吾屬何與？」同儕然之，皆辭不受。遷著作佐郎。即上言：「人才盛衰，繫學術明晦。願下明詔，宣索朱熹論語孟子集註大學中庸章句或問，頒之太學。仍請以周、程、張、邵從祀先師。」執政不悦，語侵之，道傳不爲動。兼權考功郎，遷著作郎。時胡榘等新進用事，賄賂成風，道傳曰：「刻剥傾危之人進矣。」遂丐外出，知真州，擢提舉江東常平茶鹽公事。下車即按貪縱十餘人，胥吏爲民害者大黥小逐百餘人，釋獄之冤繫者二百餘人，弛負錢十餘萬緡。會大旱，應詔論楮幣鈔法之弊，及賦斂加增，軍將椎剥，皆切中時病。與真德秀分賑所部，窮冬行風雪中，雖峻谷深村必至。久之，胡榘爲吏部侍郎，舉道傳自代，道傳恥之，引疾求去，不許。召奏事，再辭，又不許。既對，上自宫掖，次及朝廷，盡言無所諱，上不以爲忤。除兵部郎中，又辭不就。御史李楠覘當路意，請授以節鎮蜀，遂出知果州，行至九江卒，年四十八，謚文節。初，道傳自蜀來，不及登朱子之門，乃訪所嘗從學者與游，盡得遺書讀之。篤於踐履，氣節偉然，於經史未有論著，曰：「學未至，不敢於詩文。」未嘗苟作，曰：「學未至，不暇。」嘗以疾在告，真德秀省之，卧榻屏間大書「喚起截斷」四字，其用功如此。

論曰：「喚起」是惺惺法，「截斷」則戰勝法也。易後天卦乾戰於西北，戰而克，則陰道屏而德性尊；巽齊於東南，齊而順，則陽道伸而官骸正。程朱所以繼絶學者大義，曷以加兹道？傳起自西陲，由私淑而聞大道之要，至表章朱子傳注，立諸學宫以覺來裔，其功偉已！

陳宓

陳宓，字師復，丞相俊卿之孫也。及事朱子，朱子器異之。其後復從黄榦。以父任歷知安溪縣，立安養院，以粥窮民，病予醫藥，死則棺葬之。安溪士民不名爲令，而稱復齋先生。嘉定七年，入監，因大旱，上言：「宴飲無節，賜予非時。大臣私其親故，貪吏得志，廉士招尤。」奏入，史彌遠不樂。調軍器監簿，轉對，言：「人主之德貴明，大臣之心貴公，臺諫之言貴直。」指陳時弊，視前疏尤剴切。黄榦見而歎曰：「使臣子盡如此，國安有不興乎！」尋丐歸，擢大理丞，不拜。出知南康軍。歲大祲，奏蠲田賦，募流民，築江隄，而給其食。既而謁白鹿洞，親爲諸生講解作興之實，踵朱子之蹟。改知南劍州。又值旱疫，爲蠲逋賦十數萬，弛新輸三之一。身率僚吏，持錢粟藥餌户給之。復倣白鹿洞規，創延平書院，以教其士。改知漳州，未行，會寧宗崩，時事忽異，宓嗚咽累日。無何，致仕去。寶慶二年，除提點廣東刑獄，三辭不就。以直祕閣予祠，拜祠命，而辭職名。久之三學諸生請起宓，而宓没矣。宓性剛毅，信道尤篤，每言居官必如顔真卿，居家必如陶潛，而深慕諸葛亮。身死，家無餘財，庫無餘帛，庶乎能蹈其語者。所著有論語注義問答春秋三傳抄讀通鑑綱目唐史贅疣及文稿數十卷。

論曰：定公初年，孔子不仕。寶慶嗣立，李燔、陳宓亦屏迹丘樊，不磷不緇。昔諸葛亮不爲苟出，一出而鞠躬盡瘁；陶潛不爲苟處，一處而泥閉淵蟠；顔真卿終始蹇蹇，殉節從容。此於出處死生之義備矣。三代以返，宓獨企此三人，其進退合道也宜哉！

何基

何基，字子恭，金華人。父伯熭，爲臨州丞。時黄幹適知縣事，基遂事幹，幹告以爲學必有真實心地，刻苦工夫，基悚然受命。於是隨事研精，卒聞淵源之懿。凡微辭奥旨，平心覃思，未嘗參以己意。於書輒加標點，悉中關會，竅微讀者醒發，不待講解而自見其義。嘗言立志貴堅，規模貴大，充踐服行，死而後已。論治經之法曰：「讀易當盡去膠固支離之見，潔净其心以玩精微之理，沈潛涵泳得其根源，乃可漸觀爻象。讀詩須掃蕩胸次，然後吟哦上下，諷詠從容，使人感發，方爲有功。」於朱子緒言，一經明闡，則旨趣益新。郡守延聘，或薦之，皆不就。景定間，被旨，添差婺州教授，兼麗澤書院山長，辭。咸淳初，授史館校勘，兼崇政院説書，又辭。改承務郎，主管西岳廟，終不受。年八十一卒。國子祭酒楊文仲請於朝，謚文定。凡學庸大傳通書易啓蒙近思録皆有論著，名曰發揮，其確述師訓如此。

論曰：易蔽於九師，詩鑿於序説，而經義之室不通者多矣。朱子興雅，自信於易卜筮、詩雅鄭之説，蓋明象以待變，而易之用神；逆志以詮辭，而詩之味永。基領此意，篤信不疑。又從而發揮之，遂啓金華之派，以衍正學之傳，其爲功於朱門豈淺哉！

王柏

王柏，字會之，金華人。大父師金從楊時學，父瀚又及朱子之門。柏少時慕諸葛亮爲人，自號長嘯。踰三十，始知家學之源，捐去俗學，勇於求道。與其友汪開之著論語通旨，至「居處恭，執事敬」，怵然曰：「『長嘯』非聖門持敬之道也。」更自號爲魯齋。聞何基嘗從黄幹得朱子之傳，即往事之。基授以立志居敬之旨，爲作魯齋箴以勉之。柏高明絶識，弘論英辨，每質問，或一事至十往返。於大學中庸論語孟子通鑑綱目諸編，標注考校尤爲精密。其居家夙興，見廟飭庇，諸務肅然嚴整。當暑闔閤静坐。子弟白事，非衣冠不見。少孤，事兄恭，季弟早世，撫其孤，義以慈。收合宗族，周恤之。汪開之没，家貧，爲斂且葬。兩爲麗澤、上蔡書院山長。其教必以大學爲先，雖鄉之耆德皆執弟子禮。理宗升遐，率諸生制服，臨於郡。及病革，整衣冠，端坐揮婦女勿近，卒。國子祭酒楊文仲請於朝，謚文憲。所著書凡數十種。

論曰：諸葛亮之學，淡泊寧静以爲體，開誠布公以爲用。淡泊則物莫能勝故公，寧静則心不外馳故誠。體與用合，以是卓然爲天民之亞。至史稱其抱膝長嘯，則充然内足之符，而淺者乃目爲睥睨一切之意，誤矣。當其負扆涖政，所自信者亦曰謹慎而已。此與聖門持敬之説，曷嘗有二旨哉！柏之始而慕亮，既而若有微辭，殆未究觀其本末者耳。然柏之翻然黜俗，一變至道，可謂豪傑之士矣。

熊禾

熊禾，字去非，號勿軒，又號退齋，建陽人。自幼有志於學，師事朱子高第輔氏，講貫聖經賢傳，沈潛天人道德之藴。登度宗咸淳進士，授寧武州司户參軍，時四方繹騷，道梗不赴。宋亡，退修初服，束書入山，築洪源書室，聚徒講習，四方來學者雲集。糲食凋飲，日以孔孟之道相磨礲，於朱子之書是信是行。閲十二年歸故山，復創鼇峰書院，益肆其力。於六經，謂朱子平生精力在易四書，詩僅完稿，書開端而未及竟，三禮惟有通解，缺尚多，春秋僅發大義而已。又謂周官六典原不缺，當復其舊；儀禮十七篇，當附以禮記傳義；春秋傚綱目例，以左氏書實其事，以公穀、程、胡諸家之説足其義。乃於易詩書春秋皆爲之集疏，每經取一家之説爲主，而裒衆説以疏之。復著小學四書集疏以爲之階梯，其他農、禮、兵、刑皆有撰。还感世俗葬祭者多爲異端所蠱，一正以聖道，勒成一帙解其惑。晚年更修三禮通解，將脱稿，以疾卒。著述多阨兵火，獨四書詩易小學數種有傳於世。其論孔廟祀典，後世多行其言。當宋社之既屋也，疊山謝枋得聞禾名，遠涉訪之，相抱痛哭，不忍卒别，相與講學者數月。新安胡一桂挾其道，詣武夷訪禾，及退，自知不及，頻年就之講論，而一桂之學益以明。禾嘗修考亭書院，而爲之記。及後有求考亭書院記於翰林學士吴澄者，澄負一時重望，聞禾所作，遂拱手閣筆云。

論曰：禾與許衡出處不同，一則抱採薇之孤志，一則際從龍之盛遇。然禾謂衡倡明文公之學，啓沃君心，栽培相業，以開治平之原。而衡序禾遺集，有「立綱常，關世教，紹統緒」之稱。蓋其心同，其道同，易地則皆然也，殆孟子所謂其趨一者是耶？

史傳三編卷八

名儒傳六

元

趙復

趙復，字仁甫，德安人。嗜周、程、張、朱之學。元太宗時，太子庫春破德安，以德安嘗逆戰，殘之。復賴姚樞得脱，復念九族俱喪，與其北去，不如死，乃夜走水際，仰天大號，將自投，樞追及之，力爲寬譬，乃强與樞俱北。先是，南北道絶，載籍不相通，至是復盡録所記程、朱諸經傳註以付樞。比至燕，弟子從者百有餘人。世祖在潛邸，召見，問曰：「我欲取宋，卿能導我乎？」對曰：「宋，父母之國，引它族以伐父母，非義也。」世祖悦，因不强之仕。時楊惟中亦宗復學，與樞同建太極書院，祠周子以二程、張、楊、游、朱六君子配，而延復講授其中。復以周、程而後，其書廣博，學者未能貫通，乃原羲、農、堯、舜所以繼天立極，孔子、顔、孟所以垂世立教，周、程、張、朱所以發明紹續者，作傳道圖，而以書目條於後。别著伊洛發揮以標其宗，至朱子門人，則以見於登載、得諸傳聞者，作師友圖以寓私淑之志。又輯伊尹、顔淵言行爲希賢録，使學者知所嚮慕。及樞退隱，乃即復傳其學。由是許衡、劉因、郝經皆得其書而尊信之，北方知有程朱之學自復始。復爲人樂易而耿介，雖居燕不忘故土，與人交尤篤分誼。元好問文名擅一時，其南歸也，復贈之言，以「博溺心、末喪本」爲戒，其教人之旨如此。以家在江漢之上，自號江漢，故學者稱江漢先生。

論曰：趙岐之族，幾殪於宦豎之黨，猶岐有以激之也。復以被兵，厥族亦殄，其禍益加亟矣。當其以孑身孤游於蒙難艱貞之餘，而能卓然爲闡明扶樹之績，使北方人士皆知學程朱而師孔孟，可謂儒者。夫儒者興衰激極，導迎善氣。而二趙皆罹酷禍，哀哉！

姚樞

姚樞，字公茂，柳城人，後遷洛陽。楊惟中與覲太宗，及惟中南伐，詔樞即其軍中求儒道釋醫卜者。德安拔，樞脱名儒趙復於死，始得程朱之書，後爲燕京行臺郎中，行臺黷貨，時以分樞，樞一切拒絶。因棄官去，攜家輝州，作家廟，别爲室以奉孔子及宋儒周子等像。刊諸經，惠學者，讀書鳴琴，若將終身。許衡在魏聞之，乃詣樞，録程朱書以歸已。復盡室依樞，論者謂程朱之學自南而北始於復，盛於衡。然非樞則復無所與傳，衡無所從受，故北方正學之興，樞功爲多。世祖在潛邸，召問治道，待以客禮，樞爲書數千言，首陳帝王之道，治平之經，彙爲八目，曰：修身、力學、尊賢、親親、畏天、愛民、好善、遠佞，大抵不謬於程朱之意。次又條三十事，其請立省部、舉逸遺、班俸禄、定法律、設監司、簡驛傳、修學校、重農桑、肅軍政、布屯田、通漕運、復常平、杜告訐，尤切於時弊。世祖奇其才，動必咨之。樞爲人含弘而仁恕，恭敏而儉勤，未嘗疑人欺己，有負其德，亦不留怨。憂患之來，不見顔色，然智慮沈深，每出意表。憲宗詔軍民在齊默衮山南者，世祖總之。世祖既奉詔，置酒，群下皆賀，樞獨默然，及罷酒，世祖問樞，樞曰：「漢地軍民，吾盡有之，異時間言易入。不若惟持兵權，供億取之有司，於理爲順。」世祖曰：「慮所不及。」遂以聞，憲宗從之。及大封同姓，勅世祖於南京、關中自擇其一，樞曰：「南京河徙無常，土薄水淺，舄鹵生之不若。關中厥田上上，古名天府陸海。」於是世祖願有關中。世祖征大理，樞於道陳宋曹彬取南唐不殺一人事，世祖據鞍呼曰：「吾能爲之！」樞即馬上賀。明年師至大理，裂帛爲旗，書止殺之令，由是民得完聚。後世祖以得中土心被讒，憲宗命就關中置局鈎考，世祖不樂。樞曰：「帝，君也，兄也。大王爲皇弟，臣也，莫若盡王邸妃主自歸朝廷，爲久居謀，疑將自釋。」及世祖見憲宗，皆泣下，竟不令有所白，而罷鈎考局。其隨事規畫類此。世祖即位，首立十道宣撫使，以樞使東平。二年拜太子太師，辭，改大司農。是時禮樂崩壞，樞以王鏞鍊習故實，請令提舉禮樂，又舉楊庸教孔、顔、孟三族諸孫之俊秀者，皆從之。樞嘗爲帝言王文統學術不純，以游説干諸侯，他日必反。及李璮謀叛，文統果坐璮誅。四年，拜中書左丞，請睦親族以固本，建儲副以重祚，定大臣以當國，開經筵以格心，修邊備以防虞，蓄糧餉以待歉，立學校以育材，勸農桑以厚生。帝嘉納之。十年，拜昭文館大學士，詳定禮儀事。明年，師復南下。先是，世祖降不殺人之詔，巴延濟江兵不踰時降，城三十户，逾百萬。及是役軍官利財剽殺，自夏徂秋，一城不拔。樞乃請除宋諸濫刑，仍申止殺之令，使賞罰必行，以故所向有功。十三年，拜翰林學士承旨。樞自少力學，宋九嘉見之，即許爲王佐略，其後卒佐世祖定天下。十七年卒，年七十八，謚文獻。

論曰：民心者，天命之寄也，故曰：「天視自我民視，天聽自我民聽。」後世用兵，徒計功利，於是有假屠掠以立威者矣。夫屠掠則民心去之，欲邀天眷，不亦難乎？樞之獻説，姑以利害籌之，冀使其言易入耳。計樞之所全活，前後不可勝數，元之卒濟大業，樞實爲首庸矣。

許衡

許衡，字仲平，懷之河内人。甫授章句，輒能詰其義旨。嘗問曰：「讀書何爲？」師曰：「取科第耳。」曰：「如斯而已乎？」師大奇之，已乃辭去，曰：「是兒穎悟非凡，吾非其師也。」留之不能止。比長，嗜學如饑渴，遭亂家貧無書，於日者家見書疏義，即請寓，録之以歸。及逃難岨崍山，始得王弼易説，夜思晝誦，身體而力踐之。當暑過河陽，暍甚，道有梨，衆争取啖，衡獨危坐，曰：「非其有而取之，不可。」人曰：「世亂，此無主。」衡曰：「吾心獨無主乎？」轉魯留魏，人見其有德，稍稍從之。居三年，聞亂且定，乃還懷，往來河洛間。從姚樞，得程朱書，益有得。尋躬耕蘇門，與樞及竇默相講習。粟熟則食，不熟則食糠。覈財有餘，即斥以資族人及諸生之貧者。非義所遺，一毫不受。於經傳、子史、禮樂、名物、兵刑、食貨、水利無所不講，而慨然以道爲己任。世祖出王秦中，思所以化秦人，乃召衡爲京兆提學，秦人聞衡至，莫不喜幸來學，由是郡縣皆建學校，民大化之。世祖南行，乃還懷。世祖即位，召至京師。時王文統以言利進爲平章政事，衡及樞入侍，言治亂休戚，必以義爲宗，竇默亦屢攻文統。文統患之，奏樞爲太子太師，默爲太子太傅，衡爲太子太保，陽爲尊用，實不使數侍上也。默、樞拜命，將入謝，衡曰：「此不安於義也。且禮，師傅與太子位東西鄉，師傅坐，太子乃坐。公等度能復此乎？不能，是師道自我廢也。」樞等以爲然。凡五辭，乃改命樞大司農，默翰林侍講學士，衡國子祭酒。未幾，衡謝病歸。至元二年，以安圖爲丞相，帝欲衡輔之，復召使議事中書省。衡乃上疏陳五事：一言立國規模必行漢法，乃可長久；二言仕者當給俸以養其廉，未仕者當寬立條格俾就叙用，外設監司以察污濫，内專吏部以定資歷；三言上天眷命，作之君師，蓋以至難任之，非予以可安也，知其爲難而以難處。則難或可爲，不知爲難而以易處，則他日之難有不可爲者矣；四言國家徒知斂財之巧，不知生財之由，徒知防人之欺，不欲養人之善，誠優重農民，敺游惰而歸之南畝，自都邑至州縣皆設學校，使皇子以下至庶人之子弟皆入於學，十年以後，必非今日之比矣；五言天下所以定者，民志定也，夫民不安於白屋，仕不安於卑位，輻輳并進，各懷無厭無恥之心，上之人可不爲寒心哉！書奏，帝嘉納之。衡每見帝，多所陳奏，退輒削草，故其言常秘。帝以衡多病，命五日一至省。四年，乃聽歸懷，逾年復召。六年，命定朝儀，儀成，又詔定官制，衡考古今分併之序，凡省部、院臺、郡縣與后妃、儲藩、百司所聯屬統制，定爲圖，奏上之。及阿哈瑪特入中書，勢傾朝野，衡與之議，正言不少讓。帝又以阿哈瑪特子僉樞密院，衡執議曰：「國家事權，兵、民、財三者而已。今其父典民與財，子又典兵，不可。」帝曰：「卿慮其反耶？」對曰：「彼雖不反，此反道也。」阿哈瑪特由是銜之，亟薦衡宜在中書，欲中以事。俄除左丞，固辭，不獲。後從幸上京，論哈瑪特專權罔上，蠹政害民，不報。因謝病，帝惻然，命自舉代，衡曰：「用人，天子之大柄。臣下論其賢否則可，若授以位，則當斷自宸衷，不可使臣下有市恩之漸。」乃止。帝久欲開太學，會衡請益力，乃以爲集賢大學士，兼國子祭酒，親擇蒙古子弟，俾教之。衡聞命，喜曰：「此吾事也。」請徵其弟子耶律有尚、劉季偉等十二人分處各齋，爲齋長。時所選子弟皆幼稚，衡待之如成人，愛之如子，出入進退嚴若君臣。其教因覺以明善，因明以開蔽。相其動息以爲張弛，課誦少假，即習禮，或習書算，其尤少者則習拜跪揖讓、灑掃應對，或射或投壺，負者罰讀書若干遍。久之，諸生人人自得，尊師敬業，雖童子亦知三綱五常爲生人之道。十年，權臣屢毁漢法，諸生廩食或不繼，衡丐還。帝以問王磐，磐曰：「衡教人有法，諸生行可從政，此國之大體，宜勿聽去。」竇默爲衡固懇，乃聽用劉秉忠言，以耶律有尚等爲助教，守衡規矩。十三年，復以原官召，領太史院事。初，元得中原，循用金大明曆，氣朔漸差。至是詔王恂更定，恂以曆家知曆數，不知曆理，請得衡領之。衡乃與太史令郭守敬新製儀象圭表，一本天道自然之數，可以施之永久。十七年曆成，賜名授時，頒之天下。六月，以疾丐還，帝以其子師可爲懷孟路總管以養之。明年，病革，家有祭禮，猶扶而起，奠獻如儀，曰：「一日未死，不可不有事於祖考。」既徹，家人餕，怡怡如也。已而卒，年七十三，是日大雷電，風拔木。懷人無貴賤少長，皆哭於門。四方學士聞訃，皆聚哭，或數千里來哭墓下。衡善教，其言煦煦，雖與童子語，如恐傷之，隨其才，皆有所成就。故所至人盡樂從，所去人不忍舍。服其教如金科玉條，聽其言，即武人俗士無不感悟。大德二年謚文正，至大二年封魏國公，皇慶二年從祀孔子廟庭。衡自署其齋曰魯，故學者稱魯齋先生。

論曰：朱子而後，正學大明，然及門諸子已有失其微旨者矣。惟宋之真，元之許，其最醇乎！自漢以下醇儒如董仲舒之倫，少得柄用者。衡雖未能久立於位，然與世祖定建國之規模，於朝。學術既定，志節亦伸，誠非匡衡、張禹輩章句之儒所得擬似而妄託也。

責難陳善，以誠格君，秉禮守義，以道教國。大儒之澤固如此矣。至劾阿哈瑪特，不肯一日苟容

竇默

竇默，字子聲，廣平肥鄉人。少有立志，族祖旺爲郡功曹，令習吏事，不肯。未幾，見俘於元，及脱歸，則家已破，惟母獨存。因驚怖，母子俱病。母竟亡，扶病藁葬。而元兵復至，遂南走，渡河，依母黨吳氏，轉客蔡州。及金主遷蔡，默恐兵且至，又走德安，始從謝憲子，得伊洛之書。是時楊惟中銜元主命，招集默，乃北歸大名，與姚樞、許衡朝暮講習，至忘寢食。俄還肥鄉，以經術教授，由是知名。世祖在潛邸，召問治道，默首以三綱五常對，又言：「帝王之道，在誠意正心。心既正，則朝廷遠近莫敢不一於正。」一日凡三召對，敬待加禮。世祖嘗訪以能明治道者，默薦姚樞。久之，丐還。世祖即位，復召問，曰：「我欲求如唐魏徵者，今有之乎？」默曰：「犯顏諫諍，剛毅不屈，許衡其人也。」世祖以默爲翰林侍講學士。時中書王文統專政，默上書曰：「平治天下，必用正人端士。脣吻小人，一切功利之説，不能定國家基本，爲久遠計。」又於上前斥文統學術不正，居相位久，必禍天下。上曰：「然則誰可相者？」對曰：「無如許衡。」帝不悦。文統深忌之，請以默爲太子太傅。默以太子位號未正，不當先受太牂之名，固辭。有頃，

謝病歸。及文統誅，帝思默言，召還，賜第京師，月給廩禄，有大政，輒以訪之。默言三代風俗淳厚，皆設學養士所致，請建學立師，選貴族子弟教之，帝深嘉納。嘗侍上，言：「君有過舉，臣當直言。今君曰可，臣亦曰可，君曰否，臣亦曰否，非善政也。」默爲人温然樂易，平居未嘗評隲人物。至論國家大計，面折廷諍，人謂汲黯無以過之。至元十二年，默年八十，老不視事，帝數加存問。十七年，加昭文館大學士，卒，年八十五，謚文正。

論曰：汲黯之折公孫弘，與默之斥王文統，其事誠類。然當漢武表章六經，黯不能恢弘至道，以紹三代之業，則以不學爲累故也。默之直似黯，而學術過之。黯遭秦政焚坑之餘，而默際程朱講明之後。故知先覺覺民之功，明德遠矣！

劉因

劉因，字夢吉，保定容城人。父述，刻意問學，尤邃於性理，年四十始生因。其夕夢神人馬載一兒與之，故名駰，字夢驥，其後改焉。因天資絶人，才器超邁，甫弱冠，慨然思得如古人者友之，作希聖解。初爲經學，尋覽訓詁疏釋之説，歎曰：「聖人精義，殆不止此。」及得周、程、張、邵、朱、吕之書，一見能發其微，曰：「吾固謂當有是也！」其後乃評其學之所長，曰：「邵至大也，周至精也，程至正也，朱子極其大，盡其精，而貫之以正也。」其識解淵純率類此。因蚤喪父，事繼母孝，性不苟合，不妄交。家雖貧，非其義一介不取。居家教授，師道尊嚴，弟子造其門者隨材器教皆有成就。公卿過保定者，聞因名，往往修謁，多遜避，不與相見。或怪其傲，弗恤也。嘗愛諸葛亮「静以修身」之語，表所居曰「静修」。至元十九年，以布呼密薦徵，授承德郎，左贊善大夫，教近侍子弟。未幾，以母疾辭歸。明年，丁内艱。二十八年，復徵爲集賢學士，嘉議大夫，固辭。帝曰：「古所謂不召之臣，其斯人之徒與？」遂不强致。三十年卒，年四十五，無子，聞者嗟悼，謚文靖。所著有四書精要及易繫辭説，門人所記有小學四書語録。學者稱静修先生。

論曰：朱子有言：「先天之圖大而詳，太極之圖精而約。」邵子之學本於先天，周子之緼涵於太極。程子師周，又返求於六經以發明之，雖邵學曾不屑屑焉。至朱子，而後兼綜道數，集數子之成。因之論可謂確矣。因天資傑出，蚤聞乎道，應聘而起，以母老尋歸。所謂志乎道德者，功名不足以累其心歟！

金履祥

金履祥，字吉父，婺之蘭谿人。先本劉氏，以避錢武肅王嫌名，改金氏。天資睿敏，於天文、地形、禮樂、田乘、兵謀、陰陽、律曆之書靡不畢究。及壯，乃慕濂洛之學，事同郡王柏，聞立志端本之説。又從柏登何基之門，由是講貫益邃。時宋事已非，履祥遂絶意仕進，然常懷其經濟略。及襄樊圍急，宋不能救，履祥乃獻策，請以重兵由海道趨燕，則襄樊不攻自解。所叙海舶經由郡邑，以及巨洋別島，難易遠近，瞭然可據。至元行海運，所由海道，以較履祥所上書，無咫尺異。德祐初，徵爲迪功郎，史館編校，不至。宋亡，屏居金華山中，嘯詠雲月，視世故泊如也。平居終日儼然，至接物則盎然和懌。訓迪學者，諄切無倦，尤篤於分義。何基、王柏之喪，履祥皆以義制服。嘗傾貲贖其故人子，其子後貴，履祥與相見，勞問而已，卒不自言其德。所著通鑑前編，斷自唐堯以下，接於司馬光資治之作，其曆用邵子皇極經世，其例依胡氏皇王大紀。既成，以授門人許謙。又著有大學章句疏義論孟集注考證書表注諸編，皆傳於學者。大德中卒，至正間追謚文安。當時論者以爲何基清介純實，似尹和靖；王柏高明剛正，似謝良佐；而履祥實兼之。所居仁山之下，學者稱仁山先生。

論曰：履祥守潔懷貞，有漢管寧、晉陶潛之操。撰述諸書皆可爲學的，而通鑑前編最行於世。夫書始堯典，而易大傳乃稱庖羲、神農、黄帝，故司馬遷作史記，首立三皇本紀，然其事多茫昧，文無足徵，况於循蜚四紀，益荒唐不可考信者乎？履祥之作前編，斷自陶唐者，是也。所考禹貢山川，尤多蔡傳之所未逮云。

陳櫟

陳櫟，字壽翁，徽之休寧人。自少涉獵經史，十五爲鄉人師。宋亡，科舉廢，櫟慨然發憤，致力於聖人之學。嘗以爲有功聖門者，莫若朱子，自朱子没，諸家之説往往亂其本真。乃著四書發明、書傳纂疏、禮記集義諸編，亡慮數十萬言。凡諸家説有畔於朱子者刊而去之，其微辭隱義則引而伸之。吴澄嘗謂朱子之道不墜者，櫟功爲多。延祐初，詔以科舉取士，爲有司所强舉於鄉，遂不復赴禮部。教授於家，不出門户者數十年。性孝友，尤剛正，日用間動中禮法，與人交不以勢合，不以利遷。善誘學者，諄諄不倦。所居堂曰定宇，學者由是稱定宇先生。元統二年卒，年八十三。揭傒斯誌其墓，與澄并稱，曰：「澄居通都，數登用，學者四面歸之，故其道遠而章，尊而明。櫟居萬山間，與木石俱，故必待其書之行天下，乃能知之。及其行也，亦莫之禦，誠可謂豪傑之士矣。」世以爲知言。

論曰：櫟因科舉廢，發憤於聖人之道，可謂偉矣。然程子有云：「科舉不患妨功，惟患奪志。」志苟立，則科舉之學固即所以體究經籍之藴，以養其立身用世之具。宋世大儒，曷嘗不由此進哉？若乃華繁本撥，勦襲浮靡，以取世資，此則無志者之所爲，而非科舉取士之本意也。

吴澄

吴澄，字幼清，撫州崇仁人。少穎悟，隨口輒成誦，夜讀書往往達曙。母竊憂之，節與膏火，澄潛伺母寢，復燃火默誦。既長，於經傳無不通習，知用力聖賢之學。嘗舉進士不第。至元十三年，江西初附，所在盜賊猶多，樂安鄭松招澄居布水谷。乃著孝經章句，校定易書詩春秋儀禮及大小戴記。侍御史程鉅夫奉詔求賢江南，起澄至京師，未幾以母老辭去。朝廷命有司即澄家録所著書，置國子監，以資學者。元貞初，游龍興，按察司經歷郝文延至郡學講論，日記其問答，凡數千言。行省掾元明善素以文學自負，嘗問澄易詩書春秋奥義，歎曰：「與吴先生言，如探淵海。」遂執弟子禮。左丞董士選亦嘗延澄於家，親執饋食，曰：「吴先生，天下士也。」及士選入朝，薦澄有道，擢應奉翰林文字，有司敦勸久之，乃至，而代者已到官。澄即日南歸，尋除江西儒學副提舉，居三月以疾去。至大元年，召爲國子監丞。先是，許衡爲祭酒，始以朱子小學諸書授弟子，衡去，漸失其舊。及澄至，旦則燃燭堂上，諸生以次受業，日昃乃退。就燕居之室，執經問難者接踵。澄各因其材質反覆訓誘，每至夜分，雖寒暑不倦。皇慶元年，遷司業。用程明道學校奏疏、胡安定六學教法及朱子學校貢舉私議，約爲教法四條，未及行，一夕謝去，諸生有不謁告而從之南者。俄拜集賢直學士，特授奉議大夫。行次真州，疾作，不進。英宗即位，遷翰林學士，進階大中大夫。嘗詔爲浮屠藏經序，澄辭不爲，會帝崩而止。泰定立，初開經筵，首命澄爲講官。有詔集議太廟昭穆之次，澄議曰：「古者天子七廟，廟各有宫，太祖居中，左三廟爲昭，右三廟爲穆。昭穆神主，各以次遷。然有司習見同堂異室之制，竟如舊次云。」時澄已有去志，適修英宗實録，命澄總之。居數月，實録成，未上，即移疾去。中書追之不及，乃言於帝曰：「吴澄，國之名儒，朝之舊德，今請老歸，宜有褒異。」詔加資善大夫。泰定四年卒，年八十五，謚文正。

澄身若不勝衣，正坐拱手，氣融神邁，答問亹亹，聞者涣若冰釋。故郡邑所經由，士大夫皆迎致執業，四方之士不憚數千里躡屩來學，常不下數千百人。少暇，即著書，至没身而後已。於易書春秋禮記各有纂言，又作學基學統二篇，以明學之本，與爲學之序。程鉅夫題其所居曰草廬，學者稱爲草廬先生。

論曰：古者大夫七十而致政，當澄之爲司業年已七十矣，曾不早引懸車之義，自是而後立於朝者猶十有餘年，是何濡滯也。讀其纂言諸編，天聰廓開，異穎獨發，時足以賡續前人之所未至。推其妙悟，殆方駕許衡而上之，又何其有勞於經耶！

胡炳文

胡炳文，字仲虎，徽州婺源人。父斗元從朱子從孫得書易之傳。炳文尤潛心朱子之學，上溯伊洛以達洙泗淵源，靡不推究。仁宗延祐中，以薦署信州道一書院山長，再調蘭溪州學正。嘗作周易本義通釋十二卷。其序曰：「宇宙間皆自然之易，易皆自然之天。天不能畫，假伏羲以畫。天不能言，假文王、周、孔以言。易言於象數而天具焉，易作於卜筮而天寓焉。解易凡幾百家，支離文義者無足道，附會取象者尤失之。惟邵子於先天而明其畫，程子於後天而演其辭。朱子本義又合邵、程而一之，是於羲、文、周、孔之易而會其天者也。予此書融諸家之格言，釋本義之奥旨，後之學易者或由是而有得於本義，則亦將有得於羲、文、周、孔之天矣。」其於朱子所著四書用力尤深，作四書通三十四卷。其序曰：「六經，天地也；四書，行天之日月也。子朱子平生精力之所萃，而堯舜禹湯、文武周孔、顔曾思孟之心之所寄也。推之極天地萬物之奥，而本之皆彝倫日用之懿。言若至近而涵至永之味，事皆至實而該至妙之理。余老矣，潛心於此餘五十年，謂之通矣乎，未也。獨惜乎疏其下者，或泛或舛，不得不會其同而辨其異也。」又著春秋集解禮書纂述大學指掌圖五經會義爾雅韻語等書。武宗正大間，其族子淀爲建明經書院，以處四方來學者，儒風之盛甲東南。世號雲峰先生。

論曰：易與四書自朱子集大成而闡定之，如日月經天，江河行地矣。後之著述者，或且支離附會，不足與朱子相發明。道不足而强言之，無當也。炳文沈潛玩索，以老其身，澹然於世味之外，而悠然浹洽於二書之中。故自程、朱後解易數十家，獨雲峰最爲精切。其四書亦比諸家爲善，雖未得措之經國大業，而羽翼正道，確遵朱子，用啓後學，功豈小哉！

許謙

許謙，字益之，婺之金華人。少孤，甫能言，世母陶氏口授以孝經、論語，入耳輒不忘。稍長，肆力於學，立程自課，雖疾恙不廢。既乃受業於金履祥，履祥語之曰：「士之爲學，若五味在和，醯醬既加，則酸鹹頓異。今子來三日矣，而猶夫人，豈吾學無以發子耶？」謙聞之惕然。居數年，盡傳其奥。謙之爲學，窮探渺微，雖殘文羡語，皆不敢忽。遇不可通不爲强解，至舊説有未安則亦未嘗苟同也。讀四書章句集註，則著有叢説；讀詩集傳，有名物鈔；讀書集傳，亦有叢説；其觀史，有治忽幾微；他若天文地理、典章制度、食貨刑法、字學音韻、醫經術數之説，靡不該貫。又嘗句讀儀禮及春秋三傳，别以朱墨，於其宏綱要領，意有所明，則表而見之。其勤如此。性不喜矜露，所爲詩文非扶翼經義、張維世教，未嘗下筆。晝之所爲，夜必書之，號自省編，其不可書則不爲也。延祐初，居東陽八華山，開門講學，學者翕然從之，幽、冀、齊、魯之士皆至。其教人至誠諄悉，内外殫盡，嘗曰：「己有知，使人亦知之，不亦快乎！」或問難而辭不能達，則爲理所欲言而解其惑，討論講貫，終日不厭，攝其粗疏，入於密微。惰者作之，鋭者抑之，拘者開之，放者約之。及門著録者千有餘人，隨其材分咸有所得。謙篤於孝友，有絶人之行，而處世不流於俗，亦不膠於古。不出閭里四十年，四方薦紳過其鄉邦者，必就其門存問。或訪以典禮政事，謙觀會通以折其衷，無不厭服。大德中，熒惑入南斗勾，已而行，謙以爲災在吴楚，其歲果大祲。謙貌爲加瘠，或問之，曰：「公私匱竭，道殣相望，吾能獨飽耶？」中外名臣論薦其行誼者，前後章數十上，皆不就。至元三年卒，年六十八，賜謚文懿。嘗自號白雲山人，故世稱白雲先生。先是，何基、王柏、金履祥之學未能大顯，至謙而後益著。江浙行省爲請於朝，建四賢書院，以祠基、柏、履祥及謙云。

論曰：宋元之間授受，各有淵源，金華四子之學出自黄榦，故世以爲薪火之正傳。考其遺書，各有所至，要皆力務私淑，以維朱子之緒者也。謙之高第有宋濂，濂之高第有方孝孺，及孝孺殉義，而一綫始絶。

吴海

吴海，字朝宗，閩縣人。隱居不仕，學周、程、張、朱之學，一時名人如貢師泰、林泉生、藍晦、王翰皆雅重之。初，承父命欲徙居東魯，逡巡二十餘年，而道路不通，乃自號魯生。或譏曰：「子自擬兩生乎？」海曰：「非也。吾將居魯，取其名也。質魯，取其義也。且吾學仲尼之道，謂之魯生，不亦可乎？」明初，部使者欲薦於朝，力辭不赴。居家採摭古今孝子順孫、節婦烈女與兄弟相友、娣姒相睦者，附以格言至論，以教鄉里。又著書，言楊墨佛老爲六經之賊，管商申韓爲治道之賊，遺事外傳爲史氏之賊，蕪詞荒説爲文章之賊，皆足惑人。欲上之人，悉取其書而禁絶之，使天下曉然知正道，慕鄒魯之風。爲文雅奥，嚴整而歸諸理。自顔所居爲聞過齋，而爲之箴曰："過而人告之者幸也，過而不聞不幸也。告之而不受，受之而不悔，悔之而不改，是自棄也。海雖不敏，忍自棄乎？"著聞過齋集，學者稱聞過先生。

論曰：海學周、程、張、朱，以上溯仲尼之道，自號魯生，所志豈卑哉？當明之初，海已年老，又見刑法過峻，凡所延致，大都皆繩束馳驟，未盡展布，一有絓誤，而罪譴及之。海之不仕，或以此乎？以海之奥學粹品，使用於時，以其教於鄉里者放之天下，則子臣弟友之庸，推而致之即可通於神明，而光於四海。乃竟鬱而不施，惜哉！

儒有儒術，有儒行，有儒效。術詭於經，雖有箋註，如魏之何晏、晉之王弼，不可以爲儒；行詭於聖，雖有物望，如漢之扬雄、馬融，不可以爲儒；效詭於王，雖有敷陳創建，如漢之匡衡、宋之王安石，不可以爲儒。是故必能窮經，而後其儒也；正能由聖，而後其儒也；醇能崇王，而後其儒也。大循是三者以求儒於三代以下，獨周、程、張、朱數子爲能充其道而無愧耳。雖然，先王祭川之義，先河後海，數子之於儒，譬則海也，漢唐諸儒則其川也。何者？數子之道皆求諸遺經而得之，而經之存，實漢唐諸儒是賴。況其間如董仲舒、劉向、鄭康成、王通、韓愈氏之倫，皆彬彬然升堂之選哉？逮乎洛閩之興既盛，淵源所漸，有若親承授受者，有若私淑艾者，有若聞風而興起者，其於詮經闡聖，尊王黜霸，皆與有勞。西山魯齋，尤其繼起之傑出者也。

吾師高安公篤嗜正學，勤勤至治，而又適值聖天子親承道統、稽古右文之會，凡諸文武之政、唐虞之傳，既躬行神契於九重之上、穆清之中，復特命斟酌從祀之典，自漢迄明，諸儒多所升配。天下用是憬然知上志所嚮，而吾師見知之遇，實與皋夔等烈也。吾師論道之暇，與梁村蔡先生念欲輯歷代名儒傳一書，以惠學者，而以屬之清植。顧植凡下，豈足發先哲之精微，以副吾師之雅志？姑稟承指授，用究厥業，吾師又與梁村先生增删而是正之。凡閱一歲而書始成。

昔朱子編言行録、淵源録，又與東萊合成近思録，皆足以明學術、正人心、厚風俗於無窮。吾師與梁村先生之爲是書也，欲使群儒之衣冠謦欬恍若遇諸一堂，其嘉言懿行纍纍然如貝之編而珠之貫，學者苟緣是以端其術、正其行，則經學之津梁、聖道之階梯，當不外是，而推之以爲世用。凡所以佐聖天子而成勳華之盛者，亦將由此其選矣。受業安溪李清植敬跋。

史傳三編卷九

名臣傳一

漢

張良

張良，字子房，韓人也。大父開地、父平俱相韓，歷五主。秦滅韓時，良年少未宦，家僮三百人，弟死不葬，悉以家財求客刺秦王，爲韓報仇。東見倉海君，得力士，爲鐵椎重百二十斤。秦皇帝東游，至博浪沙中，良與客狙擊秦皇帝，誤中副車。秦皇帝大怒，大索天下甚急。良乃更名姓，亡匿下邳。嘗閒步游下邳圯上，有一老父衣褐，至良所直，墮其履圯下，顧謂良曰：「孺子下取履。」良愕然，欲毆之，爲其老，彊忍下取履。父曰：「履我。」良業爲取履，因長跪履之。父以足受，笑而去，去里所，復還，曰：「孺子可教矣！後五日平明，與我會此。」至期，良往，父已先在，怒曰：「與老人期，後，何也？去！後五日早會。」五日雞鳴，良往，父又先在，復怒曰：「後，何也？去！後五日復早來。」五日，良夜未半往，有頃，父亦來，喜曰：「當如是。」出一編書，曰：「讀此則爲王者師矣。」旦日，視其書，乃太公兵法也。良因異之，常習誦。後十年陳涉等起，良亦聚少年百餘人。景駒自立爲楚假王，在陳留，良欲往從之。道遇沛公，遂屬焉，沛公拜良爲厩將。良數以太公兵法説沛公，沛公喜，常用其策。良爲他人言，皆不省，乃曰：「沛公殆天授。」遂從之不去。沛公之薛，見項梁，共立楚懷王。良乃説項梁曰：「君已立楚後，而韓諸公子横陽君成賢，可立爲王，益樹黨。」項梁使良求韓成，立爲韓王，以良爲韓司徒。與韓王將千餘人，西略韓地，得數城，秦輒復取之。沛公之從雒陽，南出轘轅，良引兵從沛公下韓十餘城，沛公乃令韓王成留守陽翟，與良俱南攻下宛，西入武關。沛公欲以二萬人擊秦嶢下軍，良曰：「秦兵尚强，未可輕。臣聞其將屠者子，賈豎易動以利。願沛公且留壁，使人先行，爲五萬人具食，益張旗幟諸山上爲疑兵，令酈食其持重寶啗秦將，秦將果欲連和，俱西襲咸陽。」沛公欲聽之，良曰：「此獨其將欲叛耳，恐士卒不從。不從必危，不如因其解擊之。」沛公乃引兵擊秦軍，大破之，再戰皆勝，遂至咸陽，秦王子嬰降。沛公入秦宫，宫狗馬重寶婦女以千數，欲留居之。樊噲諫，不聽。良曰：「秦爲無道，故沛公得至此。夫爲天下除殘賊，宜縞素爲資。今始入秦，即安其樂，此所謂助桀爲虐。且毒藥苦口利於病，忠言逆耳利於行。願沛公聽樊噲言。」沛公乃還軍霸上。項羽至鴻門，欲擊沛公。羽季父項伯素與良相善，良居下邳時，伯嘗殺人，從良匿。至是，夜馳入沛公軍，私見良，欲與俱去。良曰：「臣爲韓王送沛公，今事有急亡去，不義。」良因固要項伯見沛公，沛公與伯飲，爲壽，結婚，令伯具言沛公不敢背項王。旦日，良從沛公以百餘騎至鴻門謝項王。項王留與飲，項氏臣范增令項莊拔劍起舞，欲擊沛公。項伯亦拔劍起舞，常以身翼蔽沛公，莊不得擊。於是良至軍門，召樊噲俱入，噲入，誚讓羽，且爲沛公解。稍定，沛公起如厠，因招噲出，令良留謝，謂曰：「度我至吾軍中，公乃入。」沛公已去，間至軍中。良入謝曰：「沛公不勝桮杓，不能辭。謹使臣良奉白璧一雙，再拜獻大王足下。玉斗一雙，再拜奉大將軍足下。」大將軍者，范增也。項王曰：「沛公安在？」良曰：「聞大王有意督過之，脱身獨去，已至軍矣。」漢元年，沛公爲漢王，賜良金百鎰、珠二斗，良具以獻項伯。漢王亦因令良厚遺項伯，使請漢中地，項王許之，遂得漢中地。漢王之國，良送至褒中，遣良歸韓。良因説漢王燒絶棧道，示天下無還心，以固項王意。乃使良還行，燒絶棧道。良至韓，韓王成已爲項羽所殺。時漢王方定三秦，良乃遺項王書曰：「漢王失職，欲得關中，如約即止，不敢復東。」又以齊反書遺羽，曰：「齊欲與趙共滅楚。」項羽以故未西兵而北擊齊。良間行歸漢，漢王以爲成信侯，從擊楚。漢兵敗，還至下邑。漢王下馬，踞鞍而問曰：「吾欲捐關以東，等棄之，誰可與共功者？」良曰：「九江王布，楚梟將，與項王有隙。彭越與齊王田榮反梁地，此兩人可急使。而漢王之將，獨韓信可屬大事，當一面，即欲捐之。捐之此三人，則楚可破也。」漢王乃遣隋何説布，而使人連彭越，令韓信將兵，舉燕代齊、趙。卒破楚者，此三人力也。

良多病，未嘗特將也，常爲畫策臣，時時從漢王。漢三年，項羽急圍漢王於滎陽。漢王患之，與酈食其謀撓楚權。食其請復立六國後，漢王曰：「善！」趣刻印，良從外來，漢王以酈生計告之，良曰：「誰爲陛下畫此計者？陛下事去矣！昔湯武伐桀紂，封其後者，度能制其死命也。武王入殷，表商容閭，封比干墓，釋箕子之囚，發粟散財，以賜貧窮，倒載干戈，放牛休馬，示不復用。數者陛下皆未能也。且天下游士，離親戚，棄墳墓，去故舊，從陛下者，徒欲日夜望咫尺之地。今復立六國後，游士各歸事其主，從其親戚故舊，陛下誰與取天下乎？且夫楚惟無强六國，立者復撓而從之，陛下安得而臣之？誠用客之謀，陛下事去矣！」漢王輟食吐哺，罵曰：「豎儒幾敗乃公事！」令趣銷印。漢四年，韓信破齊，請自立爲假王。是時楚方急圍漢王於滎陽，信使者至，漢王大怒，良因附耳語曰：「漢方不利，寧能禁信之王乎？不如因而立，善遇之，使自爲守。不然變生。」漢王悟，遣良往立信爲齊王，徵其兵擊楚。及項王與漢約，中分天下，以鴻溝爲界。項王引兵東歸，漢王欲西歸。良與陳平説曰：「漢有天下大半，諸侯皆附楚，兵罷食盡，此天亡楚之時也，不如因其機而遂取之。令釋不擊，此所謂養虎自遺患也。」漢王從之。五年，追項王至陽夏南，止軍，與韓信、彭越期，而信、越不會，至固陵爲楚兵所破，漢王入壁自守。良曰：「楚兵且破，信、越未有分地，其不至固宜。君王能自陳以東傅海盡與韓信，睢陽以北至穀城以與彭越，使各自爲戰，則楚易破也。」漢王從其計，發使告信、越，信、越兵盡會，共破楚兵垓下，遂滅楚。漢六年，封功臣，良未嘗有戰功，高帝曰：「運籌策帷幄中，決勝千里外，子房功也，自擇齊三萬户。」良曰：「始臣起下邳，與上會留，此天以臣授陛下。陛下用臣計，幸而時中。臣願封留足矣，不敢當三萬户。」乃封良爲留侯。帝已封大功臣二十餘人，其餘日夜争功不決，未得行封。帝在雒陽南宫，從復道望見諸將坐沙中偶語，問曰：「此何語？」良曰：「陛下起布衣，以此屬取天下。今爲天子，而所封皆蕭、曹故人所親愛，所誅者皆平生所仇怨。今軍吏計功，天下不足以徧封，此屬畏陛下不能盡封，又恐見疑過失及誅，故相聚謀反耳。」帝曰：「爲之奈何？」良曰：「上平生所憎，群臣所共知，誰最甚者？」帝曰：「雍齒良。」曰：「今急先封雍齒，以示群臣，則人人自堅矣。」帝從之，群臣皆喜曰：「雍齒且侯，吾屬無患矣。」劉敬説帝都關中，左右大臣皆山東人，多勸帝都雒陽。良曰：「雒陽小，不過數百里，田地薄，四面受敵，非用武之國也。夫關中，左殽函，右隴蜀，沃野千里，阻三面而守獨以一面東制諸侯。諸侯安定，河渭漕輓天下，西給京師。諸侯有變，順流而下，足以委輸。此所謂金城千里，天府之國也。劉敬説是也。」於是帝即日駕西，都關中，良從入關。

良性多疾，即道引，不食穀，閉門不出。歲餘，帝欲廢太子，而立戚夫人子趙王如意。吕后恐，不知所爲。或謂吕后曰：「留侯善畫計，上信用之。」吕后乃使建成侯吕澤强要良畫計，良曰：「此難以口舌争也。顧上有不能致者四人，公誠能毋愛金玉璧帛，令太子爲書，卑辭安車，因使辨士固請宜來，來以爲客。時從入朝，令上見之，則一助也。」于是吕后令吕澤使人奉太子書，卑辭厚禮，迎此四人。四人至，客吕澤所。十一年，黥布反，帝自將而東，群臣送至霸上。良疾，强起，至曲郵見帝，曰：「臣宜從，病甚。楚人剽疾，願上毋與楚人争鋒。」因説帝，令太子爲將軍，監關中兵。帝謂：「子房雖疾强卧，傅太子。」是時叔孫通爲太傅，良行少傅事。十二年，帝破布，軍歸，疾甚愈。欲易太子，良諫，不聽。因疾不視事。叔孫太傅稱説引古今，以死争太子，帝陽許之，猶欲易之。及宴，置酒，太子侍。四人者從太子，年皆八十有餘，須眉皓白，衣冠甚偉。帝怪，問曰：「彼何爲者？」四人前對，各言姓名，曰東園公、角里先生、綺里季、夏黄公。帝大驚，曰：「吾求公等數歲，公避逃我，今何自從吾兒游乎？」四人曰：「陛下輕士善罵，臣等義不辱，故恐而亡匿。今聞太子仁孝，恭敬愛士，天下莫不延頸，願爲太子死者，故臣等來耳。」帝曰：「煩公幸卒調護太子。」四人爲壽已畢，趨去。帝目送之，竟不易太子者，良本招此四人之力也。良乃稱曰：「家世相韓，及韓滅，不愛萬金之資，爲韓報仇强秦，天下震動。今以三寸舌爲帝者師，封萬户，位列侯，此布衣之極，于良足矣。願棄人間事，欲從赤松子游耳。」乃學辟穀，道引輕身。惠帝六年卒，謚文成侯。初，良從帝擊，代出奇計馬邑下。及立蕭何相國，所與帝從容言天下事甚衆，非天下所以存亡，故不著。

論曰：君親之義，本于天經，發于至性，不以盛衰常變貳其心。良之一生，終始乎韓。其説項梁立韓後，從沛公卒謀所以破楚，皆此志也。夫節槩立，而後功名生，運籌決策，爲帝者師，固老人教之，亦素所樹立者厚耳。宋儒論曠代殊絶人物，首屈指張良，豈徒以智謀勇略較哉？若夫穀城、黄石，具載史漢，然怪神之事，君子闕焉。

蕭何　曹參

蕭何，沛人也。爲沛主吏掾。高祖爲布衣時，何數以吏事護高祖。高祖爲亭長，常左右之。高祖以吏繇咸陽，吏皆送奉錢三，何獨以五。及高祖起爲沛公，何爲丞督，事沛公。至咸陽，諸將皆争走金帛財物之府分之，何獨先入，收秦丞相、御史律令圖書藏之。沛公所以具知天下阸塞、户口多少、强弱之處，民所疾苦者，以何具得秦圖書也。初，諸侯相與約，先入關者王其地。沛公既先定秦，項羽背約，乃立沛公爲漢王，王巴蜀。而三分關中地王秦降將，欲以距漢。漢王怒，謀攻羽，絳、灌等皆勸之，何獨諫止，且曰：「願大王養民以致賢，收用巴蜀，還定三秦，天下可圖也。」漢王乃就國。何薦韓信爲大將軍，説漢王引兵東定三秦，何以丞相留守巴蜀，鎮撫諭告，使給軍食。漢二年，王與諸侯擊楚，何守關中，爲令約束。立宗廟、社稷、宫室、縣邑，輒奏上可，即不及奏，趣以便宜施行，上來以聞，計户口轉漕給軍。漢王數失軍遁去，何常興關中卒，輒補缺，王以此專屬任何關中事。漢三年，與項羽相距京、索間，王數使使勞苦丞相。鮑生謂何曰：「今王暴衣露蓋，數勞苦君者，有疑君心。爲君計，莫若遣君子孫昆弟能勝兵者，悉詣軍所，王益信君。」於是何從其計，漢王大説。漢五年，既滅項羽，即皇帝位，論功行封，群臣争功不決。帝以何功最盛，封酇侯，所食邑多。功臣皆曰：「臣等身被堅執鋭，攻城略地，大小各有差，今何徒持文墨，議論不戰，顧居臣等上，何也？」帝曰：「諸君知獵乎？夫獵追殺獸兔者，狗也。而發縱指示獸處者，人也。今諸君徒能得走獸耳，功狗也。至如蕭何發縱指示，功人也。」群臣皆莫敢言。列侯畢已受封，奏位次，皆曰：「平陽侯曹參身被七十創，功最多，宜第一。」帝已撓功臣，多封何，至位次未有以復難之，然心欲何第一。關内侯鄂千秋進曰：「群臣議皆誤。夫曹參雖有野戰略地之功，此特一時之事。夫上與楚相距五歲，失軍亡衆，跳身遯者數矣。然何常從關中遣軍，補其處，非上所詔令，召而數萬衆，會上乏絶者數矣。漢與楚相守滎陽數年，軍無見糧，何轉漕關中，給食不乏。陛下雖數亡山東，何常全關中以待陛下，此萬世功也。今雖亡曹參等百數，奚缺於漢？奈何欲以一時之功而加萬世之功哉？蕭何第一，曹參次之。」帝曰：「善！」乃賜何帶劍履上殿，入朝不趨，益封二千户。十一年，帝自將討陳豨，有告淮陰侯信謀反者，吕后用何計誅信。帝已聞信誅，使使拜丞相何爲相國，益封五千户，令卒五百人，一都尉爲相國衛。諸君皆賀召，平獨弔曰：「上有疑君心，故置衛，衛君非寵君也。願君讓封勿受，悉以家私財佐軍。」何從其計，帝説。其秋，黥布反，帝自將擊之，數使使問相國何爲相國爲。上在軍拊循勉百姓，悉所有佐軍，如陳豨時。客又説何曰：「君滅族不久矣。君初入關中，得百姓心十餘年矣，皆附君，尚復孳孳得民和。上所爲數問君者，畏君傾動關中。今君胡不多買田地，賤貰貸以自汙？上心必安。」於是何從其計，帝復大説。後何爲民請上林中空地，帝怒，械繫何數日。王衛尉侍前問曰：「相國胡大罪？陛下繫之，暴也。」帝曰：「吾聞李斯相秦皇帝，有善歸主，有惡自予。今相國多受賈豎金，爲請吾苑以自媚於民，故繫治之。」王衛尉曰：「夫職事苟有便於民而請之，真宰相事。且陛下距楚數歲，陳豨、黥布反，陛下自將而往。當是時相國守關中，關中摇足則關以西非陛下有也。相國不以此時爲利，今乃利賈人之金乎？且秦以不聞己過亡天下，李斯之分過，又何足法哉？」帝不懌。是日使使持節赦出何。何年老，素恭謹，徒跣入謝，上曰：「相國休矣！相國爲民請吾苑，不許，我不過爲桀紂主，而相國爲賢相。吾故繫相國，令百姓聞吾過。」高祖崩，何事惠帝。何素不與曹參相能。及何病，孝惠自臨視何疾，因問曰：「君即百歲後，誰可代君？」對曰：「知臣莫若主。」帝曰：「曹參何如？」何頓首曰：「帝得之矣。」何買田宅，必居窮辟處，爲家不治垣屋，曰：「令後世賢，師吾儉；不賢，毋爲勢家所奪。」孝惠二年卒，謚曰文終侯。

曹參，沛人也。秦時爲沛獄掾，而蕭何爲主吏。高祖起爲沛公，參以中涓從，所至攻城略地，皆有功。初賜爵七大夫，再遷五大夫。章邯破項梁，沛公與項羽引兵而東。楚懷王以沛公爲碭郡長，乃封參爲執帛，號曰建成君，遷爲戚公。其後項羽以沛公爲漢王，漢王封參爲建成侯，從至漢中，遷爲將軍。從還，定三秦，賜食邑於寧秦。漢二年，拜爲假左丞相，以破魏功，賜食邑平陽。及高祖即帝位，徙韓信爲楚王，參歸相印焉。高祖封長子肥於齊，以參爲齊相國。六年，賜爵列侯，食邑平陽萬六百三十户，世世勿絶參功。凡下二國，縣百二十二，得王二人，相三人，將軍六人，大莫敖、郡守、司馬、候御史各一人，身被七十創，野戰略地，爲諸將最。孝惠元年，除諸侯相國法，更以參爲齊丞相。參之相齊，天下初定，悼惠王富於春秋，參盡召長老諸先生，問所以安集百姓。而齊故諸儒以百數，言人人殊，參未知所定。聞膠西有蓋公，善治黄老言，厚幣請之。既至，爲言治道貴清静，而民自定。參乃避正堂，舍蓋公焉。其治要用黄老術，故相齊九年，齊國安集，大稱賢相。惠帝二年，蕭何卒，參聞之，告舍人趣治行：「吾且入相。」居無何，使者果召參。參去，屬其後相曰：「以齊獄市爲寄，慎勿擾也。」後相曰：「治無大於此者乎？」參曰：「不然。夫獄市者，所以并容也。今君擾之，姦人安所容也，吾是以先之。」始參微時，與蕭何善，及爲宰相有隙。至何且死，所推賢唯參。參代何，舉事無所變更，壹遵何約束。日擇郡國吏，木詘於文辭，重厚長者，即召除爲丞相史；吏之言文刻深，欲務聲名者，輒斥去。日夜飲酒，卿大夫已下吏及賓客見參不事事，來者皆欲有言，參輒飲以醇酒，醉而後去，終莫得開説以爲常。參見人有細過，掩匿覆蓋之，府中無事。參子窋爲中大夫，惠帝怪相國不治事，迺語窋：「試從容問而父。」窋洗沐歸，間侍，自從其所諫參。參怒，笞二百，曰：「趣入侍！天下事非乃所當言也。」至朝時，帝讓參曰：「與窋胡治乎？乃者我使諫君也。」參免冠謝曰：「陛下自察聖武，孰與高皇帝？」帝曰：「朕乃安敢望先帝！」參曰：「陛下觀參，孰與蕭何賢？」帝曰：「君似不及也。」參曰：「陛下言之是也。且高皇帝與蕭何定天下法令既明具，陛下垂拱，參等守職，遵而勿失，不亦可乎？」惠帝曰：「善。君休矣。」參爲相國三年卒，謚曰懿侯。百姓歌之曰：「蕭何爲法，講若畫一。曹參代之，守而勿失。載其清静，民以寧壹。」窋嗣侯，高后時至御史大夫。

論曰：世言蕭何初進韓信於高帝，後復獻計誅之，爲德不卒。夫君臣、朋友惟其道爾，使信果有逆萌，何安得顧朋友之私而忘君臣之大哉？何與參始相善也，既而有隙，及何死薦參代相。參遵何舊章，至尊如君、親如己子、官吏賓客衆多具爲言，卒恪守不變。易曰：「君子以同而異。」又曰：「涣其群，元吉。涣有丘，匪夷所思。」若何與參可謂群而不黨者矣。此與宋韓琦、范仲淹上殿爭論，下殿不失和氣者，易地皆然。彼彬彬號士君子，而推賢讓能，多有未逮，亦獨何哉！

周勃

周勃，其先卷人也，徙沛，織薄曲爲生。常以吹簫給喪事材官引强。高祖起爲沛公，勃以中涓從，所至攻城略地，皆有功，賜爵五大夫。楚懷王封沛公，號武安侯。爲碭郡長，沛公拜勃爲襄賁令。及爲漢王，賜勃爵威武侯。從入漢中，拜爲將軍，還定三秦，賜食邑懷德。王即皇帝位，賜爵列侯，剖符，世世勿絶，食絳八千二百八十户。從帝攻韓王信有功，又擊斬陳豨，破盧綰，盡定其地。勃自從高帝攻戰，凡得相國一人，丞相二人，將軍二千石各三人，别破軍二，下城三，定郡五，縣七十九，得丞相、大將各一人。勃爲人木强敦厚，高帝以爲可屬大事。然不好文學，每召諸生説事，東鄉坐而責之：「趣爲我語！」其椎少文如此。初，高帝臨終，謂吕后曰：「陳平知有餘，然難獨任。周勃重厚少文，然安劉氏者必勃也。」及惠帝六年，曹參卒，以王陵、陳平爲左右相，而以勃爲太尉。七年，惠帝崩，吕太后稱制。八年，威權自恣，殺三趙王，立吕氏三王，廢少帝，復立它人之子爲帝。諸大臣力不能制，恐禍及己。陳平嘗燕居深念，陸賈往説之曰：「天下安，注意相。天下危，注意將。將相和調，則士豫附。天下雖有變，權不分。」陳平用其謀，與勃深相結。及太后病，令吕禄以趙王爲上將軍居北軍，吕産以吕王居南軍，誡之曰：「吕氏之王，大臣弗平。我即崩，帝年少，大臣恐爲變。必據兵衛宫，慎毋送喪，爲人所制。」及崩，以産爲相國，以吕禄女爲帝后。諸吕欲爲亂，畏大臣絳、灌等，未敢發。朱虚侯章以吕禄女爲婦，知其謀，乃陰令人告其兄齊王襄，令發兵西，己與平陽侯窋爲内應，以誅諸吕。相國吕産等聞之，乃遣潁陰侯灌嬰將兵禦之。嬰留屯滎陽，使使諭齊王及諸侯，與連和以待吕氏變，共誅之。産、禄欲作亂，内憚勃、章等，外畏齊、楚兵，又恐灌嬰叛之，故未發。列侯群臣莫自堅其命。太尉勃不得主兵，曲周侯酈商之子寄與吕禄善，勃與陳平謀，使人劫酈商，令其子寄往紿吕禄，曰：「高帝與吕后共定天下，劉氏所立九王，吕氏所立三王，皆大臣之議。事已布告諸侯，諸侯皆以爲宜。今太后崩，帝少，而足下佩趙王印，不急之國守藩，乃爲上將將兵，留此爲大臣諸侯所疑。足下何不歸將印，以兵屬太尉？請梁王歸相國印，與大臣盟而之國，齊兵必罷，大臣得安，足下高枕而王千里，此萬世之利也。」禄然其計，諸吕老人或以爲不便，猶豫未決。九月，平陽侯窋見産，會郎中賈壽使從齊來，具以灌嬰與齊、楚合從告産，且趣産急入宫。窋聞其語，馳告平、勃，勃欲入北軍不得。襄平侯紀通尚符節，乃令持節矯内太尉北軍。勃復令酈寄與典客劉揭先説禄曰：「帝使太尉守北軍，欲足下之國，急解將印辭去。不然，禍且起。」禄以爲不欺己，遂解印屬典客，而以兵授勃。勃入軍，行令軍中曰：「爲吕氏右袒，爲劉氏左袒！」軍中皆左袒，勃遂將北軍。然尚有南軍，丞相平乃召朱虚侯章佐勃，勃令章監軍門，令平陽侯窋告衛尉，毋入相國産殿門。産不知禄已去北軍，乃入未央宫，欲爲亂，至殿門，弗得入，徘徊往來。窋恐弗勝，馳語勃，勃尚恐不勝諸吕，未敢訟言誅之。乃謂章急入宫衛帝，予卒千餘人，入宫門，見産廷中，遂擊殺之。帝遣謁者持節勞章，章欲奪其節不得，則從與載，因節信馳斬長樂衛尉吕更，始還報勃。勃起拜賀章，曰：「所患獨吕産，今已誅，天下定矣。」辛酉，斬吕禄，笞殺吕嬃，遣人分捕諸吕，男女無少長皆斬之。遣章告齊王罷兵，於是陰謀謂：「少帝及濟川、淮陽、恒山王皆非惠帝子，吕太后以計詐名它人子，殺其母，養之後宫，令孝惠子之，立以爲後，用强吕氏。今已滅諸吕，少帝即長用事，吾屬無類矣，不如視諸侯賢者立之。」遂迎立代王，是爲孝文皇帝。東牟侯興居，朱虚侯章弟也，請與太僕汝陰滕公除宫。滕公前謂少帝曰：「足下非劉氏，不當立。」召乘輿車，載少帝出。少帝曰：「欲持我，安之乎？」滕公曰：「就舍少府。」迺奉天子法駕迎皇帝代邸，報曰：「宫謹除。」皇帝入未央宫，有謁者十人，持戟衛端門，曰：「天子在也，足下何爲者？」不得入。太尉往喻，迺引兵去，皇帝遂入。是夜，有司分部殺濟川、淮陽、常山王及少帝於邸。文帝既立，以勃爲右丞相，賜金五千斤，食邑萬户。人或説勃曰：「君既誅諸吕，立代王，威震天下。而君受厚賞，處尊位，久之即禍及身矣。」勃懼，請歸相印，帝許之。歲餘，丞相平卒，復以勃爲丞相，凡十月餘免，就國。每河東守尉行縣至絳，勃自畏恐誅，常被甲，令家人持兵以見。其後人有上書，告勃欲反，下廷尉逮捕勃治之。勃恐，不知置辭，吏稍侵辱之，勃以千金予獄吏，吏乃書牘背示之曰：「以公主爲證。」公主者，孝文帝女也，勃子勝之尚之，故教引爲證。初，勃之益封，盡以予太后弟薄昭。昭爲言太后，文帝朝太后，以冒絮提文帝曰：「絳侯綰皇帝璽，將兵於北軍，不以此時反，今居一小縣，顧欲反耶？」帝既見勃獄辭，乃謝曰：「吏方驗而出之。」勃既出，曰：「吾嘗將百萬軍，然安知獄吏之貴也。」乃復就國。孝文十一年卒，謚曰武侯。

論曰：寬仁如孝文，不鈇鉞不朝之王，不桎梏受賕之吏。丞相勃平定內難，加以迎立大功，顧屢遭策免，又詔獄焉，其故何也？勃天資厚重，而苦不好學。當其上符璽時，願請間有言，非以市德，即以營私，明主猜疑之端，固已伏於此矣。一生鄙朴，椎魯少文，袁絲謂其有驕主色。蓋功則高，而所以居功者未善乎？方高后擅王諸吕，面折廷諫不如王陵，沉幾觀變不如陳平。而高帝獨曰：「安劉氏者必勃。」卒之國勢纍卵，不動聲色，轉移於呼吸間，可不謂社稷臣哉！

周昌

周昌者，沛人也。其從兄苛，秦時皆爲泗水卒史，及高祖起沛，擊破泗水，守監乃皆從沛公。沛公爲漢王，以苛爲御史大夫，昌爲中尉。漢三年，楚圍漢王滎陽急，漢王遁去，而使苛守城。楚破城，欲令苛將，苛罵曰：「若趣降漢王。不然，今爲虜矣。」項羽怒，亨苛。漢王於是拜昌爲御史大夫，封汾陰侯。苛子成以父死事，封爲高景侯。昌爲人强力敢直言，自蕭、曹等皆卑下之。高帝亦素憚昌，及欲廢太子，而立戚姬子如意爲太子。大臣固争，莫能得。帝以留侯策止，而昌廷争之强。帝問其説，昌爲人吃，又盛怒，曰：「臣口不能言，然臣心知其不可。陛下欲廢太子，臣期期不奉詔。」帝欣然而笑，即罷。吕后側耳於東厢聽，見昌，爲跪謝曰：「微君，太子幾廢！」是歲，戚姬子如意爲趙王，年十歲，高祖憂萬歲之後不全也。趙堯爲符璽御史，趙人方與公，謂周昌曰：「君之史趙堯年雖少，然奇士行，且代君。」昌笑曰：「何至是？」居頃之，堯侍高祖，見高祖心獨不樂，悲歌，問曰：「陛下非以趙王年少，而戚夫人與吕后有隙，懼萬歲後趙王不能自全乎？」高祖曰：「然。」堯曰：「陛下獨爲趙王置貴强相，及吕后、太子、群臣素所敬憚者，乃可。」高祖曰：「然群臣誰可者？」堯曰：「御史大夫昌，其人堅忍伉直，自吕后、太子及大臣皆素敬憚之，獨昌可。」高祖曰：「善。」於是召昌，謂曰：「吾固欲煩公，公强爲相趙。」昌泣曰：「臣初起從陛下，陛下獨奈何中道而棄之於諸侯乎？」高祖曰：「吾極知其左遷，然吾私憂趙，念非公無可者。」於是徙昌爲趙相，而拜堯爲御史大夫。高祖崩，吕太后使使召趙王，昌令王稱疾不行，使者三反，昌固不遣趙王。太后怒，廼使使召昌，昌至，太后罵曰：「爾不知我之怨戚氏乎？而不遣趙王！」昌既被徵，高后使使召趙王，王果來，至長安月餘，見鴆殺。昌謝病不朝見，三歲而卒，謚曰悼侯。

論曰：高帝闊達大度，然以馬上得天下，自酈、陸、叔孫諸人，待之不少加禮。昌以木强無文立於朝，獨見嚴憚，其丰采嶽嶽可想見也。漢初豪傑競起，智名勇功，無慮數什伯，而伉直强忍，不顧犯主之顔色，使公卿貴戚近幸咸頫首降心，不敢以非禮犯者，獨昌一人。如申屠嘉於孝文，汲黯於孝武，又其聞風興起者也。君子之立身事君也，惟義所在，而不以盛衰榮敗易其心。方戚姬寵幸，昌持大義廷争不少假，及其母子煢煢畢命旦夕，乃再四扞禦，至於事勢窮蹙，且賫志銜恨以殉。前後若兩人，而終始原一節，在朝廷則朝廷重，在侯國則侯國重，豈不屹然骨鯁大臣哉！

申屠嘉

申屠嘉，梁人也。初以材官蹶張，從高帝擊項籍，遷爲隊率；從擊黥布，爲都尉。孝惠時，爲淮陽守。孝文元年，舉故以二千石從高祖者，悉爲關内侯，食邑二十四人，而嘉食邑五百户。十六年，遷御史大夫。張蒼免相，文帝以皇后弟竇廣國賢有行，欲相之，曰：「恐天下以吾私廣國。」久念不可。而高帝時大臣，餘見無可者。乃以御史大夫嘉爲丞相，封故安侯。嘉爲人廉直，門不受私謁。是時太中大夫鄧通方愛幸，賞賜累鉅萬，文帝常燕飲通家，其見寵如是。嘉入朝，通居上旁，有怠慢之禮，嘉奏事畢，因言曰：「陛下愛幸臣則富貴之，至於朝廷之禮不可以不肅。」罷朝，坐府中。嘉爲檄召通詣丞相府，不來，且斬通。通恐，入言文帝，帝曰：「汝第往，吾今使人召若。」通詣府，免冠徒跣，頓首謝，嘉坐自如，責曰：「夫朝廷者，高皇帝之朝廷也。通小臣，戲殿上，大不敬，當斬。吏今行斬之。」通頓首，首盡出血，不解。帝度丞相已困通，使使持節召通，而謝丞相曰：「此吾弄臣，君其釋之。」通既至，爲帝泣曰：「丞相幾殺臣。」嘉爲丞相五歲，文帝崩。孝景即位二年，鼂錯爲内史，貴幸用事，諸法令多所請變更，議以適罰侵削諸侯，而丞相嘉自絀所言不用，疾錯。錯爲内史門東出不便，更穿一門南出。南出者，太上皇廟堧垣也。嘉聞之，欲奏請誅錯。客有語錯，錯恐，夜入宫，上謁自歸。景帝至朝，嘉請誅錯，帝曰：「錯所穿非真廟垣，乃外堧垣，故冗官居其中。且又我使爲之，錯無罪。」罷朝，嘉謂長史曰：「吾悔不先斬錯，乃請之，爲錯所賣。」至舍，因歐血而死，謚曰節侯。自嘉死，後陶青、劉舍及武帝時許昌、薛澤輩，皆以列侯繼踵，齪齪廉謹，爲丞相備員而已，無所能發明功名著於世者。

論曰：周官冢宰統百官，均四海。周禮，天子暬御、擕僕及後宫奄尹、女奴之屬皆領之太宰，蓋所以大出入起居之坊，而裁抑其恩倖，杜閉其讒衺，使無有淫媟戲嫚之漸，以蕩上心。清宫府，正朝廷，於是乎在。惟聖帝明王敬信其大臣，諸巧言便辟側媚之人不得以間之。故唐虞三代之隆，無宦官、宫妾亂政之禍，此道得也。是以君子不難申屠嘉，而難孝文皇帝。夫割肉心之私愛，以伸明法自敵，以下猶或不堪，況天子乎？嘉正色立朝，前後執法不少回互，然卒有所梗而不行者，非特鼂錯機深，不如鄧通之馴謹易制，亦由景帝偏聽私人，逆忠直，遠耆德之故也。司馬遷、班固乃謂嘉剛毅守節，而無術學。夫蕭、曹、陳平守功以謙，亦保身之一道。然古大臣不以寵利居成功，惟復政厥辟可也。既已在其位，而持禄養交阿諛順旨，是孔光、張禹輩皆得託於學問深謹之氣象，以蓋其庸惡陋劣而長富貴於子孫也。

史傳三編卷十

名臣傳二

漢

賈誼

賈誼，雒陽人。年十八，以能誦詩書屬文，稱於郡中，河南守吴公聞其秀材，召置門下。文帝初立，以吴公治行第一，徵爲廷尉。廷尉言誼年少，頗通諸子百家書，乃召爲博士。是時誼年二十餘，最少。每詔令議下，諸老先生不能言，誼盡爲對，人人各如其意所欲出，諸生自顧不逮遠甚。帝説之，超遷，一歲中至大中大夫。誼以漢興至孝文二十餘年，天下和洽，當改正朔，易服色制度，定官名，興禮樂，乃悉草具其事。文帝謙讓，未遑也。然諸法令所更定，及列侯就國，其説皆自誼發之。二年，誼上疏，請廣積貯，曰：「管子曰：『倉廩實而知禮節。』民不足而可治者，自古及今未之前聞。今背本而趨末，食者甚衆，淫侈之俗日日以長，生之甚少，而靡之甚多，天下財産何得不蹷？夫積貯者，天下之大命也。苟粟多而財有餘，何爲而不成？今敺民而歸之農，皆著於本，使天下各食其力。末技游食之民，轉而緣南畝，則畜積多，而人樂其所矣。」帝感誼言，親耕籍田，賜天下，令年田租之半。天子思大用誼，絳、灌、東陽侯馮敬之屬盡害之，迺毁誼曰：「雒陽之人年少初學，專欲擅權，紛亂諸事。」迺漸疏不用，以爲長沙王太傅。時帝更造四銖錢，除盗鑄令，誼上疏請收銅而禁盗鑄，以爲：「事有召禍而法有起姦，今令細民人操造幣之勢，各隱屏而鑄作，因欲禁其厚利微姦，雖黥罪日報，其勢不止。法錢不立，吏急而壹之乎？則大爲煩苛而力不能勝；縱而弗呵乎？則市肆異用，錢文大亂。苟非其術，何鄉而可哉？今農事棄捐，而采銅者日蕃，釋其耒耨，冶鎔炊炭，姦數不勝，而法禁數潰，銅使之然也。請收銅，勿令布使民不得鑄錢。」賈山亦言之，帝皆不聽。

誼適長沙，行次湘水，爲賦弔屈原，亦自傷也。居三年，有鵩止其舍，誼既懼長沙地卑濕，壽不得長，鵩又不祥鳥也，更爲賦以自廣。後歲餘，徵誼入見，文帝方受釐坐宣室，因感鬼神事，而問鬼神之本，誼具道其所以然至夜半，文帝前席。既罷，曰：「吾久不見賈生，自謂過之，今不及也。」乃拜誼爲梁懷王勝太傅。勝，文帝少子，愛而好書，故令傅之。是時單于數侵犯邊塞，天下初定，制度疏闊，諸侯王僭擬過當，往往以逆誅。誼數上疏言事，多所欲匡建大略。謂事勢可爲痛哭者一，可爲流涕者二，可爲長太息者六。其策當世諸侯王，則曰莫若衆建諸侯而少其力。

其於播德威，移風俗，定經制，先禮後法，教太子禮貌大臣諸事，皆反覆引喻，切當治體。自謂稽之天地，驗之古今，日夜念此至熟，非虚也。是時丞相絳侯周勃免就國，有告勃謀反，逮繫長安獄治，卒無事，復爵邑。故誼以建言及之，帝深納其言，養臣下有節，是後大臣有罪，皆自殺，不受刑。至武帝時稍復，入獄，自甯成始。帝復封淮南厲王四子爲列侯，誼再上疏諫，又請帝增淮陽王武、代王參封地，以備齊、趙、吴、楚。二王，文帝子，景帝親弟也。帝從誼計，徙武爲梁王，得大縣四十餘城，其後卒賴其力破七國。懷王勝墜馬死，誼自傷爲傅無狀，哭泣歲餘，亦死，年三十三。文帝後思誼言，分齊爲六國，盡立悼惠王子六人爲王。又遷淮南王喜於陽城，而分淮南爲三國，盡立厲王子以王之。武帝時主父偃因誼策，請推恩，使諸侯王得自分子弟國邑，諸侯始弱。武帝又舉賈誼之孫二人至郡守，而賈嘉好學，世其家。

論曰：西漢諸臣好謀議、通權術者，稱賈、鼂。鼂之削七國，與賈策諸侯王略同，而爲袁盎所中，亦其天性刻深，動與禍會也。賈之學術論議較正於鼂，而醇深不及董廣川。踔厲風發，無寬居之度，優柔夷愉之致。諸葛武侯有言：「寧静可以致遠。」斯洛陽、南陽所由以異歟？

張釋之

張釋之，字季，南陽堵陽人也。以貲爲騎郎，事漢文帝十年不得調，欲免歸。中郎將爰盎知其賢，乃請徙釋之補謁者。釋之既朝畢，因前言便宜事，文帝曰：「卑之毋甚高論，令今可行也。」於是釋之言秦漢間事，秦所以失，漢所以興者。文帝稱善，拜爲謁者僕射。從行帝登虎圈，問上林尉禽獸簿十餘問，尉左右視盡不能對，虎圈嗇夫從旁代尉對甚悉，文帝曰：「吏不當如此邪？」詔拜嗇夫爲上林令。釋之前曰：「陛下以絳侯周勃何如人也？」帝曰：「長者。」又復問：「東陽侯張相如何如人也？」帝復曰：「長者。」釋之曰：「夫絳侯、東陽侯稱爲長者，此兩人言事曾不能出口，豈效此嗇夫喋喋利口捷給哉？且秦以任刀筆吏，争以亟疾苛察相高。然其敝徒文具耳，亡惻隱之實，以故不聞其過，陵夷至二世而亡。今陛下以嗇夫口辯而超遷之，臣恐天下隨風靡，争口辯，亡其實。且下之化上，疾於景嚮，舉錯不可不察也。」文帝曰：「善。」迺止，不拜嗇夫。就車，召釋之驂乘徐行，問釋之秦之敝，具以質言。至宫，拜爲公車令。太子與梁王共車入朝，不下司馬門，釋之追止太子、梁王毋入殿門，遂劾不下公門不敬，奏之。薄太后聞之，文帝免冠謝曰：「教兒子不謹。」薄太后使使承詔赦，太子、梁王乃得入。文帝繇是奇釋之，拜爲中大夫。頃之，至中郎將。從行至霸陵，時慎夫人從，帝指視慎夫人新豐道，曰：「此走邯鄲道也。」使慎夫人鼓瑟，帝自倚瑟而歌，意悽愴悲懷，顧謂群臣曰：「嗟乎！以北山石爲椁，用紵絮斮陳漆其間，豈可動哉？」釋之前曰：「使其中有可欲者，雖錮南山猶有隙。使其中亡可欲者，雖亡石椁何戚焉？」文帝稱善，其後拜釋之爲廷尉。帝行，出中渭橋，有一人從下走出，乘輿馬驚，使騎捕屬之廷尉，釋之奏言：「此人犯蹕，當罰金。」帝怒曰：「此人親驚吾馬，馬賴和柔。令它馬，固不敗傷我乎？」而廷尉廼當之罰金！」釋之曰：「法者，天子所與天下公共也。今法如是，更重之，是法不信於民也。且廷尉天下之平也，一傾，天下用法皆爲之輕重，民安所錯其手足？」帝良久曰：「廷尉當是也。」其後人有盜高廟座前玉環，得，下廷尉治，案盜宗廟服御物者爲奏，當棄市。帝大怒曰：「人亡道，廼盜先帝器，吾欲致之族。而君以法奏之，非吾所以共承宗廟意也。」釋之免冠頓首，謝曰：「法如是足也。且罪等然，以逆順爲基。今盜宗廟器而族之，有如萬分一，假令愚民取長陵一抔土，陛下何以加其法乎？」文帝與太后言之，乃許廷尉。當是時中尉條侯周亞夫與梁相山都侯王恬咸見釋之持議平，廼結爲親友。「張廷尉」繇此，天下稱之。後景帝立，釋之稱疾欲免去，懼大誅，至用王生計，卒見謝景帝不過也。王生者，善爲黄老言，處士也。嘗召居廷中，公卿盡會立，王生韤解，顧謂：「張廷尉爲我結韤。」釋之跪而結之。人或以此讓王生，生曰：「吾老且賤，自度終亡益於張廷尉。廷尉天下名臣，吾故使結韤，欲以重之。」諸公聞之，賢王生而重釋之。釋之事景帝歲餘，爲淮南相，猶尚以前過也。年老，病卒。其子摯，字長公，官至大夫，免，以不能取容當世，故終身不仕。

論曰：自周公弘吐哺握髮之誠，延見天下士，後世賢公卿因之虚己側席，有加禮焉。迄於漢初，流風未衰。曹參之於蓋公，王生之爲張釋之是也。釋之終以劾奏太子得罪，然尊朝廷，敬官守，乃人臣盛節。其不奉詔拜嗇夫，尤見大體。漢世稱賢廷尉二人，張釋之、于定國。定國迎師學春秋，北面備弟子禮，爲人謙恭，重經術。考其生平，釋之風節尤著漢朝哉！

周亞夫

周亞夫，絳侯勃庶子也。初爲河内守，兄絳侯勝之有罪，文帝擇勃子賢者，皆推亞夫，乃封爲條侯。文帝後六年，匈奴大入邊，以宗正劉禮軍霸上，祝兹侯徐厲軍棘門，河内守亞夫軍細柳，皆授將軍號。帝自勞軍至霸上棘門軍，直馳入，將以下騎出入送迎。已而之細柳軍，軍士吏被甲鋭兵刃，彀弓弩持滿。天子先驅至，不得入，先驅曰：「天子且至。」軍門都尉曰：「軍中聞將軍之令，不聞天子之詔。」有頃，帝至，又不得入，於是使使持節詔將軍曰：「吾欲入勞軍。」亞夫乃傳言開壁門，壁門士請車騎，曰：「將軍約軍中不得驅馳。」於是天子乃按轡徐行至中營，將軍亞夫持兵揖曰：「介胄之士不拜，請以軍禮見。」天子爲動改容式車，使人稱謝：「皇帝敬勞將軍。」成禮而去。既出軍門，群臣皆驚，文帝曰：「嗟乎！此真將軍矣。曩者霸上棘門軍，若兒戲耳，其將固可襲而虜也。至於亞夫，可得而犯耶？」稱善者久之。月餘，三軍皆罷，拜亞夫爲中尉。文帝且崩，戒太子曰：「即有緩急，周亞夫真可任將兵。」景帝以亞夫爲車騎將軍。三年，吴楚反，亞夫以中尉爲太尉，東擊吴楚。因自請上曰：「楚兵剽輕，難與争鋒，願以梁委之，絶其食道，乃可制也。」上許之。亞夫至霸上，趙涉遮説曰：「吴王素富，懷輯死士久矣。此知將軍且行，必置間人於殽黽阸陿之間。且兵事尚神密，將軍何不從此右去？走藍田，出武關，抵雒陽，間不過差一二日，直入武庫，擊鳴鼓。諸侯聞之，以爲將軍從天而下也。」亞夫從其計。至雒陽，使吏搜殽黽間，果得吴伏兵，乃請涉爲護軍。亞夫父客鄧都尉説亞夫曰：「吴楚兵鋭，甚難與争鋒。楚兵輕不能久，方今爲將軍計，莫若引兵東北，壁昌邑以梁委吴，吴必盡鋭攻之。將軍深溝高壘，使輕兵絶淮泗口，塞吴糧道，使吴梁相敝而糧食竭，乃以全制其極，破吴必矣！」亞夫從其計。引兵東北，走昌邑，深壁而守。吴方攻梁，梁王使使請亞夫，亞夫守便宜不往。梁上書言景帝，景帝詔使救梁，亞夫不奉詔，堅壁不出，而使輕騎兵弓高侯等絶吴楚兵後食道。吴楚兵飢，欲退，數挑戰，終不出。夜軍中驚，内相攻擊擾亂，至於帳下。亞夫堅卧不起，頃之復定。吴奔壁東南陬，亞夫使備西北，已而其精兵果奔西北，不得入。吴楚既飢，乃引而去，亞夫出精兵追擊，大破之。凡相攻守三月，而吴楚平。由是梁孝王與亞夫有隙，五歲遷爲丞相，帝甚重之。栗太子廢，亞夫固争之，不能得，帝由此疏之。而梁孝王每朝，常與太后言條侯之短。太后欲封皇后兄王信爲侯，帝問亞夫，亞夫曰：「高帝約，非劉氏不得王，非有功不得侯。不如約者天下共擊之。今信雖后兄，無功侯之，非約也。」帝默然而止。其後匈奴王徐盧等五人降漢，帝欲侯之以勸後，亞夫曰：「彼背其主降陛下，陛下侯之，即何以責人臣不守節者乎？」帝曰：「丞相議不可用。」悉封之。亞夫因謝病免相。頃之，帝召亞夫賜食，獨置大胾，無切肉，又不置箸。亞夫顧尚席取箸，帝視而笑曰：「此非不足君所乎？」亞夫免冠謝，帝曰：「起。」亞夫趨出，帝目送之，曰：「此鞅鞅，非少主臣也。」居無何，亞夫子爲父買葬器，不時與錢，爲人所告，事連亞夫。召詣廷尉，不食五日，歐血卒。

論曰：高祖功臣，雖保全終始，如蕭、曹、張、陳，及其再傳，或嬰罪戾被削奪者多矣。兼資文武，備位將相，獨亞夫一人，與其父後先輝映，可不謂賢歟？文帝法古賢君推轂之義，屬之景帝，委以重權，此與高祖以周勃屬之孝惠同，豈非深計遠慮明略之主哉？亞夫剛以取禍，司馬遷譏其足己不學，然用兵能任趙涉，聽鄧都尉，推賢下士，有儒將風。至争太子以固國本，不侯王信以存祖制，絀降人之封，激厲忠節，明於大體，雖詩書之所稱訓，何以加焉！

汲黯

汲黯，字長孺，濮陽人也。十世爲卿大夫，以父任，孝景時爲太子洗馬，以莊見憚。武帝即位，黯爲謁者。東粤相攻，帝使黯往視之，至吴而還，報曰：「粤人相攻固其俗，然不足以辱天子之使。」河内失火，延燒千餘家，又使黯往視之，還報曰：「家人失火，屋比延燒，不足憂也。臣過河南，河南貧，人傷水旱萬餘家，或父子相食。臣謹以便宜，持節發河南倉粟，以振貧民。請歸節，伏矯制之罪。」帝賢而釋之，遷滎陽令。黯恥爲令，稱疾歸田里。帝聞，乃召爲中大夫，以數切諫，不得。久留内，遷爲東海太守。黯學黄老言，治官理民，好清静，擇丞史任之，責大指而已，不細苛。黯多病，卧閣内不出，歲餘東海大治，稱之。召爲主爵都尉，列於九卿。治務在無爲而已，引大體，不拘文法。黯爲人性倨少禮，面折不能容人之過，合己者善待之，不合己者不能忍見，士亦以此不附焉。然好游俠，任氣節，内行修潔，好直諫，數犯主之顔色。常慕傅伯、爰盎之爲人也。善灌夫、鄭當時及宗正劉棄疾，亦以數直諫不得久居位。是時太后弟武安侯田蚡爲丞相，中二千石拜謁，蚡弗爲禮。黯見蚡，未嘗拜，常揖之。帝方招文學儒者，謂曰「吾欲」云云。黯對曰：「陛下内多欲而外施仁義，奈何欲效唐虞之治乎？」帝怒，變色而罷朝，公卿皆爲黯懼。帝退，謂左右曰：「甚矣！汲黯之戇也。」群臣或數黯，黯曰：「天子置公卿輔弼之臣，寧令從諛承意，陷主於不義乎？且已在其位，縱愛身，奈辱朝廷何？」黯多病，病且滿三月，常賜告者數，終不愈。最後莊助爲請告，帝曰：「汲黯何如人也？」助曰：「使黯任職居官，無以踰人。然至其輔少主，守城深堅，招之不來，麾之不去，雖自謂賁育，不能奪之矣。」帝曰：「然。古有社稷之臣，至如黯近之矣。」大將軍青侍中，帝踞厠而視之，丞相弘燕見，帝或時不冠。至如黯見，不冠不見也。帝常坐武帳中，黯前奏事，帝不冠，望見黯，避帳中，使人可其奏，其見敬禮如此。張湯方以更定律令爲廷尉，黯數質責湯於帝前，曰：「公爲正卿，上不能褒先帝之功業，下不能抑天下之邪心，安國富民，使囹圄空虛，二者無一焉，何空取高皇帝約束紛更之爲？公以此無種矣。」黯時與湯論議，湯辯常在深文小苛，黯伉厲守高不能屈，忿發罵曰：「天下謂刀筆吏不可以爲公卿，果然。必湯也，令天下重足而立，側目而視矣。」是時漢方征匈奴，招懷四夷，黯務少事，乘間常言與匈奴和親，無起兵。帝方尊重公孫弘，而張湯用文法數奏決讞以幸。黯常面觸弘等懷詐飾智以阿人主取容，而刀筆吏專深文巧詆，陷人於罪，使不得反其真，以勝爲功。帝愈益貴弘、湯，弘、湯深心疾黯，欲誅之以事。弘爲丞相，乃上言曰：「右内史界部中多貴人宗室，難治，非素重臣不能任，請徙黯爲右内史。」數歲，官事不廢。大將軍青益尊，姊爲皇后，然黯與亢禮，人或説黯曰：「自天子欲群臣下大將軍，君不可以不拜。」黯曰：「夫以大將軍有揖，客反不重耶？」大將軍聞，愈賢黯，數請問國家朝廷所疑，遇黯過於平生。淮南王謀反，憚黯，曰：「好直諫，守節死義，難惑以非。」至如説丞相弘，如發蒙振落耳。匈奴渾邪王率衆來降，漢發車二萬乘，縣官無錢，從民貰馬，民或匿馬，馬不具。帝怒，欲斬長安令，黯曰：「長安令無罪，獨斬黯，民乃肯出馬。且匈奴畔其主而降漢，漢徐以縣次傳之，何至令天下騷動，罷弊中國以事匈奴乎？」帝默然。及渾邪至，賈人與市者坐當死者五百餘人。黯請間見高門，曰：「夫匈奴攻當路，塞絶和親中國，興兵誅之，死傷者不可勝計，而費以巨萬數。臣愚以爲陛下得彼人，皆以賜從軍死事者家，所掠獲因予之，以謝天下之苦，塞百姓之心。今縱不能，又以微文殺無知者五百餘人，此所謂庇其葉而傷其枝，臣竊爲陛下不取也。」帝默然，不許，曰：「吾久不聞汲黯之言，今又復妄發矣。」後數月，黯坐小法，會赦，免官，於是黯隱於田園。居數年，會更五銖錢，民多盜鑄，楚地尤甚。帝以爲淮陽楚地之郊，乃召拜黯爲淮陽太守，黯伏謝不受印。詔數，强予，然後奉詔。詔召見黯，黯泣曰：「臣自以爲填溝壑，不復見陛下，不意陛下復收用之。臣常有狗馬病，力不能任郡事。臣願爲中郎，出入禁闥，補過拾遺，臣之願也。」帝曰：「君薄淮陽耶？吾今召君矣。顧淮陽吏民不相得，吾徒得君之重卧而治之。」黯既辭行，過大行，謂李息曰：「黯棄居郡，不得與朝廷議也。然御史大夫張湯智足以拒諫，詐足以飾非，務巧佞之語，辯數之辭，好興事，舞文法，内懷詐以御主心，外挾賊吏以爲威重。公列九卿，不早言之，公與之俱受其僇矣。」息畏湯，終不敢言。黯居郡，如故治，淮陽政清。後張湯果敗，帝聞黯與息言，抵息罪，令黯以諸侯相秩居淮陽，七歲而卒。卒後，帝以黯故，官其弟汲仁至九卿，子汲偃至諸侯相。初，黯爲主爵都尉，時太后弟武安侯田蚡以杯酒争忿，欲殺將軍灌夫，而魏其侯竇嬰救之。廷辯東朝，公卿以下畏田蚡，莫敢言。惟黯以魏其言爲是，始終不變。同時陳人鄭當時以善推轂賢士，内行潔廉，與黯并名。然當時在朝，常趨和承意，不敢甚引當否，以此不及黯。衛人仕者皆嚴憚黯，出其下。

論曰：自古聖帝明王，所求乎格其非心，養其德性者，不遺於侍御之人，况所得賢士大夫哉?汲黯立朝,天子嚴敬,比於師保,自王公戚屬近幸莫敢以非禮干。及賑救窮黎,開釋無辜,汲汲然惟恐後。詩曰:「衮職有闕,惟仲山甫補之。」又曰:「不侮鰥寡,不畏强禦。」汲黯有焉。

蘇武

蘇武,字子卿,杜陵人也。父建從大將軍衛青擊匈奴有功,封平陵侯。武少以父任,與兄嘉、弟賢并爲郎。稍遷,至栘中廄監。時漢連伐胡,數通使,相窺觀,匈奴留漢使郭吉、路充國等前後十餘輩。匈奴使來漢,亦留之以相當。天漢元年,且鞮侯單于初立,恐漢襲之,乃曰:「漢天子,我丈人行也,盡歸漢使。」武帝嘉其義,乃遣武以中郎將使持節送匈奴使留在漢者,因厚賂單于,答其善意。武與副中郎將張勝及假吏常惠等募士斥侯百餘人俱,既至匈奴,置幣遺單于,單于益驕,非漢所望也。方欲發使送武等,會長水虞常等謀反匈奴中。虞常在漢時素與副張勝相知,私候勝曰:「聞漢天子甚怨衛律,請爲漢伏弩射殺之。吾母弟在漢,幸蒙其賞賜。」衛律者,漢使,使匈奴還,聞李延年得罪,律素善延年,懼并誅,復亡歸匈奴,單于立爲丁靈王,未嘗一日離左右也。勝聞常言,許之以貨物與常。後月餘事敗,其黨多戰死,而生得虞常,單于乃使衛律治其事。張勝聞之,恐前語發,以狀語武,武曰:「事如此,此必及我,見犯乃死,重負國。」欲自殺,勝、惠共止之。虞常果引張勝,單于怒,議欲殺漢使者。左伊秩訾曰:「即謀單于,何以復加？宜皆降之。」單于使衛律召武受詞，武謂惠等：「屈節辱命，雖生，何面目以歸漢？」引佩刀自刺，衛律驚，自抱持武，馳召毉，鑿地爲坎，置熅火，覆武其上，蹈其背以出血，武氣絶，半日復息。惠等哭輿歸營。單于壯其節，朝夕遣人候問武，而收繫張勝。武益愈，單于使使曉武。會論虞常，欲因此時降武，劍斬虞常已，律曰：「漢使張勝謀殺單于近臣，當死。單于募降者赦罪。」舉劍欲擊之，勝請降律，謂武曰：「副有罪，當相坐。」武曰：「本無謀，又非親屬，何謂相坐？」復舉劍擬之，武不動。律曰：「蘇君！律前負漢歸匈奴，幸蒙大恩，賜號稱王，擁衆數萬，馬畜彌山，富貴如此。蘇君今日降，明日復然。空以身膏草野，誰復知之？」武不應，律曰：「君因我降，與君爲兄弟。今不聽吾計，後雖欲復見我，尚可得乎？」武罵律曰：「汝爲人臣子，不顧恩義，畔主背親，爲降虜於蠻夷，何以汝爲見！且單于信汝，使決人死生，不平心持正，反欲鬬兩主，觀禍敗。前南越、宛、朝鮮三國殺漢使者，皆立取屠滅，獨匈奴未耳。若知我不降，明欲令兩國相攻，匈奴之禍從我始矣。」律知武終不可脅，白單于，單于愈益欲降之。乃幽武置大窖中，絶不飲食。天雨雪，武卧齧雪，與旃毛并咽之，數日不死，匈奴以爲神。乃徙武北海上無人處，使牧羝，羝乳乃得歸。别其官屬常、惠等，各置他所。武既至海上，廩食不至，掘野鼠，去屮實而食之。杖漢節牧羊，卧起操持，節旄盡落。積五六年，單于弟於靬王弋獵海上，武能網紡繳，檠弓弩，於靬王愛之，給其衣食。三歲餘，王病，賜武馬畜，服匿穹廬。王死後，人衆徙去。其冬，丁令盗武牛羊，武復窮阨。初，武與李陵俱爲侍中，武使匈奴，明年陵將兵五千出居延，爲單于所遮降，以女妻之，立爲右校王。陵愧負漢，不敢求武。久之，單于乃使陵至海上，爲武置酒設樂，因謂武曰：「單于聞陵與子卿素厚，故使陵來説足下，虚心欲相待。終不得歸漢，空自苦亡人之地，信義安所見乎？賢兄弟俱冒罪死，來時太夫人已不幸，陵送葬至陽陵。子卿婦年少，聞已更嫁矣。獨有女弟二人，兩女一男，今復十餘年，存亡不可知。人生如朝露，何久自苦如此？陵始降時，忽忽如狂，自痛負漢，加以老母繫保宫。子卿不欲降，何以過陵？且陛下春秋高，法令亡常，大臣亡罪夷滅者數十家，安危不可知。子卿尚復誰爲乎？願聽陵計，勿復有云。」武曰：「武父子無功德，皆爲陛下所成就，位列將，爵通侯，兄弟親近，常願肝腦塗地。今得殺身自效，雖蒙斧鉞湯鑊，誠甘樂之。臣事君，猶子事父也，子爲父死，無所恨願。勿復再言！」陵與武飲數日，復曰：「子卿壹聽陵言。」武曰：「自分已死久矣。王必欲降武，請畢今日之歡，效死於前。」陵見其至誠，喟然歎曰：「嗟乎！義士。陵與衛律之罪上通於天！」因泣下霑衿，與武决去。陵惡自賜武，使其妻賜武牛羊數十頭。後陵復至北海上，語武：「區脱捕得雲中生口，言太守以下吏民皆白服，曰上崩。」武聞之，南鄉號哭歐血，旦夕臨。數月，昭帝即位。數年，匈奴與漢和親，漢求武等，匈奴詭言武死。後漢使復至匈奴，常、惠請其守者，與俱得夜見漢使，具自陳道，教使者謂單于，言天子射上林中，得雁足有繫帛書，言武等在某澤中。使者大喜，如惠語，以讓單于。單于視左右而驚謝漢使，曰：「武等實在於是。」李陵置酒賀武，曰：「今足下還歸，揚名於匈奴，功顯於漢室。雖古竹帛所載，丹青所畫，何以過子卿？陵乃獨爲異域人，一別長絶。」陵起舞且歌，歌罷泣數行下，因與武決。單于召會武官屬，前以降及物故，凡隨武還者九人。武以始元六年春至京師，拜爲典屬國，賜賚有差。常、惠等三人皆拜郎中，餘六人以老賜錢歸家，復終身。武留匈奴凡十九歲，始以强壯出，及還，須髮盡白。宣帝既立，以武著節老臣，甚優寵之。又以武弟子爲右曹，武所得賞賜，盡以施予昆弟，故人家不餘財。皇后父平恩侯、帝舅平昌侯、樂昌侯、丞相、魏相、御史大夫丙吉皆敬重武。年八十餘病卒。甘露三年，單于始入朝。帝思股肱之美，乃圖畫其人於麒麟閣凡十一人，而武在其列。

論曰：蘇武陷身絶域，瀕死者數矣。或慷慨而赴，或從容而就，卒全身名，爲漢室光。固知三軍可奪帥，而匹夫必不可奪志也。東漢時，耿恭以單兵困守孤城，至於鑿山得井，煮弩爲糧，連月踰年，萬死一生。其後遇救引歸，惟餘十三人，衣屨穿敝，形容枯槁，與武事絶相類。丹心苦節，歷九死而不移。而其精誠所格，鬼神亦若陰爲護持者。忠孝之所以能動天也。

史傳三編卷十一

名臣傳三

漢

霍光

霍光，字子孟，票騎將軍去病異母弟也。父中孺，河東平陽人，以縣吏給事平陽侯家，生去病。去病母乃侯家侍者衛少兒也。吏畢歸家，復娶婦，生光，因絶不相聞。久之，少兒女弟子夫得幸於武帝，立爲皇后，去病以皇后姊子貴幸。既壯大，乃自知父爲霍中孺。會擊匈奴，道出河東，遣吏迎霍中孺，爲買田宅而去。還，復過焉，迺將光西至長安，時年十餘歲。任光爲郎，稍遷諸曹侍中。去病死後，光爲奉車都尉，出則奉車，入侍左右。出入禁闥二十餘年，小心謹慎，未嘗有過，甚見親信。自衛太子爲江充所敗，而燕王旦、廣陵王胥皆多過失。是時武帝年老，寵姬鉤弋趙倢伃，有男，心欲以爲嗣，命大臣輔之，察群臣，惟光可屬社稷。乃使黄門畫者畫周公輔成王、朝諸侯以賜光。及帝病篤，光涕泣問曰：「如有不諱，誰當嗣者？」帝曰：「君未諭前畫意耶？立少子，君行周公之事。」光頓首讓曰：「臣不如金日磾。」日磾亦曰：「臣外國人，不如光。」乃拜光爲大司馬、大將軍，日磾爲車騎將軍，及上官桀爲左將軍，桑弘羊爲御史大夫，并受遺詔，輔少主。明日，武帝崩，太子即位，爲孝昭皇帝。帝年八歲，政事壹決於光。時武帝遺詔，復追録光前與日磾、上官桀等討莽何羅功，封光博陸侯，桀安陽侯，日磾秺侯。光爲人沈静，詳審長財，七尺三寸，白皙，疏眉目，美鬚髯。每出入，下殿門，止進有常處。郎僕射竊識視之，不失尺寸，其資性端正如此。初輔幼主，政自己出，天下想聞其風采。殿中常有怪，一夜群臣相驚，光召尚符璽郎，郎不肯授光，光欲奪之，郎按劍曰：「臣頭可得，璽不可得也！」光甚誼之。明日，詔增此郎秩二等，衆庶莫不多光。光與左將軍桀結婚相親，光長女爲桀子安妻，有女，年與帝相配，桀因帝姊鄂邑蓋主納安女後宫，爲倢伃，數月立爲皇后，父安爲票騎將軍，封桑樂侯。光時休沐出，桀輒入代光決事。桀父子既尊盛，而德長公主。公主内行不修，近幸河間丁外人。桀、安欲爲外人求封幸，依國家故事，以列侯尚公主者，光不許。又爲外人求光禄大夫，欲令得召見，光又不許。長公主以是怨光，而桀、安數爲外人求官爵，弗能得，亦慚。自先帝時桀已爲九卿，位在光右，及父子并爲將軍，皇后親安女，光乃其外祖，而顧專制朝事，由是與光争權。燕王旦自以昭帝兄，常懷怨望。及御史大夫桑弘羊建造酒榷鹽鐵，爲國興利，伐其功，欲爲子弟得官，亦怨恨光。於是蓋主、上官桀、安及弘羊皆與燕王旦通謀，詐令人爲燕王上書，言：「光出都肄郎羽林，道上稱趨，又擅調益幕府校尉。光專權自恣，疑有非常，臣旦願歸符璽，入宿衛，察奸臣變。」候伺光出沐日奏之，桀欲從中下其事，桑弘羊當與諸大臣共執退光。書奏，帝不肯下。明旦，光聞之，止畫室中不入。帝問：「大將軍安在？」桀對曰：「以燕王告其罪，故不敢入。」有詔召入，光免冠頓首謝，帝曰：「將軍冠，朕知是書詐也，將軍亡罪。」光曰：「陛下何以知之？」帝曰：「將軍之廣明都郎屬耳，調校尉以來未能十日，燕王何以得知之？且將軍爲非，不須校尉。」是時帝年十四，尚書左右皆驚。而上書者果亡，捕之甚急。桀等懼，白上小事不足遂，帝不聽。後桀黨與有譖光者，帝輒怒曰：「大將軍忠臣，先帝所屬以輔朕身，敢有毁者坐之！」自是桀等不敢復言。乃謀令長公主置酒請光，伏兵擊殺之。因廢帝，迎立燕王爲天子。事發覺，光盡誅桀、安、弘羊、外人宗族，燕王、蓋主皆自殺。光威震海内。

昭帝既冠，遂委任光。訖十三年，光知時務之要，詔問賢良文學，民間疾苦，罷榷酤官，輕徭薄賦，匈奴和親，百姓充實，復文景之業焉。及昭帝崩，亡嗣，即日承皇太后詔，遣官迎昌邑王賀。賀者，武帝孫昌邑哀王子也。既至，即位，淫戲無度。昌邑官屬皆徵至長安，超拜擢官。夏侯勝、傅嘉等進諫，皆繫獄。光憂懣，獨以問所親故吏大司農田延年。延年語以宜建白太后，更選賢而立之。光曰：「於古嘗有此否？」延年以伊尹放太甲對。光乃引延年給事中，陰與車騎將軍張安世圖計。遂召丞相、御史、將軍、列侯中二千石大夫、博士會議未央宫。光曰：「昌邑王行淫亂，恐危社稷，如何？」群臣皆驚愕，莫敢言，但唯唯而已。延年前，離席按劍，曰：「先帝屬將軍以幼孤，以將軍忠賢，能安劉氏也。今社稷將傾，如令漢家絶祀，將軍雖死，何面目見先帝於地下乎？今日之事，不得旋踵。群臣後應者，臣請劍斬之。」光謝曰：「九卿責光是也。天下匈匈不安，光當受難。」於是議者皆叩頭曰：「惟大將軍令！」光即與群臣俱見白太后，具陳昌邑王不可以承宗廟狀。太后乃幸未央承明殿，詔諸禁門毋納昌邑群臣。安世將羽林騎收縛二百餘人，皆送廷尉詔獄。光敕左右：「謹宿衛，卒有物故自裁，令我負天下，有殺主名。」太后盛服坐武帳中，侍御數百人皆持兵期門，武士陛戟，陳列殿下，群臣以次上殿。召昌邑王伏前聽詔。尚書令讀奏曰：「丞相臣敞等昧死言：孝昭皇帝早棄天下，遣使徵昌邑王典喪服，斬衰，無悲哀之心，廢禮誼。居道上不素食，使從官略女子，載衣車，内所居傳舍。受璽大行前，就次發璽，不封。從官更持節引内昌邑騶宰官奴與居禁闥内敖戲，發樂府樂器，擊鼓歌吹，作俳倡，召内泰壹樂人悉奏衆樂。與孝昭皇帝宫人蒙等淫亂……」太后曰：「止！爲人臣子當悖亂如是耶？」王離席，伏。尚書令復讀曰：「祖宗廟祀未舉，爲璽書使使者持節，以三太牢祠昌邑哀王園廟，稱嗣子皇帝。受璽以來二十七日，使者旁午，持節詔諸官署，徵發凡一千一百二十七事。荒淫迷惑，失帝王禮誼，亂漢制度。臣敞等數進諫，不變更，日以益甚，恐危社稷天下不安。臣敞等謹與博士議，皆曰五辟之屬莫大不孝，宗廟重于君，王不可以承天序，奉祖宗廟，子萬姓，當廢。臣請有司以一太牢具告祠高廟。」皇太后詔曰：「可。」光令王起拜受詔，脱其璽組，奉上太后。扶王下殿，出金馬門，就乘輿副車。光送至邸，謝曰：「王行自絶于天，臣寧負王，不敢負社稷。願王自愛。臣長不復見左右。」涕泣而去。群臣奏請徙王賀房陵，詔歸賀昌邑，賜湯沐邑二千户，國除，爲山陽郡。昌邑群臣坐無輔導之誼，陷王于惡，誅貶有差。光與丞相等會議，奏皇太后，迎立衛太子孫病已號皇曾孫，是爲孝宣皇帝。明年下詔，益封光萬七千户，前後賞賜不貲。自昭帝時，光子禹及兄孫雲、雲弟山、光兩女婿昆弟、諸婿外孫皆已貴顯，黨親連體，根據于朝廷。光自後元時秉持萬幾，及宣帝即位，乃歸政，帝謙讓不受，諸事皆先關白之。每朝見，帝虚己斂容禮下之已甚。及光病篤，車騎自臨問，爲涕泣。光卒，帝及皇太后親臨其喪，遣官治家賻葬，皆如乘輿制度。謚曰宣成。

子禹嗣封，先光未死時，拜右將軍。兄孫山封平樂侯，奉驃騎將軍去病祀，雲封冠陽侯。而光妻太夫人顯恣行奢淫，寡居時與光嬖奴馮子都亂。禹、山并繕治第宅輿馬，多從賓客圍獵，使蒼頭奴上朝謁，莫敢譴者。馮子都數犯法，于是上始病之。初，宣帝立，其微時許妃爲皇后。顯愛小女成君，欲貴之，私使乳醫淳于衍毒殺許后，后暴崩。吏捕劾衍侍疾亡狀，下獄簿責急。顯恐事敗，即具以實語光，光大驚，欲自發舉，不忍，猶與。會奏上，因署衍，勿論。顯因勸光内成君代立爲后。光卒後，語稍泄，帝頗聞之，乃罷禹右將軍，盡徙其親黨在宿衛及屯兵者，以所親信許、史子弟代之。禹、山等自見失勢，密以毒后事探顯，顯恐，急吐實，禹、山等大驚。于是謀令顯爲太后言，先誅丞相魏相及平恩侯許廣漢，而廢天子。會有告之者，事下廷尉，詔止勿捕。禹、山等愈急。顯屢夢不祥，而第中數見怪變，謀愈益急。乃欲使太后爲帝外祖母博平君置酒，召丞相、平恩侯以下，承太后制斬之，因廢帝立禹。事發覺，雲、山皆自殺，禹要斬，顯及諸女昆弟皆棄市。廢霍后，處昭臺宫。其相連坐誅滅者數千家。至成帝時，爲光置守塚百家吏，卒奉祠焉。元始二年，封光從父昆弟曾孫陽爲博陸侯千户。

前漢書贊曰：霍光以結髮内侍起于階闥之間，確然秉志，誼形于主。受襁褓之託，任漢室之寄，當廟堂，擁幼君，摧燕王，仆上官，因權制敵，以成其忠。處廢置之際，臨大節而不可奪，遂匡國家，安社稷。擁昭立宣，光爲師保，雖周公、阿衡何以加此？然光不學無術，闇于大禮，陰妻邪，謀立女爲后，沉溺盈溢之欲，以增顛覆之禍。死財三年，宗族誅夷，哀哉！

論曰：光明達愼厚，爲漢宗臣。其擁昭也，承天下虛耗之後，行政施化，與民休息，十三年如一日。其立宣也，出于至公，行所無事，開漢室中興之治，可不謂社稷臣乎？然因是遂有伊霍之稱，此儗之不以其倫也。其他無論，即「罔以寵利居成功」一語，豈光所能見及哉？史稱光驂乘于宣帝，帝内憚之，若有芒刺在背。又任宣追述光柄國，時中廷尉李种、王平等，皆坐逆意下獄死，樂成小家子得幸至封侯，百官以下但事馮子都、王子方輩，視丞相亡如也。雖所語或有過當，然自擁立二君，專國既久，恐未能不變其二十餘年謹慎小心之初度也。豈誠位不期驕，禄不期侈，抑精神衰則驕生，傳所謂老將至而耄及之也。夫治天下觀于家，治家觀于身，是以聖賢兢兢于房幃衽席之地，情欲無感而燕私不形。光身爲弼亮數世之元臣，朝野中外倚若太山，而牽制于女子小人之手，豈非發乎情莫能止乎義哉？易之家人曰「反身之謂」，端本乃可以善則也。孟子之論伊尹曰「聖人之行，歸潔其身」，無欲乃可言王佐也。漢唐諸臣能講求斯道者或寡矣，于不學之霍光何尤？

金日磾

金日磾，字翁叔，本匈奴休屠王太子也。元狩中，昆邪、休屠王居西方，多爲漢所破，單于詔欲誅之。昆邪、休屠恐，謀降漢。休屠王後悔，昆邪王殺之，并將其衆降，漢封昆邪爲列侯。日磾以父不降見殺，與母閼氏、弟倫俱没入官，輸黄門養馬，時年十四矣。久之武帝游宴，見馬後宮滿側，日磾等數十人牽馬過殿下，莫不竊視，至日磾獨不敢。日磾長八尺二寸，容貌甚嚴，馬又肥好，武帝異而問之，具以本狀對，帝奇焉。即日賜湯沐衣冠，拜爲馬監，遷侍中，駙馬都尉，光禄大夫。日磾既親近，未嘗有過失，帝甚信愛之，賞賜累千金，出則驂乘，日侍左右，貴戚多竊怨，以帝之貴重之也。帝聞，愈厚焉。日磾母教訓兩子甚有法度，帝聞而嘉之，病死，詔圖畫于甘泉宮，署曰休屠王閼氏。日磾每見畫常拜，鄉之涕泣，然後迺去。日磾子二人皆愛，爲帝弄兒，常在旁側。弄兒或自後擁上項，日磾在前見而目之，弄兒走且啼，曰：「翁怒。」帝謂：「日磾何怒吾兒爲？」其後弄兒壯大不謹，自殿下與宮人戲，日磾適見之，惡其淫亂，遂殺弄兒，弄兒即日磾長子也。帝大怒，日磾頓首謝，具言所以殺弄兒狀。帝甚哀，爲之泣，已而心敬日磾。初，莽何羅與江充相善，及充敗衛太子，何羅弟通用誅太子時力戰，得封。後帝知太子冤，迺夷滅充宗族黨與，何羅兄弟懼及，遂謀爲逆。日磾視其志意有非常，心疑之，陰獨察其動静，與俱上下，何羅亦覺日磾意，以故久不得發。是時武帝行幸林光宫，日磾小疾卧廬，何羅與通及小弟安成矯制夜出，共殺使者，發兵。明旦，帝未起，何羅從外入，日磾奏厠，心動，立入，坐内户下。須臾何羅袌白刃從東厢上，見日磾，色變，走趨卧内欲入，行觸寶瑟，僵。日磾得抱何羅，因傳曰：「莽何羅反！」帝驚起，左右拔刃欲格之，帝恐并中日磾，止勿格日磾。捽頸投何羅殿下，得禽縛之，窮治，皆伏辜。繇是著忠孝節。日磾自在左右，目不忤視者數十年，賜出宫女不敢近。帝欲納其女後宫，不肯，其篤慎如此，帝尤異之。及帝病，屬霍光以輔少主，光讓日磾，日磾曰：「臣外國人，且使匈奴輕漢。」於是遂爲光副。光以女妻日磾嗣子賞，賞在宣帝時爲太僕。霍氏有事萌芽，上書去妻，得不坐。初，武帝遺詔以討莽何羅功，封日磾爲秺侯，日磾以帝少不受封。輔政歲餘，病困，大將軍光白封日磾，卧受印綬。一日卒，賜葬具冢地，送以輕車介士，軍陳至茂陵。謚曰敬侯。

論曰：日磾以降臣事漢，卓卓著大節。立賢無方，武帝知人哉！夫小不忍則亂大謀，霍光聞妻顯毒后之事，而猶與不發，卒以滅族，視日磾之殺弄兒、不奉詔内女後宫者，識量相去何等也。日磾之父以不降見殺，其母教訓子有法度，其子爲霍氏壻而早自遠禍，閑門之嚴有自來矣。功名令終，施及後嗣，豈偶然哉？

張安世

張安世，字子孺。其父湯，故酷吏也。安世以父任爲郎，用善書給事尚書，精力於職，休沐未嘗出。武帝行幸河東，嘗亡書三篋，詔問，莫能知，唯安世識之，後購求得書以相校，無所遺失。帝奇其材，擢爲尚書令，遷光禄大夫。昭帝即位，大將軍霍光秉政，以安世篤行，親重之。會左將軍上官桀父子及御史大夫桑弘羊皆與燕王、蓋主謀反，誅，光以朝無舊臣，白用爲右將軍、光禄勳，以自副焉。久之，詔封富平侯。昭帝崩，光白太后，徙安世爲車騎將軍，與共徵立昌邑王。王行淫亂，光復與安世謀廢王，尊立宣帝。帝初即位，褒賞大臣，詔益封安世萬六百户，功次大將軍光。子三人皆中郎將，侍中。光卒後數月，御史大夫魏相上封事曰：「車騎將軍安世事孝武皇帝三十餘年，忠信謹厚，勤勞政事，夙夜不怠，與大將軍定策天下，受其福，國家重臣也。宜尊其位以爲大將軍，令毋領光禄勳事，使專精神，憂念天下，思惟得失。安世子延壽重厚，可以爲光禄勳，領宿衛臣。」宣帝亦欲用之，安世聞旨，懼不敢當，請間求見，免冠頓首辭曰：「老臣耳妄，聞言之爲先，事不言，情不達，誠自量不足以居大位，繼大將軍後。惟天子哀憐，以全老臣之命。」帝不可，固辭，弗能得。竟拜爲大司馬，車騎將軍，領尚書事，數月更爲衛將軍，兩宫衛尉、城門北軍兵屬焉。時霍光子禹謀反，夷宗族，安世素小心畏忌，已内憂矣。其女孫敬爲霍氏外屬婦，當相坐，安世憂懼形於顔色。帝怪而憐之，以問左右，乃赦敬以慰其意，安世寖恐。職典樞機以謹慎周密自著，外内無間。每定大政已决，輒移病出，聞有詔令乃驚，使吏之丞相府問焉，自朝廷大臣莫知其與議也。嘗有所薦，其人來謝，安世大恨，以爲舉賢進能豈有私謝邪？絶弗復爲通。有郎功高不調，自言，安世應曰：「君之功高，明主所知，人臣執事，何長短而自言乎？」絶不許，已而郎果遷。莫府長史遷，辭去之官，安世問以過失，長史曰：「將軍爲明主股肱，而士無所進，論者以爲譏。」安世曰：「明主在上，賢不肖較然，臣下自修而已，何知士而薦之？」其欲匿名跡、遠權勢如此。爲光禄勳，郎有醉，小便殿上，主事白行法，安世曰：「何以知其不反水漿邪？如何以小過成罪？」郎淫官婢，婢兄自言，安世曰：「奴以恚怒，誣汙衣冠。」自署適奴。其隐人過失皆此類也。安世自見父子尊顯，懷不自安，爲子延壽求出補吏，帝以爲北地太守。歲餘，閔安世年老，復徵延壽爲左曹太僕。初，安世兄賀幸于衛太子，太子敗，賓客皆誅，安世爲賀上書，得下蠶室，復爲掖庭令。而宣帝以皇曾孫收養掖庭，賀内傷太子無辜，而曾孫孤幼，所以視養拊循，恩甚密焉。及曾孫壯大，賀教書，令受詩，爲取許妃，以家財聘之。曾孫素有徵怪，賀聞知，爲安世道之，安世輒絶止，以爲少主在上，不宜稱述曾孫。及宣帝即位，而賀已死，帝追思賀賢，欲封其冢爲恩德侯，置守冢二百家。賀一子蚤死，子安世小男彭祖，彭祖又小時與上同席研書，指欲封之，安世深辭賀封。又求損守冢户數，稍減至三十户。帝曰：「吾自爲掖庭令，非爲將軍也。」安世乃止，不敢復言。遂下詔爲故掖庭令張賀置守冢三十家，明年復下詔封賀弟子彭祖爲陽都侯。安世以父子封侯，在位太盛，乃辭禄。詔都内别藏張氏無名錢以百萬數。安世尊爲公侯，食邑萬户。然身衣弋綈，夫人自紡績，家僮七百人皆有手技作事，内治産業，累積纖微，是以能殖其貨，富于大將軍光。天子甚尊憚大將軍，然内親安世，心密于光焉。元康四年春，安世病，上疏歸侯，乞骸骨，天子報曰：「將軍年老被病，朕甚憫之。雖不能視事，折衝萬里，君先帝大臣，明于治亂，朕所不及得數問焉，何感而上書，歸衛將軍、富平侯印？薄朕忘故，非所望也。願將軍强餐食，近醫藥，專精神，以輔天年。」安世復强起視事，至秋卒，天子贈印綬，送以輕車介士，謚曰敬侯，子孫世嗣侯不絶。

論曰：傳稱安世父湯兒時爲磔鼠文，辭如老獄吏，其明有絶過人者，顧舞智弄文，遂以惡終。安世獨改父之德，一之乎正，非素常學問識義理能如是哉？初，安世長子千秋與霍光子禹俱將兵，隨度遼將軍范明友擊烏桓。還，謁光，光問千秋戰鬭方略，山川形勢。千秋口對兵事，畫地成圖，無所亡失。復問禹，禹不能記。又以見是父是子，而安世之平日訓敕爲有素也。觀其制節謹度，化及妻孥，或以爲鑒於霍氏，不知彼皆心儀古大臣之風烈，而訓行之。君陳曰：「爾有嘉謨嘉猷，則入告爾后於内，爾乃順之于外，曰：『斯謨斯猷，惟我后之德。』」儒行曰：「程功積事，推賢而進，達之不望其報。」中庸曰：「隱惡而揚善。」安世蓋兼有之。方霍光驂乘，天子背若芒刺，安世代之，乃從容肆體，甚安近焉。彼其積學深醇，容貌詞氣之間，固已穆然遠矣。邁前迹，貽後昆，以世有禄位，蓋詩書之流澤長也。

趙充國

趙充國，字翁孫，隴西上邽人也。後徙金城令居，以善騎射，補羽林。爲人沈勇有大略，少好將帥之節，而學兵法，通知四夷事。武帝時，以假司馬從貳師將軍擊匈奴，大爲匈奴所圍，充國乃與壯士百餘人潰圍陷陳，貳師引兵隨之，遂得解，身被二十餘創。事聞，徵詣行在，武帝親視其創，嗟歎之。拜爲中郎，遷車騎將軍長史。昭帝時，武都氐人反，充國將兵擊定之，遷中郎將，旋以擊匈奴功擢爲後將軍。與霍光册立宣帝，封營平侯。本始中爲蒲類將軍，征匈奴，斬數百級，還爲後將軍、少府。時光禄大夫義渠安國使行諸羌，先零豪言，願時渡湟水，北逐民所不田處畜牧。安國以聞，充國劾安國奉使不敬。其後羌人旁緣前言，抵冒渡湟水，郡縣不能禁。元康三年，先零遂與羌種豪解仇，交質盟詛。帝聞之，以問充國，對曰：「羌人所以易制者，以其種自有豪，數相攻擊，勢不一也。臣觀匈奴欲與羌合，蓋非一世矣。間者匈奴困于西方，聞烏桓來保塞，恐兵復從東方起，數使使尉黎、危須諸國，設以子女貂裘，欲沮解之，其計不合。疑匈奴更遣使至羌中，道從沙陰地，出鹽澤，過長阬，入窮水塞南，抵屬國與先零相直。臣恐羌變未止此，且復結聯他種，宜及未然爲之備。」後月餘，羌侯狼何果遣使至匈奴籍兵，欲擊鄯善、燉煌，以絶漢道。充國以爲狼何小月氏種，在陽關西南，勢不能獨造此計，疑匈奴使已至羌中，先零、罕、开乃解仇作約，到秋馬肥，變必起矣。宜遣使者行邊，兵預爲備。敕視諸羌，毋令解仇，以發覺其謀。於是兩府復白遣義渠、安國行視諸羌，分别善惡。安國至，召先零諸豪三十餘人，以尤桀黠，皆斬之，縱兵擊其種人，斬首千餘級。於是諸降羌及歸義羌侯楊玉等遂劫略小種，背畔犯塞，攻城邑，殺長吏。安國將騎三千屯備羌，至浩亹，爲所擊，失亡車仗甚衆，引還至令居以聞。是歲神爵元年春也。時充國年七十餘，上老之，使御史大夫丙吉問誰可將者，充國曰：「亡踰於老臣者矣。」上遣問焉，曰：「將軍度羌何如？當用幾人？」充國曰：「百聞不如一見，兵難預度。臣願馳至金城，圖上方略。願陛下以屬老臣，勿以爲憂。」上笑曰：「諾。」充國至金城，須兵滿萬騎，欲渡河，恐爲羌所遮。即夜遣三校銜枚先渡，渡輒營陣，會明畢，遂以次盡渡。羌數十百騎來，出入軍傍，充國曰：「吾士馬新倦，不可馳逐。此皆驍騎難制，又恐其爲誘兵也。擊羌以殄滅爲期，小利不足貪。」令軍勿擊。遣騎候四望陿中，亡賊，夜引兵上至落都，召諸校司馬謂曰：「吾知羌不能爲兵矣。使羌發數千人守杜四望陿中，兵豈得入哉？」充國常以遠斥堠爲務，行必爲戰備，止必堅營壁，尤能持重愛士卒，先計而後戰。遂西至西部都尉府，日饗軍士，士皆欲爲用。羌數挑戰，充國堅守，捕得生口，言羌豪數相責曰：「語汝亡反。今天子遣趙將軍來，年八九十矣，善爲兵。今請欲一鬭而死，可得耶？」充國子右曹中郎將卬將兵至令居，羌并出，絶轉道。卬以聞，有詔將八校尉與驍騎都尉、金城太守合，疏捕山間，寇通轉道津渡。初，罕开豪靡當兒使弟雕庫來告都尉曰：「先零欲反。」後數日果反，雕庫種人頗在先零中，都尉即留雕庫爲質。充國以爲亡罪，乃遣歸，告種豪：「大兵誅有罪者，明白自别，毋取并滅。天子告諸羌人，犯法者能相捕斬除罪，視所斬之大小老少男女，賜錢有差，又以其所捕妻子財物盡與之。」充國計欲以威信招降罕、开及劫略者，解散羌謀，徼極乃擊之。時上已發三輔太常徒弛刑，及緣邊諸郡材官、騎士、羌騎，與武威、張掖、酒泉太守各屯其郡者，合六萬人矣。酒泉太守辛武賢奏言，郡兵皆屯備南山，北邊空虛，勢不可久。或曰：「至秋冬乃進兵，此賊在境外之策。今羌朝夕爲寇，土地寒苦，漢馬不耐冬。屯兵在武威、張掖、酒泉萬騎以上，皆多羸瘦，可益馬食，以七月上旬齎三十日糧，分兵并出，張掖、酒泉合擊罕、开在鮮水上者。羌以畜産爲命令，皆離散，兵即分出。雖不能盡誅，但奪其畜産，擄其妻子，復引兵還。冬復擊之，大兵仍出，羌必震壞。」天子下其書，充國令與校尉以下吏士知羌事者博議。充國及長史董通年以爲：「武賢欲輕引萬騎，分爲兩道出張掖，回遠千里，以一馬自隨，負三十日食，爲米二斛四斗，麥八斛。又有衣裝兵器，難以追逐，勤勞而至，羌必商軍進退，稍引去，逐水草，入山林。隨而深入，羌即據前險，守後阸，以絶糧道，必有傷危之憂。而武賢以爲可奪其畜産，擄其妻子，此殆空言，非至計也。又武威縣張掖、日勒皆當北塞，有通谷水草，臣恐匈奴與羌有謀，且欲大入。幸能要杜張掖、酒泉以絶西域，其郡兵尤不可發。先零首爲畔逆，它種劫略。故臣愚策，欲捐罕、开闇昧之過，隱而勿彰。先行先零之誅，以震動之，宜悔過反善，因赦其罪。選擇良吏知其俗者，拊循和輯，此全師保勝安邊之策。」天子下其書公卿，議者咸以爲先零兵盛而負罕、开之助，不先破罕、开，則先零未可圖也。帝乃拜樂成侯許延壽爲强弩将軍，即拜酒泉太守辛武賢爲破羌将軍，以書敕讓充國曰：「将軍計欲至正月乃擊罕羌，羌人當穫麥，已遠其妻子，精兵萬人，欲爲酒泉、燉煌寇，邊兵少，民守保不得田作。今張掖以東粟騰貴，轉輸并起，百姓煩擾。将軍不早及秋共水草之利，争其畜食，欲至冬，羌皆當蓄聚，多藏匿山中，依險阻，将軍士寒，手足皸瘃，寧有利哉？已敕别将各将兵士齎糧，尅日擊罕羌，入鮮水北句廉上，去将軍可千二百里。将軍其引兵便道西北進，使羌聞之，分散其心意，離其黨與，雖不能殄滅，當有瓦解者。將軍急裝，勿復有疑。」充國既得讓，以爲將任兵在外，便宜有守，以安國家，乃上書謝罪，因陳兵利害曰：「臣聞兵法：『攻不足者守有餘。』又曰：『善戰者致人，不致於人。』令卑羌欲爲燉煌、酒泉寇，宜飭兵馬，練戰士，以須其至，坐得致敵之術，以逸擊勞，取勝之道也。今恐二郡兵少，不足以守，而發之行攻，釋致人之術，而從爲人所致之道，臣愚以爲不便。先零羌欲爲背畔，故與罕、幵解仇結約，然其私心猶恐漢兵至，而罕幵背之也。將必謀先，赴罕幵之急，以堅其約。先擊罕幵，先零必助之。今羌馬肥，糧食方饒，擊之恐不能傷害，適使先零得施德於罕羌。如是約愈堅，黨愈合，羌兵寖多，誅之用力數倍，臣恐國家憂累不二三歲已也。惟陛下裁察。」奏入，璽書報，從充國計焉。充國引兵至先零在所，羌久屯聚解弛，望見大軍，棄車重，欲渡湟水，道阸狹，充國徐行驅之。或病其遲，充國曰：「此窮寇，不可迫也，緩之則走。不顧急之，則還致死。」諸校皆曰：「善。」羌赴水溺死者數百，降及斬首五百餘人，擄獲無算。兵至罕地，令軍毋燔聚落，芻牧田中。罕羌聞之，喜曰：「漢果不擊我矣。」豪靡忘使人來言，願得還復故地。充國以聞，未報。靡忘來自歸，充國賜飲食，遣還，諭種人。護軍以下皆爭之曰：「此反賊，不可擅遣。」充國曰：「諸君但欲便文自營，非爲公家忠計也。」語未卒，璽書報，令靡忘以贖論。後罕竟不煩兵而下。其秋，充國病，帝慮其年老加病，一朝不諱，詔破羌將軍武賢詣屯所爲副。且賜充國書，宜急因吏士鋭氣以十二月擊先零羌，時羌降者萬餘人矣。充國度其必壞，欲罷騎兵，屯田以待其敝，作奏，未上。會得進兵璽書，中郎將卬懼將有譴責，使客諫止，充國不聽。遂上屯田奏，曰：「臣聞兵者，所以明德除害也，故舉得於外則福生，於内不可不慎。臣所將吏士，馬牛食，月用糧穀鹽茭稿，所費不貲，難久不解，徭役不息。又恐他夷卒有不虞之變，相因并起，爲明主憂。且羌易以計破，難以兵碎也，故臣愚以爲擊之不便。計度臨羌東至浩亹，羌故田及公田民所未墾可二千頃以上，其間郵亭多壞敗者。臣前部士入山，伐材木大小六萬餘枚，皆在水次。願罷騎兵，留弛刑應募及淮陽、汝南步兵與吏士私從者合凡萬二百餘人，用穀月二萬餘斛，鹽三百餘斛，分屯要害處，冰解漕下，繕鄉亭，浚溝渠，治湟、陿以西道橋七十餘所，令可至鮮水左右。田事出，賦人二十畮，至四月草生，發郡騎及屬國，胡騎伉健各千，倅馬什二，就草爲田者，游兵以充入金城郡，益積蓄，省大費。今大司農所轉穀至者，足支萬人一歲食。謹上田處及器用簿，惟陛下裁許。」帝報曰：「如將軍言，欲罷騎兵萬人留田，羌當何時伏誅？兵當何時得決？孰計其便，復奏。」充國上狀曰：「臣聞用兵，先爲不可勝，以待敵之可勝。蠻夷習俗雖殊，其欲避害就利，愛親戚、畏死亡一也。今羌亡其美地薦草，愁於寄托遠遯，骨肉離心，人有畔志。而明主般師罷兵，萬人留田，順天時，因地利，以待可勝。羌雖未即伏辜，兵決可期月而望。臣謹條不出兵留田便宜十二事：步兵九校，吏士萬人，留屯以爲武備，因田致穀，威德并行，一也。又因排折羌人，令不得歸肥饒之地，貧破其衆，以成羌人相畔之漸，二也。居民得并田作，不失衆業，三也。軍馬一月之食，度支田士一歲，罷騎兵以省大費，四也。至春省甲士卒，循河湟漕穀，至臨羌以眎羌人，揚威武，傳世折衝之具，五也。以閒暇時下所伐材，繕治郵亭，充入金城，六也。兵出乘危，徼幸不出，令反畔之，羌竄於風寒之地，離霜露、疾疫、瘃墮之患，坐得必勝之道，七也。亡經阻遠追死傷之害，八也。内不損威武之重，外不令羌得乘間之勢，九也。又亡驚動河南大开、小开，使生他變，十也。治湟、陿中道橋，令可至鮮水，以制西域，信威千里，從枕席上過師，十一也。大費既省，繇役豫息，十二也。留屯田得十二便，出兵失十二利。惟明詔博詳公卿議臣採擇。」帝復賜報曰：「將軍言兵決可期月而望者，謂今冬耶？謂何時也？將軍獨不計羌聞兵頗罷，且丁壯相聚攻擾田者及道上屯兵，復殺略人，將何以止之？又大开、小开前言曰：『我告漢軍先零所在，兵不往擊，久留。得毋效前五年時，不分別人而并擊我？』其意常恐出此。將軍孰計，復奏。」充國奏曰：「臣伏覩先零羌所餘精兵亡幾，失地遠客，分散飢凍。罕、开、莫須又常暴略其羸弱畜産，畔逆者不絶，皆聞天子明令相捕斬之賞。臣愚以爲羌破壞可日月冀，遠在來春，故曰兵決可期月而望。又見北邊自燉煌至遼東萬餘里，乘塞列隧，有吏卒數千人，羌數大衆攻之而不能害。今留步士萬人屯田，地勢平易，多高山遠望之便，部曲相保，爲壍壘木樵，校聯不絶，便兵弩，飭鬭具，烽火幸通，勢及并力，以逸待勞兵之利也。從今盡三月，羌馬羸瘦，必不敢捐其妻子於他種，遠涉河山而來爲寇。又見屯田之士精兵萬人，終不敢復將其累重還歸故地，不久必將瓦解其處。至於羌小寇盜，時殺人民，其原未可卒禁，雖今出兵，豈能即絶？又校尉臨衆，幸得承威德，奉厚幣，拊循衆羌，諭以明詔，宜皆鄉風。雖其前辭嘗曰：『得毋效五年。』宜亡他心，不足以故出兵也。惟陛下省察。」充國奏每上，輒下公卿議。初是充國計者什三四，中什五，最後什八。有詔詰前言不便者，皆頓首服。丞相魏相任其計可必用，帝於是報充國曰：「將軍計善，其上留屯田及當罷者人馬數。」上以破羌、强弩兩將軍數言當擊，又用充國屯田處離散，恐羌犯之，於是兩從其計，詔兩將軍與中郎將卬出擊，所降斬者七八千，而充國所降復得五千餘人。詔罷兵，獨充國留屯田。明年五月，充國奏言：「羌軍本可五萬人，今率餘四千人，羌靡忘等自詭必得，請罷屯兵。」奏可。充國振旅而還，所善浩星賜迎説充國曰：「將軍即見，宜歸功於二將軍，出擊非愚臣所及。」充國曰：「吾年老矣，爵位已極，豈嫌伐一時事以欺明主哉？兵勢國之大事，當爲後法。老臣不以餘命壹爲陛下明言兵之利害，卒死誰當復言之者？」卒以其意對，帝然其計，罷遣辛武賢歸酒泉太守官，充國復爲後將軍衛尉。及秋羌果兵，斬先零大豪楊玉等首，及諸豪皆帥煎鞏、黄羝之屬四千餘人降漢，封其豪王侯君有差。初，置金城屬國以處降羌，詔舉可護羌校尉者。時充國病，四府舉辛武賢小弟湯。充國遽起，奏湯使酒，不可典蠻夷，不如湯兄臨衆。時湯已拜受節，有詔更用臨衆。後臨衆病免，四府復舉湯，湯數醉酗羌人，羌人反畔，卒如充國言。初，破羌將軍武賢以充國還言兵事，罷歸故官，深恨，乃上書告中郎印過失，下吏自殺。充國乞骸骨，賜安車、駟馬、黄金，罷就第。朝廷每有四夷大議，常與參兵謀，問籌策焉。年八十六卒，謚曰壯。充國先以功德與霍光等列，畫未央宫。成帝時西羌常有警，上思將帥之臣，追念充國，乃召黄門郎揚雄即充國圖畫而頌之。

論曰：周官車甲卒徒之制，即寓於井邑丘甸之中，易稱君子容民畜衆。三代盛時，平居無縻餉之兵，有事亦無不可戰之民。管、商雖變古法，猶師其意而行之，致國富强。秦漢以來，屯田倡自充國，諸葛武侯實用以拒魏。唐初府兵之制與租庸調并行，其法最善。天寶以後，驕兵悍卒，遂殺主帥，蔓延至五季不解，亦緣不講於屯田之策。既無以馴柔其血氣，復無以係戀其身家。夫是故可强不可弱，可動不可静，可聚不可散也。充國料敵制勝，如善弈者之先局無遺算，終局可覆舉，横斜曲直，後先左右，雖回易再四，而一著不差。詩曰：「方叔元老，克壯其猶。」充國可謂老謀壯事矣。昔大禹惟順水之性以治水，故能建非常之原，而萬世永賴。營平惟因羌之情以致羌，故能操不戰之勝而四夷來王。而是時公卿不怙其前非，朝廷不回於衆議，師中錫命，閫外伸威，尤中興氣象哉！

王吉

王吉，字子陽，琅邪皋虞人也。少好學明經，舉孝廉爲郎，補若盧右丞，遷雲陽令。舉賢，爲昌邑中尉，而王好游獵，驅馳國中，動作亡節。吉上疏諫曰：「今者大王幸方與，曾不半日而馳二百里，百姓頗廢耕桑，治道牽馬，臣愚以爲民不可數變也。大王不好書術而樂逸游，數以耎脆之玉體，犯勤勞之煩毒，非所以全壽命之宗，又非所以進仁義之隆也。夫廣厦之下，細旃之上，明師居前，勸誦在後。上論唐虞之際，下及殷周之盛，考仁聖之風，習治國之道。訢訢焉發憤忘食，日新厥德，其樂豈徒銜橛之間哉？休則俛仰屈伸以利形，專意積精以適神。大王誠留意于此，則心有堯舜之志，體有喬松之壽，福禄臻而社稷安矣。皇帝仁壽，至今思慕未怠，于宫館囿池弋獵之樂未有所幸。諸侯骨肉莫親大王，大王于屬則子也，於位則臣也，一身而二任之責加焉。恩愛、行義，孅介有不具者，于以上聞，非饗國之福也。」王賀雖不遵道，然猶知敬禮吉，使謁者賜賚有加，其後復放縱自若，吉輒諫争，甚得輔弼之義。雖不治民，國中莫不敬重焉。昭帝崩，亡嗣，大將軍霍光迎立昌邑王，吉即奏書戒王曰：「臣聞高宗諒陰，三年不言。今大王以喪徵，宜日夜哭泣悲哀而已，慎毋有所發。大將軍仁愛勇知忠信之德，天下莫不聞。願大王事之敬之，政事一聽之，大王垂拱南面而已。」及王以行淫亂廢，昌邑群臣皆坐誅，惟吉與郎中令龔遂以忠直數諫，正得減死，髡爲城旦。起家，復爲益州刺史，病去官，復徵爲博士諫大夫。是時宣帝頗修武帝故事，宫室車服盛于昭帝時，外戚許、史、王氏貴寵，而帝躬親政事，任用能吏。吉上疏言得失，曰：「陛下躬聖質，總萬方，帝王圖籍日陳于前，維思世務，將興太平。詔書每下，民欣然若更生。臣伏而思之，可謂至恩，未可謂本務也。欲治之主不世出，公卿幸得遭逢其時，言聽諫從，然未有建萬世之長策，舉明主于三代之隆者也。其務在于期會簿書、斷獄聽訟而已，此非太平之基也。臣聞聖主宣德流化，必自近始，朝廷不備，難以言治，左右不正，難以化遠。民者弱而不可勝，愚而不可欺也。聖主獨行于深宫，得則天下稱頌之，失則天下咸言之。行發于近，必見于遠，故謹選左右，審擇所使。左右所以正身也，所使所以宣德也。詩云：『濟濟多士，文王以寧。』此其本也。春秋所以大一統者，六合同風，九州共貫也。今俗吏所以牧民者，非有禮義科指可世世通行者也，獨設刑法以守之。其欲治者不知所由，以意穿鑿，各取一切權譎自在，故一變之後不可復修也。是以百里不同風，千里不同俗，户異政，人殊服，詐僞萌生，刑罰亡極，質樸日銷，恩愛寖薄。孔子曰『安上治民，莫善于禮』，非空言也。王者未制禮之時，引先王之禮宜于今者而用之。願陛下承天心，發大業，與公卿大臣延及儒生，述舊禮，明王制，敺一世之民，躋之仁壽之域，則俗何以不若成、康，壽何以不若高宗？竊見趨務不合于道者謹條奏，惟陛下裁擇焉。」吉意以爲：「夫婦，人倫大綱，夭壽之萌也。世俗嫁娶太早，未知爲人父母之道。是以教化不明，而民多夭。聘妻送女亡節，則貧人不及，故不舉子。又漢家列侯尚公主諸侯，則國人承翁主，使男事女，夫詘于婦，逆陰陽之位，故多女亂。古者衣服車馬貴賤有章，以褒有德，而別尊卑，今上下僭差，人人自制，是以貪財趨利，不畏死亡。周之所以能致治刑措者，以其禁邪于冥冥，絶惡于未萌也。」又言：「舜湯不用三公九卿之世，而舉皋陶、伊尹，不仁者遠。今使俗吏得任子弟，率多驕驁，不通古今，至于積功治人，亡益于民。此伐檀所爲作也。宜明選以求賢，除任子之令。外家及故人可厚以財，不宜居位。去角抵，減樂府，省尚方，明示天下以儉。古者工不造琱瑑，商不通侈靡，非工商之獨賢，政教使之然也。民見儉則歸本，本立而末成。」其指如此。帝以其言迂闊，不甚寵異也。吉遂謝病歸琅邪。始吉少時，學問居長安，東家有大棗樹，垂吉庭中，吉婦取棗以啖吉。吉後知之，乃去婦。東家聞而欲伐其樹，鄰里共止之，因固請吉令還婦，里中爲之語曰：「東家有樹，王陽婦去。東家棗完，去婦復還。」其厲志如此。吉與貢禹爲友，世稱「王陽在位，貢公彈冠」，言其取舍同也。元帝初即位，遣使者徵吉，吉年老，道病卒。帝悼之，後遣使者弔祠云。初，吉兼通五經，能爲騶氏春秋，以詩、論語教授，好梁丘賀説易，令子駿受焉。駿以孝廉爲郎，由京兆尹位至丞相，有能名。所謂前有趙、張，後有三王者也。

論曰：君子居其位則思諫諍，將以獻可替否，納君於道也。然必自道，而後能以道正君。宣、元、成、哀之間，諸博古之士類援據聖籍，指斥時政，危言深論，不遺餘力。然皆非篤志力行于聖賢之道者，其爲言多倚于術數之小，抑亦流黨援之私。吉謹身厲行，不欺其志，故前後諫疏，皆以忠誠，發爲讜言。其通達國體，曉暢時事，似賈誼；其首重德教，學術深醇，似董仲舒。

西京名臣，鮮有倫比，其在賈、董之間乎？及言不用，即翻然引去，尤得以道事君，不可則止之遺規焉。時人以王、貢并稱，貢雖厚德可風，然年老，浮沉取容，至使華陰守丞上章，欲以朱雲代其位，猶恬不之怪，尚得爲守道之士乎哉？

史傳三編卷十二

名臣傳四

漢

魏相

魏相，字弱翁，濟陰定陶人也，徙平陵。少學易。以對策高第，爲茂陵令。頃之，御史大夫桑弘羊客詐稱御史止傳，丞不以時謁，客怒縛丞，相疑客有姦，捕案其罪，茂陵大治。後遷河南太守，會故丞相車千秋子爲雒陽武庫令，以相治郡嚴，懼久獲罪，自免去。相使掾追還，終不肯，相獨恨曰：「大將軍聞此令去官，必以爲我用丞相死，不能遇其子，使當世貴人非我，殆矣！」後有人告相賊殺不辜，事下有司，河南卒戍中都官者二三千人，遮大將軍光，自言願復留作一年以贖太守罪。河南老弱萬餘人守關，欲入上書，關吏以聞，光卒用武庫令事繫相獄。會赦出，復守茂陵令，遷揚州刺史，考案郡國守，相多所貶退。光禄大夫丙吉素善相，與相書曰：「朝廷已深知弱翁治行，方且大用矣。願少慎事自重，藏器于身。」相心善其言，爲霽威嚴。二歲徵爲諫大夫，復爲河南太守。宣帝即位，徵爲大司農，遷御史大夫。相上封事，以爲：「聖王褒有德以懷萬方，顯有功以勸百僚。今新失大將軍，宜顯明功臣，以鎮藩國。車騎將軍安世忠信謹厚，國家重臣也，宜尊其位。」上亦欲用之，乃拜大司馬、車騎將軍，領尚書事。時霍光子禹復爲大將軍，兄子山領尚書事，諸壻并宿衛，其夫人顯及諸女皆通籍長信宮，或夜詔門出入。相因平恩侯許伯奏封事，言：「春秋譏世卿。今霍氏驕奢放縱，寖不制，宜有以損奪其權，破散陰謀，以固萬世之基，全功臣之世。」又故事，諸上書者皆爲二，封署其一曰副。領尚書者先發副封，所言不善，屏去不奏。相復因許伯白去副封，以防雍蔽。帝從其議，霍氏殺許后之謀，始得上聞。封相高平侯，代韋賢爲丞相。其後霍氏謀矯太后詔，先召斬相，然後廢天子。事覺，伏誅，宣帝始親萬幾，厲精爲治，綜核名實，而相總領衆職，甚稱上意。元康中，匈奴遣兵擊漢屯田，車師者不能下，帝與後將軍趙充國等議，欲因匈奴衰弱擊之，使不敢擾西域。相上書諫曰：「臣聞之：救亂誅暴謂之義兵，兵義者王；敵加于己，不得已而起者謂之應兵，兵應者勝；爭恨小故，不忍憤怒者謂之忿兵，兵忿者敗；利人土地寶貨者謂之貪兵，兵貪者破；恃國家之大，矜民人之衆，欲見威于敵者，謂之驕兵，兵驕者滅。此五者非但人事，乃天道也。間者匈奴嘗有善意，所得漢民輒歸之，未有犯于邊境。雖爭屯田車師，不足致意中。今聞諸將軍欲興兵入其地，臣愚不知此兵何名者也。今邊郡困乏，不能自存，難以動兵。軍旅之後，必有凶年，言民以愁苦之氣，傷陰陽之和也。出兵雖勝，猶有後憂。今郡國守相多不實選，風俗猶薄，水旱不時。案今年計子弟殺父兄、妻殺夫者凡二百二十二人，臣愚以爲此非小變也。奈何不憂此，而欲發兵報纖介之忿于遠方？願陛下與平昌侯、樂昌侯、平恩侯及有識者詳議乃可。」帝從相言而止。

相明易經，有師法，好觀漢故事，及便宜章奏，以爲古今異制，方今務在奉行故事而已。數條漢興以來國家便宜行事，及賢臣賈誼、鼂錯、董仲舒等所言，奏請施行之，曰：「臣聞明主在上，賢輔在下，則君安娱而民和睦。臣相幸得備位，不能奉明法，廣教化，理四方，以宣聖德。民多背本趨末，或有饑寒之色，爲陛下之憂，臣相罪當萬死。臣相智能淺薄，不明國家大體，時用之宜，惟民終始，未得所繇。竊伏觀先帝聖德仁恩之厚，勤勞天下，垂意黎庶，憂水旱之災，爲民貧窮，發倉廪，賑乏餒。遣諫大夫博士巡行天下，察風俗，舉賢良，平寃獄，省諸用，寬租賦，弛山澤波池禁，秣馬酤酒貯積。所以周急繼困，慰安元元，便利百姓之道甚備。臣相不能悉陳，昧死奏故事詔書凡二十三事，惟陛下留神。」元元師繇先帝盛德，以撫海内，上施行其策。又數表采易陰陽及明堂、月令奏之，其略曰：「明王謹於尊天，慎于養人，故立羲和之官，以乘四時，節授民事。君動静以道，奉順陰陽，則日月光明，風雨時節，寒暑調和。三者得叙則災害不生，五穀熟，絲麻遂，草木茂，鳥獸蕃，民不夭疾，衣食有餘。若是則君尊民說，上下亡怨，政教不違，禮讓可興。是陰陽者，王事之本，群生之命，自古聖賢未有不繇者也。天子之義必純，取法天地，而觀于先聖、高皇帝、孝文皇帝施恩惠于天下者。伏念陛下恩澤甚厚，然而災氣未息，竊恐詔令有未合當時者。願陛下選明經通知陰陽者四人，春夏秋冬各主一時，時至明言所職，以和陰陽。天下幸甚！」相數陳便宜，帝納用焉。相敕掾史案事郡國，及休告，從家還至府，輒白四方異聞。或有逆賊，風雨災變，郡不上相，輒奏言之。時丙吉爲御史大夫，同心輔政，帝皆重之。相爲人嚴毅，不如吉寬視事。九歲卒，謚曰憲侯。

論曰：王者舉事必求其端于天，而敬天者必尊祖。大雅曰：「文王陟降，在帝左右。」又曰：「上天之載，無聲無臭。儀刑文王，萬邦作孚。」于祖宗爲繼述志事，于天地即爲參贊化育，非有二理也。堯典言「欽若昊天」，即繼之曰「敬授人時」。太誓曰：「天佑下民，作之君，作之師，惟其克相上帝。」又以知自古帝王未有不勤民而能敬天者也。魏相爲中興賢相，謨謀經畫，自任不小，裨益弘多，爲帝陳陰陽四時之道，而終歸于法祖。又慮民以愁苦之氣，傷天地之和，凡郡國逆賊、風雨、灾變不時奏聞。蓋所以作其朝乾夕惕于深宮，庶幾政無闕事，民心悦而天意從其言，最與詩書所載相表裏，豈獨善道易理哉？夫人君一日二日萬幾，其大要不外敬天、尊祖、勤民三者。而相惓惓上言，此固公孤所爲輔導人主，以求乎寅亮天地、燮理陰陽之實效。居是位，必思無忝是職，可謂大臣矣。

丙吉

丙吉，字少卿，魯國人也。治律令，爲魯獄史，積勞遷廷尉右監，坐法失官。巫蠱事起，吉以故廷尉監徵，詔治巫蠱郡邸獄。時宣帝生數月，以皇曾孫坐衛太子事繫。吉心知太子無事，實重哀曾孫無辜，擇謹厚女徒令保養之，置閒燥處。巫蠱事連歲不決，望氣者言長安獄中有天子氣。武帝遣使者郭穰往郡邸獄，亡輕重一切皆殺之。穰夜至，吉閉門不納，曰：「皇曾孫在，他人亡辜死者猶不可，況親曾孫乎？」相守至天明，不得入。穰還奏聞，武帝亦寤，曰：「天使之也。」因赦天下。郡邸獄繫者，獨賴吉得生，恩及四海矣。曾孫病幾不全者數焉，吉數敕保養乳母，加致醫藥，視遇甚有恩惠，以私財物，給其衣食。後吉遷大將軍長史，霍光甚重之。光以昭帝亡嗣，迎立昌邑王，王行淫亂，更廢之。與諸大臣議所立，未定。吉奏記光曰：「方今社稷宗廟群生之命，在將軍之壹舉。竊伏聽於衆庶，察其所言，諸侯宗室在位列者，未有所聞於民間也。而遺詔所養，武帝曾孫名病已在掖庭外家者，吉前使居郡邸時，見其幼少，至今十八九矣，通經術，有美材，行安而節和。願將軍詳大議，參以蓍龜，先使入侍，令天下昭然知之，然後決定大策，天下幸甚。」光遂與吉迎立曾孫於掖庭，是爲宣帝。賜吉爵關内侯。

吉爲人深厚不伐善，自曾孫遭遇，吉絶口不道前恩，故朝廷莫能明其功也。地節三年，立皇太子，吉爲太子太傅，數月遷御史大夫。及霍氏誅，帝躬親政，省尚書事。是時掖庭宫婢，則令民夫上書自陳，嘗有阿保之功章。下掖庭令考問，則詞引使者丙吉知狀。吉時爲御史大夫，掖庭令將則詣御史府以視吉，吉識，謂則曰：「汝嘗坐養皇曾孫，不謹督笞，汝安得有功？獨渭城胡組、淮陽郭徵卿有恩耳。」分別奏組等供養勞苦狀。帝親見問，然後知吉有舊恩，而終不言，大賢之，封吉博陽侯，邑千三百户。臨當封，吉疾病，帝憂吉不起，將使人加紼而封之，及其生存也，太子太傅夏侯勝曰：「臣聞有陰德者，必饗其樂，以及子孫。今吉未獲報而疾甚，非其死疾也。」後果愈。吉上書自陳，不宜以空名受賞，帝不許。後五歲，代魏相爲丞相。吉本起獄法小吏，後學詩禮，皆通大義。及居相位，尚寬大，好禮讓。或謂吉曰：「君侯爲漢相，姦吏成其私，然無所懲艾。」吉曰：「夫以三公之府，有案吏之名，吾竊陋焉。」後人代吉，因以爲故事，公府不案吏自吉始。掾史有罪臧，不稱職，輒予長休告終，無所案驗。于官屬務掩過揚善。吉馭吏耆酒，嘗從吉出，醉歐丞相車上西曹，主吏白欲斥之，吉曰：「以醉飽之失去士，使此人將復何所容西曹？第忍之，此不過汙丞相車茵耳。」遂不去也。此馭吏邊郡人，習知邊塞發犇命警備事，嘗出，適見驛騎持赤白囊邊郡發犇命書馳來至，因隨驛騎至公車，刺取知匈奴入雲中代郡。遽歸府，見吉白狀，因曰：「恐匈奴所入邊郡，二千石長吏有老病不任兵馬者，宜可豫視。」吉善其言，召東曹案邊長吏。未已，詔召丞相、御史問以匈奴所入郡吏，吉具對，御史大夫卒遽不能詳知，以得譴讓，而吉見謂憂邊思職，馭吏力也。吉又嘗出，逢清道，群鬬者死傷橫道，吉過之，不問前行。逢人逐牛，牛喘吐舌，吉止駐，使騎吏問逐牛行幾里矣。掾史獨謂丞相前後失問，吉曰：「民鬬，相殺傷，長安令、京兆尹職所當禁備逐捕。歲竟，丞相課其殿最奏行賞罰而已。宰相不親小事，非所當于道路問也。方春少陽用事，未可太熱，恐牛近行用暑，故喘，此時氣失節，恐有所傷害也。三公典調和陰陽，職所當憂，是以問之。」掾史乃服，以吉知大體。吉病篤，帝自臨問，誰可代君者。吉頓首曰：「西河太守杜延年明於法度，曉國家故事，前爲九卿十餘年，今在郡治有能名。廷尉于定國執憲詳平，天下自以不寃。太僕陳萬年事後母孝，敦厚備於行止。此三人能皆在臣右，惟上察之。」上以吉言皆是而許焉。後三人居位皆稱職，帝稱吉爲知人。卒，謚曰定侯。

前漢書贊曰：古之制名必繇象類，遠取諸物，近取諸身，故經謂君爲元首，臣爲股肱，明其一體相待而成也。是故君臣相配，古今常道，自然之勢也。近觀漢相，高祖開基，蕭、曹爲冠；孝宣中興，丙、魏有聲。是時黜陟有序，衆職修理，公卿多稱其位，海内興於禮讓，覽其行事，豈虚乎哉！

論曰：自來陰陽愆伏之患，雖曰天道，實人事爲之。三公典調和陰陽，非如太史司天日月星辰之行，使之宿離不忒，經紀有常而已，必將上佐天子，敬修其貌言視聽於上，而慎用其禮樂刑政於下，使德化下究，民無怨争，海内刑措，然後爲能致中和，弘位育也。夫人事之乖戾，莫大於讐殺者填道，惟政教闕遺，是以其民乘於血氣心知之險，而鬬捷恃强，凌弱暴寡，上干天和，時氣失節，或此之由。吉前後正坐失問，當時顧謬以知大體許之，何哉？吉起家獄史，而寬仁恭讓，薦賢爲國，有大臣器。昌言遠猶不及魏相，而厚德過之，其保護曾孫，恩禮并茂，至於閉門拒使，雖抗違明詔不恤，卒寤主意，活及萬人。後復奏記，迎立爲漢中興主，安國家，定社稷，利民人，功不在霍光、張安世下。此其卓卓不磨者，世乃競稱其問牛喘一事。遺樸節而録巧言，不亦舛夫！

蕭望之

蕭望之，字長倩，東海蘭陵人也，徙杜陵。望之好學，治齊詩，事同縣后倉。且十年又事博士白奇，從夏侯勝問論語、禮服，京師諸儒稱述焉。是時霍光秉政，丙吉薦儒生王仲翁與望之等數人，皆召見。先是上官桀與蓋主謀殺光，光既誅桀等，後出入自備，吏民當見者露索去刀兵，兩吏挾持。望之獨不肯，聽自引出閤，曰：「不願見吏牽持匈匈。」光聞之，告吏勿持望之。既至前，説光曰：「將軍以功德輔幼主，天下之士爭願自効，以輔高明。今士見者露索挾持，恐非周公相成王躬吐握之禮，致白屋之意。」于是光獨不除用望之，而仲翁等皆補大將軍史。三歲間仲翁至光禄大夫，給事中，望之以射策甲科爲郎，署小苑東門候。仲翁從蒼頭廬兒下車，趨門傳呼甚寵，顧謂望之曰：「不肯録録，反抱關爲？」望之曰：「各從其志。」數年免歸爲郡吏。及御史大夫魏相除望之爲屬，察廉爲大行治禮丞。時大將軍光卒，子禹復爲大司馬，親屬皆宿衛。地節三年，京師雨雹，望之上疏，願賜清閒之宴，口陳災異之意。宣帝自在民間，聞望之名，曰：「此東海蕭生耶？」下少府宋畸問狀，無有所諱。望之對，以爲：「春秋昭公三年大雨雹，是時季氏專權，卒逐昭公。今陛下以聖德居位，然善祥未臻，陰陽不和，是大臣任政，一姓擅勢之所致也。惟明主躬萬幾，選同姓，舉賢才，以爲心腹，與參政謀。令公卿大臣朝見奏事，明陳其職，以考功能。如是則庶事理，公道立，奸邪塞，私權廢矣。」對奏，天子拜望之爲謁者。時帝初即位，思進賢良，多上書言便宜。輒下望之問狀，高者請丞相御史，次者中二千石，試事滿歲以狀聞，下者報聞，或罷歸田里。所白處奏皆可。累遷諫大夫，丞相司直，歲中三遷官，至二千石。其後霍氏竟謀反誅，望之寖益任用。是時選博士、諫大夫通政事者補郡國守相，以望之爲平原太守。望之雅意在本朝，遠爲郡守内不自得，乃上疏曰：「朝無争臣則不知過，國無達士則不聞善。陛下宜選明經術、通謀慮之士以爲内臣，與參政事。今悉出諫官以補郡吏，所謂憂其末而忘其本者也。」書聞，徵入守少府。宣帝察望之經明持重，論議有餘，材任宰相，欲詳試其政事，復以爲左馮翊。望之恐有不合意，欲移病。帝聞之，使侍中金安上諭意望之，即視事。是歲西羌反，漢遣後將軍征之。京兆尹張敞建議以粟不足，欲令民入粟贖罪。事下有司，望之與少府李彊以爲：「如此則富者得生，貧者獨死，是貧富異刑而法不一也。人情困窮，父兄囚執，聞出財得以生活，爲人子弟者將不顧死亡之患、敗亂之行，以赴財利求救，親戚一人得生，十人以喪。如此則伯夷之行壞，公綽之名滅，政教一傾，雖有周、召之佐，恐不能復。臣竊痛之。」張敞復執前議，望之復與相難，而丞相魏相等以爲羌且破敗，轉輸略足相給，遂不從敞議。望之爲左馮翊，三年京師稱之，遷大鴻臚。先是烏孫昆彌翁歸靡，因長羅侯常惠上書，願以漢外孫元貴靡爲嗣，得復尚少主，結婚内附，畔去匈奴。詔下公卿議，望之以爲：「烏孫絶域，信其美言，萬里結婚，非長策也。」天子不聽。神爵二年，遣常惠送公主配元貴靡，未出塞，翁歸靡死，其兄子狂王背約自立。惠從塞下上書，請留少主敦煌郡。惠至烏孫，責以負約，因立元貴靡，還迎少主。詔下公卿議，望之復以爲：「不可！烏孫持兩端，亡堅約，其效可見。前少主在烏孫四十餘年，恩愛不親密，邊境未以安，此已事之驗也。今少主以元貴靡不得立而還，信無負於四裔，此中國之大福也。少主不止，繇役將興，其原起此。」天子從其議，徵少主還，烏孫國亦分，漢遂不與結婚。三年代丙吉爲御史大夫。五鳳中，匈奴大亂，議者多曰：「匈奴爲害日久，可因其壞亂舉兵滅之。」望之以爲：「春秋晉士匄帥師侵齊，聞齊侯卒，引師而還，君子大其不伐喪。前單于慕化向善，請求和親，未終奉約，不幸爲賊臣所殺。今而伐之，是乘亂而幸災也。彼必奔走遠遁，不以義動兵，恐勞而無功，宜遣使弔問，輔其微弱，救其災患。如遂蒙恩，得復其位，必稱臣服從，此德之盛也。」帝從其議。及匈奴呼韓邪來朝，詔公卿議其儀，丞相霸等議宜如諸侯王，位次在下，望之以爲：「單于非正朔所加，故稱敵國，宜待以不臣之禮，位在諸侯王上。外夷稽首，稱藩中國，讓而不臣，此則羈縻之誼，謙亨之福也。如使匈奴後嗣卒有鳥竄鼠，伏闕於朝，亨不爲畔臣，信讓行乎蠻貊，福祚流於無窮，萬世之長策也。」天子采其議用之。後丞相司直緐延壽劾奏望之，左遷太子太傅。以論語、禮服授皇太子。及宣帝寢疾，選大臣可屬者，乃拜望之前將軍，與車騎將軍史高、光禄大夫周堪同受遺詔輔政，領尚書事。太子即位，是爲孝元帝，望之、堪本以師傅見尊重。帝數宴見，言治亂，陳王事。望之選白宗室明經達學散騎諫大夫劉更生、給事中與侍中金敞，并拾遺左右四人，同心謀議勸道，上以古制，多所欲匡正，帝甚鄉納之。初，宣帝不甚從儒術，任用法律，而中書宦官用事。中書令弘恭、石顯久典樞機，明習文法，亦與車騎將軍高爲表裏，論議常獨持故事，不從望之等。恭、顯又時傾仄見絀，望之以爲中書政本，宜以賢明之選，自武帝游宴後庭，故用宦者，非國舊制。又違古，不近刑人之義。白欲更置，士人由是大與，高、恭、顯忤。顯等乃陰結楚人鄭朋，令告望之等謀，欲罷車騎將軍，疏退許、史狀，事下弘、恭，恭、顯請將堪、更生等召致廷尉。于是詔收望之前將軍印綬，及堪、更生皆免爲庶人。後數月，復賜望之爵關内侯，食邑六百户，給事中，朝朔望坐次將軍。天子方倚欲以爲丞相，會望之子散騎中郎伋上書，訟望之前事。事下有司，復奏望之前所坐，明白無譖訴者，而教子上書，失大臣體，不敬，請逮捕。恭、顯等知望之素高節不辱，乃固請於帝，謂宜稍詘之於獄，以塞其怏怏心。帝不得已，可其奏。及使者召望之，其門下生朱雲勸望之自裁，于是望之仰天歎曰：「臣備位將相，年踰六十矣，老入牢獄，苟求生活，不亦鄙乎？」字謂雲曰：「游！趣和藥來。」竟飲鴆自殺。望之八子，至大官者三人，育、咸、由。

論曰：望之處恭、顯之間，衆陰翩翩，不富以鄰，苟能內積忠誠，外密機事，納約自牖，使主意明見，然後發其奸而鋤去之，如見晛之消雨雪，力少而功倍也。計不出此，而汲汲乎獎氣類，標門户，急與之角，固其過涉滅頂，而自貽之戚也。然士以學行遇主知，進則成功，退則完節，固其分耳。自武帝尊崇儒術，士之服儒衣冠、稱先王者繼踵登朝，其間持禄保位者時有之。至於卓卓自樹立，如望之與朱雲師生兩人者，雖過剛則折，終罹患害，亦庶幾乎中行。獨復不以吉凶禍福攖其心者，所由與張禹、孔光諸人遠矣。

朱雲

朱雲，字游，魯人也，徙平陵。少以輕俠聞，年四十乃變節從博士白子友受易，又事前將軍蕭望之受論語，皆能傳其業。好倜儻大節，當世以是高之。元帝時，華陰守丞嘉上封事，言：「治道在于得賢，平陵朱雲兼資文武，忠正有智略，可使以六百石。秩試守御史大夫，以盡其能。」帝迺下其事問公卿，太子少傅匡衡對以爲：「嘉從守丞而圖大臣之位，欲以匹夫徒步之人而超九卿之右，非所以重國家而尊社稷也。雲素好勇，其行義未有以異，而嘉妄相稱舉，疑有姦心，漸不可長。宜下有司案驗，以明好惡。」嘉竟坐之。是時少府五鹿充宗貴幸，爲梁丘易，自宣帝時善其説。元帝好之，欲考其異同，令充宗與諸易家論，充宗乘貴辯口，莫能與抗。會有薦雲者，召入，攝齋登堂，抗首而請，音動左右，既論難，連拄五鹿君。故諸儒爲之語曰：「五鹿嶽嶽，朱雲折其角。」繇是爲博士，遷杜陵令，坐故縱亡命，會赦，舉方正，爲槐里令。時中書令石顯用事，與充宗爲黨，百僚畏之。惟御史中丞陳咸年少抗節，不附顯等，而與雲相結。雲數上疏，言丞相韋玄成容身保位，亡能往來，而咸數毁石顯，久之有司考雲，疑風吏殺人。群臣朝見，帝問丞相以雲治行，丞相玄成言雲暴虐亡狀，并劾咸交通雲，於是下咸、雲獄，減死爲城旦，廢錮，終元帝世。至成帝時，丞相、故安昌侯張禹以帝師位特進，甚尊重，雲上書求見，公卿在前，雲曰：「今朝廷大臣上不能匡主，下亡以益民，皆尸位素餐，孔子所謂鄙夫不可與事君，苟患失之，亡所不至者也。臣願賜尚方斬馬劍，斷佞臣一人以厲其餘。」帝問誰也，對曰：「安昌侯張禹。」帝大怒，曰：「小臣居下訕上，廷辱師傅，罪死不赦！」御史將雲下，雲攀殿檻，檻折，雲呼曰：「臣得從龍逢、比干游于地下，足矣！未知聖朝何如耳！」於是左將軍辛慶忌免冠解印綬，叩頭流血以死争，帝意解，然後得已。及後當治檻，帝曰：「勿易！因而輯之，以旌直臣。」雲自是不復仕，常居鄠田，時乘牛車從諸生，所過皆敬事焉。薛宣爲丞相，雲往見，宣備賓主禮，因留雲宿，從容謂雲曰：「在田野亡事，且留我東閣，可以觀四方奇士。」雲曰：「小生乃欲相吏耶？」宣不敢復言。其教授擇諸生，然後爲弟子。年七十餘，卒於家，病不呼醫飲藥。遺言以身服斂，棺周於身，土周於槨，爲丈五墳，葬平陵東郭外。

論曰：自古聖賢豪傑，由匹夫崛起在卿相者，伊、傅之徒，指不勝屈。周官三公不必備，惟其人，孔子曰：「所謂大臣者，以道事君，不可則止。今由與求也，可謂具臣矣。」言其人實無大臣事君之道，非以陪隸，故黜之也。自孝元以來，諸大臣多外崇經術之望，優游養交，妨賢者路，如匡衡、貢禹、韋玄成輩未免乎此。衡畏憚石顯，不敢斥其奸邪，奏疏敷陳，經術斐亹可觀，宋儒譏其泛而不切，驟使風節。如朱雲與之并立，彼此互形，必不能靦然一日安於朝廷之上，所由亟擠而去之。韋玄成容身保位，實與衡等。雲復顯言攻之，又何怪其加之重罪，至禁錮使終身哉？在易・坤之初六曰：「履霜，堅冰至。」方灾異數興，吏民皆指爲王氏專政所致，成帝内頗然之，特命駕就決於禹。禹自以年老，子孫弱，懼結怨王氏，遂詭對，上由此不疑。權德輿謂西漢之亡，亡於張禹，職此之故。向使成帝感悟雲言，戮張禹之罪，黜王氏之權，一舉而正朝廷，定國家，皆在於是，雲雖不公卿，可謂非以安社稷爲悦之大臣哉？五鹿充宗之挫辯於雲，非獨理詘也，彼望見雲丰采凛凛，已先慑於心。如孟子氏與淳于諸辯士往復，亦其泰山巖巖氣象有以奪之耳，故嘗自曰：「我善養吾浩然之氣。」永始、元延之間，公卿在位者皆謹密小心，奉令恐後，無所爲，深識大力，以一身負天下之安危者，其氣固薾然餒矣，謂之具臣則可，謂之大臣則不可。

王章

王章，字仲卿，泰山鉅平人也。少以文學爲官，稍遷至諫大夫，在朝廷名敢直臣。元帝初，擢爲左曹中郎將，與御史中丞陳咸相善，共毁中書令石顯，爲顯所陷。咸減死髡，章免官。成帝立，徵章爲諫大夫，遷司隸校尉，大臣貴戚敬憚之。王尊免，後代者不稱職，章以選爲京兆尹。時帝舅大將軍王鳳輔政，帝即位數年，未有繼嗣，體常不平。定陶共王來朝，帝遇之甚厚，因留國邸，旦夕入侍，大將軍鳳心不便。共王在京師，會日蝕，鳳因言定陶王雖親，於禮當奉藩在國，今留侍京師，詭正非常，故天見戒，宜遣王之國。帝不得已，於鳳而許之，與共王涕泣而决。章乃奏封事，言鳳建遣共王之國非是，日蝕之咎在鳳。天子召見章，延問以事，章對曰：「天道聰明，佑善災惡。今陛下引近定陶王，所以承宗廟、重社稷，此正議善事，何故致災異？災異之發，爲大臣顓政者也。今鳳歸咎定陶王，欲使天子孤立於上，顓擅朝事，非忠臣也。且日食，陰侵陽，臣顓君之咎。今政事大小皆自鳳出，天子曾不一舉手，鳳不内省責，反歸咎善人，推遠定陶王。且鳳誣罔不忠非一事也：前丞相樂昌侯商本以先帝外屬，内行篤，有威重，位歷將相，國家柱石臣也，其人守正不肯詘節，隨鳳委曲，卒用閨門之事爲鳳所罷，身以憂死，衆庶愍之。又鳳知其小婦弟張美人已嘗適人，不宜配御至尊，託以爲宜子，納之後宮，此三者皆大事，陛下所自見，足以知其餘及他所不見者。鳳不可令久典事，宜退，使就第，選忠賢以代之。」天子聞章言，大感悟，納之，謂章曰：「微京兆尹直言，吾不聞社稷計。且惟賢知賢，君試爲朕求可以自輔者。」於是章奏封事，薦中山孝王舅琅琊太守馮野王，先帝時歷二卿，忠信質直，智謀有餘。帝自爲太子時數聞野王先帝名卿，聲譽出鳳遠甚，方倚欲以代鳳。鳳聞之，稱病，上疏乞骸骨，詞指甚哀，太后聞之，垂涕不御食。上少而親倚鳳，弗忍廢，使尚書劾奏章，下章于吏，死獄中。初，章爲諸生，學長安，獨與妻居。章疾病，無被，卧牛衣中，與妻決，涕泣，其妻呵怒之曰：「仲卿京師尊貴，在朝廷人誰踰仲卿者？今疾病困戹，不自激昂，乃涕泣，何鄙也！」及章爲京兆，欲上封事，妻又止之曰：「人當知足，獨不念牛衣中涕泣時耶？」章曰：「非女子所知也。」書遂上，果下廷尉獄，妻子皆收繫。章小女年可十二，夜起號哭，曰：「平日獄上呼囚數常至九，今八而止，我君素剛，先死者必君。」明日問之，章果死，妻子皆徙合浦。王鳳死，後弟成都侯商復爲大將軍，白上還章妻子故郡，其家屬皆完具，采珠致產。時蕭育爲泰山太守，皆令贖還故田宅。章爲京兆二歲，死不以其罪，衆庶冤紀之，與王尊、王駿并稱三王。

論曰：是時王氏欲代漢，無愚智皆知之。然漢道衰，守節守義之臣少，而王氏有太后爲之宗主，言者知不免，故莫敢言。宰輔如孔光、張禹，文學之士如杜欽、谷永方且飾虚詞，運計策，爲王氏後先之不暇，况敢攖其鋒乎？言王氏者，宗室惟劉向，外臣惟王章，而章言帝幾用，豈不偉哉！

王嘉

王嘉，字公仲，平陵人也。以明經射策甲科爲郎，坐事免。鴻嘉中，舉敦朴能直言，召見宣室，對政事得失，遂由長陵尉超遷大中大夫，出爲九江、河南太守。治甚有聲，徵入爲大鴻臚，徙京兆尹，遷御史大夫。建平三年，拜丞相，封新甫侯。嘉爲人剛直嚴毅，有威重，上甚敬之。哀帝初立，欲匡成帝之政，多所變動。嘉上疏曰：「臣聞古者諸侯繼世，雖不能盡賢，天子爲擇臣立命卿以輔之，居是國也，累世尊重，然後士民之衆附焉，是以教化行而治功立。今之郡守重於古諸侯也，孝文時吏居官者，或長子孫以官爲氏，其二千石長吏亦安官樂職，然後上下相望，莫有苟且之意。其後稍稍變易，公卿以下轉相促急，又數改更政事，司隸、部刺史察過悉劾，發揚陰私，吏或居官數月而退。送故迎新，交錯道路。中材苟容取全，下材懷危内顧，壹切營私者多，二千石益輕賤，吏民慢易之。或持其微過，增加成罪，言於刺史、司隸。或至上書章下，衆庶知其易危，小失意則有離畔之心。前山陽亡徒蘇令等從横，吏士臨難，莫肯仗節死義，以守相威權素奪也。國家有急取辦於二千石，二千石尊重，難危乃能使下。惟陛下留神於擇賢，記善忘過，容忍臣子，勿責以備。人情不能不有過差，宜可闊略，令盡力者有所勸，此方今急務國家之利也。前蘇令發欲遣大夫，使逐問狀，時見大夫無可使者，召盩厔令尹逢拜爲諫大夫遣之。今諸大夫有材能者甚少，宜預養可成就者，則士赴難不愛其死。臨事倉卒乃求，非所以明朝廷也。」嘉因薦儒者公孫光、滿昌及能吏蕭咸、薛脩等，皆故二千石有名稱，天子納而用之。會息夫躬、孫寵等因中常侍宋弘上書，告東平王雲祝詛，又與后舅伍宏謀弑上爲逆，雲等伏誅，躬、寵擢爲吏二千石。是時董賢愛幸於上，上欲侯之，而未有所緣。傅嘉勸上因東平事以封賢，上於是定躬、寵告東平本章，掇去宋弘，更言因董賢以聞，欲以其功侯之，皆先賜爵關内侯。頃之，欲封賢等，上心憚嘉，乃先使皇后父孔鄉侯傅宴，持詔書視丞相、御史。於是嘉與御史大夫賈延上封事，言：「董賢等三人始賜爵，時衆庶匈匈，至今流言未解。陛下仁恩於賢等不已，宜暴賢等本奏語言，延問公卿、大夫、博士、議郎，考合古今，明正其義，然後乃加爵土。不然，恐大失衆心。」上感其言止，數月卒，下詔封賢高安侯，寵方陽侯，躬宜陵侯。其後日食，舉直言，嘉復奏封事，極言上「寵賢太過，致賢奢僭放縱，變亂陰陽，灾異衆多。臣嘉幸得備位，不能通愚忠之信，惟陛下慎己之所獨向，察衆人之所共疑。往者寵臣鄧通、韓嫣驕貴逸豫，卒陷罪辜，不終其禄，所謂愛之適足以害之也。宜深覽前世，以節賢寵，安全其命」。於是上寖不説，而愈愛賢，不能自勝。會祖母傅太后薨，上因託傅太后遺詔，令成帝母王太后下丞相、御史，益封賢二千户。嘉封還詔書，因奏封事，諫曰：「臣聞爵禄土地，天之有也。書曰：『天命有德，五服五章哉！』王者代天爵人，尤宜慎之，不得其宜則衆庶不服，感動陰陽，其害疾自深。高安侯賢佞幸之臣，陛下傾爵位以貴之，單貨財以富之，損至尊以寵之，流聞四方，皆同怨疾。里諺曰：『千人所指，無病而死。』臣常爲之寒心。臣驕侵罔，陰陽失節，氣感相動，害及身體。陛下寢疾，久不平，繼嗣未立，宜思正萬事，順天人之心，以求福祐。奈何輕身肆意，不念高祖之勤苦，垂立制度，欲傳之於無窮哉！」初，廷尉梁相治東平王雲獄，心疑雲冤，獄有飾詞，奏欲傳之長安，更下公卿覆治。尚書令鞫譚、僕射宗伯鳳以爲可許。天子以相等，操持兩心，無討賊疾惡主讎之意，詔皆免爲庶人。後數月大赦，嘉奏封事，薦相等明習治獄：「相計謀深沈，譚頗知雅文，鳳經明行修，聖王有計功除過，臣竊爲朝廷惜此三人。」書奏，上不能平。後二十餘日，嘉封還益董賢户事，上乃發怒，召嘉詣尚書責問，以相等罪惡著聞，乃更稱譽對狀。嘉免冠謝罪，事下將軍中朝者。光禄大夫孔光等劾嘉迷國罔上，請與廷尉，上可光奏，有詔召嘉詣獄。使者既到府，掾吏涕泣，共和藥進嘉，嘉引藥杯以擊地，謂官屬曰：「丞相幸得備位三公，奉職負國，當伏刑都市，以示萬衆。丞相豈兒女子耶？何爲咀藥而死！」遂出拜受詔，乘小車自詣廷尉。上聞，愈大怒，使將軍以下與五二千石雜治。吏詰問嘉，稍侵辱之，嘉仰天歎曰：「幸備宰相，不能進賢，退不肖，以是負國，死有餘責。」吏問賢不肖主名，嘉曰：「賢故丞相孔光、故大司空何武，不能進；惡高安侯董賢父子，佞邪亂朝而不能退。罪當死，死無所恨。」嘉繫獄二十餘日，不食，歐血死。後上覽其對，而思嘉言，復以孔光爲丞相，徵用何武爲御史大夫。元始四年，詔書追録忠臣，封嘉子崇爲新甫侯，追謚嘉曰忠。

論曰：孝宣以太守爲吏民之本，數變易則下不安，民知其將久不可欺罔，乃服從教化。故二千石有治效，輒以璽書勉厲，增秩賜金，或爵至關内侯。公卿缺則選諸所表，以次用之。嘉所言正與宣帝表裏，誠有以握治化之原，不愧賢宰相。其剛直嚴毅，不阿佞幸，又申屠嘉之後興也。顧彼能使之服辜，此遂因以賈禍，豈非遭逢時會有不同乎？案嘉之獄，孔光實成之，嘉不以私害公，對吏首舉光賢。蓋光前居相位，守正不阿而罷，天下賢之，宜嘉之有斯舉也。孰知光再用之後，已判若兩人矣，借嘉之命陰以結賢之心，逆忠直，比頑童，惡莫大焉。而嘉重爲所欺，迄死不悟，於此見光之希世苟合，信所稱無往而不爲愿人者歟？

鮑宣

鮑宣，字子都，渤海高城人也。好學明經，舉孝廉爲郎，輒病去。哀帝初，大司空何武除宣爲西曹掾，甚敬重焉，薦爲諫大夫，遷豫州牧。歲餘免歸，數月復徵爲諫大夫。宣每居位，常上書諫争，其言少文多實。是時帝祖母傅太后欲與帝母俱稱尊號，封爵親屬，丞相孔光、大司空師丹、何武、大司馬傅喜始執正議，失傅太后指，皆免官，丁、傅子弟并進，董賢貴幸。宣以諫大夫從其後上書諫曰：「竊見孝成皇帝時，外親持權，人人牽引所私，以充塞朝廷，妨賢人路，濁亂天下，奢泰亡度，窮困百姓。是以日食且十，彗星四起，危亡之徵，陛下所親見也。今奈何反覆劇於前乎！朝臣亡有大儒，骨鯁白首、耆艾魁壘之士，議論通古今，喟然動衆心，憂國如饑渴者，臣未見也。敦外親小童及幸臣董賢等，在公門省户下，陛下欲與此共承天地、安海内，甚難。今世俗謂不智者爲能，謂智者爲不能，請寄爲奸，群小日進，國家空虚，用度不足，民流亡去，城郭盗賊并起，此非公卿守相貪殘成化之所致耶？群臣幸得居尊官，食重禄，豈有肯加惻隱於細民，助陛下流教化者耶？志但在營私家，稱賓客，爲姦利而已。以苟容曲從爲賢，以拱默尸禄爲智，謂如臣宣等爲愚。陛下擢臣巖穴，誠冀有益毫毛，豈徒欲使臣美食大官、重高門之地哉！天下乃皇天之天下也，陛下上爲皇天子，下爲黎庶父母，爲天牧養元元，視之當如一，合尸鳩之詩。今貧民菜食不厭，衣又穿空，父子夫婦不能相保，誠可爲酸鼻。陛下奈何獨私養外親與幸臣董賢，多賞賜以大萬數，使奴從賓客漿酒霍肉，蒼頭廬兒皆用致富？及汝昌侯傅商亡功而封，取非其官，官非其人，而望天説民服，豈不難哉！方陽侯孫寵、宜陵侯息夫躬辯足以移衆，彊可用獨立，姦人之雄，惑世尤劇者也，宜以時罷退。及外親幼童未通經術者，皆宜令休就師傅。急徵故大司馬傅喜，使領外親，故大司空何武、師丹、故丞相孔光、故左將軍彭宣經皆更博士，位皆歷三公，智謀威信可與建教化、圖安危。龔勝爲司直，郡國皆慎選，舉三輔，委輸官，不敢爲姦，可大委任也。陛下前以小不忍退武等，海内失望。陛下尚能容亡功德者甚衆，曾不能忍武等耶？臣誠迫大義，官以諫争爲職，不敢不竭愚。惟陛下少留神明，覽五經之文，原聖人之至意，深思天地之戒。」帝以宣名儒，優容之，是時郡國地震，民訛言行籌。明年正月朔，日蝕，帝乃徵孔光，免孫寵、息夫躬，罷侍中諸曹黄門郎數十人。宣復上書言：「陛下父事天，母事地，子養黎民。即位以來，父虧明，母震動，子訛言，相驚恐。今日蝕於三始，誠可畏懼。陛下深内自責，避正殿，舉直言，求過失，罷退外親，及旁仄素餐之人。徵拜孔光爲光禄大夫，發覺孫寵、息夫躬過失，免官遣就國。衆庶歙然莫不説喜，天人同心，人心説則天意解矣。乃二月丙戌白虹虷日，連陰不雨，此天有憂結，民有怨望未塞者也。侍中駙馬都尉董賢本無葭莩之親，但以令色諛言自進，賞賜亡度，竭盡府藏，并合三第尚以爲小，復壞暴室。賢父子坐使天子使者將作，治第行夜，吏卒皆得賞賜。上冢有會，輒太官爲供，海内貢獻當養一君，今反盡之賢家，豈天意與民意邪？天不可久負厚之，如此反所以害之也，誠欲哀。賢宜爲謝過天地，解讎海内，免遣就國，收乘輿器物，還之縣官。如此可以父子終其性命，不者海内之所仇未有得久安者也。孫寵、息夫躬不宜居國，可皆免以示天下，復徵何武、師丹、彭宣、傅喜，曠然，使民易視，以應天心，建立大政以興太平之端。」帝感大異，納宣言，徵何武、彭宣，旬月皆復爲三公，拜宣爲司隸。丞相孔光四時行園陵，官屬以令行馳道中。宣出逢之，使吏鉤止丞相掾，没入其車馬。事下御史中丞，又下廷尉，博士弟子、濟南王咸舉幡太學下，曰：「欲救鮑司隸者會此下。」諸生會者千餘人。朝日遮丞相孔光自言，丞相車不得行，又守闕上書，帝遂抵宣罪，減死一等，髡鉗。平帝即位，王莽秉政，陰有篡國之心，乃風州郡以罪法案誅諸豪傑及漢忠直臣不附己者，宣及何武等皆死。時名捕隴西辛興，興與宣女壻許紺俱過宣，一飯去，宣不知情，坐繫獄，自殺。

論曰：所謂明經者，非徒剽竊六籍之言，穿鑿傅會以爲美談而已，必將篤意力行，兢兢求無罪於聖人之名教，是故與其談有餘而諒不足也，毋寧訥于言而敏于行也。自夏侯勝諫昌邑微行，所言終驗，漢廷始大重經術之士，士亦好爲穿穴經傳，以發明陰陽五行之説，執古證今，言足聽聞。如杜欽、谷永、杜鄴諸章奏，網羅疏通，引伸觸類，尤可謂湛深經術，曉暢時事者。然推厥至隱，率皆内挾黨私，外市忠直，君子之所深惡也。鮑宣進諫之言，少文多實，罔所忌諱，雖過激切，然宣之忠固不能自禁也。夫薰蕕不同器，蘭艾不同植，季友歸而慶父無所逃其罪，孔父殪而華督乃得逞其奸。宣與何武俱爲王莽所憚，至遭誅殺，然大節凛凛，至今猶有生氣。豈惟黨於王氏如欽、永者當愧死地下，孔光爲國元老，知莽桀惡徒，觀望周章，苟延殘喘，視宣之死特少緩須臾，而身名長與草木同腐。悲夫！君子之學，所以貴乎返躬而克己也。

史傳三編卷十三

名臣傳五

漢

鄧禹

鄧禹，字仲華，南陽新野人也。年十二能誦詩，受業長安。時光武亦游學京師，禹年雖幼，而見光武知非常人，遂相親附。數年歸家。及漢兵起，更始立，豪傑多薦舉禹，禹不肯從。及聞光武安集河北，即杖策北渡，追及于鄴。光武見之甚歡，謂曰：「我得專封拜，生遠來，寧欲仕乎？」禹曰：「不願也。」光武曰：「即如是，欲何爲？」禹曰：「但願明公威德加四海，禹得效其尺寸，垂勛名于竹帛耳。」因留宿，閒語乃進説曰：「更始雖都關西，今山東未安，赤眉、青犢之屬動以萬數，三輔假號往往群聚。更始既未有所挫，而不自聽斷，諸將皆庸人，崛起志在財幣，争用威力，朝夕自快而已，非有忠良明智，深慮遠圖，欲尊主安民者也。四方分崩離析，形勢可見。明公雖建藩輔之功，猶恐無所成立。于今之計，莫如延攬英雄，務悦民心，立高祖之業，救萬民之命，以公而慮天下，不足定也。」光武大悦，因令左右號禹曰鄧將軍，常宿止于中，與定計議。及王郎起兵，光武自薊至信都，使禹自將數千人別攻拔樂陽，從至廣阿。光武舍城樓上，披輿地圖指示禹曰：「天下郡國如是，今始得其一，子前言以吾慮天下不足定，何也？」禹曰：「海内殽亂，人思明君，猶赤子之慕慈母。古之興者在德厚薄，不以小大。」光武悦。時任使諸將多訪于禹，禹每有所舉，皆當其才。薦寇恂守河内，委以蕭何之任，卒成大功，光武以爲知人。使與蓋延等擊銅馬于清陽，破之，從光武追賊至滿陽，連大克獲，北州略定。及赤眉大舉入關，更始使王匡等分兵拒之，皆莫能敵。光武籌赤眉必破長安，欲乘釁并關中，而方自事山東，未知所寄，以禹沈深有大度，故授以西討之略。乃拜爲前將軍，持節，中分麾下精兵二萬人，得自選偏裨以下，于是韓歆、馮愔、宗歆等皆屬焉，與俱而西。建武元年，禹自箕關將入河東，河東都尉守關不開，禹攻十日，破之，獲輜重千餘乘。進圍安邑，未下，更始大將軍樊參將數萬人攻禹，禹遣諸將擊斬之。于是王匡等合軍十餘萬復共擊禹，禹軍不利，諸將皆勸禹遁去，禹不聽。明日癸亥，匡等以六甲窮日不出，禹因得更理兵勒衆。及旦，匡悉軍出攻禹，禹令軍中毋妄動。既至營下，因發鼓并進，大破之，匡等皆棄軍亡走。禹率輕騎追斬數將，收得節六，印綬五百，兵器不可勝數，遂定河東，承制更置守長鎮撫之。是月，光武即位于鄗，使持節拜禹爲大司徒，封酇侯，時年二十四。遂渡汾陰河，入夏陽。更始中郎將公乘歙引衆十萬拒禹于衙，禹復破走之，而赤眉遂入長安。是時三輔連覆敗，赤眉所過殘賊百姓，不知所歸，聞禹乘勝獨剋，而師行有紀，皆望風迎降，日以千數，衆號百萬。禹輒停車住節，以勞來之，父老童穉、垂髮戴白滿其車下，莫不感悦，于是名震關西。帝數賜書褒美。諸將皆勸禹徑攻長安，禹念赤眉新勝，又財富充實，鋒未可乘，欲且休兵，北道就糧養士，以觀其弊。于是引軍北至栒邑，禹所到擊破赤眉别將，諸營保郡邑皆開門歸附。西河太守宗育遣子奉檄降禹，遣詣京師。帝以關中未定，勑禹宜以時進討，禹猶執前意。會禹部將馮愔、宗歆争權相攻，愔遂殺歆，反擊禹。禹遣使以聞，帝問使人：「愔所親愛爲誰？」對曰：「護軍黄防。」帝度愔、防不能久和，因報禹曰：「縛馮愔者必黄防也。」月餘防果執愔歸罪。二年春，遣使者更封禹爲梁侯。時赤眉西走扶風，禹乃南至長安，大饗士卒，率諸將齋戒，擇吉日修禮謁祠高廟，收十一帝神主，遣使奉詣洛陽，因循行園陵，爲置吏士奉守焉。然自馮愔反後，禹威稍損，又乏食，歸附者離散，而赤眉復還入長安。禹與戰，敗走，至高陵，軍士飢餓，皆食棗菜。帝乃徵禹還，禹慙于受任而功不遂，數以飢卒徼戰，輒不利。三年春，與車騎將軍鄧弘擊赤眉，遂爲所誘敗，衆皆死散，獨與二十四騎還詣宜陽，謝上大司徒、梁侯印綬。有詔歸侯印綬。十三年天下平定，諸功臣皆增户邑定封，禹爲高密侯，食四縣。帝以禹功高，封弟寬爲明親侯，禹以特進奉朝請。禹内文明，篤行淳備，事母至孝。天下既定，常欲遠名勢，有子十三人，各使守一藝，修整閨門，教養子孫，皆可以爲後世法。資用國邑，不修産利，帝益重之。中元元年，復行司徒事。顯宗即位，以禹先帝元功，拜爲太傅，甚見尊寵。居歲餘，寢疾，帝數自臨問，以子男二人爲郎。永平元年卒，年五十七，謚曰元侯。帝分禹封爲三國，長子震及弟襲珍各侯一縣。其第六子訓字平叔，前後兩爲校尉，善撫士卒，得羌心。卒之日，皆奔走道路，至空城郭。或以刀自割不欲生，家爲立祠，有疾輒禱焉。

後漢書論曰：夫變通之世，君臣相擇，斯最作事謀始之幾也。鄧公嬴糧徒步，觸紛亂而赴光武，可謂識所從會矣。于是中分麾下之軍，以臨山西之隙，至使關河響動，懷赴如歸，功雖不遂，而道亦弘矣。及其威損栒邑，兵散宜陽，褫龍章于終朝，就侯服以卒歲，榮悴交而下無二色，進退用而上無猜情，使君臣之美後世莫闚其間，不亦君子之致爲乎！

論曰：語有之：「尺有所短，寸有所長。」禹以弱冠之年，攀鱗附翼，致位公侯，考其斬將搴旗，徇城略地之功，豈足與耿、吴輩度長而絜大哉？惟知人善任，遂合群策群力，佐成中興，垂休竹帛。以發縱指示之説求之，亦世祖之蕭何也。夫帝王之興，以德厚薄，公輔之望，以度大小。禹沈深有局，其規模早見于仗策，數言而卒成其信，名震而朝不加疑，師喪而主不致罪。而諸抱奇懷異、樹勛著勞者咸帖然俛出其下，終無有纖介譏隙之生，豈非其度固勝哉？夫停車勞來，視陳漢威德而不受牛酒者，非有加也。在軍旅不忘俎豆，與奉祠廟行園陵者亦不甚懸殊也。然而比事則惟均，揆道則絶遠。鳳凰之于凡鳥，不以翔千仞故瑞；騏驥之于群馬，不以駕千里故良。固未易與皮相者語耳。位冠百司，年歷兩朝，子孫蕃衍，寵貴與東京始終。其賢能有聞者，自訓而外，如大將軍騭之忠勞在國，侍中康之方正立朝，類皆卓卓可紀。蓋非獨度量之勝，其福祚亦厚焉。所謂有一代之君，必有一代之臣者。君奭曰「天壽平格」，微子之命曰「與國咸休」，禹誠其人與！

馮異

馮異，字公孫，潁川父城人也。好讀書，通左氏春秋孫子兵法。光武略地潁川，攻父城，屯兵巾車鄉。異時以郡掾監五縣，與父城長苗萌共城守，間出，爲漢兵所執。得召見，對曰：「異有老母在城中，願歸據五城，以効功報德。」光武曰：「善。」異乃歸，謂苗萌曰：「今諸將多暴横，獨劉將軍所到不擄掠。觀其言語舉止，非庸人也，可以歸身。」萌從其約。更始遣將十餘輩攻父城，共堅守不下。及光武爲司隸校尉，道經父城，異等乃開門，奉牛酒迎，因署異爲主簿，苗萌爲從事。異因薦邑子銚期、叔壽、段建、左隆等，光武皆以爲掾史，從至洛陽。更始數欲遣光武徇河北，諸將皆不可。是時左丞相曹竟子詡爲尚書用事，異勸光武厚結之，及度河北，詡有力焉。自伯升之敗，光武不敢顯其悲戚，每獨居，輒不御酒肉，枕席有涕泣處。異獨叩頭寬譬哀情，光武止之曰：「卿勿妄言。」異復因間進説曰：「天下同苦王氏，思漢久矣。更始諸將暴虐，百姓失望。今公專命方面，施行恩德，夫有桀紂之亂，乃見湯武之功。人久飢渴，易爲充飽。公宜分命官屬，循行郡縣，宣布惠澤。」光武納之。至邯鄲，遣異與銚期乘傳所至，録囚徒，存鰥寡，亡命自詣者除其罪，陰條二千石長吏同心，及不附者上之。及王郎起，光武自薊東南馳，晨夜草舍，至饒陽無蔞亭，時天寒衆飢，異上豆粥。明旦，光武謂諸將曰：「昨得公孫豆粥，飢寒俱解。」及至南宫，遇大風雨，光武引車入道傍空舍，異抱薪，鄧禹爇火，光武對竈燎衣，異復進麥飯菟肩，因得度虖沱河。至信都，拜異偏將軍，從破王郎，封應侯。異爲人謙退不伐，行遇諸將，輒避道，進止皆有表識，軍中號爲整齊。每諸將并坐論功，異獨屏樹下，軍中號爲大樹將軍。及破邯鄲，乃更部分諸將各有配隸，軍士皆言「願屬大樹將軍」。光武以此多之，因從平河北。時更始遣舞陰王李軼、大司馬朱鮪等將兵號三十萬，與河南太守武勃共守洛陽。光武將北徇燕趙，乃留寇恂爲河内太守，異爲孟津將軍，使統二郡軍河上，合勢以拒朱鮪等。初，李軼與光武首結謀約，及更始立，反共陷伯升，雖知長安已危，欲降，然不自安。異乃爲書曉譬之，軼即報異：「惟深達蕭王，願進愚策，以佐國安人。」自後不復與異争鋒。異因此得北攻天井關，拔上黨兩城，又南下河南、成皋以東十三縣，及諸屯聚皆平之，降者十餘萬。武勃來攻諸畔者，異引軍與戰，大破斬之，軼又閉門不救，異見其信效，具以奏聞光武，故宣露軼書，令朱鮪知之，鮪怒，使人刺殺軼，由是城中乖離，多有降者。鮪乃遣其將蘇茂攻温，而自將兵攻平陰以綴異。異遣校尉護軍將軍與寇恂合擊茂，破之，異因渡河擊鮪，鮪走。異追至洛陽，環城一匝而歸，移檄上狀。諸將皆入賀，并勸光武即帝位。光武乃召異詣鄗，問四方動静。異曰：「三王反畔，更始敗亡，天下無主。宗廟之憂，在于大王，宜從衆議，上爲社稷，下爲百姓。」遂與諸將上尊號。建武二年，封異陽夏侯。引軍擊陽翟賊，破之。時赤眉延岑諸賊暴亂三輔，大司徒鄧禹不能定，乃遣異代之。車駕送至河南，賜以乘輿七尺貝劍，勅異曰：「三輔遭王莽、更始之亂，重以赤眉延岑之酷，元元塗炭，無所依訴。今之征伐，非必略地屠城，要在平定安集之耳。諸將非不健鬬，然好擄掠。卿本能御吏士，念自修敕，毋爲郡縣所苦。」異頓首受命，引而西，所至皆布威信，弘農群盜盡率衆來降。異與赤眉遇于華陰，相拒六十餘日，戰數十合，降其將劉始等五千餘人。三年春，遣使者拜異征西大將軍。會鄧禹率車騎將軍鄧弘等引歸，與異相遇，要異共攻赤眉。異以賊衆尚多，可以恩信傾誘，難卒用兵破，上今使諸將屯黽池要其東，而異擊其西，一舉取之，此萬成計也。禹、弘不從，弘遂大戰，爲所誘敗，異與禹合兵救之，赤眉小却。異以士卒飢倦，可且休，禹不聽，復戰，大爲所敗，死傷三千餘人，禹得脱歸宜陽。異棄馬，步走上回谿阪，與麾下數人歸營。復堅壁，收其散卒，招集諸營保，與賊期戰，使壯士變服與賊同伏于道側。賊使萬人攻異前部，異裁出兵以救之，賊見勢弱，遂悉衆攻異。異乃縱兵大戰，日昃，賊氣衰，伏兵卒起，衣服相亂，不復識別，賊遂驚潰，追擊，大破于崤底。降男女八萬人，餘衆尚十餘萬，東走宜陽。璽書勞異曰：「赤眉破平，士吏勞苦，始雖垂翅回谿，終能奮翼黽池，可謂失之東隅，收之桑榆。」時赤眉雖降，衆寇猶盛，延岑、吕鮪等各擁兵據郡，轉相攻擊。異且戰且行，屯軍上林苑中。延岑自稱武安王，欲據關中，引其黨張邯、任良攻異，異連擊破之，諸附岑者皆降。岑走攻析，異復遣將擊破之，降其將蘇臣等八千餘人，岑遂自武關走南陽。先是百姓苦飢，黄金一觔易豆五升，道路斷隔，委輸不至，軍士悉以果實爲糧。有詔拜南陽趙匡爲右扶風，將兵助異，并送縑穀，異兵食漸盛。乃稍誅擊豪傑不從令者，褒賞降附有功勞者，悉遣其渠帥詣京師，其衆散歸本業，威行關中。惟吕鮪、張邯等降蜀，餘黨悉平。明年，公孫述遣將程焉將數萬人就吕鮪出屯陳倉，異與趙匡迎擊，屢破其營保，降者甚多。其後蜀復數遣將間出，異輒摧挫之。懷來百姓，申理枉結，出入三歲，上林成都。異自以久在外，不自安，上書思慕闕廷，願親帷幄，帝不許。後人有章言異專制，關中百姓號爲咸陽王，帝使以章示異。異惶懼上書謝，詔報曰：「將軍於國家，義爲君臣，恩猶父子，何嫌何疑，而有懼意？」六年春，異朝京師引見，帝謂公卿曰：「是我起兵時主簿也，爲吾披荆棘，定關中。」既罷，使中黄門賜以珍寶錢帛，詔曰：「倉卒無蔞亭豆粥，虖沱河麥飯，厚意久不報。」異稽首謝曰：「臣聞管仲謂桓公曰：『願君無忘射鉤，臣無忘檻車。』齊國賴之。臣今亦願國家無忘河北之難，小臣不敢忘巾車之恩。」後數引讌見，定議圖蜀。夏，遣諸將上隴，爲隗囂所敗，乃詔異軍栒邑，未及至，隗囂使其將王元、行巡將二萬人下隴，因分遣巡取栒邑，異即馳兵欲先據之。諸將皆謂賊新勝，不可爭鋒，宜止軍便地。異曰：「若賊得栒邑，三輔動摇，是吾憂也。夫攻者不足，守者有餘。今先據城，以逸待勞，非所以爭也。」潛往閉城，偃旗鼓行，巡不知，馳赴之。異乘其不意，卒擊鼓，建旗而出，巡軍驚走，追擊數十里，大破之。祭遵亦破王元于汧，于是北地諸豪長悉畔隗囂降。異上書言狀，帝恐諸將或欲分其功，乃下璽書，獨以功歸異，且褒其不伐。又遣太中大夫賜征西吏士死傷者醫藥、棺殮，大司馬已下皆令親弔死問疾，以崇謙讓。于是使異進軍義渠，并領北地太守事，青山胡率萬餘人降異。異又擊盧芳將賈覽、匈奴薁鞬日逐王，破之，上郡安定，皆降。復領安定太守事。及隗囂死，其將立囂子純，總兵據冀，公孫述遣將趙匡等救之。帝復令異行天水太守事，攻匡等，且一年，皆斬之。時諸將共攻冀，不能拔，欲且還休兵，異固持不動，常爲衆軍鋒。明年夏，與諸將攻落門，病發，卒于軍。謚曰節侯。

論曰：人臣之義，有敬以立事，毋貪以徼功。蓋忠敬者，功名所從生也。異謙讓，有儒將風，世祖嘗以比孟之反，然其大者乃在每念不忘乎君國之務。觀其私獨寬譬哀情，及上言宜急拊循百姓，所謂事君如其親，視王事直如家事者。非徒麥飯、豆粥之拳拳而已。夫敬其君者，乃能敬君之事。他日帝獨遣異代鄧禹，重以平定安集爲託，且曰：「卿本能馭吏士。」美哉！豈非君臣相知之雅哉？易稱「敬慎不敗」，中興諸將唯馮公有之。同時若吴漢勇于受任，又數立大功，然臨陣或違勅而失紀，戰勝至積忿以殺降，至如賈復之不伐其能，與異等而敢爲深入，輒被重創，要皆果斷有餘，深沈不足者。方之公孫，瞠乎後矣。

寇恂

寇恂，字子翼，上谷昌平人也。初爲郡功曹，太守耿况甚重之。更始立，使使者徇郡國，曰：「先降者復爵位。」恂從耿况迎使者于界上，印綬使者納之，一宿無還意。恂勒兵入見使者，就請之，使者不與，曰：「天王使者，功曹欲脅之耶？」恂曰：「非敢脅使君，竊傷計之不詳也。今天下初定，國信未宣。使君建節銜命，以臨四方，郡國莫不延頸傾耳，望風歸命。今始至上谷，而先墮大信，沮向化之心，生離畔之隙，將復何以號令他郡乎？且耿府君在上谷，久爲吏人所親，今易之，得賢則造次未安，不賢則秖生亂。爲使君計，莫若復之，以安百姓。」使者不應，恂叱左右，以使者命召况，况至，恂進取印綬帶况，使者不得已，乃承制詔之，况受而歸。及王郎起，遣將徇上谷急，恂與門下掾閔業共説况曰：「邯鄲拔起，難可信向。聞故大司馬劉公伯升，母弟尊賢下士，士多歸之。且上谷完實控弦萬騎，可以詳擇去就。請東約漁陽，齊心合衆，邯鄲不足圖也。」况乃遣恂到漁陽結謀彭寵，恂還，至昌平，襲擊邯鄲使者，殺之，奪其軍。遂與况子弇等俱南及光武于廣阿，拜恂偏將軍，號承義侯。從破群賊，數與鄧禹謀議，禹奇之，奉牛酒交歡。時光武南定河内，而更始大司馬朱鮪等盛兵據洛陽，又并州未安，難其守者。以問禹，禹曰：「昔高祖任蕭何于關中，無復西顧之憂，所以得專精山東，終成大業。今河内帶河爲固，户口殷實，北通上黨，南迫洛陽。寇恂文武備足，有牧人御衆之才，非此子莫可使也。」乃拜恂河内太守，行大將軍事，且謂恂曰：「昔高祖留蕭何鎮關中，吾今委公以河内，堅守轉運，給足軍糧，率厲士馬，防遏它兵，勿令北度而已。」光武于是復北征燕代。恂移書屬縣，講兵肄射，伐淇園之竹，爲矢百餘萬，養馬二千匹，收租肆百萬斛，轉以給軍。朱鮪聞光武北而河内孤，使其將蘇茂等將兵三萬餘人度鞏河攻温，檄書至，恂即勒軍馳出，并移告屬縣，發兵會于温下。軍吏皆諫恂曰：「温，郡之藩蔽，失温則郡不可守。」遂馳赴之，旦日合戰，而偏將軍馮異遣救，及諸縣兵適至，士馬四集，恂乃令人乘城鼓噪，大呼曰：「劉公兵到！」茂軍聞之陳動，恂因奔擊，大破之，追至洛陽，斬其副將茂，兵投河死者數千，生獲無數，自是洛陽城門晝閉。時光武傳聞河内已破，有頃恂檄至，大喜曰：「吾知寇子翼可任也！」諸將軍賀，因上尊號，于是即位。時軍食急乏，恂轉輸前後不絶，尚書升斗以禀百官，帝數策書勞問。恂同門生董崇説恂，當如蕭何守關中故事，急遣子弟詣軍，恂因稱疾不視事。值帝將攻洛陽，先至河内，恂求從軍，帝不聽，乃遣兄子寇張等將突騎願爲軍鋒，帝善之，皆拜偏將軍。建武二年，恂坐繫考上書者免，數月復爲潁川太守，與破姦將軍侯進斬擊郡寇賈期等，境内悉平。定封雍奴侯，邑萬户。執金吾賈復在汝南，其部將殺人于潁川，恂捕得繫獄，戮于市。復以爲耻，還過潁川，謂左右曰：「吾與寇恂并立將帥，而今爲其所陷，今見恂，必手劍之！」恂知其謀，不欲與相見，姊子谷崇曰：「崇將也，得帶劍侍側，卒有變，足以相當。」恂曰：「不然。昔藺相如不畏秦王，而屈于廉頗者，爲國也。區區之趙尚有此義，吾安可以忘之乎？」乃勑屬縣盛供，具儲酒醪，執金吾軍入界，一人皆兼二人之饌，乃自出迎于道，稱疾而還。復勒兵欲追之，而吏士皆醉，遂過去。帝聞，乃徵恂，恂至引見，時復先在坐，欲起相避，帝曰：「天下未定，兩虎安得私鬭？今日朕分之。」于是并坐，極歡，遂共車同出，結友而去。恂歸潁川三年，遣使者即拜汝南太守，又使驃騎將軍杜茂將兵助恂，討平盜賊，郡遂以清。恂素好學，乃修鄉校，教生徒，聘能爲左氏春秋者，親受學焉。七年，代朱浮爲執金吾，明年從車駕擊隗囂。而潁川盜賊群起，帝屬恂平之，恂對曰：「潁川剽輕，以陛下遠踰隴蜀，故狂狡乘間相詿誤耳。如聞乘輿南向，必惶怖歸死，臣願執鋭前驅。」即日車駕南征，恂從至潁川，盜賊悉降，而竟不拜。郡百姓遮道，曰：「願從陛下復借寇君一年。」乃留恂鎮撫，吏人受納餘降。初，隗囂將安定高峻擁雄兵據高平第一，帝使馬援招降之，後復亡歸，故營助囂拒隴阺。及囂死，峻畏誅堅守，耿弇等圍之一歲不拔。帝將自征之，恂力諫，不從。進軍及汧峻，猶不下，乃議遣使降之，謂恂曰：「卿前止吾此舉，今爲吾行也。」恂奉璽書至第一，峻遣軍師皇甫文出謁，詞禮不屈。恂怒，將誅文，諸將皆諫，恂竟斬之，遣其副歸告峻曰：「軍師無禮，已戮之矣！欲降，急降；不欲，固守。」峻惶恐，即日開城門降，諸將皆賀，因曰：「敢問殺其使，而降其城，何也？」恂曰：「皇甫文，峻之腹心，其所取計者也。今來詞意不屈，必無降心，全之則文得其計，殺之則峻亡其膽，是以降耳。」諸將皆曰：「非所及也！」遂傳峻還洛陽。恂經明行修，名重朝廷，所得秩奉厚，施朋友故人，及從吏士。常曰：「吾因士大夫以致此，其可獨享之乎？」時人歸其長者，以爲有宰相器。十二年卒，謚曰威侯。子損，嗣恂同産弟，及兄子、姊子以軍功封列侯者凡八人。初所與謀閔業者，恂數爲帝言其忠，賜爵關内侯，官至遼西太守。

論曰：鄧仲華言子翼文武備足，有牧人御衆之才，豈虚譽哉？守潁川，使民遮道以請，文足附衆矣；追洛陽，使敵閉門而遁，武足威民矣。若夫轉餉給軍，蕭相國鎮關之勤也；奪印還守，藺大夫懷璧之壯也。且夫任天下事者，在器識之遠到，而已知忿争之害義也。是故忍以下賈，不爲匹夫之勇，知優柔之長姦也；是故敢以戮文，不爲婦人之仁，識定故力生，其有宰相器者正在此，豈區區通財爲俠足以盡之乎？世祖號知人，末年參國議者，自高密外，稱固始、膠東，而雍奴侯以先卒不與，惜哉！

來歙

來歙，字君叔，南陽新野人也。父仲，哀帝時爲諫大夫，娶光武祖姑，生歙，光武甚親敬之，數共往來長安。更始即位，以歙爲吏，從入關，數言事不用，以病去。歙女弟爲漢中王劉嘉妻，因迎歙入漢中。更始敗，歙勸嘉歸光武，遂與俱詣洛陽。帝見歙，大歡，即解衣以衣之，拜爲太中大夫。是時帝以隴蜀爲憂，而諸將方務關東，思西州方略，未知所任。歙因自請曰：「臣嘗與隗囂相遇長安，其人始起，以漢爲名。今聖德隆興，臣願得奉威命，開以丹青之信，囂必束手東歸，則述自亡之勢不足圖也。」帝然之。建武三年，歙始使隗囂。五年，復持節送馬援，因奉璽書于囂，既還，復往説囂，囂遂遣子恂隨歙入質，拜歙爲中郎將。時山東略定，帝謀西收囂兵，與俱伐蜀，復使歙喻旨，囂聽王元計，猶豫不決。歙素剛毅，遂發憤質責囂曰：「國家以君知臧否，曉廢興，故以手書暢意足下，推忠誠。既以伯春委質，而反欲用佞惑之言，爲族滅計耶？」因欲前刺囂，囂起入，部勒兵將殺歙，歙徐杖節就車而去。囂使牛邯將兵圍守之，囂將王遵諫曰：「殺之無損于漢，而隨以族滅，獨不爲伯春計哉？」歙爲人有信義，言行不違，及往來游説，皆可按覆。西州士大夫咸信重之，多爲其言，故得免歸。八年春，歙將精兵二千餘人，伐山開道，從番須回中，徑襲略陽，斬囂守將金梁，因保其城。囂大驚，曰：「何其神也！」乃悉兵數萬人圍略陽，斬山築堤，激水灌城，歙與將士固死堅守，矢盡乃發屋斷木以爲兵。囂盡鋭攻之，累月不能下。帝乃自將關東兵征上隴，囂衆潰走，圍解。于是置酒高會，勞賜歙，班坐絶席，在諸將之右。賜歙妻縑千匹。詔使留屯長安，悉監護諸軍，歙因上書曰：「公孫述以隴西、天水爲藩蔽，故得延命假息。今二郡平蕩，則述智計窮矣，宜益選兵馬，儲積資糧。昔趙之將帥多賈人，高祖懸之以重賞。今西州新破，兵人疲饉，若招以財穀，其衆可集。臣知國家所給非一，用度不足，然有不得已也。」帝然之。于是大轉糧運，詔歙率征西大將軍馮異、建威大將軍耿弇、虎牙大將軍蓋延、揚武將軍馬成、武威將軍劉尚入天水，擊破述將田弇、趙匡。明年，攻拔落門，囂黨周宗、趙恢及天水屬縣皆降。初，王莽世諸羌多背叛，而隗囂招懷其酋豪，遂得爲用。囂亡後，諸種數爲寇掠，皆營壍自守，州郡不能討。至是歙大修攻具，率諸將等擊羌于金城，大破之，斬獲無算。時隴西雖平，而人饑流者相望，歙乃傾倉廩轉運諸縣以賑贍之，於是隴右遂安，而涼州流通焉。十一年，歙與蓋延等進攻述將王元、環安于河池，大破之，乘勝遂進。蜀人大懼，使刺客刺歙，未殊，馳召蓋延，延見歙，因伏，悲哀不能仰視，歙叱延曰：「虎牙何敢然？今使者中刺客，無以報國，故呼巨卿，欲相屬以軍事，而反效兒女子涕泣乎！刃雖在身，不能勒兵斬公邪？」延收淚强起，受所誡，歙自書表曰：「臣夜人定後爲何人所，賊傷中臣要害，臣不敢自惜，誠恨奉職不稱，以爲朝廷羞。夫理國以得賢爲本，太中大夫段襄骨鯁可任，願陛下裁察。又臣兄弟不肖，終恐被罪，陛下哀憐，數賜教督。」投筆抽刃而絶。帝聞大驚，省書攬涕，策贈印綬，謚曰節。喪還洛陽，乘輿縞素臨弔送葬，以歙有平羌隴功，故改汝南之當鄉縣，爲征羌國焉。歙曾孫歷安帝朝，官太僕。時帝聽江京、樊豐讒言，廢太子爲濟陰王，歷與桓焉、張皓等强諫，帝不從，歷乃要結朝臣十餘人俱詣鴻都門，證太子無過。帝使中常侍奉詔脅群臣曰：「歷等若懷迷不反，當顯明刑書。」諫者莫不失色，乃各自引起，歷獨守闕，連日不肯去。帝大怒，乃免歷官，黜其母長公主不得會見，時人爲之震慄。順帝既立，朝廷咸稱社稷臣，官至大鴻臚，卒。

論曰：來歙、岑彭并奉命討蜀，功垂成而身死。彭持軍整齊，所過秋毫無犯，宣漢威德，不受牛酒，有古弔伐遺意。至於飲刃從容，陳言慷慨，先國議後私恩，歙尤壯烈哉！中興諸將自鄧、馮、馬、寇外，卓卓皆可紀，若耿弇、岑彭、吴漢，壯猷偉烈，累立戰功，尚矣！臧宫據斷城門，限令車聲回轉出入，及矯制取岑彭馬匹，多張旗幟，呼聲動山。任光多作檄文，侈陳兵勢，至堂陽使騎各持炬火，彌滿澤中，光燄燭天。要皆不恃勇而恃謀者也。陳俊手接短兵，所向必破。馬武爲諸將軍鋒，力戰無前。銚期先登陷陣，被創中額，猶攝幘復戰。堅鐔每急，輒先當矢石，引軍攻宛，選敢死士，夜自登城，斬關而入之。數子者并勇鷙絶人，豈獨吴子顔隱若一敵國哉？他如王霸善拊士卒，馮公孫之儔也。耿純去郡見思，寇子翼之匹也。朱祐所至受降，不存首級功，鄧仲華之亞也。李忠、邳彤親屬陷賊，不二其心，其國而忘家者乎？若乃憂國奉公，小心廉約，唯祭遵最著，晚年與高密、固始參議國政，人稱其有宰相才，賈復有焉。蓋自世祖奮龍虎之姿，撥亂反正，一時群策群力，際會風雲，或運籌帷幄，或決勝疆場，摧陷廓清之烈，同符高祖諸臣，而文雅過之。繼此者，惟唐武德、貞觀間乎？抑雲臺二十八人姓氏不見來歙，或以不得其死軼之，岑彭獨何以得列乎？當時必自有説，然不可考矣。

馬援

馬援，字文淵，趙將馬服君奢後也。武帝時，自邯鄲徙居扶風茂陵焉。援年十二而孤，即負大志，其三兄况、余、員并奇其才。嘗受齊詩，意不能守章句，欲就邊郡田牧。况曰：「汝大才，當晚成。良工不示人以朴，且從所好。」會况卒，援行服期年，不離墓，所敬事寡嫂，不冠不入廬。後爲郡督郵，以縱囚故亡命北地，因留畜牧，賓客多歸者，遂役屬數百家轉游隴、漢間。嘗謂客曰：「丈夫爲志窮當益堅，老當益壯。」其後有畜數千頭，穀數萬斛，歎曰：「凡殖財産，貴能施賑也，不則守錢虜耳！」乃盡散于親舊。王莽末，避地凉州，聞隗囂好士，往從之，囂甚敬重，與決籌策。是時公孫述稱帝于蜀，囂使往觀之。援素與述同里閈相善，以爲既至，當握手歡如平生。而述盛陳陛衛以延援入交，拜禮畢，使出就館，更爲援制都布單衣、交讓冠，會百官于宗廟中，立舊交之位。述鑾旗旄騎，警蹕就車，磬折而入，禮饗官屬甚盛。欲授援以封侯大將軍位，賓客皆樂留。援曉之曰：「天下雄雌未定，公孫不吐哺，走迎國士，與圖成敗，反修飾邊幅，如偶人形，此子何足久稽天下士乎！」因辭歸，謂囂曰：「子陽井底蛙耳，而妄自尊大。不如專意東方。」建武四年，囂使援奉書洛陽，援至，引見于宣德殿。世祖迎，笑謂援曰：「卿遨游二帝問，今見卿，使人大慙。」援頓首辭謝，因曰：「當今之世，非獨君擇臣也，臣亦擇君矣。臣與公孫述同縣，少相善，臣前至蜀，述陛戟而後進臣。臣今遠來，陛下何知非刺客奸人，而簡易若是？」帝復笑曰：「卿非刺客，顧説客耳。」援曰：「天下反覆，盗名字者不可勝數。今見陛下，恢廓大度，同符高祖，乃知帝王自有真也。」帝甚壯之，使太中大夫來歙持節送援西歸隴右。囂與援同卧起，問以東方流言，及京師得失，援説囂曰：「前到朝廷，上引見數十，每接讌語，自夕至旦，才名勇略，非人敵也。且開心見誠，無所隱伏，闊達多大節略，與高帝同。經學博覽，政事文辯，前世無比。」囂曰：「卿謂何如高帝？」援曰：「不如也。高帝無可無不可。今上好吏事，動如節度，又不喜飲酒。」囂意不懌，曰：「如卿言，反復勝耶？」然雅信援，故遂遣長子恂入質，援因將家屬隨恂歸洛陽。居數月，無它職任。援以三輔地曠土沃，而所將賓客猥多，乃上書求屯田上林苑中，帝許之。會隗囂用王元計，意更狐疑，援數以書記責譬于囂，囂得書增怒。後遂發兵拒漢，援乃上疏曰：「臣與隗囂本實交友。初，囂遣臣東，謂臣曰：『本欲爲漢，願足下往觀之，于汝意可即專心矣。』及臣還，反報以赤心，實欲導之于善，非敢譎以非義。而囂自挾奸心，盗憎主人，怨毒之情，遂歸于臣。臣欲不言，則無以上聞。願聽詣行在所得，極陳滅囂之術，死無所恨。」帝乃召援計事，援具言謀畫，因使將突騎五千往來游説囂將下及羌豪，爲陳禍福以離囂支黨。又與囂將楊廣書，使曉勸囂，詞極懇誠，冀幸囂之一悟也。廣竟不答。八年，帝自西征囂，至溱，諸將多允豫未決。會援至，帝具以群議質之，援因説隗囂將帥有土崩之勢，兵進有必破之狀。又于帝前聚米爲山谷，指畫形勢，開示衆軍所從道徑往來，分析曲折，昭然可曉。帝曰：「賊在吾目中矣！」明旦，遂進軍至第一，囂衆大潰。九年，拜援太中大夫。十一年夏，拜隴西太守。發步騎三千人擊破先零于臨洮，斬獲無算，守塞諸羌悉詣降。又以計襲擊諸種屯聚寇鈔者，羌遂大潰，凡斬首千餘級。援以兵少不得窮追，收其穀糧畜産而還。援中矢貫脛，帝璽書勞問，賜牛羊數千頭，援盡班諸賓客。是時朝臣以金城破羌之西塗遠多寇，議欲棄之，援上言：「其地城完土肥，灌漑流通，如令羌在湟中，則爲害不休，不可棄也。」帝乃詔武威太守，令悉還金城客民，使各反舊邑。援奏爲置長吏，繕城郭，起塢堠，開導水田，勸以畊牧，郡中樂業。又招撫塞外氐羌，皆來降附。武都氐人背公孫述來降者，援奏復其侯王君長，賜印綬，帝悉從之。十三年，武都參狼羌與塞外諸種爲寇，援將兵擊之，羌豪皆亡出塞，諸種悉降，于是隴右清静。援務開恩信，寬以待下，任吏以職，但總大體而已，賓客故人日滿其門。諸曹時白外事，援輒曰：「此丞掾之任，何足相煩？頗哀老子，使得遨游。若大姓侵小民，黠羌欲旅距，此乃太守事耳。」傍縣常有報仇者，吏民驚，言羌反奔入城郭。或請閉城發兵，援時與賓客飲，大笑曰：「燒羌何敢復犯我！」後稍定，郡中服之。視事六年，徵入爲虎賁中郎將。

初，援在隴西，上書言宜如舊鑄五銖錢，以三府奏爲未可，遂寢。及還，從公府求得前奏難十餘條，乃隨牒解釋，更具表言，帝從之，天下賴其便。援自還京師，數被進見。爲人美鬚髮，眉目如畫，閑于進對，尤善述前世行事。每言及三輔長者，下至閭里少年，皆可觀聽，自皇太子諸王侍聞者，莫不屬耳忘倦。又善兵策，每有所謀，帝未嘗不用。妖人李廣聚徒攻劫，遣援發諸郡兵擊斬之。又交阯女子徵側及女弟徵貳反，攻没其郡，九真、日南諸蠻皆應之。乃拜援伏波將軍，將樓船兵沿海而進，隨山刊道千餘里，軍至浪泊上，與賊戰，大破之，斬徵側、徵貳。封援爲新息侯，食邑三千户。援乃擊牛釃酒，勞饗軍士，從容謂官屬曰：「吾從弟少游常哀吾慷慨多大志，曰：『士生一世，但取衣食裁足，乘下澤車，御款段馬，爲郡掾吏守墳墓，鄉里稱善人，斯可矣。致求盈餘，但自苦耳。』當吾在浪泊西里，間賊未滅時，下潦上霧，毒氣熏蒸，仰視飛鳶，跕跕墮水中。卧念少游平生時語，何可得也！今賴士大夫之力，被蒙大恩，猥先諸君，紆佩金紫，且喜且慙。」吏士皆伏稱萬歲。援將樓船大小二千餘艘，戰士二萬餘人，擊九真賊，徵側餘黨嶠南悉平。奏言西于縣户有三萬二千，請分爲封溪、望海二縣，許之。援所過輒爲郡縣，治城穿渠，條奏越律，與漢律駁者爲申明舊制以約束之。自後駱越奉行馬將軍故事二十年。秋，振旅還京師，賜兵車一乘，朝見位次九卿。援好騎，善别名馬，于交阯得駱越銅鼓，乃鑄馬式還，表上之，有詔置宣德殿下。初，援軍還，將至，故人多迎勞之。平陵人孟冀名有計謀，于坐賀援，援謂之曰：「吾望子有善言，反同衆人耶？自念微勞饗大縣，功薄賞厚，何道以能長久？」冀曰：「愚不及。」援曰：「方今匈奴、烏桓尚擾北邊，欲自請擊之。男兒當死邊野，以馬革裹屍還葬耳。何能卧床上，在兒女子手中邪？」冀曰：「諒爲烈士，當如此矣！」還月餘，會匈奴、烏桓寇扶風，援請行，許之。乃出屯襄國，詔百官祖道。援謂黄門郎梁松、竇固曰：「凡人爲貴，當使可賤。如卿等欲不可復賤，居高堅自持，勉思鄙言。」松後果以貴滿致灾，固亦幾不免。明年秋，援乃將三千騎出高柳，行鴈門、代郡、上谷障塞。烏桓候者見漢軍至，遂散去，援無所得而還。援嘗有疾，梁松來候之，獨拜床下，援不答，松去。後諸子問曰：「伯孫帝壻，公卿以下莫不憚之，奈何獨不爲禮？」援曰：「我乃松父友也，雖貴，何得失其序乎？」松由是恨之。二十四年，武陵、五溪蠻反，援因復請行，帝愍其老，未許。援自請曰：「臣尚能被甲上馬！」帝令試之，援據鞍顧眄，以示可用，帝笑曰：「矍鑠哉，是翁也！」遂遣援率中郎將馬武、耿舒等前往。援夜與送者訣，謂友人謁者杜愔曰：「吾受厚恩，年迫日索，常恐不得死國事。今獲所願，甘心瞑目。但畏長者家兒或在左右，或與從事，殊難得調。介介獨惡是耳。」明年春，軍至臨鄉遇賊，迎擊破之。初，軍次下雋，有兩道可入，從壺頭則路近而水嶮，從充則路夷而運遠。耿舒欲從充道，援以爲棄日費糧，不如進壺頭，搤其喉咽，充賊自破。以事上之，帝從援策。三月進營，壺頭賊乘高守隘，水疾，船不得上。會暑甚，士卒多疫死，援亦中病，遂困。乃穿岸爲室，以避炎氣。賊每升險鼓譟，援輒曳足觀之，左右哀其壯意，莫不爲之流涕。耿舒與兄好時侯弇書言狀，且曰：「伏波類西域賈竪，到一處輒止，以是失利。」弇得書，奏之，帝乃使虎賁中郎將梁松乘驛責問，援因代監軍。會援病卒，松宿懷不平，遂因事陷之，帝怒，追收援新息侯印綬。又前在交阯，常餌薏苡，實用能輕身勝瘴氣，軍還，載之一車。後有上書譖之者，以爲所載皆明珠文犀。帝益怒，援妻孥惶懼，不敢以喪還舊塋，裁買城西數畝地稿葬而已。賓客故人莫敢弔。會嚴與援妻子草索相連，詣闕請罪，帝乃出松書以示之，方知所坐，上書訴冤，章凡六上，詞甚哀切，然後得葬。前雲陽令同郡朱勃詣闕上書曰：「臣聞王德聖政，不忘人之功，採其一美，不求備于衆。大將在外，讒言在内，微過輒記，大功不計，誠爲國之所慎也。竊思故伏波將軍、新息侯馬援，拔自西州，欽慕聖義，間關險難，觸冒萬死，孤立群貴之間，旁無一言之佐。馳深淵，入虎口，豈顧計哉？寧自知當要七郡之使，徼封侯之福耶？八年，車駕西討隗囂，國計狐疑，衆營未集，援建宜進之策，卒破西州。及吴漢下隴，冀路斷隔，惟獨狄道，爲國堅守，寄命漏刻。援奉詔西使，鎮慰邊衆，遂解倒懸之急，存幾亡之城。兵動有功，師進輒克，誅鋤先零，入山谷猛怒力戰，飛矢貫脛。出征交阯，土多瘴氣，斬滅徵側，克平一州。間復南討，立陷臨鄉，師已有業，未竟而死。吏士雖疫，援不獨存。夫戰，或以久而立功，或以速而致敗，深入未必爲得，不進未必爲非。人情豈樂久屯絶地，不生歸哉？惟援得事朝廷二十二年，北出塞漠，南渡江海，觸冒害氣，僵死軍事，名滅爵絶，國土不傳，家屬杜門，葬不歸墓，怨隙并興，宗親怖慄。死者不能自列，生者莫爲之訟。臣竊傷之。夫明主醲于用賞，約于用刑。高祖嘗與陳平金四萬觔，以間楚軍，不問出入，所爲豈復疑以錢穀間哉？夫操孔父之忠，而不能自免于讒，此鄒陽之所悲也。臣聞春秋之義，罪以功除，聖王之祀臣有五義，若援所謂以死勤事者也。願下公卿，平援功罪，以厭海内之望。」書奏，帝意稍解。

勃字叔陽，年十二能誦詩書，與援有舊。及援遇讒，惟勃能終焉。肅宗即位，追賜勃子穀二千斛。初，援兄子嚴敦，并喜譏議，援自交阯還，書誡之曰：「吾欲汝曹聞人過失，如聞父母之名，耳可得聞，口不可得言也。好論議人長短妄是非正法，此吾所大惡也。寧死不願聞子孫有此行也。龍伯高敦厚周慎，口無擇言，謙約節儉，廉公有威，吾愛之重之，願汝曹效之。杜季良豪俠好義，憂人之憂，樂人之樂，清濁無所失，父喪致客，數郡畢至，吾愛之重之。不願汝曹效也。效伯高不得，猶爲謹勑之士，所謂刻鵠不成尚類鶩者也。效季良不得，陷爲天下輕薄子，所謂畫虎不成反類狗者也。」伯高者，山都長龍述也；季良者，越騎司馬杜保也。會保仇人上書，訟保浮薄惑衆，伏波將軍萬里還書，以誡兄子，而梁松、竇固與之交結，將扇亂諸夏。書奏，帝召責松、固，以訟書及援誡書示之。松、固叩頭流血，而得不罪，詔免保官，而述由此擢拜零陵太守。援兄子壻王磐子石，莽從兄子也。莽敗，磐擁富貲爲游俠，有名江淮間。後游京師，與諸貴戚友善。援謂姊子曹訓曰：「王氏，廢姓也，子石當屏居自守，而反游京師長者。用氣自行，多所陵折，其敗必也。」歲餘，磐果坐事死，而磐子肅復出入王侯邸第。援謂司馬吕种曰：「國家諸子并壯，而舊防未立，若多通賓客，大獄起矣。卿曹戒愼之！」及郭后薨，有上書者以爲肅等受誅之家，交通諸王，慮因事生亂。帝乃下郡縣收捕，遂更相牽引，死者千數。吕种亦豫其禍，臨命歎曰：「馬將軍神人也。」永平初，援女立爲皇后，顯宗圖畫建武中名臣列將于雲臺，以椒房故獨不及援。東平王蒼觀圖，請其故，帝笑而不言。至十七年，援夫人卒，乃更修封樹，起祠堂。建初三年，肅宗使五官中郎將持節追策，謚援曰忠成侯。四子廖、防、光、客卿。

論曰：臣主之交難矣哉！以光武、伏波之相得恨晚而不保其卒，况其餘乎？事君者惟既厥心，其他成敗利鈍不敢逆覩。若夫毁譽則聽之，天下功罪則聽之，朝廷必一一預爲之防，是使國家終無任事之人也。史稱其爲人明而自爲闇，豈足以服援心乎？獨怪援血氣就衰，猶沾沾喜事。夫功不必皆己出，名不必皆己成，明俊民而讓後人，正老臣所以忠君報國之大者，非獨戒盛滿已也。方建武之末，天下一家，蠢爾蠻荆未有肘腋腹心之患，且同官健者皆能辦此。七十老翁何所求，而乃急功名之圖，此固已生明主之疑矣，何待梁伯孫譖行乃始得罪哉？雖然，援烈士也，才識節操，中興諸臣鮮有倫比，自少即喜邊郡畜牧，後遂往往樹勛羌隴間。卒之稿葬城西，距馬革之裹幾何。殆不幸而重爲其弟少游所哀，即援亦自哀之，而終莫自禁。所謂平生志在斯者，非耶？誦「老驥伏櫪」之歌，爲三歎息。

耿弇

耿弇，字伯昭，扶風茂陵人也。其先武帝時，以吏二千石自鉅鹿徙焉。父况，字俠游，以明經爲郎，後爲朔調連帥。弇少好學，習父業，常見郡尉試騎士，建旗鼓，隸馳射，由是好將帥之事。

及王莽敗，更始立，諸將略地者前後多擅威權，輒改易守令。况自以莽之所置，懼不自安。時弇年二十一，乃辭况，奉奏詣更始，因齎貢獻，以求自固之宜。行至宋子，會王郎詐稱成帝子子輿，起兵邯鄲，弇從吏孫倉、衛包謀曰：「劉子輿成帝正統，捨此不歸，遠行安之？」弇按劍曰：「子輿弊賊，卒爲降虜耳。我至長安，與國家陳上谷漁陽兵馬之用，歸發突騎，以轔烏合之衆，如摧枯折腐耳。觀公等不識去就，族滅不久也。」倉、包遂亡，降王郎。弇聞光武在盧奴，乃馳北上，謁光武，留署門下吏。弇因説護軍朱祐求歸發兵，以定邯鄲，光武笑曰：「小兒曹乃有大意哉？」因數召見，加恩慰，弇因從光武北至薊。聞邯鄲兵方到，光武將欲南歸，召官屬計之，弇曰：「今兵從南來，不可南行。漁陽太守彭寵，公之邑人，上谷太守即弇父也。發此兩郡，控弦萬騎，邯鄲不足慮也。」光武官屬腹心皆不肯，曰：「死尚南首，奈何北行入囊中？」光武指弇曰：「是我北道主人也。」會薊中亂，光武遂南馳，官屬各分散。弇走昌平就况。因説况使寇恂東約彭寵，各發突騎二千匹、步兵千人。弇與景丹、寇恂及漁陽兵合而南，所過擊斬王郎大將九，卿校尉以下四百餘級，得印綬百二十五，節二，斬首三萬級。定涿郡、中山、鉅鹿、清河、河間凡二十二縣，遂及光武於廣阿。是時光武方攻王郎，傳言二郡兵爲邯鄲來，衆皆恐。既而悉詣營上謁，光武見弇等，笑曰：「邯鄲將帥數言我發漁陽、上谷兵，吾聊應言我亦發之，何意二郡良爲吾來，方與士大夫共此功名耳！」乃皆以爲偏將軍，使還領其兵，弇等遂從拔邯鄲。更始見光武威聲日盛，君臣疑慮，乃遣使立光武爲蕭王，令罷兵，與諸將有功者還長安。時光武居邯鄲宫，晝臥温明殿。弇入，造床下請間，因説曰：「吏士死傷者多，請歸上谷益兵。」光武曰：「王郎已破，河北略平復，用兵何爲？」弇曰：「王郎雖破，天下兵革乃始耳。今使者從西方來，欲罷兵不可聽也。銅馬赤眉之屬數十輩，輩數十百萬人，所向無前。聖公不能辦也，敗必不久。」光武起坐，曰：「卿失言，我斬卿。」弇曰：「大王哀厚弇父子，故敢披赤心。」光武曰：「我戲卿耳，何以言之？」弇曰：「百姓患苦王莽，復思劉氏。聞漢兵起，莫不欣喜，如去虎口而歸慈母。今更始爲天子，而諸將擅命於山東，貴戚縱横於都内，虜掠自恣，元元叩心，更思莽朝，是以知其必敗也。公功名已著，以義征伐，天下可傳檄而定也。天下至重，公可自取，毋令他姓得之。」光武大悦，乃拜弇爲大將軍，與吴漢北發幽州十郡兵。弇到上谷，收更始所置大守韋順、蔡充斬之。於是悉發幽州兵，引而南，從光武擊破銅馬高湖、赤眉青犢。又追尤來大槍五幡於元氏，弇常將精騎爲軍鋒，輒破走之。光武乘勝戰慎水上，賊危急，殊死戰。時軍士疲敝，遂大敗，奔還壁范陽，數日乃振，賊亦退去。弇從追至容城小廣陽安次，連戰破之。光武還薊，復遣弇與吴漢、景丹等十三將軍追賊，至潞東及平谷，再戰，斬首萬三千餘級。遂窮追於右北平，無終土垠之間，至浚靡而還，賊遂散敗。光武即位，拜弇爲建威大將軍，與景丹、陳俊攻厭新賊於敖倉，皆破降之。建武二年，更封好畤侯，食好畤、美陽二縣。三年，延岑自武關出攻南陽，下數城，穰人杜弘率其衆以從岑，弇與岑等戰於穰，大破之，斬首三千餘級，生獲其將士五千餘人，得印綬三百。杜弘降，岑與數騎遁走東陽。弇從幸舂陵，因見，自請北收上谷兵未發者，定彭寵於漁陽，取張豐於涿郡，還收富平，獲索東，攻張步，以平齊地。帝壯其意，許之。

四年，詔弇進攻漁陽。弇以父據上谷，本與彭寵同功，又兄弟無在京師者，自疑，不敢獨進，上書求詣洛陽。詔報曰：「將軍出身舉宗爲國，所向陷敵，功效尤著，何嫌何疑，而欲求徵？且與王常共屯涿郡，勉思方略。」乃命弇與朱祐、王常等擊望都、故安西山賊十餘營，皆破之。

五年，遣弇與吴漢擊富平、獲索賊於西原，大破之，降者四萬餘人。因詔弇進討張步。弇悉收集降卒，結部曲，置將吏，率騎都尉劉歆、太山太守陳俊引兵而東，從朝陽橋濟河以渡。張步聞之，乃使其大將軍費邑軍歷下，又分兵屯祝阿，别於太山鍾城列營數十以待弇。弇渡河先擊祝阿，自旦攻城，日未中而拔之，故開圍一角，令其衆得奔歸鍾城。鍾城人聞祝阿已潰，大懼，遂空壁亡去。費邑分遣弟敢守巨里。弇進兵先脅巨里，使多伐樹木，揚言以填塞阬塹。數日，有降者言邑聞弇欲攻巨里，謀來救之。弇乃嚴令軍中趣修攻具，宣敕諸部，後三日當悉力攻巨里城。陰緩生口，令得亡歸。歸者以弇期告邑，邑至日果自將精兵三萬餘人來救之。弇喜，謂諸將曰：「吾所以修攻具者，欲誘致邑耳。今來，適其所求也。」即分三千人守巨里，自引精兵上岡阪，乘高合戰，大破之，臨陳斬邑。既而收首級以示巨里城中，城中洶懼，費敢悉衆亡歸張步。弇復收其積聚，縱兵擊諸未下者，平四十餘營，遂定濟南。

時張步都劇，使其弟藍將精兵二萬守西安，諸郡太守合萬餘人守臨淄，相去四十里。弇進軍畫中，居二城之間。弇視西安城小而堅，且藍兵又精，臨淄名雖大而實易攻，乃敕諸校，後五日會攻西安。藍聞之，晨夜警守。至期夜半，弇敕諸將皆蓐食，會明至臨淄城。護軍荀梁等爭之，以爲攻臨淄，西安必救之，攻西安，臨淄不能救，不如攻西安。弇曰：「不然，西安聞吾欲攻之，日夜爲備，方自憂，何暇救人？臨淄出不意而至，必驚擾，吾攻，之一日必拔。拔臨淄，即西安孤，張藍與劇隔絶，必復亡去，所謂擊一而得二者也。若先攻西安，不能卒下，頓兵堅城，死傷必多。縱能拔之，藍引軍還奔臨淄，并兵合勢，觀人虛實，吾深入敵地，後無轉輸，旬月之間，不戰而困矣。」遂攻臨淄，半日拔之，入據其城。張藍聞之大懼，遂將其衆亡歸劇。

弇乃令軍中無得妄掠劇下，須張步至乃取之，以激怒步。步聞大笑曰：「以尤來、大槍十餘萬衆，吾皆即其營而破之。今大耿兵少於彼，又皆疲勞，不足懼也。」乃與三弟藍、弘、壽及故大槍渠帥重異等兵號二十萬，至臨淄大城東，將攻弇。弇上書曰：「臣據臨淄，深塹高壘，張步從劇縣東攻，疲勞飢渴。欲進，誘而攻之，欲去，隨而擊之。臣依營而戰，精鋭百倍，以逸待勞，以實擊虚，旬日之間，步首可獲。」

於是弇先出淄水上，與重異遇，突騎欲縱，弇恐挫其鋒，令步不敢進，故示弱以盛其氣，乃引歸小城，陳兵於内。使都尉劉歆、泰山太守陳俊，分陳於城下。步氣盛，直攻弇營，與劉歆等合戰，弇升王宫壞臺望之，視歆等鋒交，乃自引精兵以横突步陳於東城下，大破之。飛矢中弇股，以佩刀截之，左右無知者。至暮罷。弇明旦復勒兵出。是時，帝在魯，聞弇爲步所攻，自往救之，未至。陳俊謂弇曰：「劇兵甚盛，可且閉營休士，以須上來。」弇曰：「乘輿且到，臣子當擊牛釃酒以待百官，反欲以賊遺君父耶？」乃出兵大戰，自旦及昏，復大破之，殺傷無算，城中溝塹皆滿。弇知步困將退，豫置左右翼爲伏以待之。人定時，步果引去，伏兵起縱擊，追至鉅昧水上，八九十里僵尸相屬，收得輜重二千餘兩。步還劇，兄弟各分兵散去。

後數日，車駕至臨淄自勞軍，群臣大會。帝謂弇曰：「昔韓信破歷下以開基，今將軍攻祝阿以發迹，此皆齊之西界，功足相方。而韓信襲擊已降，將軍獨拔勍敵，功又難於信也。又田横烹酈生，及田横降，高祖詔衛尉不聽爲仇。張步前亦殺伏隆，若步來歸命，吾當詔大司徒釋其怨，又事相類也。將軍前在南陽建此大策，常以爲落落難合，有志者事竟成也。」弇因復追步，步奔平壽，乃肉袒負斧鑕於軍門。弇傳步詣行在所，而勒兵入據其城。樹十二郡旗鼓，令步兵各以郡人詣旗下，衆尚十餘萬，輜重七千餘兩，皆罷遣歸鄉里。弇復引兵至城陽，降五校餘黨，齊地悉平。振旅還京師。

六年，西拒隗囂，屯兵於漆。

八年，從上隴。

明年，與中郎將來歙分部徇安定、北地諸營保，皆下之。

弇爲將，凡平郡四十六，下城三百，未嘗挫折焉。

十二年，弇父況病，乘輿親臨幸。弇兄弟六人，皆垂青紫，省侍醫藥，當代以爲榮。

十三年，增弇户邑，上大將軍印綬，以列侯奉朝請。每有四方異議，輒召入問籌策。

年五十六，永平元年，卒，謚曰愍侯。子忠嗣。傳數世，爲梁冀所廢。

論曰：方光武晝卧邯鄲宫，計畫未定，欲束手歸，更始於斯時也。岌乎漢家之社稷殆哉，弇獨決計叩頭牀闥之間，首創大謀，成漢家之中興，帷幄之烈，於斯爲盛。弇既與諸將出入，無役不從，又獨規取全齊，方面之勲爛焉。迹其所以，亦由沈機善斷，謀成樽俎之間，是以費少而功多，日近而效遠也。斯豈摧鋒一將之任耶？傳國久遠，名將輩出，宜矣！

史傳三編卷十四

名臣傳六

漢

劉蒼

東平憲王蒼，顯宗同母弟也。建武十五年，封東平公，十七年，進爵爲王。少好經書，雅有智思。爲人美鬚髯，要帶十圍，顯宗甚愛重之。及即位，拜爲驃騎將軍，置長史掾，史員四十，位三公上。是時中興三十餘年，四方無虞，蒼以天下化平，宜修禮樂，乃與公卿共議定南北郊冠冕車服制度，及光武廟登歌八佾舞數。

帝每巡狩，蒼常留鎮，侍衛皇太后。四年春，車駕近出觀覽城第，尋聞當遂校獵河内。蒼即上書，諫曰：「臣聞時令，盛春農事，不聚衆興功。臣知車駕今出，事從約省，所過吏人諷誦甘棠之德，然動不以禮，非所以示四方也。惟陛下因行田家，循視稼穡，逍遥仿佯，弭節而旋。至秋冬，乃振威靈，整法駕，備周衛，設羽旄。臣不勝大願。」帝覽奏，即還宫。

蒼在朝數載，多所隆益。而自以至親輔政，聲望日重，意不自安，上疏歸職曰：「臣蒼疲駑，陛下慈恩覆護，在家被教導之仁，升朝蒙爵命之首，舉負薪之才，升君子之器。凡匹夫一介，尚不忘簞食之惠，况臣身居宰相之位，同氣之親哉？宜當暴骸膏野，爲百僚先。而愚頑之質，誠羞負乘之位，將被赤紱之刺。昔象封有鼻，不任以政，誠由愛深，不忍揚其過惡。前事之不忘，後事之師也。自漢興以來，宗室子弟無得在公卿位者，惟陛下審覽虞帝，遵承舊典，乞上驃騎將軍印綬，退就藩國，願蒙哀憐。」帝優詔不聽。後數陳乞，辭甚懇切，五年乃許還國，而不聽上將軍印綬。

六年冬，帝幸魯，徵蒼還京師。明年，皇太后崩，既葬，蒼乃歸國。

十一年，蒼與諸王朝京師，月餘，還國。帝臨送歸宫，悽然懷思，乃遣使手詔國中傅曰：「辭别之後，獨坐不樂，因就東歸，伏軾而吟，瞻望永懷，實勞我心，誦及采菽，以增歎息。日者問東平王處家何等最樂，王言爲善最樂。其言甚大，副是要腹矣。今送列侯印十九枚，諸王子年五歲以上能趨拜者皆令帶之。

十五年春，行幸東平，賜蒼錢布有加。帝以所作光武本紀示蒼，蒼因上光武受命中興頌，帝甚善之。以其文典雅，特令校書郎賈逵爲之訓詁。

肅宗即位，尊禮踰于前世，諸王莫與爲比。

建初元年，地震，蒼上便宜其事，留中。帝報書曰：「丙寅所上便宜三事，朕親自覽讀，反覆數周，曠然發矇。間吏人奏事，亦有此言，但明智淺短，或謂倘是，復慮爲非，何者？大異之降，緣政而見。今改元之後，年饑人流，此朕之不德所致。得王深策，快然意解。詩不云乎，『既見君子，我心則降』。思惟嘉謀，以次奉行。冀蒙福應，特賜王錢五百萬。」

後帝欲爲原陵、顯節陵起縣邑。蒼聞之，遽上疏諫曰：「臣伏見光武皇帝躬履儉約之行，營建陵地，具稱古典。詔曰：『無爲山陵，陂池裁令流水而已。』孝明皇帝大孝無違，自所營創，尤爲儉省。臣愚以園邑之興，始自强秦。古者邱隴且不欲其著明，豈況築郭邑、建都郛哉？上違先帝聖心，下造無益之功。虚費國用，動摇百姓，非所以致和氣、祈豐年也。又以吉凶俗數言之，亦不欲無故繕修邱墓，有所興起。考之古法則不合，稽之時宜則違人，求之吉凶復未見其福。陛下履有虞之至性，追祖禰之深思，然懼左右過議，以累聖心。臣蒼誠傷二帝純德之美，不暢于無窮也。惟蒙哀覽。」帝從而止。自是朝廷每有疑政，輒驛使諮問，蒼悉心以對，皆見納用。

六年冬，蒼上疏求朝。明年正月，帝許之，特賜裝錢千五百萬。帝以蒼冒涉寒露，遣謁者賜貂裘及大官食物珍果，使大鴻臚竇固持節郊迎，帝乃親自循行邸第，豫設帷床，其錢帛器物，無不充備。下詔曰：「禮云伯父，歸寧乃國。詩云叔父，建爾元子，敬之至也。若蕭相國加以不名，優忠賢也，况兼親尊者乎？其沛、濟南、東平、中山四王，贊皆勿名。」蒼既至，升殿乃拜，天子親答之。每讌見，輒興席改容，中宫親拜。蒼以受恩過禮，情不自寧，上疏懇辭。帝省奏歎息，愈褒貴焉。三月，大鴻臚奏遣歸國，帝特留蒼至八月。飲酎畢，有司復奏遣蒼，乃許之。車駕祖送，流涕而訣。復賜乘輿服御珍寶輿馬，錢布以億萬計。蒼還國，疾病，帝馳遣名醫、小黄門侍疾，使者冠蓋不絶于道。又置驛馬，千里傳問起居。明年正月，薨。詔告中傅，封上蒼自建武以來章奏及所作書、記、賦、頌、七言、别字、歌詩，并集覽焉。令四姓小諸侯國王主悉會詣東平奔喪。賻贈有加，禮謚曰憲王，子孫世王，與漢終始。

初蒼歸國，驃騎時吏丁牧、周栩以蒼敬賢下士，不忍去之，遂爲王家大夫，數十年事祖及孫。及帝東巡幸蒼陵，引見二人，既愍其淹滯，且欲揚蒼德美，即皆擢拜議郎。

論曰：蒼知爲善最樂，以立身處家尚矣。所謂善者，篤倫理，敦禮讓，靖共正直，克閑邪私之謂也。觀蒼引經議禮，因事納誨，以無負于君親，而共有休戚。卓卓大節，表著如此，其居家之爲善更可知矣。兩漢賢宗室，首推河間獻王德，東平憲王蒼。河間爲名儒，東平爲名臣，後先輝映，偉哉！

第五倫

第五倫，字伯魚，京兆長陵人也，少有義行。王莽末，盜賊起，族黨爭往附之。倫乃依險築營，有賊輒奮厲其衆，引强持滿以拒之。前後數十輩，皆不能下。初以營長詣郡尹鮮于褒，褒大異之，署爲吏。後褒坐事去，握倫臂訣曰：「恨相知晚！」倫後爲鄉嗇夫，平徭賦、理怨結，得人歡心。自謂久宦不達，遂將家屬客河東，變名姓，親故莫知其處。

數年，鮮于褒薦之于京兆尹閻興，召爲主簿。時長安鑄錢多姦巧，乃署倫督鑄錢，掾領長安市。市無阿枉，百姓悦服。每讀詔書，歎曰：「此聖主也，一見決矣！」等輩笑之，曰：「爾説郡將尚不下，安能動萬乘乎？」倫曰：「未遇知己，道不同故耳。」

建武二十七年，舉孝廉，補淮陽國醫工長。從王朝京師，隨官屬得會見。帝問以政事，倫因酬對，帝大悦，明日復特召入，與語至夕。帝戲謂倫曰：「聞卿爲吏，篣婦公，不過從兄飯，寧有之耶？」倫對曰：「臣三娶，妻皆無父，少遭饑亂，實不敢妄過人食。」帝大笑，以爲扶夷長。未到官，追拜會稽太守。雖爲二千石，躬自斬芻養馬，妻執炊爨。受俸裁留一月糧，餘皆賤貿與民之貧羸者。會稽俗喜淫祀，率用牛祭神，財産以詘。且云不爾則病，且死先爲牛鳴，前後郡將莫敢禁。倫到官，移書屬縣，曉告百姓，其巫祝有依託鬼神，詐怖愚民，皆案論之。有妄屠牛者，吏輒行罰。民初或祝詛妄言，倫案之愈急，後遂斷絶，百姓以安。

永平五年，坐法徵。老少攀車叩馬，嗁呼相隨，日裁行數里，不得前。倫乃僞止亭舍，陰乘船去。衆知，復追之。及詣獄，吏民上書守闕者千餘人。會顯宗幸廷尉録囚，得免歸田。身自耕種，不交通人物。

數歲，拜爲宕渠令。顯拔鄉佐元賀，賀後爲郡守，以清潔稱，所在化行，終于大司農。倫在職四年，遷蜀郡太守。蜀地饒人富，掾吏皆鮮車怒馬，以財貨自達。倫悉簡其豐贍者遣還之，更選孤貧志行之人以處曹任。於是争賕抑絶，文職修理，所舉吏多至九卿、二千石，時以爲知人。

視事七歲，肅宗初立，擢自遠郡，代牟融爲司空。帝以明德太后故，尊崇舅氏馬廖，兄弟等傾身交結，士争赴之。倫以后族過盛，欲令朝廷抑損其權，上疏極陳廖等交通賓客，奢侈無度。且言陛下情欲厚之，亦宜思所以安之。及馬防出征西羌，倫又疏，言國戚不當任以職事，繩以法則傷恩，私以親則違憲。聞馬防西征，請杜篤爲從事中郎。篤爲鄉里所廢，在所縣令若其不法，收繫論之。今來防所，重見委用，將恐議及朝廷，有損事望。疏入，并不省。

倫雖峭直，然常疾俗吏苛刻。及爲三公，值帝長者，屢有善政，乃上疏褒稱盛美，因以勸成風德。其略曰：「陛下即位以來，詔書每下寬和，而政急不解，務存節儉，而奢侈不止者，咎在俗敝，群下不稱故也。郡國所舉，類多辨職俗吏，未有寬博之選以應上求者也。陳留令劉豫、冠軍令駟協，并以刻薄之姿，務爲嚴苦，吏民愁怨。而今之議者反以爲能，違天心，失經義。非徒應坐豫、恊，亦宜譴舉者。務進仁賢以任時政，不過數人，則風俗自化矣。又聞諸王主貴戚，驕奢踰制，京師尚然，何以示遠？故曰：『其身不正，雖令不從。』以身教者從，以言教者訟。夫陰陽和，歲乃豐，君臣同心，化乃成也。其刺史、太守以下，拜除京師及道出洛陽者，宜皆召見，可因博問四方，兼以觀其人。諸上書言事有不合者，但報歸田里，不宜過加喜怒，以明在寬。」其後諸馬得罪歸國，而竇氏始貴，倫復上疏曰：「伏見虎賁中郎將竇憲，椒房之親，典司禁兵，出入省闈，年盛志美，卑謙樂善，此誠其好士交結之方。然諸出入貴戚者，類多瑕釁禁錮之人，尤少守約安貧之節，士大夫無志之徒更相販賣，雲集其門。蓋驕佚所從生也。詖險趨勢之徒，誠不可親近。願陛下中宮嚴勑憲等閉門自守，無妄交通士大夫，防其未萌，令得永保福禄。」

倫奉公盡節，言事無所依違。諸子或時諫止，輒叱遣之，吏人奏記及便宜者，亦并封上，其無私若此。或問倫曰：「公有私乎？」對曰：「昔人有與我千里馬者，吾雖不受，每三公有所選舉，心不能忘，而亦終不用也。吾兄子常病，一夜十往，退而安寢。吾子有疾，雖不省視，而竟夕不眠。若是者，豈可謂無私乎？」以老病乞罷，後數年卒，時年八十餘。

少子頡嗣，歷桂陽、廬江、南陽太守，所在見稱。順帝之爲太子廢也，頡爲太中大夫，與太僕來歷等共守闕固争。帝即位，擢爲將作大匠，卒官。曾孫種，亦賢，不附宦官，官至兗州刺史。

論曰：人品之清濁致有不同，在判其誠僞而已。倫與妻躬執厮養之役，雖少虧大體，然行過乎儉，而心發于誠，非公孫弘詐以立名、唐尊矯以厲俗者比也。東京當明、章二帝，如日方中，位至三公，優游化里，遇事匡正，馬竇寵貴，不憚危言。百官順序，萬民樂業。奏議諄諄，尤懲苛切，而歸寬厚，可謂盛世之名臣矣。

袁安

袁安字邵公，汝南汝陽人也。祖父良，習孟氏易，安少傳良學，爲人嚴重有威，見敬于州里。初爲縣功曹，奉檄詣從事，從事因安致書于令。安曰：「公事自有郵驛，私請則非功曹所持。」從事懼然而止。

洛陽大雪積地丈餘，令自出案行，見人家皆除雪出。有乞食者至安門，無有行路，謂安已死，使人除雪入户，見安僵卧，問何以不出，安曰：「大雪，不宜干人。」令賢之，遂舉爲孝廉，除陰平長、任城令，所在吏人畏而愛之。

永平中，楚王英謀逆，事下郡覆考。三府舉安能理劇，拜楚郡太守。是時，英辭所連及繫者數千，顯宗怒甚，吏案之急迫，人多痛自誣死。安到郡，先往案獄，理其無明驗者，條上出之。丞掾皆叩頭争，以爲阿附反逆，法與同罪。安曰：「如有不合，太守自當坐之，不以相及也。」遂分别具奏。帝感悟，即報許，得出者四百餘家。歲餘，徵爲河南尹。政號嚴明，然未曾以臧罪鞫人。嘗稱曰：「凡學仕者，高則望宰相，下則希牧守。錮人于聖世，尹所不忍爲也。」聞之者皆感激自厲。在職十年，京邸肅然，名重朝廷。遷太僕。

元和二年，武威太守孟雲上書：「北單于既已和親，而南部復往鈔掠，宜還其生口，以安慰之。」詔百官議朝堂。公卿皆言不可開許，安獨曰：「北部遣使，奉獻和親，有得邊生口者，輒以歸漢，此明其畏威，而非先違約也。雲以大臣典邊，不宜負信于戎狄，還之足示中國優貸，而使邊人得安，誠便。」帝竟從安議。

明年，代第五倫爲司空。

章和元年，進司徒。

和帝即位，竇太后臨朝，后兄車騎將軍憲北擊匈奴，安與太尉宋由、司空任隗及九卿詣朝堂上書諫，以爲匈奴不犯邊塞，而無故勞師遠涉，損費國用，徼功萬里，非社稷之計。書連上輒寢。宋由懼，遂不敢復署議，而諸卿稍自引止。唯安獨與任隗守正不移，至免冠朝堂固争者十上。太后不聽，衆皆爲之危懼，安正色自若。竇憲既出，而弟衛尉篤、執金吾景各專威權，公于京師使客遮道奪人財物。景又擅使乘驛施檄緣邊諸郡，發突騎及善騎射有力者，漁陽、鴈門、上谷三郡，各遣吏將送詣景第。有司畏憚，莫敢言者。安廼劾景擅發邊兵，驚惑吏人，二千石不待符信而輒承景檄，當伏顯誅。又奏司隸校尉、河南尹阿附貴戚，無盡節之義，請免官案罪。并寢不報。憲、景等日益横，盡樹其親黨賓客于名都大郡，皆賦斂吏人，更相賂遺，其餘州郡，亦復望風從之。安與任隗舉奏諸二千石，又他所連及貶爵免官四十餘人，竇氏大恨。但安、隗素行高，亦未有以害之。

時憲日矜已功，欲結恩北匈奴，乃上立降者左鹿蠡王阿佟爲北單于，置中郎將領護，如南單于故事。事下公卿議，太尉宋由、太常丁鴻、光禄勛耿秉等十人議可許。安與任隗奏，以爲「光武招懷南部，非謂可永安内地，正以權時之算，可得捍禦北部故也。今朔漠既定，宜令南單于反其北庭，并領降衆，無緣復更立阿佟，以增國費」。宗正劉方、大司農尹睦同安議。事奏，未以時定。安懼憲計遂行，乃獨上封事曰：「伏惟光武皇帝所以立南單于者，欲安南定北之策也，恩德甚備，故匈奴遂分，邊境無患。伏念南單于屯，先父舉衆歸德，自蒙恩以來，四十餘年。三帝積累，以遺陛下。陛下深宜遵述先志，成就其業。况屯首倡大謀，空盡北部，輟而弗圖，更立新降，以一朝之計，違三世之規，失信于所養，建立于無功。則百蠻不敢復保誓矣。且漢故事，供給南單于費直歲一億九十餘萬，西域歲七千四百八十萬。今北庭彌遠，其費過倍，是乃空盡天下也。」詔下其議。安又與憲更相難折。憲險急負勢，言辭驕訐，至詆毁安，稱光武誅韓歆、戴涉故事，安終不移。憲竟立匈奴降者右鹿蠡王爲單于，後卒反叛，如安策。

及憲殺諫臣樂恢，舉朝震慴。安以天子幼弱，外戚擅權，每朝會進見，及與公卿言國家事，未嘗不噫嗚流涕。自天子及大臣皆恃賴之。安所辟司徒府，士有廬江周榮者，素負忠節。凡安所舉奏竇景及争立北單于事，皆榮所具草。竇氏客脅榮曰：「竇氏悍士刺客滿城中，謹備之矣。」榮曰：「榮，江淮孤生，得備宰士，縱爲所害，誠所甘心。因敕妻子，若卒遇飛禍，無得殯殮，冀以區區腐身，覺悟朝廷。」安之忠義，能知人得士心如此。

永元四年春，卒。朝廷痛惜焉。後數月，竇氏敗，帝始親萬幾，追思前議者邪正之節，乃除安子賞爲郎。子敞，孫湯，湯子逢隗，并爲三公。

湯父京，生彭及湯。彭生賀，賀生閎。京習孟氏易，作難記三十萬言，歷官蜀郡太守。彭歷廣漢、南陽太守，行至清，爲吏麤袍糲食，時以比第五倫，終議郎。賀，彭城相。

閎，少厲操行，苦身修節，往彭城省，謁變姓名，徒行無旅。既至府門，連日吏不爲通，會阿母出見閎，驚入白夫人，乃密呼見。已而辭去，反郡界，無知者。及賀卒郡，閎兄弟迎喪，不受賻賵，縗絰扶柩，冒犯寒露，體貌枯毁，手足血流，見者莫不傷之。服闋，累却徵聘，居處側陋，以畊學爲業。逢隗雖數饋之，一無所受。黨事將作，欲投迹深林，以母老不忍遠遁，乃築土室，四周不爲户，自牖納飲食。母思閎時往就視，去便自掩閉，兄弟妻子莫得見也。黄巾之亂，賊相約不入其閭，鄉人就閎避難，皆得全活。年五十七，卒于土室。二弟忠、弘，節操皆亞于閎。忠子秘，爲郡門下議生，從太守趙謙，擊黄巾軍敗，秘與功曹封觀等七人以身扞刃，皆死于陳，謙以得免。詔秘等門閭，號曰「七賢」。

逢子術，湯孫紹。初，安父没，出求葬地，道逢三書生，指一處云：「葬此，當世爲上公。」須臾不見。安異之，遂葬其處，故累世隆盛焉。

後漢書論曰：陳平多陰謀，而知其後必廢；邴吉有陰德，夏侯勝識其當封及子孫。終陳掌不侯，而邴昌紹國，雖有不類，未可致詰，其大致歸然矣。袁公竇氏之間，乃情帝室，引義雅正，可謂王臣之烈。及其理楚獄，未嘗鞫人于臧罪，其仁心足以覃乎後昆。子孫之盛，不亦宜乎？

論曰：袁安經學，未知視楊震何如，其清介正復相埒。及建議廟堂，據典要，悉情形，經方致遠之略，正多表見。東京以來，袁、楊并號名族，然袁氏車馬衣服，致爲奢僭，不如楊氏，能守其清白。華嶠所稱，殆非虚也。考安子，唯京、敞知名。敞爲三公，廉勁不阿權貴，頗有父風。自湯以下，碌碌鮮所樹立。迄乎紹術，家聲墜焉。若袁閎之埋身土室，與乃祖雪中僵卧時何異？靈帝謂楊奇誠楊震子孫，竊于袁閎亦然。

何敞

何敞字文高，扶風平陵人也。性公正，自以趣舍不合時務，每請召，常稱疾不應。元和中，辟太尉宋由府，由待以殊禮。敞論議高，常引大體，多所匡正。司徒袁安深敬重之。是時京師及四方累有奇異鳥獸草木，言事者以爲祥瑞。敞通經傳，意甚惡之。乃言于二公曰：「夫瑞應依德而至，災異緣政而生。故鸜鵒來巢，昭公有乾侯之戹；西狩獲麟，孔子有兩楹之殯。海鳥避風，臧文祀之，君子譏焉。今異鳥翔于殿屋，怪草生于庭際，不可不察。」由、安懼然不敢答。居無何而肅宗崩。

時竇氏專政，外戚奢侈，賞賜過制，倉帑爲虛。敞奏記由曰：「敞聞事君之義，進思盡忠，退思補過。明公視事，出入再期，宜當克己，以醻四海之心。禮，一穀不升，則便服徹膳。天下不足，若已使然。比年水旱，人不收穫，涼州緣邊，家被凶害。男子疲于戰陣，妻女勞于轉運，老幼孤寡，歎息相依。又中州内郡，公私屈竭，此實損膳節用之時。國恩覆載，賞賚過度，尋公家之用，皆百姓之力。明君賜賚，宜有品制，忠臣受賞，亦應有度。明公宜先正己，以率群下，還所得賜，因陳得失。奏王侯就國，除苑囿之禁，節省浮費，賑恤窮孤，則恩澤下暢，黎庶悦豫。」由不能用。

時齊煬王子，都鄉侯暢奔弔國憂，上書未報，侍中竇憲遂令人刺殺暢于城門屯衛之中，而主名不立。敞又説由曰：「劉暢宗室肺腑，茅土藩臣，來弔大憂，上書須報，親在武衛，致此殘酷。奉憲之吏，莫適討捕，蹤迹不顯，主名不立。敞備數股肱，職典賊曹，故欲親至發所，以糾其變，而二府以爲故事，三公不與盜賊。昔陳平生于戰征之世，猶知宰相之分，云：『外鎮四夷，内撫諸侯，使卿大夫各得其宜。』今二府執事，不深惟大義，惑于所聞，公縱姦慝，莫以爲咎。惟明公運獨見之明，昭然勿疑，敞不勝所見，請獨奏案。」由乃許之。二府聞敞行，皆遣主者隨之，于是推舉具得事實，京師稱其正。以高第拜侍御史。

時遂以竇憲爲車騎將軍，大發軍擊匈奴。而詔使者爲憲弟篤、景并起邸第，興造勞役，百姓愁苦。敞上疏諫曰：「臣聞匈奴之爲桀逆久矣，平城之圍，嫚書之恥，此二辱者，臣子所爲捐軀而必死，高祖、吕后忍怒還忿，舍而不誅。伏惟皇太后秉文母之操，陛下履晏晏之姿，匈奴無逆節之罪，漢朝無可慙之恥。而盛春東作，興動大役，元元怨恨，咸懷不悦。而猥復爲衛尉篤、奉車都尉景繕修館第，彌街絶里。臣雖斗筲之人，誠竊懷怪，以爲篤、景親近貴臣，當爲百僚表儀。今衆軍在道，朝廷焦脣，百姓愁苦，縣官無用，而遽起大第，崇飾玩好，非所以垂令德、示無窮也。宜且罷工匠，專憂北邊，恤人之困。」書奏不省。

後拜爲尚書，復上封事曰：「昔鄭武姜之幸叔段，衛莊公之寵州吁，愛而不教，終至凶戾。由是觀之，愛子若此，猶饑而食之以毒，適所以害之也。伏見大將軍竇憲，始遭大憂，公卿比奏，欲令典幹國事。憲深報謙退，固辭盛位，懇懇勤勤，言之深至，天下聞之，莫不悦喜。今踰年無幾，大禮未終，卒然中改，兄弟專朝。憲秉三軍之重，篤、景總宫衛之權，而虐用百姓，奢侈僭偪，誅戮無罪，肆心自快。今者議論洶洶，咸謂叔段、州吁復生于漢。臣觀公卿懷持兩端，不肯極言者，以爲憲等若有匪懈之志，則已受吉甫褒申伯之功，如憲等陷于辠辜，則自取陳平、周勃順吕后之權，終不以憲等吉凶爲憂也。臣敞區區，誠欲計策兩安，絶其綿綿，塞其涓涓，上不欲令皇太后損文母之號，陛下有誓泉之譏，下使憲等得長保其福祐。誠宗廟至計，竇氏之福。」

憲嘗使門生齎書詣尚書僕射郅壽，有所請託。壽送詔獄。上書陳憲驕恣，引王莽以誡國家。憲誣以誹謗，下吏當誅。敞上疏曰：「壽機密近臣，匡救爲職，若懷默不言，其罪當誅。今壽違衆正義，以安宗廟，豈其私也？忠臣盡節以死爲歸，臣誠不欲聖朝行誹謗之誅，以杜塞忠直，垂譏無窮。」壽得減死，徙合浦，未行，自殺。

時敞數切諫，言諸竇罪過，憲等深怨之。濟南王康尊貴驕甚，憲乃白出敞爲濟南太傅。敞至國，輔康以道義，數引法度諫正之，康敬禮焉。

歲餘，遷汝南太守。敞疾文俗吏以苛刻求當時名譽，故在職以寬和爲政。立春日，常召督郵還府，分遣儒術大吏按行屬縣，顯孝悌有義行者。及舉冤獄，以春秋義斷之。是以郡中無怨聲，百姓化其恩禮。其出居者，皆歸養其父母，追行喪服，推財相讓者二百許人。置立禮官，不任文吏。又修理鮦陽舊渠，百姓賴其利。墾田增三萬餘頃。吏人共刻石，頌敞功德。

及竇氏敗，有司奏敞子與夏陽侯瓌厚善，坐免官。

永元十二年，三遷五官中郎將。常忿疾中常侍蔡倫，倫深憾之。爲所陷，抵罪，卒于家。

論曰：東漢多節義抗直之士，蓋光武、明、章之所培養者深也。以竇憲之威，太尉鄭弘陳其權盛，奏其黨與，則以收印綬而卒矣。郅壽、樂恢劾其罪狀，則皆迫脅，使自殺矣。始終不撓，而幸免于禍矣，獨敞爲然。敞忠愛之忱，根于至性，累抗權威，而不失其度，治郡有善政，以禮化民，其可謂古之遺直，民之父母矣！

楊震　秉　賜

楊震字伯起，弘農華陰人。安平侯丞相敞之後。父寶，習歐陽尚書，隱居教授。王莽居攝，與兩龔、蔣詡俱徵遂，遁逃，不知所處。

震少好學，受歐陽尚書于太常桓郁，明經博覽，無不窮究。諸儒語曰：「關西孔子楊伯起。」常客居于湖，不答州郡禮命數十年。衆人謂之晚暮，而震志愈篤。後有冠雀銜三鱣魚，飛集講堂前，都講取魚進曰：「蛇鱣者，卿大夫服之象也。數三者，法三台也。先生自此升矣。」

年五十，始仕州郡。大將軍鄧隲賢而辟之，舉茂才，四遷荆州刺史、東萊太守。當之郡，道經昌邑，故所舉荆州茂才王密爲昌邑令，謁見，至夜懷金十觔以遺震。震曰：「故人知君，君不知故人，何也？」密曰：「暮夜無知者。」震曰：「天知，神知，我知，子知，何謂無知？」密愧而出。後轉涿州太守，性公廉，不受私謁。子孫常蔬食步行，故舊長者或欲令爲開産業，震不肯，曰：「使後世稱爲清白吏子孫，以此遺之，不亦厚乎？」

元初四年，徵入爲太僕，遷太常。先是，博士選舉多不以實，震舉薦明經名士陳留、楊倫等，顯傳學業，諸儒稱之。

永寧元年，拜司徒。明年，鄧太后崩，内寵始横。安帝乳母王聖，緣恩放恣。聖子女伯榮，出入宫掖，傳通姦賂。震疏曰：「臣聞政以得賢爲本，治以去穢爲務。方今九德未事，嬖倖充庭。王聖出自賤微，得奉聖躬，雖有推燥居濕之勤，前後賞賜，過報勞苦。而無厭之心，不知紀極，外交屬託，擾亂天下。宜敕聖居外，斷絶伯榮往來，令恩德兩隆，上下俱美。」帝以章示阿母等，内倖皆懷忿恚。而伯榮驕淫尤甚，與故朝陽侯劉護從兄瓌交通。瓌遂以爲妻，得襲護爵，位至侍中。震復疏言：「瓌無他功行，但以配阿母女，濫受封爵，不依祖制，不合經義。」書奏不省。

延光二年，進太尉。帝舅大鴻臚耿寶薦中常侍李閏兄于震，震不從。寶乃自往候震，且矯稱上意，震曰：「如朝廷欲令三府辟召，故宜有尚書勅。」遂拒不許，寶大恨而去。皇后兄執金吾閻顯亦薦所親厚于震，震又不從。司空劉授聞之，即辟此二人，旬日中皆見拔擢。由是震益見怨。

時詔遣使者大爲阿母修第，中常侍樊豐及侍中周廣、謝惲等更相扇動，傾摇朝廷。震復上書曰：「方今災害滋甚，百姓空虛，三邊震擾，帑藏匱乏，而爲阿母起第，爲費巨億。廣、惲兄弟，依倚近倖，與之分威，屬託州郡，傾動大臣，招徠海内貪汙之人，受其貨賂，復得顯用。白黑溷淆，天下讙譁。臣聞師言：『上之所取，財盡則怨，力盡則叛。』怨叛之人，不可復使。惟陛下度之。」上不省。豐、惲等自是益無顧忌，遂詐作詔書，調發司農錢穀、大匠見徒材木，各起家舍、園池、廬觀，役費無數。

震因地震，復上疏曰：「臣蒙恩備台輔，不能奉宣政化，調和陰陽，伏見去年十一月四日，京師地動。臣聞師言：『地者，陰精，當安静承陽。』而今動摇者，陰道盛也。其日戊辰，三者皆土，位在中宫，此中臣近官持權用事之象。陛下以邊境未寧，宫殿垣屋，無所興造。而近倖驕溢踰法，多請徒士，盛修第舍，賣弄威福。道路讙譁，衆所聞見。地動之變，近在城郭，殆爲此發。又冬無汾雪，春節未雨，百僚焦心，而繕修不止，誠致旱之徵也。惟陛下奮乾剛之德，棄驕奢之臣，以掩訞言之口，無令威福久移于下。」

震前後所上，轉有切至，帝既不平之，而樊豐等皆側目憤怨，但以其名儒，未敢加害。尋有河間男子趙騰詣闕上書，指陳得失。帝怒，收考詔獄，震上疏救之曰：「臣聞堯舜之世，諫鼓謗木，立之于朝。殷周哲王，小人怨詈，則還自敬德。乞爲虧除，全騰之命，以誘芻蕘輿人之言。」帝不省，竟殺騰。

會三年春，東巡岱宗，樊豐等因乘輿在外，競修第宅，震部掾高舒召大匠令吏考校之，得豐等所詐下詔書，具奏，須行還上之。豐等聞，惶怖，遂因星變，共譖震以「趙騰死後，深用怨懟。且鄧氏故吏，有恚恨心。」及車駕行還，夜遣使收震太尉印綬，于是柴門絶賓客。豐等復惡之，乃請大將軍耿寶奏震大臣不服罪，懷恚望，有詔遣歸本郡。震行至城西夕陽亭，乃慷慨謂其諸子、門人曰：「死者，士之常分。吾蒙恩居上司，疾奸臣狡猾而不能誅，惡嬖女傾亂而不能禁，何面目復見日月？身死之日，以雜木爲棺，布單被裁足蓋形，勿歸冢次，勿設祭祠。」因飲酖而卒，時年七十餘。弘農太守移良承樊豐等旨，遣吏于陝縣留停震喪，露棺道側，道路皆爲隕涕。

順帝即位，豐等誅死，震門生虞放、陳翼詣闕追訟震事。乃下詔，除二子爲郎，贈錢百萬，以禮改葬于華陰潼亭，遠近畢至。先葬十餘日，有大鳥集震喪前，悲鳴淚下，葬畢乃去。郡以狀上，復詔太守丞，具中牢祠之。時人爲立石鳥象于其墓所。

震五子，中子秉，尤知名。

秉字叔節，少傳父業，兼明京氏易，博通書傳，嘗隱居教授。年四十餘，乃應司空辟，拜侍御史，頻出爲豫、荆、徐、兖四州刺史，遷任城相。自爲刺史、二千石，計日受俸，餘禄不入私門。故吏齎錢百萬遺之，閉門不受，以廉潔稱。

桓帝即位，以明尚書徵入勸講，累遷侍中、尚書。帝時微行，私過幸河南尹梁孕府舍。是日大風拔樹，晝昏，秉因上疏諫言：「天不言語，以灾異譴告。王者至尊，出入有常，警蹕而行，静室而止，自非郊廟之事，則鸞旗不駕。諸侯如臣之家，春秋尚列其誠，况以先王法服而私出槃游？降亂尊卑，等威無序，侍衛守空宫，紱璽委女妾，設有非常之變，任章之謀，上負先帝，下悔靡及。」帝不納。秉以病乞退，出爲右扶風。黄瓊惜其去朝廷，請留拜光禄大夫。梁冀用權，秉稱病。六年，冀誅，乃拜太僕，遷太常。

延熹三年，白馬令李雲以諫受罪，秉争之不能得，坐免官歸。其年冬，復徵拜河南尹。先是，中常侍單超弟匡爲濟陰太守，以贓罪爲刺史第五種所劾，匡窘，賂客任方刺兗州從事衛羽。及捕得方，囚繫洛陽，匡慮秉當窮竟其事，密令方越獄亡走。秉乞檻車徵匡考覈其事，竟坐秉輸作左校，以久旱赦出。

會日食，泰山太守皇甫規訟秉忠直，不宜久抑不用。詔徵秉及處士韋著，二人各稱疾不至。有司劾秉、著大不敬，將加罪。尚書令周璟等議奏：「秉儒學侍講，常在謙虚。著隱居行義，以退讓爲節。俱徵不至，誠違側席之望，然逶迤退食，足抑苟進之風。夫明王之世，必有不召之臣。聖朝弘養，宜用優游之禮。可告所屬，喻以朝廷恩意。如遂不至，詳議其罰。」于是重徵，乃至，拜太常。

五年冬，代劉矩爲太尉。是時宦官方熾，任人及子弟爲官，布滿天下。秉與司空周璟上言：「內外吏職，多非其人，舊典，中臣子弟不得居位秉勢，而今枝葉賓客布列職署，或年少庸人，典據守宰，上下忿患，四方愁毒。可遵用舊章，退貪殘，塞災謗。請下司隸校尉、中二千石、城門五營校尉、北軍中候，各實覈所部，應當斥罷，自以狀言，三府廉察有遺漏，續上。」帝從之。于是秉條奏牧守以下五十餘人，或死或免，天下莫不肅然。

時郡國計吏多留拜爲郎，秉上言三署見郎七百餘人，帑藏空虛，宜絕橫拜，以塞覬覦。自此桓帝世，計吏無復留拜者。

七年，南巡園陵，特詔秉從。至南陽，左右并通姦利，詔書多所除拜。秉上書，謂：「宜割不忍之恩，以斷求欲之路。」于是詔除乃止。

時中常侍侯覽弟參爲益州刺史，貪贓暴虐。秉劾奏參，檻車徵詣廷尉。參惶恐，道自殺。秉因奏覽及中常侍具瑗曰：「臣按國舊典，宦豎之官，本在給使省闥，司昏守夜，而今猥受過寵，執政操權。其阿諛取容者，則因公褒舉，以報私惠。有忤逆于心者，必求事中傷，肆其橫忿。居法王公，富擬國家，飲食極肴膳，僕妾盈紈素，雖季氏專魯，穰侯擅秦，何以尚兹？案中常侍侯覽弟參，貪殘元惡，自取禍滅，覽固知釁重，必有自疑之意，臣愚以爲不宜復見親近。昔懿公刑邴歜之父，奪閻職之妻，而使二人參乘，卒有竹中之難，春秋書之，以爲至戒。覽宜急屏斥，投畀有北。若斯之人，非恩所，宥請免官送歸本郡。」書奏，尚書召對秉掾屬曰：「公府外職，而奏劾近官，經典漢制有故事乎？」秉使對曰：「春秋趙鞅以晉陽之甲，逐君側之惡。傳曰：『除君之惡，惟力是視。』鄧通懈慢，申屠嘉召通詰責，文帝從而請之。漢世故事，三公之職，無所不統。」尚書不能詰。帝不得已，竟免覽官，而削瑗國。每朝廷有過失，輒盡忠規諫，多見納用。

秉性不飲酒，又早喪夫人，不復娶，所在以淳白稱。嘗自言曰：「我有三不惑，酒、色、財也。」卒年七十四，賜塋陪陵。子賜。

賜字伯獻，少傳家學，篤志博聞。常退居隱約，教授門徒，不答州郡禮命。後辟大將軍梁冀府，非其好也。出除陳倉令，因病不行。公車徵不至，連辭三公之命。後以司空高第，再遷侍中、越騎校尉。

建寧初，靈帝當受學，詔太傅、三公選通尚書桓君章句羒有重名者，三公舉賜，乃侍講華光殿。遷少府，光禄勳。

熹平元年，青蛇見御座，賜上封事曰：「臣聞和氣致祥，乖氣致灾，皇極不建，則有蛇龍之孽。詩云：『惟虺惟蛇，女子之祥。』故春秋兩蛇鬬于鄭門，昭公殆以女敗。夫女謁行則讒夫昌、苞苴通，故成湯以之自戒，終濟亢旱之灾。惟陛下思乾剛之道，別内外之宜，崇帝乙之制，受元吉之祉，抑皇甫之權，割艷妻之愛，則蛇變可消，嘉祥立應。」

二年，拜司空。五年，拜司徒。時，帝好微行，游幸外苑。賜上疏諫曰：「臣聞唐虞兢兢業業，周文日昃不暇，明慎庶官，俊乂在職。今所序用有形勢者，旬日累遷，守真之徒，歷載不轉。又聞數微行出幸苑囿，政事日墮，大化凌遲。宜絕慢游之戲，念官人之重，割用板之恩，慎貫魚之序。謹手書密上。」後坐辟黨人免，復拜光禄大夫。

光和元年，有虹蜺晝降于嘉德殿前，帝惡之，引賜及議郎蔡邕等入金商門崇德署，使曹節、王甫問以祥異禍福所在。賜仰天而歎，謂節等曰：「吾每讀張禹傳，未嘗不憤恚歎息，不能竭忠盡情，而反留意少子，乞還女壻。朱雲欲得上方斬馬劍以理之，固其宜也。吾以微薄之學，充師之末，累世見寵，無以報國。猥當大問，死而後已。」乃以書對言：「殿前之氣，應爲虹蜺，皆妖邪所生，不正之象。按春秋讖曰：『天投蜺，天下怨，海内亂。』加四百之期，亦復垂及。昔虹貫牛山，管仲諫桓公無近妃宫。今妾媵嬖人閹尹之徒，共專國朝，欺罔日月。又鴻都門下，招會群小，如驩兜、共工更相薦説，旬月之間，并各拔擢，樂松處常伯，任芝居納言。郄儉、梁鵠，俱以便辟之性，佞辯之心，各收豐爵不次之寵，而令搢紳之徒委伏畎畝，口誦堯舜之言，身蹈絕俗之行，棄捐溝壑，不見逮及。冠履倒易，陵谷代處，從小人之邪意，順無知之私欲，不念板蕩之作，虺蜴之誡。殆哉之危，莫過于今。幸賴皇天垂象譴告，周書曰：『天子見怪則修德，諸侯見怪則修政。』惟陛下斥遠佞巧之臣，速徵鶴鳴之士，内親張仲，外任山甫，斷絕尺一，抑止槃游，留思庶政。冀上天還威，衆變可弭。老臣過受師傅之任，數蒙寵異之恩，豈敢愛惜垂没之年，而不盡其慺慺之心哉？」書上，大忤曹節等。蔡邕坐直對抵罪，徙朔方。賜以師傅之恩，得免咎。

冬，行辟廱禮，引賜爲三老。復拜少府、光禄勲，代劉郃爲司徒。帝欲造畢圭靈琨苑，賜復上疏諫，以爲：「壞沃衍，廢田園，驅居人，畜禽獸，非『若保赤子』之義。今城外之苑已有五六，可逞情意，宜帷夏禹卑宫，太宗露臺之意。」書奏，帝欲止，以問任芝、樂松。松等曰：「文王之囿百里，人以爲小。今與百姓共，無害于政也。」帝悦，遂築之。

四年，賜以病罷。居無何，拜太常。

五年冬，復拜太尉。

中平元年，黄巾賊起，賜被召會議詣省閤，切諫忤旨，因以寇賊免。先是，黄巾張角等執左道，以誑燿百姓，天下繦負歸之。賜召掾劉陶告曰：「張角等遭赦不悔，而稍益滋蔓，今若下州郡捕討，恐更騷擾，速成其患。且欲切敕刺史、二千石，簡别流人，各護歸本郡，以孤弱其黨，然後誅其渠帥，可不勞而定矣。」陶對曰：「此不戰而屈人之兵，廟勝之術也。」賜遂上書言之。會去位，事留中。後，帝徙南宫，閲録故事，得賜所上張角奏及前侍講注籍，乃感悟，封賜臨晉侯，邑千五百户。

賜以劉寬、張濟并侍講，不宜獨受封賞，請分户邑。帝嘉歎，復封寬及濟子，拜賜尚書令。數日出爲廷尉，賜自以代非法家，言曰：「三后成功，惟殷于民，皋陶不與焉，蓋吝之也。」遂固辭，以特進就第。

二年九月，復爲司空。其月，卒。帝素服，輟朝三日，贈東園梓器襚服，賜錢繒，喪葬甚厚，謚文烈。子彪嗣。

彪字文先，少傳家學。中平六年，拜司徒。遭董卓、曹操之亂，多所持正，蔚爲朝望。然不能早自引去，幾及於難。

彪子修，字德祖，爲操主簿，有俊才。操忌而殺之。

初，震長子牧爲富波相，有孫曰奇，爲靈帝侍中。帝嘗問曰：「朕何如桓帝？」對曰：「陛下之于桓帝，亦猶虞舜比德唐堯。」帝不悦，曰：「卿强項，真楊震子孫，死後必復至大鳥矣。」彪以魏黄初六年卒于家。

自震至彪，四世太尉，德業相繼，與袁氏俱爲東京名族云。

後漢書論曰：孔子稱「危而不持，顛而不扶，則將焉用彼相矣」。誠以負荷之寄，不可以虚冒，崇高之位，憂重責深也。延、光之間，震爲上相，抗直方以臨權枉，先公道而後身名，可謂懷王臣之節，識所任之體矣。遂累葉載德，繼踵宰相。信哉，「積善之家，必有餘慶」。先世韋、平，方之蔑矣。

論曰：楊氏四世三公，然自震迄賜，并以晚達。古人先道德，後功名，于此可見。考震之學，蓋能用其力于慎獨者，非如馬融諸儒，習章句、通訓詁，以爲明經已也。傳曰：「不爲威惕，不爲利疚。」孟子曰：「有諸己之謂信。」震殆有得乎此，是以苟得苟免之事，有所不爲。其直言顯諍，乃所謂「勿欺而犯」者。卒之一死報君，猶以尸諫，中孚應天，至誠動物，大鳥之集，豈偶然哉？夫學至宋儒始明，而漢人篤意力行，往往闇合。如伯起之立志，較然即司馬君實生平無不可對人言。趙閱道日晝所爲，必夜焚香以告帝，皆聞風興起者耳。秉之三不惑，爲能恪守四知之畏。賜危言不諱，有祖父風數，傳至彪，篤厚有餘，剛義不足矣。要不失爲清白吏子孫云。

史傳三編卷十五

名臣傳七

漢

李固　杜喬

李固字子堅，漢中南鄭人，司徒郃之子也。固貌狀有奇表，鼎角匿犀，足履龜文。少好學，常步行尋師，不遠千里。遂究覽墳籍，結交英賢。四方有志之士，多慕其風而來學。京師咸歎曰：「是復爲李公矣。」司隸、益州并命郡舉孝廉，辟司空掾，皆不就。

陽嘉二年，有地動、山崩，大灾之異，公卿舉固對策，詔又特問當世之敝，爲政所宜。固對曰：「臣聞化以職成，官由能理。伏睹詔書，務求寬博，疾惡嚴暴。而今長吏多殺伐致聲名者，必加遷賞。其存寬和無黨援者，輒見斥逐。是以淳風不宣，薄俗未革。前孝安皇帝，變亂舊典，封爵阿母，使樊豐之徒，乘權縱恣，改亂嫡嗣，至今聖躬狼狽，親遇其艱。既拔自困殆，龍興即位，天下喁喁，屬望風政。誠當沛然思惟善道，而論者猶云，方今之事，復同于前。臣伏從山草，痛心傷臆。實以漢興以來，賢聖相繼，十有八主。豈無阿乳之恩？豈忘爵賞之寵？然上畏天威，俯案經典，知義不可，故不封也。今宋阿母雖有功勤，但加賞賜，足酬其勞。至於裂土開國，寔乖舊典。聞阿母體性謙虚，必有遜讓，陛下宜許其辭國之高，使成萬安之福。夫妃后之家，所以少完全者，豈天性當然？但以爵位尊顯，專總權柄，天道惡盈，不知自損，故至顛仆。今梁氏子弟群從，榮顯兼加，永平、建初故事，殆不如此。宜令還居黄門之官，使權去外戚，政歸國家。

「又詔書所以禁侍中尚書中臣子弟不得爲吏察孝廉者，以其秉威權，容請託故也。而中常侍在日月之側，聲勢振天下，子弟禄仕，曾無限極。諂諛望風進舉，今可爲設常禁，同之中臣。長水司馬武宣開陽城門候羊廸等，無他功德，初拜便真。此雖小失，而漸壞舊章。先聖法度，所宜堅守，政教一跌，百年不復。陛下之有尚書，猶天之有北斗，斗爲天喉舌，尚書亦爲陛下喉舌。斗斟酌元氣，運乎四時，尚書出納王命，賦政四海，權尊勢重，責之所歸。宜審擇其人，以毗聖政。陛下宜招會群儒，引問得失，指擿變象，以求天意。

「又宜罷退宦官，去其權重，裁置常侍二人，方直有德者，省事左右。小黄門五人，才智閑雅者，給事殿中。如此，則論者厭塞，升平可致也。」順帝覽其對，即出阿母還舍，諸常侍悉叩頭謝罪，朝廷肅然。以固爲議郎。而阿母宦者疾固言直，因詐飛章以陷其罪，事從中下。

大司農黄尚、僕射黄瓊救之，久乃得釋出，爲雒令。棄官，居漢中，杜門不交人事。歲中，梁商請爲從事中郎。商以后父輔政，而柔和自守，不能有所整裁，灾異數見，下權日重。固乃奏記于商，欲令先正風化，退辭高滿。又以聖嗣未立，群下繼望，宜令中宫博簡嬪媵，兼採微賤宜子之人，進御至尊。若有皇子，母自乳養，無委保妾醫巫，致飛燕之禍。商不能用。

永和中，荆州盗賊起，彌年不定，乃以固爲荆州刺史。固到，遣吏勞問境内，赦寇盗前釁，與之更始。于是賊帥夏密等自縛歸首。固皆遣還，使自相招集，開示威法。半歲間，餘類悉降，州内清平。

上奏南陽太守高賜等臧穢。賜等懼罪，因共重賂大將軍梁冀，冀爲千里移檄，而固持之愈急。遂徙固爲泰山太守。時泰山盗賊屯聚，歷年莫制。固到，悉罷遣郡兵歸農，以恩信招誘之。未滿歲，賊皆弭散。

遷將作大匠，上疏陳事曰：「陛下初登大位，聘南陽樊英、江夏黄瓊、廣漢楊厚、會稽賀純，待以大夫之位。厚等在職，雖無奇卓，然夕惕慈慈，志在憂國。臣前在荆州，聞厚、純等以病免歸，誠悵然，爲時惜之。今諸侍中并皆年少，無一宿儒大人可顧問者。宜徵還厚等，以副群望。瓊久處議郎，已且十年，衆人皆怪始隆崇，今更滯也。光禄大夫周舉，才謨高正，宜在常伯，訪以言議。侍中杜喬，學深行直，當世良臣，久託疾病，可勑令起。」又薦陳留揚倫、清河房植等數人。是日有詔徵用倫、厚等，而遷瓊、舉，以固爲大司農。

先是，周舉等八使案察天下，多所劾奏，其中并是宦者親屬，輒爲請乞，詔遂令勿考。又舊任三府選令史，光禄試尚書郎，時皆特拜，不復選試。固乃與廷尉吴雄上疏，以爲八使所糾，宜急誅罰，選舉署置，可歸有司。帝乃更下免八使所舉刺史、二千石，自是希復特拜，切責三公，明加考察，朝廷稱善。乃復與光禄勳劉宣上言：「自頃選舉牧守，多非其人，至侵害百姓。又宜止槃游，專心庶政。」帝納其言，于是下詔諸州劾奏守令以下，政有乖枉，遇人無惠者，免所居官。其姦穢重罪，收付詔獄。

及冲帝即位，以固爲太尉，録尚書事。

明年，帝崩。梁太后以揚、徐盜賊方盛，使中常侍詔固等，欲須所徵諸王侯到乃發喪。固對曰：「帝雖幼少，猶天下之父。今日崩亡，人神感動，豈有臣子反共掩匿乎？秦皇沙邱之謀，近日北鄉之事，皆天下大忌，不可之甚者也。」太后從之，即暮發喪。

固以清河王蒜年長有德，欲立之，謂梁冀曰：「今當立帝，宜擇年長，高明有德，任親政事者，願將軍審詳大計，察周、霍之立文、宣，或鄧、閻之利幼弱。」冀不從，乃立樂安王子纘，年八歲，是爲質帝。將卜冲帝山陵，固曰：「今處處寇賊，軍興費廣，新刱憲陵，賦發非一。帝尚幼小，可起陵于憲陵塋内，依康陵制度，役費三分減一。」乃從固議。時太后以比遭不造，委任宰輔，固所匡正，每輒從用，其黄門宦者一皆斥遣，天下咸望遂平，而梁冀每相猜忌。

初，順帝時除官，多不以次，固奏免百餘人。此等遂作飛章，誣固「離間近戚，自隆吏黨。表舉薦達，例皆門徒。山陵未成，違矯舊制。子罪莫大于累父，臣惡莫深于毀君。事合誅辟」。冀以白太后，太后不聽。

冀忌帝聰慧，恐爲後患，遂令左右進鴆。帝苦煩甚，使促召固。固入問，帝尚能言，曰：「食煮餅，腹悶，得水尚可活。」時冀亦在側，曰：「恐吐，不可飲水。」語未絶而崩。固伏屍號哭，推舉侍醫。冀慮其事泄，大惡之。

因議立嗣，固引司徒胡廣、司空趙戒，先與冀書曰：「天下不幸，仍遭大憂。皇太后聖德當朝，攝統萬機，明將軍體履忠孝，憂存社稷，而頻年之間，國祚三絶。今當立帝，天下重器，遠尋先世廢立舊儀，近見國家踐阼前事，未嘗不詢訪公卿，廣求群議，令上應天心，下合衆望。傳曰：『以天下與人易，爲天下得人難。』昔昌邑之立，昏亂日滋，霍光憂愧發憤，悔之折骨。自非博陸忠勇，延年奮發，大漢之阼，幾將傾矣。國之興衰，在此一舉。」冀得書，乃召百官入議。固、廣、戒及大鴻臚杜喬皆以爲清河王蒜明德著聞，又屬最尊親，宜立爲嗣。先是蠡吾侯志嘗取冀妹，時在京師，冀欲立之。衆論既異，未有以相奪。中常侍曹騰等聞而夜往説冀曰：「將軍累世國戚，秉攝萬機，賓客縱横，多有過差。清河王嚴明，若果立，則將軍受禍矣。不如立蠡吾侯，富貴可長保也。」冀然其言。明日重會公卿，冀意氣凶凶。廣、戒懾憚，皆曰：「惟大將軍令。」獨固與喬守本議。冀厲聲曰：「罷會。」固意既不從，猶望衆心可立，復以書勸冀。冀愈怒，乃説太后策免固，竟立蠡吾侯，是爲桓帝。

歲餘，甘陵劉文等謀共立蒜爲天子，冀因誣固與文交通，下固獄。門生王調貫械上書，趙承等數十人亦要鈇鑕詣闕通訴，太后乃赦焉。及出獄，京師市里皆稱萬歲。冀聞，大驚，畏固終爲己害，乃更據奏前事，遂誅之，時年五十四。

臨命，與胡廣、趙戒書曰：「固受國厚恩，是以竭其股肱，不顧死亡，志欲扶持王室，比隆文、宣。何圖一朝梁氏迷謬，公等曲從，以吉爲凶，成事爲敗乎？漢家衰微，從此始矣。公等受主厚禄，顛而不扶，後之良史，豈有所私？固身已矣，于義得矣，夫復何言？」廣、戒得書悲慚，皆長歎流涕。

冀暴固尸于衢，令有敢臨者，加其罪。固弟子汝南郭亮，年始成童，游學洛陽，乃左提章鉞，右秉鈇鑕，詣闕上書，乞收固尸。不許，因往臨哭，陳辭于前，遂守喪不去。夏門亭長呵之曰：「李、杜二公爲大臣，不能安上納忠，而興造無端。卿曹何等腐生，公犯詔書，干試有司乎？」亮曰：「亮含陰陽以生，載乾履坤，義之所動，豈知性命，何爲以死相懼？」亭長歎曰：「居非命之世，天高不敢不跼，地厚不敢不蹐。耳目適宜視聽，口不可以妄言也。」太后聞而不誅。南陽董班亦往哭固屍，而殉尸不肯去。太后憐之，乃聽得襚斂。二人由此顯名，三公并辟。班遂隱身，莫知所歸。

固所著章、表、奏、議、教令、對策、記、銘凡十一篇。弟子趙承、杜訪等乃共論固言迹，爲德行一篇。

固二子，皆死偃城獄。中少子爕，先固未嬰禍時，其姊文姬豫謀藏匿，以託固門生王成，得脱亡，變姓名爲酒家傭。冀誅後，乃徵議郎，歷官河南尹。在位廉方端正，有父風，時人稱焉。

杜喬字叔榮，河内林慮人也。少爲諸生，舉孝廉，辟司徒楊震府。稍遷南郡太守，轉東海相，入拜侍中。

漢安元年，以喬守光禄大夫，使徇察兖州。表奏泰山太守李固政爲天下第一；陳留太守梁讓、濟陰太守氾宫、濟北相崔瑗等臧罪千里以上。讓即大將軍梁冀季父，宫、瑗皆冀所善。還，拜太子太傅，遷大司農。

時梁冀子弟五人及中常侍等以無功并封，喬上書諫曰：「陛下龍飛即位，天人屬心，萬邦攸賴。不急忠賢之禮，而先左右之封，傷善害德，興長佞諛。臣聞古之明君，褒罰必以功過。今梁氏一門，宦者微孽，并帶無功之紱，裂勞臣之土，其爲乖濫，胡可勝言！夫有功不賞，爲善失其望。姦回不詰，爲惡肆其凶。苟遂斯道，豈伊傷政，爲亂而已，喪身亡國，可不慎哉！」書奏不省。

益州刺史种暠舉劾永昌太守劉君世以金蛇遺梁冀，事發覺，以蛇輸司農。冀從喬借觀之，喬不肯與，冀始爲恨。累遷大鴻臚。時冀小女死，令公卿會喪，喬獨不往，冀又銜之。遷光禄勳。建和元年，代胡廣爲太尉。桓帝將納梁冀妹，冀欲令以厚禮迎之，喬據執舊典，不聽。又冀屬喬舉汜宫爲尚書，喬以宫臧罪明著，遂不肯用，因此日忤于冀。先是李固見廢，内外喪氣，群臣側足而立，唯喬正色無所回撓，由是朝野皆倚望焉。在位數月，以地震免。宦者唐衡等因共譖于帝曰：「陛下前當即位，喬與李固抗議言上不當奉漢宗祀。」帝亦怨之。及清河王蒜事起，冀遂諷有司劾喬及李固與劉文等交通，請逮案罪。而梁太后素知喬忠，但策免而已。冀愈怒，使人脅喬曰：「早從宜，妻子可得全。」喬不肯。冀遂白執繫之，死獄中。妻子歸故郡。與李固俱暴尸城北，家屬故人莫敢視者。

喬故掾陳留楊匡聞之，號泣星行到洛陽，乃著故赤幘，託爲夏門亭吏，守衛尸喪，積十二日。太后聞而不罪。匡于是帶鈇鑕詣闕上書，并乞李、杜二公骸骨。太后許之。成禮殯殮，送喬喪還家，送葬行服，隱匿不仕。

匡一名章，字叔康，常爲平原令。時國相徐曾，中常侍璜之兄也，匡耻與接事，託疾牧豕云。

後漢書論曰：夫稱仁者，其道弘矣。立言踐行，豈徒狥名安己而已哉？將以定去就之槩，正天下之風，使生以理全，死與義合也。夫專爲義則傷生，專爲生則騫義，專爲物則害智，專爲己則損仁。若義重于生，舍生可也；生重于義，全生可也。上以殘闇失君道，下以篤固盡臣節。臣節盡而死之，則爲殺身以成仁，去之不爲求生以害仁也。順桓之間，國統三絶，太后稱制，賊臣虎視。李固據位持重，以争大義，確乎而不可奪。豈不知守節之觸禍，耻夫覆折之傷任也。觀其發正辭，及所遺梁冀書，雖機失謀乖，猶戀戀而不能已。至矣哉，社稷之心乎！其視胡廣、趙戒猶糞土也。

論曰：李、杜二公，當母后强臣擅命之日，正色折奸，危言悟主，朝野咸倚爲重。志雖未遂，而以身死之，百世而下，猶足興起頑懦，不獨當時門生故吏之從義如歸也。或乃以冀負弑逆大惡，固、喬不克，聲罪致討，故綱目卒奪其官。然其事曖微，又旋已去位，清河之禍隨之，其身之莫保，况能案未成之獄以加之罪，而制其死命乎？夫立君，美事也，又憑議于衆。弑君，惡蹟也，又假手于私。王蒜長且賢，中外屬望，二公當此時，深心毅力，迭用柔剛，非惟不能奪邪謀而歸正議，終且以獲罪焉。而顧欲推鞫其私人，證成大獄，帝后制于中，群凶黨于外，將誰謀之？而誰信之？夫機事不密則害成，冀依倚城社，搆連羽翼，他日桓帝尚不敢顯行其天誅，况臣下乎？或謂二公陰圖機會，爲國殄此大憝，若王允之于董卓，温嶠之于王敦可也，不知事勢不同，蠡吾之立，漢祚興衰所繫，立與不立，定于俄〈闕〉義固争，庶幾可爲，若復依違隱忍，託爲事〈闕〉，卒之國事已非，而己之身名亦喪。

先儒有言曰：大臣當以李固、杜喬爲正。此不易之論也。延熹二年，李雲、杜衆以直諫得罪。九年，李膺、杜密以鉤黨見收。終桓之朝，稱「李杜」者三，并懷忠抗節，不得其死，而漢之亡決矣。

朱穆

朱穆字公叔，南陽宛人也。祖暉，少有氣節，年十三，與外氏宗屬避王莽亂。道遇群賊，白刃劫諸婦女，略奪衣物。衆皆惶迫伏地，暉拔劍前曰：「財物皆可取耳，諸母衣不可得。今日朱暉死日也！」賊壯而舍之。

歷仕臨淮太守，吏人畏愛。章帝時，拜尚書僕射。時尚書張林議復武帝均輸法，帝然林言，暉屢執不可。帝怒，切責諸尚書。暉自繫獄。三日，詔勑出之。暉因稱疾篤，不肯署議，尚書令以下皆爲惶怖。暉曰：「行年八十，蒙恩得備機密，當以死報。奈何心知不可，而順旨雷同耶？」遂閉口不復言。諸尚書乃共劾奏暉。帝意解，卒寢其事。

父頡，修儒術。安帝時至陳相。

穆年五歲，便有孝稱。父母疾，輒不飲食，差乃復常。及壯耽學，鋭意講誦，或時思至，不自知亡失衣冠，顛墜阬岸。其父常以爲顓愚，幾不知數馬足。穆愈更精篤。

初舉孝廉。順帝末，江淮盜賊群起，州郡不能禁。或説大將軍梁冀曰：「朱公叔兼資文武，若以爲謀主，賊不足平也。」冀亦素聞穆名，乃辟之，使典兵事。

及桓帝即位，梁太后臨朝，穆以冀地親勢重，望有以扶持王室，因推灾異，奏記以勸戒冀曰：「願將軍少察愚言，申納諸儒，親其忠直，絶其姑息，專心公朝，割除私欲，廣求賢能，斥遠佞惡。人君不可不學，當以天地順道漸漬其心。宜爲皇帝選置師傅及侍講者，得小心忠篤敦禮之士，將軍與之俱入，參勸講授，師賢法古。急誅姦臣爲天下所怨毒者，以塞灾咎。議郎、大夫之位，多非其人，九卿亦有乖其任者。惟將軍察焉。」又薦种暠、欒巴等。冀雖不能從其言，而擢用暠、巴，舉穆高第，爲侍御史。

時桓帝臨雍，禮畢，公卿出，虎賁置弓階上，公卿下階皆避弓。穆過，呵虎賁曰：「執天子器，何故投于地？」即劾奏抵罪。公卿皆慚曰：「朱御史可謂臨事不惑者也。」

時同郡趙康叔盛者，隱于武當山，以經傳教授。穆時年五十，乃奉書稱弟子。及康没，喪之如師。常感時澆薄，莫尚敦篤，作崇厚論。其略曰：「道者，以天下爲一，在彼猶在己也。故行違于道，則愧生于心，非畏義也；事違于理，則負結于意，非憚禮也。中世之所敦，已爲上世之所薄，况又薄于此乎？

「故夫天不崇大，則覆幬不廣；地不深厚，則載物不博；人不敦龐，則道數不遠。昔在仲尼不失舊于原壤，楚嚴不忍章于絶纓。而時俗或異，風化不敦，尚相誹謗。記短則兼折其長，貶惡則兼伐其善。務進者，趨前而不顧後；榮貴者，矜已而不待人。智不接愚，富不賑貧。虚華盛而忠信微，刻薄稠而純篤稀。斯蓋谷風有『棄予』之歎，伐木有『鳥鳴』之悲矣。」穆又著絶交論，亦矯時之作。

時梁冀驕暴不悛，朝野嗟毒，穆以故吏，懼其釁積招禍，復奏記諫曰：「明將軍地有申伯之尊，位爲群公之首，一日行善，天下歸仁，終朝爲惡，四海傾覆。頃者，官人俱匱，詔書發調，或至十倍。公賦既重，私斂又深。牧守長吏，多非德選，聚斂無厭，掠奪百姓，皆託之尊府。遂令將軍結怨天下，吏人酸毒，道路歎嗟。夫將相大臣，均體元首，共輿而馳，同舟而濟，輿傾舟覆，患實共之。豈可坐視主孤時困，而莫之恤乎？宜時易宰守非其人者，減省第宅園池之費，拒絶郡國諸所奉送。内以自明，外解人惑，使挾奸之吏無所依託，司察之臣得盡耳目。憲度既張，遠邇清一，則將軍身尊事顯，德耀無窮。」冀不納，而縱放日滋，遂復賂遺左右，交通宦者，任其子弟、賓客以爲要職，欲以自固。穆又奏記極諫，冀終不悟。報書曰：「如此，僕遂無一可耶？」穆言雖切，然亦不甚罪也。

永興元年，河溢，漂害人庶數十萬户，饑饉流移。冀州盜賊尤多，故擢穆爲冀州刺史。州人有宦者三人，爲中常侍，并以檄謁穆。穆疾之，辭不相見。冀部令長聞穆濟河，解印綬去者四十餘人。及到，奏劾諸部貪汙，吏至有自殺者。以威略權宜，盡誅賊渠帥。舉劾權貴，或死獄中。有宦者趙忠喪父，歸葬，僭爲璵璠、玉匣、偶人。穆下郡案驗，吏畏其嚴明，發墓割棺，出之。帝聞大怒，徵穆詣廷尉，輸作左校。太學生劉陶等數千人詣闕上書訟：「穆處公憂國，志清奸惡。横遭謗讟，遂罹刑譴。願黥首繫趾，代穆校作。」帝覽奏，乃赦之。

穆居家數年，以朝臣薦，徵拜尚書。

延熹五年，馮緄以車騎將軍將兵討武陵蠻，時所遣將帥，宦官輒陷以折費軍資抵罪。緄性烈直，不行賄賂，懼爲所中，乃奏請中常侍一人，監軍財費。穆即奏緄以財自嫌，失大臣之節。

穆既深疾宦官，及在臺閣，旦夕共事，志欲除之上疏曰：「案漢故事，中常侍參選士人。建武以後，乃悉用宦者。延平以來，浸益貴盛，假貂璫之飾，處常伯之任，權傾海内，子弟親戚，汎濫驕溢。凶狡無行之徒，媚以求官；恃勢怙寵之輩，漁食百姓。臣愚以爲，可悉罷省，率由舊章，更選海内清淳之士，明達國體者，以補其處。即陛下可爲堯舜之君，衆僚皆爲稷契之臣，兆庶黎民蒙被聖化矣。」帝不納。穆因進見，口復陳曰：「臣聞漢家舊典，置侍中中、常侍各一人，省尚書事。黄門侍郎一人，傳發書奏，皆用姓族。自和熹太后以女主稱制，不接公卿，乃以閹人爲常侍，小黄門通命兩宫。自此以來，權傾人主，窮困天下。宜皆罷遣，博選耆儒宿德，與參政事。」帝怒，穆伏不肯起。左右傳出，良久乃趨而去。自此中官數因事稱詔詆毁之。

穆素剛，不得意，居無幾，憤懣發疽。

延熹六年，卒，時年六十四。穆禄仕數十年，蔬食布衣，家無餘財。公卿共表穆立節清忠，虔恭機密，守死善道，宜蒙旌寵。策詔褒述，追贈益州太守。所著書凡二十篇，蔡邕嘗至其家自寫之。

穆卒，邕與門人共述其體行，謚曰文忠先生。穆前在冀州，所辟用皆清德長者，多至公卿、州郡。

子野，少有名節，仕至河南尹。

論曰：君臣、朋友之義，雖以人合，蓋有天焉。穆氣節剛決，與乃祖同，而文學過之。然考暉初從東平入朝，奪璧少府，大爲憲王蒼敬重，其後上便宜之策，抗均輸之議，章帝卒皆聽從，君臣之令終如此。暉與張堪、陳揖交，生死不肯負，司徒桓虞歎其義烈，朋友之合好又如彼。及穆之身，奏記于梁冀，既有違言。忠諫于桓帝，且以獲戾。又不幸遇劉伯宗輩，薄于仁義，著論絶交。迹其生平，憂國忘身，死而後已。剛目特書其卒，其所以予之者深矣。抑考竇憲之時，若樂恢之抗疏殉身，何敞之始終忠懇，韓稜之正色立朝，東京多節義之臣，此猶其比肩而起者。梁冀之積威，過于竇憲，穆能以剛正終焉，最後又力陳宦官一疏，其賢不可及矣。

虞詡

虞詡，字升卿，陳國人。祖父經，爲郡獄吏，案法平允。嘗曰：「東海于公，高爲里門，而其子定國卒至丞相。吾決獄六十年，雖不及于公，子孫何必不爲九卿邪？」故字詡曰升卿。

詡早孤，孝養祖母。縣舉順孫，欲以爲吏。辭以養，不赴。祖母終，服闋，辟太尉李修府，拜郎中。

永初四年，西羌作亂，殘破并、涼，大將軍鄧隲以軍役方費，事不相贍，欲棄涼州，并力北邊，乃會公卿集議，咸以爲然。詡聞而說李脩曰：「竊聞公卿定策當棄涼州，求之愚心，未見其便。先帝開拓土宇，劬勞後定，而今憚小費，舉而棄之。涼州既棄，即以三輔爲塞；三輔爲塞，則園陵單外。此不可之甚者也。諺曰：『關西出將，關東出相。』觀其習兵壯勇，實過餘州。今羌人所以不敢入據三輔，爲心腹之害者，以涼州在後故也。其土人所以推鋒執鋭，無反顧之心者，爲臣屬于漢故也。若棄其境域，徙其人庶，安土重遷，必生異念。如使豪雄相聚，席捲而東，雖賁、育爲卒，太公爲將，猶恐不足當禦。議者喻以補衣猶有所完，詡恐其疽食侵淫而無限極。棄之非計。」修曰：「吾意不及此。微子之言，幾敗國事。然則計當安出？」詡曰：「今涼土擾動，人情不安，竊憂卒然有非常之變。誠宜令四府九卿，各辟彼州數人，其牧守令長子弟皆除爲冗官，外以勸厲，答其功勤，内以拘致，防其邪計。」脩善其言，更集四府，皆從詡議。于是辟西州豪傑爲掾屬，拜牧守長吏子弟爲郎，以安尉之。

鄧隲兄弟以詡異其議，因此不平，欲以吏法中傷之。朝歌賊甯季等數千人攻殺長吏，屯聚連年，州郡不能禁乃，以詡爲朝歌長。故舊皆弔，詡曰：「得朝歌何弔也？志不求易，事不避難，臣之職也。不遇盤根錯節，何以别利器乎？」始到，謁河内太守馬稜。稜勉之曰：「君儒者，當謀謨廟堂，反在朝歌邪？」詡曰：「初除之日，士大夫皆見弔勉。以詡譸之，知其無能爲也。朝歌者，韓、魏之郊，背太行，臨黄河，去敖倉百里，而青、冀之民流亡萬數。賊不知開倉招衆，劫庫兵，守成皋，斷天下右臂，此不足憂也。今其衆新盛，難與争鋒。兵不厭權，願寬假轡策，勿令有所拘閡而已。」及到官，設令三科以募求壯士，自掾史以下各舉所知，其攻劫者爲上，傷人偷盗者次之，帶喪服而不事家業爲下。收得百餘人，詡爲饗會，悉貰其罪，使入賊中，誘令劫掠，乃伏兵以殺之。又潛遣貧人能縫者，傭作賊衣，以采綖縫其裾爲識，有出市里者，吏輒禽之。賊由是駭散，咸稱神明。遷懷令。

後羌寇武都，鄧太后以詡有將帥之略，遷爲武都太守。羌乃率衆數千，遮詡于陳倉、崤谷，詡即停車不進，而宣言上書請兵，須到當發。羌聞之，乃分鈔傍縣，詡因其兵散，日夜進道，兼行百餘里。令吏士各作兩竈，日增倍之，羌不敢逼。或問曰：「孫臏減竈而君增之，兵法日行不過三十里，以戒不虞，而今日且二百里，何也？」詡曰：「羌衆甚，吾兵少。徐行則易爲所及，速進則彼所不測。彼見吾竈日增，必謂郡兵來迎。衆多行速，必憚追我。孫臏見弱，吾今示强，勢有不同故也。」既到郡，兵不滿三千，而羌衆萬餘，攻圍赤亭數十日。詡乃令軍中，使强弩勿發，而潛發小弩。羌以爲矢力弱，不能至，并兵急攻。詡于是使二十强弩共射一人，發無不中，羌大震，退。詡因出城奮擊，多所傷殺。明日悉陳其衆，令從東郭門出，北郭門入，貿易衣服，回轉數周。羌不知其數，更相恐動。詡計賊當退，乃潛遣五百餘人，于淺水設伏，候其走路。羌果大奔，因掩擊，大破之，斬獲甚衆，賊由是敗散，南入益州。詡乃占相地勢，築營壘二百八十所，招還流亡，假賑貧人，郡遂以安。

先是，運道艱難，舟車不通，驢馬負載，僦五致一。詡乃自將吏士，案行川谷，由沮至下辯，數十里，皆燒石翦木，開漕船道，以人僦直雇借傭者。于是水運通利，歲省四千餘萬。詡始到郡，户裁盈萬。及綏聚荒餘，招還流散，二三年間，遂增至四萬餘户。鹽米豐賤，十倍于前。坐法免。

永建元年，爲司隸校尉。數月間，奏太傅馮石、太尉劉熹、中常侍程璜、陳秉、孟生、李閏等，百官側目，號爲苛刻。三公劾奏詡盛夏多拘係無辜，爲吏人患。詡上書自訟曰：「法禁者，俗之堤防，刑罰者，人之銜轡。今州曰任郡，郡曰任縣，更相委遠，百姓怨窮，以苟容爲賢，盡節爲愚。臣所發舉，臧罪非一，二府恐爲臣所奏，遂加誣罪。臣將從史魚死，即以尸諫耳。」順帝省其章，乃爲免司空陶敦。

時中常侍張防特用權勢，每請託受取，詡輒案之，而屢寢不報。詡不勝其憤，乃自繫廷尉，奏言曰：「昔孝安皇帝任用樊豐，幾亡社稷。今張防復弄威柄，國家之禍，將重至矣。臣不忍與防同朝，謹自繫以聞，無令臣襲楊震之跡。」書奏，防流涕訴帝，詡幾罹不惻。宦者孫程、張賢等知詡以忠獲罪，乃相率陳奏再三，始坐防徙邊，黜防黨尚書賈朗等，而赦出詡。程復上書，陳詡有大功，語甚切激。帝感悟，復徵拜議郎。數日，遷尚書僕射。

是時，長吏、二千石聽百姓讁罰者輸贖，號爲「義錢」，託爲貧人儲，而守令因以聚斂。詡奏除之。諸所議多見從用。

詡好刺舉，無所回容，數以此忤權戚，遂九見譴考，三遭刑罰，而剛正之性，終老不屈。永和初，遷尚書令，以公事去官。朝廷思其忠，復徵之，會卒。臨終，謂其子恭曰：「吾事君直道，行已無愧，所悔者爲朝歌長時，殺賊數百人，其中何能不有寃者。自此二十餘年，家門不增一口，其獲罪于天，已可知也。」

恭亦有俊才，官至上黨太守。

論曰：詡多智謀，有文武才略。沮棄涼州，三輔安危所係，不特保全疆土而已。其在朝歌、武都之間，則循吏而兼名將者也。詡性剛而執法嚴，在朝廷權多憚之，九見譴考，三遭刑罰，然以博擊權閹之人，而能使宦者亦知其忠，至于相率論救，則忠信可行，而直道之不泯也。

張綱

張綱字文紀，犍爲武陽人，留侯良之裔也。父皓，初爲廷尉，留心刑斷，數與尚書辯正疑獄，多以詳當見從。安帝廢皇太子爲濟陰王，皓與太常桓焉、太僕來歷廷争之，不能得。順帝即位，拜司空，在事多所薦達。

綱少時經學，雖爲公子，而厲布衣之節。舉孝廉不就，司徒辟高第爲御史。時順帝委縱宦官，有識危心。綱常感激，慨然歎曰："穢惡滿朝，不能奮身出命掃國家之難，雖生吾不願也。"退而上書，言："文、明恭儉守節，約身尚德。中常侍不過兩人，近倖賞賜裁滿數金，惜費重人，故家給人足，姦謀自消，和氣感應。頃者無功小人皆有官爵，富之驕之而復害之，非愛人重器，承天順道者也。願陛下割損左右，以奉天心。"書奏不省。

漢安元年，遣八使徇行風俗，皆耆儒知名，多歷顯位，唯綱年少，官次最微。餘人受命之部，而綱獨埋其車輪于洛陽都亭，曰："豺狼當路，安問狐狸？"遂奏白："大將軍冀，河南尹不疑，蒙外戚之援，荷國厚恩，以芻蕘之資，居阿衡之任，不能敷揚五教，翼贊日月，而專爲封豕長蛇，肆其貪叨，甘心好貨，縱恣無底，多樹諂諛，以害忠良。誠天威所不赦，大辟所宜加也。謹條其無君之心十五事，皆臣子所切齒者也。」書御，京師震悚。時冀妹爲皇后，姻族滿朝，帝雖知綱言直，終不忍用。

先是，廣陵賊張嬰等聚衆數萬，殺刺史、二千石，寇亂揚徐間，積歲不能討。冀乃諷尚書，以綱爲廣陵太守，因欲以事中之。前遣郡守，率多求兵馬，綱獨請單車之職。既到，乃將吏卒十餘人，徑造嬰壘，以慰安之，求得與長老相見，申示國恩。嬰初大驚，既見綱誠信，乃出拜謁。綱延置上坐，問所疾苦。乃譬之曰：「前後二千石多肆貪暴，故致公等懷憤相聚。二千石信有罪矣，然爲之者又非義也。今主上仁聖，欲以文德服叛，故遣太守，思以爵禄相榮，不願以刑罰相加，誠轉禍爲福之時。若聞義不服，天子赫然震怒，荆、揚、兗、豫大兵雲合，豈不危乎？夫不料强弱，非明也；棄善取惡，非智也；去順效逆，非忠也；身絶血嗣，非孝也；背正從邪，非直也；見義不爲，非勇也。六者，成敗之幾，利害所從，公其深計之。」嬰聞，泣下曰：「荒裔愚人，不能自通朝廷，不堪侵枉，遂復聚黨偷生，若魚游釜中，喘息須臾間耳。今聞明府言，乃嬰等更生之辰也。既陷不義，實恐投兵之日，不免孥戮。」綱約之以天地，誓之以日月，嬰深感悟，乃辭還營。明日，將所部萬餘人與妻子面縛歸降。綱乃單車入嬰壘，大會，置酒爲樂，散遣部將，任從所之。親爲卜居宅，相田疇。子弟欲爲吏者，皆引召之。人情悦服，南州晏然。論功當封，爲梁冀遏絶。天子嘉美，徵欲擢用綱，而嬰等上書乞留，乃許之。

綱在郡一年，年三十六，卒。百姓老幼相携，詣府赴哀者不可勝數。綱自被疾，吏人咸爲祠祀祈福，皆言：「千秋萬歲，何時復見此君。」張嬰等五百餘人制服行喪，送到犍爲，負土成墳。有詔褒恤，拜其子續爲郎中，賜錢百萬。

論曰：張綱正色立朝，不阿權貴，惠心乎衆，不罔下民，可謂柔不茹，剛不吐矣。然能化千萬愚夫、愚婦之心，而不能救一二貴戚、强臣之禍，何哉？孟子言：簞豆嘑蹴，乞人不屑。而受萬鍾者，徒以宫室妻妾之不可已，遂棄禮義不顧。嬰等雖寇賊，然皆有激而成，其廉耻固未盡澌滅也。若梁冀者，晏安酖毒，失其本心，不至于殺身覆宗不止，豈非所謂死于安樂乎？夫小懲大誡，小人之福。章帝知竇憲之奸，順帝嫉梁冀之擅，而卒濡忍弗決，遂令惡極罪大，不復可貰誦富驕爲害之言。又歎君子之欲保全小人，如此其至，而彼昏不知，反以德爲讎也。

劉陶

劉陶，字子奇，一名偉，潁川潁陰人，濟北王勃之後。陶爲人居簡，不修小節。所與交友，非同志，雖富貴不苟合也。同宗劉愷，以雅德知人，獨深器陶。

時朱穆刺史冀州，以案驗宦官，觸桓帝怒，徵下獄，輸作左校。陶時游太學，率數千人詣闕上書，曰：「伏見弛刑徒朱穆，處公憂國，志清姦惡。誠以常侍貴寵，父子兄弟布在州郡，競爲虎狼。穆張理天綱，補綴漏目，内官恚疾，謗讟煩興，天下有識，皆以穆同禹、稷而被共、鯀之戾，若死者有知，則唐帝怒于崇山，重華忿于蒼墓矣。當今中宦近習，竊持國柄，手握王爵，口含天憲。運賞則使餓隸富于季孫，呼噏則令伊、顔化爲桀、蹠。而穆獨亢然不顧身害，感王綱之不攝，懼天網之久失，竭心懷憂，爲上深計。臣願黥首繫趾，代穆校作。」帝覽其奏，赦之。

陶見梁冀當朝，連歲灾荒，復上疏陳事曰：

「天之與帝，帝之與民，猶頭與足，相須而行也。陛下目不視鳴條之事，耳不聞檀車之聲，天灾不有痛于肌膚，震食不即損于聖體，故蔑三光之謬，輕上天之怒。使群醜刑隸，芟刈小民，死者悲于窀穸，生者戚于朝野。是愚臣所爲咨嗟長懷歎息者也。臣聞危非仁不扶，亂非智不救。竊見故冀州刺史朱穆，前烏桓校尉李膺，皆履正清平，貞高絶俗。穆前在冀州，摧破姦黨，掃清萬里。膺歷典牧守，正身率下，威揚朔北。實中興良佐，宜還本朝，夾輔王室，以上齊七曜，下鎮萬國。」書奏不省。

時有上書言民以貨輕錢薄，故致貧困，宜改鑄大錢。事下四府群僚及太學能言之士。陶上議曰：

「當今之憂，不在于貨，在于民饑。比年已來，良苗盡于蝗螟，杼柚空于公私，而議者不達農殖之本，争言鑄冶之便，或欲因緣行詐，以賈國利。利盡争競，造鑄之端于是乎生。一人鑄之，萬人奪之，雖以陰陽爲炭，萬物爲銅，猶不足無厭之求也。臣嘗誦詩，至鴻雁于野之勞，每喟爾長懷，中篇而歎。近聽征夫饑勞之聲，甚于斯歌。今地廣不得畊，民衆無所食。群小秉國，吞噬無厭。誠恐卒有役夫窮匠，攘臂遠呼，使愁怨之民，響應雲合，雖方尺之錢，何能有救？詩人所以眷然顧之，潸焉出涕者也。」帝遂不改鑄。

後陶舉孝廉，除順陽長。縣多奸滑，陶到官，募吏民有勇力者，不拘亡命奸贓，陶責其先過，要以後效，使各結所厚少兵，皆嚴兵待命。于是覆案奸軌，所發若神。後以病免，吏民思而歌之曰：「邑然不樂，思我劉君。何時復來，安此下民。」

陶明尚書春秋，爲之訓詁。推夏侯建、夏侯勝、歐陽和伯三家尚書及古文，是正文字二百餘事，名曰中文尚書。

頃之，拜侍御史。靈帝宿聞其名，數引納之。時張角僞託大道，妖惑小民，陶上言曰：「聖王以天下耳目爲視聽，故能無不聞見。今張角夫黨，不可勝計，雖會赦令，而謀不解散。四方私言角等竊入京師，覘視朝政，而州郡忌諱，更相告語，莫肯公文。宜下明詔，重募角等，賞以國土，有敢回避，與之同罪。」帝殊不悟。

明年，角反，乃思陶言，封中陵鄉侯，三遷尚書令，拜侍中。以數切諫，爲權臣所憚，徙爲京兆尹。到職，當出修宫錢直千萬，陶既清貧，而耻以錢買職，稱疾不聽政。帝宿重陶才，原其罪，徵拜諫議大夫。

是時，天下寇賊方熾，陶憂致崩亂，復上疏曰：「臣聞事之急者，不能安言；心之痛者，不能緩聲。竊見天下前遇張角之亂，後遭邊章之寇，今西羌逆類，私署將帥，皆多叚熲時吏，習戰陳，知山川，臣嘗懼其輕出河東、馮翊，鈔西軍之後，東之函谷，據阸高望。今果已攻河東，恐遂轉更豕突上京。臣前驛馬上便宜，乞絶河東諸郡賦調，冀尚可安。事付主者，流連至今，莫肯求問。今三郡之民皆已奔亡，其存者尚十三四，悲愁相守，有百走退死之心，而無一前鬭生之計。西寇浸前，去營咫尺。將軍張温，天性精勇，而主者旦夕迫促，軍無後殿，假令失利，其敗不救。臣自知言數見厭，而言不自裁者，以爲國安則臣蒙其慶，國危則臣亦先亡也。謹復陳急要八事，乞深垂納者。」其八事，大較言天下大亂，皆由宦官。宦官事急，共讒陶曰：「今四方已静，而陶疾害聖政，專言妖孽。州郡不上，陶何緣知？疑陶與賊通情。」于是收陶，下黄門北寺獄，掠按日急。陶自知必死，對使者曰：「朝廷前封臣云何？今反受邪譖。恨不與伊、吕同儔，而以三仁爲輩。」遂閉氣而死，天下莫不痛之。

陶著書數十萬言，又作七曜論、匡老子、反韓非、復孟軻及上書言當世便事、條教、賦、奏、書、記、辯疑，凡百餘篇。

時司徒東海陳耽，亦以非罪與陶同死。耽素以忠正稱，光和五年，詔公卿以謡言舉刺史、二千石爲民害者。時太尉許馘、司空張濟承望内官，受取貨賂，其宦官子弟賓客貪穢，皆不敢問。而虚舉邊遠小郡清修有惠化者二十六人。吏民詣闕陳訴，耽上言：「公卿所舉，率黨其私，所謂放鴟鴞而囚鸞鳳。」帝以讓馘、濟，諸坐徵者悉拜議郎。宦官怨之，遂誣陷耽死獄中。

論曰：漢末母后外戚、盗賊强臣之禍，皆成于宦官。鄧后稱制，則用小黄門，通命兩宫。梁冀擅國，則任中官子弟，以求自固。董卓入朝廢立，則以起兵誅宦官爲名。至于盗賊之興，由百姓饑寒；饑寒之源，由牧守貪濁；牧守之横，由中常侍私人典據州郡。傅燮所謂釁起蕭墻，而禍延四海，與陶言正相發明也。

夫患常積于忽微，苟及時補救，猶可轉禍爲福。而亡國之君臣，安危利菑，如燕雀處堂，苟延日夕。雖有忠臣直士，痛哭流涕于其前，不厭爲迂闊，則斥爲誹謗。秦、隋之季，群盗蠭起，趙高、虞世基故爲大言慰藉，兩主皆深信不疑，寧獨一漢靈哉？陶所陳西羌事勢，本末深切著明，而宦官且曰：「州郡不上，陶何緣知？」前此張角正坐州郡，諱言遂釀其禍，覆車不遠，莫之省憂，下則巧言如流，上則辟言不信。頌《雨無正》七章，未嘗不太息于敗亡之相，尋千古一轍也。抑考陶之言曰：「國安則臣蒙慶，國危則臣亦先亡。」蓋繫心宗室，不忍同談笑于越人。是以危言深論，至于再三，以冀幸君之一悟。而讒諂蔽明，忠信得罪，本實撥而枝葉亦因以害矣。

史傳三編卷十六

名臣傳八

漢

陳蕃　竇武

陳蕃字仲舉，汝南平輿人也，祖河東太守。蕃年十五，嘗閒處一室，而庭宇蕪穢。父友同郡薛勤來候之，謂蕃曰：「孺子何不灑掃以待賓客？」蕃曰：「大丈夫處世。當掃除天下。安事一室乎？」勤知其有清世志，甚奇之。

初仕郡，舉孝廉，除郎中。遭母憂，棄官行喪。服闋，刺史周景辟别駕從事，以諫争不合，投傳而去。後公府辟舉方正，皆不就。太尉李固表薦，徵拜議郎，再遷爲樂安太守。時李膺爲青州刺史，名有威政，屬城聞風，皆自引去，蕃獨以清績留。郡人周璆，高潔之士，前後郡守招命莫肯至，唯蕃能致焉。字而不名，特爲置一榻，去則懸之。民有趙宣，葬親而不閉埏隧，因居其中，行服二十餘年，鄉邑稱孝，州郡數禮請之。郡内以薦蕃，蕃與相見，問及妻子，而宣五子皆服中所生。蕃大怒，曰：「聖人制禮，賢者俯就，不肖企及。且祭不欲數，以其易黷故也。况乃寢宿冢藏，而孕育其中，誑時惑衆，誣汙鬼神乎？」遂致其罪。

大將軍梁冀威震天下，時遣書詣蕃，有所請託，不得通，使者詐求謁，蕃怒，笞殺之，坐左遷修武令。稍遷，拜尚書。

時零陵、桂陽山賊爲害，公卿議遣討之，又詔下州郡，一切皆得舉孝廉、茂才。蕃上疏駁之曰：「良民爲寇，皆所在貪虐使然。宜嚴勑三府，隱覈牧守令長，其有在政失和，侵暴百姓者，即便舉奏，更選清賢奉公之人，能班宣法令情在愛惠者，可不勞王師，而群賊弭息矣。又三署郎吏二千餘人，三府掾屬過限未除，但當擇善而授之，簡惡而去之。豈煩一切之詔，以長請屬之路乎？」以此忤左右，故出爲豫章太守。

性方峻，不接賓客，吏民亦畏其高。徵爲尚書令，送者不出郭門。遷大鴻臚。會白馬令李雲抗疏諫，桓帝怒，當伏重誅。蕃上書救雲，坐免歸田里。復徵拜議郎，數日，遷光禄勛。

時，封賞踰制，内寵猥盛，蕃乃上疏諫曰：「臣聞有事社稷者，社稷是爲；有事君人者，容悦是爲。今臣蒙恩，備位九列，見非不諫，則容悦也。夫諸侯上象四七，下應分土。高祖之約，非功臣不侯。今追録河南尹鄧萬世父遵之微功，更爵尚書令黄儁先人之絶封，近習以非義授邑，左右以無功傳賞，至乃一門之内，侯者數人，故緯象失度，陰陽謬序，稼用不成，民用不康。臣知封事已行，言之無及，誠欲陛下從是而止。又比年收斂，十傷五六，萬人饑寒，而采女數千，食肉衣綺，脂油粉黛，不可貲計。鄙諺云：『盗不過五女門。』今後宫之女，豈不貧國乎？且聚而不御，必生悲感，以致并隔水旱之困。夫獄以禁止姦違，官以稱才理物。若法虧于平，官失其人，則王道有缺。而令天下皆謂獄由怨起，爵以賄成。陛下宜採求得失，擇從忠善。尺一選舉，委尚書三公，使褒責誅賞，各有所歸，豈不幸甚？」帝頗納其言，爲出宫女五百餘人，但賜儁爵關内侯，而萬世南鄉侯。

延熹六年，車駕幸廣城校獵。蕃上疏極諫，不納。自蕃爲光禄勳，與五官中郎將黄琬共典選舉，不偏權富，而爲勢家郎所譖訴，坐免歸。頃之，徵爲尚書僕射，轉太中大夫。八年，代楊秉爲太尉。蕃讓曰：「『不愆不忘，率由舊章』，臣不如太常胡廣。齊七政，訓五典，臣不如議郎王暢。聰明亮達，文武兼資，臣不如弛刑徒李膺。」帝不許。中常侍蘇康、管霸等復被任用，排陷忠良。大司農劉祐、廷尉馮緄、河南尹李膺，皆以忤旨抵罪。蕃因朝會，固理膺等，請加原宥，升之爵任。言及反覆，誠詞懇切。帝不聽，因流涕而起。

時小黄門趙津、南陽大猾張汜等，奉事中官，乘勢犯法，二郡太守劉瓆、成瑨考案其罪，雖經赦令，而并竟考殺之。宦官怨恚，有司承旨，遂奏瓆、瑨罪當棄市。

又山陽太守翟超，没入中常侍侯覽財産，東海相黄浮，誅殺下邳令徐宣，超、浮并坐髡鉗，輸作左校。蕃與司徒劉矩、司空劉茂，共諫請瓆、瑨、超、浮等，帝不悦。有司劾奏之，矩、茂不敢復言。蕃乃獨上疏曰：「臣聞寇賊在外，四支之疾；内政不理，心腹之患。陛下超從列侯，繼承天位，誠不愛己，獨不念先帝得之勤苦耶？前梁氏五侯，毒徧海内，天啓聖意，收而戮之。而近習之權，復相扇結。小黄門趙津、大猾張汜等，肆行貪虐，姦媚左右，前太原太守劉瓆、南陽太守成瑨，糾而戮之。雖言赦後不當誅殺，原其誠心，在乎去惡。至于陛下，有何悁悁？而小人道長，營惑聖聽，遂使天威爲之發怒。過謫已甚，况乃重罰，令伏歐刃乎？又前山陽太守翟超、東海相黄浮，奉公不撓，疾惡如讎，超没侯覽財物，浮誅徐宣之罪，并蒙刑坐。昔丞相申屠嘉召責鄧通，洛陽令董宣折辱公主，而文帝從而請之，光武加以重賞，未聞二臣有專命之誅。陛下深宜割近習豫政之源，引納尚書朝省之事，簡練清高，斥黜佞邪。如是天和于上，地洽于下，休徵符瑞，豈遠乎哉？」帝得奏，愈怒，竟無所納。瓆、瑨竟死獄中。朝廷衆庶，莫不怨之。宦官由此疾蕃彌甚，選舉奏議，輒以中詔譴郤，長吏以下多至抵罪。猶以蕃名臣，不敢加害。

九年，李膺等以黨事下獄考實。蕃因上疏極諫曰：「臣聞賢明之君，委心輔佐；亡國之主，諱聞直詞。伏見前司隸校尉李膺、太僕杜密、太尉掾范滂等，正身無玷，死心社稷。以忠忤旨，横加考案，或禁錮閉隔，或死徙非所。杜塞天下之口，聾盲一世之人，與秦焚書阬儒何異？人君者，舉動不可以違法，進退不可以離道。謬言出口，亂及八方，何况髡無罪于獄，殺無辜于市乎？又青、徐炎旱，民物流遷。而國用盡于紈羅，外戚私門，貪財受賂，所謂『禄去公室，政在大夫』。昔春秋之末，周室衰微，數十年間，無復災眚者，天所棄也。天之于漢，悢悢無已，故殷勤示變，以悟陛下。除妖去孽，實在修德。臣位列台司，憂深責重，不敢尸禄惜生，坐觀成敗。如蒙採録，使身首分裂，所不恨也。」帝諱其言切，託以辟召非人，策免之。

永康元年，竇后臨朝，以蕃爲太傅，録尚書事。時新遭大喪，國嗣未立，諸尚書畏懼權官，託病不朝。蕃以書責之曰：「古人立節，事亡如存。今帝祚未立，政事日蹙，諸君奈何委荼蓼之苦，息偃在床？于義不足，焉得仁乎？」諸尚書惶怖，皆起視事。

靈帝即位，竇太后復詔封蕃高陽侯。蕃上疏辭，太后不許。蕃復固讓，章前後十上，竟不受封。

初，桓帝欲立所幸田貴人爲皇后。蕃以田氏卑微，竇族良家，争之甚固。帝不得已，乃立竇后。及后臨朝，故委用于蕃。蕃與后父大將軍竇武，同心盡力，徵用名賢，共參政事，天下之士，莫不延頸想望太平。而帝乳母趙嬈，旦夕在太后側，中常侍曹節、王甫等與共交搆，諂事太后。太后信之，數出詔命，有所封拜，及其支類，多行貪虐。蕃常疾之，志誅中官，會竇武亦有謀。蕃自以既從人望而德于太后，必謂其志可申，乃先上疏，言：「侯覽、曹節、公乘昕、王甫、鄭颯等，與趙夫人諸女尚書并亂天下。附從者升進，忤逆者中傷。陛下前始攝位，順天行誅，蘇康、管霸并伏其辜。奈何數月，復縱左右，元惡大奸，莫此之甚。今不急誅，必生變亂，傾危社稷，其禍難量。願出臣章宣示左右，并令天下諸姦知臣疾之。」太后不納，朝廷聞者莫不震恐。蕃因與竇武謀之，武不即以時收殺，而須考竟其詞，事遂泄。曹節等因矯詔誅武。蕃時年七十餘，聞難作，將官屬諸生八十餘人，并拔刃突入承明門，攘臂呼曰：「大將軍忠以衛國，黄門反逆，何云竇氏不道耶？」王甫使劍士收蕃，蕃拔劍叱甫，甫兵不敢近，乃益人圍之數十重，遂執蕃送黄門北寺獄。黄門從官騶蹋蹴蕃曰：「復能損我曹員數，奪我曹稟假不？」即日害之。徙其家屬于比景，宗族、門生、故吏，皆斥免禁錮。

蕃友人陳留朱震，時爲銍令，聞而棄官哭之，收葬蕃尸，匿其子逸于甘陵界中。事覺繫獄，合門桎梏。震受拷掠，誓死不言，故逸得免。後大赦黨人，乃追還逸，官至魯相。

竇武，字游平，扶風平陵人，少以經行著稱，教授大澤中，不交時貴，名顯關西。

延熹八年，長女選入掖庭，桓帝以爲貴人，拜武郎中。冬，立爲皇后，封武槐里侯。明年，拜城門校尉。在位多辟名士，清身疾惡，禮賂不通，妻子衣食裁充足而已。得兩宫賞賜，悉散與太學諸生，及載肴糧于道施貧民。

時宦官專寵，李膺、杜密等爲黨事考逮。武上疏切諫，其略曰：「陛下即位以來，未聞善政。常侍黄門續爲禍虐，欺罔譎詐，妄爵非人，朝政日衰，姦臣日强。臣恐二世之難，必將復及，趙高之變，不朝則夕。近者牢脩，造設黨議，遂收前司隸校尉李膺、太僕杜密、御史中丞陳翔、太尉掾范滂等逮考，連及數百人，曠年拘録，事無効驗，臣惟膺等建忠抗節，志經王室，此誠陛下稷、契、伊、吕之佐，而虚爲奸臣賊子之所誣枉，天下寒心，海内失望。惟陛下留神澄省，時見理出，以厭人鬼喁喁之心。臣聞古之明君，必須賢佐，以成政道。今臺閣近臣，陳蕃、胡廣、朱寓、荀琨、劉祐、魏朗、劉矩、尹勳等，皆國之貞士，朝之良佐。尚書郎張陵、嬀皓、苑康、楊喬、邊韶、戴恢等，明達國典，群才并列。而陛下委任近習，專樹饕餮，外典州郡，内幹心膂。宜以次貶黜，案罪糾罰，抑奪宦官欺國之封，按其無狀誣罔之罪，信任忠良，平决臧否，使邪正毁譽，各得其所，咎徵可消，天應可待。間者有嘉禾、芝草、黄龍之見。夫瑞生必于嘉士，福至實由善人，在德爲瑞，無德爲災。陛下所行，不合天意，不宜稱慶。」書奏，因以病上還城門校尉、槐里侯印綬。帝不許，有詔原李膺、杜密等，自黄門北寺、若盧、都内諸獄，繫囚罪輕者皆出之。

其冬，帝崩，無嗣。武召侍御史劉儵，參問王子侯賢者，入白太后，徵立解瀆亭侯宏，是爲靈帝，拜武大將軍，常居禁中，更封聞喜侯。子機，兄子紹、靖皆爲侯。

武既輔朝政，常有誅翦宦官之意，太傅陳蕃亦素有謀。時共會朝堂，蕃私謂武曰：「中常侍曹節、王甫等，自先帝時操弄國柄，濁亂海内。今不誅，後必難圖。」武深然之。于是引同志尹勳爲尚書令，劉瑜爲侍中，馮述爲屯騎校尉。又徵天下名士廢黜者，李膺、杜密、劉猛、朱寓等，列于朝廷；請前越嶲太守荀昱爲從事中郎，辟潁川陳寔爲屬；共定計策。于是天下雄俊，知其風旨，莫不延頸企踵，思奮其智力。

會五月日食，蕃説武曰：「昔蕭望之困一石顯，近者李、杜諸公禍及妻子，况今石顯數十輩乎？今可且因日食，斥罷宦官，以塞天變。又趙夫人及女尚書，旦夕亂太后，急宜退絶。惟將軍慮焉。」武乃白太后，欲盡誅廢宦官等。太后曰：「漢家故事世有，但當誅其有罪，豈可盡廢邪？」時中常侍管霸頗有才略，專制省内。武先白誅霸及蘇康等，竟死。復數白誅曹節等，太后猶豫未忍。

至八月，太白出西方。劉瑜上書太后，言：「占應宫門當閉，將相不利，姦人在主傍。願急防之。」又與武、蕃書，以星辰錯繆，不利大臣，宜速斷大計。武乃奏免黄門令魏彪，以山冰代之。使冰奏數狡猾無狀者鄭颯，送北寺獄。蕃謂武曰：「此曹子便當收殺，何復考爲？」武不從，令冰與尹勳、祝瑨雜考颯，詞連節、甫，乃奏收節等，使劉瑜内奏。

時武出宿歸府，典中書者先以告長樂五官史朱瑀。瑀盜發武奏，罵曰：「中官放縱者，自可誅耳。我曹何罪？而當盡見族滅？」因大呼曰：「陳蕃、竇武奏白太后廢帝，爲大逆。」乃夜召所親壯健者十七人，咶血共盟誅武等。曹節白帝曰：「外間切切，請出御德陽前殿。」令帝拔劍踴躍，使乳母趙嬈擁衛左右，取棨信，閉諸禁門。召尚書官屬，脅以白刃，使作詔板。拜王甫爲黄門令，持節至北寺獄收尹勳、山冰。冰疑，不受詔，甫擊殺之。遂害勳，出鄭颯。還共劫太后，奪璽書，收捕武等。武不受詔，馳入步兵營，與兄子紹共射殺使者。召會北軍五校士數千人屯都亭下，令軍士曰：「黄門常侍反，盡力者封侯重賞。」詔周靖、張奂討武等，王甫將虎賁、羽林軍千餘人，與奂等合。明旦悉軍闕下，與武對陣。至食時，武、紹敗走，諸軍追圍之，皆自殺。收武宗親、賓客、姻屬，悉誅之，及劉裕、馮述，皆夷其族。徙武家屬日南，遷太后于雲臺。武府掾胡騰，獨殯斂行喪，坐以禁錮。

武孫輔，年二歲，逃竄。騰及令史張敞脱之，得全。

後漢書論曰：「桓靈之世，若陳蕃之徒，咸能樹立風聲，抗論惛俗，而驅馳嶮阸之中，與刑人、腐夫同朝争衡，終取滅亡之禍者，非彼不能絜情志，違埃霧也。愍夫世士以離俗爲高，而人倫莫相恤也。以遯世爲非義，故屢退而不去。以仁心爲己任，雖道遠而彌厲。及遭際會，恊策竇武，自謂萬世一遇也。凛凛乎伊、望之業矣！功雖不終，然其信義足以攜持民心。漢世亂而不亡，百餘年間，數公之力也。

論曰：東漢之末，宦竪竊弄神器，敢行暴虐，天下莫不痛心疾首。蕃以耆德碩望，武以后父且賢，思掃除君側，以還清明。而機事一泄，重遭其毒，豈謀之不臧乎？太白入犯太微，大臣不利，天變告于上矣。張奐新至，不知本謀，至爲節、甫所賣，人事舛于下矣。固知四百年之運將終，而炎精已灰，不可復燃也。厥後何進踵之，卒以其身與宦豎同盡，而漢鼎旋移。語曰：癰疽既潰，大命隨之，不其信哉？

李膺

李膺，字元禮，潁川襄城人也。祖父脩，太尉。父益，趙國相。膺性簡亢，無所交接，唯以同郡荀淑、陳寔爲師友。

舉孝廉，爲司徒胡廣所辟，舉高第，再遷青州刺史。守令畏威明，多望風棄官。再遷漁陽太守。尋轉蜀郡太守，修庠序，設條教，明法令，威恩并行，珍玩不入於門。朝廷舉能理劇，轉烏桓校尉。鮮卑數犯塞，膺常蒙矢石，身被創痍，拭血進戰。每破走之，賊甚憚懾。以公事免官，還居綸氏，教授常千人。南陽樊陵求爲門徒，膺謝不受。陵後以阿附宦官，致位太尉，爲節志者所羞。荀爽常就謁膺，因爲其御，既還，喜曰：「今日乃得御李君矣。」其見慕如此。

永壽二年，鮮卑寇雲中，桓帝聞膺能，乃復徵爲度遼將軍。先是，羌衆及疏勒、龜茲，數出攻鈔張掖、酒泉諸郡，屢被其害。膺到，皆望風懼服，先所掠男女，悉送還塞下。自是，聲振遠域。

徵拜河南尹。時宛陵大姓羊元群罷北海郡，臧罪狼籍。膺表欲按其罪，元群行賂宦竪，膺反坐輸作左校。

初，膺與廷尉馮緄、大司農劉祐等共同心志，糾罰姦倖，緄、祐時亦得罪輸作。司隸校尉應奉抗疏，表其忠節，録其功勲，乃悉免其刑。再遷，復拜司隸校尉。時張讓弟朔爲野王令，貪殘無道，畏膺威嚴，逃還京師，匿於讓第舍合柱中。膺率吏卒破柱取朔，付獄受詞畢，即殺之。讓訴冤，帝召膺，詰以不先請便加誅辟之意。膺對曰：「昔仲尼爲魯司寇，七日而誅少正夘。今臣到官已積一旬，私慮以稽留爲愆，不意獲速疾之罪。誠自知釁責，死不旋踵，乞留五日，剋殄元惡，退就鼎鑊，始生之願也。」帝乃顧讓曰：「此汝弟之罪，司隸何愆？」自此諸宦官皆鞠躬屏氣，休沐不敢出宫省。帝問其故，并叩頭泣曰：「畏李校尉。」

時朝廷日亂，綱紀頹弛，膺獨持風裁，以聲名自高。士有被容接者，名爲登龍門。及遭黨事，當考實膺等。案經三府，太尉陳蕃卻之，曰：「今所考案，皆海内人譽，憂國公忠之臣。此等猶將十世宥也，豈有罪名不彰而致收掠者乎？」不肯平署。帝愈怒，遂下膺等於黄門北寺獄。膺等頗引宦官子弟，宦官多懼，請帝以天時宜赦。膺得免歸，居陽城山中，天下士大夫皆高尚其道，而汙穢朝廷。

及陳蕃免太尉，朝野屬意於膺，荀爽恐其名高致禍，欲令屈節以全亂世，爲書貽曰：「久廢過庭，不聞善誘。知以直道不容於世，悦山樂水，家於陽城。道近路夷，當即聘問，不謂夷之初旦，明而未融，虹蜺揚輝，棄和取同。方今天地氣閉，大人休否，智者見險，投以遠害。雖匱人望，内合私願。願怡神無事，偃息衡門，與時俯仰。」頃之，帝崩。陳蕃爲太傅，與竇武謀誅宦官，故引用天下名士，乃以膺爲長樂少府。及陳、竇之敗，膺等復廢。

後張儉事起，收捕鈎黨，鄉人謂膺曰：「可去矣。」對曰：「事不辭難，罪不逃刑，臣之節也。吾年已六十，死生有命，去將安之？」乃詣詔獄。考死。陽城杜密素與李膺名行相次，先爲代郡泰山太守及北海相，宦官子弟爲令長，有姦惡者，輒捕案之。後官至太僕，黨事作，亦同死焉。時人謂之李、杜。

初，河内張成善説風角，推占當赦，遂教子殺人。膺時爲河南尹，督促收捕，既而逢宥獲免，膺竟案殺之。成以方伎交通宦官，帝亦頗誶其占。成弟子牢脩因上書誣告膺等，共爲部黨，誹訕朝廷，疑亂風俗，詞所連及二百餘人，黨禍實始此云。

論曰：東漢延熹、永康間，大往小來，陽外陰内。易曰：「君子以儉德辟難，不可榮以禄。」垂戒至深遠矣。當此之時，即括囊、肥遯，猶懼不免，顧不處於南山之南，北山之北，以弢光隱曜，而互相標榜，敢行倖直，立的於此，使人得以彎弓相向，君子高其節，不得不哀其志也。至夫孔融弟争兄死；范滂母歡子義；景毅以子爲膺門徒，自表免歸；皇甫規以西州豪傑，恥不與黨，上書自言宜坐。雖義聲感慨，足以立懦廉頑，然揆諸守死善道之常經，毋乃已激乎？讀元禮、孟博諸傳，乃益服郭有道、陳太丘二公之弘識雅量爲不可及也。

傅燮

傅燮，字南容，北地靈州人也。本字幼起，慕南容三復白圭，乃易字焉。身長八尺，有威容。少師事太尉劉寬。再舉孝廉。聞所舉郡將喪，乃棄官行服。後爲護軍司馬，與左中郎將皇甫嵩俱討張角。

燮素疾中官，既行，因上疏曰：「臣聞天下之亂，不由於外，皆興於内。今張角起於趙、魏，黄巾亂於六州。皆由舋發蕭墻，而禍延四海者也。臣受戎任，始到潁川，戰無不克。黄巾雖盛，不足爲廟堂憂。惟陛下仁德寬容，致閹竪弄權，忠臣不進。誠使張角梟夷，黄巾變服，臣之所憂，甫益深耳。夫邪正不宜共國，猶冰炭不可同器。彼知正人之功顯，皆將巧詞飾説，共長虚僞。若不詳察，忠臣必復有杜郵之戮。陛下宜速誅讒佞，善人思進，奸凶自息，國之福也。」書奏，宦者趙忠見而忿惡。及破張角，燮功多當封，忠訴譖之，靈帝猶識燮言，得不加罪，竟亦不封，以爲安定都尉。以疾免。

後拜議郎。會西羌反，邊章、韓遂作亂，徵發天下，賦役無已。司徒崔烈以爲宜棄涼州。詔會公卿百官，議烈堅執前言。燮厲言曰：「斬司徒，天下乃安。」尚書劾奏，帝召問狀，燮對曰：「昔冒頓至逆也，樊噲爲上將，願得十萬衆横行匈奴，憤激思奮，未失人臣之節，季布猶曰：『噲可斬也。』涼州天下要衝，國家藩衛。高祖定隴右，世祖置四郡，議者以爲斷匈奴右臂，今牧御失和，使一州叛逆，海内騷動。烈爲宰相，不思所以弭之之策，乃欲割棄一方萬里之土，此社稷深憂也。」帝從燮議。由是朝廷重其方格，每公卿有缺，爲衆議所歸。

頃之，趙忠爲車騎將軍，詔忠論討黄巾之功，執金吾甄舉謂忠曰：「傅南容前在東軍，有功不侯，天下失望。將軍宜進賢理屈，以副衆心。」忠乃遣其弟延致殷勤於燮，曰：「南容少答我常侍，萬户侯不足得也。」燮正色拒之曰：「遇不遇，命也。有功不論，時也。傅燮豈求私賞哉？」忠愈懷恨，然憚其名，不敢害。權貴亦多疾之，竟出爲漢陽太守。

初，郡將范津名知人，舉燮孝廉。及津爲漢陽，與燮交代，合符而去，鄉人榮之。燮善恤人，畔羌懷其恩化，并來降附，乃廣開屯田，列置四十餘營。

時涼州刺史耿鄙委任治中程球，球通奸利，士民怨之。中平四年，鄙率六郡兵討金城賊王國、韓遂等。燮知鄙必敗，謂曰：「使君統政日淺，民未知教。賊聞大軍將至，必萬人一心，其鋒難當。不若息軍養德，明賞必罰。賊得寬挺，必謂我怯，群惡争勢，其離可必。然後率己教之人，討已離之賊，功可坐而待也。」鄙不從。行至狄道，别駕反應，賊殺球及鄙，賊遂進圍漢陽。

城中兵少糧盡，燮猶固守。

時北騎數千，隨賊攻郡，皆夙懷燮恩，共於城外叩頭，求送燮歸鄉里。燮子幹，年十三，從在官。知燮素剛，不能屈，進諫曰：「國家昏亂，遂令大人不容於朝。今天下已叛，而兵不足以自守，宜聽其送歸鄉里，徐俟有道而輔之。」言未終，燮慨然而歎，呼幹小字曰：「别成，汝知吾必死耶？蓋『聖達節，次守節』，吾遭世亂，不能養浩然之志，又欲食禄而避其難乎？吾行何之，汝有才智，勉之勉之。主簿楊會，吾之程嬰也。」幹哽咽不復言，左右皆泣下。王國使故酒泉太守黄衍説燮曰：「天下非復漢有，府君寧有意爲吾屬師乎？」燮按劍叱衍曰：「若剖符之臣，反爲賊説耶？」遂麾左右進兵，臨陣戰殁。謚曰壯節。

幹知名，仕至扶風太守。

論曰：漢廷公卿，兩議棄涼州，而傅燮指陳利害，暗與虞詡合。偉哉！英雄所見固略同也！考後漢書燮與詡合傳，蓋勳、臧洪亦并列焉。洪首建攻董卓之議，登壇號衆，詞色激昂。勳亦屢盛氣陵卓，且密勸皇甫嵩勒兵討之，然卒與嵩受徵入朝。若乃勳棄左昌之怨，聞檄赴援。洪感張超之恩，徒跣請救。則勳又難於洪也。方群閹當國，勳嘗謀與劉虞、袁紹共誅嬖倖。及爲京兆，楊黨恃父以貪賂，則違貴戚之請而案其贓，高望屬子爲孝廉，終抗副主之命而黜。其選其嚴氣正性，雖傅燮之於趙忠，豈有過焉？然當兵敗見執，聽其送還，何遂與前時木表之誓言相剌謬也?臧洪臨命慷慨,庶幾復見田横遺烈。向使歃盟酸棗之日,即勸超先進,掃除賊卓,以其死郡將者死國家,不更義聲凜凜哉?比事觀之,傳南容加於人一等矣。

皇甫規

皇甫規,字威明,安定朝那人。與敦煌張奂然明、武威段熲紀明并山西名將,稱「涼州三明」焉。祖父棱,度遼將軍。父旗,扶風都尉。

永和六年,西羌大寇三輔,圍安定,征西將軍馬賢將兵擊之,不能克。規雖在布衣,見賢不恤軍士,審其必敗。尋而賢果爲羌所没。郡將知規有兵略,乃命爲功曹,使率甲士八百,與羌戰有功,舉規上計掾。其後羌衆大合,攻燒隴西,朝廷患之。規乃上疏求自効,曰:「羌戎潰叛,皆因邊將失於綏御。乘常守安,則加侵暴,苟競小利,則致大害,微勝則虚張首級,軍敗則隱匿不言。軍士勞怨,困於猾吏,進不得快戰以邀功,退不得温飽以全命。酋豪泣血,驚懼生變。是以安不能久,叛則經年。願假臣屯列坐食之兵五千,出其不意,與護羌校尉趙沖共相首尾。高可滌患,下可納降。若謂臣年少官輕,不足用,凡諸敗將,非官爵之不高,年齒之不邁也。」帝不能用。

沖帝立,梁太后臨朝,規舉賢良方正。對策曰:「陛下攝政之初,拔用忠貞,遠近翕然,望見太平。而地震之後，日月不光，旱魃爲虐，大賊縱横，殆以奸臣權重之所致也。其常侍尤無狀者，宜亟黜遣，以答天戒。

大將軍冀、河南尹不疑，宜增修謙節，輔以儒術，省去游娱不急之務，割减廬第無益之飾。夫德不稱禄，猶鑿墉之址，以益其高。豈量力審功安固之道哉？凡諸宿猾、酒徒、戲客，亦宜貶斥，以懲不軌。令冀等深思得賢之福，失人之累。又在位素餐，尚書怠職，有司依違，使陛下專受諂諛之言，不聞户牖之外。臣豈敢隱心以避誅責？」書奏，梁冀忿其規己，以爲下第，拜郎中。託疾免歸，州郡承冀旨，幾陷死者再三。遂以詩易教授，門徒三百人。後梁冀誅，旬月之間，禮命五至，皆不就。

時太山賊侵亂郡縣，特拜規太山太守。規到官，廣設方略，寇盗悉平。

延熹四年秋，叛羌零吾等與先零别種寇鈔關中，護羌校尉段熲坐徵。規素悉羌事，志自奮効，乃上疏曰：「臣生長邠岐，昔爲郡吏，再更叛羌，預籌其事，有誤中之言。願乞冗官，備單車一介之使，勞來三輔，宣國威澤，以所悉地形兵勢，佐助諸軍。臣窮居孤危之中，坐觀郡將，已數十年矣。力求猛敵，不如清平。勤明孫、吴，未若奉法。前變未遠，臣誠戚之。是以越職，盡其區區。」

至冬，羌遂大合。三公舉規爲中郎將，持節監關西兵，討零吾等，擊斬之。先零諸種羌慕規威信，相繼降者十餘萬。明年，規因發其騎共討隴右，而道路隔絶，軍中大疫，死者十三四。規親入庵廬，巡視將士，三軍感悦。東羌遂遣使乞降，涼州復通。

先是，涼之諸牧守皆倚恃權貴，不遵法度。規到州，悉條奏其貪暴殺降與老弱不任職者，或免或誅。羌人聞之，翕然反善。沈氏大豪等十餘萬口，復詣規降。

規出身數年，擁衆立功，還督鄉里，既無它私惠，而多所舉奏，又惡絶宦官，不與交通，於是遂共誣規貨賂群羌，令其文降。璽書誚讓，規懼不免，上疏自訟曰：「四年之秋，戎車西侵，舊都懼駭，明詔不以臣愚駑，急使軍就道。幸蒙威靈，遂振國命，所省之費，一億以上。以爲忠臣之義，不敢告勞，故恥以片言自及微效。前踐州界，奏郡守孫儁等五人支黨半國，其餘墨綬小吏，所連及者，復有百餘。吏託報將之怨，子思復父之恥，交搆豪門，競流謗讟，云臣私報諸羌，售以錢貨。若臣以私財，則家無擔石。如物出於官，則文簿易考。就臣愚惑，信如言者，前世尚遺匈奴以宫姬，鎮烏孫以公主。今臣但費千萬，以懷畔羌，何罪之有？自永初以來，將出不少，覆軍有五，動資巨億。有旋車完封，寫之權門，而名成功立，厚加爵封。今臣還督本土，糺舉諸郡，衆謗陰害，固其宜也。傳稱『鹿死不擇音』，謹冒昧略上。」帝乃徵規還，拜議郎，論功當封。而中常侍徐璜、左悺數從求貨，規不答，遂陷以前事，下吏。官屬欲賦斂請謝，規誓而不聽，遂以餘寇不絶，論輸左校。諸公及太學生張鳳等三百餘人詣闕訟之。會赦，歸家。

徵拜度遼將軍，至營數月，上書薦：「中郎將張奂，才略兼優，宜正元帥，以從衆望。愚臣願乞冗官以爲奂副。」朝廷從之。及奂遷大司農，規復代爲度遼將軍。

規自以連在大位，欲退身避第，數上病，不見聽。會友人上郡太守王旻喪還，規縞素越界，至下亭迎之。因令客密告并州刺史胡芳，言規違禁擅遠軍營，當即舉奏。芳曰：「威明欲避第仕途，故激發我耳。吾當爲朝廷愛才，何能申此子計耶？」及黨事起，名賢多見染逮，規自以西州豪傑，恥不得與，乃先自上言：「臣前薦大司農張奂，是附黨也。太學生張鳳等上書訟臣，是爲黨人所附也。臣宜坐。」朝廷卒不問，時人以規爲賢。

在事數歲，北邊威服。永康元年，徵爲尚書。會日食，詔公卿舉賢良方正，下問得失。規對曰：「陛下八年之中，三斷大獄，一除内嬖，再誅外臣。而災異數見，人情未安者，殆賢愚進退，威刑所加，有非其理也。前太尉陳蕃、劉矩，忠謀高世，廢在里巷；劉祐、馮緄、趙典、尹勲，正直多怨，流放家門；李膺、王暘、孔翊，潔身守禮，終無宰相之階。至起鈎黨之釁，虐賢傷善，哀及無辜。而群臣鑒畏前害，莫肯正言。願陛下容受謇直，則前責可弭，後福必降。」對奏，不省。

遷規弘農太守，封壽成亭侯，讓不受。轉護羌校尉。

熹平三年，以疾召還，卒，年七十一。

初，規以度遼將軍解官歸安定，鄉人有以貨得鴈門太守者，亦去職還家，書刺謁規，規卧不迎。既入而問：「卿前在郡食鴈美乎？」有頃，又白王符在門。規遽起，衣不及帶，屣履而迎，援符手還，入同坐，極歡。時人語曰：「徒見二千石，不如一縫掖。」又，爲太守時，漢陽趙壹，道經弘農，過候規，門者不即通，遂遁去。門吏以白，規聞壹名，大驚，乃遣主簿追書謝曰：「蹉跌不面，企德懷風，虚心委質，爲日久矣。側聞仁者愍其區區，冀承清誨，以釋遥懷。今旦外白有一尉兩計吏，不道屈尊門下，更啓乃知已去。如印綬可投，夜豈待旦。惟君明獻，平其夙心。事在悖惑，不足具責。倘可原察，何福如之。」壹答書，不顧而去。其好善下賢如此。

規所著賦、銘、碑、贊、書、檄、牋記等文，凡二十七篇。

論曰：「涼州三明」，并樹功邊境，威信徧於羌隴之間。奂、規文學極博，熲武功又顯。然陳、竇之舉，奂爲閹豎所欺，致使忠烈殞命，雖辭爵謝咎，噬臍何及？熲黨附宦官，又以輸貨致台輔。獨規保全身名，無瑕釁可摘。雖曰福命，亦其智意足以自衛也。其後，規兄子嵩與會稽朱儁皆以忠勇之略，盪平群寇。勲在王室，無有二心。然嵩拒梁衍之説，不討董卓而就徵，至遭董卓窘辱，儁違陶謙之議。不討傕汜而就徵，遂爲郭汜所留，守常有餘而定變不足。范史謂其「捨格天之大業，蹈匹夫之小諒。卒狼狽虎口，爲智士笑」，豈過論哉！

王允

王允，字子師，太原祁人也。同郡郭林宗嘗見而奇之，曰：「王生一日千里，王佐才也。」遂與定交。

年十九，爲郡吏。時小黄門晉陽趙津貪横放恣，爲一縣巨患，允討捕殺之。而津兄弟諂事宦官，因緣譖訴，桓帝震怒，徵太守劉瓆，下獄死。允送喪還平原，終畢三年，然後歸家。復還仕，郡人有路佛者，少無名行，而太守王球召以補吏，允犯顔固争，球怒，收允欲殺之。刺史鄧盛聞而馳傳辟爲别駕從事。允由是知名，而路佛以之廢棄。

允少好大節，有志于立功，常習誦經傳，朝夕試馳射。三公并辟，以司徒高第爲侍御史。中平元年，拜豫州刺史。辟荀爽、孔融等爲從事，上除禁黨。討擊黄巾别帥，大破之，受降數十萬。于賊中得中常侍張讓賓客書疏，與黄巾交通，允具發其姦，以狀聞。靈帝責怒讓，讓叩頭陳謝，竟不能罪之。讓因挾忿，以事中允。徵下獄，會赦，還復刺史。旬日間，復以他罪被捕。司徒楊賜以允素高，不欲使更楚辱，遣客使自爲計。又諸從事好氣决者，共流涕奉藥進之。允厲聲曰：「吾爲人臣，獲罪于君，當伏大辟以謝天下，豈有乳藥求死乎？」投杯而起，出就檻車。既至廷尉，左右皆促其事。大將軍何進、太尉袁隗、司徒楊賜共疏請之曰：「夫内視反聽，則忠臣竭誠；寬賢矜能，則義士厲節。是以孝文納馮唐之説，晉悼宥魏絳之罪。允受命誅逆，曾未期月，州境肅清。方欲列其庸勳，請賞而以奉事不當，當肆大戮。責輕罰重，有虧衆望。」書奏，得以減死論。是冬大赦，而允獨在不宥，三公咸復爲言。至明年，乃得解釋。是時宦者横暴，睚眦觸死。允懼不免，乃變易名姓，轉側河内、陳留間。

及帝崩，乃奔喪京師。時何進謀誅宦官，召允共事，請爲從事中郎，轉河南尹。

獻帝初平元年，拜司徒。及董卓遷都關中，允悉收斂蘭臺、石室圖書祕緯要者以從。既至長安，皆分别條上。又集漢朝舊事所當施用者，一皆奏之。經籍具存，允有力焉。時董卓尚留洛陽，朝政悉以委允。允矯情屈意，每相承附，卓亦推心，不生乖疑，故得扶持王室于危亂之中，臣主内外，莫不倚恃焉。

允見卓篡逆已兆，密與司隸校尉黄琬、尚書鄭公業等謀共誅之。乃上護羌校尉楊瓚行左將軍事，執金吾士孫瑞爲南陽太守，并將兵出武關道，以討袁術爲名，實欲分路征卓，而後迎天子還洛陽。卓疑而留之，允乃引内瑞爲僕射，瓚爲尚書。

三年春，連雨六十餘日，允與士孫瑞、楊瓚登臺請霽，復結前謀。瑞言：「星變甚亟，内發者勝。幾不可緩，公其圖之。」允然其言，乃潛結卓將吕布，使爲内應。時卓加太師，位在諸侯王上。弟旻、兄子璜皆爲將軍，典兵事，宗族内外，并居列位。其子孫，雖在髫齔，男皆封侯，女爲邑君。結壘于長安城東，築塢于郿，高厚七丈，號曰「萬歲塢」。積穀爲三十年儲。自云：「事成，據雄天下；不成，守此足以畢老。」數與百官宴會淫樂，誅殺斷斬自由，以天變殺衛尉張温，校尉伍孚刺卓不就，爲所殺。

三年四月，帝病新愈，大會未央殿。卓朝服升車，陳兵夾道，自壘及宫，左步右騎，屯衞周匝，令吕布等捍衞前後。允乃與士孫瑞密表其事，使瑞自書詔以授布，令騎都尉李肅與布同心勇士十餘人，僞著衞士服于北掖門内以待卓。卓將至，馬驚不行，怪懼欲還。吕布勸令進，遂入門。肅以戟刺之，卓衷甲不入，傷臂墜車，顧大呼曰：「吕布何在？」布曰：「有詔討賊臣。」卓大罵，布應聲持矛刺卓，趣兵斬之。馳齎赦書，以令宫陛内外。士卒皆稱萬歲，百姓歌舞于道。市酒肉相慶者，填滿街肆。

使皇甫嵩攻卓弟旻于郿塢，殺其母妻男女，盡滅其族。尸卓于市，然火置臍中，光明達曙。諸袁門生又聚董氏之尸，焚灰揚之于路。塢中珍藏有金二三萬觔，銀八九萬觔，錦綺紈素珍玩積如丘山。

允初議赦卓部曲，吕布亦數勸之。既而疑曰：「此輩名爲惡逆，而特赦之，適足使其自疑，非所以安之也。」布欲以卓財物班賜公卿、將校，允又不從。而素輕布，以劍客遇之。布亦負其功勞，多自誇伐，既失意望，漸不相平。

允性剛疾惡，初懼董卓，故折節圖之。卓既滅，自謂無復患難，及在際會，每乏温潤之色，仗正持重，不循權宜之計，是以群下不甚附之。

董卓將校及在位者多涼州人，允議罷其軍。百姓訛言「當悉誅之」，遂轉相恐動。其在關中者，皆擁兵自守。更相謂曰：「丁彦思、蔡伯喈但以董公親厚，并尚從坐。今既不赦我曹，而欲解兵，今日解兵，明日當復爲魚肉矣。」卓部曲將李傕、郭汜等先將兵在關東，因不自安，遂合謀爲亂，攻圍長安。城陷，吕布招允去之，允曰：「若蒙社稷之靈，上安國家，吾之願也。如其不獲，則奉身以死之。朝廷幼少，恃我而已。臨難苟免，吾不忍也。努力謝關東諸公，勤以國家爲念。」

初，允以同郡宋翼爲左馮翊，王宏爲右扶風。是時三輔民庶熾盛，兵穀富實，李傕等欲即殺允，懼二郡爲患，乃先徵翼、宏，下廷尉，并允殺之。

允時年五十六。長子侍中蓋、次子景、定及宗族十餘人皆見誅害。天子感慟，百姓喪氣，莫敢收允尸者，唯故吏平陵令趙戩棄官營喪。

其後帝思允忠節，使改殯葬之，遣官弔祭，送還本郡。封其孫黑爲安樂亭侯。

後漢書論曰：士雖以正立，亦以謀濟。若王允之推董卓而引其權，伺其間而敝其罪，當此之時，天下懸解矣。而終不以猜忤爲釁者，知其本于忠義之誠也。故推卓不爲失正，分權不爲苟冒，伺間不爲狙詐。及其謀濟意從，則歸成于正也。

論曰：太史公贊季布曰：「賢者誠重其死。」至欒布，則曰：「不自重其死，雖往古烈士，何以加！」一篇之中，先後互異，何歟？自古皆有死，或輕于鴻毛，或重于泰山，在得其所而已。當宦竪誣害之時，諸君子咸勸允自裁，而寧甘楚辱，至轉側逃亡，僅得以免。及傕汜稱兵犯闕，意氣凶凶，雖吕布之勇，猶先時遁去，獨允毅然不回，以死狥國。其始不爲婢妾賤人感慨無復之之態，其後復不爲庸夫懦子全軀保妻子之行，可謂得死所矣。賢者固不可測，曩之委曲周全者，乃愛其死以有待也。

史傳三編卷十七

名臣傳九

漢

諸葛亮

諸葛亮字孔明，琅邪陽都人也。漢司隸校尉諸葛豐之後。父珪，字君貢，漢末爲太山郡丞。亮早孤，與弟均隨其從父依劉表荆州。從父卒，家于南陽之鄧縣，號曰隆中，躬耕隴畝。建安初，與潁川石廣元、徐元直、汝南孟公威等游學，三人務精熟，而亮獨觀大略。每晨夜從容，抱膝長嘯，而謂三人曰：「卿三人仕進可至刺史郡守也。」三人問其所至，亮笑而不言。好爲梁父吟。身長八尺，常自比管仲、樂毅，時人莫之許也。惟崔州平、徐庶謂爲信然。

時昭烈屯新野，見徐庶，甚器之。庶因謂昭烈曰：「諸葛孔明者，卧龍也，將軍豈願見之乎？」昭烈曰：「君與俱來。」庶曰：「此人可就見，不可屈致也，將軍宜枉駕見之。」昭烈由是詣亮，三往乃見。因屏人曰：「漢室傾頽，奸臣竊命，孤不度德量力，欲信大義于天下，而智術淺短，遂用猖獗，至于今日。然志猶未已，君謂計將安出？」亮答曰：「今曹操已擁百萬之衆，挾天子以令諸侯，此誠不可與争鋒。孫權據有江東，已歷三世，國險而民富，賢能爲之用，此可與爲援而不可圖也。荆州北據漢、沔，利盡南海，東連吴會，西通巴、蜀，此用武之國，而其主不能守，殆天所以資將軍也。益州險塞，沃野千里，天府之土。劉璋闇弱，張魯在北，民殷國富而不知存恤，智能之士思得明君。將軍既帝室之胄，信義著于四海，若跨有荆、益，保其巖阻，西和諸戎，南撫夷越，外結孫權，内修政理。天下有變，則命一上將，將荆州之軍，以向宛、洛。將軍身帥益州之衆，出于秦川，百姓孰敢不簞食壺漿以迎將軍者乎？誠如是，則霸業可成，漢室可興矣。」昭烈曰：「善！」于是與亮情好日密。關公與飛等不悦，昭烈解之曰：「孤之有孔明，猶魚之有水也。願諸君勿復言。」關、張乃止。

劉表長子琦，亦深器亮。表受後妻之言，愛少子琮，不悦于琦。琦與亮謀自安之術，亮輒不對。後乃將亮上高樓，去梯，謂曰：「今日可以言未？」亮答曰：「君不見申生在内而危，重耳在外而安乎？」琦感悟。會黄祖死，遂自求代，得出爲江夏太守。俄而表卒，琮聞曹操來伐，遣使以州降。昭烈在樊，因率衆南奔，爲操所追破，進至夏口。亮曰：「事急矣，請奉命求救于孫將軍。」時權擁軍在柴桑，觀望成敗。亮説權曰：「海内大亂，將軍起兵江東，劉豫州收衆漢南，與曹操并争天下。今操芟夷大難，略已平矣，遂破荆州，威震四海。英雄無用武之地，故豫州遁逃至此。願將軍量力而處之。若能以吴越之衆，與中國抗衡，不如早與之絶；若不能，何不按兵束甲，北面而事之？今將軍外託服從之名，内懷猶豫之計，事急而不斷，禍至無日矣。」權曰：「苟如君言，劉豫州何不遂事之乎？」亮曰：「田横，齊之壯士耳，猶守義不辱，况豫州王室之胄，英才蓋世，衆士慕仰，如水歸海，若事之不濟，此乃天也，安能復爲之下。」權勃然曰：「吾不能舉全吴之地，十萬之衆，受制于人。吾計決矣！非劉豫州莫可以當曹操者，然豫州新敗，安能抗此難乎？」亮曰：「豫州兵雖敗于長坂，今戰士還者及關羽水軍精甲萬人，劉琦合江夏戰士亦不下萬人。操衆遠來疲敝，聞追豫州，輕騎一日一夜行三百里，此所謂『强弩之末，不能穿魯縞』者也。故兵法忌之，曰『必蹶上將軍』。且北方之人，不習水戰。又荆民附操者，偪兵勢耳，非心服也。將軍誠能命猛將統兵數萬，與豫州協規同力，破操軍必矣。操軍破，必北還，如此，則荆、吴之勢强，鼎足之形成矣。成敗之機，在于今日。」權大悦，即遣周瑜等水軍三萬，隨亮詣昭烈，并力拒操，敗之于赤壁。操引軍歸鄴，昭烈遂收江南，以亮爲軍師中郎將，使督零陵、桂陽、長沙三郡，調其賦税，以充軍實。

建安十六年，益州牧劉璋遣法正迎昭烈，使擊張魯。亮與關公鎮荆州。昭烈自葭萌還攻璋，亮與張飛、趙雲等率衆泝江，分定郡縣，與昭烈共圍成都。事平，進亮軍師將軍，署左將軍府事。昭烈外出，亮常鎮守成都，足食足兵。昭烈之攻張郃于漢中也，急書發益州兵，亮以問從事楊洪，洪曰：「漢中，益州咽喉，無漢中，即無蜀矣，發兵何疑？」時法正從昭烈北行，亮即表洪領蜀郡太守，衆事皆辦。

初，犍爲太守李嚴辟洪爲功曹，嚴未去犍爲而洪已爲蜀郡，洪舉門下書佐何祗有才策，洪尚在蜀郡，而祗已爲廣漢太守。是以西土咸服亮能盡時人之器用也。

建安二十六年，昭烈即帝位，以亮爲丞相，録尚書事，領司隸校尉。亮治蜀號嚴明，法正勸緩刑弛禁，以慰人望。亮曰：「此州自劉璋以來，德政不舉，威刑不肅。寵之以位，位極則賤；順之以恩，恩竭則慢。所以致敝，實由于此。今吾使法行則知恩，爵加則知榮，榮恩并濟，上下有節，爲治之要著矣。」

章武三年春，昭烈在永安病篤，召亮于成都，屬以後事，謂亮曰：「君才十倍曹丕，必能安國，終定大事。若嗣子可輔，輔之；如其不才，君可自取。」亮涕泣曰：「臣敢不竭股肱之力，效忠貞之節，繼之以死。」昭烈又爲詔勑後帝曰：「勿以惡小而爲之，勿以善小而不爲。惟賢惟德，可以服人。汝父德薄，不足效也，汝與丞相從事，事之如父。」

建興元年，進封亮武鄉侯，事無鉅細，咸取決焉。亮乃約官職、修法制、整戎旅，工械伎巧，物究其極，科條嚴明，賞罰必信。

作教與群下曰：「夫參署者，集衆思、廣忠益也。若遠小嫌，難相違覆，曠闕損矣。違而得中，猶棄敝屬而獲珠玉，然人心苦不能盡，惟徐元直處茲不惑。又董幼宰參署七年，事有不至，至于十反，來相啓告。苟能慕元直之十一，幼宰之殷勤，則亮可少過矣。」又曰：「昔初交州平，屢聞得失，後交元直，勤見啓誨，幼宰每言則盡，偉度數有諫正。雖資性鄙暗，不能悉納，然與此數子終始好合，亦足以明其不疑于直言也。」偉度者，亮主簿胡濟也。

亮嘗自校簿書，主簿楊顒亟諫，以爲：「爲治有體，上下不可相侵。」亮謝之。及顒卒，亮垂泣三日。

魏華歆、王朗、陳群各有書與亮，欲使舉國稱藩。亮不答，作正議曰：「昔在項羽，起不由德，雖處華夏，秉帝者之勢，卒就湯鑊，爲後永戒。魏不審鑒，今次之矣。免身爲幸，戒在子孫。而二三子各以耆艾之齒，承僞旨而進書，有若崇、竦稱莽之功，亦將偪于元禍苟免者耶？昔世祖創迹舊基，奮羸卒數千，摧莽强旅四十餘萬于昆陽之郊。夫據道討淫，不在衆寡。及至孟德，以其譎勝之力，舉數十萬之師，救張郃于陽平，勢窮慮悔，僅能自脱，辱其鋒鋭之衆，遂喪漢中之地，深知神器不可妄獲，旋還未至，感毒而死。子桓淫逸，繼之以篡。縱使二三子多逞蘇、張詭靡之説，奉進驩兜滔天之詞，欲以誣毀唐帝，諷解禹、稷，所謂徒喪文藻煩勞翰墨者矣。夫大人君子之所不爲也。又軍誡曰：『萬人必死，橫行天下。』昔軒轅氏整卒數萬，制四方，定海內，況以數十萬之衆，據道而臨有罪，可得而干擬者哉！」遂遣使如吴，約爲與國。

二年，領益州牧。選用皆妙簡舊德，以秦宓爲别駕，杜微爲主簿。微已老，轝而致之。既至，乞歸，亮以其重聽，于坐中與書曰：「曹丕稱帝，猶土龍芻狗之有名耳。欲與諸賢因其邪僞，以正道滅之。君但當以德輔時，不責君軍旅，何爲汲汲求去？」拜微諫議大夫。先是，南中耆帥雍闓等以四郡叛，亮以新遭大喪，撫而不討，務農殖穀，閉門息民，民安食足，而後用之。

三年春，乃率衆往討。時參軍馬謖送亮，亮謂曰：「雖共謀之歷年，今可更惠良規。」謖曰：「南中恃其險遠，不服久矣。雖今日破之，明日復反耳。今公方傾國北伐，彼知官勢内虚，其叛亦速。若殄盡遺類以除後患，既非仁者之情，且又不可倉卒也。夫用兵之道，攻心爲上，攻城爲下。願公服其心而已。」亮納其言。

至南中，所在戰捷，斬雍闓及高定等。有孟獲者，素爲夷、漢所服，收餘衆拒亮。亮募生致之，既得，使觀于營陳間。獲曰：「向者不知虚實，故敗。今秖如此，即易勝耳。」乃縱，使更戰。七縱七禽，而亮猶遣獲，獲止不去，曰：「公，天威也，南人不復反矣。」遂至滇池。

南中平，皆即其渠率而用之。或以諫亮，亮曰：「若留外人，即當留兵，兵留則無所食，一不易也；加夷新傷破，父兄死喪，留外人而無兵，必成禍患，二不易也；又夷累有廢殺之罪，自嫌釁重，留外人，終不相信，三不易也。今吾欲使不留兵，不運糧，而綱紀粗定，夷、漢粗安故耳。」

于是悉收孟獲等以爲官屬，出其資財、牛馬、器械，供䀹戰之用。國以富饒，乃治戎講武，陰俟大舉。

五年，率諸軍北駐漢中，以圖中原。臨發，上疏曰：

「先帝創業未半，而中道崩殂，今天下三分，益州疲敝，此誠危急存亡之秋也。然侍衛之臣不懈于內，忠志之士忘身于外者，盖追先帝之殊遇，欲報之于陛下也。誠宜開張聖聽，以光先帝遺德，恢弘志士之氣，不宜妄自菲薄，引喻失義，以塞忠諫之路也。宮中府中，俱爲一體，陟罰臧否，不宜異同。若有作奸犯科及爲忠善者，宜付有司論其刑賞，以昭陛下平明之理，不宜偏私，使内外異法也。侍中、侍郎郭攸之、費禕、董允等，此皆良實，志慮忠純，是以先帝簡拔以遺陛下。愚以爲宮中之事，事無大小，悉以咨之，然後施行，必能裨補闕漏，有所廣益。將軍向寵，性行淑均，曉暢軍事，試用于昔日，先帝稱之曰能，是以衆議舉寵爲督。愚以爲營中之事，事無大小，悉以咨之，必能使行陣和睦，優劣得所。

「親賢臣，遠小人，此先漢所以興隆也；親小人，遠賢臣，此後漢所以傾頹也。先帝在時，每與臣論此事，未嘗不歎息痛恨于桓、靈也。侍中、尚書、長史、參軍，此悉忠良死節之臣，願陛下親之信之，則漢室之隆，可計日而待也。

「臣本布衣，躬耕南陽，苟全性命于亂世，不求聞達于諸侯。先帝不以臣卑鄙，猥自枉屈，三顧臣于草廬之中，咨臣以當世之事，由是感激，遂許先帝以驅馳。後值傾覆，受任于敗軍之際，奉命于危難之間，爾來二十有一年矣。先帝知臣謹慎，故臨崩寄臣以大任也。

「受命以來，夙夜憂懼，恐託付不效，以傷先帝之明。故五月渡瀘，深入不毛。今南方已定，兵甲已足，當獎率三軍，北定中原，庶竭駑鈍，攘除奸凶，興復漢室，還于舊都。此臣所以報先帝而忠陛下之職分也。

「至于斟酌損益，進盡忠言，則攸之、禕、允之任也。願陛下託臣以討賊興復之效。不效，則治臣之罪，以告先帝之靈。若無興德之言，則責攸之、禕、允等之慢，以彰其咎。陛下亦宜自謀，以諮諏善道，察納雅言。臣不勝受恩感激，今當遠離，臨表涕泣，不知所言。」

遂行，屯于沔北陽平石馬。辟廣漢太守姚伷爲掾，伷并進文武之士。亮稱之曰：「姚掾并存剛柔，可謂博雅矣。願諸掾各希此事，以屬其望。」于是遣魏延諸軍并兵東下，僅留萬人守城。時魏司馬懿率二十萬衆拒亮，與延軍錯道，徑至前，當亮六十里所，偵候來告，舉軍失色。亮意氣自若，敕軍中皆卧旗息鼓，不得妄出，又令大開四城門，掃地却灑。懿常謂亮持重，而猥見勢弱，疑有强伏，遂引軍北走。及後知之，深以爲恨。

六年春，亮伐魏。亮司馬魏延欲請兵五千，與亮異道，會于潼關，如韓信故事。亮以爲此危計，不如安從坦道，可以平取隴右，十全必克而無虞，遂不用延計。乃揚聲由斜谷道取郿。使趙雲、鄧芝爲疑軍，據箕谷。魏使曹真率衆拒之，亮身率諸軍攻祁山，戎陳整齊，賞罰肅而號令明。南安、天水、安定三郡叛魏應亮，拔冀城，獲姜維，關中響震。曹叡如長安，命張郃拒亮。亮使馬謖督諸軍在前，與郃戰于街亭。謖違亮節度，舉措失宜，大爲郃所破。亮拔西郡千餘家，還于漢中，乃流涕收謖，殺之。謖臨終，與亮書曰：「明公視謖猶子，謖視明公猶父，願深惟殛鯀興禹之義，使平生之交，不虧于此，謖雖死無恨于黄壤也。」于是十萬之衆，爲之垂泣，亮親爲臨祭，撫其遺孤，上疏請自貶三等。于是以亮爲右將軍，行丞相事。

有勸亮更發兵者，亮曰：「大軍在祁山、箕谷，皆多于賊，反爲賊所破，此病不在兵少也，在一人耳。今欲減兵省將，明罰思過，校變通之道于將來。若不能然者，雖兵多何益？自今以後，諸有忠慮于國者，但勤攻吾之闕，則事可定，賊可死，功可蹻足而待矣。」乃考微勞，甄壯烈，引咎責躬，布所失于天下，厲兵講武，以爲後圖，戎士簡練，民忘其敗。」

冬十二月，亮聞孫權破曹休，魏兵東下，關中虛弱，欲出兵擊魏，群臣多以爲疑。亮乃上言曰：「先帝慮漢、賊不兩立，王業不偏安，故託臣以討賊。以先帝之明，量臣之才，固知臣才弱敵强也。然不伐賊，王業亦亡，惟坐而待亡，孰與伐之？是故託臣而弗疑也。臣受命之日，寢不安席，食不甘味。臣非不自惜也，顧王業不可偏安于蜀都，故冒危難以奉先帝之遺意也，而議者謂爲非計。今賊適疲于西，又務于東，兵法乘勞，此進趨之時也。夫難平者，事也。昔先帝兵敗于楚，當此之時，曹操拊手謂，天下已定。然後先帝東連吴、越，西取巴、蜀，舉兵北征，夏侯授首，此操之失計而漢事將成也。然後吴更違盟，關羽毁敗，秭歸蹉跌，曹丕稱帝。凡事如是，難可逆見。臣鞠躬盡瘁，死而後已，至于成敗利鈍，非臣之明所能逆覩也。」于是引兵出散關，圍陳倉，曹真拒之，亮糧盡而還。魏將王雙率騎追亮，亮破斬之。

七年，亮遣陳式攻武都、陰平。魏雍州刺史郭淮率衆欲擊式，亮自出至建威，淮退還，遂平二郡。詔復亮丞相。

是歲，孫權僭號，使以并尊二帝來告。衆謂宜顯明正義以絶之，亮曰：「權有僭逆之心久矣，國家所以略其釁情者，求掎角之援也。今若加顯絶，讎我必深，便當移兵東戍，與之角力。彼賢才尚多，將相輯睦，未可一朝定也。頓兵相持，坐而須老，使北賊得計，非算之上者。昔漢文卑詞匈奴，先帝優與吴盟，皆應權通變，弘思遠益，非匹夫之爲分者也。若大軍北伐，彼上當分裂其地以爲後規，下當略民廣境，示武于内，非端坐者也。就其不動而睦于我，我之北伐，無東顧之憂，河南之衆不能盡西，此之爲利，亦已深矣。權僭之罪，未宜明也。」乃遣衛尉陳震賀于吴，再申盟約。

九年，亮復出祁山，以木牛運。魏遣司馬懿西屯長安，督將軍張郃、郭淮等禦之。懿自留精兵四千，守上邽，餘衆悉救祁山。亮分兵攻祁山，自逆懿于上邽。郭淮等以兵徼亮，亮破之，大芟其麥，與懿遇于上邽之東。懿斂軍依險，却避再三。賈詡、魏平數請戰，曰：「公畏蜀如虎，奈天下笑何？」懿病之，乃使張郃攻南圍，自按中道向亮。亮使魏延等逆戰，魏兵大敗，獲甲首三千級，元鎧五千領，角弩三千一百張。懿還保營。

亮以糧盡退軍。懿遣郃來追至木門，亮伏弩射殺之。時亮兵期直更番，而懿衆大盛。諸參佐咸請權停下兵一月，以并聲勢。亮曰：「行師以大信爲本，今去者束裝以待期，妻子鶴望而計日，雖臨征難，義所不廢。」皆遣令去，由是去者感悦，願留一戰。住者憤踊思致死命，相謂曰：「公恩，死猶莫報也。」臨戰，各拔刃争先，一以當十，遂大捷。

十二年，亮悉大衆由斜谷出，以流馬運，據武功五丈原，與司馬懿對于渭南。亮每患糧不繼，使己志不伸，遂分兵屯田，爲久住計。畊者雜于渭濱居民之間，而百姓安堵，軍無私焉。亮數挑戰，懿不出，亮乃遺以巾幗之服。懿怒，表叡請戰，叡遣辛毗仗節以制之。亮謂姜維曰：「彼本無戰情，所以固請者，以示武于衆耳。將在軍，君命有所不受，苟能制吾，豈千里而請戰耶？」相持百餘日，其年八月，亮疾篤。

後主遣李福省視，因諮大計。亮以蔣琬對，次及費禕，遂卒于軍，年五十四。時有星赤而芒角，隕于中營。長史楊儀整軍而出，百姓奔告懿，懿追之。姜維令儀反旗鳴鼓，若將向懿者，懿不敢偪。儀結陣入谷，然後發喪。百姓爲之諺曰：「死諸葛，走生仲達。」及軍退，懿按行其營壘，歎曰：「天下奇才也。」

亮遺命葬漢中定軍山，因山爲墳，塚足容棺，斂以時服，不須器物。策贈印綬，謚忠武。

亮嘗表于後主曰：「臣成都有桑八百株，薄田十五頃，子弟衣食，自有餘饒。臣身在外，不别治生，以長尺寸。臣死之日，不使内有餘帛，外有赢財，以負陛下。」及卒，如其言。

初，長水校尉廖立，自謂才名宜爲亮副，怏怏怨謗。亮廢立爲民，徙之汶山。及亮薨，立垂泣曰：「吾終爲左衽矣。」

中都護李嚴，亮攻祁山時，嚴督運不繼，又反覆造説，亮乃表其罪，廢徙梓潼，復以其子豐爲中郎將參軍事，出教敕之曰：「吾與君父子戮力以奬王室，謂至心感動，終始可保，何圖中乖乎？願寬慰都護，勤追前闕，否可復通，逝可復還。」至是，嚴聞亮薨，亦發病死。嚴常冀亮收己得自補復，策後人不能，故也。

長史張裔，常稱亮曰：「公賞不遺遠，罰不阿近，爵不可以無功取，刑不可以貴勢免。此賢愚所以僉忘其身者也。」亮治蜀，道不拾遺，强不侵弱，風化肅然。嘗有言亮惜赦者，亮曰：「治世以大德，不以小惠。」及薨後，所在各求爲立廟。

性長于巧思，損益連弩，木牛流馬，皆出其意。又推演兵法，作八陣圖。其言教書奏，共爲一集。

亮妻，沔南名士黄承彦之女。

子瞻，工書畫，强識念。亮嘗有書誡之曰：「君子之行，静以修身，儉以養德。非澹泊無以明志，非寧静無以致遠。夫學須静也，才須學也，非學無以廣才，非静無以成學。慆慢則不能研精，險躁則不能理性。」皆自道其所得也。

亮卒，瞻嗣爵。蜀人追思亮，咸愛其才敏。每朝廷有一善政佳事，雖非瞻所建倡，百姓皆傳相告曰：「葛侯之所爲也。」鄧艾入成都，以書誘瞻使降。瞻怒斬其使，臨陣戰死。

瞻長子尚歎曰：「父子荷國重恩，不早斬黄皓，以致傾敗，用生何爲？」亦馳赴魏軍而没。

次子京，咸熙元年，内移河東，位至廣州刺史。

亮弟均，官亦至長水校尉。

晉陳壽評曰：諸葛亮之爲相國也，撫百姓，示儀軌，約官職，從權制，開誠心、布公道。盡忠益時者，雖仇必賞；犯法怠慢者，雖親必罰；服罪輸情者，雖重必釋；游詞巧飾者，雖輕必戮。善無微而不賞，惡無纖而不貶。庶事精練，物理其本，循名責實，虚僞不齒。終于邦域之内，畏而愛之，刑政雖峻而無怨者，以其用心平而勸戒明也。可謂識治之良才，管、蕭之亞匹矣。然連年動衆，未能成功，蓋應變將略，非其所長與！

吴張儼論曰：孔明起巴蜀之地，蹈一州之土，方之大國，其戰士人民，蓋有九分之一也。至使畊戰有伍，刑法整齊，提步卒數萬，長驅祁山，慨然有飲馬河、洛之志。仲達據天下十倍之地，仗兼并之衆，據牢城，擁精鋭，無禽敵之意，務自保全而已，使彼孔明自來自去。若此人不亡，終其志意，連年運思，刻日興謀，則涼雍不解甲，中國不釋鞍，勝負之勢亦已决矣。

論曰：傳言昭烈訪士于司馬徽，徽曰：「儒生俗士，豈識時務？識時務者，在乎俊傑。此間自有伏龍鳳雛。」伏龍，謂亮，鳳雛，謂龐統也。

徽嘗稱統爲南州士冠冕。始統守耒陽不治，魯肅遺書昭烈曰：「士元非百里才。」亮亦嘗言之。由是，昭烈深相器重，親待亞于亮。後遂説昭烈取劉璋，進圍雒城縣，中流矢，卒。統好獎借人倫，亦深自期許，年既不永，少所表見。

亮有王佐才，氣象一本于儒者。孔子所謂「求志達道」，曾子所謂「託孤寄命」，臨大節而不可奪，庶幾近之。要其全體大用，不外乎誡子一書，出師二表，文中子曰：「孔明無死，禮樂可興。」由是觀之，則富國强兵，乃其囊底餘智耳。

陳壽上亮遺集表，至以周公、子産相比儗。然論贊中有「將略非長」之言。其後崔浩又從而傅會之，沿及眉山蘇氏父子，皆咎亮不取荆州而都梁。益夫，隆中一對，先荆後益，確有成算于胸中，是以坐言起行，不爽尺寸。蘇洵輩好以事後之成敗論人，强詞悍氣，不衷事理，惡足與窺古人之深哉！亮自比管、樂，有過之無不及也。「伯仲之間見伊吕，指揮若定失蕭曹。」誦杜甫詩，益信。

關忠義　張飛

關忠義，名羽，字雲長，本字長生，河東解人也。僑寓涿郡，少好左氏春秋，諷誦略皆上口。昭烈於涿合徒衆，公與張飛爲之禦侮。昭烈爲平原相，以關、張爲别部司馬，分統部曲。昭烈與二人寢則同牀，恩若兄弟。而稠人廣坐，侍立終日，隨昭烈周旋，不避艱險。昭烈之襲殺徐州刺史車胄，使公守下邳城，而身還小沛。

建安五年，曹操東下，昭烈奔袁紹。操盡收其衆，擄昭烈夫人并公以歸。時倉卒行次，公護視昭烈夫人，每肅立其旁惟謹，或至夜分，秉燭達旦。操拜爲偏將軍，禮之甚厚。時袁紹遣其大將顔良攻東郡太守劉延於白馬，操使張遼及公爲先鋒擊之。公望見良麾蓋，策馬刺良於萬衆之中，斬其首還，紹諸將無敢當者，遂解白馬圍。操即表封爲漢壽亭侯。初，操壯公爲人，而察其心神無久留之意，謂張遼曰：「卿試以情問之。」既而遼以問公，公歎曰：「吾極知曹公待我厚，然吾受劉將軍厚恩，誓以共死，不可背之。吾終不留，要當立功以報曹公乃去。」遼以公言報操，操義之。及公殺顔良，操知其必去，重加賞賜。公盡封其所賜，拜書告辭，而奔昭烈於袁軍。左右欲追之，操曰：「彼各爲其主，勿追也。」遂從昭烈就劉表。

表卒，操定荆州，昭烈自樊將南渡江，别遣公乘船數百艘會江陵。操追至當陽長坂，昭烈斜趨漢津，適與公船相值，共至夏口。

初，昭烈在許，與操共獵，獵中，衆散，公勸昭烈殺操，昭烈不從。及在夏口，飄飖江渚，公怒曰：「往日獵中，若從吾言，可無今日之困。」昭烈曰：「是時亦爲國家惜之耳。若天道輔正，安知此不爲福耶？」

時孫權遣兵佐昭烈拒操，操引軍退歸。昭烈遂收江南，乃封拜元勛，以公爲襄陽太守、盪寇將軍，駐江北。昭烈西定益州，拜公都督荆州事。公聞馬超來降，寓書諸葛亮，問超人才誰比。亮知其護前，乃答之曰：「孟起兼資文武，雄烈過人，當與益德并驅，猶未及髯之絶倫也。」公美鬚髯，故亮謂之髯公。省書大悦，以示賓客。

公嘗爲流矢所中，貫其左臂，後創雖愈，每陰雨，骨常疼痛。醫曰：「矢鏃有毒，毒已入骨，當破臂，刮骨去毒，患乃除耳。」公便伸臂令劈之。時適燕諸將飲食相對，臂血流離，盈於槃器，而公割炙引酒，言笑自若。

二十年，孫權以昭烈久假荆州不反，遂遣吕蒙取長沙、零陵、桂陽三郡，昭烈使公争之。權使魯肅屯益陽，以拒公。肅邀公相見，因責數之，公曰：「烏林之役，左將軍身在行間，戮力破敵，豈得徒勞，無一塊土，而足下來欲收地耶？」會操攻漢中急，昭烈乃與權和，遂分荆州，以湘水爲界，留公守江陵。

二十四年，先主進號漢中王，遣費詩拜公爲前將軍，假節鉞。公聞黄忠爲後將軍，怒曰：「大丈夫終不與老兵同列。」不肯受拜。詩曰：「夫立王業者，所用非一。昔蕭、曹與高祖少小親舊，而陳韓亡命後至，論其班列，韓最居上，未聞蕭、曹以此爲怨。且君侯與王譬猶一體，禍福休戚共之，不宜更計官號之高下，爵禄之多少爲意也。僕一介銜命之人，君侯不受拜，於是便還，但相與惜此舉動，恐有後悔耳。」公大感悟，遽即受拜。

是歲公使其屬糜芳守江陵，傅士仁守公安，而自率衆攻曹仁於樊。仁使于禁、龐德等屯樊北。秋，大霖雨，漢水溢平地數丈。禁與諸衆登高避水，公乘大船就攻之。禁窮迫，遂降，龐德力戰不屈，公禽斬之。乃急攻樊城，立圍數重。又遣别將圍吕常於襄陽，於是荆州刺史胡修南、郡太守傅芳皆降。陸渾民孫狼等亦殺其主簿，南附受公印號。自許以南，往往遥應公，公威震華夏。曹操議徙許都，以避其鋭。司馬懿、蔣濟以爲西蜀、東吴，外親内疏，今雖得志，孫權必不願也。可遣人勸權躡其後，許割江南以封權，則樊圍自解。操從之。

先是，吕蒙代魯肅鎮陸口，以公素驍雄白權，宜急圖之。權又嘗遣使爲子求公女，公罵辱其使，不許婚，權大怒。至是，用吕蒙計，作牋與操，請以討公自効，拜蒙大都督，將兵襲公。公初不設備，而曹操遣徐晃南救曹仁，自引兵屯於摩陂，晃攻公，破之，公撤圍退，然舟船猶據沔水。

呂蒙至潯陽，盡伏其精兵𦨴䑩中，使白衣摇櫓，作商賈服，晝夜兼行。公所置江邊屯候，盡收縛之。糜芳、傅士仁素皆嫌公輕己，公之出軍，芳、仁供給軍資，不悉相及。公言：「還當治之。」二人咸懷懼不安。權使人誘之，即迎降。蒙入據江陵，盡擄公士衆妻子，公軍遂解散，纔數十騎。權先使别將潘璋斷其徑路，獲公及其子平於臨沮，害之，函首送操。操發視，鬚髯如生，命以侯禮葬。

時權以潘璋爲益州牧，駐秭歸，未幾而死，呂蒙未及受封，疾發亦死焉。

張飛，字益德，昭烈同郡人，以關公年長於己，常兄事之。當陽之敗，操追兵幾及昭烈，飛將二十騎拒後。據水斷橋，瞋目横矛，曰：「身是張益德也，可來共决死！」敵皆無敢近者。

從攻劉璋，所過戰克，生獲巴郡太守嚴顔，呵之曰：「何以不降？」顔曰：「我州但有斬頭將軍，無降將軍也。」飛壯而釋之，引爲賓客。

飛雄猛亞關公，魏謀臣程昱等咸稱關、張萬人之敵。關公善待卒伍，而驕於士大夫。飛愛敬君子，而不恤小人。昭烈常誡飛曰：「卿刑罰既過差，又日鞭撻健兒，而令在左右，此取禍之道也。」飛猶不悛。其後，昭烈伐吴，飛率兵，自閬中會江州。臨發，果爲其帳下將范彊、張達所殺。後帝時，追謚曰桓。

論曰：自古志士仁人，殺身致命，至往往招魂以葬，其不亡者惟區區，血誠而已。誠之所至，貫金石而泣鬼神，格豚魚而孚草木。關公忠義通於神明，背曹向劉，顯鑠今古，遂使千秋萬世，欽厥聲名，奉若尊親，豈非誠爲之動哉？宣尼作春秋而亂賊懼，忠義好春秋而漢賊明，可謂能讀書者矣。飛忠勇亞於忠義，關、張并稱，炳如日星，故并著之。

趙雲

趙雲，字子龍，常山真定人也。身長八尺，姿顔雄偉，爲本郡所舉，將義從吏兵詣公孫瓚。時袁紹稱冀州牧，瓚深憂州人之從紹也，善雲來附，嘲雲曰：「聞貴州人皆願袁氏，君何獨迷而能反？」雲答曰：「天下訩訩，未知孰是，民有倒懸之厄，鄙州論議，從仁政所在，不爲忽袁氏私明將軍也。」時昭烈亦依瓚，每接納雲，雲深自結託。雲以兄喪，辭瓚暫歸，昭烈知其不返，捉手而别，雲辭曰：「終不背德也。」及昭烈就袁紹，雲見於鄴。昭烈與雲眠卧，密遣雲合募得數百人，皆稱劉左將軍部曲，紹不能知。遂隨昭烈至荆州，爲昭烈主騎。

建安十三年，曹操追昭烈至當陽長坂，昭烈棄妻子南走。時有言雲已北去者，昭烈以手戟擿之，曰：「子龍不棄我走也。」頃之，雲至，身抱弱子，即後帝也，保護甘夫人，即後帝母也，皆得免難。從平江南，遷偏將軍，領桂陽太守，代趙範。範寡嫂樊氏，有國色，範欲以配雲。雲以相與同姓，固辭不許。或勸納之，雲曰：「範迫降耳，心未可測。天下女不少。」遂不取。範果逃去，雲無纖芥。

先是，雲與夏侯敦戰於博望，生獲夏侯蘭。蘭與雲同鄉里，少小相知，雲白昭烈活之，薦蘭明於法律，以爲軍正。雲不用自近，其慎慮類如此。昭烈入益州，雲領留營司馬。時孫夫人以權妹驕豪，多將吴吏兵，縱横不法。昭烈以雲嚴重，必能整齊，特任掌内事。

十六年，昭烈西征權乃遣船迎妹，而夫人欲將後帝歸吴，雲與張飛勒兵截江，乃得後帝還。及昭烈自葭萌還攻劉璋，召諸葛亮。亮率雲與張飛等俱泝江西上，平定郡縣。至江州，分遣雲從外水上江陽，與亮會於成都。

益州既定，以雲爲翊軍將軍。時議欲以成都屋舍及園地桑田分賜諸將。雲駁之曰：「霍去病以匈奴未滅，無用家爲，今國賊非但匈奴，未可求安也。須天下都定，各反桑梓，歸畊本土，乃其宜耳。益州人民，初罹兵革，田宅皆可歸還，令安居復業，然後可役調，得其歡心。」昭烈即從之。

二十四年，昭烈既遣黄忠斬夏侯淵，曹操來争漢中地，運米北山下。黄忠謂可劫取，并以雲兵隨往，過期不還。雲將數十騎出營覘之，猝與操遇，爲其前鋒所擊。方戰，其大衆至，勢偪，遂前突其陣，且鬪且却。魏兵散而復合，雲既還趨營，而别將張著被創，雲復馳馬迎著。敵軍追至營，時沔陽張翼在雲營内，翼欲閉門拒守，而雲更大開門，偃旗息鼓。操軍疑有伏，引去。雲擂鼓震天，以勁弩從後射之，操軍驚駭，自相蹂踐，墮漢水死者甚多。明旦，昭烈自至雲營視昨戰處，曰：「子龍一身都是膽也。」軍中號爲虎威將軍。

章武元年，昭烈恥關公之没，將擊孫權，雲諫曰：「國賊是曹操，非孫權也，且先滅魏，則吴自服。操身雖斃，子丕篡盜，當因衆心，早圖關中，居河、渭上流，以討凶逆，關東義士，必裹糧策馬以迎王師。不應置魏，先與吴戰。兵勢一交，難可卒解也。」昭烈不聽，遂東征，留雲督江州。昭烈失利於秭歸，雲進兵至永安，而吴軍已退。

後帝即位，拜雲中護軍、征南將軍，封永昌亭侯。

建興五年，隨諸葛亮駐漢中。

明年，亮出軍，揚聲由斜谷道，曹真遣大衆當之。亮令雲與鄧芝往拒，而身攻祁山。雲、芝兵弱敵强，失利於箕谷，然斂衆固守，不至大敗。軍退，亮問鄧芝曰：「街亭軍敗，兵將不復相録，箕谷何獨得保？」芝曰：「雲身自斷後，故一切什物，略無所棄，兵將無緣相失。」雲有軍資餘絹，亮使分賜將士。雲曰：「軍事無利，何以有賜？請悉入赤岸府庫，須十月爲冬賜。」亮大善之。

又明年，卒，追謚曰順平。

雲次子廣，官牙門將，隨姜維，臨陣戰死。

論曰：雲與關、張及馬超、黄忠號「五虎將」，陳壽以其强摯壯猛，比於灌、滕，此未足以盡雲也。雲智深而量雅，其應對公孫，有寇恂答使者之詞令焉；其結託昭烈，有鄧禹游京師之先見焉。當陽之保護，過於麥飯豆粥之勤；漢中之權略，捷於轉車張幟之巧。薦夏侯蘭而不自近，岑彭之言韓歆可用，馬武之不將舊部曲也。卻趙範之婚，辭田園之賜，祭遵之憂國奉公，吴漢之怒妻子多買田宅也。要其訏謨碩畫，尤在諫伐吴數言，蓋與武侯平生用兵大指相類。使之尚在大將軍之任，不以屬文偉伯約矣。

蔣琬　費禕　董允

蔣琬，字公琰，零陵湘鄉人也。弱冠知名，以州書佐隨昭烈入蜀，除廣都長。昭烈常因游觀奄至廣都，見琬衆事不理，時又沈醉，遂大怒，將加罪戮。軍師將軍諸葛亮請曰：「蔣琬，社稷之器，非百里才也。其爲政以安民爲本，不以修飾爲先，願重加察之。」昭烈雅敬亮，乃不加罪，倉卒但免官而已。頃之，爲什邡令。昭烈爲漢中王，琬入爲尚書郎。

建興元年，丞相亮開府，以琬爲東曹掾。琬固讓劉邕等四人，亮不聽，遷爲參軍。八年，代張裔爲長史，加撫軍將軍。亮數外出，琬常足食足兵以相供給。亮每言：「公琰託志忠雅，當與吾共贊王業者也。」密表後帝曰：「臣若不幸，後事宜以付琬。」亮卒，以琬爲尚書令，領益州刺史，遷大將軍，録尚書事，封安陽亭侯。

時新喪元帥，遠近危悚。琬出類拔萃，處群寮之右，既無戚容，又無喜色，神守舉止，有如平日，由是衆望漸服。

延熙元年，詔琬曰：「寇難未弭，曹叡驕凶，君其治嚴，總帥諸軍屯住漢中，須吴舉動，東西掎角，以乘其釁。」又命琬開府，明年就加大司馬。

四年，琬以諸葛亮數窺秦川，道險運艱，不若乘水東下。乃多作舟船，欲由漢、沔襲魏。會疾動未行，衆論咸謂如不克捷，還路甚難，非長策也。於是遣尚書令費禕等諭指。琬承命上疏曰：「芟穢弭難，臣職是掌。自臣奉辭漢中，已經六年，臣既闇弱，加嬰疾疢，規方無成，夙夜憂慘。今魏跨帶九州，根蒂滋蔓，若東西并力，首尾掎角，雖未能速得如志，且當分裂蠶食，先摧其枝黨。然吴期二三，連不克果，俯仰維艱，實忘寢食。輒與禕等議，以涼州邊塞之要，進退有資。且羌人乃心思漢如渴，宜以姜維爲涼州刺史。若維征行，銜制河右，臣當率軍爲繼。今涪水陸四通，惟急是應，若東北有虞，赴之不難。」請從屯涪，後帝從之，由是琬還住涪。疾轉增劇，九年，卒，謚曰恭。

初，琬辟犍爲楊戲爲東曹掾，戲性素簡略，琬與言論，時不應答。有搆戲於琬者，曰：「公與戲語，而不見應，戲之慢上，不亦甚乎？」琬曰：「人心不同，各如其面，面從後言，古人所誡。戲欲贊吾是耶，則非其本心，欲反吾言，則顯吾之非，是以嘿然，是戲之快也。」又督農楊敏曾毁琬曰：「作事憒憒，誠不及前人。」或以白琬，主者請推治之。琬曰：「吾實不如前人，無可推也。」主者乞細按憒憒之狀，琬曰：「苟其不如，則事不當理。事不當理，則憒憒矣復何問耶？」後敏坐事，衆猶懼其必死，琬心無適莫，得免重罪。其好惡存道皆此類也。

費禕，字文偉，江夏鄳人也。少孤，依族父伯仁。仁將禕游學入蜀。會昭烈定蜀，禕遂留益土。禕少與董允齊名，時司徒許靖喪子，允與禕欲共會葬所，白父和請車，和遣開後鹿車給之。允有難載之色，禕便從前先上。及至喪所，諸葛亮與諸貴人悉集，車乘甚鮮，允猶神色未泰，而禕晏然自若。持車人還，和問，知其如此，乃謂允曰：「吾常疑汝於文禕優劣未別也，而今而後，吾意了矣。」

先主立太子，禕與允俱爲舍人，遷庶子。後帝即位，爲黄門侍郎。

建興三年，丞相亮南征還，群寮郊迎，年位多在禕右，而亮特命禕同載，由是衆人莫不易觀。亮既歸，以禕使吴。孫權性既滑稽，嘲啁無方，諸葛恪、羊衜等才博果辯，論難鋒至，禕詞順義篤，據理以答，終不能屈。權又嘗别酌好酒飲禕，視其已酣，然後咨問國事及當世之務，禕輒辭以醉，退而撰次所問，事事條答，無有遺失。權甚器之，謂禕曰：「君天下淑德，必當股肱蜀朝，恐不數來也。」因以常所執寶刀贈之。禕答曰：「臣不才，何堪明命？然刀所以討不庭、禁暴亂者也，願大王勉建功業，同奬漢室，臣雖闇弱，終不負東顧。」還，遷爲侍中。

後亮北住漢中，禕爲參軍。以奉使稱旨，頻煩至吴。

八年，轉爲中護軍，後又爲司馬。時前軍師魏延善養士卒，勇猛過人，每陳計於亮，欲出奇兵，而亮不許，延嘗私謂亮爲怯恨己才，用之不盡。長史楊儀，爲人幹敏，亮每出軍，儀常規畫分部，籌度糧穀，不稽思慮，軍戎節度，皆斯須取辦。延性矜高，而儀狷狹，遂相憎惡如水火。亮深憑二人之才勇，而惜其不相能，不忍有所偏廢。每當并坐争論，延或舉刀擬儀，儀涕泣横集。禕嘗入其坐間，諫喻分別，終亮之世，各盡延。儀之用者，禕匡救之力也。

禕嘗再使吴，孫權問禕曰：「楊儀、魏延，牧豎小人也，雖嘗有鳴吠之益於時務，然既已任之，勢不得輕。若一朝無諸葛亮，必爲禍亂矣。諸君憒憒，不知防慮，豈所謂詒厥孫謀乎？」禕對曰：「延、儀之不協，起於私忿耳，而無黥、彭難御之心也。今方埽除强賊，混一函夏，功以才成，業由才廣，若捨此不任，防其後患，是猶懼有風波而逆廢舟楫，非長計也。」權大笑樂。亮聞之，以爲知言。其後，亮卒於軍，延不聽遺令，欲與禕共作行留部分，强禕手書與己連名，告下諸將。禕紿延，得出馳去。延尋悔，追之不及。遂作亂，奔漢中，馬岱擊斬之。尋儀亦以不得秉政，對禕恨望。禕密表其言，廢徙漢嘉，自殺。

十三年，禕代蔣琬爲尚書令，尋遷大將軍。

延熙七年，魏曹爽入寇，軍次興勢，假禕節，率衆禦之。光禄大夫來敏至禕許別，求共圍棊。於時羽檄交至，人馬擐甲，嚴駕已訖，禕留意對戲，色無厭倦。敏曰：「向聊試君耳，君信可人，必能辦賊也。」及至，爽引退，禕乃進據三嶺以截爽。爽争險苦戰，僅乃得過，失亡甚衆。封禕成鄉侯。

九年秋，大赦，大司農孟光於衆中責禕曰：「夫赦，非明世所宜有也。必不得已，乃可權而用之。今有何危急，而數施非常之恩，以惠奸宄乎？又鷹隼始擊，而更原宥有罪，上干天時，下違人理，豈具瞻之高美，所望於明德者哉。」禕踧踖謝之。

十一年，禕出屯漢中。自琬及禕，雖自身在外，慶賞刑威，皆遥先諮斷，然後乃行，其推任如此。時衛將軍姜維與禕共録尚書事，維自以練西方風俗，又負其才武，謂隴以西可斷而有。每欲興兵大舉，禕嘗裁制不從，謂曰：「丞相猶不能定中夏，况吾等乎？宜先保國治民，敬守社稷，無以希冀僥倖，而決成敗於一舉。」與維兵常不過萬人。

十五年，命禕開府。

明年，歲首大會，魏降人郭循在坐。禕歡飲沉醉，爲循手刃所害，謚曰敬。

禕雅性謙素，家不積財。兒子皆布衣蔬食，出入不從車騎。其當國功名，略與琬比，而識悟尤絶。初，禕爲尚書令時，軍國多事，公務煩猥，每省讀文書，舉目究意，其速數倍於人，終更不忘，常以朝晡聽事，其間接納賓客，飲食博戲，每盡人之歡，而事無廢。闞後董允代褘，欲學之，旬日之間，事多愆滯，允歎曰：「人才力相遠若此，非吾所及也。乃聽事終日，而猶有不暇焉。」

董允，字休昭，南郡枝江人也。父和，字幼宰。劉璋時爲牛鞞、江原長、成都令。蜀土富俗奢，貨殖之家，侯服玉食，婚葬至傾家以辦。和躬率以儉，又爲之軌制，所在皆移風變善。會當遷，吏民老弱，相攜乞留者數千人。璋聽留二年，還遷益州太守，其清約如前。與蠻夷從事，務推誠心，南土愛而信之。昭烈定蜀，徵爲掌軍中郎將，與諸葛亮并署左將軍府事，獻可替否，共爲歡交。自和居官食禄，二十餘年，死之日家無儋石。亮後爲丞相，每追思其忠勤不置。

允少隨父西遷，昭烈時與費褘并以選爲太子舍人，徙洗馬。後帝嗣立，遷黄門侍郎。建興五年，亮將北征，出屯漢中，慮後帝富於春秋，朱紫難别，以允秉心公亮，欲任以宫省之事。疏薦允與郭攸之、費褘等，皆忠亮死節之臣，宫中之事，事無大小，請悉以咨之。亮尋以褘爲參軍，允遷爲侍中，虎賁中郎將，統宿衛親兵。凡獻納之任，允皆專之。允處事爲防制，甚盡匡救之理。後帝常欲采擇以充後宫，允以爲古者，后妃之數，不過十二，今嬪嬙已具，不宜增益，終執不聽。後帝益嚴憚之。

尚書令蔣琬領益州刺史，上疏以讓費褘及允，又表：「允内侍歷年，翼贊王室，宜賜爵土，以褒勛勞。」允固辭不受。

後帝漸長大，愛宦人黄皓。皓便辟佞慧，欲自容入。允常上則正色匡主，下則數責於皓。皓畏允，不敢爲非。終允之世，皓位不過黄門丞。

嘗與尚書令費禕、中典軍胡濟等共期游宴，嚴駕已辦，而郎中襄陽董恢詣允修敬。恢年少官微，見允停出，逡巡求去，允不許，曰：「本所以出者，欲與同好游談也，今君已自屈，方展闊積，捨此之談，就彼之宴，非所謂也。」乃命解驂，禕等亦罷駕不行。其守正下士，類如此。

延熙六年，加輔國將軍。

七年，以侍中守尚書令，爲費禕副。

九年，卒。

費禕以選曹郎陳祇代允爲侍中，祇多技藝挾智，數與黄皓相表裏。皓始與政事。姜維常惡皓擅恣，啓後帝欲殺之。後帝曰：「皓趨走小臣耳，往董允切齒，吾常恨之，君何足介意。」維懼失言，遜辭而出。後帝遣皓詣維陳謝，皓遂操弄威柄，終至覆國。蜀人無不追思允者。

論曰：蜀人每稱諸葛亮、蔣琬、費禕、董允爲「四相」，一號「四英」。案，亮薦允掌宫省獻納，而身後之事，首付琬，次及禕。當時廖立、李嚴并負宿望，魏延、楊儀尤慣軍伍。又嘗稱姜維存心漢室，而才兼於人。然至付託國事，皆不之及，何歟？琬器量閎雅，有宰相度。允嚴正，宜在幼主左右，使有所憚。禕識足定紛，才能應猝，當傾側擾攘之間，所以折衝而禦侮者，尤賴乎此。此以見亮之小心慮國，善始善終，不獨號稱知人也。惜琬、允既不永年，禕復汎愛，蹈來歙、岑彭之轍。向使此三子者皆無恙，允領宫府，琬、禕督兵戎，則黄皓、閻宇，不得比周爲奸，漢中諸圍，不至撤兵他守，加以樊建、傅僉、李球、衛繼、張翼、廖化、羅憲諸人，同心協力，鍾會豈能長驅而寇關口哉？人之云亡，邦國殄瘁。於是乎漢祚終不復矣，悲夫！

史傳三編卷十八

名臣傳十

晉

劉弘

劉弘字和季，沛國相人也。祖馥，魏揚州刺史。父靖，鎮北將軍。弘少有幹略，張華甚重之。與武帝同里，又同年，共研席，以舊恩起家太子門大夫，累遷寧朔將軍，領烏丸校尉，甚有威惠，爲邊境所稱。封宣城公。張昌之亂，轉荆州刺史，代王歆爲鎮南將軍，都督諸軍事。弘遣南蠻長史陶侃、牙門將皮初等進據襄陽。侃等累戰破昌，斬首數萬級。昌懼而逃于下儁山，弘遣軍斬之，其衆悉降，荆土以平。

時荆部守宰多闕，弘請補選，得許，乃銓叙功德，隨才補授。以陶侃爲行司馬，而以皮初補襄陽太守，表其姓名，上之。朝廷以初雖有功，而襄陽名郡，不可輕授人。乃以前東平太守夏侯陟爲之，陟，弘之壻也。弘下教曰：「夫統天下者，宜與天下一心。統一國者，宜與一國爲任。若必姻親然後可任，則荆州十郡，安得十女壻哉？」乃表「陟姻親，舊制不得相監。皮初之勛宜先酬報」。詔聽之。

弘勸課農桑，寬刑省賦，歲用有年，荆人愛悦。嘗夜起，聞城上持更歎聲甚苦，呼省之，見其老病無襦，乃謫罰主者，而給其人衣帽。舊制，峴方二山澤中不許人捕魚，弘曰：「禮，名山大澤不封，與共其利。今公私并兼，百姓無復厝手地，當何謂耶？速改此法。」又「自今酒醪之製，不得分別，優劣三品，當與三軍同其厚薄」。益州刺史羅尚爲李特所敗，告急，貸糧，州僚以運道懸遠，不欲多給。弘曰：「天下一家，彼此無異，吾今厚給于彼，可無西顧之憂矣。」遂以零陵米三萬斛給之。尚賴以自固。又以田種糧食，分給流人十餘萬户之在荆州者，使不因貧乏爲寇，更擢用其賢才，以慰勉之。

時總章大樂伶人，避亂于荆，或勸可作樂。弘曰：「昔劉景升以禮壞樂崩，命杜夔爲天子合樂，樂成，欲庭作之。夔曰：『爲天子合樂而庭作之，恐非將軍本意。』吾常爲之歎息。今主上蒙塵，吾未能展效臣節，雖有家伎，猶不宜聽，況御樂哉？」乃下郡縣，使安輯之，須乘輿反正，送還本署。進侍中、鎮南大將軍、開府儀同三司。

時天下大亂，弘專督江漢，威行南服。有干弘以縱横之事者，弘大怒，斬之。惠帝之幸長安也，河間王顒挾天子，詔弘爲劉喬繼援。弘以張方殘暴，知顒必敗，遂遣使受東海王越節度。順陽太守張光，河間王顒所署也，與陶侃、皮初共破陳敏將錢端于長岐，或説弘宜斬光以明向背，弘又曰：「宰輔得失，豈張光之罪？危人自安，君子弗爲也。」乃表光勳，乞加遷擢。

先是，劉喬爲豫州刺史，東海王越承制，以范陽王虓代之。喬以非天子命不受代，發兵拒虓。弘乃與喬牋，以爲疏不間親，且主上播越，正忠義同心戮力之時，願解怨修好，共戴盟主，以康王室。越將討喬，弘又與越書和解之。又上表曰：「自頃兵戈紛亂，搆于群王，翩其反而，互爲戎首，萬一外寇乘虚爲變，此亦猛虎交鬭，自効于卞莊者也。宜速詔越等，兩釋猜疑，各保分局，自今有擅興兵馬者，天下共伐之。」時不能用。

會陳敏寇揚州，引兵欲西。敏與江夏太守陶侃同郡，又同歲舉吏，有間侃于弘者，弘更委侃討敏。侃遣其兄子爲質，弘曰：「賢叔征行，君祖母年高，便可歸也。匹夫之交尚不負心，况大丈夫乎？」敏竟不敢闚境。

弘每有廢興，手書守相，丁寧款密，人争感悦。曰：「得劉公一紙書，賢于十部從事。」及東海王越奉迎大駕，弘遣將率諸軍會之。既還，自以老病將解州，事未及上，卒于襄陽。士女如喪私親。

初，成都王穎南奔，欲之本國，弘距之。及弘卒，弘司馬郭勱欲推穎爲主，弘子璠追尊弘志，遂墨經討勸，斬于濁水。朝廷聞而嘉之，追贈弘新城郡公，謚曰元。

弘没，以高密王略代鎮，多寇盜，詔起璠爲順陽内史，甚得江漢心。山簡忌之，奏徵爲越騎校尉。被書，便至洛陽，然後迎家累，然南夏卒以亂。

論曰：國家分崩離析之會，非精勤無以慮變，非果毅無以殺敵，非公忠仁恕，無以收智謀勇略之用，而成安上全下之功。劉弘拊循士卒，與同甘苦。官人不昵私親，任賢不生疑貳。是以惠澤入人心，威望著隣境。然其大者，尤在乃心君國，絶不敢乘釁樹黨，以便其私圖。觀其致書牧帥，上表闕廷，指事深切，發言慷慨，使當日君臣，聽而行之，内釋猜疑，外固屏翰，其爲功于國，又不獨在疆埸折衝已也。書曰：「協恭，和衷。」弘有志焉，方藩封樹兵，司馬内亂，一時張方、李含、周馥、劉忱、苟晞諸人，又復各爲左右，讒閒蠭生，兵戈蟻動。坐使全晉山河，四分五裂，而其身命亦隨之，有朝位台司而暮具五刑者，獨弘父子終見保全，天之報施忠義，豈有爽哉？弘幹局功勳亞陶侃，而忠君憂國勝之，當與温嶠同爲典午，一代之偉人矣！

祖逖

祖逖，字士雅，范陽遒人也。世爲北州舊姓。父武，上谷太守。逖少孤，性豁朗，年十四五，猶未知書，兄納等并憂之。然輕財好俠，慷慨有節尚，每至田舍，輒稱兄意，散穀帛以周貧乏，鄉聞重之。後益博覽書史，見者咸謂有佐世才。年二十四，辟察孝廉，司隸再舉秀才，皆不行。與劉琨俱爲司州主簿，情好最篤，嘗同寢，夜聞雞鳴，蹴琨覺曰：「此非惡聲也。」因起舞。逖、琨并有英氣，每語世事，或中宵對坐，相謂曰：「若四海鼎沸，豪傑并起，吾與足下當相避于中原耳。」累遷太子舍人、豫章王從事中郎。從惠帝北伐，敗于蕩陰，遂退還洛。時車駕幸長安，范陽王虓、高密王略、平昌公模等競召之，皆不就。東海王越以逖爲典兵參軍、濟陰太守，母喪不之官。

及京師大亂，逖率親黨，避地淮泗，以所乘車馬載同行老疾，躬自徒步，藥物衣糧，與衆共之。由是衆皆推逖爲行主。達泗口，元帝遥用爲徐州刺史，尋徵軍諮祭酒，居丹徒之京口。逖以社稷傾覆，常懷振復之志。賓從皆桀勇，逖遇之如子弟。或有犯法爲吏所繩者，輒擁護救解之。時帝方拓定江南，未遑北伐，逖進説曰：「晉室之亂，非上無道而下怨畔也。由藩王争權，自相誅滅，遂使群寇乘隙，流毒中原。今遺黎既被殘酷，人有奮擊之志。大王誠能命將，使若逖等爲之統主，則郡國豪傑必望風向赴，沉溺之士欣于來蘇，庶幾國耻可雪。」帝乃以逖爲奮威將軍、豫州刺史，給千人廪，布三千匹，不給鎧仗，使自招募。仍將本流徙部曲百餘家渡江，中流擊楫而誓曰：「祖逖不能清中原而復濟者，有如大江。」詞色壯烈，衆皆慨歎。屯于江陰，起冶鑄兵器，得二千餘人而後進。

初，北中郎將劉演之距于石勒也，流人塢王張平、樊雅等在譙，演署平爲豫州刺史，雅爲譙郡太守。逖至，乃誘其部人謝浮斬平。帝嘉逖勳，使運糧給之，而道遠未至，軍大飢。樊雅以其衆襲逖，直趣逖幕，督護董昭戰，走之。而張平餘衆助雅，攻逖益急。逖求救于蓬陂塢主陳川，川命其將李頭率衆援之。頭力戰有勳，遂克譙城。逖時獲雅駿馬，頭甚欲之，而不敢言，逖知其意，遂與之，頭感歎曰：「若得此人爲主，吾死無憾。」川聞而怒，因殺頭。頭親黨四百人，皆奔于逖。川益怒，遣兵大掠豫州，逖邀擊于谷水，盡獲所掠者，皆令歸本主，軍無私焉。川懼，遂以衆附石勒。逖率衆伐川，石虎領兵五萬救川，逖設奇擊虎，虎大敗，收兵掠豫州，而留其部將桃豹等守川故城，住西臺。逖遣將韓潛等鎮東臺。同一大城，賊從南門放牧，逖軍開東門，相守四旬。逖乃以布囊盛土如米狀，使千餘人運上臺，又令數人擔米，僞爲疲極而息于道，豹遣兵逐之，即棄擔走。豹兵久飢，既獲米，謂逖士衆豐飽，大懼。勒將劉夜堂以驢千頭運糧饋豹，逖遣韓潛、馮鐵等追擊于汴水，獲之。豹宵遁，退據東燕城，逖使潛進屯封丘以逼之。馮鐵據二臺，逖鎮雍丘，數遣軍邀截石勒，勒屯戍漸蹙。候騎嘗獲濮陽人，逖厚待遣歸，皆感恩，率鄉里五百家來降。勒又遣精騎萬人距逖，復爲逖所破，勒鎮戍歸逖者日多。時李矩、郭默等各以詐力相攻，逖馳使和解之，遂皆受逖節度。

逖愛人下士，雖疏賤，皆遇以恩禮。尤善招撫，河上諸塢先有任子在賊者，皆聽兩屬，時遣游軍僞鈔之，明其未附。諸塢感戴，賊中有異謀，輒密以聞。由是多所剋獲。自河以南，盡爲晉土。其有微功，賞不踰日。躬自儉約，勸督農桑，子弟皆耕耘樵擔，又收葬枯骨，爲之祭醊，百姓感悦。嘗置酒大會，耆老坐中流涕曰：「吾等老矣，更得父母，死將何恨！」其得人心如此。

詔進逖鎮西將軍，益練兵積穀，爲取河北之計。石勒不敢窺兵河南，使成皋縣修逖母墓，因與逖書，求通使交市。逖不報書，而聽互市，收利十倍，于是公私豐贍，邊境休息，士馬蕃滋，大有越河掃清之意。會朝廷將遣戴淵爲都督，逖以已翦荆棘，收河南地，而淵雍容，一旦來統之，意甚怏怏。又聞王敦與劉隗等搆隙，慮有内難，知大功不遂。感激發病，猶圖進取不輟，營繕虎牢城，城北臨黄河，西接成皋，四望甚遠。逖恐南無堅壘，必爲賊所襲，乃使從子汝南太守濟率汝陽太守張敞、新蔡内史周閎率衆築壘于城南，未成，而病篤。

初，有妖星見于豫州之分，逖歎曰：「爲我矣。方平河北，而我死，天不祐國也。」俄卒于雍丘，年五十六，豫州士女，若喪父母，譙梁間皆爲立祠。王敦久懷逆謀，惟憚逖與梁州刺史周訪二人，不敢輒發，及訪與逖繼殁，敦乃肆志焉。

論曰：祖逖不矜小節，而倜儻有大志。忠君愛國之誠，經方致遠之略，其素所樹立然也。方其奉命北行，軍糧器械，一無所恃。又復值群兇竊據，日夕轉戰，進寸退尺，卒撫有河南，使强敵不敢生邊釁，蓋仗義執信，德施既普，威命自行。未來而懷集有方，既來而撫御無失，是故能以寡勝衆、弱敵强焉。嚮使天假之年，得與陶侃、温嶠諸公同心共濟，恢復中原，豈有難哉？聞雞之舞、渡江之誓，至今猶想見其慷慨大節，凛凛如生也。夫士苟有志無不竟成，患于志大才疏耳。始逖被用時，劉琨聞之，與親故書曰：「吾枕戈待旦，常恐祖生先我著鞭。」其後琨竟爲段匹磾所害，而逖經略有明效。考琨末年，忠義愈奮，志氣激發，聞望遠播，江左憑依，功雖不究，君子不可以成敗論人。然善于懷撫，短于控御，又素奢豪，嗜聲色。徐潤以音律被寵，令狐盛以亢直見殺，較逖之克己務施，愛人好士者，相去蓋遠。觀其弱冠周旋于賈謐、馬倫之門，與倫私親，爲倫所用，可知非獨疏于才，抑亦闇于識也。祖、劉并稱，劉實遜祖。史譏逖初年散穀周貧，目爲貪亂，可謂能知逖者乎？

王導

王導，字茂弘，琅邪臨沂人，光禄大夫覽之孫也。父裁，鎮軍司馬。導少有風鑒，識量清遠。陳留高士張公一見許爲將相之器。初襲祖爵即丘子，後參東海王越軍事。

元帝爲琅邪王時，與導相親善。導知天下已亂，潛有佐帝興復之志，帝亦雅重之。在洛陽時，導每勸令之國。及出鎮下邳，請爲安東司馬，軍謀密策，無不與知。時帝頗以酒廢事，導深以爲言，帝命酌酒覆之，由此遂絶。及徙鎮建康，吴人不附，值導從兄敦來朝，敦時威望已著，導因説敦：「宜共有以匡濟。」時上已觀禊，帝乘肩輿，具威儀，導與敦皆騎從。吴人士竊覘之，乃相率拜道左。導因進計曰：「古之王者，莫不賓禮故老，存問風俗，虚己傾心，以招俊乂。况天下喪亂，九州分裂，大業草創，急于得人者乎？顧榮、賀循，此土之望，引之以結人心。二子既至，則無不來者矣。」帝乃使導躬造循、榮，二人皆應命而至，由是吴會歸心焉。

洛京既破，避亂江左者十六七，導又説帝收其賢人君子，與之圖事。時揚土饒富，導爲政務在清浄，每勸帝克己厲節，輔主庇民，遂益見委重，朝野傾心，號爲「仲父」。帝每從容謂導曰：「卿，吾之蕭何也。」對曰：「自魏氏以來，迄于太康之際，公卿世族，豪侈相高，政教陵遲，不遵法度，遂使姦人乘釁，有虧王道。大王命世之英，一匡九合，管仲、樂毅，于是乎在，豈區區所可擬議？願弘深神慮，廣擇良能，顧榮、賀循、紀瞻、周玘，皆南土之秀，願盡優禮，則天下安矣。」帝納焉。

永嘉末，遷丹陽太守，加輔國將軍。導以草創之初，名位不可妄加，恐無以勸有功，塞非望。上牋固讓，曰：「請自導始。」帝下令褒美。

愍帝即位，徵吏部郎，不拜。

晉國既建，以爲丞相軍諮祭酒。桓彝初過江，慮朝廷寡弱，不克有濟，比與導談世事，乃還謂周顗曰：「向見管夷吾，無復憂矣。」過江人士，每暇日，飲宴新亭，周顗中坐歎曰：「風景不殊，舉目有江山之異。」皆相視流涕，導變色曰：「當共戮力王室，尅復神州，何至作楚囚相對泣耶？」拜右將軍、揚州刺史。遣諸從事行郡國，還見，各言二千石官長得失，時獨顧和無言。導問之，和曰：「明公作輔，寧使網漏吞舟，何緣採聽風聞，以察察爲政耶？」導咨嗟稱善，尋遷驃騎將軍，都督中外諸軍、録尚書事。

時軍旅倥偬，學校未修，導上書曰：「夫風化之本，在于正人倫，人倫之正，存乎設學校。庠序設，五教明，德禮洽通，彝倫攸叙。父子、兄弟、夫婦、長幼之序順，而君臣之義固矣。易所謂『正家而天下定』者也。故聖王蒙以養正，少而教之，行成德立，然後裁之以位。雖王之世子，猶與國子齒，使知道而後貴。其取才用士，咸先本之于學。故周禮獻賢能之書于王，王拜受之，所以尊道而貴士也。人知士之貴由道存，則退而修其身以及家，正其家以及鄉，學于鄉以登朝，反本復始，各求諸已，敦樸之業著，浮僞之競息，教使然也。故以之事君則忠，用之涖下則仁。孟子所謂『未有仁而遺其親，未有義而後其君者也』。自頃皇綱失統，于今二紀。先進忘揖讓之容，後生惟金鼓是聞。先王之道彌遠，華僞之俗日滋，非所以端本靖末之謂也。殿下以命世之資，屬陽九之運，禮樂征伐，翼成中興。誠宜稽古明學，漸之教義，使文武之道墜而復興。方今國恥未雪，忠臣義夫，扼腕拊心。苟禮儀膠固，淳風漸著，則化之所感者深，而德之所被者大。故有虞舞干戚而化三苗，魯僖作泮宫而服淮夷。桓文之霸，皆先教而後戰。今聿遵前典，興復道教，擇朝之子弟并入于學，選明博修禮之士而爲之師，化成俗定，莫尚于斯。」帝深納焉。

及帝登尊號，百官陪列，命導升御床共坐。導固辭再四，曰：「若太陽下同萬物，蒼生何由仰照！」帝乃止。以討華軼功，封武岡侯，進位侍中、司空。會太山太守徐龕反，導薦羊鑒往鎮撫，既而鑒敗抵罪，導上疏乞自貶黜，詔不許。

導以中興草創，啓立史官，于是典籍始具。時孝懷太子被害，訃至，有司奏天子三朝舉哀，群臣一哭而已。導以爲皇太子副貳宸極，普天有情，宜同三朝之哀。從之。

及劉隗用事，王敦心懷怏怏，導亦漸見疏外。中書郎孔愉陳導忠賢，有佐命之勛，宜加委任。帝出愉爲長史，導任真推分，澹如也。及敦反，導每旦率群從子弟詣臺謝罪，曰：「逆臣賊子，何代無之，豈意今者近出臣族！」帝跣而執其手曰：「茂弘，方寄百里之命于卿，是何言耶？」乃詔曰：「導以大義滅親，可以吾爲安東時節假之。」

初，西都覆没，海内思主，群臣及四方俱勸進于帝。時王氏强盛，有專天下之心，敦憚帝賢明，欲更議所立，導固争乃止。至是，敦謂導曰：「不從吾言，幾至覆族。」導猶執正議，敦無以能奪。

時帝愛琅邪王裒，將有奪嫡之議。導曰：「立子以長，且紹又賢。」帝猶不決。導日夕陳諫，儲位乃定。

明帝立，遷司徒。敦又舉兵内向，乃加導大都督，率諸軍討之。導聞敦寢疾，使率子弟發喪，衆謂敦已死，咸有奮志。又遺其從兄含書曰：「導門户受國厚恩，今日之事，明目張膽，爲六軍之首，寧爲忠臣而死，不爲無賴而生。」以平敦功，進爵始興公，位太保。

帝崩，與庾亮等受遺詔，輔幼主，是爲成帝。

亮之徵蘇峻也，訪于導，導曰：「峻猜險，必不奉詔。且山藪藏疾，宜包容之。」固争不從。峻果稱兵犯闕，導入宫侍帝。峻雅敬導，不敢加害，猶以本官居己之右。及峻逼乘輿幸石頭，導争之不得。因密令張闓以太后詔諭三吴，使起兵。于是虞潭、蔡謨、顧衆等皆以兵應。又知峻黨路永、匡術并有貳心，乃使參軍袁躭諷永等，謀奉帝出奔義軍。而峻衛禦甚嚴，事遂不果。賊既平，衆以宫闕灰燼，温嶠議遷都豫章，三吴之豪請遷會稽。導獨曰：「建康，王者之宅。古之帝王不以豐儉移都，苟弘衛文大帛之冠，則無往不可。若不績其麻，則樂土爲墟矣。且北寇游魂，伺我之隙，一旦示弱遠竄，求之望實，懼非良計。今特宜鎮之以静，群情自安。」由是議不復行。

導善于因事，雖無日用之益，而歲計有餘。時府藏空竭，惟有練數千端，鬻之不售，導乃與朝賢俱製練布單衣，于是士人競服，練遂踴貴，每端售得一金。

會大旱，導上疏遜位。下詔遣侍中敦諭再三，然後視事。性簡素寡慾，輔相三世，倉無儲穀，衣不重帛。帝賞賜甚渥。

于時，庾亮以重兵鎮外，南蠻校尉陶稱間導于亮，將舉兵内逼，或勸導密爲之備。導曰：「吾與元規休戚是同，悠悠之言，宜絶智者之口。即如君言，吾便角巾還第，復何懼哉？」又與稱書，以爲庾公帝之元舅，宜善事之。讒間遂息。亮雖在外，而遥執朝權，趨勢者多歸之。導内不能平，常遇西風塵起，舉扇自蔽曰：「元規塵污人。」

自漢魏以來，賜謚多由封爵，無爵者，雖位通德重，不得謚。導始上疏正之。導又以元帝睠同布衣，每一崇進，皆就拜山陵，不勝哀戚。漢魏百官不得拜山陵，有之，自導始也。

咸和五年，卒，年六十四。帝舉哀于朝堂三日，謚曰文獻。褒贈之厚，中興名臣，莫與爲比。

論曰：易泰之九二曰：「包荒，用馮河。」周官之訓曰「推賢讓能」，而先之以「惟克果斷」。大臣當國，誠貴乎休休有容，及夫決疑定策，又必有臨大節不可奪之槩，乃能取亂于内，而弭患于外。王導于晉，可謂雅量鎮俗矣。惜乎沉静有餘，而奮發不足。方蘇峻劫遷乘輿，則挈子遠遁；卞敦擁兵不赴，則濫予官賞；郭默矯殺方鎮，則擢授本州。原其意，雖主于含垢養晦，以徐圖其後，卒之國威不振，即國恥莫雪，亦濡忍弗決之咎也。若乃兄敦之始犯順時，導内憤刁劉之迫，不但無垂涕泣之言，且有内喜之意，豈惟死負周顗，亦且生愧王彬，甚至以開門揖盗之周札，猶抗議贈官，其曲爲札辨，乃其深爲敦諱也，果可謂之大義滅親乎？然當王室不綱，内外倥傯，獨能延攬人望，息民勤學，挽如綫之國脉，以中興一隅，向使始基無導，江南決不能立國。其深心毅力，有非尋常智勇所得與者，後又卒能討敦成功，以補前過。易曰：「需于血，出自穴。」君陳曰：「必有忍，其乃有濟。」庶幾近之矣。

温嶠

温嶠，字太真，太原祁人，司徒羨之從子也。父憺，河東太守。嶠性聰敏，有識量，博學能屬文，自少以孝悌稱于宗族。美丰儀，善談論。初，爲司隸都官從事。庾敳有重名，而頗聚斂，嶠舉奏之，京都震肅。

平北大將軍劉琨妻，嶠從母也。琨雅敬嶠，請爲從事中郎、上黨太守。時并土凋敝，群盜四起，琨憑嶠以爲謀主，從討石勒，屢立戰功。

元帝鎮江左，琨謂嶠曰：「昔班彪識劉氏之復興，馬援知漢光之可輔。吾欲立功河朔，使卿延譽江南，子其行乎？」使嶠奉表勸進。既至，引見，因陳琨忠誠效節，詞旨慷慨，帝深器焉。王導、周顗、庾亮、桓彝等并與親善。屢求反命，不許。會琨爲段匹磾所害，乃除嶠散騎侍郎。

初，嶠欲將命，其母固止之，嶠絶裾而行。其後母亡，阻亂不獲歸葬，由是固辭不拜，苦請北歸。詔三司、八座議其事，皆曰：「昔伍員志復私讎，東奔闔閭，位爲上將，然後鞭平王之尸。嶠若以母未葬，益當竭力朝廷，使逆寇冰消，反哀墓次，詎可稍以乖嫌廢其遠圖哉？」嶠不得已，乃受命。

累遷太子中庶子。東宮與爲布衣交。數陳規諷，又獻侍臣箴。時太子起西池樓觀，頗爲勞費，嶠疏言宜儉約率下，務農重兵，以滅巨寇。王敦反，六軍敗績，太子將自出戰，嶠執鞚諫曰：「奈何以萬乘儲副而身輕天下。」乃止。

明帝即位，拜侍中，參綜機謀，帝深倚重。王敦忌之，因請爲左司馬。敦阻兵不朝，多行陵縱，嶠再四極諫敦，終不悟。乃謬爲恭敬，干説密謀，以附其欲。深結錢鳳，爲之聲譽，每曰：「錢世儀精神滿腹。」嶠素有知人稱，鳳聞大説。會丹陽尹缺，嶠説敦曰：「京尹轂轂喉舌，公宜自選能者。」敦問誰可作，嶠以錢鳳對。鳳亦推嶠，嶠僞辭，敦不聽，即表用嶠。嶠恐既去，鳳于後間之，因敦餞别，起行酒，至鳳，鳳未及飲，嶠因僞醉，以手版擊鳳幘墜，作色曰：「錢鳳何人？温太真行酒而敢不飲？」敦以爲醉，兩釋之。臨别涕泗横流，出閤復入者再三。嶠去後，鳳説敦曰：「嶠于朝廷甚密，未必可信。」敦曰：「太真昨醉，小加聲色，豈得便爾相讒。」由是嶠得還都，乃具奏敦逆謀，請先爲之備。

及敦構逆，加嶠中壘將軍、都督東安北部諸軍事。敦與王導書曰：「太真别來幾日，作如此事。當募人生致之，自拔其舌。」及王含、錢鳳奄至都下，嶠燒朱雀桁以挫其鋒。時帝欲親將兵擊含，聞橋已絶，大怒，嶠曰：「今宿衛寡弱，若賊豕突，危及社稷，何惜一橋？」賊果不得渡。嶠自率衆與賊夾水戰，擊王含，敗之，復督劉遐追錢鳳于江寧。事平，封建寧縣開國公。有詔敦參佐皆禁錮，嶠上疏曰：「敦敢行殺戮，朝廷所不能抑，骨肉所不能間。處其朝者恒懼危亡，原其私心，豈遑晏處。必其凶悖，自可罪人斯得。如枉入奸黨，謂宜施之以寬。」帝從之。

會詔公卿坐論時政所先，嶠因奏軍國要務。一請竭力資助淮泗都督，又擇一偏將，益兵壽陽，以保固徐豫，援助司土；二請州置田曹掾一人，勸農察吏；三請分軍，出屯緣江上下良田；四請省冗員；五請復立籍田、廪犧二官；六以罪不相及，請除夷三族之制。奏入，帝多納之。

尋與王導、郄鑒、庾亮、卞壼等受顧命，同輔幼主。

咸和初，出爲江州刺史、平南將軍，鎮武昌，據上流，爲國家應援，亦以防蘇峻也。嶠甄異行能，甚有惠政，又陳：豫章十郡之要，宜選單車刺史撫之。潯陽濱江，都督應鎮其地。」詔不許。在鎮見王敦畫像，曰：「敦大逆，宜加斲棺之戮。」削去之。

初，嶠聞庾亮之徵蘇峻也，慮必有變，求還朝以備不虞，不聽。峻果連祖約同反，嶠聞，屯潯陽，即遣督護王愆期等率舟師赴難。及京師不守，嶠號慟。有候之者，悲哭相對。俄庾亮來奔，宣太后詔，進嶠驃騎將軍、開府儀同三司。嶠曰：「今日當以殄寇爲急，未有功而先拜官，何以示天下？」遂不受。時亮雖奔敗，嶠愈推崇，更分兵給之，遣使要陶侃同赴國難，侃恨不預顧命，嶠屢説不回，乃用其從弟充及參軍毛寶，言共推侃爲盟主。侃果遣督護龔登帥兵詣嶠。嶠有衆七千，于是列上尚書，陳峻約罪狀，洒泣登舟，移告四方征鎮曰：「賊臣祖約、蘇峻，同惡相濟，天奪其魄，死期將至。寇逼宫城，殘虐朝士，刼辱子女。承問悲惶，精魂飛散。嶠闇弱不武，不能殉難，慚負先帝託寄之重，義在畢力，死而後已。今躬率所統，爲士卒先，催進諸軍，一時電擊。昔包胥楚國之微臣，重趼致誠，義感諸侯。董卓刼遷獻帝，虐害忠良。臧洪，郡之小吏耳，登壇插血，涕淚慷慨，實厲群后。况今居台鼎，據方州，拜受國恩者哉？不期而會，不亦宜乎？征西陶公，國之耆德，忠肅義正，勳庸弘著。方鎮州郡，同稟規略，以雪國恥。嶠雖怯弱，忝據一方，賴忠賢之規，文武之助，士稟義風，人感皇澤。且護軍庾公，帝之元舅，德望隆重，與嶠戮力，得有資憑，若朝廷之不泯也。其各明率所統，無後事機。賞募之信，明如日月。有能斬約峻者，封五等侯。夫忠爲令德，爲仁由已，萬里一契，義不在言也。」

時侃雖許自下而未發，復追龔登使還，嶠乃重移書激怒之曰：「軍有進無退，近已移檄遠近，言于盟府，剋後月大舉，南康、建安、晉安三郡，并在路次，惟須仁公所統至，便齊進耳。今召軍還，疑惑遠近，令此州不守，荆楚將來之危乃當甚於今日。以大義言之，主辱臣死。仁公進當爲大晉之忠臣，參桓文之義，退當以慈父雪愛子之痛。峻、約凶逆無道，人皆切齒。今之進討，如石投卵。出軍既緩，復召兵還，是爲敗于幾成也。願深察所陳，以副三軍之望。」書至，侃深感悟，率所統兼道而進，與嶠、亮同趣建康，戎卒六萬，旌旗七百里，金鼓之聲震天。時祖約據歷陽，與峻爲首尾，見嶠等軍盛，謂其黨曰：「吾固知嶠能爲四公子之事，今果然矣。」

峻聞嶠將至，逼車駕幸石頭。嶠與峻兵相持，日久不決，軍食盡貸于陶侃。侃怒，又欲西歸。嶠曰：「師克在和，光武之濟昆陽，以寡敵衆，仗義故也。峻、約小豎，今挑之戰，可一鼓而擒，奈何舍垂立之功，成進退之計？且天子幽逼，社稷危殆，正臣子肝腦塗地之日。嶠與公并受國恩，事若克濟，則臣主同祚，如其不捷，雖灰身不足以謝先帝。今之事勢，義無旋踵，騎虎安可中下哉？公若獨還，人心必阻，阻衆敗事，義旗將回指于公矣。」侃無以對，乃分米五萬，以餉嶠軍，遂留不去。

嶠于是建行廟，設壇埸，告皇天后土祖宗之靈，親讀祝文，聲氣激昂，流淚覆面，三軍莫能仰視。其日侃督水軍向石頭，嶠等率精勇一萬，從白石挑戰。峻因醉突陣，爲侃將所斬。峻弟逸後嬰城自固。嶠乃立行臺，布告遠近，朝臣皆令赴臺。至者雲集。乃悉諸軍齊攻榻杭，大破逸軍，獲逸及韓晃，斬之。

于是奮威長史滕含抱帝奔嶠船，群臣頓首，號泣請罪。時侃雖爲盟主，而處分規略，一出于嶠。及賊滅，拜驃騎將軍、開府儀同三司，封始安郡公。

初，長史孔愉以嶠母亡未葬，頗不韙之。及嶠討平蘇峻，愉往石頭詣嶠，嶠執愉手流涕曰：「自頃喪亂，忠孝道廢，能持古人之節者，惟君一人耳。」時咸重愉之守正，而服嶠虚公。

王導以峻黨路永、匡術中途以衆歸順，將褒顯之，嶠曰：「術輩首爲亂階，晚雖改悟，未足贖罪。得全首領，幸矣。」導無以奪。

時朝議欲留嶠輔政，嶠以導先帝所任，固辭，又以京邑荒殘，留資蓄、具器用，而後還藩。未旬日，中風卒，時年四十二。江州士庶，莫不相顧泣下。册贈侍中大將軍，謚曰忠武。

論曰：嶠痛心于絶裾之行，卒慷慨從王志、安社稷，雖以此稍掛物議，然勇戰敬官，于以顯親揚名，觀其後可以諒其初矣。其在東宫，則教諭以正其德；在朝廷，則綜理以成其務；在藩鎮，則仗義約信，以伸其威。智足以御小人，雖奸如王敦，可使疑而成信。有獨行遇雨之深心焉；義足以動君子，雖褊如陶侃，可使異而終同，有先號後笑之毅力焉。是以遭折挫而不回，歷艱難以有濟，固其精誠使然，亦有忍有容，乃終以成大事也。夫其勤王之志之純篤如此，其禦亂之才之機宜又如彼，忠孝文武，嶠實兼之。

晉統後亡，于是乎賴，而當時論者僅指爲過江第二流人物。崇虚名，墮實用，風氣之壞，運祚隨之，蓋天厭晉德，而嶠亦自是不永其年矣，豈偶然哉！

史傳三編卷十九

名臣傳十一

晉

陶侃

陶侃，字士行，本鄱陽人也。吴平，徙家廬江之潯陽。父丹，揚武將軍。侃早孤貧，爲縣吏。鄱陽孝廉范逵常過侃，時倉卒無以待賓，其母乃截髮得雙髲，以易酒肴，樂飲極歡，雖僕從亦過所望。逵過廬江太守張夔，稱之。夔召爲督郵，領樅陽令。有能名。遷主簿。會州部從事之郡，欲有所按，侃閉門部勒諸吏，謂從事曰：「若鄙郡有違，自當明憲直繩，詎宜遽以非禮相逼。」從事慚而退。夔妻有疾，將迎醫數百里外。時正寒雪，諸綱紀皆難之，侃獨曰：「小君猶母也，安有父母之疾而不盡心乎！」乃請行。衆咸服其義。長沙太守萬嗣過廬江，見而異之，曰：「君終有大名。」命子結交而去。

察孝廉，至洛陽，數詣張華。華初不甚接遇。侃每往，神無忤色。華後與語，大奇之。除郎中。時豫章國郎中令楊晫，侃州里也，爲鄉論所歸。侃詣之，晫曰：「易稱『貞固足以幹事』，陶士行是也。」與同車共詣顧榮，遂由此知名。尋爲吏部令史黄慶所舉，補武岡令。與太守吕岳有嫌，棄官歸。

會荆州刺史劉弘將之官，辟爲南蠻長史，命先往襄陽討賊張昌，破之。弘既至，謂侃曰：「吾昔參羊公軍，謂吾後當居其處。今觀卿必繼老夫矣。」以軍功封東鄉侯。

陳敏遣其弟恢來寇武昌，弘以侃爲江夏太守，加督護，使與諸軍并力拒恢。侃乃以運船爲戰艦，或言不可，侃曰：「用官物討官賊，但須列上有本末耳。」于是擊恢，所向必破。侃戎政齊肅，凡有所獲，皆分士卒，身無私焉。以母憂去職。嘗有二客來弔，化雙鶴冲天而去，時人以爲孝感。

服闋，元帝拜爲龍驤將軍、武昌太守。時天下饑荒，山夷皆斷江劫掠。侃令諸將詐作商船以誘之。劫果至，生獲數人，是西陽王羕左右。侃即遣兵逼羕，令出向賊。侃整陣于釣臺，羕縛送其帳下二十人，斬之。自是水陸肅清，流亡者歸之盈路，侃竭資振給焉。又立夷市于郡東，大收其利。杜弢之亂，帝使侃督將軍周訪、趙誘擊破之。先是周顗爲荆州刺史，屯于潯水，爲弢所困。侃使朱伺救之，賊退保泠口。侃謂諸將曰：「此賊必更步向武昌，吾宜還城，晝夜三日行可至。卿等誰能忍饑鬭耶？」部將吴寄曰：「要欲十日忍饑，晝當擊賊，夜分捕魚，足以相濟。」侃曰：「卿健將也。」賊果增兵來攻，侃遣朱伺等逆擊，大破之，獲其輜重。遣使告捷于王敦，敦曰：「若無陶侯，便失荆州。伯仁方入境，便爲賊所破。」即表拜侃荆州刺史，移鎮沔江。

而弢將王貢提精卒三千，出武陵江，誘五谿夷，以舟師斷官運，徑向武昌。侃遣部將夜趣巴陵，掩其不備，大破之，所斬降無算。其後貢復挑戰，侃遥謂之曰：「杜弢爲益州吏，盜用庫錢，父死不奔喪。卿本佳人，何爲隨之？天下寧有白頭賊乎！」貢初横脚馬上，聞侃言，便收斂容色。侃知其可動，復令諭之，貢遂來降。而弢敗走，進克長沙，獲其將毛寶等而還。

王敦深忌侃功。會侃還江陵，詣敦作别，朱伺等諫不聽。敦遂留不遣，以其弟廙代之，左轉侃廣州刺史。荆州故吏咸詣敦留侃，不許。由是衆情憤惋，遂西迎杜曾以距廙。敦疑衆受侃意旨，被甲持矛，將殺侃，出而復廻者數四。侃正色曰：「使君之雄，當斷裁天下，何此不決乎？」因起如厠。參軍梅陶等言于敦曰：「周訪與侃姻親，如左右手，安有斷人左手而右手不應者乎？」敦意解，設盛饌餞之。侃便夜發。

時王機盜據廣州，侃至始興，州人皆言宜觀察形勢，侃長驅入境，遣督護討機，斬之。機黨温、邵猶擁衆不服，諸將勸侃乘勢討之，侃曰：「吾威名已著，但用一函紙足耳。」邵果走，廣州遂平。以功封柴桑侯。在州無事，輒朝運百甓于齋外，暮運于齋内。人問其故，答曰：「吾方致力中原，過爾優逸，恐不堪事，故習勞耳。」

時梁碩陷交州，侃又遣將擊平之，即詔侃領交州刺史。封次子夏爲都亭侯，進征南大將軍、開府儀同三司。王敦既平，遷都督荆、雍、益、梁州諸軍事，復移鎮荆州。士女交慶。

侃性聰敏，勤于吏職，恭而近禮，好獎人倫。終日斂膝危坐軍府，政事檢攝無遺，遠近書疏皆手答，筆翰如流，未嘗壅滯。引接疏遠，門無停客。常語人曰：「大禹聖者，乃惜寸陰，至于衆人，當惜分陰，豈可逸游荒醉，生無益于時，死無聞于後，是自棄也。」諸參佐或以談戲廢事者，命取其酒器、蒱博之具，投于江，將吏則加鞭扑，曰：「摴蒱者，牧豬奴戲耳。老莊浮華，非先王之法言不可行也。君子當正其衣冠，攝其威儀，何有亂頭養望自謂宏達耶？」有奉饋者，必問其所由。若力作所致，雖微必喜，慰賜參倍。若非理得之，則切厲訶辱，還其所饋。嘗出游，見人持一把未熟稻，侃問：「用此何爲？」人云：「行道所見，聊取之耳。」侃大怒曰：「汝既不佃，而戲賊人稻！」執而鞭之。是以百姓勤于農作，家給人足。嘗造船，其木屑竹頭皆令籍而掌之，咸不解所以。後正會，積雪始晴，聽事前猶濕，乃以木屑布地。及桓温伐蜀，又以侃所貯竹頭作丁裝船。其綜理微密，皆此類也。

蘇峻作逆，侃子瞻爲峻所害，温嶠要侃同赴國難。侃初以不與明帝顧命爲恨，答曰：「吾疆埸外將，不敢赴局。」嶠固請之，因推爲盟主。又以峻殺其子，重遣書以激怒之。侃妻龔氏亦固勸自行。于是即戎服登舟，瞻喪至不臨。五月，與庾亮、温嶠等俱會石頭。諸軍即欲決戰，侃以賊盛，不可争鋒，當用智計禽之。部將李根請立白石壘，侃不從，曰：「若壘不成，卿當坐之。」根曰：「查浦地下，又在水南，惟白石峻廣，可容數千人，賊來攻不便，滅賊之術也。」侃笑曰：「卿良將也。」乃築壘于白石。夜修曉訖，賊見壘大驚。及賊攻大業壘，侃將救之，長史殷羨曰：「吾軍步戰不如峻，請急攻石頭，峻必救之，則大業自解。」從之，峻果解兵趣石頭。諸軍與戰，侃部將斬之于陣。峻弟逸，復領其衆，侃與諸軍又擊斬逸于石頭。

初峻之亂由庾亮激成。亮有高名，又以后兄受顧命，及是亮用温嶠謀，詣侃拜謝。侃驚止之，曰：「庾元規乃拜陶士行耶？且君侯修石頭城以擬老子，今反見求。」司徒王導入石頭，令取故節，侃笑曰：「蘇武節似不如是。」導有慚色，使人屏之。

侃還江陵，尋進侍中、太尉，封長沙郡公，都督交、廣七州諸軍事，移鎮巴陵。遣參軍張誕討五谿夷，降之。屬後將軍郭默矯詔襲殺荆州刺史劉胤，侃聞之曰：「此必詐也，國家年小，不出胸懷。且劉江州爲朝廷所禮，雖方任非才，何緣猥加極刑耶！默虓勇，所在暴掠，以大難新除，威網寬簡，欲因隙會以騁其從横耳。」即表討默。又與王導書曰：「郭默殺方州，即用爲方州；害宰相，便爲宰相乎？」導答曰：「默據上流之勢，如船艦成資，故包含隱忍，以俟足下，豈非遵養時晦以定大事乎？」侃省書，笑曰：「是遵養時賊也。」侃兵至，默將縛默以降，斬之。石勒素憚默驍勇，聞侃討之，兵不血刃，乃益畏侃。侃子瞻爲峻部將馮鐵所殺，奔於石勒，侃告以故，勒即殺之。詔侃都督江州，領刺史，移鎮武昌。

遂擢用張夔、范逵、劉弘等，子孫凡微時所荷，一飧必報。遣子斌與部將桓宣西伐樊城，走石勒將郭敬。使兄子臻、竟陵太守李陽等共破新野，遂平襄陽。拜大將軍，劍履上殿，入朝不趨，讚拜不名。上表固讓，曰：「臣非敢貪榮于疇昔，而虛讓于今日。事有合于時宜，臣豈敢與朝廷作異。使臣仗國威靈，梟雄斬勒，則又何以加！」

咸和七年六月，病篤，又上表遜位曰：「臣少長孤寒，始願有限。過蒙聖朝歷世殊恩，陛下睿鑒，寵靈彌泰。臣垂八十，位極人臣，啓手啓足，尚復何恨！但以陛下春秋尚富，餘寇不除，山陵未還，所以憤慨兼懷，不能已已。臣父母舊葬，今在潯陽，奉迎窀穸，乃告老下藩。不圖所患，遂爾綿篤。臣間者猶謂犬馬之齒尚可少延，欲爲陛下西平李雄，北吞石勒，是以遣母丘奥于巴東，授桓宣于襄陽。良圖未叙，于此長乖。此方之任，内外之要，願陛下速選臣代，必得良材，奉宣王猷，遂臣成志，則臣死之日猶生之年。陛下雖天縱英奇，方事之殷，當賴群儁。司徒導鑒識經遠，光輔三世。司空鑒簡素貞正，内外惟允。平西將軍亮雅量詳明，器用周時，即陛下之周召也。獻替疇咨，敷融正道，四海幸賴。謹遣長史殷羡奉送所假節麾、幢曲蓋、侍中貂蟬、太尉章、荆江州刺史印傳棨戟。仰戀天恩，悲酸感結。」以後事付右司馬王愆期，統領文武。侃輿車出臨津就船，明日卒，時年七十六。成帝下詔褒美，贈大司馬，謚曰桓，祠以太牢。

侃在軍四十一載，雄毅明斷。自南陵迄于白帝數千里中，路不拾遺。蘇峻之役，庾亮輕進失利。亮司馬殷融詣侃謝曰：「將軍爲此，非融等所裁。」將軍王章至，曰：「章自爲之，將軍不知也。」侃曰：「昔殷融爲君子，王章爲小人。今王章爲君子，殷融爲小人。」侃性纖密好問，頗類趙廣漢。嘗課諸營種柳，都尉夏施盜官柳植于己門。侃一見知爲武昌西門柳，施怖謝。時殷浩、庾翼諸名士皆爲佐吏。侃每飲酒有定限，浩等勸更少進，侃悽懷良久曰：「年少曾有酒失，亡親見約，故不敢踰。」議者以武昌北岸有邾城，宜分兵鎮之。侃都不答，而言者無已，侃乃渡水獵，引將佐語之曰：「我所以設險者，正以長江耳。邾城隔在江北，内無所倚，外接群夷。夷中利深，晉人貪利，夷不堪命，必引寇致禍，非禦寇也。」後庾亮戍之，果大敗。季年懷止足之分，不與朝權。先卒之一年，即欲遜位歸國，佐吏苦留之。及疾篤，將歸長沙，軍資器械牛馬舟車皆有定簿，封印倉庫，自加管鑰，以付王愆期，然後登舟。將出府門，顧謂之曰：「老子婆娑，正坐諸君輩。」尚書梅陶與親故書曰：「陶公機神明鑒似魏武，忠順勤勞似孔明，陸抗諸人不能及也。」謝安每言「陶公雖用法，而恒得法外意」。其爲世所重如此。

論曰：晉自阮籍、王衍輩，棄禮任情，崇虚黜有。過江諸名士猶承其放誕風流之習，往往以養望爲弘雅，以政事爲俗人。賴陶長沙精勤果毅，内綜機事，外靖寇烽，遂使奄奄江左頓有生氣，信可謂大厦之支，中流之柱矣。方庾亮當國，憚侃得衆，修石頭城以備之。侃深用爲恨，蘇峻之亂其遲遲不赴難者，以此非獨恥其不預顧命已也。然君父在患，臣子雖蹈湯赴火惟恐不速。夫怒于室而色于市猶或譏之，奈何以忿其同官之故上及朝廷乎？王茂弘疾劉隗、刁協之間，謬指王敦初舉，義同桓文。陶士行惡庾亮之專，託言疆埸，外將不敢越局。彼皆挾其悁悁之私，而闇于大義，後之論者遂疑導黨其私親，而史言侃據上流、握强兵，潛有窺窬之志，固皆文致之詞，抑亦其自貽口實也。君子觀王彬之面數敦罪，桓彝之恥通峻使，導與侃固不能逃賢者之責矣。

郗鑒

郗鑒，字道徽，高平金鄉人。少孤貧，躬畊力學，以博雅著名。趙王倫辟爲掾，見倫有不臣之迹，稱疾去。及倫篡，其黨皆至大官，而鑒獨不染逆節。惠帝反正，累官中書侍郎。時東海王越與大將軍苟晞争辟，鑒皆不應。鑒從兄旭，晞之别駕也，恐禍及，勸使應召，鑒終不回。京師陷，寇難蜂起，鑒遂陷于陳午賊中。邑人張實先求交于鑒，鑒不許。至是，實來午營省鑒疾，鑒謂曰：「相與邦壤，義不及通，何可怙亂至此耶！」實大慙而退。午以鑒有名德，將逼爲主，乃逃歸鄉里。時大饑，州人士素被其恩義者，相與資贍。鑒復分所得，以恤宗族及鄉曲孤老，全濟甚多，衆感激，遂共依鑒，舉千餘家避難于魯之嶧山。

元帝在江左承制，假鑒龍驤將軍、兖州刺史，鎮鄒山。時荀藩、劉琨各遣其部人，并爲兖州，争相傾動，州民莫知所適。又徐龕、石勒左右交侵，外無救援，百姓皆掘野鼠蟄鷰而食之，終無叛者。三年間，衆至數萬。帝就加都督兖州諸軍事。

永昌初，徵拜尚書。明帝初即位，王敦專制，内外危迫，使鑒爲外援，由是拜都督揚州、江西諸軍事，鎮合肥。王敦忌之，表爲尚書令，徵還。道經姑孰，與敦相見，敦謂曰：「樂彦輔短才耳。考其實，豈勝滿武秋耶？」鑒曰：「彦輔道韻平淡，在傾危之朝，不可得而親疏。愍懷太子之廢，柔而能正，奈何以武秋失節之士相儗？」敦曰：「愍懷廢徙之際，危機交急，人何能以死守之。以此相方，其不減明矣。」鑒曰：「丈夫北面事人，詎可偷生屈節，靦顔天壤耶？苟道數將極，固存亡以之耳。」敦惡其言，不復見，拘留不遣。敦黨譏毁日至，鑒舉止自若，初無懼心。既還臺，鑒遂與帝謀討敦。

既而敦反，令王含等攻逼京師，僉議含衆百倍，而城小不固，宜及彼軍勢未成，大駕自出距戰。鑒曰：「群逆縱逸，其勢不可當，可以算屈，難以力競。賊無遠圖，惟恃豕突一戰。今百姓懲敦往年之暴掠，皆人自爲守。曠日持久，必生義士之心，令謀猷得展。今以此弱力敵彼强寇，決勝負于一朝，雖有申胥之徒，義存投袂，何補于既往哉。」帝從之。

含等既平，温嶠疏請宥敦佐吏，鑒以先王立君臣之教，貴于仗節死義。若輩雖遭逼迫，然進不能止其逆謀，退不能脱身遠遁，準之前訓，宜加義責。又以錢鳳母年八十，宜蒙全宥。乃從之。封高平侯，賜絹四千八百匹。帝以其有器望，萬幾動静皆參問之，乃詔鑒特草上表疏，以從簡易。時王導議欲追贈周札官，鑒建議不合。導不從。鑒復駁之曰：「敦之逆謀，履霜日久，緣札開門，故令王師不振。若敦前者之舉，義同桓文，則先帝可謂幽、厲耶？」朝臣雖無以難，而不能用。遷車騎將軍，都督徐、兗、青三州軍事，假節，鎮廣陵。尋而帝崩，與王導、温嶠、庾亮等并受遺詔，輔少主，進車騎大將軍、開府儀同三司，領徐州刺史。及聞蘇峻反，便欲率所領東赴。詔以北寇不許。于是遣部將劉矩領三千人宿衛京師。王師敗績，庾亮宣太后詔，進鑒司空。鑒去賊密邇，城孤糧絶，人無固志，奉詔流涕，設壇場，刑白馬，大誓三軍，曰：「賊臣祖約、蘇峻，不恭天命，不畏王誅，汨亂五常，侮弄神器，遂制脅幽主，殘害忠良，禍虐黎庶，使天地神祇靡所依歸。昔荆楚泯周，齊桓糾盟，董卓陵漢，群后致討。義存君親，古今一也。今主上幽危，百姓倒懸，忠臣正士，志切報國。凡我同盟，戮力一心，若二寇不梟，義無偷安。有渝此盟，明神殛之！」鑒登壜慷慨，三軍争爲用命。乃遣將軍夏侯長等間行，謂温嶠曰：「或聞賊欲挾天子東入會稽，宜先立營壘，屯據要害，既防其越逸，又斷彼糧運，然後清野堅壁以待賊。賊攻城不拔，野無所掠，必自潰矣。」嶠深以爲然。

及陶侃爲盟主，遣鑒都督揚州八郡軍事。王舒、虞潭皆受鑒節度，率衆渡江，與侃會于茄子浦。築白石壘而據之。會舒等戰不利，鑒乃與郭默還據京口，立大業、曲阿、庱亭三壘以拒賊。賊攻大業，城中乏水，郭默窘迫，遂突圍而出。參軍曹納以爲大業京口之扞，儻一旦不守，則賊方軌而進，請還廣陵以俟後舉。鑒乃大會僚佐，責納曰：「吾荷先帝重託，正復捐軀九泉不足以報。今强寇在郊，衆心危迫，君腹心之佐，而生長異端，當何以率先義衆，鎮一三軍耶？」將斬之，久而乃釋。會峻死，大業圍解。及峻弟逸走吴興，鑒遣參軍李閎追斬之，降男女萬餘口。拜司空，進侍中，封南昌縣公。又以討平賊帥劉徵，功進太尉。

時王導輔政，務存大綱，不拘細目。委任賈寧諸將多不奉法。陶侃、庾亮屢欲率兵廢導，皆以諮鑒，鑒固執不許，乃止。鑒之守正不移，厚德居心，多此類也。尋寢疾，上表薦蔡謨自代，兄子邁爲兗州刺史。卒年七十一。帝哭于朝堂，遣使册贈，一依温嶠故事。謚曰文成。

論曰：郄鑒雅量不如王導、謝安，才略不如温嶠、陶侃，而懷方秉正，卓然自樹于亂朝濁俗之中。進禮退義，造次不違，可謂東晉之重臣矣。是以在鄉黨則懷其德化，在朝廷則憚其丰采。觀其每有駁議，屹如山岳，有導與嶠所莫能躋攀者，非獨當時亂臣賊子聞之膽寒也。

卞壼

卞壼，字望之，濟陰寃句人。祖統，琅邪内史。父粹，以清鑒稱。兄弟六人，并登宰府。長沙王乂專權，粹正色立朝，乂忌而害之。壼弱冠有名，辟命皆不應。

元帝鎮建業，召爲從事中郎，委以選舉，甚見親重。出爲明帝東中郎長史。遭繼母憂，既葬，起復舊職，累辭不就。元帝遣中使敦迫，壼陳詞哀苦，帝乃不奪其志。服闋，爲世子師。壼前後居師佐之任，克盡輔導，一府嚴憚焉。中興建，補太子中庶子，侍講東宫。尋拜御史中丞，彈劾不避權貴。

時淮南小中正王式繼母，式父殁後，服喪訖，還前夫家。前家亦有繼子，奉養至終，遂合葬于前夫。式自云：「父臨終，母求去，父許諾。」于是制出母齊衰期。壼奏曰：「若其母犯七出之責，父當于存日棄之，無緣以絶義之妻留家制服。若其父臨困謬亂，使去留自由者，此爲相要以非禮，則存亡俱無所得從。式母于夫亡制服，又未嘗更嫁，夫没之後，正其從子之日。而使存無所容居，殁無所托地，此爲母以子出也。式爲國士，而違禮虧教，不可居人倫詮正之任。司徒、組等不能率禮正違，并當免官削爵下廷尉。」疏奏，詔特原組等，而式遂廢黜終身。王敦既平，以功封建興縣公，與王導等俱受明帝顧命，輔幼主，拜尚書令。時帝初即位，群臣進璽，司徒導以疾不至。壼正色曰：「王公豈社稷之臣耶？大行在殯，嗣皇未立，寧是人臣辭疾之時？」導聞，乃輿疾而至。時召樂謨爲郡中正，庾怡爲廷尉評。謨，廣之子。怡，珉族子也。各稱父命不就。壼奏曰：「人非無父而生，職非無事而立。有父必有命，居職必有悔。若父各私其子，此爲王者不能官一人，而君臣之道廢矣。廣、珉受寵聖世，身非已有，况後嗣哉？」謨、怡乃就職。時王導稱疾不朝，而私送徐州刺史郗鑒，壼奏導虧法從私，無大臣之節。御史中丞鍾雅阿撓王典，不加準繩，并請免官。雖事寢不行，舉朝震肅。其剛直不畏强禦，皆此類也。

壼勤于職事，當官幹實，明帝深器之。而性不肯苟同時好，故爲諸名士所少阮，孚謂曰：「卿嘗無閒泰，如含瓦石，不亦勞乎？」壼曰：「諸君子以道德恢弘，風流相尚，執鄙吝者，非壼而誰？」時貴游子弟多慕王澄、謝鯤爲達，壼厲色于朝曰：「悖禮傷教，罪莫斯甚！中朝傾覆，實由于此。」欲奏推之。王導、庾亮不從，乃止，然聞者莫不折節。帝時以王導勳德，每幸其第，爲其妻曹氏拜。侍中孔恒密表以爲非禮，導聞之曰：「王茂弘駑痾耳，若卞望之之巖巖，刁玄亮之察察，戴若思之峰岠，當敢爾耶！」有沙門某者，偃蹇不羈，于大會中嘗枕王丞相膝閒。壼至，便斂容起坐，曰：「彼是禮法中人。」壼廉潔儉約，息當婚，詔特賜錢五十萬，固辭不受。

會庾亮以蘇峻終必爲亂，及今徵之，縱不受命，爲禍猶淺。若復經年，便滋蔓難制。此是晁錯勸景帝早削七國事也。議者皆無以易。壼固争，曰：「峻擁强兵，多藏無賴，又逼近京邑，一旦有變，易爲蹉跌。宜深思遠慮，未可倉卒。」亮不納。壼與平南將軍温嶠書曰：「元規召峻意定，懷此於邑。温生足下，奈此事何！今所慮，是國之大事。且峻已出狂意，而召之更速，必縱其群惡以向朝廷。王公亦同此意，争甚懇切，不能如何。若卿在内俱諫，必能相從。今内外戒嚴，恐不能無傷，如何？」或勸壼宜蓄良馬，以備不虞。壼正色對曰：「以逆順揆之，理無不濟。萬一不然，豈須馬哉？」峻果連祖約稱兵，詔以壼都督大桁東諸軍事。壼率郭默等與峻大戰于陵西，爲峻所敗。壼與鍾雅退還，與雅還節謝罪。峻進攻青溪栅，壼又拒擊之。峻因風縱火燒宫寺，大軍敗績。壼背癰新愈，創猶未合，力疾而戰，率厲散衆及左右吏數百人，攻賊麾下，苦戰而死，時年四十八。二子眕、盱，隨之亦赴敵死。其母拊屍哭曰：「父爲忠臣，子爲孝子，夫何恨乎！」

峻平，朝議贈壼稍輕。尚書郎弘訥議曰：「夫事父莫大于孝，事君莫大于忠。惟孝，故能盡敬竭誠；惟忠，故能見危授命。壼委質三朝，盡規翼亮，擁衛至尊，則有保傅之恩。正色在朝，則有匪躬之節。賊峻造逆，勠力致討，再對賊鋒，父子并命，可謂破家爲國，以死勤事。」于是改贈壼侍中、驃騎將軍、開府儀同三司，謚忠貞，祀以太牢。二子皆褒贈。其後盗發壼墓，尸僵，鬢鬚蒼白，面如生，兩手悉拳，爪甲穿達手背。安帝詔給錢十萬，以修塋兆。

壼子孫多達官。始峻舉兵日，宣城内史桓彝即日率所領赴難。及京師不守，峻分兵攻陷宣城，長史裨惠勸彝宜暫通使于峻，以紓交至之禍，彝曰：「吾受國厚恩，義在致死，焉能忍恥與賊臣通問？」遣部將俞縱守蘭石。峻將韓晃急攻之，左右請暫退，縱曰：「吾之不負桓侯，猶桓侯之不負國也。」遂與彝俱死。時丹陽尹陽曼、黄門侍郎周導、廬江太守陶瞻皆以力戰死。右衛將軍劉超、侍中鍾雅以謀奉太子出奔義軍死。而壼以父子，彝以主臣，同時致命，爲尤烈焉。

論曰：國于天地，必有與立。三綱五常，禮之大體。自五帝三王以來，世世守之，迄暴秦不變。夫禮者，國之維而衆之紀。其起化也微，其止邪也于未形。所以辨上下、定民志，恒必由之。故壞國喪家亡人，必先自去其禮也。晉承魏燼，其君臣、父子、夫婦、兄弟類多放廢于禮法之外，學宗老莊，而黜六經，談尚虚無，而薄名檢行。身以放濁爲通，進士以苟得爲貴，當官以養望爲高。及夫維弛而國亡，紀散而衆亂。流風餘熖，煽于江左，王導、庾亮諸人皆身墮其中，莫能振拔。傳曰：亂之生也，惟禮可以已之。其源不清，其流逾濁。勢固然耳。卞壼秉方正之德，以名教爲己任。既以禮自處，即以禮處人。駁王式之短喪，使知居喪飲酒食肉者爲無親；彈王導之託疾，使知藩鎮擁兵不朝者爲無上；責貴游子弟之悖禮傷教，使知諸名士相高以放達，相尚以風流者爲無法。雖孤鳴寡和，而言無罪聞足戒，庶幾逆黨薄夫猶憬然于王章，國憲天理民彝之未盡澌滅。故以王敦、蘇峻、桓温之奸，相與睥睨神器，至于犯宫闕、逼乘輿、擅廢立，宜不難挈而有之。而人心不死，公義莫逃，不能不遲回觀望，以徐俟其後。則雖謂東晉不絶如綫之祚，重爲郄、卞諸公所延可也。記曰：「言而履之，禮也。」壼立朝諤諤，卒乃父死忠，子死孝，不愧平生之言，斯爲得所履而安者哉。

謝安

謝安，字安石，陳國陽夏人，鎮西將軍尚之從弟也。父裒，太常卿。安年四歲時，桓彝見而歎曰：「此兒風神秀徹，後當不減王東海。」兄奕，爲剡令。有老人犯法，罰以醇酒，醉猶未已。安時七八歲，在奕膝邊諫止之。奕爲改容，遣去。及總角，神識沉敏，風宇條暢，善清言。王濛嘗語子修曰：「此客亹亹，爲來逼人。」王導亦深器之。由是少負重名。前後累爲徵辟，皆不就。寓居于會稽之東山，與王羲之及許詢、支遁游處。以山水文籍自娱。揚州刺史庾冰以安有重名，必欲致之。安不得已赴召，月餘告歸。後除尚書郎、琅琊王友，并不起。范汪舉安爲吏部郎，安以書謝絶之。有司奏安被召，歷年不至，禁錮終身，遂棲遲東土。常往臨安山中，坐石室，臨濬谷，悠然歎曰：「此亦伯夷也。」安雖在布衣，人皆以公輔期之，至相謂曰：「安石不出，當如蒼生何？」安每游東山，常以伎樂自隨。會稽王昱聞之曰：「安石必出，既與人同樂，即不得不與人同憂。」安妻丹陽尹劉惔妹也，見家門貴盛，而安獨静，退笑謂曰：「丈夫不如此也？」安捉鼻曰：「恐不免耳。」初弟萬受任北征，惟以嘯詠自高，未嘗撫衆，安深憂之。自隊將已下，安皆代爲慰勉，且責萬曰：「汝爲元帥，宜速接對諸將，以悦其心，豈有傲誕若斯而能濟事者？」萬敗後，安始有仕進之志，時年已四十餘。

桓温請爲司馬，乃赴召。温喜甚，言笑竟日。既出，温問左右：「頗常見我有如此客否？」温後詣安，值其理髮。安性遲緩，久而乃罷，使取幘。温見，留之曰：「令司馬著帽進。」其見重如此。

會弟萬病卒，安投牋求歸。尋除吴興太守。在官無時譽，去後令人思。徵拜侍中。温既廢帝奕立簡文，安見温遥拜。温驚曰：「安石卿何乃爾？」安對曰：「未有君拜于前，臣立于後。」進吏部尚書。簡文帝疾篤，温薦安宜受顧命。時帝遺詔，令温依周公居攝故事。又曰：「少子可輔者，輔之；如不可，君自取之。」侍中王坦之持詔入，于帝前毁之曰：「天下，宣元之天下，陛下何得專之。」帝乃使改詔，曰：「國家事一稟大司馬，如諸葛武侯、王丞相故事。」温初望帝臨終禪位，不爾便當居攝。及見遺詔，既不副所望，心疑安與坦之所爲，大銜之。温入赴山陵，百官迎于新亭。時都下匈匈，云欲誅王、謝，因移晉室。坦之甚懼，安神色不變，曰：「晉祚存亡，決于此行。」温大陳兵衛，延見朝士。坦之流汗沾衣，倒執手版。安從容就席，坐定，謂温曰：「安聞諸侯有道，守在四隣，明公何須壁後置人耶？」温笑曰：「正自不能不爾。」遂命撤之，與安語笑移日。郄超時卧温帳中聽其言，風動帳開，安笑曰：「郄生可謂入幕之賓矣。」坦之初與安齊名，至是方知優劣。

時温威振内外，孝武又在幼冲，安與坦之盡忠夾輔，卒安王室。温病篤，諷朝廷加九錫，屢使人趣之，安與坦之故緩其事，使袁宏具草。草上，安輒改之，由是歷旬不就。温卒，事竟寢。尋進尚書僕射，領中書令。安不欲委任桓氏，固請太后臨政。而坦之已出爲徐州刺史，安獨力維持。雖會稽王道子亦賴弼諧之益，又當秦寇偪境，邊檄四至。安每鎮以和靖，御以長算。文武用命，爲政不存小察，惟弘大綱，人比之王導，而謂文雅過之。又以其餘力，繕修宫室，體極崇閎，而役無勞怨。

帝既親政，進安中書監、驃騎將軍、録尚書事，固讓軍號。時懸象失度，亢旱彌年，安奏興滅繼絶，求晉初佐命功臣後而封之。加都督揚、豫五州諸軍事。

時朝廷方以苻堅爲憂，詔求可鎮禦北方者，安以其兄子幼度應。郄超素與謝氏不善，聞而歎曰：「安之明乃能違衆舉親，幼度之才足以不負所舉。」衆咸謂不然，超曰：「吾昔與幼度俱在桓公府，見其使才，雖屐履間亦得其任，是以知之。」幼度既鎮廣陵，募驍勇之士，得劉牢之等數人。以牢之爲參軍，常領精鋭爲前鋒，號曰「北府兵」。所向克捷，凡斬堅驍將數人。于是進安衛將軍、開府儀同三司，封建昌縣公。其後堅復大舉入寇，衆號百萬，陣于淮淝。詔以安弟石爲征討大都督，幼度爲前鋒。都督與安子輔國將軍琰、西中郎將桓伊等督兵八萬距之。時都下震恐，幼度入問計于安，安夷然答曰：「已別有旨。」既而寂然。安遂命駕出山墅，親朋畢集，與幼度圍棋賭別墅。安棋常劣于幼度，是日幼度懼，便爲敵手而又不勝。安顧謂其甥羊曇曰：「以墅乞汝。」安遂游陟，至夜乃還，指授將帥，各當其任。時桓沖深以根本爲憂，遣精騎三千入援，安固却之，曰：「朝廷處分已定，兵甲無闕，宜留以防西藩。」沖歎曰：「安石有廟堂之量而不閑將略，今大敵垂至，方游談不暇，遣諸不經事少年拒之，衆又寡弱，天下事已可知矣。」及堅屯壽陽，列陣臨淝水，幼度等衆不得渡。幼度使謂苻融曰：「君遠涉吾境，而臨水爲陣，是不欲速戰。諸君少却，令將士得周旋，僕與諸君緩轡而觀之，不亦樂乎？」堅衆皆曰：「宜阻淝水，莫令得上。」堅曰：「但却軍，令得過，而我以鐵騎數十萬，向水逼而殺之。」融以爲然，遂麾使却。衆亂不能止，幼度與琰伊等以精鋭八千，涉水決戰。堅中流矢，斬大將苻融于陣。堅兵自相蹈藉而死者蔽野塞川，餘衆宵遁，聞風聲鶴唳皆疑爲晉兵。晝夜不敢息，草行露宿，重以飢凍死者十七八。堅單騎逃去，獲堅所乘雲母車及儀服器械不可勝算。捷書至，安方與客圍棋，看訖便掇置床上，了無喜色，棋如故。客問之，徐答曰：「小兒輩遂已破賊。」既罷，還内，過户限，不覺屐齒之折，其矯情鎮物如此。以總統功拜太保。

安欲乘勝混一海宇，上疏求自北征，進都督揚、江等十五州軍事。時桓沖新卒，朝議欲以幼度爲荆州刺史。安自以父子名位太盛，又懼桓氏失職，桓石虔復有沔陽之功，慮其驍勇，在形勝之地難制，乃以桓石民爲荆州，桓石虔爲豫州，桓伊爲江州。其經遠無競，類皆如此。安嘗疑劉牢之不可獨任，又知王味之不宜專城。已而一以亂終，一以貪敗，時咸服其知人。

安壻王國寶，坦之之子也。安惡其嗜利無行檢，每抑而不用，由是怨安。國寶從妹爲會稽王道子妃，帝與道子皆嗜酒，遂狎暱國寶。安勛位既高，國寶復從中搆煽，帝遂稍疏忌焉。帝召桓伊飲讌，安侍坐，酒酣，伊拊箏而歌怨詩曰：「爲君既不易，爲臣良獨難。忠信事不顯，乃有見疑患。周旦佐文武，金縢功不刊。推心輔王政，二叔反流言。」聲節慷慨，安聞之泣下霑衿，因越席而捋其鬚曰：「使君于此不凡！」帝甚有愧色。會苻丕求援，安乃請自將救之，出鎮廣陵，築新城而居之。安雖受朝寄，然東山之志始末不渝。至是，盡室而行，造泛海之裝，欲須經略粗定，自江道還東。俄遇疾作，乃請量移。既還都，遂表乞遜位，尋卒，時年六十六。帝臨于朝堂三日，贈太傅，謚曰文靖。

安素有雅量，爲士庶敬愛。嘗與孫綽等汎海，風起水湧，衆皆懼。安吟嘯自若，舟人以安故，猶去不止。風轉急，安徐曰：「如此將何歸？」舟人承言即廻。在京師，鄉人有罷縣歸者詣，安問其歸資，有蒲葵扇五萬，安取其中者捉之。由是競買，價增數倍。安本能爲洛下書生詠，有鼻疾，故其音濁，名流愛而莫能及，或手掩鼻以效之。及至新城，築埭于城北，後人追思之，名爲召伯埭。

幼度，安兄奕子也，少爲安所器。安嘗戒約子姪，因曰：「子弟亦何與人事，而欲使其佳？」群從皆莫能答。幼度曰：「譬如芝蘭玉樹，欲其生于階庭耳。」安大悅。及長，有經國才。以討苻堅功，封康樂縣公，都督徐、兗等七州軍事，卒贈車騎將軍、開府儀同三司。謚獻武。

論曰：謝安與殷浩當韋布時，并負蒼生之望。其應桓温之召也，高崧嘗戲之曰：「今日蒼生將如卿何？」蓋陰以浩之前車相諷厲，而安獨克弘遠謨，一雪處士虚聲之謗。固知體公識遠，則隱顯同歸，而郝隆所誚，處爲遠志，出爲小草者，未爲通論矣。傳言安性嗜音樂，期功之喪，不廢絲竹。王坦之嘗書諭之曰：「天下之寶，當爲天下惜之。」安竟不從。又嘗以公暇，與王羲之登冶城，悠然有高世之想。羲之以爲夏禹胼胝，文王旰食，今四郊多壘，宜思自效，而虚談廢務，恐非所宜。安答曰：「秦任商鞅，二世而亡，豈清言致患耶？」安之放達類如此。向使遇卞壼，將毋與悖禮傷教者同譏歟。淝水之役，强敵壓境，國勢孤危。而安命駕游山，圍棋賭墅，先聖所謂臨事而懼者，當不如是。桓冲遣精騎三千入援，安固却之，曰：「朝廷處分已定。」吾不知其所謂已定者，果能自信否耶。以江左單弱之軍，當苻堅百萬之衆，晉祚不亡，幸也！户限屐齒之折，安固自以爲喜出望外哉。或謂是時强臣跋扈于中，猾敵寇攘于外，人情洶洶，日不暇給，安殆故爲游戲，示有餘閒耳。其後宋寇準在澶淵，飲酒鼾睡擲骰子，亦師此意。是説也，曲諒古人之心，不失爲恕道，而未可爲訓也。

史傳三編卷二十

名臣傳十二

南朝宋

袁粲

袁粲，字景倩，陳郡陽夏人。父濯，早卒。粲幼孤，祖豹哀之，名之曰愍孫。伯叔并當世顯榮，而愍孫飢寒不免。母王氏，躬事紡績，以供朝夕。愍孫少好學，有清才，隨伯父洵爲吴郡擁，敝衣讀書，足不踰户。從兄顗出游，要愍孫，稱疾不動。

早以操行見知。宋孝武即位，稍遷尚書吏部郎，累官吏部尚書。皇太子冠，孝武臨宴東宮，與顔師伯、柳元景、沈慶之等并摴蒱，愍孫勸師伯酒，師伯不飲，愍孫因相裁辱，曰：「不能與佞人周旋。」帝發怒，將手刃之，命引下席，詞色不變。沈、柳并起謝，得釋出，爲海陵太守。廢帝即位，被徵管機密，歷吏部尚書、侍中、驍衛將軍。

愍孫峻于儀，廢帝倮之，迫使走，雅步如常，顧而言曰：「風雨如晦，雞鳴不已。」明帝泰始元年，爲司徒長史、南東海太守。

愍孫清整有風操，自遇甚高，常著妙德先生傳續嵇康高士傳後以自況，又嘗謂人曰：「昔有一國，國中一水，號曰狂泉。國人飲此水，無不狂，惟國君穿井而汲，獨得無恙。國人既并狂，反謂國主之不狂爲狂，于是聚謀，共執國主，療其狂疾，火艾針灸，莫不畢具。國主不任其苦，於是到泉所酌水飲之，飲畢亦狂。君臣大小，其狂若一，衆乃歡然。我既不狂，難以獨立，比亦欲試飲此水矣。」

幼慕荀奉倩爲人，至是請改名爲粲，字景倩，累遷尚書僕射。五年，加中書令，領丹陽尹。七年，加尚書令。

初，粲忤于孝武，其母候乘輿出，負塼叩頭流血，塼碎傷目。後粲與人語，有誤道眇目者，輒涕泣彌日。既貴重，常懼傾滅，益自挹損。明帝崩，與褚淵等并受顧命。廢帝即位，粲與褚淵秉政，承明帝奢侈之後，務弘節儉，而阮佃夫、王道隆等用事不能禁。元徽元年，丁母憂，葬竟，加衛將軍，不受。性至孝，居喪毁甚。

二年，桂陽王休範爲逆，粲扶曳入殿，詔加兵自隨。時兵難危急，賊已至南掖門，諸將意沮。粲慷慨謂諸將帥曰：「寇賊已迫，而衆情離阻。孤子受先帝顧託，本以死報，今日當與諸護軍同死社稷！」因命左右被馬，詞色哀壯。于是陳顯達等感激出戰，賊即平殄。事寧，授中書監，領司徒，徙尚書令，并固辭，服終乃受。命加侍中，進爵爲侯，又不受。

廢帝弑，蕭道成立順帝，使粲鎮石頭。粲素静退，每有朝命，逼切不得已方就，至是得詔即行。時道成將革命，粲自以身受顧託，不欲事二姓，潛謀誅之。而褚淵已自託于道成，粲不知，以謀告之，故道成得爲之備。劉秉，宋氏宗室；王藴，太后兄子，皆與粲結。諸將帥黄回、任候伯、孫曇瓘、卜伯興等，并與粲合。

昇明元年，荆州刺史沈攸之兵起，道成自詣粲，粲稱疾不見。粲宗人袁達以爲不宜樹異同，粲曰：「彼若劫我入臺，便無詞以拒。雖欲出，庸可得乎？」時道成入屯朝堂，秉從弟劉韞以領軍將軍入直門下省，卜伯興爲直閤，黄回諸將皆率軍出屯新亭。粲剋日謀矯太后令，韞伯興率宿衛攻道成于朝堂，回等率所領爲應。劉秉、任候伯等并赴石頭，本期壬申夜發，秉恇擾不知所爲，晡後即束裝，盡室奔石頭。粲驚曰：「何事速來？今敗矣！」先是褚淵以粲謀告道成，道成即遣將薛淵等領兵戍石頭，云以助粲，實禦之也。又令腹心王敬則爲直閤，與伯興并總禁兵。王藴聞秉已奔，乃狼狽率部曲向石頭。薛淵等據門射之，藴謂粲已敗，乃便散走。道成以報敬則，敬則殺韞及伯興，又遣戴僧静向石頭助薛淵，自倉門入。時粲與秉等列兵登東門，僧静分兵攻府西門，秉與子踰城出，粲還坐，列燭自照，謂其子最曰：「本知一木，不能止大厦之崩，但以名義至此耳。」僧静奮刀直前欲斬之，子最大叫抱父，乞先死，兵士莫不隕涕。粲曰：「我不失忠臣，汝不失孝子。」仍求筆作啓云：「臣義奉大宋，策名兩畢，今便歸魂墳壠，永就山丘。」僧静并斬之。任候伯其夜赴石頭，皆被殺。粲小兒數歲，乳母攜投粲門生狄靈慶。靈慶曰：「吾聞出郎君者有厚賞。」遂抱以首。乳母呼天曰：「公昔于汝有恩，故冒難歸汝，奈何欲殺郎君以求小利？天地鬼神有知，行見汝滅門也。」此兒死後，靈慶常見兒騎大狗，戲如平生。經年，忽見一狗走入其家，遇靈慶，于庭噬殺之。少頃，妻子皆没。粲負才尚氣，愛好虚遠，當其得意，悠然忘反。郡南一家頗有竹石，率爾步往，不通主人。主人出，語笑款然，俄而車從至，方知是袁公也。又嘗步屧郊野，道遇一士大夫，便呼與飲。明日此人謂被知顧，到門求進，粲不見，曰：「昨飲酒無聊，偶相要耳。」身居劇任，不肯當事，或高詠對之。門無雜賓，而物情不接。及敗，時人爲之語曰：「可憐石頭城，寧爲袁粲死，不作褚淵生。」父子死于忠孝，尤不朽云。

論曰：袁粲簡淡，平素好飲酒吟諷，少經世之才。然忠孝之性，始終不渝。當魏晉六朝之間，才臣名士代不乏人，然廉恥道喪，往往有身享高官厚禄，潛託權奸，求爲佐命之勳者。所在不免恬不知怪，幾忘其身之在本朝也。以此律之，數百年之間，幾無完士。粲當桂陽之逆，墨縗入侍，奬勵忠義，卒平急難。及道成革命，有徵，粲獨與劉秉、王蘊諸人深相約結，欲殲大憝。事雖不濟，然粲以臣死忠，最以子死孝，在南北兩朝之際，尤可謂高岡之鳴鳳也。故特表之。

北朝魏

高允

高允，字伯恭，渤海蓨人。漢太傅裒之後也。曾祖慶，祖泰，并仕慕容垂，至顯秩。父韜，歸魏後，官丞相參軍，早卒。允少孤，有奇度，清河崔宏見而歎曰：「此子黄中内潤，文明外照，必爲一代偉器。」年十餘，奉祖父喪還本郡，推財與二弟。性好文學，擔簦就業，博通經史天文術數，尤好春秋公羊。郡召功曹。

神䴥三年，年四十餘矣，爲陽平王征南大將軍杜超從事中郎。超時鎮鄴，遣允與吕熙等分詣諸州決獄。熙等并貪穢得罪，允以清平獨見賞。還家，教授生徒千餘人。四年，徵拜中書博士，遷侍郎，以本官爲樂安王範從事中郎。範時鎮鄴，允甚有匡益，徵還，參樂平王丕軍事。佐平凉州，賜爵汶陽子，領著作郎。太武令與司徒崔浩修國史。浩時集諸歷家，考校漢元以來，日月薄蝕、五星行度，并譏前史之失，别爲魏歷，以示允。允曰：「漢元年十月，五星聚東井。案星傳，金水二星常附日而行。十月，日在尾箕，昏没于申南，而東井方出于寅北。二星何得背日而行？此乃歷術淺事而史家欲神其説，不復推之于理。今譏漢史而不覺此謬，恐後之譏今，猶今之讖古也。」浩時未以爲然。允曰：「此不可以空言争，宜更審之。」後歲餘，謂允曰：「先所論者，果如君言。五星乃以前三月聚東井，非十月也。」衆皆歎服。允雖明歷，初不推步論説。惟東宫少傅游雅知其能，數以灾異問，允曰：「天道難知，既知，復恐漏泄，不如不知也。天下妙理至多，何遽問此？」

尋詔以經授，景穆太子甚見禮待。與游雅等共更定律令，多所增損。太武嘗問允：「何政爲先？」時多禁封良田，又京師游食者衆。允因言曰：「臣少也賤，所知惟農，請言農事。古人云：方一里則爲田三頃七十畝，百里則田三萬七千頃。若勤之，則畝益三升，不勤，則畝損三升。方百里損益之率，爲粟二百二十二萬斛，况以天下之廣乎？若公私有儲，雖遇饑年，復何憂哉？」帝乃悉除田禁，以賦百姓。

初，浩以才略爲帝寵任，數從征伐，有功，頗制朝權，嘗薦冀、定等五州士數十人，皆起家爲郡守。太子曰：「先徵之人，亦州郡選也，在職已久，勤勞未答。宜先補郡縣，而以新徵者代爲郎吏。且守令治民，宜得更事者。」浩固争而遣之。允聞之，曰：「崔公其不免乎！苟遂其非，而校勝于上，將何以堪之。」

時著作令史閔湛、郗標性巧佞，嘗上疏，言浩所注詩論語書易過于馬、鄭、王、賈，乞收境内諸書，獨頒浩所注，令天下習業。并求勑浩注禮傳令後生得觀正義。浩遂信待之，薦其有著述之才。帝初命浩等譔記務從實録，既成書，湛、標因勸浩刊于石，以彰直筆。允私謂著作郎宗欽曰：「湛、標所營，分寸之間，恐爲崔門萬世之禍。吾徒亦無噍類矣。」浩竟刊石列通衢，北人無不忿恚，相與譖浩，以爲暴揚國惡。帝大怒，詔收浩，允等案罪。先是遼東公翟黑子奉使并州，受布千匹，事覺，謀于允曰：「主上問我，爲首爲諱乎？」允曰：「公帷幄寵臣，有罪首實，庶或見原，不可重爲欺罔。」中書侍郎崔鑒等謂曰：「若首實，罪不可測，不如諱之。」黑子以鑒等爲親已，而反怨允曰：「君奈何誘人入死地？」入見帝，遂不以實對，終獲罪戮。及浩被收，太子召允謂曰：「入見至尊，吾自導卿。脱至尊有問，但依吾語。」太子入，言允小心慎密，且微賤，制由崔浩，請赦其死。帝問允曰：「國書皆浩所爲乎？」允對曰：「臣與浩共爲之，然浩所領事，多總裁而已，至于著述，臣多于浩。」帝怒曰：「允罪甚于浩，何以得生。」太子懼曰：「天威嚴重，允小臣，迷亂失次耳，臣嚮問，皆云浩所爲。」帝問允：「信如東宫所言否？」允曰：「臣以下材，謬參著作，逆犯天威，罪當滅族，不敢虚妄。殿下哀臣侍講日久，欲匄其生耳，實不問臣，臣以實對，不敢迷亂。」帝顧謂太子曰：「直哉，此人情所難而允能爲之，臨死不易詞，信也。爲臣不欺君，貞也。宜特赦其罪，以旌之。」于是召浩臨詰，浩惶惑不能對。允事事申明，皆有條理。帝命允爲詔，誅浩及僚屬僮吏，凡百二十八人，皆夷五族。允持疑不爲，帝頻使催切。允乞更一見，詔引前，允曰：「浩之所坐，若更有餘釁，非臣敢知。若直以觸犯，罪不至死。」帝復怒，命武士執允。太子爲拜請。帝意解，乃曰：「無此人，當更有數千口死矣。」浩竟族滅，餘止誅其身。宗欽臨刑，歎曰：「高允其殆聖乎！」

他日太子讓允曰：「人當知機，不知機，學復何益？吾欲爲卿脱死，而卿終不從，乃激怒至尊如此。每一念及，使人心悸。」允曰：「臣東海凡生，本無宦意。屬休明之會，釋褐鳳池，仍參麟閣，妨賢已久。夫史所以紀，當時之善惡，爲將來之炯戒，故人主慎焉。浩孤負聖恩，以私欲没其公廉，愛憎蔽其直理，誠不能無罪。至于書朝廷起居，言國家得失，此乃史家本體，未爲多違。臣與浩實同其事，死生榮辱，義無獨殊。誠荷殿下再造之慈，違心苟免，非臣所願也。」太子動容稱歎，允退謂人曰：「我不奉東宮指導者，恐負翟黑子故也。」

太子末年，頗信任左右，營田園以收利。允諫曰：「天地無私，故能覆載。王者無私，故能包養。昔之明王，以至公宰物，故藏金于山，藏珠于淵，示天下以無私，訓天下以至儉，故美聲盈溢。今殿下國之儲貳，萬方所則，而營立私田，畜養雞犬，乃至販酤市廛，與民争利，議聲流布，不可追掩。夫天下者，殿下之天下，富有四海，何求而弗獲，何欲而弗從，而與販夫販婦競此尺寸。昔虢之將亡，神乃下降，賜之土田，卒喪其國。漢之靈帝，不修人君之重，好與宮人列肆販賣，私立府藏，以營小利，卒有顛覆之禍。夫爲人君者，必審于擇人。商書云：『無邇小人。』孔子云：『小人近之則不遜。遠之則怨。』武王愛周、召、齊、畢，所以王天下。殷紂愛飛廉、惡來，所以喪其國。古今存亡，莫不由之。今東宫誠乏人，俊乂不少。頃來侍御左右，恐非朝廷之選。願殿下少察愚言，斥出佞邪，親近忠良，所在田園，分給貧下，畜産販賣，以時收散。如此則休聲日至，謗議可除。」不納。

及太子卒，允見帝，悲不能止。允奉命集天文災異，使事類約而可觀。既成，上表曰：「臣聞箕子陳謨而洪範作，宣尼述史而春秋著，皆隨其得失而效以禍福，天人誠遠，而報應如響，甚可懼也。自古帝王莫不尊崇其道而稽其法數，以自修飭。厥後史官并載其事，以爲鑒誡。漢成帝時，光禄大夫劉向見漢祚將危，權歸外戚，屢陳妖眚而不見納。遂因洪範春秋災異報應者而爲其傳，覬以感悟人主，終不聽察，卒以危亡。伏惟陛下神武則天，欽若稽古，率由舊章，前言往行，靡不究鑒。臣學不洽聞，識見寡薄，懼無以裨廣聖聰，仰酬明旨。謹依洪範傳天文志，撮其事要，略其文詞，凡八篇。」帝覽之，曰：「高允之明天文，豈減崔浩乎？」及文成之立，允預其謀。司徒陸麗等皆受賞，而不及允，允終不言。

時帝大起宫室，允諫曰：「太祖始建都邑，其所營立，非農隙不興。今建國已久，宫室已備，永安前殿，足以朝會萬國，西堂温室，足以安御聖躬，紫樓臨望，足以觀望遠近。若欲修廣異觀，宜漸致之，不可倉卒。今計斫材運土及諸雜役須二萬人，丁夫充作，老弱供餉，合四萬人，半年可訖。古人有言：一夫不耕，或受其飢。况四萬之衆。其所損費，亦已多矣。聖主宜思量。」帝納之。

允以文成纂承平之業，而風俗仍舊，婚娶喪葬，不依古式，上禮教一疏，其略曰：

「前朝屢發明詔，禁諸婚娶不得作樂，及葬送之日，歌謡、鼓舞、燒葬，一切禁斷。雖條旨久頒，而俗不革變。將由居上者未能悛改，爲下者習以成俗，教化淩遲，一至于斯。爲政者先自近始。詩云：『爾之教矣，民胥效矣。』人君舉動，不可不慎。禮云：『娶婦之家，三日不舉樂。』今納室皆樂部給役以爲嬉戲，而獨禁細民，此一異也。

「古之婚者，皆揀擇德義之門，妙選貞閑之女，必先之以媒聘，繼之以禮物，集寮友以重其別，親御輪以崇其敬，婚姻之際，如此其難。今娶配者，或長少差舛，或罪入掖庭，失禮紛紜，而令小民，必依禮限，此二異也。

「萬物之生，靡不有死，古先哲王，作爲禮制，所以養生送死，折諸人情。若毁生以奉死，則聖人所禁也。昔者堯葬穀林，農不易畝。舜葬蒼梧，市不改肆。秦始皇作爲地市，下錮三泉，金玉寶貨不可勝計，死不旋踵，尸焚墓掘。堯舜之儉，始皇之奢，是非可見。今國家營葬，費損巨億，一旦焚之，以爲灰燼。苟靡費有益于亡者，古之人何獨不然。今上爲之不輟，而禁下民之必止，此三異也。

「古者祭必立尸，序其昭穆，使亡者有憑，致食饗之禮。今已葬之魂，求貌似者事之如父母，燕好如夫妻，損敗風俗，瀆亂情理。上未禁之，下不改絶，此四異也。

「夫饗者，所以定禮儀，訓萬國，故聖王重之。至乃爵盈而不飲，肴乾而不食，樂非雅樂不奏，物非正色不列。今之大會，内外相混，酒醉喧譊，罔有儀式。又俳優鄙褻，污辱視聽。朝廷積習以爲美，而責風俗之清純，此五異也。

「陛下當百王之末，踵亂晉之弊，而不矯然釐正，以厲頹俗，臣恐天下蒼生，永不聞禮教矣。」

允言如此非一，文成從容聽之。事有不便，輒求見，屏人極論，或自朝至暮，或連日不出，至有痛切爲帝所不忍聞者，命左右扶出。然終善遇之，禮敬甚重。時有上事爲激訐者，帝謂群臣曰：「君父一也，父有過，子私室諫諍，不欲彰于外。至于事君，獨忍顯君之過，以沽直名乎？高允于朕過失，常正言面論，至朕所不樂聞者，皆侃侃言説，無所避就。使朕得聞其過，而天下不知，乃真忠臣也。」

允所與同徵者游雅等皆至大官封侯，允部下吏百數十人亦至刺史二千石，而允爲郎二十七年不徙。帝謂群臣曰：「汝等在朕左右，未嘗有一言規正，但伺朕喜時，求官乞職。汝等把弓刀侍左右，但立勞耳，皆至王公。至如允執筆匡輔數十年，不過爲郎。汝等不亦愧乎？」乃拜允中書令。時魏百官無禄，允嘗使諸子樵採自給。陸麗爲言于帝，帝曰：「何不早言！」即日至其第，惟草屋數間，布被緼袍，厨中鹽菜而已。帝太息，賜帛五百匹，粟千斛，拜其子忱爲郡守。允固辭，不許。

轉太常卿進，爵梁城侯，帝重允，常呼爲令公而不名。游雅嘗曰：「前史稱卓子康、劉文饒之爲人褊心者，或不之信，余與高子游處數十年，未嘗見其喜慍之色，乃知古人爲不誣耳。高子内文明而外柔順，其言吶吶不能出口，昔崔司徒浩嘗謂：『高生豐才博學，一代所推，所乏者矯矯風節耳。』余始以爲然，及司徒得罪，詔旨臨責，聲嘶股栗，殆不能言，宗欽以下，都無人色，高子獨敷陳事理，詞義清辨，明主爲之動容。仁及僚友，保兹元老，此非所謂矯矯者乎？宗愛威振朝廷，王公以下，趨庭望拜，高子獨升階長揖，此非所謂風節者乎？人固未易知，吾既失之于心，崔又漏之于外。管仲所以致慟于鮑叔也。」

及文成崩，乙弗渾以獻文在諒闇，遂擅權多殺。馮太后誅之，引允參決大政，欲修明庠序，立學郡國。詔允與中、秘二省參議以聞。允表，「請大郡立博士二人，助教四人，學生一百人。次郡立博士二人，助教二人，學生八十人。中郡立博士一人，助教二人，學生六十人。下郡立博士一人，助教一人，學生四十人。其博士取博通經典、世履忠清、堪爲人師者，年限四十以上。助教亦如之，年限三十以上。其學業夙成，才任教職，不拘年齒。學生取郡中清望，人行修謹，堪循名教者，先盡高門，次及中第。」顯祖從之。郡國立學，自此始。

後以老疾，頻乞骸骨，詔不許。乃著告老詩。又以昔歲同徵，零落將盡，感舊懷人，作徵士頌。尋詔允至兗州，祭孔子廟，曰：「此簡德而行，卿勿辭也。」繼從顯祖北伐，大捷，作北伐頌。獻文後有遺世之志，以孝文冲幼，欲禪其叔京兆王子推，召公卿會議，皆莫敢言。允進跪上前，泣曰：「臣不敢多言，以勞神聽，願陛下上思祖宗付託之重，追念周公抱成王之事。」帝感悟，乃議傳位孝文，以群公輔之。自文成至獻文，軍國書檄，多允文也。末年，乃薦高閭以自代。進允中書監散騎常侍，尋以定議勳，進爵咸陽公，持節征西將軍、懷州刺史。

允秋月巡境，問民疾苦。見召公廟毁，新之，時年將九十矣。勸民學業，風化頗行。太和二年，以疾告歸。詔以安車徵允，扶引就内，改定皇誥。作酒頌寓規，孝文説之，置之座右。詔允乘車入殿，朝賀不拜。明年，詔議定律令。允雖篤老，志識不衰。詔以允家貧養薄，令樂部十日一詣，以娱其志。朝晡給膳，朔望致牛酒，月給衣服綿絹。入見備几杖，問以政治。朝之大議，皆咨訪焉。

魏初法嚴，朝士多見杖罰。允凡歷事五君，出入三省，五十餘年，未嘗有譴。在中書引經斷獄，内外皆稱平。允性仁恕簡静，興壽稱與允接事三年，未嘗見其忿色。雖處貴重，情同寒素。執書吟覽，晝夜不去手。誨人恂恂忘倦，尤篤念親故，頒賜悉以分之貧困者，無所棄遺。

初獻文徙青徐望族于代，其人士多允婚媾，有流離飢寒者，允輒傾家賑施，使咸得其所。又隨其才行，薦用于朝，或以初附爲疑，允答曰：「任賢使能，何有新舊？」時貴臣之門，皆羅列顯官。允子皆無官爵，其廉退若此。

孝文太和十一年正月卒，年九十八，贈司空，謚曰文，賻襚甚厚。魏初以來，存亡蒙賚皆莫及也。所著詩文、左氏公羊釋毛詩拾遺何鄭膏肓凡百餘篇，又有算法、算術三卷。

北史論曰：高允蹈危禍之機，抗雷電之氣，處死夷然，忘身濟難，卒悟明主，保己全名，自非體鄰知命，鑒昭窮達，亦何能若此。宜光寵四世，終享百齡，有魏以來，斯人而已。

論曰：孔子稱才美如周公，而驕吝猶不足觀，況其下乎？崔浩謨謀軍國，灼有成算，戰勝攻取，加以才智，淵博定律，令明歷象，譔國史，皆詳明切直，足與高允頡頏。顧其爲人，沾沾自喜，始則挾長傲物，既乃護短凌上。至于聽任邪諛，欲沽一己之直筆，忠誠薄而讒搆興，固不當獨咎太武之慘刻少恩也。所謂小才未聞大道者，非耶。夫才以學成，學以養定，苟非其人，寧能不攖心于死生呼吸之際而保其常度乎？允忠不欺君，信不背友，學術内充，忠醇如一。而險躁既克，休祥隨之。周詩曰：「自求多福。」蓋善氣所迎，斯動已而天地應也。北魏孝文爲三代以下賢君，允決策于前，薰蒸于後，用開不世出之主。自晉魏以來，如允之令德令名，不可有二，豈獨冠絶北朝哉！

蘇綽

蘇綽字令綽，武功人，魏侍中則之九世孫也。累世二千石。父協，武功郡守。綽少博學，善算術。從兄讓爲汾州刺史，宇文泰餞之都門，謂曰：「卿家子弟中，誰可任者？」因薦綽。召爲行臺郎中。居歲餘，未之知也，而臺中皆稱爲能，有疑事必就決之。泰嘗與僕射周惠達論事，惠達請出議之。以告綽，綽爲之區處。惠達入白之，泰稱善曰：「誰與卿爲此議者？」惠達以綽對，且稱其有王佐才。

會泰與公卿如昆明池觀魚，行至漢故倉地，顧問左右，莫有知者。或曰：「蘇綽博物多通。」乃召綽，具以狀對。泰大悦，因問天地造化之始，歷代興亡之迹。綽應對如流。泰益嘉之，因與綽并馬徐行至池，竟不設網罟而還。遂留至夜，問以政事，卧而聽之。綽指陳爲治之要，泰起，整衣危坐，不覺膝之前席。語達曙不厭。詰朝，謂惠達曰：「蘇綽真奇士，吾方任之以政。」即拜左丞，參典機密。自是寵遇日隆。綽始制文案程式，朱出墨入，及計帳、户籍之法。

大統三年，東魏高歡三道入伐，諸將咸議分兵禦之，泰以爲不如并力西拒竇泰，惟綽意與合，遂禽竇泰于潼關。封綽美陽縣伯，授大行臺度支尚書。

泰欲革時政，爲强國富民之法，綽乃盡智能，贊成其事。于是減官員，置二長，并置屯田以資軍國。又爲六條詔書：

其一，先治心。

曰：凡今之方伯守令，并古諸侯也。是以前世帝王，每稱共治天下者，惟良守宰耳。凡治民之體，當先治心。心者，一身之主，百行之本。心不清淨，則思慮妄生。思慮妄生，則見理不明，是非謬亂。一身不能自治，安能治民也？夫所謂清心者，非不貪貨財之謂也，乃欲使心氣清和，志意端静。心和志静，則邪僻之慮無因而作，凡所思念，無不皆得至公之理。率至公之理以臨其民，下民孰不從化？其次又在治身，凡人君之身，乃百姓之表，表不正，不可求影直。君身不修，而望治百姓，是猶曲表而求直影也。爲人君者，必心如清水，形如白玉，躬行仁義、躬行孝悌、躬行忠信、躬行禮讓、躬行廉平、躬行儉約，然後繼之以無倦，加之以明察。以訓其民，是以其民畏而愛之，則而象之，不待家教而自興行矣。

其二，敦教化。

曰：天地之性，人爲貴。明其有中和之心，仁恕之行，異於木石，不同禽獸，故貴之耳。然性無常守，隨化而遷。化于敦樸者則質直，化于澆僞者則浮薄。浮薄者衰弊之風，質直者淳和之俗。衰弊則禍亂交興，淳和則天下自治。世道彫喪，已數百年。民不見德，惟兵革是聞。上無教化，惟刑罰是用。凡百草創，率多權宜。比年稍登稔，衣食不切，則教化可修。凡諸牧守令長，宜洗心革意，上承朝旨，下宣教化。夫化者，貴能扇之以淳風，浸之以太和，被之以道德，示之以朴素。使百姓亹亹，日遷于善，邪僞之心，嗜慾之性，潛以消化，而不知其所以然，此之謂化也。然後教之以孝弟，使民慈愛；教之以仁順，使民和睦；教之以禮義，使民敬讓。慈愛則不遺其親，和睦則無怨于人，敬讓則不競于物。三者既備，則王道成矣。此之謂教也。先王之所以移風易俗，還淳返素，由此要道也。

其三，盡地利。

曰：人生天地之間，以衣食爲命。古之聖王，先足其衣食，然後教化隨之。夫衣食所以足者，在于盡地利。地利所以盡者，由于勸課有方。主此教者，在乎牧守令長而已。諸州郡縣，每至歲首，必戒勅部民，少長悉力，男女併功，若有游手游食不勤生業者，則正長牒名，守令隨事加罰，罪一勸百。單劣之户，及無生之家，勸令有無相通，使得兼濟。三農之隙，及陰雨之暇，又當教民種桑植果，藝其菜蔬，畜育雞豚，以備生生之資，以供養老之具。夫爲政不欲過碎，碎則民煩；勸課亦不容太簡，簡則民怠。善爲政者，必消息時宜而適煩簡之中。故詩曰：「不剛不柔，布政優優，百禄是遒。」如不能爾，則陷于刑辟矣。

其四，推賢良。

曰：天生蒸民，不能自治，立君以治之，置臣以佐之。上至帝王，下及郡國，置臣得賢則治，失賢則亂。今刺史守令，悉有僚吏，皆佐治之人也。刺史府官則命于天朝。其州吏以下，并牧守自置。自昔以來，州郡大吏，但取門資，多不擇賢良。末曹小吏，惟試刀筆，并不問志行。今之選舉，當不限資蔭，惟在得人。凡所求材藝者，謂其可以治民。若有材藝，而以正直爲本者，必以其材而爲治也。若有材藝，而以姦僞爲本者，將由其官而爲亂也。故將求材藝，必先擇志行，其志行善者則舉之，其志行不善者則去之。而今擇人者，多云邦國無賢，莫知所舉。但求之不勤，擇之不審，或用之不得其所，任之不盡其材耳。夫良玉未剖，與瓦石相類。名驥未馳，與駑馬相雜。昔吕望、百里奚、管夷吾，彼瓌偉之材，不世之傑，尚不能以未遇之時，自異于凡品，况降此者哉！然善觀人者，必先省其官。官省，則善人易充，易充，則事無不理。故語曰：『官省則事省，事省則民清。官煩則事煩，事煩則民濁。』今吏員其數不少，在下州郡，尚有兼假，擾亂細民，悉宜罷黜，無得習常。非直州郡之官，宜須善人，爰至黨族閭里正長之職，皆當審擇，各得一鄉之選，以相監統。夫正長者，治民之基。基不傾者，上必安。凡求賢之路非一，任而試之，考而察之，起于居家，至于鄉黨，訪其所以，觀其所由，則人道明，賢不肖別矣。

其五，恤獄訟。

曰：人受陰陽之氣以生，有情有性。善惡既分，而賞罰隨焉。賞罰得中，則惡止而善勸；賞罰不中，則民無所措手足。是以先王特加戒慎，使治獄之官精心悉意，推究事源。先之以五聽，參之以証驗，如睹情狀，使姦無所容，然後隨事加刑，輕重皆當，赦過矜愚，得情勿喜。又能消息物理，斟酌禮律，無不曲盡人心。先王之制曰：與殺無辜，寧失不經。今之從政者則不然，深文巧劾，寧致善人于法，不免有罪于刑。所以然者，非好殺人也，但云爲吏寧酷，可免後患。此則情存自便，不念至公，奉法如此，皆姦人也。夫人者，天地之貴物，一死不可復生。凡伐木殺草，田獵不順，尚違時令而虧帝道。况刑罰不中，傷天心、犯和氣。而欲陰陽調適，萬物阜安，不可得也。凡百守宰，可無慎乎？若有深姦巨猾，傷化敗俗，悖亂人倫，故爲悖道者，殺一礪百，以清王化，重刑可也。識此二途，則刑政盡矣。

其六，均賦役。

曰：聖人之大寶曰位。何以守位，曰仁。何以聚人，曰財。明先王必以財聚人，以仁守位。而無財，位不可守。故三五以來，皆有征稅之法。雖輕重不同，而濟用一也。今寇未平，軍用資廣，雖未遑減省，以恤民瘼，然宜令平均，使下無匱。夫平均者，不捨豪强而徵貧弱，不縱姦巧而徵愚拙，此之謂均也。起于有漸，必須勸課，先時而備，至時而輸。如不預勸戒，臨時迫切，復恐稽緩，以爲已過，捶扑交至。富商賈，緣兹射利。輸稅之民，于是弊矣。租稅雖有大式，至于斟酌貧富，差次先後，皆事起于正長，而繫之于守令。若斟酌得所，則政和而民悦；若檢理無方，則吏姦而民怨。又左發徭役，多不存意，致令貧弱者或重徭而遠戍，富强者或輕使而近防。守令不存恤民之心，皆王政之罪人也。

泰置諸坐右，令百官習誦之，非通六條及計帳者，不得居官。先是泰以軍旅未息，吏民勞弊，命所司斟酌古今可以便時適治者，爲二十四條新制行之。至是，又更權衡度量，命綽損益新舊，爲三十六條，總爲五卷，頒行之。搜簡賢才爲牧令守長，皆依新制而遣，數年之間，百姓便之。

自晉氏以來，文章競爲浮華。泰欲革其弊，命綽作大誥，宣示群臣，戒以政事仍令，自後文筆皆依此體。

綽性儉素，不事産業。常以喪亂未平爲己憂。薦賢拔能，紀綱庶政，泰推心任之。或出游，嘗預署空紙以授綽，有須處分，隨事施行。綽嘗謂爲國之道，當愛人如慈父，訓人如嚴師。每與公卿論議，自晝達夜，事無巨細，若指諸掌。積勞成疾而卒。泰深痛惜之，謂群官曰：「蘇尚書平生廉讓，吾欲全其素志，則恐悠悠之徒，有所未達。如厚加贈謚，又乖夙昔相知之心，何爲而可？」令史麻瑶越次進曰：「儉約所以彰其美也。」泰從之，歸葬武功，載以布車一乘。泰與群公步送之，酹酒言曰：「爾知吾心，吾知爾志。方欲共定天下，遽捨吾去，奈何！」因舉聲慟哭，不覺巵落于手。至葬日，泰復自爲文祭之。

其後宇文毓僭位，以綽配享泰廟。

北史論曰：周文提劍而起，百度草創，施約法之制于競逐之辰，修太平之禮于鼎峙之日，終能斲雕爲樸，變奢從儉，風化既被，而下肅上尊，疆埸屢動，而内安外附，斯蓋蘇綽之力也。

論曰：宇文泰與高歡，并因拓跋之喪亂，名爲各擁其君，實乃共分其國。當時雖互相誚讓，要之前者虎視，後者狼貪。裴俠之誡孝武以避湯入火，固先見也。然考其規爲厝注，泰似彼善于此，蓋非獨其身之不同量，爲之臣者亦殊致焉。蘇綽謨謀于内，其忠敬節儉，非猶夫崔暹、崔季舒等之傾邪也。韋孝寬扞禦于外，其練達明敏，非猶夫高敖曹、竇泰等之麤豪也。孝寬六旬之拒，高歡三策之平，高緯運籌決勝，不愧將才。若乃定經制、立章程，使國家焕然有更新氣象，綽賢且遠矣。

史傳三編卷二十一

名臣傳十三

唐

房元齡

房元齡，名喬，以字行。齊州臨淄人也。父彥謙，仕隋，爲司隸刺史。元齡幼警敏，善屬文，工書。開皇中，天下混一，僉謂隋祚方永，元齡密白父，以隋無功德，妄誅殺、攘神器、嫡庶混淆、侈僭相傾，亡可翹足待。父驚曰：「無妄言！」年十八，舉進士。吏部侍郎高孝基謂裴矩曰：「此郎國器，終當聳壑昂霄，恨我不及見耳。」補隰城尉。尋坐漢王諒累，徙上郡。顧中原方亂，慨然有憂天下志。會父疾，綿十旬，不解衣。及喪，勺飲不入口五日。

太宗以燉煌公狥渭北，杖策謁軍門，署行軍記室參軍。公爲秦王，授府記室。每從征伐，衆爭取貨珍，元齡獨收人物致幕府，與諸將相申結，人人願盡死力。王比之光武得鄧禹云。居府出入十年，軍符府檄，或駐馬即辦，文約理盡，初不著稿。高祖曰：「人機識，是宜委任。每爲吾兒陳事，千里外猶面語也。」

隱太子與王有隙，元齡勸王行周公之事，引杜如晦協判大計。太子忌二人，皆譖于帝，斥之。變將作，王夜召二人以方士服入計事。事定，擢右庶子。及即位，爲中書令。第功班賞第一，封邢國公，食邑千三百户。淮安王神通曰：「臣舉兵關西，首應義旗，今元齡等以刀筆居臣上，竊所未服。」帝曰：「叔父雖首倡舉兵，蓋亦自營脱禍，建德之南，全軍覆没，黑闥再合，望風輒奔。元齡等有決勝帷幄、定社稷功，此蕭何所以先諸將也。」

三年，進尚書左僕射，監脩國史。帝嘗謂元齡與如晦曰：「公爲僕射，當助朕憂勞，廣開耳目。比聞公等聽受詞訟，日有數百，此則讀符牒不暇，安能助朕求賢哉？」因敕尚書省細碎務皆付左右丞，惟冤滯大事合聞奏者關于僕射。論者以元齡等固屬賢相，然太宗委任責成，得馭相之體。

帝嘗問：「創業、守成，孰難？」元齡曰：「草昧之初，群雄并起角力，而後臣之。創業難。」魏徵曰：「自古帝王，莫不得之于艱難，失之于安逸。守成難。」帝曰：「元齡從我定天下，冒百死獲一生，故知創業之難。徵與我安天下，常恐驕奢生于富貴，禍亂伏于所忽，故知守成之難。然創業往矣，守成之難方與。公等慎之。」

未幾，更封梁，加太子少師。居宰相積十五年，女爲王妃，男尚主，自以權寵隆極，累表辭位，不許。頃之，進司空，仍總朝政。又辭，帝遣使謂曰：「讓，誠美德，然國家眷賴久，不可一日去左右。」改太子太傅，知門下省事。

十八年，帝伐遼，留守京師，詔曰：「公當蕭何之任，朕無西顧憂矣。」凡糧械飛輪，軍伍行留，悉裁綜之。元齡數上書勸帝，無輕敵，久事外夷。固辭太子太傅，以多病，聽卧治事。許肩輿入殿，帝對之流涕，日遣人候問起居，少間，即喜形于色。元齡謂諸子曰：「今天下無事，惟討高麗未止，群臣莫敢諫，吾而不言，抱愧殁地矣！」乃上疏曰：「上古所不臣者，陛下皆臣之。突厥可汗，束手握刀，分典禁衛。延陀、鐵勒，披置郡縣，高昌、吐谷渾，偏師掃除。惟高麗逋命，今自將六軍，不旬日拔遼東，禽獲數十萬，可謂功倍前世。

「傳曰：『知足不辱，知止不殆。』陛下威名功烈既云足矣，拓地開疆，亦可止矣。且陛下每決死罪，必三覆五奏，進疏食，停音樂，以人命重也。今士無罪，驅之行陣之間，委之鋒鏑之下，使肝腦塗地，老父孤子、慈母寡妻，望槥車、抱枯骨，椎心掩泣，變動陰陽，傷害和氣，實天下之痛也。使高麗違失臣節，誅之可也；侵擾百姓，滅之可也；能爲後世患，夷之可也。今無是三者，而坐敝中國，爲舊王雪耻，新羅報仇，非所存小、所損大乎？願下沛然之詔，許高麗自新，焚凌波之船，罷應募之衆，則臣死骨不朽。」

帝得疏，謂高陽公主曰：「是已危篤，尚能憂吾國事！」疾甚，帝命鑿苑垣以便候問，親握手與訣。擢子遺愛右衛中郎將，遺則朝散大夫，令及見之。卒年七十一，時貞觀二十二年也，陪葬昭陵，謚文昭。

元齡明達吏事，夙夜盡心，惟恐一物失所。審定律令，意在寬平。聞人善若己有之，取人不求備，雖卑賤皆得盡所能。或以事被讓，必稽顙請罪，惕息無所容。隨材收叙，無隔踈賤，然亦慎許可。

貞觀末，以譴還第，黄門侍郎褚遂良言于帝曰：「元齡事君自無所負，不可以一眚便斥，非天子任大臣意。」帝悟，遽召于家。後避位不出。久之，會帝幸芙蓉園，元齡敕子弟掃庭除曰：「乘輿且臨幸。」有頃，帝果幸其第，因載還宫。帝在翠微宫，以司農卿李緯爲民部尚書，有自京師來者，帝曰：「元齡聞緯爲尚書謂何？」曰：「惟稱緯好鬚，無他語。」帝遽改洛州刺史。帝討遼東，元齡守京師，有男子上變，元齡詰狀，曰：「我乃告公。」元齡驛遣追帝，帝視奏已，斬男子。下詔曰：「公何不自信！」其委任類如此。

治家有法度，慮諸子驕侈，席勢淩人，集古今家誡，書爲屏風，令各取一具，曰：「留意于此，足以保躬。漢袁氏累葉忠節，吾心所尚，汝等師之。」子遺直嗣。

柳芳曰：「元齡佐太宗定天下，及終相位，凡三十二年，天下號爲賢相。然無迹可尋，德亦至矣。故太宗定禍亂，而房、杜不言功。王、魏善諫争，而房、杜讓其直。英、衛善將兵，而房、杜行其道。理致太平，善歸人主。爲唐宗臣，固宜哉！

論曰：元齡事跡，與漢蕭何相類。顧何遭高帝猜刻，晝夜岌岌菹醢中。元齡際太宗，道協計從，始終罔間。蕭處難而房處易，其政治亦不大相遠，何哉？無致君堯舜之學術，但開國承家，紀綱粗定，稱一代名相焉，兩人力量均之乎？止此矣。然何終未免刀筆吏，而元齡濟以文學稍爲過之，不矜不伐，居然有儒者氣象，臨歿高麗一疏，不忘史魚尸諫之忠，君子哉！

杜如晦

杜如晦，字克明，京兆杜陵人也。少英爽，喜書，以風流自命，負大節，臨機輒能斷。大業中，赴吏部選，亦爲高孝基器重，謂「君有應變才，當爲棟梁之用，願保崇令德」。補滏陽尉，未幾棄官歸。

唐兵入關，任秦府兵曹參軍，後徙陜州總管府長史。時府僚外遷者多，房元齡謂王曰：「他人去無足惜，惟如晦，王佐才也。大王若終守藩輔，無所用之，必欲經營四方，非此人莫可。」王驚曰：「微公言，我幾失之。」因表留幕府。從征伐，常參帷幄預機秘。方軍國大事，裁決如流，莫能窺其涯際，深爲内外所推服。累遷陜東道行臺郎中，封建平縣男，兼文學館學士。丹青畫像，十有八人以如晦爲冠首。

隱太子之變，與元齡定謀論功相等，授左庶子，遷兵部尚書，封蔡國公。貞觀二年，進侍中，攝吏部選，總監東宫兵馬。三年，拜右僕射，仍領選。所引士，賢否咸得其職。太宗嘗謂如晦曰：「比見吏部擇人，惟取其言辭刀筆，不悉其景行，如何可獲善人？」如晦對曰：「兩漢取人，皆行著鄉閭，州郡貢之，然後入用，故當時號爲多士。今每年選集數千人，厚貌飾辭，不可知悉。選司但配其階品而已，銓簡之理，實所未精。」帝將依漢時法令，本州辟召，會功臣等將行世封事，乃止。時天下新定，凡立國規模，臺閣制度，典章文物，悉與元齡裁定。每議大政事，元齡必曰：「非如晦莫能籌之。」及如晦至，卒用元齡策。蓋元齡長于謀，如晦長于斷，兩人深相知，故能同心協德，以致太平。談良相者，稱房、杜焉。

四年，以疾請解職，頻使存問醫藥，相望于道。及疾篤，帝與太子親造其家，撫之流涕。超遷其子構爲尚舍奉御。卒年四十六，帝輟朝三日，哭之慟。贈司空，封萊國公，謚曰成，詔虞世南勒文于碑，言一體痛悼之意。

他日，食瓜而美，輟其半奠焉。帝以黄銀帶賜元齡，謂曰：「如晦與公同輔朕，今獨見公不見如晦矣。」泫然下淚，更取黄金帶送靈。所以後或見夢寐，敕御饌往祭。明年之祥，遣内官慰問妻子，國府官屬并不罷始終，恩禮無少衰。

論曰：如晦才高氣爽，遇事明決，沛然無所滯碍，誠開國臣也。故能與元齡之周密相濟有成，并定天下，稱名相，偉矣！使天假之年，得從容以報太平之知遇，事業豈止此哉！

魏徵

魏徵，字玄成，魏州人。少孤，落魄，有大志，不營貲産。以十策進李密，不用。從密來京師，未知名。自請安輯山東，乃擢秘書丞，馳驛至黎陽。時李勣尚爲密守，徵以書諭之，勣遂定計歸唐。後爲隱太子洗馬。

徵見秦王功高，勸太子早爲計。太子敗，王切責，徵答曰：「太子早從徵言，不死今日之禍。」王器其直。及即位，拜諫議大夫。時河北州縣素事隱、巢者不自安，皆潛伏思亂。徵白帝，示至公解之。命往慰諭，道遇械送太子千牛李志安、齊王護軍李思行，徵與其副謀曰：「受命赦宮府舊人，今復執送志安等，吾屬雖往，人將不信，可先貸之而後以聞。」使還，帝悅，日益親。或引至卧内，訪天下事。徵亦自以不世遇，展盡底藴無所回屈，凡二百餘奏，無不剴切、當帝心者。拜尚書右丞，仍兼諫議。或毁徵阿私所親，帝使温彦博按，無驗。責以不存形迹，居數日，帝問徵曰：「昨來在外聞有何不是事？」徵曰：「前日令彦博宣勑語臣，云因何不存形迹，此言大不是。臣聞君臣同氣，義均一體，未聞不存公道，惟事形迹。若君臣上下同遵此路，則邦之興喪或未可知。」帝矍然改容，曰：「前發此語，尋已悔之。實大不是，公亦不得遂懷隱避。」徵乃拜而言曰：「臣以身許國，直道而行，必不敢有所欺負。但願陛下使臣爲良臣，勿使臣爲忠臣。」帝曰：「忠良有異乎？」徵曰：「良臣身獲美名，君受顯號，子孫傳世，福禄無疆，皋、夔、稷、契是也。忠臣身受誅夷，君陷大惡，家國并喪，獨有其名，龍逢、比干是也。以此而言，相去遠矣。」帝曰：「君但莫違此言，我必不忘社稷之計。」賜絹二百匹。帝又問：「人君何道而明，何失而暗？」對曰：「兼聽則明，偏信則暗。堯、舜闢四門，明目達聰，雖共、驩、苗、鯀，不能蔽也。秦二世獨信趙高，梁武帝獨信朱异、侯景，隋煬帝獨信虞世基，天下土崩瓦解而不知，盜賊徧海内而不聞，此其驗也。」

帝將聘鄭仁基女爲充華，詔書已出，册使未發。徵聞其許嫁陸氏，諫曰：「鄭氏之女久已許人，陛下取之，不疑恐虧聖德。」帝聞之大驚自責，停使，令女還夫。群臣以女適陸氏無顯狀，大禮既行，不可中止。又陸氏抗表，自云初無婚姻。帝于是頗以爲疑。再問徵，徵曰：「陸爽恐陛下今雖容之，後陰加譴責，所以反覆自陳，不足爲怪。」帝乃降敕自明，停其册使。

將葬建成、元吉。徵與王珪請預陪送，上表曰：「臣等昔受命太上，委質東宫，出入龍樓，垂將一紀。前宫結釁宗社，得罪人神，臣等不能死亡，甘從夷戮，負其罪戾，録置周行，徒竭生涯，將何上報？陛下德光四海，道冠前王，陟岡有感，追懷棠棣，明社稷之大義，申骨肉之深恩，卜葬二王，遠期有日。臣等永惟籌昔，忝曰舊臣，喪君有君，雖展事居之禮。宿草將列，未申送往之哀。瞻望九原，義深凡百，望于葬日，送至墓所。」帝義之許之，宫府舊僚吏，盡令送葬。

三年，以秘書監參預朝政。西域諸國聞高昌麴文泰朝，悉遣使入獻。詔使人迎之，徵諫曰：「王者不以蠻夷勞中國，姑聽其商賈往來，與邊民交市則可。若賓客待之，恐不勝其弊。」帝乃止。

右僕射封德彝等，并欲中男十八以上，簡點入軍。勅出，徵執奏，以爲不可。德彝重奏，謂次男有壯大者。帝降敕：「中男雖未十八，然壯大，亦可入軍。」徵又不肯署勅。帝召徵及王珪至，作色而待之曰：「中男實小，自不點入軍。實大，亦可簡取。如此固執，不解公意。」徵正色曰：「臣聞竭澤取魚，非不得魚，明年無魚。焚林而畋，非不得獸，明年無獸。若次男以上盡點入軍，租賦雜徭，將何取給。且比年國家衛士，不堪攻戰。豈爲其少？但爲禮遇失所，遂使人無鬬心。若多點取人，還充雜役，雖衆無用。若精簡壯健，遇之以禮，何必在多？陛下每云，我之爲君，以誠信待物，欲使官民并無矯僞之心。自登極以來，大事已數不信，何以取信于人？」帝愕然曰：「所云不信，是何等也？」徵因言：「即位之初，有逋負宿債，欠負官物，并悉原免之詔。又關中免二年租調，關外給復一年。後不能無失信者數事。」帝喜曰：「我見君執奏不已，疑君蔽此事。今論國家不信，人情不通，我不尋思，過亦深矣。」乃停中男。賜徵金甕一口。

先是，帝嘗歎大亂之後，疑其難治。徵曰：「亂後易治，譬飢者易食，渴者易飲也。」封德彝曰：「三代以還，人漸澆詭，故秦任法律，漢雜霸道，皆欲治不能，非能治不欲。」徵曰：「五帝、三王，不易民而治，湯、武皆承大亂之後，身致太平。若人漸澆漓，不復返樸，今當悉爲鬼魅，尚安得而化哉？」帝納之。及即位，四年之後，米斗三錢，歲斷死二十九，幾致刑措。蠻夷君長襲衣冠，帶刀宿衛。東薄海，南踰嶺，户闔不閉，行旅不齎糧。帝語群臣：「此魏徵勸我行仁義之效，惜不令封德彝見之。」

李靖敗突厥頡利，部落多來歸降。中書令温彦博議：「請于河南處之，一則實空虚之地，二則示無猜之心。」帝從之，徵議以爲宜遣發河北，居其舊土。且今降者幾至十萬，數年之後，滋息過倍，密邇王畿，心腹之疾，將有後患。彦博曰：「天子之于萬物也，天覆地載，處之河南，死而生之，亡而存之，懷我厚恩，終無叛逆。」徵曰：「晉代有此分居近郡，江統爲言，武帝不用，後果覆車。陛下必用彦博言，所謂養虎自貽患也。」帝竟從彦博議。後帝幸九成宫，突厥陰結所部作亂，事敗皆捕，斬之。還其舊部于河北，帝悔而自責曰：「初不納魏徵言，遂幾失久安之道。」

侍御史權萬紀、李仁發俱以告訐譖毀蒙引見，任以彈射，莫敢諍論。徵奏曰：「權萬紀、李仁發并是小人，不識大體，以譖毁爲是，告訐爲直，凡所彈射，皆非有罪。多行無禮，以取强直之名。誣房元齡，斥退張亮，無所肅厲，徒損聖明。臣伏度聖心，必不以爲謀慮深長，可委以棟梁之任，將以其無所避忌，欲以警厲群臣。群臣素無矯僞，空使臣下離心。以元齡、亮之徒猶不可得伸其枉直，其餘疏賤，孰能免其欺罔？伏願陛下，留意再思。自驅使二人以來，有一弘益，臣即甘心斧鉞，受不忠之罪。陛下縱未能舉善以崇德，豈可進姦而自損乎？」帝欣然納之。賜絹五百匹。萬紀、仁發相繼貶黜。

七年，代王珪爲侍中。進爵郡公，帝幸九成宮，宮御憩湋川官舍。李靖、王珪至，吏改館宮御以舍靖、珪。帝怒，命按之。徵諫曰：「靖等陛下心膂大臣，宮人掃除隸耳。以此罪責，恐駭天下耳目。」得釋不問。

後宴丹霄樓，帝從容語群臣曰：「徵每諫我不從，與言輒不應，何哉？」徵曰：「臣以事有不可，故諫。若不從輒應，恐遂行之。」帝曰：「第應之，須别陳論，何傷？」徵曰：「昔舜戒群臣：『汝無面從，退有後言。』若面已許可，又别陳論，非禹、稷所以事君也。」帝曰：「人言魏徵舉動疏慢，我但見其嫵媚耳。」

徵撰定齊、梁、陳、周、隋五史，多所損益，進左光禄大夫，以疾辭位。拜特進，知門下省事。

文德皇后葬昭陵，帝于苑中作層觀望之，引徵同升，徵熟視曰：「臣眊昏，不能見。」帝指示之，徵曰：「臣以爲陛下望獻陵耳，若昭陵，則臣固已見之矣。」帝泣，爲毁觀。帝又欲以巢剌王妃爲后，徵諫曰：「陛下方取法堯、舜，奈何以辰嬴自累。」乃止。後幸洛陽，多所譴責。徵曰：

「隋惟責供奉不精，因此浪費，以至于亡。陛下當兢懼戒約，奈何誨人爲奢。」退又上疏，言刑賞不可由喜怒，及驕奢亂亡之故，乞以隋爲鑒。

十二年，帝嘗從容問：「比來所行，得失政化何如？」徵對曰：「若恩威所加，遠方朝貢，比于貞觀之始，不可等級而言。若德義潛通，民心悦服，比于貞觀之初，相去又甚遠。」帝曰：「遠方來服，應由德義所加，往前功業，何因益大？」徵曰：「昔者四方未定，常以德義爲心。旋以四海無虞，漸加驕溢，所以功業雖盛，終不如往初。」帝曰：「所行比前，何無異？」徵曰：「貞觀之初，恐人不言，導之使諫。三年以後，見人諫，悦而從之。一二年來，不悦人諫。雖黽勉聽受，而意終不平。」帝曰：「于何事如此？」徵曰：「即位之初，處元律師以死罪，孫伏伽諫曰：『法不至死，無容濫加。』遂賜以蘭陵公主園，直錢百萬。人或曰：『所言乃常事，而所賞太厚。』答曰：『我即位來，未有諫者，所以賞之，此導之使言也。』徐州司户柳雄妄加階級，人有告之者，陛下令其自首，不首與罪。雄固言是實，大理推得其僞，處雄死罪。少卿戴胄奏：『法止合徒。』陛下不從。胄曰：『既付臣法司，罪不合死，不可酷濫。』陛下作色遣殺，胄執之不已，然後赦之。乃謂法司曰：『但能如此爲我守法，豈慮濫有誅夷。』此則悦以從諫也。往年陝縣丞皇甫德參上書，大忤聖旨，陛下以爲訕謗，臣奏稱：『上書不激切，不能起人主意，激切即似訕謗。』于時雖從臣言，賞德參物二十段，意甚不平，難于受諫也。」帝驚曰：「人苦不自覺，非公無能道此。」帝又嘗問徵曰：「群臣上書可采，及召對多失次，何也？」對曰：「百司奏事，嘗數日思之，及至上前，三分不能道一。況諫者佛意觸忌，非陛下借之辭色，豈敢盡其情哉？」帝由是接見群臣，辭色愈温。

魏王泰有寵，或言大臣多輕之。帝怒，召大臣議曰：「隋文帝時，大臣皆爲諸王所頓躓，我若縱之，泰豈不能辱公輩耶？」房元齡等皆謝。徵正色曰：「若紀綱大壞，固所不論。聖明在上，魏王必無頓辱群臣之理。隋文帝驕其諸子，卒皆夷滅，又足法耶？」帝悦曰：「聞公言，方知理屈。」

先是，帝作飛山宫，徵上疏極諫。後遇大雨，穀、洛溢，毁宫寺，漂居人。徵因事極言，尤爲激切，條陳十思略曰：「臣聞，求木之長者，必固其根本。欲流之遠者，必浚其泉源。思國之安者，必積其德義。凡昔元首，承天景命，善始者實繁，克終者益寡。蓋在殷憂，必竭誠以待下。既得志，則縱情以傲物。竭誠則胡、越爲一體，傲物則骨肉爲行路。怨不在大，可畏惟人。載舟覆舟，所宜深慎。誠能見可欲，則思知足以自戒；將有作，則思知止以安人；念高危，則思謙冲而自牧；懼滿盈，則思江海下百川；樂盤游，則思三驅以爲度；憂懈怠，則思慎始而敬終；慮壅蔽，則思虚心以納下；懼讒邪，則思正身以黜惡；恩所加，則思無因喜而謬賞；罰所及，則思無以怒而濫刑。總此十思，弘兹九德，簡能而任之，擇善而從之，文武并用垂拱而治，何必勞神苦思，代百司之職役哉？」手詔，喜答之。于是廢明德宫、元圃院賜被水者。

帝問群臣：「徵與諸葛亮孰賢？」岑文本曰：「亮才兼將相，非可比。」帝曰：「徵蹈履仁義，欲致君堯、舜，亮亦不過是也。」帝厭上封者多不切事，欲加譙黜。徵曰：「古者立謗木，欲聞已過。言而是，朝廷之益，即非，無損于政。」由是皆勞遣之。

時屢有閹宦充外使，妄有論奏。事發，帝怒，徵進曰：「閹宦雖微，狎近左右，時有言語，輕而易信，浸潤之譖，爲患特深。今日之明，必無此慮，爲子孫教，不可不杜絶其源。」帝悦，充使永停。徵因上言尚德好善之美，術數刻深之害，反覆至數千言。帝手詔嘉歎，賜絹三百匹。

十三年，徵上疏言，陛下頃年以來，漸不克終，非復貞觀以初之盛，因條陳不克終者十漸。帝書爲屏障，兼付史官。賞黄金十斤，厩馬二疋。又嘗問徵：「比來朝臣多不論事，何也？」徵曰：「陛下虚心採納，誠宜有言者。然古人云：『未信而諫，則以爲謗。已信而不諫，則謂之尸禄。』但才器不同，懦弱之人，懷忠直而不能言，疏遠之人，恐不信而不得言，懷禄之人，慮不便身而不敢言。所以相與緘默俛仰。」帝曰：「誠如卿言，朕今開懷納諫，卿等無勞煩怖懼，遂不極言。」

侯君集平高昌，帝欲以其地爲州縣，徵謂不如撫其民而立其子。所謂伐罪弔民，威德被于遐方者也。若以爲州縣，常須千餘人鎮守，數年一易，往來交替，十年之後，隴右空虚散，有用以事，無用未見其可。褚遂良亦極諫，帝不從，以其地置西州。後西突厥欲攻西州，帝悔，謂侍臣曰：「往年初平高昌，魏徵、褚遂良勸朕立其子弟，依舊爲國，不用其計，方自悔責，寧得忘所言者乎？」徵嘗侍宴兩儀殿，舉齊桓公、鮑叔牙、管仲、甯戚交儆事爲戒。帝嘉納之。

時大臣并請封禪，惟徵執不可。帝曰：「豈功不高，德未厚耶？諸夏未治，遠方未服，嘉瑞不至，年穀不登耶？何爲而不可？」徵曰：「陛下功則高而民未懷惠，德則厚而澤未旁流，諸夏雖安未可驅之役，遠方慕義無以供其求，符瑞雖臻罻羅猶密，積歲豐稔倉廪尚虚。譬如人有十年長患，療治方瘳，便欲負重日行百里，必不可得。告成天地，臣竊有疑，兼以大事舉行，萬國咸萃，要荒之外，奔走來庭。今伊洛以東，暨于海岱，人煙斷絶，道路蕭條，徒令窺示虚弱。又賞賜未厭衆望，給復不償民勞。遇有災眚，難以追悔。」帝不能奪。

嘗與房元齡、高士廉遇少府少監竇德素于路，問北門近何營繕。德素奏之，上怒，讓元齡等曰：「君但知南衙政事，北門小營繕何與君事？」元齡等拜謝。魏徵進曰：「元齡等爲陛下股肱耳目，中外事豈有不應知者。使所營是，當助成之；非，則當請罷之。不知何罪而責？何罪而謝也？」上甚愧之。

十七年，有疾。上手詔問之，且言：「不見數日，朕過多矣，若有聞見，可封狀進來。」徵上言：「陛下臨朝，常以至公爲言，退而行之，未免私僻。或畏人知，横加威怒，欲蓋彌彰，竟有何益？」

徵家初無正寢，帝輟小殿材爲營構，賜素褥布被，從其所尚。數與太子臨問拊之，流涕許以衡山公主降其子叔玉。卒年六十四，帝臨哭之慟，罷朝五日。太子舉哀西華堂，詔百官咸赴喪，贈司空，謚文貞，給羽葆、鼓吹、班劍，賻賵，其妻裴氏辭曰：「徵素儉約，今葬以羽儀，非其志也。」乃更用素車，白布襜帷。陪葬昭陵，帝登苑西樓，望哭甚哀。御製碑文，手書之。益封户九百。臨朝歎曰：「以銅爲鑑，可正衣冠。以古爲鑑，可知興替。以人爲鑑，可明得失。魏徵殁，朕亡一鑑矣。朕比使人至其家，得書一紙，始半稿，其可識者曰：『天下之人，有善有惡，任善人則國安，用惡人則國弊。公卿之内，情有愛憎，憎者惟見其惡，愛者止見其善。愛憎之間，所宜詳慎。若愛而知其惡，憎而知其善，去邪勿疑，任賢勿猜，可以興矣。』其大略如此，朕顧思之，恐不免斯過。公卿侍臣可書之于笏，知而必諫也。」

徵狀貌不逾中人，每犯顏進諫，雖逢盛怒，神色不懾，帝徐爲霽威。奏疏數萬言，皆本仁祖義，勸誡昭然，稱引甚富，尤好徵據劉向説苑。帝嘗謂徵曰：「卿罪重于中鉤，我任卿逾于管仲，近代君臣相得，寧有似我于卿者乎？」一日宴近臣于九成宫，稱徵每犯顏切諫，不許我爲非，我所以重之。徵再拜曰：「陛下導臣使言，臣所以敢言。陛下若不受臣言，臣亦何敢犯龍鱗、觸忌諱也。」帝大悦，賜錢十五萬。又嘗謂侍臣曰：「貞觀以前，從我平定天下，周旋艱險，元齡之功。貞觀之後，盡心于我，獻納忠讜，安國利人，成我今日功業，惟魏徵而已。」解佩刀賜之。帝嘗得佳鷂，自臂之。望見徵來，匿懷中。徵奏事良久，鷂竟死帝。將有關南之行，既辦而止。徵謁告還，問故，帝笑曰：「畏卿嗔，故中輟耳。」徵以隋亂後，典章湮散，引諸儒校集秘書，粲然復完。又以小戴禮綜彙不倫，作類禮二十篇。帝好武，徵侍宴，見舞破陳樂，俛首不顧，至慶善樂，則諦玩無斁，舉有所諷切如此。

徵歿後，毀者百出。以嘗薦杜正倫、侯君集，誣爲阿黨，又誣録諫語示史官。帝怒，停叔玉婚，而仆所爲碑。後征遼東還，悵然曰：「魏徵若在，朕無此行。」仍召其妻子慰勞，以少牢祀其墓，復立碑加禮焉。五世孫謩，仕至同平章事，宣宗稱其直諫有祖風。

新唐書贊曰：君臣之際，顧不難哉。以徵之忠，而太宗之睿，身歿未幾，猜譖遽行。始，徵之諫，累數十餘萬言，至君子小人，未嘗不反覆爲帝言之，以佞邪之亂忠也。久猶不免。故曰：「皓皓者易汙，嶢嶢者難全。」自古所歎云。唐柳芳稱「徵死，知與不知莫不恨惜，以爲三代遺直」。諒哉！

論曰：徵務引其君以當道志仁，批逆鱗無所諱，惓惓忠貞，學術通明，浩氣充塞，古今諍臣鮮有過之。太宗英睿，從諫如轉圜，士君子有致君堯、舜之心，遇可爲堯、舜之主，不披肝露膽，罄底藴以相告，非人情矣。徵之諫固不可及，亦太宗成之也。身歿未幾，娼毁遽行，又似一日無徵，衆寒雜至。雖英睿如太宗，且不免爲佞邪所播弄，悲哉！前此之轉圜，亦徵有以佐之也。明君良臣，相需殷而相得彰，亶其然乎！

王珪

王珪，字叔玠，梁太尉僧辯孫也。少孤，性雅澹，志量深沉，能安貧履正，交不苟合。隋末，亡命南山十餘年。母李氏謂曰：「汝他日必貴，然未知所與游者何如人，試與偕來。」乃約房、杜等過其家，李窺見大喜，亟具酒食，曰：「客皆公輔才，汝貴不疑。」

高祖入關，李綱薦之，授太子舍人，遷中允。太宗即位，召爲諫議大夫。珪推誠納善，多所獻替，帝顧待良厚，封永寧縣男，尋遷侍中。帝嘗問珪曰：「近世治不及古，何也？」對曰：「漢世尚經術，宰相多用儒士，故風俗淳厚；近世重文輕儒，參以法律，此治化之所以益衰也。」帝然之。

一日進見，有美人侍側，帝指示珪：「此廬江王瑗姬也。瑗不道，賊其夫而納之。」珪避席曰：「陛下以廬江爲是耶？非耶？」帝曰：「殺人而取妻，乃問朕是非，何也？」珪曰：「姬今在帝側，竊謂陛下是之。審知其非，何不屏去？若更納用，此與郭公善善不能用，惡惡不能去，相去幾何哉？」帝悦，即出之。

帝使太常祖孝孫教樂律宫中，以宫伎不進，數被讓。珪與温彦博諫曰：「孝孫，雅士，今乃使教宫人，又責譙之，天下其以士爲輕乎？」帝怒曰：「卿皆朕腹心之臣，乃附下罔上，爲人游説耶？」彦博懼，謝罪，珪不拜，曰：「陛下責臣以忠直，今臣所言，豈私曲邪？陛下疑臣以私，是陛下負臣，臣不負陛下。」帝默然而罷。明日，謂房元齡曰：「自古帝王納諫誠難，朕昨責珪等，至今悔之，公等勿因此不盡言也。」

時珪與元齡、李靖、温彦博、戴胄、魏徵同輔政，帝以珪善鑒人物，因謂之曰：「卿標鑒通悟，試爲朕言元齡等，且自謂孰與諸子賢？」珪對曰：「孜孜奉國，知無不爲，臣不如元齡；兼資文武，出入將相，臣不如靖；敷奏詳明，出納惟允，臣不如彦博；濟繁治劇，衆務必舉，臣不如胄；以諫諍爲己任，恥君不及堯、舜，臣不如徵；至激濁揚清，疾惡好善，臣于數子，有一日之長。」帝稱善，而元齡等亦以爲確論。

進封郡公，後爲魏王泰師。王見之，輒先拜，珪亦以師道自居，教王忠孝。王問：「何爲忠孝？」珪曰：「至尊，王之君，事思盡忠。亦王之父，事思盡孝。惟忠孝可以立身成名，享天佑，垂後裔。」王問所習。珪曰：「漢東平王蒼稱『爲善最樂』，願王志之。」帝聞，喜曰：「兒可無過矣！」

子敬直，尚南平公主。先是公主下嫁，皆不以婦禮事舅姑。珪曰：「主上欽明，動循禮法，吾當受公主謁見，豈爲身榮，所以成國家之美耳。」乃與其妻就席坐，令公主執笄，行盥饋之禮。是後公主下降，咸備婦禮，自此始也。

貞觀十三年卒，年六十九，圖形凌烟，謚曰懿。珪性不苛察，臨官務舉綱維，去太甚，平居雖僕妾不見其喜愠。奉寡嫂盡禮，家事咨而後行，教撫孤姪，雖其子不過也。微時，人或贈遺，初無讓，及貴，厚報之，雖已亡，必酬贍其家。宗姻匱乏，周恤咸至，薄于自奉，未嘗營搆堂室，有司劾其不立家廟，四時祭于寢，帝爲立廟愧之，不罪也。世以爲儉不中禮云。

論曰：珪推誠納善，多所獻替，盛世良臣也。先儒以事讐責之，其論嚴矣。嘗考綱目，發明王魏，奉高祖之命而輔太子，則高祖其君也，太子其長也，家無二主，國無二上，任是職者，固當以一人爲主，不得以所事爲主。王魏所處，與管、召殊科，此論固自有見，非爲王魏解説也。珪之學術謨猷，不及魏徵，而剛直不撓善諫，争與徵相似。王、魏并稱，有以哉！

李靖

李靖，字藥師，京兆三原人。姿貌魁秀，通書史，嘗曰：「丈夫當建功名，寧作章句儒耶！」其舅韓擒虎與論兵，輒以孫吴目之。仕隋，爲殿内直長。楊素、牛弘皆曰：「王佐才也。」

大業末，爲馬邑丞。高祖擊突厥，靖察有非常志，自囚上急變，傳送江都，至長安，道梗。高祖已定京師，將斬之，靖呼曰：「公起兵爲天下除暴亂，欲就大事，以私怨殺鐠士乎？」秦王爲請，得釋。從平王世充，以功授開府。蕭銑據江陵，靖陳圖銑十策，詔拜靖行軍總管，兼攝趙郡王孝恭行軍長史。武德四年八月，大閱夔州，時秋潦，濤瀨漲惡，諸將請俟江平乃下。靖曰：「兵機事以速爲神，今乘銑不備，冒險疾趨，是震雷不及塞耳，可禽也。」孝恭從之，九月拔荆門宜都抵夷陵，銑將文士弘悉鋭屯清江，孝恭欲擊，靖請駐南岸，待其氣衰，孝恭弗聽，自往，戰敗績，賊衆委舟散掠，靖縱兵奮擊，大破之，乘勝直抵江陵，入其外郭，又攻水城，拔之，大獲舟艦，命悉散之江中，諸將皆諫曰：「奈何棄以資敵？」靖曰：「蕭銑之地，南出嶺表，東距洞庭，吾懸軍深入，若攻城未拔，援兵四集，表裏受敵，進退不獲，雖有舟楫，無所用之。今棄使蔽江，而下援兵見之，必謂江陵已破，未敢輕進，往來覘伺動淹，旬月吾取之必矣。」銑援兵見舟艦，果疑不進。銑内外阻絶，乃降。靖入據其城，號令嚴肅，秋毫無所犯。或請籍銑將拒戰者家貲以賞軍，靖曰：「王者之師，宜使義聲先路，彼爲其主死鬬，豈可同叛逆之科。若降而籍之，恐自荆以南，堅城劇屯，敺之死守，非計之善也。」于是江漢列城，望風款附。以功封永康縣公、荆州刺史。遂度嶺至桂州，分道招慰酋長，馮盎等皆以子弟來謁。南方悉定，得郡九十六户，六十餘萬。詔書嘉勞，授嶺南撫慰大使、桂州總管。念嶺海陋遠，非振威武、示禮義無以移風，率兵南巡，所過問疾苦、延見長老，宣布天子恩意，遠近懽服。

輔公祏反，詔召靖副孝恭討之，李世勣等七總管皆受節度。靖督諸軍，水陸并進，鏖戰殺傷萬人，破其將馮惠亮、陳正通等，遂率輕兵至丹陽，禽公祏以歸。

太宗即位，歷兵、刑二部尚書，實封四百户，檢校中書令。帝圖突厥，以靖爲代州道行軍總管，帥勁騎三千，由馬邑趨惡陽嶺。頡利可汗大驚曰：「兵非傾國來，靖敢提孤軍至此？」靖又縱間諜離其腹心，夜襲定襄，破之。可汗遁磧口，帝曰：「靖以三千騎直犁寇庭，取定襄，古無與比，足洒吾渭水恥矣。」進封代國公。頡利走保鐵山，遣使請舉國内附。詔以靖將兵往迎，又遣唐儉安脩仁慰撫之。頡利外爲卑辭，内實猶豫，欲俟草青馬肥，亡入漠北。靖曰：「頡利雖敗，其衆猶盛，若走度磧北，保依九姓，圖之無及。」乃謂副將張公謹曰：「詔使至，敵必自寬，若疾驅萬騎，賫二十日糧，自白道襲之，必得所欲。」遂督兵疾進，遇侯邏皆俘以從，去其牙七里，乃覺，俘斬十餘萬，禽其子疊羅施，殺義成公主。頡利乘千里馬先奔，大同道行軍總管張寶相禽以獻。于是斥地自陰山北至大漠矣，因大赦，賜民酺五日。

御史大夫蕭瑀劾靖縱軍士掠散珍寶，召讓之。靖不辯，惟頓首謝。帝進靖光禄大夫，增户至五百。謂曰：「向人譖公短，朕今悟矣。」賜帛千匹，遷尚書右僕射。靖每參朝議，恂恂似不能言，以沉厚稱。尋爲畿内道大使，巡察風俗。會足疾，乞休，授特進，就第。

吐谷渾寇邊，復拜西海道行軍大總管。靖決策深入，踰積石山，大戰數十，多所殺獲，降其國人無算。吐谷渾伏允窮蹙自經死。靖更立大寧王慕容順而還。自是闔門稱疾，謝絶親故，改封衛國公、開府儀同三司，圖像凌烟閣。年七十九卒，陪葬昭陵，謚景武。

論曰：李靖才略非常，而恂恂如不及，以沉厚稱，雖非章句儒，亦書史之潤矣。唐書贊其闔門稱疾，畏遠權逼，雖古哲人無以尚。又言靖善用兵，特臨機果，料敵明，根于忠智而已。世俗言靖精風角鳥占、雲祲孤虚之術，傳著怪詭，皆不足信，有旨哉！有旨哉！

傅奕

傅奕，相州鄴人也。開皇中徙扶風，高祖爲扶風太守，禮之。及即位，拜太史丞。會令庾儉以父質占候忤隋煬帝死，懲其事，薦奕自代，遂爲令。時國制多仍隋舊，奕上言：「黄帝、唐、虞三代不相沿禮襲樂，隋季違天害民，專峻刑法，天下兆庶，同心叛之。陛下撥亂反正，安可不一新民之耳目，改正朔、易服色、變律令、革官名，功成作樂，治終制禮，使天下知盛德之隆，此其時也。然官貴簡約，夏后官百，不如虞氏五十；周三百，不如商之百。又言夏有亂政，而作禹刑；商有亂政，作湯刑；周有亂政，作九刑。衛鞅爲秦法增鑿、顛、抽、脅、鑊、烹等六篇，始皇爲挾書律，此失于煩，不可不監。」

復上疏極論浮屠，謂西域之法，無君臣父子，以三途六道嚇愚欺庸，追既往之罪，窺將來之福。習其教者，不憚科禁，輕犯憲章，至有身在獄中，誦梵禮佛以祈解免。且生死壽夭，本諸自然。刑德威福，繫乎人主，貧富貴賤，功業所招。而愚僧矯詐，皆云由佛。讓天理、竊主權，其爲害政。良可悲矣！五帝三王，未有佛法，君明臣忠，年祚長久。至漢明帝，始立胡祠，然惟桑門自傳其教。西晉以上，不許中國髡爲之徒。石苻亂華，乃弛厥禁，主庸臣佞，政虐祚短，事佛致然。梁武、齊襄，足爲明戒。今天下僧尼數盈十萬，請令匹配，即成十萬户。十年之後，滋産必多。加之教訓，兵農兩足，利可勝既耶。」

又上十二論，言益痛切。詔百官議之，惟太僕卿張道源是奕言。蕭瑀曰：「佛聖人也，而奕非之。非聖人者無法，當治罪。」奕曰：「人之大倫，莫如君父。佛以世嫡而叛其父，以匹夫而抗天子。蕭瑀不生于空桑，乃遵無父之教，非孝者無親，瑀之謂矣。」瑀不能對。帝亦惡沙門、道士不守戒律，詔有司沙汰僧道。會傳位，未及行而止。

太宗既立，召賜食，問佛法玄妙可師，卿何獨不悟其理？奕曰：「佛乃胡中桀黠，欺西域以自神，迷惑滋廣，而孅兒幻夫，摸莊老文飾之。不忠不孝，削髮而揖君親；游手游食，易服以逃租賦。有害國家，無益于民。臣非不悟，鄙不學也。」帝頗然之。他日謂侍臣曰：「梁武帝惟談苦空，侯景之亂，百官不能乘馬。元帝爲周師所圍，猶講老子，戎服以聽，此深足戒。朕所學者，堯、舜、周、孔之道，如鳥之有翼，魚之有水，失之則死，不可一日無也。後有僧自西域來，能呪人立死，復呪即生。帝試之驗，以告奕。奕曰：「此邪術也，臣聞邪不干正，請呪臣，必不能行。」帝命僧呪奕，奕初無所覺。須臾，僧自僵仆，遂不復蘇。又有婆羅門僧言得佛齒，物莫能傷。長安士女，輻輳如市。奕謂其子曰：「吾聞有金剛石，性至堅，惟羚羊角可破，汝往試焉。」其子如言扣之，應手而碎，觀者乃止。奕雖善天文、占候、數術，然訓子習六經，謂己學不可以傳，妖胡佛書慎勿寓目。病不問醫，忽酣卧蹶然起，曰：「吾死矣！」夫自書誌曰：「傅奕，青山白雲人也，以醉卒。」年八十五。

論曰：善哉！傅奕之斥浮屠也。浮屠之教，淺之則論因果，深之則談玄妙。夫作善降祥，不善降殃，天道自然之應，豈佞佛所能免哉。其所謂玄妙者，掇拾儒者之唾餘，雜以老氏之浮誕，稍變其説，而歸之于空。夫儒者之學，萬念皆實，由性分所固有，以盡其職分所當爲，措則正而施則行。釋氏之學，萬念皆空。託爲明心見性之説，而棄道遺倫，終歸于無何有之鄉。此奕之所以卓然不惑，以正勝之，與昌黎佛骨表後先并耀矣。

史傳三編卷二十二

名臣傳十四

唐

馬周

馬周，字賓玉，博州茌平人也。少孤，家貧嗜學，善詩春秋，然性曠邁，鄉人以無細謹薄之。武德中，補州助教，以不屑治事去。客密州，趙仁本高其才，資給使入關，留汴，爲浚儀令崔賢所辱，遂激而西。舍新豐逆旅，主人不之顧，周命酒一斗八升，悠然獨酌，衆異焉。至長安，舍中郎將常何家。貞觀五年，詔百官言得失，周爲何條二十事，太宗怪，問何，何曰：「此非臣所能，家客馬周爲之。」帝令召周，未至，使者數輩敦趣。及見，與語，大悦，詔直門下省。明年，拜監察御史，奉使稱職。帝以何得人，賜帛三百匹。

周上疏曰：「臣每觀前史，見賢者忠孝事，未嘗不掩卷長想，思履其迹。臣不幸，蚤失父母，犬馬之養，已無所施，顧來事可爲者，惟忠義而已。陛下不以臣愚，擢臣不次，輒竭區區。伏見大安宮在宮城右，墻宇門闕，方紫極爲卑小。東宮，皇太子居之，而在內。大安，至尊居之，反在外。太上皇雖志清儉，愛惜人力，而蕃夷朝見，四方觀聽，有不足焉。臣願務從高顯，以稱萬方之望。

「伏讀明詔，以二月幸九成宮，竊惟太上皇春秋高，陛下宜朝夕視膳。今所幸宮，去京三百里而遠，萬一太上皇思感，欲見陛下，何以逮之？今茲本爲避暑行也，太上皇留熱處，陛下走涼處，温清之道，臣所未安。伏見詔宗室功臣，悉就藩國，遂貽子孫，世守其政，與國無疆。臣謂陛下宜思所以安存之，富貴之，何必使世官也？且堯、舜之父，有朱、均之子。若令有不肖子襲封嗣職，兆庶被殃，正欲絶之，則子文之治猶在也。正欲存之，則欒黶之惡已暴也。必曰：『與其毒害于見存之人，毋寧割愛于已亡之臣。』則向之所謂愛之、重之者，適所以傷之也。臣謂宜賦以茅土，疇以户邑，必有材行，隨器而授，雖幹翮非强，亦可以免累。漢光武不任功臣以吏事，所以終全其世。願陛下深思其事，使得奉大恩，而終全其福禄。

「臣聞聖人之治天下，莫不以孝爲本。故曰：『孝莫大于嚴父，嚴父莫大于配天。』『國之大事，在祀與戎。』孔子亦曰：『吾不與祭如不祭。』自陛下踐祚，宗廟之享，未嘗親事。竊惟聖情，以乘輿一出，所費無藝，故忍孝思，以便百姓。而一代史官，不書皇帝入廟，將何以貽厥孫謀，示來葉耶？臣知大孝誠不在俎豆之間，然聖人訓人，必以己先之，亦不忘本也。

「臣聞致化之道，在求賢審官。孔子曰：『惟名與器，不可以假人。』是言慎舉之爲重也。伏見王長通、白明達，本樂工輿皁，韋槃提、斛斯正無他材，獨解調馬。雖術踰等夷，可厚賜金帛，今超授高爵，與外廷朝會，騶竪倡子，鳴玉曳履，臣竊耻之。」帝善其言。

除侍御史，又言：「臣歷觀夏、商、周、漢之有天下，傳祚相繼，多者八百餘年，少者猶四五百年，皆積德累業，恩結于人。豈無僻王，賴先哲以免。自魏、晉逮周、隋，多者五六十年，少者二三十年。良由創業之君，不務仁化，當時僅能自守，後無遺德可思，故傳嗣之主，其政少衰，一夫大呼天下土崩。今陛下雖以大功定天下，而積德日淺，當隆禹、湯、文、武之道，使恩有餘地，爲子孫立萬世之基。自古明王，雖因人設教，大要節儉于身，恩加于人。故其下愛之如父母，卜祚遐長。今百姓承喪亂之後，比于隋時纔十分之一。而徭役相望，兄去弟還。陛下雖詔減省，而有司徒行文書，役之如故。四五年來，百姓頗怨嗟，以爲陛下不存養之。漢文帝惜百金之費，而罷露臺，集上書囊以爲殿帷，所幸慎夫人衣不曳地。景帝亦以錦繡纂組，妨害女工，特詔除之，所以百姓安樂。至孝武帝，雖窮奢極侈，承文、景遺德，故人心不摇。向使高祖之後，即值武帝，天下必不能全。又益州及京師諸處，營造供奉器物，并諸王妃主服飾，皆過靡麗。臣聞昧旦丕顯，後世猶怠；作法于治，後世猶亂。陛下少處人間，知百姓疾苦，前代成敗，目所親見，尚猶如此。而况皇太子生長深宫，不更外事，即萬歲後，聖慮之所當憂也。

「臣竊尋，自古黎庶怨畔，未有能重安者。凡脩政教，當脩之于可修之時。故人主每見前代之亡，亡則知其政教之所由喪，而不知其身之失。故紂笑桀之亡，幽、厲笑紂之亡，隋煬帝又笑齊、魏之失國也。今之視煬帝，猶煬帝之視齊、魏也。

「貞觀初，率土荒儉，一匹絹纔易斗米，而天下帖然者，百姓知陛下憂憐之，故人自安，無謗讟也。五六年來，頻歲豐稔，一匹絹易粟十餘斛，而百姓咸怨，以爲陛下不憂憐之。何則？今營爲者多不急之務也。自古以來，國之興亡，不在蓄積多少，而在百姓苦樂。且以近事驗之，隋貯洛口倉，而李密因之；積布帛東都，而王世充因之；西京府庫，亦爲國家之用。積貯固有國之常，要當人有餘力而後收之，豈人勞而强斂之，以資寇耶？夫儉以息人，貞觀初，陛下已躬爲之。若人勞而不息，萬一中國水旱，而邊方有警，狂狡竊發，非徒旰食晏寢而已。古語云：『動人以行不以言，應天以實不以文。』陛下誠欲勵精爲政，不煩遠采上古，但及貞觀初，則天下幸甚。

「昔賈誼謂漢文帝可痛哭者，諸王年少，傅相制之，長大之後，必生禍亂。臣竊觀今功臣諸王，陛下之日必無他心，萬代之後不可不慮。漢、晉以來，亂天下者，皆由樹置失宜，不豫爲節制。人主豈不知其然，溺于私愛耳。今諸王寵遇過厚，臣愚，慮之非特恃恩驕侈也。昔魏武帝寵陳思王，文帝即位，防守禁閉。先帝示恩太多，故嗣主疑而畏之。此武帝寵陳思，適所以苦之也。且帝子身食大國，何患不富，而優賜曾無限極。語曰：『貧不學儉，富不學奢。』言自然也。今大聖創業，豈惟處置見子弟，當制長久之法，使萬代奉行。

「臣聞天下以人爲本，使百姓安樂，在刺史、縣令耳。縣令既衆，不可皆賢，但州得賢刺史可矣。古者郡守、縣令，皆選賢德，欲有所用，必先試以臨人，或由二千石高第入爲宰相。今獨重内官，縣令、刺史頗輕其選。刺史多武夫勳人，或京官不稱職，始出補外。折衝果毅，身力强者，入爲中郎將，其次乃補邊州。而以德行才術擢者，十不得一。所以百姓未安，殆由于此。」疏奏，帝稱善。謂侍臣曰：「刺史，朕當自選；縣令，宜詔京官五品以上，各舉一人。」

拜周給事中，轉中書舍人。周善于敷奏，機辨明鋭，動中事會，裁處周密。帝每曰：「我蹔不見周即思之。」岑文本謂所親曰：「馬君論事，會文切理，無一言可損益。聽之纚纚，令人忘倦。然鳶肩火色，騰上必速，恐不能久。」累遷中書侍郎，兼右庶子。十八年，遷中書令。帝征遼東，留定州輔太子，還攝吏部尚書，進銀青光禄大夫。帝飛白書「鸞鳳冲霄，必資羽翼。股肱之寄，誠在忠良」十六字賜之。

周寢疾，取所上章奏稿，悉焚之，曰：「毋彰君過，取身後名也。」卒年四十八，陪葬昭陵。初帝遇周厚，周頗自負，嘗遣人以圖購宅。衆以其素無貲，皆竊笑。他日，白有佳宅，直二百萬，周遽以聞，詔有司給直，并賜奴婢、雜物。周領選時，特黜浚儀令，以其嘗辱己也。

論曰：周微時，落拓無所容，何其憊也。及爲人陳，事動主知，相見恨晚，又何遇之奇也？草茅特達，慷慨而談，國家之務，洋洋乎無所忌諱。彼亦自以不世遭逢，欲傾生平肺腑報知遇，忠矣！方之賈長沙、魏鄭國閒，實堪踵武。唐書以不逮傅說、吕望惜之，無乃責備太過乎？

褚遂良

褚遂良，字登善，錢塘人，亮子也。貞觀中爲起居郎，太宗嘗歎虞世南死無與論書者。魏徵白見遂良，帝令侍書。時方博購王羲之故帖，獨遂良能辨質真僞，備論所出。帝將有事泰山，至洛陽，星孛太微，犯郎位。遂良諫曰：「陛下撥亂反正，功超古初，方告成岱宗，而彗輒見，此天意有所未合。昔漢武帝行岱禮，優柔者數年。臣愚，願加詳慮。」帝悟，遂罷封禪。遷諫議大夫，知起居注。帝欲觀之，對曰：「今之起居，古左右史也。善惡必記，未聞天子自取而觀。」帝曰：「朕有不善，卿亦記耶？」對曰：「臣職載筆，君舉必書。」劉洎曰：「使遂良不記，天下之人亦記之。」帝嘗怪舜造漆器，禹雕其俎，諫者十餘，不止。遂良曰：「雕琢害力農，纂繡傷女紅。漆器不已，必金玉爲之。故諫者救其源使不得開。及夫横流，則無復事矣。」帝咨美之。

時皇幼子皆外任都督、刺史，遂良固諫，以爲刺史，民之師。師得人則安，失人則勞。皇子幼，宜留京師，教以經學，畏仰天威，不敢犯禁，養成德器，然後敦遣。帝嘉納之。時太子承乾失德，魏王泰有寵，人物輻輳，月給過于太子。遂良上疏曰：「聖人制禮，尊嫡卑庶，庶子雖愛，不得踰嫡。所以塞嫌疑之漸，除禍亂之源也。昔漢竇太后寵梁孝王，卒以憂死。宣帝寵淮陽王，亦幾至于敗。今魏王新出閤，宜示以禮則，訓以謙儉，乃爲良器。此所謂聖人之教，不肅而成者也。」

一日，帝問侍臣以國家急務。遂良曰：「太子親王宜有定分，此爲最急。」帝是其言，使魏徵傅太子，然太子卒以罪廢。既廢，魏王泰問侍，帝許立爲嗣，謂大臣曰：「昨日泰投我懷言：『臣今始得爲陛下子。臣有一子，百年後，當殺之，傳國晉王。』朕聞其語，甚憐之。」遂良曰：「陛下失言，安有爲天下主而殺其愛子，授國他人者乎？陛下昔以承乾爲嗣，復寵愛泰，故紛紛至此。今若必立泰，非別置晉王不可。」帝泣，即定策立晉王爲太子。授遂良太子賓客。

嘗諫絶薛延陀失大信，帝不納。

帝欲自討遼東，遂良固勸無行，謂：「一不勝，師必再興。再興，爲忿兵。兵忿者，勝負不可必。」帝然之。會李勣詆其計，帝意遂決。遂良懼，上言：「臣請譬之一身。兩京，腹心也。四境，手足也。殊裔絶域，殆非支體所屬。高麗王陛下所立，莫離支殺之。討其逆，夷其地，固不可失，但遣一二慎將，付鋭兵十萬，翔旝雲輣，唾手可取。昔侯君集、李靖，猶能撅高昌，纓突厥，陛下止發蹤指示，得歸功聖朝。臣聞涉遼而左，水潦荒漫，決非萬乘六師所宜行。」是時，帝鋭意蕩平，不見省。進黄門侍郎，參綜朝政。諫却莫離支貢金，引春秋納郜鼎爲詞，帝以其使屬吏。

及平高昌，歲調兵千人往戍，復論不可。勸立麴文泰子弟，亦不用。突厥寇西州，帝始悔之。帝于寢宫側别置院居太子，遂良諫以父子不可滯愛，滯愛者多愆。宜許太子近師傅，專學藝，以廣懿德。帝從其言。會父喪免，起復，拜中書令。

帝寢疾，與長孫無忌并召入卧内，以霍光、諸葛亮委之，令盡誠輔太子。又語太子：「無忌、遂良在，而無憂國家事。」高宗即位，封河南郡公，累遷尚書右僕射。與無忌同心輔政，帝亦敬禮二人，納善勤民，故永徽初，政有貞觀之風。

六年，帝將立武昭儀，召無忌、李勣與遂良入内殿。遂良曰：「今日之召，多爲中宫上意，既決逆之，必死。太尉，元舅；司空，功臣。不可使上有殺元舅、功臣之名。遂良起于草茅，無汗馬之勞，致位至此，且受顧託，不以死争之，何以下見先帝。」勣稱疾，無忌等入。帝曰：「罪莫大于絶嗣，皇后無子，今欲立昭儀，謂何？」遂良曰：「皇后，名家子，先帝爲陛下娶之，臨崩執陛下手語臣曰：『朕佳兒佳婦，今以付卿。』玉音在耳，非有大故，不可廢也。」帝不悦。翌日，復言。對曰：「陛下必欲易皇后，請更擇令族，何必武氏？武氏經事先帝，衆所共知，萬代之後，謂陛下何如？」主帝羞默。遂良因置笏殿階，叩頭流血，曰：「還陛下笏，丐歸田里。」帝大怒，命引出。

武氏在簾中大言曰：「何不撲殺此獠？」無忌曰：「遂良受先帝顧命，有罪不可加刑。」于志寧不敢言。侍中韓瑗因間奏事，涕泣極諫，上不納。明日又諫，悲不自勝，上命引出。瑗又上疏，諫曰：「妲己傾殷，褒姒滅周，每覽前古，常興太息。不謂今塵黷聖代，陛下不用臣言，臣恐宗廟不血食矣。」來濟上表諫曰：「王者立后，上法乾坤，必擇禮教名家，幽間令淑，副四海之望，稱神祇之意。孝成縱欲，以婢爲后，使皇統亡絶，社稷傾淪，惟陛下詳察。」帝皆不納。他日，李勣入見帝，問之曰：「朕欲立武昭儀爲后，遂良固執不可。遂良既顧命大臣，事當且已乎？」對曰：「此陛下家事，何必更問外人？」帝意遂決。乃左遷遂良潭州都督，尋轉桂州。韓瑗上疏，言：「遂良體國忘家，損身徇物，風霜其操，鐵石其心，社稷之舊臣，陛下之賢佐。無罪斥去，内外咸嗟，願鑒無辜，以慰衆望。」不聽。瑗復言曰：「昔微子去殷，國隨以亡；張華不死，晉不及亂。陛下無故棄逐舊臣，恐非國家之福。」帝終不納。顯慶二年，再貶遂良愛州刺史。上疏自陳顧命定策情事，冀感悟上意，卒不省。而韓瑗、來濟并以忠諫坐遂良黨貶死，逾年遂良卒，年六十三。瑗字伯玉，京兆三原人。來濟，江都人。

論曰：褚遂良，忠諫名臣也。或疑其譖死劉洎，唐書亦病之，李贄藏書至列于藝學之流，悲夫！高宗昏庸，牝晨穿鼻，彼佞如勣，固不足道。雖以無忌之賢，亦且弗能强諫。遂良激切廷争，竄死荒徼，知有國而不知有身。魏文貞、宋廣平之儔匹也。而謂有譖人于死之事，固未可信。

裴行儉

裴行儉，字守約，絳州聞喜人也。以父仁基爲王世充所害，蔭補弘文生。貞觀中，舉明經，調左屯衛倉曹參軍。大將軍蘇定方授以用兵奇術。顯慶二年，遷長安令，坐私論立武昭儀事貶官。麟德二年，擢安西都護，西域諸國多慕義歸附。召爲司文少卿。遷吏部侍郎，典選十餘載，甚有能名。始設長名榜、銓注等法，又定州縣升降，資擬高下爲故事。

上元三年，吐蕃叛，出爲洮州道左二軍總管，又改秦州右軍。調露元年，十姓可汗阿史那都支及李遮匐誘蕃落以動安西，與吐蕃連和，朝廷欲討之。行儉議曰：「吐蕃叛涣方熾，敬元失律，審禮喪元，安可更爲西方生事？今波斯王死，其子質京師，宜遣使立之，道過二蕃，以便宜制事，可不勞而成也。」帝即詔行儉册送波斯王，且爲安撫大食使。經莫賀延磧，風砂晝冥，導引者迷路，將士不勝飢渴。行儉止營致祭，下令曰：「水泉非遠。」衆乃少安。俄而雲徹風恬，行數百步，果得善水草。至西州，諸蕃郊迎，行儉召豪傑千餘人自隨。揚言「大熱，未可進，駐軍須秋」。都支覘知之，不設備。徐召四鎮酋長，以畋獵爲名，陰勒部伍，倍道而進，去都支帳十餘里，遣所親問都支安否。召與相見，都支本與遮匐計，及秋來拒，忽聞使至，倉卒不知所出，率子弟五百餘人詣營謁，遂禽之。傳其契箭，召諸部酋長悉來請命，并執送碎葉城。簡精騎，約齎，襲遮匐。道獲遮匐使者，釋之，俾前往諭其主，言都支已禽狀，于是遮匐亦降，悉俘至京師。遷禮部尚書兼右衛大將軍。

冬十月，突厥阿史德温傅奉職二部俱反，立泥熟匐爲可汗，二十四州酋長皆叛應。都護蕭嗣業戰死，詔行儉爲定襄道行軍大總管討之。行儉詐爲糧車三百乘，伏壯士，陌刀勁弩于中，用羸兵挽進，潛以精兵踵其後。賊果來掠，羸兵棄而走，賊方解鞍牧馬取糧車中，而壯士突出，伏兵又至，殺獲幾盡。自是糧車無敢近者。

大軍次單于北，暮，立營，塹濠既周，行儉命徙營高岡。吏白：「士已安堵，不可動。」弗聽，促徙之。比夜風雨暴至，前營所水深丈餘。衆驚駭，問何以知。行儉曰：「自今第如我節制，不必問所以知也。」

賊拒戰黑山，數敗，殺僞可汗泥熟匐，持首來降。行儉又討禽，奉職乃還。明年，阿史那伏念復與温傅合，行儉總諸軍，屯陘口，縱反間，説伏念，與温傅相貳。伏念懼，密送款，請縛温傅自効。行儉秘之，而密以聞。後數日，望見烟塵漲天而南，斥候皆惶駭，行儉曰：「此伏念執温傅來降，非他也，顧受降如受敵。」勅嚴備，遣單使往勞。既而果然。于是，突厥餘黨悉平。帝大悦，封聞喜縣公。

侍中裴炎害其功，譖斬伏念及温傅于市。行儉歎曰：「渾濬之事，古今耻之。但恐殺降，則後無復來矣。」遂稱疾不出。永淳元年卒，年六十四。生平以草隸名家，高宗用絹素令書文選一部，甚秘愛之。嘗言：「褚遂良非精筆佳墨不書，惟余與虞世南不擇筆墨，書吏妍捷。」有文集二十卷，選譜十卷，草字雜體數萬言行于世。又爲營陣、部伍四十六訣，武后詔武承嗣就第取去，不復傳。陰陽、歷術無所不通，尤好取人，善甄拔賢俊，有人倫之鑒。在吏部時，見蘇味道、王勮，許以皆掌銓衡。李敬元盛稱王勃、楊炯、盧照隣、駱賓王之才行，儉曰：「士之致遠，先器識，而後文藝。勃等，雖有文才，而浮躁淺露，豈享爵禄之器耶？炯沉静，可至令長，餘得令終爲幸。」後咸如所料。所引偏裨，若程務挺、王方翼、張虔最、劉敬同、李多祚、黑齒常之類，皆爲名將。平都支，出瑪瑙盤示將士，廣二尺，文彩燦然。軍吏趨跌碎之，惶怖，叩頭流血。行儉笑曰：「爾非故也，何至是？」所賜都支資産金器三千及槖駝馬牛，皆分給親故洎麾下，數日輒盡。

論曰：行儉才兼文武，有人倫之鑒，其器量亦不可及。令長秉銓衡和鈞石，豈不爲有唐名相。乃僅僅以知兵顯，而史氏遂以將帥目之，惜夫！士君子無所不學，經文緯武，非有兩途可爲知者道耳。内則佐天子作舟霖于蒼生，外則爲國家揚皇威于萬里，此之謂讀書人。豈必如鄧弼所云「一服儒衣，遂奄奄欲絶」哉？行儉用兵以謀略見奇，不以血刃著績，儒將風期，尤其可傳者也。

狄仁傑

狄仁傑，字懷英，并州太原人也。爲兒時，同館生有被害者，吏就詰，衆爭辨，仁傑誦讀不置。吏讓之，答曰：「黄卷中，方與聖賢對，何暇偶俗吏語耶？」舉明經，調汴州參軍。爲吏誣訴，黜陟使。閻立本異其才，謝曰：「觀過知仁，君可謂滄海遺珠矣。」薦授并州法曹。親任河陽，仁傑登太行山，反顧見白雲孤飛，謂左右曰：「吾親舍其下。」瞻悵久之，雲移乃去。同僚鄭崇質，母老疾，當使絶域。仁傑謂曰：「若可貽親萬里憂乎？」詣長史藺仁基，請代行。仁基歎曰：「北斗以南，一人而已。」時方與司馬李孝廉不平，相謂曰：「吾等可少愧矣！」遂相待如初。

遷大理丞，歲中斷久獄萬七千人，稱平恕。左威衛大將軍權善才、右監門中郎將范懷義坐誤斧昭陵柏，高宗詔誅之。仁傑奏不應死，帝怒曰：「是使我爲不孝子，必殺之。」仁傑引張釋之對文帝盗玉環事爭之，得免。授侍御史。左司郎中王本立怙寵自肆，仁傑劾奏其惡，有詔原之。仁傑曰：「朝廷惜乏賢，如本立者不少。陛下惜有罪，虧成法，奈何？臣願先斥，爲群臣戒。」本立抵罪。由是朝廷肅然。使岐州，有亡卒數百剽行人，道不通。官捕繫之，餘黨紛紛不能制。仁傑患其窮且亂，乃明開首原格，出繫者，使相曉，皆自縛。歸帝歎其達權。

遷度支郎中。高宗幸汾陽宫，爲知頓使。輦道出妬女祠，相傳盛服過者，致風雷之變，并州長史李沖元發卒開別道。仁傑曰：「天子之行，風伯清塵，雨師灑道，何妬女避耶？」止其役。帝壯之。俄爲寧州刺史，撫和戎落，郡人立碑以頌。徵拜冬官侍郎，充江南巡撫使。奏毀淫祠千七百所，只留夏禹、吴泰伯、季札、伍員四祠而已。

轉文昌右丞，復出爲豫州刺史。時越王貞支黨二千人皆論死。仁傑釋其械，密疏曰：「臣欲有所陳，似爲逆人申理；不言，且累陛下欽恤意。表成復毁，不能自定。然此皆非本惡，詿誤至此。」詔悉戍邊。囚出寧州，父老迎勞曰：「狄使君活汝耶！」相與哭碑下。齋三日乃去。

天授二年，入爲地官侍郎同鳳閣鸞臺平章事。后謂曰：「卿在汝南有善政，然有譖卿者，欲知乎？」謝曰：「不願知，誠有過，臣當改。」后歎爲長者。未幾來俊臣誣以謀反，與平章事任知古等七人同入制獄。先是俊臣請降敕，一問即承反者待减死。仁傑等下獄，俊臣以此誘之。仁傑曰：「有周革命，萬物維新，唐室舊臣，甘從誅戮。反固實！」俊臣使王德壽示意，令引平章事楊執柔爲黨。歎曰：「皇天后土，使仁傑爲此乎？」以首觸柱，血流沫面。德壽懼而謝之。仁傑裂衾帛書冤狀，置綿衣中，謂德壽曰：「天時方熱，請授家人去其綿衣。」德壽許之。仁傑子得書稱變以聞時。俊臣已詐爲仁傑作謝死表矣，書上得召見，后問曰：「卿承反，何耶？」對曰：「不承則已死于考掠矣。」后曰：「何爲作謝死表？」對曰：「無之。」出表示之，乃知其詐，于是與同誣任知古、魏元忠等七人悉免死，皆貶縣令。

契丹陷冀州，河北震動，召爲魏州刺史。時驅民保城，脩守具。仁傑至，曰：「賊尚遠，何事疲民？悉就田，作來則吾自拒之。」敵聞其名，引去。俄轉幽州都督，后自製金字十二于紫袍，并賜龜帶，以旌其忠。復同平章事。時發兵戍疏勒四鎮，百姓怨苦。仁傑痛切極諫，不見納。

張易之嘗從容問自安計，仁傑曰：「惟勸迎廬陵王可以免禍。」時武承嗣、三思營求爲太子。仁傑從容言于后曰：「太宗櫛風沐雨，親冒鋒鏑，以定天下，傳之子孫。大帝以二子託陛下，陛下今欲移之他族，無乃非天意乎？且姑姪之與母子孰親？陛下立子，則千秋萬歲後，配食太廟。立姪，則未聞姪爲天子，而祔姑于廟者也。」后曰：「此朕家事，卿勿與知。」仁傑曰：「王者以四海爲家，四海之内，何者不爲陛下家事？况元首股肱，義同一體。臣備位宰相，豈得有所不預知乎？」因勸后召還廬陵王，曰：「臣觀天人未厭唐德，比匈奴犯邊，陛下使三思募士，踰月不及千人。廬陵王代之，不浹日，輒五萬。今欲繼統，非廬陵王不可。」后怒，罷議。久之，謂仁傑曰：「朕夜夢大鸚鵡兩翼皆折。」對曰：「武者，陛下姓。兩翼，二子也。陛下起二子，則兩翼振矣。」他日，又問：「朕數夢雙陸不勝，何也？」仁傑與王方慶同辭，對曰：「雙陸不勝，無子也。天意者，以儆陛下乎？」后感悟。即日遣迎廬陵王于房州。王至，后匿之帳中，召仁傑。仁傑再三請，情詞切至，涕下不能止。后乃使王出，曰：「還汝太子。」仁傑降拜頓首，曰：「太子歸，未有知者，人言紛紛，何所取信？」乃復令出舍龍門，具禮迎還，中外大悦。

突厥寇趙、定，詔仁傑安撫河北。時民多脅從，賊去懼誅，仁傑請赦勿問，可其奏。仁傑于是撫慰百姓，得突厥所驅掠者，悉遞還本貫。散糧運，以賑貧乏。脩郵驛，以濟旋師。自食疏糲，禁其下，不得侵擾百姓，犯者必斬。河北遂安。

還，除內史。后幸三陽宮，有僧邀車駕觀葬舍利，后許之。仁傑跪于馬前，曰：「此不足以屈天下之主。彼僧人詭譎，直欲招致萬乘，以惑遠近之人耳。」后中道而還，曰：「以成吾直臣之氣。」

時契丹將有李楷固、駱務整者，嘗敗唐兵，二人來降，有司請族之。仁傑曰：「二人驍勇絶倫，能盡力于所事，必能盡力于我。若撫之以德，皆爲我用矣。」奏以爲將軍，使將兵擊契丹，餘黨悉平之，獻俘含樞殿。后召公卿合宴，舉觴屬仁傑曰：「公之功也。」

后將造浮屠大像，度費數百萬，官不能足。令天下僧尼，日施一錢以助。仁傑諫曰：「功不使鬼，必在役人，物不天來，終須地出，不損百姓，將何以求？昔梁武、簡文，捨施無限。及三淮沸浪，五嶺騰烟。列刹盈衢，無救危亡之禍；緇衣蔽路，豈有勤王之師？方今水旱不節，邊境未寧，若費官財，又盡人力，一隅有難，何以救之？」后曰：「公教朕爲善，何得相違。」遂罷役。

聖歷三年卒，七十一，謚文惠。睿宗時，進封梁公。仁傑在位，常以進賢爲務。或謂曰：「桃李悉在公門矣。」仁傑曰：「薦賢爲國，非爲私也。」卒以所薦張柬之、桓彥範、敬暉、姚崇等，光復中興。

論曰：仁傑心乎唐者也。是時武氏已老，太子猶存，忍辱事牝主，君子諒之，謂其機深謀長，欲成匡復之功，有不得不然耳。人臣之義，苟利國家，無所不可。向令仁傑潔身以去，自爲謀則忠矣，萬一小人乘閒，攘奪太子，不復唐祚，以斬國何賴焉？措置國是，隨宜補救，從容歲月，使武氏不疑，群宵不忌，然後房州帝子，得有反正之日。蓋用心苦矣！綱目于武氏命官皆書周，獨仁傑、柬之爲相則否，亦深許其爲唐臣，非僞周之私人也！

徐有功

徐有功，名弘敏，以字行，國子博士文遠孫也。襲封東莞縣男，復舉明經，補蒲州司法參軍。爲政仁，不忍杖罰，民服其恩，相約毋敢犯，訖代不辱一人。累遷司刑丞。時武后僭位，畏唐大臣謀己。于是周興、來俊臣、丘神勣、王弘義等揣識后指，置總監牧院諸獄，捕將相大臣，俾相鉤逮，楚掠備極。又汙引天下豪傑，馳使者即按，一切以反論。吏爭以周内窮詆相高，后輒勸以官賞，相告言者無虚日。朝野震恐，莫敢正言，獨有功數犯顔争枉直，后厲語折抑，持論益堅。

時博州刺史琅琊王沖，責息錢于貴鄉，與尉顔餘慶相聞知。沖既坐逆誅，魏州人告餘慶豫冲謀，后令俊臣鞫治，以反狀聞。侍御史魏元忠請誅死，籍其家。詔可。有功曰：「永昌赦令：『與虺貞同惡，魁首已伏誅，支黨未發者原之。』書曰：『殲厥渠魁。』律以造意爲首，尋赦文已伏誅，則魁首無遺矣。餘慶赦後被言，是謂支黨。今以支爲首，是以生入死也。赦而復罪，不如勿赦；生而復殺，不如勿生。竊謂朝廷不當爾。」后怒曰：「何謂魁首？」答曰：「魁者，大帥；首者，元謀。」后曰：「餘慶安得不爲魁首？」答曰：「魁首，虺貞，已伏誅，餘慶今方論罪，非支黨而何？」后意解，遂免死。當是時，左右及衛仗在廷陛者數百人，皆縮項不敢息，而有功氣定言詳，巖然不撓。

有韓紀孝者，受徐敬業官爵，已物故，推事使顧仲琰請籍其家，詔報可。有功追議曰：「律，謀反者斬。身亡即無斬法，無斬法則不得相緣。所緣之人亡，則所因之罪減。」詔從之。如此獲宥者數十百姓。

累遷秋官郎中，鳳閣侍郎任知古、冬官尚書裴行本等七人被誣當死，后謂宰相曰：「古人以殺止殺，今我以恩止殺，就群公丐知古等，賜以再生，可乎？」俊臣、張知默固請如法，后不許。俊臣獨引行本更驗前罪。有功奏曰：「俊臣違陛下再生之賜，不可以示信。」于是悉免死。

道州刺史李仁褎兄弟爲人誣搆，有功争之不能得。秋官侍郎周興劾之曰：「漢法，附下罔上者斬，有功故出反囚，罪當誅，請按之。」后不許，猶坐免官。

俄起爲左肅政臺侍御史，辭曰：「臣聞鹿走山林而命係庖厨，陛下以法官用臣，臣守正行法，必坐此死矣。」后固授之。天下聞有功復進，灑然相賀。時有詔：「公坐流、私坐徒以上會赦免，踰百日不首者，復論。」有功奏曰：「凡律，告赦前事，以其罪坐之。若無告言，所犯終不自發。如告言赦前事，則與律乖。今赦前之罪，不自言者，還以法論，即恩雖布，而一罪不能貸，臣竊爲陛下不取。」后更詔五品以上議可。

又上疏曰：「天下員有定，比選者日多，選曹諉囑公行，嚻謗滿路。近歲人多逆節，事表生情，法外搆理，而刻薄吏驅扇成奸。雖朝堂進表，列匭内牒，吽閽弗聽，叩鼓弗聞，使伸其冤，正增其枉。誠令天官銓注有所不平、法司推斷舞法深詆、三司理匭受所上章擁塞不白者皆許臣按驗劾發，奪禄貶勞，不越月踰時，可致刑措。」后納之。

竇孝諶妻龐爲其奴誣告厭詛，給事中薛季昶鞫之，龐當死。子希瑊訟冤，有功明其枉。季昶劾有功黨惡逆，當棄市。有功方視事，令史泣以告。有功笑曰：「豈獨吾死，而諸人長不死耶？」安步去。后詔詰曰：「公比斷獄多失出，何也？」對曰：「失出，人臣小過；好生，陛下大德。」后默然。龐得減死，有功免爲民。

起拜右司郎中，轉司刑少卿。與皇甫文備同按獄，復誣有功縱逆黨。久之，文備坐事下獄，有功出之。或曰：「彼嘗陷君于死，今生之，何也？」對曰：「爾所言者私忿，我所守者公法，不可以私害公。」

嘗謂所親曰：「大理，人命所係，不可阿旨詭詞，以求苟免。」故有功爲獄，常持平守正，以雪冤罔，凡三坐大辟，將死，泰然不憂，赦之，亦不喜，后以此重之，所全活甚衆，酷吏爲少衰，然疾之如仇矣。加司僕少卿。卒，年六十八，贈司刑卿。中宗即位，贈越州都督，授一子官。會昌中，追謚忠正。

有鹿城主簿潘好禮慕有功爲人，論之曰：「昔稱張釋之爲廷尉，天下無冤人，然當文帝之時，守法易也。有功居革命之際，周興、來俊臣等掩義隱賊，有功守死明道，身濱殆者數矣，此其賢于釋之遠甚。」或稱有功仁恕，過漢于、張。起居舍人盧若虚曰：「徐公當雷霆之震，而能全仁恕，雖千載未見其比。」

論曰：詩曰：「風雨如晦，雞鳴不已。」有功當虐吏方張之時，屢濱于危，然據道執正，始終無以異。何所恃而能若是？蓋其仁恕不可解于心，是以視物猶己，古之仁人乎！

張柬之

張柬之，字孟將，襄陽人。少涉經史，尤篤好三禮，入太學，祭酒令狐德棻異其才，以王佐期之。中進士第，授清源丞。永昌元年，以賢良召對策，擢第一，年七十餘矣。授監察御史，遷鳳閣舍人。以言事忤旨，出爲合州刺史，轉蜀州。故事，歲以兵五百戍姚州，地險瘴，到屯輒死。柬之論其弊，請罷戍兵置郡，略曰：

「臣謹按姚州，古哀牢國，東漢光武末，始請内屬，置永昌郡統之。賦其鹽布氈罽以利中土。劉先主據蜀，甲兵不充，諸葛亮五月渡瀘，收其産入以益軍。故蜀志稱亮南征後，國以富饒。此前世置郡，以其利之也。今鹽布之税不供，戈戟賨貨之資不入，而空竭府庫，驅率平人，身膏草野，朝廷無絲髮利，而百姓蒙終身之酷，臣竊爲國家痛之。

「往諸葛亮破南中，即用渠帥統之，不置漢官，不留戍兵。言置官留兵有三不易：置官必番漢雜居，猜嫌將起；留兵轉糧，爲患滋重故。紀綱粗立，自然久定。臣謂亮之策，誠盡羈縻之要。今宜罷姚州，隸巂府，歲時朝覲同諸國；廢瀘南諸鎮，而設關瀘北，非命使，不許交通；增巂屯兵，擇清良吏以統之。」后不納。

俄爲荆州大都督府長史。后謂狄仁傑曰：「安得一奇士用之。」仁傑曰：「陛下求文章資歷，今宰相李嶠、蘇味道足矣。豈文士齷齪，不足與成天下務哉？」后曰：「然。」仁傑曰：「荆州長史張柬之，雖老，宰相材也。用之必盡節于國。」后召爲洛州司馬。他日又求人，仁傑曰：「臣嘗薦張柬之，未用也。」后曰：「遷之矣。」曰：「臣薦宰相，非司馬也。」乃授司刑少卿，遷秋官侍郎。姚崇亦論其沉厚有謀，能斷大事。即日召見，拜鳳閣侍郎同平章事。柬之遂與平章事崔元暉、中臺右丞敬暉、司刑少卿桓彦範、相王司馬袁恕己等謀誅二張，匡復唐室。以羽林大將軍李多祚素慷慨，可動以義。柬之從容問曰：「將軍居北門幾年矣？」答曰：「三十年。」曰：「然則今日擊鐘鼎食，貴重當世，非大帝恩乎？」多祚泣曰：「死不敢忘！」柬之曰：「既知感恩，必思以報。今東宫乃大帝子，迫于嬖豎，宗社廢興，將軍寧有意乎？」多祚仰天痛哭，自誓曰：「苟利國家，惟相公所使。」柬之遂與定謀。初，柬之與荆州長史楊元琰相代，語及太后革命事，元琰慨然有匡復之志。及柬之爲相，引元琰爲右羽林將軍，又用彦範暉及右散騎侍郎李湛皆爲羽林將軍，典禁兵。易之等疑懼，以其黨武攸宜參之。俄而姚崇自靈武至都，柬之、彦範相謂曰：「事濟矣！」遂以其謀告之。時太子于北門起居，彦範暉謁見，密陳其策。太子許之。柬之、元暉、彦範乃與左威衛將軍薛思行等帥羽林兵五百餘人至玄武門，遣多祚、湛及内置郎王同皎詣東宫迎太子。斬關而入，斬易之、昌宗于廡下，進至后所寢長生殿。后驚起，問曰：「亂者誰耶？」多祚等對曰：「易之、昌宗謀反，臣等奉太子令誅之。恐有泄漏，不敢以聞。且請傳位太子，以順天人之望。」于是收張昌期等，皆斬之，梟二張首于天津南，收其黨韋承慶、房融、崔神慶等繫獄。以太后制命太子監國，遣使宣諭諸州，明日中宗即位，大赦，惟易之黨不原。爲周興等所枉者，咸令清雪，子女配没者免之。相王旦加號安國相王，皇族皆復屬籍、叙官爵。其爲后所殺者，訪求其柩，改葬之。

柬之以功擢天官尚書、同鳳閣鸞臺三品，封漢陽郡公。俄進漢陽王，與敬暉、元暉、彦範、恕己同封，名曰五王，寔罷其政事也。表求養疾，授襄州刺史。帝賦詩祖道，詔群臣餞定鼎門外。至州，持下以法，雖親故無所貸。會漢水漲齧城郭，因壘石爲隄，以遏湍怒，闔境賴之。懇辭王爵，弗許。俄以三思計，貶新州司馬，又流瀧州，憂憤卒，年八十二。

桓彦範字士則，潤州丹陽人。爲御史中丞時，嘗與宋璟同請案張昌宗謀逆罪，疏請揚、豫、博三州之羅酷吏者，悉赦之。中宗正位，每臨朝，韋后必施帷殿上，預聞政事。彦範極諫，至引魯桓齊姜，牝雞司晨事爲勗。後三思矯詔枉殺，道逢彦範，縛曳竹槎上，肉盡杖死。

崔元暉安平人，性至孝。后久疾，常奏言皇太子、相王皆仁明孝友，宜侍醫藥，不宜引異姓出入禁闈。後以流徙，卒于道。

敬暉平陽人，初爲衛州刺史，有治績。放瓊州時被殺。

袁恕己東光人，中宗立，常斥去佞巧楊務廉，被殺于環州。

論曰：張柬之，經世奇才也。舉賢良第一，年七十餘，及爲相，已八十矣。平章三月，遂誅二張，復唐室，旋乾轉坤，功蓋千載。惜不戮三思，夷諸武，去疾留根，無乃老而闇乎？所以人主用賢，貴及其鋒而用之。

史傳三編卷二十三

名臣傳十五

唐

姚崇

姚崇，字元之，陝州硤石人也。本名元崇，武后以其同突厥反者，命以字行。後避開元尊號，又改名崇。崇少倜儻，尚氣節，年二十爲獵師，呼鷹逐獸自喜。張璟藏語以當位王佐，無自棄。故折節讀書，舉下筆成章科，累遷夏官郎中。武后賢之，拜侍郎。后問：「周興、來俊臣誅後，不聞有反逆，以前論死得無冤枉？」崇曰：「當時坐謀反死者，率皆興等羅織。陛下使近臣覆訊，近臣尚不自保，何敢動摇。今天啓聖心，凶竪殲夷，臣敢以一門百口，保内外官無反者矣。」后悦，賜銀千兩，進鳳閣鸞臺平章事。未幾，張易之私有請于崇，崇不納，譖出爲靈武道大總管。

張柬之等謀誅二張，崇適還，參計議，論功封梁縣侯，尋出爲亳州刺史，歷宋、常、越、許四州。睿宗時，拜尚書，進中書令。與宋璟密奏太平公主干政，危東宮，請出公主及二王于外。張説請太子監國，以息異議。崇贊之曰：「張説所言，社稷之至計也。」帝從之。已而爲公主所搆事中變，貶申州刺史。明皇即位，欲相之。崇知帝大度，鋭于治，先設十事以堅帝意，不可則辭。帝曰：「試言之。」崇曰：「垂拱以來，以峻法繩下，臣願政先仁恕，可乎？朝廷覆師青海，未有牽復之悔，臣願不倖邊功，可乎？比來壬佞冒觸憲網，皆得以寵自解，臣願法行自近，可乎？后氏臨朝，喉舌之任出閹人之口，臣願宦竪不預政，可乎？戚里貢獻以自媚于上，公卿方鎮寖亦爲之，臣願租賦外一切絶之，可乎？外戚貴主更相用事，班序荒雜，臣願戚屬不任臺省，可乎？先朝褻狎大臣，虧君臣之嚴，臣願陛下接之以禮，可乎？燕欽融、韋月將以忠被罪，自是諍臣沮抑，臣願群臣皆得批逆鱗，犯忌諱，可乎？武后造福先寺，上皇造金仙、玉真二觀，費鉅百萬，臣請絶道佛營造，可乎？漢以禄、莽、閻、梁亂天下，國家爲甚，臣願推此鑒戒爲萬代法，可乎？」帝曰：「朕能行之。」崇乃頓首謝。翌日，拜兵部尚書，同中書門下三品。封梁國公。遷紫微令。

中宗以來，貴戚争營佛寺，度僧尼，富户彊丁，削髮避役。至是，崇上言佛圖澄不能存趙，鳩摩羅什不能存秦，齊襄、梁武未免禍殃，夫佛不在外，悟之于心。行事利益，使蒼生安穩，是謂佛理。烏用姦人，以汨真教。帝善之。詔天下沙汰僧尼，髮而農者，萬二千人。

時帝方勵精圖治，朝夕咨訪，他宰相畏帝威，皆謙憚，惟崇應答如響，遇事裁決無滯礙，故帝獨專任之。崇偶有事，謁告十餘日，政務委積，盧懷慎不能決，惶恐入謝。帝曰：「卿坐鎮雅俗耳，崇既至，須臾裁決俱盡。」崇常于帝前序次郎吏，帝左右顧，不主其語。崇懼，再三言之，卒不答。崇趨出，内侍高力士曰：「陛下新即位，宜與大臣裁可否。今崇亟言，陛下不應，非虛懷納諫者。」帝曰：「我任崇以政，大事吾當與決。至用郎吏，崇顧不能而重煩我耶。」崇聞乃安。由是進賢退不肖，黜陟以明。

開元三年，山東蝗，民不敢殺，拜且祭。崇遣御史督州縣捉之，懷慎以殺蝗太多，恐傷和氣。崇曰：「奈何不忍于蝗，而忍人之飢死。若殺蝗有禍，臣請當之。」四年，復蝗。崇又命捕，汴州刺史倪若水上言：「蝗乃天災，劉聰捕之不克，爲害益甚。」崇牒若水曰：「聰僞主，德不勝妖，今日聖朝，妖不勝德。古之良守，蝗不入境，今坐視食苗不救，刺史其謂何若？」水懼，乃縱捕，得蝗十四萬石。議者猶喧譁不止，帝疑，復問，崇曰：「庸儒泥文，不知事變。魏與後秦，小忍不除，至牛馬相噉其毛，民遂相食。今縱不能捕盡，不猶愈于養以遺患乎？」帝然之。蝗害頓息。

盧懷慎卒，源乾曜代之。崇病謁告，凡大政事，帝必令乾曜就咨。乾曜所奏善，帝曰：「是必崇畫之。」有不合，則曰：「何不問崇？」帝以崇第僻遠，詔徙寓四方館。館華大，崇讓不敢居。帝曰：「恨不使處禁中，何避也？」久之，崇還政，舉宋璟自代。乃以開府儀同三司致仕，時開元四年也。詔五日一參，入閣供奉。八年，授太子少保。九年，卒，年七十二，謚文獻。遺戒薄葬，治喪不許用浮屠法。崇三爲宰相，皆兼兵部尚書。緣邊屯戍斥堠，士馬儲械無不諳記。時承外戚干政之後，綱紀大壞。先天末，宰相至十七人，臺省要職，不可勝數。崇常先有司，罷冗職，修制度，擇百官各當其材。由是天子責成于下，而權歸于上，天下以治。

論曰：姚崇，救時相也。舍人齊幹言之矣，即崇所自任，亦無以過于此。崇軼事尚多，大抵好將順用權術，故略其瑕，而取其瑜。然作相時陳十事于始，率皆施行。罷相時，薦宋璟自代，不負所托，可謂得相體矣！

宋璟

宋璟，邢州南和人也。舉進士第，爲監察御史。武后高其才，遷鳳閣舍人，居官鯁正。張易之引張説証魏元忠不軌，將廷辨，璟謂説曰：「名義至重，鬼神難欺。不可黨邪陷正，獲罪流竄，其榮多矣。若有不測，璟當叩閣力争，與子偕死，努力爲之，萬代瞻仰，在此舉也。」説感其言，始以正對。

尋遷御史中丞。會許州人楊元嗣告張昌宗名術士占相謀不軌，后命平章事韋承慶、司刑卿崔神慶與璟同鞫之。神慶奏言：「昌宗語已奏聞，法當首原。」璟獨請窮治。后曰：「易之等已自言于朕。」璟曰：「謀反無容以首原，請下吏明國法。」后温言解之。璟曰：「臣知言出禍隨，然激于義，雖死不悔。」后不懌。姚璹遽宣詔令出，璟曰：「聖主在此，不煩宰相擅宣勅命。」后不得已，許收就獄。俄詔原之，勅二張詣璟謝。璟拒不見，顧左右歎曰：「悔不先碎豎子首，使令復亂國經。」後宴朝堂，二張皆位璟上。易之素憚璟，虛位揖曰：「公當今第一人，胡下坐？」璟曰：「才劣位卑，張卿以爲第一何也？」天官侍郎鄭善果曰：「公奈何卿五郎？」璟曰：「以官言之，正當爲卿。君非張家奴，何郎之有？」舉坐悚惕。時自武三思以下，皆謹事易之兄弟，璟獨不爲禮。二張積怒，常欲中傷之。詔按獄揚州，璟奏此御史職耳。復詔按幽州都督屈突仲翔，辭曰：「中丞非大事不出，仲翔罪止犯贓，今使臣往，此必有危臣者。」既而詔副李嶠使隴、蜀，璟復言：「隴右無變，臣以中丞副嶠，非故事。」易之等初冀璟出則劾奏誅之，計既不行，乃伺璟家婚禮，遣客行刺。璟乘庳車舍他所，得免。

神龍中，累遷黄門侍郎。武三思怙寵，數千請，璟正色曰：「今復子明辟，王宜以侯就第，安得尚干朝政。」會韋月將告三思亂宫掖，詔斬月將。璟請付獄，帝怒，岸巾出側門，謂曰：「朕謂已誅矣，尚何請？」璟曰：「人言中宫私三思，陛下不問即誅之，臣恐天下有竊議者。」帝愈怒。璟曰：「必欲斬月將，請先斬臣，不然，不敢奉詔。」乃流月將嶺南。尋出璟貝州刺史，歷杭、相二州，爲政清毅，群下無敢犯者。遷洛州長史。

睿宗立，以吏部尚書、同中書門下平章事。釐革銓政舊弊，流品以清。

太平公主謀傾東宮，又嘗乘輦邀宰相于光範門外，諷以易置東宮，衆皆失色。璟抗言曰：「東宮有大功于天下，真宗廟社稷之主，奈何忽有此議？」遂與姚崇密言于上，曰：「宋王，陛下之元子。豳王，高宗之長孫。公主交搆其間，將使東宮不安。請出宋王、豳王皆爲刺史，罷岐、薛二王左右羽林，太平公主、武攸暨皆于東都安置。」上從其言，且以太子監國。既而中變，貶楚州刺史，歷兖、冀、魏三州，河北按察使。進幽州都督，以國子祭酒，留守東都，遷雍州長史。開元初，徙廣州都督。教民陶瓦，以易茅茨，築堵列肆，永無災患。

四年，召拜刑部尚書、西京留守，遣内侍楊思勗迎之。璟在途不與思勗交一言。勗自負貴幸，訴于帝。帝嗟歎良久，益重璟。尋遷吏部兼侍中。璟爲相，務在擇人，隨材任使，百官各稱其職。刑賞無私，犯顔正諫，帝甚敬憚。雖不合意，亦曲從之。每進見便殿，帝爲之起，去則臨軒送之，與姚崇同敬禮，他相莫如也。

突厥默啜世爲中國患，郝靈佺得其首，自謂不世之功。璟以天子好武功，恐後日寵利者爲國生事，痛抑其賞。五年，帝將幸東都，會太廟四室壞，帝素服避殿，以問璟及蘇頲，仝對曰：「陛下三年之制未終，遽爾行幸，恐未愜天心，故灾異爲戒，願且停之。」姚崇以爲舊材腐壞，適與行會。帝遂行，至東都，以馳道隘黜河南尹及知頓使官。璟曰：「陛下方事巡幸，即以道不治罪二臣，臣恐將來民受其弊。」帝遽命舍之。璟曰：「陛下以怒責之，以臣言免之，是過歸于上，而恩在下也。姑聽待罪于朝，然後詔還其職。」帝善之。累封廣平郡公。

嘗命制皇子、公主名號封進，復命別擇一美稱及佳邑封上。璟奏言：「七子均養，風人所稱。今若同等别封，或母寵子愛，恐傷鳲鳩之義。臣不敢奉詔。」帝益重之。

貞觀舊制，諫官、史官隨宰相奏事，有失即匡，美惡必記。自許敬宗、李義甫用事，政多私僻，奏事官多俟仗下屏左右密奏，諫官、史官不得預聞。璟欲復貞觀之政制，自今事非的須秘密者，皆令對仗奏聞，史官仍依故事。

括州司馬李邕、儀州司馬鄭勉，并有才略文詞，璟以二人多是非，好立異改變，若全引進，咎悔必生，若棄之，則才用可惜，并遷遠州刺史。

后父王仁皎卒，將葬，請用竇孝諶故事，築墳高五丈一尺。帝許之。璟請如著令，已奏可，明日復詔如孝諶。璟還詔曰：「僭禮厚葬，前世所戒。韋庶人追王其父，擅作酆陵，禍不旋踵，豈可復蹈前轍。臣所以再三進言者，欲全朝廷之政，成中宮之美耳。」帝悦，曰：「朕每欲正身，率下于后，寧有私耶？然人所難言，公乃能之。」可其奏。賜彩絹四百匹。

會日食，素服避殿。璟奏：「君子恥言浮于行，願動天以誠，無事虚文。臣聞日食修德，月食修刑，親君子、遠小人、絶女謁、放讒夫，所謂修德也。囹圄不擾、兵甲不瀆、官無苛治、軍不輕進，所謂修刑也。」

帝嘉納王毛仲有寵，百官附之。毛仲嫁女，帝問所須，毛仲曰：「臣萬事已備，但未得客。」帝曰：「知汝所不能致者，一人爾，必宋璟也。」明日詔璟詣其第，日中，璟乃至。飲不盡巵。遽稱腹痛歸。其剛直之操，老而彌篤如此。

璟爲相，每事必争。上以王仁琛藩邸故吏，墨勅與五品官，璟曰：「仁琛向緣舊恩，已獲優改，又是后族，須杜輿言。乞下吏部檢勘，苟無過犯，請依資稍優注擬。」從之。寧王憲奏選人薛嗣先請授微官，璟奏：「嗣先以懿親之故，固應微假官資。然自太陽當御，斜封、墨勅一皆杜絶，望付吏部，知由正敕。」從之。先是，朝集使往往齎貨入京師，將還，多遷官。璟奏一切勒還，以革其弊。璟又疾負罪而妄訴不已者，悉付御史臺治之。人多怨之者，會天旱，優人作魃狀，戲于帝前。問魃何爲出？對曰：「奉相公處分。」又問何故，對曰：「負冤者三百餘人，相公悉以繫獄，故不得不出耳。」帝心以爲然。時江淮間惡錢尤甚，璟使監察御史蕭隱之按之。隱之嚴急煩擾，于是貶隱之官，遂并罷璟爲左丞相，與蘇頲同罷，時開元八年也。是時左右丞相者，左右僕射也，罷政事者居之。二十一年，致仕，歸東都。越五年，卒，年七十有五，贈太尉，謚文貞。

後張嘉貞爲相，閲堂案，見其危言切議，未嘗不失聲歎息。當時以姚崇善應變成務，璟善守法持正，二人志操不同，然協心輔政，使賦役寬平，刑法清省，百姓富庶，以故唐世賢相，前稱房、杜，後稱姚、宋，他人莫得比焉。

論曰：宋璟，剛方正直，房、杜且當謝不敏，况姚崇乎？遭遇明皇，匡君正國，用致開元之治。獨怪其當武、韋二后，時昏虐薰灼，而介石之貞，始終不撓。履尾而不爲所咥，豈天于端人正士别有保佑而安全之耶？抑有義有命工于趨避者，果無益耶？讀宋璟傳可以頑廉懦立矣。

韓休

韓休，京兆長安人也，少工文詞。始應制舉，授桃林丞。復條對國政，中乙科，擢左補闕，判主爵員外郎，累遷至禮部侍郎，知制誥，出爲虢州刺史。虢于東西京爲近州，乘輿經行，芻牧旁午，休請均賦他郡。宰相張説不可，休固請，吏白恐忤相意。休曰：「刺史幸知民之敝而不救，豈爲政哉？雖得罪，所甘心焉。」卒如所請。以母喪去，服除，爲工部侍郎，知制誥。遷尚書右丞。開元二十一年，帝使蕭嵩擇相，嵩稱休志行，遂拜黄門侍郎、同平章事。

休性方直，不務進趨，既爲相，天下翕然宜之。萬年尉李美玉有罪，帝將放之嶺南。休曰：「尉小官，犯非大惡。今金吾大將軍程伯獻恃恩而貪，宅室輿馬僭法度，臣請先伯獻，而後美玉。」帝不許，休固争曰：「罪細且不容，而巨猾乃置弗問，陛下不出伯獻，臣不敢奉詔。」帝不能奪。

初，嵩以休恬和易制，故薦之。及與共事，守正不阿，時或折正嵩。嵩不能平，又凡時政得失，言之未嘗不盡。宋璟歎曰：「不意休乃能爾，仁者之勇也。」帝嘗獵苑中，或大張樂，稍過甚，必視左右，曰：「韓休知否？」言未已，諫疏已至。帝時引鑑，默然不樂。左右曰：「韓休爲相，陛下殊瘦于舊，戚戚無一日懽，何不逐之？」帝曰：「吾雖瘦，天下肥矣。蕭嵩每啓事，順旨，我退而思天下，寢不安。韓休敷陳治道，多訐直，我退而思天下，寢必安。吾用韓休，爲社稷計也。」加銀青光禄大夫，是冬十月，罷爲工部尚書，遷太子少師，封宜陽縣子。卒年六十八，謚文忠。

論曰：韓休剛直，亞于宋璟，然當是時，明皇已倦勤矣。蓋自開元初年以至八年，姚、宋相繼爲相，朝廷清明，百職修理，比隆貞觀者以此。及十三年封泰山、十四年大有年，明皇之志已盈，故宇文融以利臣柄用宋璟，以罷政事虚擁右丞相之名。然當時作相者張説、張嘉貞諸人，品雖未純，才堪理國。裴光庭、蕭嵩等，才本庸流，心非奸匪，猶平而未陂之時也。及開元末年，稱賢相者不過休與張九齡耳。李林甫、牛仙客、楊慎矜等漸見進用，女謁内萌，讒人交張，開元之業衰矣！惜哉韓休，三月相之，十月罷之，雖欲施爲，庸可得乎？

張九齡

張九齡，字子壽，粤之曲江人也。七歲知屬文，十三以書干刺史王方慶，方慶曰：「是必致遠。」張説謫嶺南，一見厚遇之，與通譜系。成進士，調校書郎，以道侔伊吕科策高第，爲左拾遺。明皇即位，未郊，九齡言：「陛下紹休聖緒，于今五年，而未行大報，怠于事天，不可。」又言：「元元之衆，懸命于縣令，宅生于刺史。欲治之本，莫若重守令，宜科定其資：凡不歷都督、刺史，雖有高第，不得任侍郎、列卿；不歷縣令，雖有善政，不得任臺郎、給、舍。又古之選士，惟取稱職，今不正其本而設巧于末。吏部條章，舉贏千百。求精于案牘，而忽于人才，是所謂遺劍中流，刻舟以記者也。」

時張説爲宰相，親重之，嘗曰：「後出詞人之冠也。」遷中書舍人内供奉，封曲江男。會帝封泰山，説多引兩省録事主書及所親攝官升山，超階至五品。九齡當草詔，謂説曰：「官爵者，天下公器，先德望，後勞舊。今登封告成，而清流隔于殊恩，胥吏乃濫章紱，恐四方失望。方進草，尚可以改。」説不從，已而果得謗。九齡亦改太常少卿，出爲冀州刺史。以母老表換洪州都督。徙桂州，兼嶺南按察使。帝思張説常薦其才，可備顧問，召爲秘書少監、集賢院學士，遷工部侍郎，知制誥。數乞終養，不許。以其弟九皋、九章爲嶺南刺史，歲時聽給驛省家。遷中書侍郎，以母喪解。是歲，奪哀拜平章事。固辭，不許。明年，遷中書令。

帝欲相李林甫，九齡曰：「宰相繫國安危，陛下相林甫，臣恐他日爲社稷憂。」不聽。范陽節度使張守珪以斬可突單于功，欲用爲侍中。九齡曰：「宰相代天理物，不可以爲賞功之具。」帝曰：「假其名，若何？」對曰：「名器不可假也。守珪纔破契丹即以爲相，若盡滅東北二寇，陛下何以加之？」帝乃止。既又欲以涼州都督牛仙客爲尚書。九齡曰：「不可，尚書，古之納言。唐興以來，惟舊相及歇歷中外有德望者乃爲之。仙客本河、湟使典，使班常伯，天下其謂何？」帝曰：「然則加實封。」對曰：「封爵所以勸有功也，邊將積穀繕械，乃常職耳。賞以金帛爲可，裂地則非所宜。」帝默然。林甫曰：「仙客，宰相才也，何有于尚書？九齡書生，不達大體。」帝悅，明日復以實封爲言，九齡固執如初。帝怒曰：「卿以仙客寒微耶？卿固素有門閥哉？」九齡曰：「臣荒陬孤生，陛下過聽，以文學用臣。出入臺閣，典司誥命，有年矣。仙客目不知書，若大任之，恐不愜衆望。」林甫退而言曰：「苟有才識，何必辭學？」帝由是決用仙客。九齡戾旨，遂懼爲林甫所中。因賜白羽扇，獻賦自況，其末云：「苟効用之得所，雖殺身其何怨？」又曰：「縱秋氣之移奪，終感恩于篋中。」帝雖優答，然寖疏之。

時帝在位久，漸肆奢欲，怠于政事。九齡遇事，無大小皆力争，所推引皆正人，遂以尚書右丞相，罷政事，而用仙客。又以嘗薦周子諒爲御史，而子諒彈仙客非宰相才，帝杖而流之。林甫奏九齡舉非其人，貶荆州長史。久之，封始興縣伯，請歸展墓，卒，年六十八，謚文獻。

九齡體微弱而有醖藉，風度凝然。後帝每用人，必問曰：「風度能如張九齡不？」先是，帝千秋節，王公并獻寶鑑，九齡獨述前世興廢之源，爲書五卷，號千秋金鑑録，以伸諷諭。武惠妃謀陷太子瑛，使人伺其過失以聞。帝大怒，欲并廢鄂王瑶、光王琚，九齡曰：「陛下享國長久，子孫蕃昌，天下之人方以爲慶。今三子皆已成人，不聞大過，奈何一旦以無根之語廢之乎？且太子天下本，不可輕摇，陛下必欲爲此，臣不敢奉詔。」是時林甫交搆其間，妃遣宦奴告九齡曰：「有廢必有興，公爲援，宰相可常處也。」九齡叱曰：「房幄安得有外言？」遽奏之，帝爲動色，故終九齡之相，太子無患。安禄山以范陽偏校入奏事，氣驕蹇，九齡謂裴光庭曰：「亂幽州者此胡雛也。」後敗于奚、契丹，張守珪執送京師，九齡署其狀曰：「穰苴出師必誅莊賈，孫武習戰猶戮宫嬪，守珪法行于軍，禄山不宜免死。」帝不許，赦之。九齡固争曰：「禄山狼子野心，且有逆相，宜誅之以絶後患。」帝曰：「卿勿以王夷甫識石勒枉害忠良。」竟不聽。帝後在蜀，思其忠，爲泣下，因遣使祭韶州，厚恤其家。開元後，天下稱曲江公，而不名云。

論曰：九齡忠貞鯁直，亦宋璟之流亞也。知林甫他日爲廟社之憂，料禄山必亂，燭照數計，天寶間事已瞭然矣。使明皇能用其言，安有踉蹌蜀道之困哉？名爲宰相，而未嘗一日信任，唐自求覆，九齡其將奈之何？

張巡　許遠

張巡，鄧州南陽人也。開元末，登進士第，歷真源令。禄山反，譙守楊萬石逼巡爲長史，使西迎賊。巡率吏民，哭于玄元皇帝廟，起兵討賊。至雍丘，其令令狐潮已從逆，縛吏民百餘，將殺之，潮出行部。囚相與解縛，殺守者，而迎巡入城以拒潮。巡屠潮妻子，磔城上。潮大怒，以衆四萬薄城，巡謂諸將曰：「賊兵鋭，有輕我心，今出不意擊之，必驚潰。」乃分千人乘城，而自驅數隊出，直衝賊陣，人馬辟易，賊退。明日復進，設百樓攻城，巡束芻灌膏焚之，賊不得上。積六十餘日，大小三百戰，潮乃敗走。潮素與巡有舊，至城下自説巡。巡曰：「君平生以忠義自許，今日之舉，忠義何在？」潮慚而退，圍守復四十日，朝廷聲聞不通，大將六人白巡以兵勢不敵，且上存亡未可知，不如降。巡陽許諾，明日堂上設天子畫像，率軍士朝，皆感泣。引六將至，責以大義，斬之。會糧乏，潮餉賊鹽米數百艘且至，巡夜壁城南，潮悉軍來拒，巡遣勇士銜枚渡河，取鹽米千斛，焚其餘而還。城中矢盡，巡縛稿爲人，披黑衣，夜縋城下，潮兵争射之，得矢數十萬。其後復夜縋人，賊笑，不設備，乃以死士五百斫潮營，潮軍大亂，焚壘幕，追奔十餘里。賊慚，益兵來圍。巡使雷萬春立城上與潮語，賊射之，面中六矢而不動，潮疑木人，諜得其實，乃大驚，遥謂巡曰：「向見雷將軍，知足下軍令矣。然其如天道何？」巡曰：「君未識人倫，焉知天道。」未幾薪水竭給，潮退二舍，欲引軍走，許之空城四出三十里，撤屋發木還爲備。潮怒，圍復合。巡又曰：「歸我馬三十匹，我且出奔，君取城矣。」潮歸馬，巡悉給驍將，約曰：「賊至，人取一將。」明日，潮來三十騎突出，禽將十四，斬首百餘，收其牛馬器械。潮遁還陳留，不復出。于是河南節度使虢王巨屯彭城，假巡先鋒。

俄而魯東、平濟陰陷于賊，巨引兵走臨淮。賊將楊朝宗謀趨寧陵，絶巡餉道。巡乃拔衆保寧陵，始與睢陽太守許遠相見。是日，朝宗來寇，遣雷萬春、南霽雲等與戰寧陵北，大破之，斬將二十，殺賊萬餘。朝宗遁去，詔拜巡河南節度副使。

至德二載，禄山死，慶緒遣尹子奇將突厥兵十三萬，攻睢陽。許遠告急，巡引兵入睢陽助之，勵士固守，日中二十戰，氣不衰。遠自以才不及巡，請專治軍糧戰具，居巡下，巡受不辭。晝夜苦戰十六日，禽賊將六十餘人，殺卒二萬。子奇大敗，遁去。詔拜巡御史中丞，遠侍御史。已而子奇復圍城，巡椎牛饗士，悉軍拒戰。賊望見兵少，大笑。巡率諸將衝賊陣，賊大潰，逐北數十里。會方刈麥，巡夜濟師，鳴鼓嚴隊，若將出戰。賊申警，不得休息。俄息鼓，賊弛備，巡與霽雲、萬春等各將五十騎，開門突出，徑抵子奇所，斬將拔旗，殺賊五千餘人。有大酋引千騎乘城招巡，巡陰縋勇士數十人伏隍中，城上鼓譟，禽之。復縋登陴，賊皆愕眙，巡欲射子奇而不識，剡蒿爲矢，中者謂巡矢盡，走白子奇，巡乃使霽雲射之。中其左目。子奇走還，七月，復圍睢陽。城中食盡，士日給米一勺，雜樹皮茶紙爲食，皆飢病不能彀。賊以雲梯傅堞，巡出鉤干拄之，不得進。又以鉤車、木馬攻城，巡輒破碎之。賊服其機，不復攻，惟穿壕立栅以守。時賀蘭進明屯臨淮，巡使霽雲請救兵，引三十騎冒圍出，賊萬衆遮之，霽雲左右射，皆披靡。既見進明，進明不肯出師，愛霽雲，欲留之，爲具食。霽雲泣曰：「睢陽之人不食月餘矣，霽雲雖欲獨食，且不下咽。大夫坐擁强兵，無分灾救急之意，豈忠臣義士所爲乎？」霽雲既不能達主將之命，請留一指示信，以歸報中丞。」因拔佩刀斷指，一坐皆驚，爲出涕。卒不食去。抽矢回射浮圖曰：「吾破賊還，必滅賀蘭。此矢所以志也。」次寧陵，得廉坦兵三千，且戰且行。至城下大戰，壞賊營，死傷之外，僅得千人，驅賊牛數百入城，將士相持而泣。

賊知無援，圍益急。衆議東奔，巡遠謀曰：「睢陽，江、淮保障也，若棄之，賊乘勝而南，江、淮必亡。且師飢衆行，必不達。不如死守，茶紙既盡，乃食馬，馬盡，羅雀掘鼠，或煮鎧弩以食。雀鼠又盡，食老弱婦女。」巡出愛妾，曰：「諸軍經年乏食，而忠義不衰，吾恨不能割肌啖汝，寧惜一妾？」遂殺以饗士，遠亦殺奴僮哺卒。人知必死，莫有叛者，所餘纔四百人。十月癸丑，賊登城，莫能戰。巡西向拜曰：「臣力竭矣，生不能報陛下，死當爲厲鬼，以殺賊！」城遂陷，與遠俱執。衆見之大哭。巡曰：「安之，勿怖，死乃命也。」子奇問曰：「聞公每戰，大呼輒皆裂齒碎，何也？」曰：「吾志吞逆賊，恨力不能耳。」子奇以刀抉視之，巡大駡，「附賊、犬彘」不絶口。子奇又脅霽雲降，巡呼曰：「南八！男兒死爾，不可爲不義屈！」霽雲笑曰：「欲將有爲也，公知我者，敢不死！」遂與姚誾、雷萬春等三十六人俱遇害。生致許遠于洛陽，至偃師，亦不屈死。巡、遠俱年四十九。

巡長七尺，美鬚髯，讀書不過三復，爲文章不立稿。所在士卒居人，一見問姓名，後無不識。歷大小四百餘戰，斬將三百，殺賊卒十二萬人。用兵不依古法，令諸將教戰，各以其意。或問之，答曰：「賊將務馳突，雲合鳥散，變態百出，不可以古法拘。吾止使兵識將意，將識士情，上下相習，人自爲戰耳。」其甲械皆取之于敵，未嘗自修。推誠待人，無所疑貳。臨危應變，出奇無窮。號令明賞罰信，與衆共甘苦寒暑，雖廝養，必整衣見之，故其下争致死力，能以少擊衆，未嘗敗。

肅宗詔張鎬率四節度救睢陽，巡亡三日而鎬至，十日而廣平王收東京。時謂巡蔽障江、淮，沮賊勢，天下不亡，乃其功也。詔贈巡、遠等死事諸人，并録其子孫，立廟睢陽，歲時致祭，賜睢陽、雍丘徭税。

許遠者，敬宗曾孫，爲人寬厚長者，明于吏治。禄山反，或薦于朝，召拜睢陽太守。遠與巡同年生，而巡長，故呼巡爲兄。大曆中，巡子去疾上書，以遠畏死，誤國家事，請追奪官爵。詔下百官議，皆以遠守睢陽，子奇屠城，以生致主將爲功，其後巡死不足惑。當時去疾尚幼，事未詳知。且艱難以來，忠烈未有先二人者，事載簡書，若日星不可妄議，乃止。

元和時，韓愈讀李翰所爲巡傳，以爲闕遠事非是。且力明遠之不畏死，愈于褒貶尤慎，非無據也。

論曰：張巡忠義，貫星日、薄雲霄，且其才亦不世出，使假以尺寸之柄，馳驅中原，收復兩京，豈出子儀下？遠才稍不逮，巡然推賢讓能，同心共濟，至死不少回屈，可謂志士仁人，相得益彰矣！嗟彼孤城餓卒，經數百戰而未嘗一敗，卒障江、淮，以保東南半壁。韓愈謂天下不亡，二公之力！豈過論哉！

顔杲卿　真卿

顔杲卿，字昕，師古五世從孫也。以文儒世家。父元孫，有名垂拱間，終濠州刺史。杲卿以蔭調遂州參軍。開元中，遷范陽户曹。

禄山聞其名，表爲常山太守。及反，至稿城，杲卿力不能拒，偕長史袁履謙迎之。禄山予二人金紫，質其子弟，使守常山，又使假子李欽湊以兵七千屯土門。杲卿指其衣謂履謙曰：「何爲著此？」履謙悟，因共謀舉兵討賊。適真卿在平原，斬叚子光，遣甥盧逖至常山約起兵，斷賊北道。杲卿大喜，即矯禄山命召欽湊計事，醉而斬之。賊將高邈、何千年適至，皆禽械，并欽湊首送京師。傳檄河北，言王師二十萬入土城。遣郭仲邕領百騎爲先鋒，馳而南，曳柴揚塵，望者謂大軍至。賊張獻誠方圍饒陽，棄甲走。于是河北十七郡皆斬僞刺史，傳首常山。禄山懼，使史思明、蔡希德晝夜攻常山，杲卿起兵纔八日，守備未完，告急，王承業擁兵不救。六日而陷。與履謙同被執脅，使降不應，加刃少子季明頸上曰：「降，活而子。」亦不應，遂并盧逖殺之。致杲卿洛陽，數之曰：「吾擢爾太守，何所負而反？」杲卿瞋目罵曰：「汝本營州牧羊奴，天子擢汝爲三道節度使，恩幸無比，何負于汝，而反乎？我世爲唐臣，守忠義，恨不斬汝萬段，豈從汝反耶？」禄山大怒，縛之天津橋柱，節解以肉噉之，罵不絶口，賊鉤斷其舌，曰：「復能罵否？」乃含糊而絶，年六十五。履謙被斷手足，賊黨在旁，咀血噴其面，賊臠之。杲卿宗子近屬皆遇害，顔氏死者三十餘人。楊國忠用張通幽之譖，不加褒贈。真卿表其枉，乃杖殺通幽，贈杲卿太子太保，謚忠節。

真卿，字清臣，與杲卿同五世祖。少孤，母殷氏躬加訓導。既長，博學，工詞章，事親孝。開元中，登進士，又擢制科。再遷監察御史，使河、隴。時五原有冤獄，天久旱，真卿辯獄而雨，郡人呼御史雨焉。復使河東，劾奏朔方令鄭延祚母死不葬三十年，有詔終身不齒。遷殿中侍御史，以不附楊國忠，出爲平原太守。度安禄山必反，陽託霖雨，增陴濬隍，簡丁壯，儲倉廩，日與賓客泛舟飲酒，以紓禄山之疑。果以其書生，不虞也。禄山反，河朔盡陷，獨平原城守具備。又使參軍李平馳奏，帝方歎：「河北二十四郡，無一忠臣。」及平至，大喜謂左右曰：「朕不識真卿何如人，乃能若此。」

時平原有静塞兵三千，乃益募士，得萬人，以録事參軍李擇交統之，以刁萬歲等五人分總部伍，大饗士城西門，諭以舉兵討賊，慷慨泣下，咸感勵。由是饒陽太守盧全誠、濟南太守李隨、清河長史王懷忠、景城司馬李暐、鄴郡太守王燾各以衆歸，軍聲大振。賊破東都，遣段子光傳李憕、盧奕、蔣清首狥河北，真卿斬子光，紿諸將曰：「吾素識三人，其首皆非是。」藏三首，結芻續體，斂而祭，私爲位以哭。

是時顔杲卿爲常山太守，斬賊將李欽湊等。十七郡自歸，推真卿爲盟主，兵二十萬，絶燕、趙。詔拜真卿户部侍郎，加河北招討採訪使。攻魏郡，拔之。肅宗即位靈武，拜工部尚書，仍領使。禄山遣史思明等攻河北，諸郡復陷，真卿謀于衆曰：「賊鋭甚，委身辱國，非計也。不如赴行在。」至德元載，棄郡渡河，至鳳翔，授御史大夫。

時朝廷雖草昧，而真卿繩治如平日。劾侍郎崔漪、諫議大夫李何忌、都虞候管崇嗣等，百官肅然。兩京復，帝遣左司郎中李選告宗廟，祝署「嗣皇帝」，真卿謂禮儀使崔器曰：「上皇在蜀，可乎？」器遽奏改之，帝以爲達識。又建言：「春秋，新宫災，魯成公三日哭。今太廟爲賊毁，請築壇于野，皇帝東向哭，然後遣使。」不從。宰相厭其多言，出爲馮翊太守，轉蒲州刺史，爲御史唐旻誣劾，貶饒州。

乾元元年，拜浙西節度使。度劉展必反，預飭戰備，李峘以爲生事，毁之，召爲刑部侍郎。展卒舉兵渡淮，峘奔江右。李輔國遷上皇西内，真卿率百官問起居，輔國惡之，貶蓬州刺史。代宗立，累遷尚書右丞。

帝自陝還，真卿請先謁陵廟而即宫，宰相元載以爲迂，真卿怒曰：「用舍在公，言者何罪？然朝廷事豈堪公再破壞耶！」載銜之。俄拜刑部尚書，知省事，封魯郡公。元載專權，畏群臣論奏，請自今百官論事，皆先白宰相。真卿上疏曰：「諸司長官者，達官也，皆得專達于天子。郎官、御史，陛下腹心耳目之臣也，故天下事無大小得失，皆俾訪察，以聞。此古明目、達聰也。今陛下欲自屏耳目，使不聰明，則天下何望焉？太宗著司門式云：『其無門籍有急奏者，皆令門司與仗家引奏，無得關礙。』所以防壅蔽也。李林甫爲相，群臣不先咨宰相奏事者，託以他故中傷之。陵夷至于今日，其所從來者漸矣。夫君子難進易退，朝廷開不諱之路，群臣猶恐不言，況懷厭怠，令宰相宣進止，不得直進，從此人不奏事，陛下聞見止于數人，天下之士，鉗口結舌，陛下便謂無事可論，豈知懼不敢進，則林甫、國忠復起矣。臣謂今日之事，曠古未有，雖林甫、國忠猶不敢公然爲之。陛下倘不蚤悟，漸成孤立，後雖悔之亦無及矣。」載以爲誹謗，貶峽州別駕。

載誅，楊綰薦之，擢刑部尚書，進吏部。帝崩，爲禮儀使。時喪亂後，典法湮廢，真卿博識今古，屢建議釐正，爲權臣沮抑。德宗立，楊炎當國，又以直不容，改太子少師，猶領使。及盧杞爲相，益不喜，改太子太師，罷使。數遣人問以方鎮所便，欲出之。真卿見杞，辭曰：「先中丞傳首平原，面流血，吾不敢以衣拭，親舌舐之，公忍不見容乎！」杞矍然下拜，而銜恨切骨。

李希烈陷汝州，杞建議遣真卿往諭。李勉以爲失元老，貽朝廷羞，不聽。至河南，河南尹鄭叔則勸勿往，真卿曰：「君命也，不可避。」與其子書，但誡以奉家廟、撫諸孤而已。既至，宣詔旨，希烈養子千餘，環繞嫚駡，拔刀擬之，真卿色不變。希烈以身扞麾衆退，乃就館。逼上疏雪罪罷兵，真卿不從。希烈遣李元平説之，真卿叱曰：「汝受國委任，不能致命，顧吾無兵戮汝，尚説我耶？」希烈大會，使倡優斥侮朝廷，真卿怒曰：「公，人臣，奈何如是！」拂衣起，希烈大慚。時朱滔、王武俊、田説、李納皆稱王，各遣使詣希烈，勸進，希烈召真卿示之，曰：「四王見推，不謀而同，豈吾獨爲朝廷所忌，無所自容耶？」真卿曰：「此乃四凶，何謂四王？相公不自保功業，爲唐名臣，乃與亂臣賊子相從，求與之同覆滅耶？」希烈不悦。他日，又與四使同宴，四使謂希烈曰：「聞太師名德久矣，公欲建大號，求宰相，無如太師者。」真卿叱曰：「汝知有駡安禄山而死者顔杲卿乎？吾兄也！雖被執，詬賊不絶口。吾今年且八十，官太師，吾守吾節死而後已，豈受鼠輩脅耶！」群賊失色，乃以兵拘守，掘坎于庭，示不屈且阬，真卿怡然。會其黨周曾、康秀林等謀襲希烈，奉真卿爲帥，事洩，乃拘真卿蔡州，度必死，預作遺表、墓志、祭文。希烈僭號，問儀式，答曰：「老夫耄矣，所記諸侯朝覲禮耳。」賊積薪于庭，示不屈且焚，真卿起赴火，賊遽止之。

已而李晟復長安，希烈弟希倩坐朱泚黨誅。希烈怒，遣中使至蔡州殺真卿。中使曰：「有敕。」真卿再拜。中使曰：「今賜卿死。」真卿曰：「老臣無狀，罪當死，不知使者幾日發長安。」使者曰：「自大梁來。」真卿曰：「然則賊爾，何謂敕耶？」遂縊殺之，年七十六。

真卿立朝正色，剛而有禮，非公言正道不萌于心，天下不以姓名稱，而獨曰魯公。善正草書，筆法遒勁，爲世所寶。

論曰：杲卿、真卿各以一郡起兵討賊，事雖無成，大義凛千載矣。義聲一動，河北響應，以二公之才，烏合二十萬，而常山未及旬日，平原亦終不支。胡氏史論謂明皇保姦棄賢，天固不使得忠義之報。信夫！杲卿罵賊，百世下如聞其聲。真卿立朝，忠貞勁直，侃侃乎社稷之佐，臨難則抗節賊庭，至死不屈。二人爲唐室增光豈小哉！

史傳三編卷二十四

名臣傳十六

唐

郭子儀

郭子儀，華州鄭人也。以武舉異等，累遷朔方節度使，討安禄山。先是安思順爲朔方，子儀與李光弼俱牙將，不相能，及代思順，光弼入見，曰：「死固甘，乞免妻子。」子儀趨下堂，抱而泣曰：「今國亂主危，豈懷私忿時耶？」執手相持而拜。因率軍東討，收静邊軍，斬賊將周萬頃，敗高秀巖于河曲，遂收雲中、馬邑，引兵下井陘，與光弼合，破史思明衆數萬，平稾城，破趙郡，又破之于沙河。禄山益出精兵戰，戰未決，戮一將以徇，復大破之。晝揚兵，夜擣壘，賊不得休息。復乘其倦，與光弼、僕固懷恩等擊之嘉山，斬獲六萬。思明奔博陵。于是河北諸郡皆斬賊守，迎王師。會哥舒翰敗績潼關，帝出奔蜀，肅宗即位靈武，詔子儀班師，乃帥步騎五萬赴行。在時朝廷草昧，衆單寡，軍容闕然。子儀至，國威始振，人有興復之望焉。拜子儀兵部尚書、同平章事，仍總節度。

賊將阿史那從禮，誘河曲九姓、六州諸部數萬迫行在。子儀與回紇葛邏支擊敗之，河曲遂平。至德二年，大破崔乾祐于潼關。乾祐退保蒲津，又攻蒲津，平之。自是潼、陝之間，無復寇擾。安禄山死，詔還鳳翔，進司空，充關内、河東副元帥。率師趨長安，與賊將安太清、安守忠戰失利，收合餘衆，保武功。俄從元帥廣平王率蕃、漢兵十五萬，收復長安。與賊將李歸仁大戰，自午至酉，斬首六萬級，生禽二萬，賊帥張通儒棄城走。翼日，王入京師，老幼夾道呼曰："不圖今日復見官軍。"王休士三日，遂東。

安慶緒遣嚴莊悉衆十萬，助通儒，旌幟鉦鼓徑百餘里，子儀以軍横貫其營。李嗣業率回紇從後夾擊，大敗之。莊等走洛陽，挾慶緒渡河保相州，遂收東都。于是河東、河西、河南州縣悉平。帝入長安，遣使迎上皇。子儀以功加司徒，封代國公。入朝，帝遣具軍容迎灞上，勞曰："國家再造，卿之力也。"

乾元元年，破賊河上，執安守忠以獻，復朝京師。進中書令，詔九節度大舉討慶緒，以魚朝恩爲觀軍容使，而不立元帥。子儀收復衛州，執賊安慶和，斬首四萬。進圍相州，引漳水以灌城，城中糧盡，人相食。慶緒求救于思明，思明至，會大風拔木，跬步不相物色，諸節度潰還，子儀獨全軍保河陽。時王師衆而無統，進退相顧望，故敗，爲魚朝恩所譖，召子儀還，以光弼代領朔方兵。

思明再陷河、洛，西蕃擾畿輔，朝廷旰食，復以子儀爲諸道兵馬都統，以兵趨范陽，朝恩又沮解之。明年，光弼敗邙山，失河陽。又明年，河中亂，殺李國貞，太原亂，戕鄧景山。乃復以子儀爲朔方、河中、北庭、潞儀澤沁等州節度，兼興平、定國副元帥，封汾陽郡王，屯絳州。時帝已不豫，群臣莫得見，子儀固請，乃引至卧内，謂曰：「河東事，一以委卿。」子儀至屯，誅首惡王元振等數十人，辛雲景聞之亦殺害景山者，諸鎮皆惕息。

代宗立，程元振用事，罷子儀副元帥。子儀懼讒，哀肅宗所賜詔勅千餘篇上之，復自陳訴。帝優詔答。初，帝與子儀平两京，同天下憂患，至是悔悟，眷禮彌重。

史朝義尚盗洛，欲使副雍王東討，朝恩、元振交訾而止。久之，梁崇義據襄州叛，回紇、吐蕃寇河西，殘涇州，犯奉天、武功，遽拜子儀爲關内副元帥，鎮咸陽。時罷歸已久，部曲離散，逮承詔，麾下纔數十騎，驅民馬補行隊。至咸陽，蕃兵已過渭水，并南山而東，帝走幸陝。子儀南收兵，得武關防卒數千，泣諭將士，共雪國耻，皆感激思奮。帝恐吐蕃出潼關，徵子儀詣行在，子儀表曰：「臣不收京城，無以見陛下。若兵出藍田，敵亦不敢東向。」帝許之。會張知節迎子儀于洛南，乃遣知節率烏崇福、長孫全緒爲前鋒，營韓公堆，擊鼓讙山，張旗幟，夜叢萬炬，以疑賊。

于是吐蕃夜潰。遂遣李忠義屯苑中，王仲昇守朝堂，斬射生將王撫以徇。破賊書聞，命子儀爲京城留守。

自變生倉卒，天子出走，天下皆咎元振。元振懼，説帝都洛陽，已可其訃，子儀奏請還都，曰：「雍州古稱天府，右隴、蜀，左崤、函，負清渭、濁河之固，地方數千里，秦、漢所以成帝業也。故高祖入關定天下，先帝興朔方、誅慶緒，陛下席西土、戮朝義，雖天道助順，亦地勢則然。比吐蕃憑陵而不能抗者，臣能言其略。夫六軍皆市井人，竄虛名、逃實賦，一日驅以就戰，有百奔而無一前。又宦寺掩迷，庶政荒奪，遂令陛下彷徨暴露，越在陝服。斯委任失人，豈地之非良哉？今道路流言，不識信否，咸謂且都洛陽。洛陽自大盜以來，焚埃略盡，寰服不滿千户，千里蕭條，何以奉萬乘牲餼、供百官次舍哉？陛下意者以京畿新罹剽蹂，國用不足乎？昔衛爲狄滅，文公廬于漕，衣大布之衣，冠大帛之冠，卒復舊邦，况赫赫天子，躬儉節用，寧爲一諸侯下哉？臣願陛下斥素餐、去冗食，抑閹寺、任直臣，薄征弛役，恤隱撫鰥，委宰相以簡賢任能，付臣以訓兵禦侮，則中興之功，日月可冀。」帝得奏，泣謂左右曰：「子儀固社稷臣也，朕西决矣。」乃還長安。既見子儀，謂：「用卿晚，故至此。」因賜鐵券，圖形凌煙閣。

廣德二年，僕固懷恩反，詔子儀爲副元帥、河中節度等使。懷恩將士聞之，皆曰：「吾輩從懷恩，爲不義，何面目見汾陽王子儀？」至河中，懷恩走雲州，復誘吐蕃回紇數十萬衆入寇，朝廷震恐，詔子儀屯奉天。召問方略，子儀曰：「懷恩勇而少恩，士心不附。所以能入寇者，因思歸之士耳。懷恩本臣偏裨，其麾下皆臣部曲，必不忍以鋒刃相向，無能爲也。」至奉天，諸將請戰，子儀曰：「客兵深入，利于速戰。彼下素德我，吾緩之，當自攜貳。」因下令，敢言戰者斬。堅壁數日，果不戰而遁。

子儀以安、史昔據洛陽，故置節度使以制其要衝。今大盜已平，而所在聚兵，耗蠹百姓，表請罷之，仍自河中爲始。從之，遂罷河中節度。及耀德軍入朝，進尚書令。以太宗嘗爲此官，固辭不受。

永泰元年，懷恩盡誘吐蕃、回紇、党項、羌、渾、奴刺等三十萬衆，掠涇、邠，躪鳳翔，入醴泉、奉天，京師大震。急召子儀，屯涇陽軍，纔萬人。比到，敵圍已合，子儀命諸将嚴設守，備而不戰。時懷恩暴疾死，回紇、吐蕃争長不相睦。子儀使李光瓚説回紇共擊吐蕃，回紇曰：「令公在此乎？給我耳，若在此，可得見乎？」光瓚報子儀，子儀遂挺身往説之。與數騎開門出，傳呼曰：「令公來！」回紇大驚，其帥藥葛羅執弓注矢立陣前，子儀免胄釋甲，投鎗而進。諸酋長相顧曰：「是也。」皆下馬羅拜。子儀亦下馬，執藥葛羅手，讓之曰：「汝回紇有大功于唐，唐之報汝亦不薄，奈何負約，深入吾地，背恩德而助叛臣？且懷恩叛君棄母，于汝何有？今吾挺身而來，聽汝殺之，我之将士，必致死與汝戰矣。」藥葛羅曰：「懷恩欺我，言天可汗晏駕，令公亦捐舘，我是以來。今皆不然，懷恩又爲天所殺，我曹豈肯與令公戰乎？」子儀因曰：「吐蕃無道，所掠之財不可勝載，馬牛雜畜，長數百里，此天賜汝也，全師而繼好，破敵以取富，爲汝計甚便。」藥葛羅曰：「吾爲懷恩所誤，負公誠深，請爲公盡力，以謝過。」子儀命取酒，與其酋長共飲，申盟誓，諸酋皆大喜曰：「向者巫師言此行甚安穩，不與唐戰，見一大人而還，今果然矣！」吐蕃知其謀，夜遁。遣白元光合回紇衆追之，俘斬六萬，盡還所掠士女。入朝，加實封二百户，復還河中。

大曆二年，吐蕃寇涇州，詔屯涇陽，敗之于靈州。明年還河中。吐蕃復寇，靈武詔屯奉天，又擊敗之。議者以吐蕃數爲寇，馬璘在邠，不能支，乃以子儀兼邠寧節度使，屯邠州。

德宗嗣位，詔還朝，賜號「尚父」，加太尉、中書令，實封二千户。建中二年卒，年八十五，贈太師，陪葬建陵，謚忠武，配享代宗廟廷。

子儀事上誠，御下恕，賞罰必信。每降城下邑，所至輒得人士心。遭幸臣魚朝恩、程元振短毀，無纖毫顧望，握兵處外，聞詔命即日就道，故讒間不行。方破吐蕃、靈州時，朝恩使人發其父墓，子儀入朝，中外大懼。帝唁之，子儀叩頭號泣曰：「臣久主兵，不能禁士卒殘人墓，今及此，乃天譴也！」朝恩又嘗約子儀修具，元載使人告曰：「軍容將不利于公，將士請衷甲從子。」儀不許，但以家僮十數人往，朝恩曰：「何車騎之寡也？」語以所聞，且曰：「恐煩公經營耳。」朝恩拊膺流涕曰：「非公長者，能無疑乎？」田承嗣傲狠不軌，子儀遣使至，承嗣西望再拜，謂使者曰：「此膝不屈于人久矣。」李靈耀據汴州，公私財賦一皆遏絶，獨子儀封幣道其境，不敢留，即持兵衛送。麾下李懷光、渾瑊等宿将數十，皆王侯貴重，子儀頤指進退，如家人然。代宗呼爲大臣，而不名。天下以其身爲安危者，二十餘年，校中書令考二十四。八子七壻，皆貴顯朝廷。諸孫不能盡識，至問安，但頷之而已。富貴壽考，終始哀榮，人臣之道無闕焉。

子曜、旰、晞、昢、晤、曖、曙、映，而四以才顯。

論曰：子儀一生，惟忠與誠而已。功蓋唐室，而主不疑，權傾天下，而衆不嫉。忠誠之所感也。在易中孚，可化豚魚。孔子：言忠信，行篤敬，雖蠻貊，行矣。于回紇、魚朝恩等見之。

李光弼

李光弼，營州柳城人也。父楷洛，本契丹酋長，開元初封薊國公。光弼幼持節行，讀書執禮，父憂，終喪不入妻室。

禄山之亂，子儀薦其能，詔攝御史大夫、河東節度副使，領朔方兵，救常山，次真定，常山民兵執安思義降。光弼不殺，時顔杲卿死後，郡爲戰區，露胔蔽野，光弼酹而哭之，出爲賊幽閉者，恤其家，民心大悦。賊將史思明、李立節、蔡希德等攻饒陽，光弼用思義計，按軍入守，復提輕兵，斂旗鼓，伺賊方飯，襲殺之且盡。思明懼，引去，因東出井陘，與子儀合擊，思明大敗，走趙郡，立節戰死，希德走鉅鹿。遂收稿城等十餘縣，進攻趙郡，拔之。又與子儀擊之嘉山，大破之。

肅宗即位，詔以兵赴靈武，授户部尚書、同平章事，兼太原尹。北京留守監軍御史崔衆，以前使王承業軍政弛謬，每狎侮之。至是詔以兵付光弼，衆慢易如舊，不即付兵。光弼收衆將，斬之。會使者至，除衆御史中丞。光弼曰：「衆有罪當斬，今但斬侍御史。若宣制命，即斬中丞。」使者納詔不敢出，遂斬衆以徇，威震三軍。

至德二載，思明等引兵十萬攻太原。時城中卒不滿萬，衆議培城。光弼曰：「城環四十里，賊至，興役是先自困也。」乃撤屋爲櫑石車，飛礮擊賊，死傷十二。復穿地道迎之，思明梯衝出，近城輒陷。賊宴城下，令倡優詈侮，光弼遣人從地道中曳其足入，斬之。自是賊行皆視地。徙營稍遠，光弼僞約降，而潛穿賊營地爲溝，楮以木。至期，勒軍城上，遣將將數千人出，若送款者。俄而賊營忽陷，因鼓譟突騎乘之，俘斬萬計。思明引還，留希德圍守，又擊敗之，斬首七萬，亦遁去。又收清夷、横野等軍，擒李弘義以歸。晋司空，封鄭國公。

乾元元年，代子儀爲朔方節度，副元帥兵馬使。張用濟憚其嚴，有異議。光弼俟其入謁，斬之轅門，諸將懾伏。次汴州，聞許叔冀降，思明乘勝西嚮。乃如東京，留守韋陟，請退保潼關。

光弼曰：「委五百里而守關，賊勢益張，不如移軍河陽，北阻澤、潞，勝則出，敗則守，表裏相應，賊不得西。」遂檄河南尹率吏民避賊，而自悉軍趨河陽，衆二萬，纔十日糧，與士卒均甘苦。賊入洛陽，城空無所得，遂引兵河陽，使驍將劉龍仙嫚罵挑戰，光弼遣白孝德以騎五十馳之。孝德擁二矛策馬亂流而渡，瞋目大呼，斬龍仙首以還。思明有良馬千餘匹，浴于河南。光弼索軍中牡馬五百，縶其駒而出之。思明馬悉浮渡河，盡驅入域。思明怒，泛火船欲燒浮橋。光弼先置長竿，承以巨木，裹鐵义竿上以迎，船遇义不能進，須臾自焚盡。光弼與戰中潬西，大破之，南城守將李抱玉出奇兵，敗賊帥周摯。摯復攻中潬，光弼使荔非元禮擊敗之，摯併兵，與安太清攻北城。光弼登陴望曰：「彼軍雖鋭而囂，不足虞也，日中當破。」及期，未決，問賊陣何所最堅，曰：「西北隅。」命郝廷玉當之。問其次，曰：「東南隅。」命論惟貞當之。自以刀納鞾中，有決死之志。執大旗，令：「望吾三麾至地，諸軍畢入，生死以之。」既而廷玉軍不前，趣左右取其首來。廷玉曰：「馬中矢，非怯也。」命易馬。僕固懷恩小却，又命取其首，懷恩更前決戰，光弼連颭其旗三，軍齊奮，斬俘人馬數萬。思明大敗，遁去，擒徐璜玉、李秦授等，太清走懷州。

上元元年，加太尉、中書令。進圍懷州，思明來救，迎戰沁水上，又破之。光弼壁野水渡，既夕潛還軍，留牙將雍希顥守營，令曰：「賊將高暉、李日越，萬人敵也，必來劫我。若至，勿與戰，降，則與偕來。」左右皆竊笑之。是夜，日越果以鐵騎五百至，知太尉已去，謂其下曰：「我受命云何，今顧獲希顥，歸必死矣。」遂降。希顥與俱至，光弼厚禮之，表授特進，右金吾大將軍。暉聞之，亦降。皆如所料。諸軍決丹水灌懷州，未下。令廷玉由地道入，得其軍號，登陴大呼，王師乘城，擒安太清、楊希仲，送京師。已而思明用諜間，魚朝恩讒之。帝使使者督戰，光弼不得行已意，出次邙山。懷恩不用命，遂大敗，懷州復陷。朝義乘勝，略申、光等十三州，光弼復輿疾入徐州。朝義圍李岑于宋州，光弼使田神功擊走之。

寶應元年，封臨淮郡王。朝恩、元振用事，深忌光弼，而元振疾之尤甚，光弼懼不免。及同平章事來瑱以讒死，光弼愈懼，不知所措。吐蕃寇京師，代宗詔入援，亦畏禍，遷延不敢行。由是諸將陰懷去就，多不稟命，恚忿成疾，未幾卒，年五十七，謚武穆。

光弼治軍嚴重，指顧號令，諸將莫敢仰視。謀定而後戰，能以少制衆，與郭子儀齊名。事繼母孝，與弟友愛，時人稱之。

論曰：光弼，賢將也。其用兵峻厲嚴肅，料敵如神。唐室中興，厥功爲鉅。獨異其起戎行，而能持節行讀書，執禮以孝友著聞，斯豈尋常將帥所可同年語歟？使時無朝恩、元振，不以憂讒懼禍來，晚節全鏡之埃，則汾陽何以過焉？

楊綰

楊綰，字公權，華陰人。少孤，家貧，事母謹甚。性沉静，獨處一室，左右圖史，凝塵滿席，淡如也。第進士，補太子正字。舉詞藻宏麗科，擢右拾遺。

肅宗即位，累遷中書舍人，歷禮部侍郎，建議復古德行，鄉舉里選孝廉、力田等科，罷明經進士，其意謂古之選士，必取行實。今進士試雜文明經、加帖括，公卿以此待士，長老以此訓子。誦帖括以僥倖，又令舉人投牒自應。欲其返淳朴，崇廉讓，何可得也？請置孝廉科，令縣取行著鄉閭、學知經術者，薦之于州。刺史考試，升之于省。人占一經，問經義二十條，對策三道，上第注官，中第出身，下第罷歸。宰相以爲明經、進士，行之已久，不可遽改。事雖不行，時論偉之。俄遷吏部，精覈人物，品裁清允，天下服其公。

元載秉政，忌綰望高，又孤立自守，不肯一私謁。建言太學，當得天下名儒拜爲國子祭酒，外示尊重，實以散地處之。載日貪冒，天下士議益歸綰。帝知，自擢爲太常卿，以郊廟禮儀久廢，藉綰振起。載敗，拜平章事，修國史。制下之日，朝野相賀，郭子儀方宴客，聞之，減座中聲樂五分之四。京兆尹黎幹，每出入從騎數百，即日省之止存十騎。御史中丞崔寬，第舍弘侈，亟毁撤之。綰奏罷諸州團練守捉使，減觀察諸道判官員之半，又言：「舊制，刺史被代，皆降魚書。開元後，威柄外移，置諸道採訪使，得專停刺史自今，刺史有不職本道，使具條以聞，不得擅追停及差人署攝。」帝善之。

初，元載以仕進者多樂京師，惡其迫己，乃薄京官俸。于是京官不能自給，常從外官乞貸。至是，綰奏增之，又定節度使以下至主簿、尉禄廩，使優狹相均。始，兵興，從權，官品同而禄例差。及四方既定，元載、王縉偷以爲利，因而不改。故江淮大州月至千緡，而山劍貧險，止數十緡。至是皆復其舊，上下有叙。

法制初立，代宗方虚心聽納，釐補穿敝，惟綰是恃。而綰以疾辭位頻，詔敦勉，居旬日，寖劇，詔就中書療治，未幾，卒。帝聞之驚悼，謂群臣曰：「天不使朕致太平，何奪我楊綰之速也。」即日贈司徒，詔百官會弔，賻賵加等，謚文簡。

綰性清儉，車服樸古，不治第宅，不問産業生計，禄廩分姻舊，随多寡輒盡。造之者，清談終晷，而不及榮利，欲干以私，聞其言，輒愧止。輔政未數月，人心自化，世以比東京楊震云。

論曰：賢哉！楊綰之相也。白麻甫宣，風俗已移。雖郭子儀諸公，能貶己以成人之美，要其清望儉德，讋服人心者深矣。綰爲相僅三閲月，釐革弊政，已有可觀，惜天奪之速，如代宗所云耳。唐書贊其論議渾大，雖古王佐無以加。非過譽也。

崔祐甫

崔祐甫，字詒孫，太子賓客孝公沔之子也。世以禮法聞。第進士，調壽安尉。安禄山陷洛陽，祐甫冒矢石入私廟，負木主以逃。累遷中書舍人。性剛直，遇事不回。時侍郎闕，祐甫攝省事，數與宰相常衮争議不平。衮怒，使知吏部選，每擬官，衮輒駁異，祐甫不爲下。會朱泚軍中猫鼠同乳，表其瑞，衮率群臣賀，祐甫獨曰：「可弔不可賀。」詔使問狀，對曰：「臣聞禮：『迎猫，爲其食田鼠。』以其爲人去害，雖細必録。今不能食鼠，而反乳之，猫職不修，其應若曰法吏有不觸邪，疆吏有不扞敵。臣愚以爲當命有司察貪吏，誡邊候，勤徼巡，則猫能致功，鼠不爲害。」代宗異其言，衮益不喜。

帝崩，衮與禮官議：「天下吏民，二十七日乃釋服。」祐甫以遺詔不可改，争之甚厲。衮方入臨，遺從吏扶立殿墀上，祐甫指之謂衆曰：「臣哭君前，有扶禮乎？」衮不勝忿，乃劾祐甫率情變禮，撓國典，請貶潮州刺史。德宗以爲重，改河南少尹。始肅宗時，天下多事，宰相更直掌事，若休沐還第，非大詔命，不待徧曉，則聽直者代署以聞。是時郭子儀、朱泚俱以平章事當署敕尾，而不行宰相事。帝新即位，衮如故事代署。子儀、泚入，言祐甫不宜貶，帝曰：「卿向何所言？今云非耶？」二人對不知。帝怒，以衮爲罔上。即兩换職，調衮河南少尹，而拜祐甫同平章事。

自至德、乾元以來，天下戰討，啓丐填委，故官賞謬紊。永泰後，稍稍平定，而元載用事，非賄謝不與官，剗塞公道，綱紀大壞。載誅，楊綰相，未幾卒。常衮當國，懲其弊，凡奏請一杜絶之，惟文詞入第乃得進，然無所甄異，賢愚同滯焉。及祐甫相，薦舉惟其人，不自疑畏，推至公以行，未踰年，除吏幾八百員，莫不諧允。帝嘗謂曰：「人言卿擬官多親舊，何耶？」對曰：「陛下令臣進擬度官，夫進擬者，必悉其才行，如不與聞知，何由得實？」帝以爲然。神策軍使王駕鶴典衛兵久，權震中外，帝將代之，懼其變，以問祐甫。祐甫曰：「是無足慮。」即召駕鶴留語移時，而代者已入軍中矣。淄青李正已畏帝威斷，表獻錢三十萬緡，以觀朝廷。帝意其詐，未能答。祐甫曰：「正已誠詐，陛下不如因遣使勞其軍，以所獻就賜將士。若正已奉承詔書，是陛下恩洽士心也。若不用，彼自歛怨，軍且亂。又使諸藩不以朝廷爲重賄。」帝曰：「善。」正已慙服。時議者韙其謨謀，謂可復貞觀、開元之治。

是歲，卒，建中元年也，年六十。贈太傅，謚文貞。朱泚之亂，祐甫妻王陷賊中，泚嘗與祐甫同列，遺以繒帛菽粟，受而緘鐍之，帝還京，具封以獻，士君子益重其家法焉。

論曰：不知其人，視其時。德宗之初，朝廷清明，藩臣惕息，奉職詔罷，四方貢獻。罷梨園，禁天下奏祥瑞，縱馴象，出宮女，減常貢及服玩數十事，中外皆悦。淄青將士至投兵相顧曰：「明主出矣，吾屬猶反乎？」自前後數十年，未之有比也。祐甫之輔佐，蓋有力云。惜天不祚唐，作相不及二年而卒。及盧杞秉政，撫馭乖方，四鎮稱王，希烈狂悖，税間架、除陌錢之虐政繼行，以馴至涇原兵之禍。君子謂崔盧之在德宗，猶張九齡之與楊、李也。

段秀實

段秀實字成公，汧陽人也。六歲，母疾病，不勺飲至七日，病間乃肯食，時號「孝童」。及長，慨然有濟世志。舉明經，其友易之，秀實曰：「摎章摘句，不足以立功。」乃棄去。

天寶四載，從馬靈詧討護蜜有功，授安西偏將。又從高仙芝討大食，仙芝兵失利，夜相失，秀實聞副將李嗣業聲，識之，因責曰：「憚敵而奔，非勇也。免己陷衆，非仁也。」嗣業慙，乃與秀實收散卒，成軍而還。又從封常清討大勃律，與戰，勝之，常清逐北，秀實曰：「賊出羸師，誘我也，請大索。」悉得其伏燔焉。改綏德府折衝都尉。

肅宗在靈武，詔嗣業以安西兵五千赴行在，嗣業聽梁宰謀，欲逗留觀變。秀實責之曰：「公嘗自稱大丈夫，今天子有急，乃欲晏然，此誠兒女子耳。」嗣業因固請于宰，遂出師，以秀實爲副。嗣業爲節度使，表秀實爲判官。安慶緒奔鄴，嗣業與諸將圍之，署秀實知懷州，時師老財乏，秀實督餽，募士市馬，以助軍。諸軍戰於愁思岡，嗣業中流矢卒，衆推荔非元禮代將其軍。秀實聞之，即遣白孝德書，使發卒護喪送河内，親與將士迎諸境，傾私財葬之。元禮高其義，奏擢試光禄少卿。俄而元禮爲麾下所殺，將佐多死，惟秀實以恩信爲士卒所服，不敢害，更推白孝德爲節度使。秀實凡三佐府，益知名。

時吐蕃襲京師，代宗幸陝，秀實勸孝德即日鼓行入援，兵還，薦爲涇州刺史。時郭子儀以副元帥居蒲，子晞以檢校尚書領行營兵屯邠州，軍士放縱不法，邠人之嗜惡者，以貨竄名伍中，因肆志，吏不得問。白晝群行擊傷市人，椎釜鬲甕盎盈道，至撞害孕婦。孝德患之而不敢言。秀實自州以狀白府，願計事，至則曰：「天子以生人付公治，公見人被暴害，恬然，且大亂，若何？」孝德曰：「願奉教。」因自請補署都虞候。晞軍士十七人入市取酒，刺酒翁，壞釀器，秀實列卒取之，悉斷首注槊上，植市門。晞一營大譟，盡甲，秀實徐解佩刀，選老躄者一人持馬，徑至晞門下。甲者皆出，秀實笑而入曰：「殺一老卒，何甲也？吾戴吾頭來矣。」甲者愕眙。秀實曰：「尚書負若屬耶，副元帥負若屬耶，奈何欲以亂敗郭氏。」晞出，秀實讓之曰：「副元帥勳塞天地，當務始終。今尚書恣卒爲暴，使亂天子邊，欲誰歸罪？罪且及副元帥。今邠惡子弟以貨竄名軍籍中，殺害人，籍籍如是，幾日不大亂？亂由尚書出。人皆曰尚書以副元帥故不戢士，然則郭氏功名，其與存者有幾？」晞再拜，謝曰：「公幸教晞以道，敢不從命？」叱左右皆解甲，令曰：「譁者死。」秀實曰：「吾未晡食，請爲我設具。」食已，又曰：「吾疾作，願一宿門下。」遂臥軍中。晞大駭，旦日偕秀實至孝德所陳謝，邠賴以安。

大曆元年，馬璘代孝德爲節度，每處事或不當，秀實固爭之。璘怒甚，秀實曰：「罪若可殺，何以怒爲？無罪殺人，恐涉非道。」璘置酒謝。自是，每事皆咨而後行。璘城涇州，表爲留後，以勞加御史中丞。三年，璘奉詔將徙涇，其軍自四鎮、北庭赴難，數征伐有功，既驟徙，遂出怨言。兵馬使王童之謀作亂，期以辛酉日聞警鼓而縱，秀實知之，召鼓人，陽怒失節，且戒曰：「每籌盡，當報。」因延數刻，盡四鼓而曙，童之不果發。明日，復約夜焚馬坊草，因救火作亂。秀實申嚴警備，夜果火，即下令曰：「敢救火者，斬。」及旦，收捕童之，并其黨八人，皆斬以徇下。令曰：「後徙者，族。」軍遂徙，無敢後者。久之，璘有疾，以秀實攝節度事。秀實嚴兵以備非常。璘卒，擇謹愿將馬頔主喪，李漢惠主賓客，家人位于堂，宗族位于庭，將佐位于牙内，士卒位于營次，非其親不得居喪側。致祭拜哭，皆有儀節。送喪遠近，皆有定處，違者以軍法從事。有族談離立者，皆捕囚之。別將史廷幹、崔珍等謀因喪作亂，秀實遣廷幹入京師，徙珍等于外，軍府遂安。即拜四鎮、北庭行軍、涇原、鄭潁節度使。數年吐蕃不敢犯塞。德宗立，加檢校禮部尚書，封張掖郡王。

建中初，宰相楊炎欲城原州，以議不合，改爲司農卿。朱泚反，以秀實失兵，必恨憤，且素有人望，使騎迎之，不納。騎士踰垣入劫之，秀實與子弟訣曰：「吾當以死狥社稷矣。」往見泚，説之曰：「犒賜不豐，有司之過，天子安得知？公宜以此開諭將士，示以禍福，掃清宫室，奉迎乘輿，此不世之功也。」泚默然，秀實知不可，乃陽與合，陰結將軍劉海賓、涇原將吏何明禮、岐靈岳欲共誅泚。會源休教泚追迫天子，遣韓旻將鋭兵三千襲奉天，秀實曰：「事急矣！」使靈岳竊取姚令言符印，不獲，乃倒用司農印追其兵。旻得符，果還。秀實謂海賓曰：「旻還，吾等無遺類矣。我當直搏泚，殺之不克，則死，終不能爲之臣也。」乃約事急爲繼，而令明禮應于外。翌日，泚召秀實計事，源休、姚令言、李忠臣、李子平皆在坐，語及僭位，秀實勃然起，執休腕，奪其象笏，唾泚面，大罵曰：「狂賊可磔萬段，我豈從汝反耶！」遂擊泚中顙，流血. 面，匍匐而走。賊衆未敢動，海賓等卒無應者。忠臣前衛泚，泚得脱。秀實知事不成，乃大呼曰：「我不同汝反，何不殺我！」遂遇害，年六十五。海賓、靈岳、明禮皆相繼見殺。帝在奉天，聞之自愧不能用秀實使盡其才，垂涕悔恨。

秀實性清儉，非公會不舉樂飲酒，室無姬媵。賓佐至，議軍政，未嘗及私。自涇州被召，戒家人過岐無納贈遺。泚致綾三百，家人不能拒。輦至都，秀實怒曰：「吾終不以汙吾第。」置司農署之梁間。死後，泚取視，封識宛然。

初，白志貞所補禁兵，多取市井富兒，名在軍籍受給賜，身居市廛爲販鬻。秀實嘗以禁兵寡弱，不足備非常，從容爲德宗言，猛虎所以百獸畏者，爲爪牙也。若去之，則犬彘馬牛皆能爲敵。帝不聽，及亂，召神策六軍，無至者，世多其謀。

興元元年，贈太尉，謚忠烈。賜封户五百，莊、第各一區，官諸子。帝還都，輟朝致祭，表門間，親銘其墓。

論曰：朱泚赫然議稱帝，不虞秀實之唾其面、擊其頭，破裂流血濺地，匍匐而走，此千古一大快也。事雖不濟，死已重於泰山。胡氏猶以未盡善惜之，過矣！不計利害，不計成敗，乃爲忠臣，存一毫顧慮之心，隳天下忠義之氣，豈少哉？秀實才可大用，觀其責嗣業、服郭晞、處置徙涇諸將士，精神智量，曠世有幾？歷事四朝，不得一竟其用，所可惜者，在此不在彼。

李泌

李泌，字長源，京兆人也。七歲知爲文，開元十六年，以童子真傚薦召之。帝與張説觀弈，使賦「方圓動静」，説曰：「方若棋局，圓若棋子。動若棋生，静若棋死。」泌曰：「方若行義，圓若用智。動若騁才，静若得意。」帝大悦，賜束帛還家，敕善視養之。張九齡尤獎愛泌，一日，言：「嚴挺之太苦勁，蕭誠軟美可喜。」泌率爾曰：「公起布衣，以直道至宰相，而喜軟美者乎？」九齡改容謝，呼爲小友。

及長，博學，善屬文，尤工于詩。以王佐自負，操尚不羈，耻隨常格仕進。遨游嵩、華、終南間。天寶間，詣闕獻復明堂九鼎議，帝使供奉東宫，皇太子遇之厚。楊國忠疾之，斥置蘄春。

肅宗即位靈武，物色求訪會，泌亦自至，陳天下成敗之幾。帝大悦，延至卧内，事無大小皆咨之，欲以爲相。泌辭曰：「陛下待以賓友，則貴于宰相矣，何必屈其志？」帝乃止。建寧王倓有才略，上欲以爲元帥，泌曰：「建寧誠元帥才，然廣平兄也可使爲吴太伯乎？」帝曰：「廣平家嗣，何必元帥？」泌曰：「天下艱難，衆心所屬，在于元帥。若建寧大功既成，陛下不以爲儲副，得耶？」乃以廣平王俶爲天下兵馬元帥。帝與泌出行車，軍士指曰：「衣黄者，聖人也。衣白者，山人也。」帝謂泌且衣紫袍以絶群疑，泌不得已受之，帝笑曰：「既服此，豈可無名稱。」拜元帥府行軍長史，泌固辭。帝曰：「非敢相，臣以濟艱難耳。俟賊平，任行高志。」帝以在東宫時數爲李林甫搆譖，敕諸將克長安日，掘塚焚骨。泌諫以天子而念宿嫌，示天下不廣。且上皇春秋高，聞陛下録故怨，將内慙不懌，萬一感疾，是陛下以天下之大，不能安親也。帝感悟，泣曰：「朕不及此。」因從容問破賊期，對曰：「賊所掠子女金幣，悉送范陽，豈有定四海之志耶？不出二年，天下無寇矣，陛下無欲速。王者之師，當務萬全，圖久安，使無後害。今詔李光弼守太原，出井陘，郭子儀取馮翊，入河東，則史思明、張忠志不敢離范陽、常山，安守忠、田乾真不敢離長安，是以三地縶其四將也。隨禄山者，獨阿史那承慶耳。賊北守范陽，西救長安，奔命數千里，其精卒勁騎，不逾年而斃。我常以逸待勞，以所徵之兵會扶風，與太原、朔方軍互擊之。徐命建寧爲范陽節度大使，并塞北出與光弼相掎角，以取范陽。賊失巢窟，當死河南諸將手。」帝然之。會四方兵大集，帝欲速得長安，曰：「今戰必勝，攻必取，何暇千里先事范陽？」泌曰：「今取兩京，亦必得然。賊再强，我必再困，非久安之策。且我所恃者，磧西突騎、西北諸戎耳。若先取京師，期必在春，關東早熱，馬且病，士皆思歸，不可以戰。賊休兵秣馬，俟官軍去復來，此危道也。」帝不聽。

帝以張良娣上皇所念，欲使正位中宫。泌曰：「陛下在靈武，以群臣望尺寸之功，故踐大位，非私己也。至于家事，宜待上皇之命，不過晚歲月間耳。」良娣由是惡泌。至德二載，又欲立廣平爲太子，泌曰：「臣固嘗言之矣，戎事交切，須即區處。至于家事，當俟上皇。不然，後代何以辨陛下靈武即位之意耶？」宦官李輔國與張良娣相表裏，建寧王倓惡之，數于帝前詆二人罪。二人譖倓恨不得元帥，謀害廣平王。帝怒，賜倓死，于是俶及泌皆内懼，俶謀去輔國及良娣，泌曰：「不可，王不見建寧之事乎？王但盡人子之孝，良娣婦人，委曲順之，亦何能爲？」二京平，奏迎上皇，帝召泌謂曰：「朕已表請上皇東歸，朕當還東宫，復修人子之職。」泌曰：「如此，上皇不來矣。」帝驚問故，泌曰：「理勢自然。」帝曰：「奈何？」泌曰：「今請爲群臣賀表，言自馬嵬請留，靈武勸進，及今成功，聖上思戀晨昏，請促還京師就孝養之意，則可矣。」帝即使泌草表。遣使入蜀，因就泌飲酒同榻寢，泌曰：「臣今報德足矣，請復爲閒人。」帝曰：「朕與先生同憂患，今方同樂，奈何遽去。」泌曰：「臣有五不可留，願陛下聽臣去，免臣于死。」上曰：「何謂也？」對曰：「臣遇陛下太蚤，陛下任臣太重，寵臣太深，臣功太高，亦太奇，此其所以不可留也。」帝曰：「卿且眠，異日議之。」泌曰：「陛下今就臣卧榻，猶不得請，況異日香案前乎？陛下不聽臣去，是殺臣也。」帝曰：「不意卿疑朕至此，豈朕而辦殺卿耶？」泌曰：「陛下不辦殺臣，故臣得求去，若既辦，臣安得言。陛下向日待臣如此，臣于事猶有不敢言者，況天下既安，臣敢言乎？」帝良久曰：「卿以朕不從北伐之謀乎？」對曰：「非也，乃建寧耳。」帝曰：「建寧欲害其兄，謀繼嗣，朕不得已。」泌曰：「若有此心，廣平當怨之。廣平每與臣言其冤，輒流涕嗚咽。且陛下昔欲用建寧爲元帥，臣請用廣平。建寧若有此心，當深憾臣，而以臣爲忠益相親善，陛下以此可察其心矣。」帝泣曰：「先生言是也，既往不咎，朕不欲聞之。」泌曰：「臣非咎既往，乃欲陛下慎將來耳。昔天后酖太子弘，立次子賢，賢亦廢死，嘗作黄臺瓜詞曰：『種瓜黄臺下，瓜熟子離離。一摘使瓜好，再摘使瓜稀，三摘猶爲可，四摘抱蔓歸。』今陛下已一摘矣，慎勿再摘。」帝曰：「安有是哉，朕當書紳。」是時廣平有大功，良娣忌而譖之，故泌言及。泌復請還山，帝曰：「俟將發此議之。」

其後成都使至，言上皇初得表曰：「當與我劍南一道自奉，不復東矣。」群臣表至，乃大喜曰：「吾今方得爲天子父。」定行日，帝召泌告之曰：「皆卿力也。」踰月，泌復請不已，乃聽歸衡山。

代宗立，復召至，賜光福里第，强詔食肉，爲娶妻。元載惡不附己，出爲江西判官。載誅，詔還。復爲常袞所忌，授澧朗峽團練使，徙杭州刺史，皆有風績。

德宗在奉天，召赴行在，授左散騎常侍。帝以河中爲憂，泌曰：「天下事，甚有可憂者，若惟河中，不足憂也。陛下已還宫闕，懷光不束身歸罪，竄伏河中，不日必爲帳下所梟矣。」時蝗旱，議者欲赦懷光。泌破一桐葉以進，言：「陛下與懷光不可復合，如此葉。」

初，帝發吐蕃，討朱泚，許以安西、北庭之地。及泚誅，欲如約，泌言：「安西、北庭，控制西域五十七國及十姓突厥，又分吐蕃之勢，使不得併兵東侵。今與其地，則關中危矣。且吐蕃向持兩端不戰，又掠我武功，何功之有？」帝乃止。議者言：「韓滉聞車駕在外，聚兵修石頭城，蓄異志。」帝疑之。泌曰：「滉公忠，貢獻不絶，所以修城，爲迎扈之備耳。彼性剛，不附權貴，以故多謗毁，臣敢保其無他。」帝曰：「外議洶洶，卿弗聞乎？」對曰：「臣固聞之，其子皋爲郎，不敢歸省，以此故也。」退遂上章，請以百口保滉。他日又言于帝曰：「臣上章，非私于滉，乃爲朝廷。今天下旱蝗，關中斗米千錢，而江東豐稔，願陛下蚤下臣章，以解朝衆之惑。面諭韓皋，使之歸省，令滉感激，速運糧儲，此朝廷大計也。」帝從之。滉感悦，即日自臨水濱，發米百萬斛。陳少游聞之，亦貢米二十萬斛。帝謂泌曰：「滉乃能化少游貢米耶！」泌曰：「豈惟少游，諸道將争入貢矣。」

貞元元年，陝虢軍亂，兵馬使達奚抱暉殺節度張勸，謀與懷光合。帝謂泌曰：「若蒲、陝連屯，則不可制，而水陸之運皆絶，不得不煩卿一行。」乃以泌爲都防禦轉運使，使神策軍送之。泌言：「陝城三面懸絶，攻之未可歲月下，請以單騎往，敕馬燧與臣同行。」泌見陝州將吏在長安者，語之曰：「主上以陝、虢飢，故不授泌節而領運使，欲督令江、淮米以賑之，今當令抱暉將行營，有功，則賜節矣。」抱暉衆聞之，稍自安。泌疾趨而前，將佐不待抱暉之命來迎，泌笑曰：「吾事濟矣。」去城十五里，抱暉不得已亦出謁。泌慰撫之，餘人皆不問，由是反側者自安。泌召抱暉曰：「匄汝餘生，以事遣他往。」抱暉遂亡命，不知所之。

泌始鑿山，開運道，自集津至三門，以便饟漕，避砥柱之險。録功加禮部尚書。三年，拜平章事，封鄴縣侯。泌初視事，與李晟等入見，上謂泌曰：「朕欲與卿有約，卿慎勿報讐，有恩者，朕當爲卿報之。」對曰：「臣素不與人爲讐，李輔國、元載今自斃矣。素所善者，率已顯達，或多零落，臣無可報也。臣今日亦願與陛下約，可乎？」帝曰：「何不可？」泌曰：「願陛下勿害功臣，李晟、馬燧有大功于國，聞有讒之者，陛下萬一害之，則宿衛之士，方鎮之臣，無不憤怨反側，恐中外之變復生也。」帝以爲然。晟、燧皆起，泣謝。上因謂泌曰：「自今凡軍旅糧儲事，卿主之。吏、禮委延賞，刑法委渾。」泌曰：「陛下不以臣不才，使待罪宰相。宰相之職，天下之事咸共平章。若各有所主，是乃有司，非宰相矣。」上笑曰：「朕適失詞，卿言是也。」時防秋兵大集，國用不充，泌奏：「自變兩税以來，藩鎮、州、縣聚斂榷率以爲軍資，自懼違法，匿不敢言，請赦其罪。但令革正，自非于法應留州之外，悉輸京師。其官典逋負，可徵者徵之，難徵者釋之。敢淪没者，罪之。」上喜曰：「卿策甚長，然立法太寬，恐所得無幾。」對曰：「寬則人喜于免罪而樂輸，所得必多。而速急則競爲隱匿，非推鞫不能得其實。財不足以濟天下之急，而皆入于姦吏，所得必少而遲矣。」帝曰：「善！」乃以元友直爲諸道句勘兩税錢帛使。先是，張延賞嘗罷天下吏員，泌以爲州縣可省，吏員不可省，因請復常員，而罷冗官，歲減用度。是時，刺史月俸至千緡，方鎮所取無藝，而京官禄薄。泌以爲外太重，内太輕，乃隨官閒劇，普增其俸，爲竇參所沮，不能悉如所請。

張延賞與李叔明有隙，密奏叔明子昇私出入部國大長公主第。帝使泌察之，泌曰：「此必有欲動摇東宫者，其延賞乎？」帝問：「何以知之？」泌具言二人隙故，且云：「昇典禁兵，延賞無以中傷，而部國乃太子妃之母，故欲以此陷之耳。」帝笑曰：「是也。」俄有告主淫亂且厭禱，帝怒，幽主禁中，切責太子。太子懼，請離婚。立召泌，示廢立意，且稱舒王賢。泌曰：「陛下惟有一子，奈何一旦疑之，而欲立姪。臣不敢以古事争，陛下今奉十宅諸叔若何？」帝曰：「卿不愛家族耶？」對曰：「臣惟愛家族，故不得不盡言。使畏陛下盛怒，而爲曲從，他日陛下悔曰：『我惟一子，殺之，泌不吾諫，吾亦殺爾子！』臣老矣，餘年不足，惜若冤殺臣子，以姪爲嗣，臣未得歆其祀也。」因嗚咽流涕，帝亦泣。泌曰：「此大事，願陛下審圖之。自古父子相疑，未有不亡國覆家者。陛下記昔在彭原，建寧何故而誅？」帝曰：「建寧叔實冤，肅宗性急故耳。」泌曰：「臣昔爲此故辭歸，誓不近天子左右，不幸今日復爲陛下相，又覩兹事。臣當日臨辭盡言，肅宗亦悔而泣。且先帝自建寧死，常懷危懼，臣亦爲誦黄臺瓜詞以防讒搆之端，肅宗乃悔而泣。」帝意稍解，乃曰：「貞觀、開元皆易太子，何故不亡？」對曰：「承乾謀反事覺，太宗使其舅、朝臣數十人鞫之，事狀顯白，然當時言者猶云：『望陛下不失爲慈父，使太子得終天年。』太宗從之，并廢魏王泰。且陛下既知肅宗急，而建寧冤，願深戒其失，從容三日，究其緒端，必釋然，知太子之無他矣。若果有迹願，陛下如貞觀之法，并廢舒王而立皇孫，則百代之後，有天下者，猶陛下子孫也。至于武惠妃譖太子瑛殺之，乃百代所當戒，又可法乎？且太子居少陽院，未嘗接外人、與外事，安得有異謀？彼譖人者巧詐百端，雖有手書如晉愍懷，衷甲如太子瑛，猶未可信，況但以妻母爲累乎？幸賴陛下語臣，臣敢以宗族保太子。向使楊素、許敬宗、李林甫之徒承此旨，已就舒王圖定策之功矣！」帝曰：「爲卿遷延至明日思之。」泌抽笏叩頭泣曰：「如此，臣知陛下父子慈孝如初也。然陛下還宫，當自審，勿露此意于左右。露之，則皆欲樹功于舒王，太子危矣！」帝曰：「具曉卿意。」間日召泌，泣曰：「非卿切言，朕悔無及。太子仁孝，實無他也。」泌拜賀，因曰：「臣報國足矣，驚悸亡魂，不可復用，願乞骸骨。」帝慰喻，不許。

初，河、隴没于吐蕃，安西、北庭及西域使在長安者，歸路阻絶，皆仰給度支。泌知胡客皆有妻子，買田宅，不欲歸，命停其給，凡四千人詣政府訴之。泌曰：「此皆從前宰相之過，豈有外國使者留京師數十年不聽歸乎？今當假道回紇，各遣歸國，不願者當于鴻臚自陳，授以職位，給俸禄，爲唐臣。」于是胡客無一人願歸者。泌皆分隸神策兩軍，禁旅益壯，歲省五十萬緡。

帝嘗從容論：「盧杞清介，人言杞奸邪，朕殊不覺。」泌曰：「此乃杞所以爲奸邪也。倘陛下覺之，豈有建中之亂乎？杞以私隙殺楊炎、害顔真卿、激李懷光叛，賴陛下竄逐之，不然亂何由弭？」帝曰：「楊炎以童子視朕，非由杞也。建中之亂，術士桑道茂預請城奉天，此蓋天命，非杞所致。」泌曰：「天命，他人皆可以言之，君相造命，不當言命。若言命，則禮樂政刑，皆無用矣。」泌又極論彍騎六軍之弊，勸帝復府兵。帝曰：「俟平河中，當與卿議之。」帝憂飢亂之後，經費不充，欲減戍卒。泌曰：「陛下誠能用臣之言，可以不減戍卒，不擾百姓，糧食皆足，粟麥日賤，府兵亦成。」帝曰：「如何？」泌曰：「此須急爲之，過旬月則不及矣。今吐蕃居原蘭之間，以牛運糧，糧盡，牛無所用。請發左藏惡繒染爲綵纈，以市之，計十八萬疋，可致牛六萬頭。又命鑄農器、糴麥種給邊軍，耕荒田，約明年麥熟，倍償其種。其餘據時價五分增一，官爲糴貯。來春種禾亦如之。關中土沃而久荒，所收必厚。戍卒獲利，耕者寖多，邊地居人少，粟麥必賤。」帝曰：「府兵亦集，如何？」泌曰：「戍卒因屯田致富，則安于其土，不復思歸。三年應代，下令願留者，即以所開田爲永業，家人願來者，本貫給長牒續食而遣之。不過數番，則人皆土著，乃悉以府兵之法理之。是變關中之疲敝爲富庶也。」帝喜，曰：「如此，天下無復事矣。」泌曰：「未也，臣能不用中國之兵，使吐蕃自困。」帝曰：「計將安出？」泌曰：「臣未敢言之，俟麥禾有效，然後可議也。」泌意欲結回紇、大食、天竺、雲南與圖吐蕃，今吐蕃所備者多，知帝素恨回紇，恐聞之不悅，并屯田之議不可，故未敢言。既而戍卒應募，願耕屯田者十五六。久之，回紇求和親，帝不許。泌乃申前說，帝曰：「三事皆如卿言，惟回紇不可許。」泌曰：「豈非陝州之恥耶？」帝曰：「然。韋少華等以朕受辱而死，朕豈能忘？」泌曰：「害少華等，乃牟羽可汗，後復入寇，爲今可汗所殺。然則今可汗乃有功于陛下，又何怨耶？」是後凡十五對，帝皆不許。泌又反覆極論之，帝謂李晟、馬燧曰：「朕素怨回紇今，聞泌言，自覺少理。」皆對曰：「誠如泌言。」帝曰：「朕與之爲怨久，今往與和，若拒我，益耻笑。」泌曰：「臣以書與之約，令稱臣子，每來不過二百人，市馬不過千匹，無得攜中國人及商胡出塞。五者皆如約，則威加北荒，旁讋吐蕃，足以快陛下平昔之心矣。」帝曰：「至德以來，與爲兄弟之國，今一旦欲臣之，彼又安肯？」泌曰：「其國素信臣言，若其未諧，但應再發一書耳。」帝從之。既而回紇可汗遣使上表稱兒及臣，所約五事皆聽，帝大喜，曰：「回紇何畏服卿如此？」因與論招雲南、大食、天竺之計，皆從之。

先是，帝嘗謂泌曰：「每歲諸道貢獻，共直錢五十萬緡，今歲僅得三十萬緡，宫中用度殊不足。」泌曰：「古者天子不私求財，今請歲供宫中錢百萬緡，願陛下勿受貢獻及罷宣索。必有所須，降敕折税，不使姦吏因緣誅剥。」上從之。及元友直運江淮錢帛二十萬至，泌悉輸之大盈庫，然帝猶數有宣索，敕諸道勿令宰相知。泌聞之，惆悵而不敢言。

四年六月，薦處士陽城，帝徵爲諫議大夫。八月，月蝕東壁，泌曰：「東壁，圖書府，大臣當有憂者，吾以宰相兼學士，當之矣。」五年三月卒，年六十八。

泌出入中禁，事君四，數爲權倖所疾，常以智免。好縱横大言，時時讜論，能寤移人主。然常持黄老鬼神説，故爲世所譏。

論曰：李泌，一代名臣也。尤善處人父子之間，留侯、鄴侯，異世同稱，信哉！泌謀甚忠，功甚偉，史氏以其好言神仙詭誕，爲時所輕，屈矣！泌歷事諸君，未嘗以神仙詭誕之説進。德宗欲立白起廟，泌曰：「臣聞『國將興，聽于人』，立廟祈禱，將長巫風。」由是觀之，泌何嘗好鬼道乎？篤信黄老，乃其學術之差。漢唐以降，聖學不明，雖以泌之賢，不免爲異端所牽惑。悲乎！其無師儒也。幸其惑止一身，不以施之于國。則其心之明，猶不肯離乎正，君子觀其忠貞事業焉可。

史傳三編卷二十五

名臣傳十七

唐

陸贄

陸贄字敬輿，嘉興人也。年十八，舉進士及第，中博學宏詞。調鄭尉，罷歸。刺史張鎰有重名，一見奇之，請爲忘年交。既行，餉錢百萬，曰：「請爲母夫人一日費。」贄不納，止受茶一串，曰：「敢不承公之賜。」以書判拔萃補渭南尉。

德宗立，遣黜陟使庾何等十一人行天下。贄説使者，請以五術省風俗，八計聽吏治，三科登俊乂，四賦經財實，六德保罷瘵，五要簡官事。五術曰：聽謡誦審其哀樂，納市價觀其好惡，訊簿書考其争訟，覽車服等其儉奢，省作業察其趨舍。八計曰：視户口豐耗以稽撫字，視墾田贏縮以稽本末，視賦役薄厚以稽廉冒，視按籍煩簡以稽聽斷，視囚繫盈虚以稽決滯，視姦盜有無以稽禁禦，視選舉衆寡以稽風化，視學校興廢以稽教導。三科曰：茂異，賢良，幹蠱。四賦曰：閱稼以奠税，度産以裒征，料丁壯以計庸，占商賈以均利。六德曰：敬老，慈幼，救疾，恤孤，賑貧窮，任失業。五要曰：廢兵之冗食，蠲法之撓人，省官之不急，去物之無用，罷事之非要。時皆韙其言。遷監察御史。

帝在東宫，已聞其名，召爲翰林學士。會馬燧討賊河北久不決，請濟師。李希烈寇襄城。詔問策安出，贄言：「今幽、燕、恒、魏之勢緩而禍輕，汝、洛、滎、汴之勢急而禍重。田悦覆敗之餘，無復遠略，王武俊有勇無謀，朱滔多疑少決，互相制劫，不能越軼，此謂緩也。希烈果于奔噬，據蔡、許富全之地，益以鄧、襄掠獲之資，東寇則讓道阻，北窺則都邑震，此謂急也。代、朔、邠、寧昔之精騎，上黨、盟津今之選師，舉而委之山東，將多而勢分，兵廣而財屈，則屯戍失于太繁也。李勉，文吏也，而當汴必争之地。哥舒曜，烏合也，扞襄城方鋭之賊。則守禦失于不足也。今若還李艽河陽以援東都，李懷光解襄城之圍，專以太原、澤、潞兵抗山東，則梁、宋安矣。」

又論關中形勢，以爲：「王者蓄威以昭德，偏廢則危。居重以馭輕，倒持則悖。王畿者，四方之本也。太宗列置府兵，分隸禁衛，諸府八百餘所，而在關中者殆五百焉。承平日久，武備寖微，故禄山竊倒持之柄，一舉滔天。乾元之後，繼有外虞，悉師東討，故吐蕃乘虚深入，先帝避之東游。是皆失居重馭輕之權，忘深根固本之慮。追想及此，豈不寒心。今朔方、太原之衆，遠在山東。神策六軍之兵，繼出關外。關輔之間，徵發已甚，宮苑之内，備衛不全。萬一將帥之中，又如朱滔、希烈，竊發郊畿，驚犯城闕，未審陛下將何以備之！臣願追還神策六軍，節將子弟，明敕涇、隴、邠、寧，更不徵發，仍罷間架等稅，冀已輸者弭怨，見處者獲寧，則人心不摇，而邦本固矣。」帝不能用。

其冬，涇原兵過京師作亂，朱泚反，帝如奉天，贄從幸。時天下騷擾，遠近徵發，書詔日數十下，皆出于贄。贄若不經思，操筆輒成，皆周盡事情，中竅會，旁吏承寫不及，同列咸拱手嗟歎。嘗與帝論致寇之由，皆群臣罪，意指盧杞也。帝護杞，因曰：「此天命，非由人事。」贄上疏言：「陛下四征不庭，兵連禍結，行者有鋒刃之憂，居者有誅求之困。非常之虞，億兆同慮，惟陛下穆然凝邃，獨不得聞。至使兇卒鼓行，白晝犯闕，陛下有股肱之臣，有耳目之佐，見危不能竭其誠，臨難不能效其死，所謂群臣之罪，豈徒言歟？臣又聞天所視聽，皆由于人。人事理，而天命降亂者，未之有也。自頃行討頗頻，刑網稍密，物力耗竭，人心驚駭，果如所虞，非關天命。臣聞理或生亂，亂或資理，有以無難而失守，有以多難而興邦。今生亂失守之事，則既往不可追矣。其資理興邦之業，在陛下克勵而謹修之而已。」

帝又問當今切務，贄言：「當今急務，在于審察群情。群情之所甚欲者，陛下先行之。所甚惡者，陛下先去之。君臣同志，何有不從。遠邇歸心，孰與爲亂。」疏奏，旬日無所施行。贄又上疏曰：「臣聞立國之本，在乎得衆。得衆之本，在乎見情。在易乾下坤上曰泰，坤下乾上曰否。損上益下曰益，損下益上曰損。夫天在下，而地處上，于位乖矣。而反謂之泰者，上下交故也。君在上，而臣處下，于義順矣，而反謂之否者，上下不交故也。上約己而裕于人，人必悦而奉上矣，是不謂之益乎？上蔑人而肆諸己，人必怨而叛上矣，豈不謂之損乎？是以古先聖王之居人上也，必以其欲從天下之心，而不敢以天下之人從其欲。陛下以明威照臨，以嚴法制斷，故遠者驚疑，近者畏懾，人各隱情，以言爲諱，至于變亂將起，億兆同憂，獨陛下恬然不知，方謂太平可致。陛下以今之所睹，驗往時之所聞，則事之通塞，人之情僞，盡知之矣。」因勸帝使群臣參日，極言得失。若以軍務對者，見不以時。上乃遣中使諭之，曰：「朕本性甚好推誠，亦能納諫，將謂君臣一體，全不隄防，緣推誠信不疑，所以反致患害。諫官論事，例自矜衒，歸過于朕，以自取名。又多雷同，道聽塗説，試加質問，遽則詞窮。所以近來不多對人，非倦于接納也。」贄以書對曰：「天不以地有惡木而廢發生，天子不以時有小人而廢聽納。且一不誠則心莫之保，一不信則言莫之行。陛下所謂失于誠信，以致患害者，斯言過矣。誠信之道，不可斯須去身。願陛下慎守而力行之，非所以爲悔也。夫仲虺贊揚成湯，不稱其無過而稱其改過。吉甫歌誦周宣，不美其無闕而美其補闕。是則聖賢惟以改過爲能，不以無過爲貴。蓋以爲智者改過而遷善，愚者耻過而遂非。遷善則其德日新，遂非則其惡日積也。諫官不密，信非忠厚，其于聖德固亦無虧。陛下若納諫不違，則傳之適足增美。若違諫不納，安能禁之勿傳。衆多之議，足見人情，必有可行，亦有可畏，恐不宜一概輕侮，莫之省納。且陛下雖窮其詞，而未窮其理，能服其口，而未服其心也。夫上好勝必甘于佞詞，上耻過必忌于直諫。如是，則下之諂諛者順旨，而忠實之語不聞矣。上騁辯必勦説而折人以言，上衒明必億度而虞人以詐，如是，則下之顧望者自便，而切磨之言不盡矣。上厲威必不能降情以接物，上恣愎必不能引咎以受規，如是，則下之畏懦者避辜，而情理之説不伸矣。上情不通于下，則人惑而不從其令。下情不通于上，則君疑而不納其誠。誠不納，則應之以悖。令不從，則加之以刑。下悖上刑，不敗何待？故諫者多，表我之能好。諫者直，彰我之能從。諫者有失中，而君無不美。如此，則納諫之德光矣。」帝頗采用其言。

會術者言國家厄運數鍾百六，宜有所變更，帝議加尊號。贄曰：「尊號本非古制，行于安泰之日，已累謙冲，况今喪亂，尤匪所宜。若以屯難當有變革，不若引咎降名，以祇天戒。」帝納其言，但改興元年號。下赦令，贄言：「方今書詔，宜痛自引過罪己，以感人心。昔成湯以罪己勃興，楚昭以善言復國，陛下誠能不吝改過，以謝天下，使書詔之詞，無所忌諱，庶能令叛逆者回心喻旨。」帝以中書所撰赦文示贄，贄言動人以言，所感已淺，言又不切，人誰肯懷。今兹德音，悔過之意不得不深，引咎之詞不得不盡，乃爲制曰：「小子長于深宫之中，暗于經國之務，不知稼穡之艱難，不惜征戍之勞苦。澤靡下究，情未上通。事既壅隔，人懷疑阻，由昧省已，遂用興戎。遠近騷然，衆庶勞止。天譴于上，而朕不悟，人怨于下，而朕不知。馴致亂階，變興都邑。萬品失序，九廟震驚。上累祖宗，下負蒸庶。痛心靦面，罪實在予。自今，中外書奏，不得言文武聖神之號。李希烈、田悦、王武俊、李納等，咸以勳舊，各守藩維。朕撫御乖方，致其疑懼，皆由上失其道，下罹其災，朕實不君，人則何罪？宜併所管將吏等，一切待之如初。朱滔緣泚連坐，路遠必不同謀，念其舊勳，務在弘貸，如能效順，亦與維新。朱泚反易天常，竊盜名器，暴犯陵寢，所不忍言，獲罪祖宗，朕不敢赦。其脅從將吏百姓等，官軍未到以前，并從赦例。赴奉天及收京城將士，并賜名奉天定難功臣。其所加墊陌錢稅間架竹木茶漆榷鐵之類，悉宜停罷。」赦下，人心大悦。後李抱真入朝，言：「山東宣布赦書，士卒皆感泣。臣見人情如此，知賊不足平也。」

帝于行宫設瓊林、大盈二庫，别貯貢物。贄言：「天子與天同德，以四海爲家，何必撓廢公方，藏聚私貨，效匹夫之藏，以誘姦聚怨乎？且頃者六師初降，百物無儲，殆將五旬，死傷相枕，畢命同力。陛下絶甘輟食，以啗功勞，無厚賞而人不怨，悉所無也。今者攻圍已解，衣食已豐，而謡讟方興，軍情稍阻，豈不以患難既與之同憂，而安樂不與之同利乎？誠能近想重圍之殷憂，追戒平居之專欲。凡在二庫，貨賄盡令出賜有功，每獲珍華，先給軍賞，如此則亂必靖，賊必平。徐駕六龍，旋復都邑，天子之貴，豈當憂貧，是散小儲成大儲，捐小寶固大寶也。」帝即命去其榜。

李懷光與朱泚通謀，李晟密奏，恐爲所併，請移軍東渭橋。帝遣贄詣懷光營宣慰，贄還言：「賊泚勢窮援絶，懷光乘勝芟剪，易若摧枯，而寇奔不追，師老不用，諸帥每欲進取，懷光輒沮其謀。若不別思制持，終恐變故難測。伏望即以晟表出付中書，敕下依奏，別賜懷光手詔，示以移軍，東分賊勢。」詞婉而直，理順而明，雖蓄異端，無由起怨。帝從之。

時李建徽、楊惠元猶與懷光聯營，贄復言：「晟軍既移，二人孤弱，可託言晟兵素少，慮爲賊泚所邀，藉此兩軍以爲犄角。」帝曰：「卿所料極善，但懷光因此生辭，轉難調息，且更俟旬時。」不閲句，懷光果襲奪建徽、惠元軍，殺惠元，行在震驚，帝徙幸梁。

供儲不豫，道乏食，民有獻瓜果者，帝欲官之。贄曰：「爵位須宜慎惜，不可輕用，賜以錢帛可也。若授以官，則彼突銛鋒、忘軀命者必曰：『吾之軀命，乃同瓜果。』視人如草木，誰復肯爲用哉？」帝居艱難中，雖有宰相，大小事必與贄謀之。故當時謂之「内相」。帝行止必與俱，山南道險，從官相失，帝夜召贄，不得，驚且泣，詔軍中得贄者與千金。久之，乃至，帝大喜，太子以下皆賀。

贄素直諫忤帝，盧杞雖貶，帝心庇之。贄極言杞奸邪至亂，帝貌從，心頗不悦。俄以勞遷諫議大夫，仍兼翰林學士。鳳翔節度使李楚琳數遣使貢行在，帝惡其爲人，皆不見，欲以渾瑊代之。贄奏：「楚琳罪固大，但乘輿未復，大憝猶存，宜厚加撫循，便足集事。必欲精求素行，追抉宿疵，則是改過不足以補愆，自新不足以贖罪。凡今將吏，孰免疑畏。」帝悟，召見其使，優詔勞安之。

帝又欲加内外從官普號「定難功臣」。贄奏言：「宫官具僚，恪居奔走，勞則有之，何功之有？難則當之，何定之云？今乃與奮命者齒，恐沮戰士之心，結勳臣之憤。」帝乃止。上又問贄：「近有卑官自山北來者，論説賊勢，語多張皇，頗似窺覘，若不追尋，恐成奸計。」贄上奏曰：「以一人之聽覽，而欲窮宇宙之變態。以一人之防慮，而欲勝億兆之姦欺。役智彌精，失道彌遠。項籍阬秦，卒防虞已甚。漢高豁達，大度天下之士。至者納用不疑，蓄疑之與推誠，其效固不同也。陛下智出庶物，有輕待人臣之心；思用萬幾，有獨馭區寓之意；謀吞衆略，有過慎之防；明照群情，有先事之察；嚴束百辟，有任刑致理之規；威制四方，有以力勝殘之志。由是才能者怨于不任，忠藎者憂于見疑，著勳業者懼于不容，懷反側者迫于及討，馴致離叛搆成禍災。願陛下以覆轍爲戒，天下幸甚！」

帝以李晟、渾瑊兵少，欲倚吐蕃以復京城。贄極言吐蕃遷延觀望，翻覆多端，致令群帥進退憂虞。彼若不歸，賊終不滅。帝曰：「卿言甚善！然晟、瑊諸軍當議規畫，令其進取。」贄以爲：

「秦、梁千里，兵勢無常，遥爲規畫，未必合宜。彼違命則失君威，從命則害軍事，進退羈礙，難以成功，不若假以便宜之權，待以殊常之賞，則將帥感悦，智勇得伸矣。」

京師平，帝命贄草詔賜渾瑊，使訪求奉天所失内人。贄諫曰：「今大難甫平，疲瘵之民，瘡痍之卒，尚未拊循，而首訪婦人，非所以副維新之望。蓋事有先後，義有重輕，宜遣大臣馳傳迎復神主，修飭郊丘，展禋祀之禮，申告謝之儀，恤死義，犒有功，崇進忠直，優問耆老。若内人，當離潰之後，或爲將士所私。天下固多褻人，何必獨此？」帝不復下詔，猶遣中使求之。

帝發梁州，問：「今至鳳翔，諸軍甚盛，可遣人代李楚琳。」贄曰：「如此，則事同脅執，以言乎除亂則不武，以言乎治理則不誠。易一帥，而虧萬乘之義，結四海之疑，不如俟到京邑，徵授一官，彼將奔走不暇，安敢復勞誅鉏哉？」河中平，上問贄：「今復有何事宜區處者？」贄以河中既平，慮希旨生事之人，請乘勝討淮西。李希烈必誘諭所部及新附諸帥曰：「奉天兵息之旨，乃因窘急而言，朝廷稍安，必復誅伐。」如是，則四方負罪者自疑，河朔、青齊響應，兵連禍結，賦役繁興，建中之憂，行將復起。乃上奏曰：「陛下悔過降號，聞者流涕。故諸將效死，叛夫請罪，逆泚、懷光，相繼梟殄。曩以百萬之師而力殫，今以咫尺之詔而化洽。是則聖王之敷理道，服暴人，任德而不任兵，明矣。今叛帥革面修臣禮，然其深言密議固亦未盡坦然，必聚心而謀，傾耳而聽，觀陛下所行之事，考陛下所誓之言。若言與事符，則遷善之心漸固；倘事與言背，則慮禍之態復回。所宜布恤人之惠以濟威，乘滅賊之威以行惠。臣所未敢保者，唯希烈耳。想其私心，非不追悔，但以猖狂失計，已竊大名，縱未順命，斯爲獨夫，内則無詞以起兵，外則無類以求助，陛下但敕諸郡各守封疆，彼既氣奪筭窮，是乃狴牢之類。古所謂不戰而屈人之兵者，斯之謂歟。」詔以「李懷光嘗有功，宥其一男，歸其尸，使收葬。諸道與淮西連接者，非彼侵軼，不須進討。李希烈若降，當待以不死，自餘一無所問。」

越明年，希烈將陳僊奇果殺希烈以降。時劉從一、姜公輔等材不逮贄遠甚，皆由下位建台宰。而贄孤立一意，爲左右權倖沮短，又言事無所回諱，陰失帝意，久之不得宰相。還京，但爲中書舍人。丁母憂，免喪，權知兵部侍郎復入翰林。中外屬意，旦夕俟其爲相。竇參深忌之，贄亦數言參罪失。貞元七年，罷學士，以兵部侍郎知貢舉，于進士中得人最多，爲唐代第一。明年，參黜，乃拜中書侍郎同平章事。贄既相，益以天下爲己任，面論敷奏，不遺餘力。

帝自貞元後，懲楊炎、盧杞，引樹私黨，排忠良，天下怨疾。雖置宰相，至除用庶官，反復參詰乃得下。贄請令臺省長官各自薦其屬，有不職，坐舉者。帝初許之，或言諸司所引皆親黨，帝復詔宰相自擇。贄奏言：「臺省長官，乃將來之宰相，今乃不能進一二屬吏，則後日位宰相，安能擇天下材乎？夫求才貴廣，考課貴精，往者武后收人心，務拔擢，非徒人得薦士，士亦許自薦。然而課責嚴，進退速，當世稱知人之明，累朝賴多士之用。」帝雖嘉之，然卒停薦士詔。

舊制，吏部選每歲集人。其後，遂三年一選。選人稽壅，案牒叢淆，僞冒混真，吏因得大爲奸弊，選士一蹉跌或至十年不得官缺者，或累歲不補。贄乃請以内外員爲三分，每歲計闕集人，檢柅吏奸，天下便之。

贄又言于上曰：「邊儲不贍，由措置失當，蓄斂乖宜故也。今戍卒不隸于守臣，守臣不總于元帥，至有一城之將，一旅之兵，各降中使監臨，皆承別詔委任。每有寇至，方從申覆，比蒙徵發救援，寇已獲勝罷歸。此措置失當也。頃設就軍、和糴之法以省運，制加倍之價以勸農，此令初行，人皆悦慕。而有司競爲纖嗇，不時斂藏，遂使豪家、貪吏反操利權，度支物估轉高，軍城穀價轉貴，此蓄斂乖宜也。舊制，關中歲運東方租米，至有斗錢運斗米之言。將制國用，須權重輕。食不足而財有餘，則弛財而務實倉廩；食有餘而財不足，則緩食而嗇用貨泉。近歲關輔屢豐，公儲委積，江、淮水潦，米貴加倍，運彼所乏，益此所餘，可謂習聞見而不達時宜矣。今江、淮斗米直百五十錢，運至東渭橋，僦直又約二百。而市司估糴三十七錢，耗其九而存其一，餒彼人而傷此農。每年江、淮運米百一十萬斛，至河陰太原留七十萬斛，而以四十萬斛輸東渭橋。今二倉見米猶有三百二十餘萬斛，京兆諸縣斗米不過直錢七十，請令來年江、淮止運三十萬斛至河陰，以次運至京師。其江、淮所停八十萬斛，委轉運使每斗取八十錢于水災州縣糶之，以救貧乏，計得錢六十四萬緡，減僦直六十九萬緡。先令户部以二十萬緡付京兆糴米，以補渭橋之闕數，斗用百錢，以利農人。以一百二萬六千緡付邊鎮，使糴十萬人六年之糧，餘十萬四千緡，以充來年和糴之價。其江、淮米錢，僦直并委轉運使折市綾、絹、絲、綿，以輸上都，償先貸户部錢。」詔行其策，邊備寖充。

時與趙憬、盧邁、賈躭同相，上嘗使人問贄曰：「自今要重之事，勿對趙憬陳論，當密封手疏以聞。」又「蕭晉卿往年攝政，嘗有不臣之言，諸子皆與古帝王同名，今不欲明行斥逐，宜各除外官。」又「卿清慎太過，諸道饋遺，一皆拒絶，恐事情不通，鞭靴之類，受亦無傷。」贄奏曰：「昨臣所奏，唯憬得聞，陛下委曲防護，是于心膂之内，尚有形迹之拘，職同事殊，鮮克以濟。恐爽無私之德。古者爵人于朝，刑人于市，唯恐衆之不睹，事之不彰。凡是譖訴之事，多非信實之言。利于中傷，懼于公辯。或云歲月已久，不可究尋；或云事體有妨，須爲隱忍；或云惡逆未露，宜假他事爲名；或云但棄其人，何必明言。責辱傷善，售姦莫斯爲甚。若晉卿父子實有大罪，則當公議典憲，若彼誣枉，豈令陰受播遷。夫監臨受賄，盈尺有刑，士吏之微，尚當嚴禁，矧居風化之首，反可通行？賄道一開，展轉滋甚，鞭靴不已，遂及金玉。目見可欲，何能自窒于心？已與交私，豈能中絶其意乎？」至是，憬反疑贄排已，與有隙。贄又嘗奏論備邊六失，以爲措置乖方，課責虧度，財匱于兵衆，力分于將多，怨生于不均，機失于遥制。宜罷諸道防秋，令本道但供衣糧，募戍卒願留及蕃、漢子弟，多開屯田，官爲收糴，寇至則人自爲戰，時至則家自力農。又擇文武能臣，爲隴右、朔方、河東三元帥，緣邊諸鎮，有非要者，隨便併之，減姦濫虚浮之費以豐財，定衣糧等級之制以和衆，弘委任之道以宣其用，懸賞罰之典以考其成。如是，則疆埸寧謐矣。帝不能盡用，心甚重之。

又以郊赦竄謫者未霑恩，擬三狀以進。奏曰：「王者待人以誠，有責怒而無猜嫌，有懲沮而無怨忌。斥遠以儆其不恪，甄恕以勉其自新。人知復用，誰不增修，如其貶黜，長從擯棄，含悽念，亂或起于兹矣。」帝性猜忌，官無大小必自選用，以辯給取人，不得敦實之士。贄諫曰：「明王不以詞盡人，不以意選士，但在明鑒大度，御之有道而已。以一言稱愜爲能而付任逾涯，以一事違忤爲咎而罪責過當，則職司之内，無成功矣。」

又奏請均節財賦凡六條，其一論兩稅之弊曰：舊制租庸調法，天下均一，雖欲轉徙，莫容其姦。人無摇心，事有定制。兵興以來，版圖隳壞，更舊法以爲兩税，但取大歷中一年科率最多者以爲定數，唯以資産爲宗，不以丁身爲本。務輕資而樂轉徙者，恒脱于徭税；敦本實而樹居産者，每困于徵求。又大歷中供軍、進奉，既收入兩税，今于兩税之外，復又并存，望稍行均減，以救彫殘。其二請兩税以穀帛爲額，不專以錢穀定税。其三論長吏以增户減税，闢田爲課績。其四論税限迫促，請更定徵税期限。其五請以税茶錢置義倉，以備水旱。其六論兼并之家，私斂重于公税，請爲占田條限，裁減租價。事皆不行。

初，竇參惡李巽，出爲常州刺史。及參貶巽爲湖南觀察使，奏參交結藩鎮，受汴州節度劉士寧賂遺。帝怒，欲殺參。贄言：「朝廷大臣，誅之不可無名。昔劉晏之死，罪不明白，至使叛臣得以爲詞。參于臣素分，陛下所知，豈欲營救其人？蓋惜典刑有濫耳。」乃貶參驩州司馬。帝又欲理其親黨，籍其家貲，皆以贄切諫而止。時宦官恨參尤深，日謗毁，竟賜死於路。

贄請以李巽權判度支，帝許之，又復欲用裴延齡。贄言：「度支準平萬貨，刻吝則生患，寬假則容奸。延齡誕妄小人，不可用。」弗聽。俄而延齡姦佞，天下皆嫉怨，以得幸天子，莫敢言。贄復上書苦諫，帝不懌。延齡謀去贄，譖毁百端。十年，罷爲太子賓客。明年夏旱，芻糧不給，軍校訴于上。延齡奏曰：「此皆陸贄輩怨望，鼓煽軍人也。」帝遂發怒，欲誅贄，賴陽城等交章論奏，乃貶忠州別駕。

順宗立，召還，詔未至而卒，年五十二，謚曰宣。平生榷古揚今，絜情度物，敷之爲文誥，俾狡猾者嚮風，則有制誥集一十卷。論思獻納，興利除害，吏事巨細，酌量精絶，則有奏草七卷。其在相位，推賢與能，舉直錯枉，内格君心，外圖治要，將以致久安長治，又有中書奏議七卷。始入翰林，年尚少，以材得幸于天子，歌詩宴游，朝夕侍從。及出，居艱阻之中，雖有宰臣，而謀猷參決，多出于贄。議者謂興元勘難之功，雖爪牙宣力，蓋贄有助焉。天子常以行輩呼爲陸九，而不名。解衣推食，同列莫敢望。及輔政，不敢自愛，事之不可者，皆争之。所言悉剴拂帝短，懇到深切，或規其太過。贄曰：「吾上不負天子，下不負所學，遑他恤乎？」居忠州十餘年，常闔户，人不識其面。又懼謗，不敢著書。地苦瘴癘，祇爲古今集驗方五十卷示鄉人云。其奏議至今傳。

論曰：若贄者，乃可謂知無不言，言無不盡者也。剛直如魏徵，而性行較醇；方正如宋璟，而謀略更優。指陳時政，洞若觀火，皆本仁祖義，而出之昏佞漆膠，正直不容，貶竄在外十餘年以歿，何竟忘奉天被圍，梁州再幸時也？贄之自言曰：「上不負天子，下不負所學。」所學者，學爲忠與孝也，學爲明理而察物也，學爲理國而安民也。若贄者，始可以言學矣。贄不負德宗，而德宗負贄。悲夫！

陽城

陽城，字亢宗，北平人，徙陜州夏縣，世爲宦族。好學，貧不能得書，乃求爲集賢院吏，竊官書讀之，晝夜不出，經六年，無所不通。登進士第，去隱中條山，遠近慕其行，從學者踵相接。閭里感化，争訟不之官，詣城決之。李泌爲相，舉爲諫議大夫，未至，京師人皆想望風采，謂城輿草茅，不樂名利，必諫静死職，下咸畏憚之。既至，諸諫官紛紛言事細碎，帝厭苦，而城聞得失且熟，久之無一言。韓愈作諍臣論以譏，城方與弟晝夜痛飲，若爲弗聞也者。客或造之，欲有詞，城揣知其意，輒强以酒，或時醉卧客懷中，不能聽客語。居位八年，人莫能窺其際。及裴延齡讒毁，陸贄等坐貶黜，德宗怒，不解無敢言。城聞而起曰：「吾諫官也，不可令天子殺無罪大臣，而信用姦人。」即率拾遺王仲舒等守延英門上疏論延齡奸佞，贄等無罪狀。帝大怒，召宰相，將加城罪。太子爲開救，乃解。令宰相諭遣之。金吾將軍張萬福聞諫官伏閤，趨往延英門，大言賀曰：「朝廷有直臣，天下必太平矣。」遂徧拜城與仲舒等，連呼「太平萬歲」。萬福武人，年八十餘，自此名重天下。時朝夕相延齡，城曰：「脱以延齡爲相，當取白麻壞之，慟哭于廷。」竟坐延齡事，改國子司業。

至，引諸生告之曰：「凡學者所以學爲忠與孝也，諸生有久不省親者乎？」明日，謁城還養者二十輩。有三年不歸侍者，斥之。簡孝秀德行升堂上，罷沉酗不率教者，躬講經籍，生徒斤斤皆有法度。

有薛約者，狂而直，以言事得罪，將徙連州。城飲食之，吏迹捕得于其家。城步出郊外，涕泣與别。帝惡城黨罪，出爲道州刺史。太學生二百餘人詣闕請留，守數日，爲吏遮抑不得上。

至道州，以家人禮待吏民，宜罰罰之，宜賞賞之，不以簿書介意。州産侏儒，故事，歲貢諸朝。城哀其生離，無所進。帝使求之，城曰：「州民盡短，不知何者可以充貢。」自是罷。州人感其德，生子以陽名。賦税不登，觀察使數誚讓。會上考功第，城自署曰：「撫字心勞，徵科政拙，考下下。」觀察使遣判官督其賦，怪城不出迎，以問吏，吏曰：「刺史聞判官來，以爲已有罪，自囚于獄，不敢出。」判官大驚，馳入獄，謁曰：「使君何罪，某奉命來候安否耳。」留數日，城固不敢歸，館門外有故門扇横地，城晝夜坐卧其上。判官不自安，辭去。其後又遣他判官崔某按之，崔承命，不辭，載妻子以往，中道而逃。順宗立，召城還。詔下，則卒矣。年七十，贈散騎常侍。

論曰：城固世所稱孝友者，兄弟皆不娶，無子，友則愚，孝則未也。爲諫官八年，納忠止此一日，厥口亦太慎重。然陸贄死生，延齡相否，有關于唐室甚大，讜論一揚邪氛立解，可謂不負此官矣。其教國子、治道州又何其温温然，純德君子也。

李晟〈子愬附〉

李晟，字良器，洮州臨潭人也。幼孤，奉母孝。年十八，從王忠嗣擊吐蕃，以萬人敵著名。又從高昇擊叛羌，連破之。遷左羽林大將軍。廣德間，擊黨項有功，授持進，試太常卿。

大歷初，吐蕃寇靈州，李抱玉授晟兵五千擊之，晟曰：「以衆則不足，以謀則多。」乃請千人。由大震關趨臨洮，屠定秦堡，執其帥慕容谷鐘而還。加開府儀同三司。俄充涇原、四鎮、北庭兵馬使。馬璘與吐蕃戰鹽倉，敗績，晟率游兵拔璘以歸，封合川郡王。德宗立，吐蕃寇劍南，蜀大震，詔晟將神策兵救之。踰漏天，拔飛越、廓清、肅寧等三城，絶大渡河，斬獲千級，吐蕃遁去。

建中二年，與馬燧、李抱真合兵攻田悦，斬楊朝光，乘冰渡洺水破之。又戰洹水，悦大敗，遂進攻魏。朱滔、王武俊圍康日知于趙州，抱真分兵二千戍邢，燧怒，欲班師，晟和解之。燧與抱真相歡，晟乃建言：「宜趨定州，與張孝忠合，以圖范陽，武俊等當捨趙自救。」于是引而北，武俊果解去。

會帝出奉天，詔晟赴難，而孝忠以軍介二盜間，倚晟爲重，數止晟無西。晟涕泣以子憑約婚爲質，解玉帶良馬遺孝忠，言：「天子播越，人臣當百舍一息，必死乃已。」即踰飛狐，進臨渭北，壁東渭橋。時劉德信自扈澗敗歸，晟斬之，以數騎入壁，併將其軍。由是兵勢益振。

李懷光軍咸陽，不欲晟獨當一面，請合兵。有詔徙屯，乃引趨陳濤斜，與懷光聯壁。晟每與賊戰，必錦裘繡帽自表，指顧陣前。懷光惡之，遷延有異志。晟説以賊據京邑，天子暴露于外，宜速進兵。懷光不納。

甫至都城，軍多搶掠，忌晟整戢，分遺所獲以溷，之晟軍不敢受。懷光奏言：「神策兵給賜比方鎮獨厚。」欲以激怒軍士，且使晟自削其軍，則士必怨之。晟不爲動。

懷光計塞，屯咸陽凡八旬，帝數催戰，但以伺賊隙爲言，卒不出。晟見懷光逆跡已露，懼爲所并，奏請移軍東渭橋。且言：「當先變制備，蜀、漢之路，不可壅。請以裨將趙光銑、唐良臣、張彧爲洋、利、劍三州刺史，各將兵以防未然。」不報。及懷光反，帝奔梁州，道隘乏食，乃歎曰：

「早用晟言，三蜀之利可坐致也。」因顧渾瑊曰：「渭橋在賊腹中，兵孤絶，晟能辦勝否？」瑊曰：「晟秉義挺忠，崒然不可奪。臣策之，必破賊。」帝乃安。即詔進晟平章事。晟受命，拜泣，以收復京師爲己任。乃繕甲兵，治陴隍。自念孤軍當賊衝，恐二盜合而軋已，卑詞厚禮，致誠於懷光，諭以禍福，勸之立功補過。又使張彧假京兆尹，多署吏，調畿内賦，不淹旬，芻米告具。乃陳兵下令曰：「國家多難，乘輿播遷，見危死節，臣子之分。公等此時不誅元兇，取富貴，非豪傑也。」因欷歔流涕，士皆雪泣曰：「惟公命！」

時朱泚盜京城，懷光圖反噬，河朔僭位者三，李納虎視河南，希烈張汴、鄭。晟内無資糧，外無應援，徒以忠義感激將士，故其衆雖單弱，而鋭氣不衰。于是駱元光以華州之衆守潼關，尚可孤以神策兵保七盤，皆受晟節度。戴休顔、韓游瓌悉舉奉天邠寧軍從晟，懷光始懼，欲引軍襲晟。其下不應，又懼爲晟所襲，乃奔河中。

帝欲西幸，晟奏請駐蹕梁、漢以係天下望。詔加晟諸道兵馬副元帥。晟家百口及神策軍士家屬在長安，朱泚善遇之。軍中有言及家者，晟泣曰：「天子何在，敢言家乎？」泚使晟親近以家書款壁門告曰：「公等家屬皆無恙。」晟怒曰：「汝敢爲賊間？」立斬之。時未授春衣，盛夏猶衣裘褐，晟與軍士同甘苦，終無攜怨。五月三日，引兵叩都門，賊不敢出。明日，會諸將圖所向，衆請先拔外城。晟曰：「外城有里閈之隘，若設伏格戰，居民囂潰，非計也。賊重兵精甲皆聚苑中，今宜直擊之，披其心腹，庶可保安宮闕，無擾坊市。」乃檄諸軍并進壁光泰門。賊將張庭芝、李希倩來戰，晟縱兵麾擊，大破之，乘勝入光泰門。再戰，賊卻，尸相藉，餘衆走白華，咸大哭，終夜不息。翌日，將復戰。或請待西師，晟不許，使王佖、李演將騎，史萬頃將步，抵苑北。晟先夜隤苑牆二百步爲道，賊樹栅斷之，晟怒叱諸將曰：「安得縱賊？今先斬公。」萬頃懼，先登，拔栅以入，佖督騎繼之，賊奔潰。諸軍分道并入，賊將姚令言及庭芝、希倩殊死鬭。晟令唐良臣等以步騎突其陣，賊伏千騎出官軍背，晟以麾下百騎自馳之，令左右傳呼曰：「相公來！」賊驚潰，禽馘略盡。泚率殘卒萬人西走，使田子奇追之，餘黨悉降。

晟引軍屯含元殿前，舍右金吾仗，下令軍中曰：「五日内不得輒通家問，違者斬。」遣京兆尹，長安、萬年令，分慰居民，秋毫無所擾。別將高明曜取賊妓，司馬伷取賊馬，皆斬以徇。坊人之遠者，宿昔方知王師之入也。明日，晟屯安國寺，斬賊將宦豎于市，表著節不屈者，擇文武攝臺省官，以俟乘輿。條脇汙于賊者，請以不死。

作露布，上行在，曰：「臣已肅清宮禁，祗謁寢園，鐘簴不移，廟貌如故。」帝覽之，泣下。群臣拜賀，咸言：「晟蕩掃兇慝，市不易廛，宗廟不震，長安之人不識旗鼓，雖三代行師，無以加。」帝曰：「天生李晟，爲社稷也。」拜司徒、中書令，實封千户，賜田宅、園林、女樂。帝自爲文紀功，敕皇太子書碑，立東渭橋，以示後世。

始晟屯渭橋，熒惑守歲，久乃退，府中皆賀，晟曰：「天子野次，人臣當力死勤難，安知天道？」既克長安，乃謂之曰：「鄉非相拒也，吾聞五星盈縮無常，苟一夕復來守歲，則軍心不戰自屈矣。」皆曰：「非所及也。」

涇州倚邊，數戕其帥，晟請治不恭命者，因以訓耕積粟實塞下，羈制西戎。帝乃拜晟鳳翔、隴右、涇原節度，兼行營副元帥，徙封西平郡王。晟至鳳翔，治殺張鎰者罪，誅亂將王斌等十餘人。又托行邊至涇，治殺馮河清罪，執田希鑒，并其黨石奇等三十餘人悉伏誅。

晟嘗言：「河、隴之陷，非吐蕃能取之，皆將臣沓貪，暴其種落，不得耕稼，日益東徙，自棄之耳。然士無繒絮，人苦役擾，思唐之心寧有既耶？」因悉家貲懷輯降附，得大酋浪息曩，表以王號。每外使至，召息曩與坐，衣大錦袍，金帶，夸異之，皆指目歆艷焉。

吐蕃君臣大懼，尚結贊者善計，乃曰：「唐名將李晟、馬燧、渾瑊而已，不去之，必爲吾患。」即遣使委詞，因燧請和，以求盟。欲因盟執瑊以要燧，子是興兵踰隴、岐，不抄掠，陽怒曰：「李令公召我來，乃不牛酒犒我。」徐引去，以是間晟。晟選兵三千，使王佖伏汧陽旁，擊其中軍，幾獲結贊。又遣兵攻摧沙堡，拔之。結贊屢乞和，晟入朝力奏不可。時天子厭兵，而張延賞當國，密請解晟兵柄。

貞元三年，進晟太尉中書令，罷其兵。越兩月，吐蕃劫盟，瑊僅以身免，詔罷燧河東，皆如結贊計云。

明年，詔爲晟立五廟，與馬燧圖像凌烟閣。九年，卒，年六十七，謚忠武。

晟爲人沉默，有所謀猷，雖至親未嘗泄。臨下明察，凡治軍，知某有何勞，某有何長，即厮養小善，必記姓名。惡朋黨，篤分誼，一本至誠。嘗慕魏徵直言危行，欲致太宗于堯、舜，李叔度以爲此儒者事，非勲德所宜。晟曰：「君失詞，晟任兼將相，知朝廷得失而不言，何以爲臣哉？」叔度慚而退。由是，每進對，必謇謇盡大臣節，未嘗露于外。晟與馬燧皆在朝，每宴樂恩賜，使者相銜于道。兩家日出無鐘鼓聲，則金吾以聞，少選，使者至，必曰：「今日何不舉樂？」其眷遇始終無與比。晟有十五子，其聞者愿、憲、愬、聽，皆歷官節度使。愿檢校尚書左僕射；憲以吏能顯；聽以功封涼國公；聽子琢，亦拜尚書右僕射，歷四鎮節度使。惟愬獨有父風，平淮蔡，不戮一人，智謀、德量、戰功皆第一。

愬，字元直，憲宗討吴元濟，爲唐鄧節度使揣知新敗之。後士卒憚戰，詭言天子以愬柔懦能忍恥，故使拊循爾曹，戰，非吾事也。蔡人以愬名輕，果易之。愬沉鷙，能推誠待士，視傷痍疾病者，存恤之。賊來降，輒聽其便。有父母者孤未葬者，給粟帛遣還。以故衆願效死。凡賊中山川險易情僞，愬一一知之。

居半歲，知士可用，乃攻下馬鞍山，拔道口栅，平青陵城，禽其驍將丁士良。愬不殺，署爲捉生將，士良因說取吳秀琳，禽其謀主陳光洽以獻。秀琳遂舉文城柵降。其將李憲有才略，愬更其名曰忠義，而用之。遂以其衆攻吳房，諸將曰：「今日往亡。」愬曰：「彼謂吾不來，正可擊也。」克其外城，遂引還。賊孫獻忠來追，衆將走，愬下馬據匡床，令曰：「退者斬。」衆決戰，殺獻忠。或勸取吳房，愬曰：「取吳房，則奔蔡併力固守，不如存之，以分其兵。」秀琳獻策曰：「必破賊，非李祐不可。」祐，賊健將也，守興橋柵。愬候祐刈麥，伏壯士禽之，待以上客，令佩刀出入帳下，與李忠義皆屏人語至夜分，軍中皆言二人不可近，愬待之益厚。諸軍詭云：「得賊牒，祐爲內應。」愬恐謗先達於上，不及救，乃持祐泣曰：「天不欲平賊乎？何吾二人相知之深，不能勝衆口耶？」械送祐于朝，密奏：「若殺祐，則無以成功。」詔還愬，署兵馬使，或與同宿密語達曙。募敢死士三千人，自教之，號爲突將，委祐統焉。舊令舍諜者族，愬除其禁，使厚待之。故諜者反效以情，益盡知賊中虛實。

時李光顔戰數勝，蔡精兵盡屯洄曲。祐言：「其隙可乘。」愬乃遣鄭澥見裴度告師期，于時元和十一年十月己卯。師夜起，祐及忠義率突將三千人爲前鋒，愬將三千爲中軍，進誠以下軍殿。東行六十里，襲張柴，殲其戍。敕士少休，食乾糒，整羈靮，留兵鎮之，以斷朗山救援，又分兵以斷洄曲及諸道橋梁。復夜，引兵出時，大雨雪，凜風偃旗，士裂膚，馬皆縮慄，諸將請所之，愬曰：「入蔡州，取吳元濟。」將士咸失色，監軍哭曰：「果落李祐奸計。」人人自以爲必死，然畏愬，莫敢違。行七十里，夜半至懸弧城，雪愈甚，城旁皆鵞鶩池，令擊之，以亂軍聲。賊恃吴房、朗山戍，晏然無知者。祐等坎墉先登，衆從之，殺門者，開關，留持柝傳夜自如。黎明，雪止，愬入駐元濟外宅，蔡吏驚曰：「城陷矣！」元濟尚不信，曰：「是洄曲子弟歸索寒衣耳。」俄聞號令：「常侍傳語。」始驚曰：「何常侍得至此？」率左右登牙城拒戰。愬計元濟且望救于洄曲，訪洄曲將董重質家，慰安之，而以書召重質。重質降愬，攻牙城火南門，元濟請罪，梯而下，檻送京師。

申、光諸屯尚二萬衆，皆降，愬不戮一人。自官吏帳下厨廐之卒，皆用其舊。乃屯兵鞠埸，以待裴度。度至，愬櫜鞬迎道左，度將避之，愬曰：「此方廢上下之分久矣，請因示之，使知朝廷之尊。」度乃受愬謁，蔡人聳觀。事聞，進檢校尚書左僕射、封凉國公，又使代其兄愿帥武寧軍。淄青平，進平章事，歷昭義、魏博帥，卒年四十九，贈太尉，謚曰武。

論曰：晟平日戰功固已偉矣，奉天播越，慷慨勤王，以孤軍扼群賊之吭，無異委肉當餓虎之餵。卒能克復京師，功存社稷，則其忠義之氣，有以感激乎人心，非尋常戰勝者比也。兵克城而市不改肆，則仁人君子之師，庶幾春秋所謂王事矣。小心謹慎，善保功名，諸子克家，世所罕見。若愬平蔡一役，轟烈震讋，克肖乃父，與漢之周勃、亞夫，宋之曹彬、曹瑋父子濟美，爲時宗臣，近世以來不多見也。

史傳三編卷二十六

名臣傳十八

唐

馬燧

馬燧，字洵美，汝州郟城人也。少姿度魁傑，與諸兄共學，見時方多故，輟策歎曰：「丈夫當建功業，弘濟四海，渠老一儒哉？」更學兵書戰策，沈勇多算。

禄山反，使賈循守范陽，燧説循曰：「禄山首亂，今雖舉洛陽，後將誅覆。公盍斬向潤客、牛廷玠。傾其本根，使進不得入關，退無所據，則坐受禽，此不世之功也。」循許之，不以時決。會顔杲卿招循舉兵，禄山遣韓朝陽縊殺之。燧走西山，間道歸平原。聞已不守，復走魏。

寶應中，澤潞李抱玉署爲趙城尉。時回紇還國，恃功恣睢，所過皆剽傷，州縣供餼不稱，輒殺人。抱玉將饋勞，賓介無敢往，燧自請典辦具。乃先賂其酋，紿得信旗，犯令者得殺之。又取死囚供役左右，小違令輒戮死，回紇大驚，至出境，無敢暴者。抱玉才之。燧因説曰：「屬與回紇接，且得其情。僕固懷恩樹黨自重，裂河壯以授薛嵩等四將，其子瑒佻勇不義，必窺太原，公當備之。」既而果然。嵩自相、衛遺懷恩糧，抱玉令燧説，嵩絶懷恩，自歸朝廷，即署燧兵曹參軍。累進鄭州刺史。勸課農田，總户籍，歲一税，之人稱便。徙懷州，乘荒亂後，瘞暴胔，止横斂，勤教化，將吏有親者，躬造禮之，大獲秋稔，民賴以濟。抱玉守鳳翔，表爲隴州刺史。州西山直吐蕃，上有通道，燧聚石種樹障之，設二門爲譙櫓，八日而畢，吐蕃不能暴。從抱玉入朝，代宗雅聞其才，授商州刺史，兼水陸轉運使。

大曆中，轉檢校左散騎常侍，鎮河陽三城。李靈耀反，詔燧與淮西李忠臣討之。師次鄭州，遇敵來犯，忠臣兵潰，將引歸，燧軍頓滎澤，固止之。忠臣乃還，收亡卒共敗賊將張清于西梁固。靈耀有鋭兵八千，號「餓狼軍」，燧戰破之，進至浚儀。值田悦帥衆助逆，忠臣戰不利，燧引四千人爲奇兵擊敗之。悦單騎遁，靈耀亦走，汴州平。

燧知忠臣暴傲，讓其功，出舍板橋。忠臣入汴，果争功，擊殺宋州刺史李僧惠。燧還河陽，遷河東留後，進節度使。太原承鮑防敗後，兵力衰單，燧募厮役數千人，補騎士，教之戰，數月成精卒。造鎧分短長三等，稱士所衣。爲戰車，前冒狻猊怪象，列戟于後，行以載兵，止則爲陣。器用完整，闢廣場，羅兵三萬以肄之，威震北方。建中二年，朝京師，遷兵部尚書，封豳國公。奏田悦必反，宜先禦備。甫還鎮，悦果圍邢州，次臨洺，築重城，絶内外援。詔與李抱真、李晟救邢洺。燧出㟟口，未過險，移書示好。悦以燧畏己，大喜。既次邯鄲，悦使至，燧皆斬之，遣兵破其支軍，殺其驍將。悦聞，乃自攻臨洺，使大將楊朝光率萬人據雙岡，築東西二柵以禦燧，又分恒州兵五千助朝光。燧令大將李自良等以兵守雙岡，戒曰：「令悦得過者，斬。」燧乃推火車焚朝光柵，自晨及晡，大破之，斬朝光，禽其將盧子昌及麾下八百人，獲首五千級，進軍臨洺。悦悉軍戰，百餘合，大敗之，斬獲萬餘，館穀三十萬斛，邢圍亦解。以功遷尚書右僕射。初，將戰，與衆約，勝則以家貲賞。至是，傾家財賜麾下。德宗嘉歎，詔出度支錢五千萬償之。進兼魏博招討使。

李納、李惟岳合兵救悦，悦裒散兵壁洹水。燧進屯鄴，詔李艽以兵會，次于漳。悦遣王光進守漳長橋，築月壘扼軍路。燧于下流用鐵鏁維車數百絶河，囊土遏水而渡。悦知無多糧，深壁不戰。燧進營倉口，與悦夾洹而軍，造三橋踰洹，日挑戰，不出，燧令諸軍夜半食，先雞鳴鼓角，趨魏州，旁匿百騎，須悦渡即焚橋。悦果率李納等兵譟而前，燧令士無動，預除戰埸列，壯士五千以待。比至，縱擊之。悦敗趨橋，橋已焚，衆赴水，死者不可計，斬首二萬，横屍三十里，殺賊將孫晉卿、安墨啜，淄青兵幾盡。悦夜走魏，嬰城自守。于是李再春以博州，悦兄昂以洺州，併王光進、符璘、李瑶皆降。遂傳魏城絶御河上流，魏人大恐，悦遣使告急于朱滔、王武俊。未至，出兵背城而陣，復大破之。進同平章事，封北平郡王。

會涇師亂，帝幸奉天，詔還軍太原。李懷光反，詔燧爲河東保寧、奉誠軍行營副元帥，與渾瑊、駱元光合兵討之。時賊黨要廷珍守晉、毛朝敭守隰，鄭抗守慈，燧檄諭，皆以州降，即命兼晉絳慈隰節度使。固讓于康日知，帝嘉許。乃分兵收夏縣，略稷山，攻龍門，降其將馮萬興、任象玉。遂圍絳，拔外郛，僞刺史王克用棄城去。遣李自良定聞喜、萬泉等六縣，降其將辛𨥉。裨將谷秀違令掠士女，斬以徇。又戰寶鼎，殺賊將徐伯文，斬首萬級。

時天下蝗旱，兵艱食，朝議多請赦懷光，帝未決。燧入朝言：「懷光逆計久，反覆不可信。河中近畿，捨之無以示天下。請給三十日糧，足破之。」賊將徐廷光守長春宫城。燧度此城不下，則懷光固守，久攻所傷必衆，乃挺身至城下見廷光。諭曰：「公等自禄山以來，功高天下，奈何棄之爲族滅計？若從吾言，非止免禍，富貴可保也。」未對。燧曰：「汝以我爲欺耶？今不遠數步，可射我。」披而示之心。廷光感泣，一軍皆流涕，請降。燧以數騎入其城，衆大呼曰：「吾等更爲王人矣。」渾瑊聞之，歎曰：「嘗疑馬公能窘田悦，今觀其制敵，固有大過人者，吾不逮遠矣。」

進營焦籬堡，堡將尉珪降，餘戍望風遁去。遂濟河，直抵城下，陳兵八萬。是日，懷光死守，兵萬六千皆降，誅其黨閻晏、孟寶、張清、吴冏等，他脅附悉赦之。果二十七日，河中平。遷光禄大夫，兼侍中。還太原，帝賜宸扆台衡二銘，言君臣相成之美。勒石起義堂，榜其顔以寵之。

貞元二年，吐蕃破鹽、夏，詔燧爲綏銀麟勝招討使，次于石州。吐蕃懼，請盟。帝不許。遣將論頰熱甘詞重幣轉請于燧。明年，燧與論頰熱俱入朝，帝許之。吐蕃尚結贊謀去，燧平涼劫盟，釋燧兄子弇，曰："河曲之屯，春草未生，馬饑人疫，若此時引兵渡河，吾無種矣。賴公許和，今釋弇以報。"帝聞，果悔怒，奪其兵，拜司徒，奉朝請而已。與李晟皆圖像凌烟閣，卒年七十，贈太傅，謚莊武。

論曰：渾瑊稱馬公制敵，固有大過人者。此乃燧實録，非虚譽也。燧沉勇多算，善誓師，能得人死力，故所向未嘗挫衂。與李晟共享大名，遭時眷宜矣。史以與抱真交惡，及不禽田悦，信吐蕃，爲燧惜，亦春秋責備賢者意乎？然抱真睚眦，聞晟一言，即和好如初，此不足爲盛德累。田悦有河朔群助，未易輕取，奉天忽狩，詔趣還軍，謂力所能而故縱，燧何至于此極也？輕信吐蕃，乃其一時之誤，亦尚結贊狡黠計，去三賢之計深，君子當原燧之心而諒之。

渾瑊

渾瑊，鐵勒渾部人也。世爲皋蘭都督。父釋之，從朔方軍，積戰功，累遷開府儀同三司、寧朔郡王。瑊年十一，善騎射，隨父防秋，節度張齊丘戲曰："與乳媪俱來耶？"是歲立跳盪功。

後二年，從破賀魯部，拔石堡城、龍駒島，其勇常冠軍。遷中郎將。從李光弼討禄山，定河北，射賊將李立節，貫左肩，斃之。遷右驍衛將軍。

肅宗即位，瑊以兵趨靈武，至天德，遇吐蕃入寇，擊敗之。遂從郭子儀復兩京，討安慶緒，勝之于新鄉，擢武鋒軍使。又從僕固懷恩平史朝義，大小數十戰，功稱最。加開府儀同三司，太常卿，實封二百户。懷恩反，瑊以所部歸子儀。父釋之與吐蕃戰死，既免喪，起朔方行營兵馬使。從子儀擊吐蕃，數有功，遷太子賓客。吐蕃引去，瑊邀擊，大破之，悉奪所掠而還。是後屢擊走吐蕃、回紇，進兼副都護、振武軍使、檢校工部尚書。

德宗析子儀所部爲三節度，瑊居一焉。李希烈反，詐爲瑊書，若與同亂者。帝知爲反間，不疑，更賜良馬、錦幣。帝狩奉天，衛從僅宦官左右百餘人，瑊率家人子弟以從。瑊時爲金吾大將軍，有威望，衆心賴之，以安授行在都虞候、京畿渭北節度使。朱泚兵薄城，戰譙門，晨至日中不解。瑊曳芻車塞門，焚以戰，賊方解去。自是二十五日間，賊四面攻圍，矢石如雨，晝夜不息，城中死者可藉，人心危惴，或夜縋出掇蔬本供御，帝與瑊相泣。泚方據乾陵下瞰城，翠翟黄袍，左右宦人趨走，宴賜拜舞，又縱慢詞戲斥天子，以爲勝在頃刻。使騎環馳，招降公卿士庶，妄言不識天命。帝召瑊，授誥敕千餘，自御史大夫、實封五百户而下，募突將死士當賊。賜瑊御筆，使量功署詔，不足則署衣以授。因曰：「朕與公訣矣。」瑊俯伏嗚咽。會賊造雲梁，廣數十丈，載數千人，施大輪冒以氊革，周布水囊，驅民運土塞隍。瑊與防城使侯仲莊揣雲梁所道，掘大隧，積馬矢及薪燃之。時王師乘城者皆凍餒，兵豔甲敝，但以忠義感率使當賊，群臣號天以禱。瑊中流矢，自拔去，血戰愈厲。雲梁及隧而陷，風反悉焚賊皆死，舉城歡譟。是日，授瑊二子官，第賞將校。會李懷光奔難，賊乃去。懷光反帝，如山南，瑊以諸軍衛入谷口，追騎至，擊却之。遷尚書左僕射、同平章事，兼靈鹽豐夏定遠西域天德永平軍節度、朔方邠寧振武等道奉天行營副元帥。帝臨軒授鉞，用漢拜韓信故事。乃率諸軍趨京師。

賊將韓旻屯武功來拒，瑊率吐蕃論莽羅兵破之武亭川，斬首萬級，遂赴奉天應接，李晟以抗京城西面，晟自東渭橋破賊，瑊以西軍收咸陽，進屯延秋門。泚平，論功，兼侍中，封樓煩郡王。帝還宮，授河中絳慈隰節度使，改封咸寧郡王。討李懷光，加朔方同陝虢行營副元帥。河中平，加檢校司空，賜大寧里甲第，女樂，與李晟鈞禮。

吐蕃尚結贊請盟，詔瑊爲會盟使，盟于平涼。被劫，副使崔漢衡以下皆陷，惟瑊獨得免。貞元四年，吐蕃入涇、邠，授邠寧慶副元帥。十二年，進檢校司徒，兼中書令。十五年卒，年六十四。贈太師，謚忠武。

瑊好書，通春秋、漢書、史記，慕司馬遷自序，著行紀一篇，詞不矜大。天性忠謹，功雖高，而志益下。歲時貢奉，必躬親閱視。每有賜予，下拜跪受，若在帝前，時論方之金日磾。貞元後，天子常恐藩鎮生事，稍桀驁則姑息之，惟瑊有所論奏不盡從可，輒私喜曰：「上不疑我矣。」故帝始終信待，常持軍，猜間不能入。

論曰：渾瑊，賢將也。功烈可嘉，其學問不可及也。最愛其忠誠謹慎，貢奉受賜，若在帝前。論奏不從，獨喜見信。功愈高，而志益下，此豈武夫勳人能之乎？爲將者誠不可不知學哉！

李抱真

李抱真，字太玄，河西安興貴之裔也。從兄抱玉，有戰功，恥與禄山同族，賜姓李氏，因徙籍京兆。代宗朝，封涼國公，歷官三節度、三副元帥，位望隆赫，爲將臣之良。抱真沉慮有斷，兄帥澤潞時，屬以軍事，授汾州别駕。僕固懷恩反，挺身歸朝。帝方憂懷恩兵精，又倚回紇，召問破賊狀。抱真對曰：「郭子儀嘗領朔方軍，人多德之，懷恩欺其下，言：『子儀爲朝恩所殺。』故衆信而爲之用。今若起子儀，使將兵，是伐其謀，可不戰解也。」帝從之，果如抱真所料。遷殿中少監，充陳鄭澤潞節度留後。抱真因言：「百姓勞逸在牧守，願得一州以自試。」更授澤州刺史，兼節度副使。凡八年。

抱真揣山東有變，澤、潞當要衝，乃籍户三丁擇一，蠲其徭租，給弓矢，令間月得曹偶習射，歲終大校，親按籍第能否賞責。比三年，皆爲精兵，舉所部得成卒二萬，既不廩于官，而府庫實。故天下稱昭義步兵爲諸軍冠。德宗即位，領昭義節度使。

田悦反，圍邢及臨洺。詔抱真與河東馬燧合神策兵救之，敗悦于雙岡，斬其將楊朝光，遂解臨洺、邢之圍。復與悦戰洹水，進圍魏，悦戰城下，復大敗之。進尚書右僕射。會朱滔、王武俊反，救悦。又聞德宗狩奉天，抱真與燧乃各引麾下還屯。于時，李希烈陷汴，李納反鄆，懷光相次反河中，抱真獨以數州截然横絶叛亂中，離阻其奸，爲群盜所憚。

興元初，同平章事，封義陽郡王。滔悉幽薊兵與回紇圍貝州，以應朱泚。而希烈既僭號，則欲臣制諸叛，于是衆稍離心。適天子下罪己詔，并赦群盜。抱真乃遣客賈林以大義説王武俊，使合從擊滔，武俊許諾，而心尚猶豫。抱真以數騎詣武俊營，命行軍司馬盧玄卿勒兵以俟，曰：「今日之舉，繫天下安危。若其不還，領軍事以聽朝命，惟子。厲兵東向，雪吾之恥，亦惟子。」言終遂行。見武俊，叙國家禍難，天子播遷，持武俊哭，且曰：「泚、希烈争竊帝號，滔攻貝州，此其志皆欲自肆于天下。足下奈何舍九葉天子而臣反賊？」涕下交頤，武俊亦悲不自勝，左右皆掩泣，莫能仰視。抱真遂與武俊約爲兄弟，誓同滅賊。退入武俊帳中，酣卧者久之。武俊感其至誠，乃指心誓天曰：「此身已許十兄死矣！」食訖而别。旦日合戰，大破滔，進檢校司空，實封六百户。

抱真喜士，聞世賢者，必欲與之游，雖小善，皆卑詞厚幣數千里邀致之，至無可録，徐徐以禮謝遣。晚年好方士，餌丹丸，卒年六十二。

論曰：綱目書李抱真會王武俊于南宫，幸之也。幸抱真忘身徇義，此一會，關天下安危，故書之也。披肝瀝胆，慷慨激切之情狀，千載下如將見之。其勸代宗起子儀，辭留後，試牧守，策山東，將變練民爲兵，一生好士，皆識高志遠，豈他藩鎮所可同日語哉？

杜黄裳

杜黄裳，字遵素，京兆萬年人也。登進士、宏辭二科。郭子儀辟爲朔方從事。子儀入朝，使主留事。李懷光與監軍陰謀代子儀，僞爲詔書，欲誅大將温儒雅等。黄裳得詔，辨其非，以質懷光。懷光流汗服罪。于時諸將狠驕難制者，黄裳皆以子儀令易置，衆不敢亂。

入爲侍御史，裴延齡惡之，十期不遷。貞元末，拜太子賓客。順宗立，遷太常卿。時王叔文用事，黄裳未嘗一造其門，以壻韋執誼輔政，勸令率百官請太子監國，執誼曰：「丈人始得一官，便可開口議禁密事。」勃然怒曰：「黄裳受恩三朝，豈可以一官見賣。」拂衣出。及太子總軍國事，擢門下侍郎、同平章事。以夏綏銀節度使韓全義憸佞無功，奏罷之。憲宗欲討劉闢，議者多言蜀險，固不宜生事。黄裳獨曰：「闢狂戇書生，取之如拾芥耳。神策軍使高崇文，勇略可用，願陛下専以軍事委之，勿置監軍，闢必擒。」帝從之。時名臣宿將，各自謂當征蜀之選。及詔用崇文，皆大驚。凡兵進退，自戰伐以及成功，黄裳自中指授，無不切中機宜。闢既擒，群臣入賀，憲宗目黄裳曰：「卿之功也。」

始，德宗創艾多難，務姑息，每藩鎮物故，遣中人伺其軍，所欲立者，故大將私金幣結左右，以求節制，方鎮選不出朝廷。黄裳言：「陛下宜鑒貞元之弊，整法度，朘損諸侯，則天下治。」帝嘗問前古帝王所以治亂，黄裳知帝鋭于治，恐不得其要，因推言：「王者之道，在修己任賢而已。舜舉十六相，去四凶，未嘗勞神疲體，而萬世稱之。秦始皇程石決事，見嗤後代。魏明帝欲按尚書事，陳矯不從。隋文帝日昃聽政，唐太宗笑之。故王者擇人委任而責其成功，信賞信罰，孰敢不力？」帝嘉納之。由是平夏、翦齊、滅蔡、復兩河，以機秉還宰相，紀律張設，赫然號中興，皆黄裳啓之也。

元和二年，以司空平章事，爲河中、晉絳節度使，封邠國公。明年卒，年七十一，謚宣獻。

黄裳達權變，有王佐大略。性雅澹，與物無忤。居相位不久，未究其才，及處外，天下常所屬意。初奏罷韓全義，以李演爲夏綏節度使，全義甥楊惠琳知夏綏留後，勒兵拒，演命河東、天德軍合擊惠琳，傳首京師。李師古跋扈，憚黄裳，未敢失禮。有幹吏寄錢千繩，并氊車一乘，直千緡，使者于宅門候伺，累日未敢送。適有緑輿自宅出，從婢二人，青衣繿縷，使者聞知爲相公夫人，遽歸以告師古，師古折其謀，終身不敢改節。

論曰：史稱黄裳達權變，有王佐大略，得之矣。乃又言其通饋謝，無潔白名，則以卒後數年，御史劾納高崇文錢四萬五千緡之故也。天下焉有王佐之才，以振綱飭紀整齊一世爲己任，而不能律身清白者乎？御史不劾于生前，而劾于身後，其誣可知。觀于李師古之事而益見焉。

裴垍

裴垍，字弘中，絳州聞喜人也。擢進士，以賢良方正第一補美原尉。藩府交辟，皆不就。四遷考功員外郎。吏部侍郎鄭珣瑜委垍校詞判，研覈精密，皆稱才實。

元和初，召入翰林爲學士，再遷中書舍人。李吉甫始執政，謂曰：「吉甫流落江淮，踰十五年，一日蒙恩至此，思所以報德，惟在進賢。顧比日人物，吾懵不及知。君有精鑒，悉爲我言之。」垍取筆疏三十餘人，吉甫以薦于朝，天下翕然稱得人焉。吉甫罷，乃拜同平章事。帝嘗謂之曰：「以太宗、玄宗，猶藉輔佐，以成其理，况朕不及先聖萬倍者乎？爲理之要，何先？」垍對曰：「先正其心。」

垍始承旨翰林，天子新翦蜀亂，厲精致治，中外機管，垍多所參與，以小心慎密稱帝意。既當國，請繩不軌，課吏治，分明淑慝，帝每降意順納。在殿中，常呼垍官而不名。吐突承璀自東宫得幸，恩顧親渥，承間欲有關説，帝憚珀，誡使勿言。嶺南節度楊於陵爲監軍許遂振所誣，詔授冗官，珀曰："以一中人罪藩臣，陛下之法安在？"更授美官。嚴綬守太原，政出監軍，珀劾其懦，以李鄘代之。

王承宗擅襲節度，帝欲討之。珀與李絳言："河北諸鎮，聯結已久，此時事勢，未可進討。"承璀自請往。于時澤潞盧從史陰苞逆節，内連承宗，外請興師，以圖身利，珀固争，不聽。承璀果無功，王師告病。從史遣部將王翊元奏事，珀誘得其情，知從史稔惡可圖狀，比遣再往，得其大將烏重胤等要領，乃爲帝陳："從史暴戾無君，視承璀若小兒，相與往來軍中，可因其機致之，後免興師之勞。"帝初驚愕，徐乃許之。從史果就縛，因班師。珀奏："承璀首謀無功，陛下雖詘法，人心不厭，請流斥以謝天下。"李絳繼奏，語并悚切，乃罷所領兵。

先是，天下賦法有三：曰上供，曰送使，曰留州。建中初，釐定常賦，其時物重錢輕。後輕重相反，民輸率一倍其初，而所在以留州、送使之入，又降省估以自潤，故賦益苛，民重困。珀奏禁止之，一以公估準物，觀察使得用所治州租調，至不足，乃取支郡以贍，故送使之財悉爲上供。自是淮、江而南，民少息矣。

珀以茂年驟柄用，器局峻整，持法度，雖鉅權宿貴造請，不敢干以私，故頗不爲時所悦。諫官言得失，大抵執政多忌之，惟珀奬勵使盡言。拾遺獨孤郁、李正辭、嚴休復三人皆遷，及過謝垍，垍獨讓休復曰：「君異夫二人孜孜獻納者，前日進擬，上固爲疑。」休復大慚。垍爲學士時，引李絳、崔群與同列。及相，又擢韋貫之、裴度知制誥，李夷簡御史中丞，皆踵躡爲輔相，其餘量材授職，皆協人望，選任之精，前後莫及，議者咸謂才與時會。故元和之治，百度修舉，朝無幸人。

五年，暴風痺，帝悵惜，遣使致問，藥膳進退輒疏聞。居三月，益痼，乃罷爲兵部尚書。垍之進，吉甫所薦也，及居中，多變更吉甫約束，吉甫復用，銜之。乃徙爲太子賓客，至卒，不加贈。劉伯芻表其忠，方贈太子太傅。

論曰：憲宗之朝多賢相，杜黄裳、李絳、裴度三人者，忠謀遠略，振耀今古，故能恢中興之治，致削平之功。垍處其間，清謹守法度，天子亦敬而憚之，尤長于知人，孳孳進賢，大小之官，各稱其職，可謂裨益弘多矣。令天假之年，俾得集思兼策，以就大猷，豈可量哉！

李絳

李絳，字深之，趙郡贊皇人也。擢進士、宏辭，補渭南尉，拜監察御史。元和二年，授翰林學士，知制誥。李錡誅，憲宗將輦取其貲，絳與裴垍上言：「錡僭侈誅求，六州之人怨入骨髓，今元惡傳首，願以其財賜本道，代貧民租賦。」帝從之。帝嘗論太宗、玄宗之盛：「欲庶幾其道德風烈，何行而致此？」絳言：「陛下正身勵行，尊道德，遠邪佞，進忠直，與大臣言，敬而信，無使小人參焉；與賢者游，親而禮，無使不肖與焉。去官無益于治者，則材能出；斥宮女之希御者，則怨曠消。將帥擇，則士卒勇矣；官師公，則吏治賴矣。法令行而下不違，教化篤而俗必遷。則可與祖宗合德，號稱中興。」帝曰：「善！」即詔絳與崔群、白居易等搜次君臣成敗五十種，爲連屏，張于便坐。每顧左右作意勸誡。

吐突承璀請于安國佛寺立聖德碑，使絳撰文，欲以萬緡酬之。絳言：「大人與天地合德，非文字所能盡，若令可述，是美有分限。故自堯、舜、禹、湯、文、武，并無建碑之事。至秦始皇刻石罘嶧，揚征伐之功，紀巡幸之跡，適足爲萬代譏笑。」帝悟，以百牛曳碑樓倒之。

絳見浴堂殿，帝言：「諫官多朋黨，論奏不實，欲黜其尤者。」絳曰：「此殆非陛下意，必有憸人欲壅蔽陛下之聰明也。人臣死生係人主，喜怒敢發口，諫者有幾，晝度夜思，始欲陳十事，俄而去五六，及將以聞，則又憚而削其半，故上達者十無二三。人主孜孜求諫，猶懼不至，况罪之乎？如此杜天下之口，非社稷之福也。」帝曰：「非卿言，朕不知諫官之難。」

承璀討王承宗，絳當草制，固争不可，言古無以宦人統師者。帝不能奪，詔宰相授敕。承璀果無功還，欲加開府儀同三司，絳奏：「承璀喪師，當抵罪，反寵以崇秩，後有敗軍之將，陛下何以處之？」又數論宦官横肆，言：「此屬不知仁義，不分枉直，惟利是視，得賂則譽跖、蹻爲廉良，失意則毀龔、黄爲貪暴，能用傾巧之智，搆成疑似之端，朝夕左右浸潤以入之。自古宦官敗國，備載方册，陛下豈得不防其漸乎？」絳自知言切，且斥去，悉取内署所上疏稿焚以俟命。帝果怒，絳謝曰：「陛下處臣以腹心之地，若惜身不言，乃臣負陛下，若犯聖顔忤貴，倖因而獲罪，乃陛下負臣。」于是帝動容曰：「卿所言，皆人所不能言者。疾風知勁草，卿當之矣。」遷司勳郎中進中書舍人，學士如故，賜金紫，帝自擇良笏與之。

烏重胤縛盧從史，承璀即牒署留後，絳奏：「澤潞據山東要害，今孽竪就擒，方收威柄，遽以偏將涖本軍。兩河諸鎮，必謂陛下啗以官爵，使逐其帥，其肯嘿然哉？宜以孟元陽爲澤潞，而重胤節度三城，聞者始服。」

張茂昭舉族入覲，絳請亟授以官，且遣使詔其麾下，皆聽節度。乃拜河中節度使。任迪簡以帑廥匱竭，簡罷士之疲老者，人情不安，絳請斥禁帑絹十萬以濟事機。吴少誠病甚，絳言：「朝廷命將，今乃其時，有如阻命，則決可討。然鎮、蔡不可并取，願赦承宗，趣立蔡功。」江淮旱，帝下赦令有所蠲弛，絳與白居易言：「所貸未廣，欲令實惠及人，無如減其租税。宫人數廣，宜簡出之。諸道横歛，以充進奉，南方多掠良人賣爲奴婢，皆宜禁絶。」上悉從之，制下而雨。

帝嘗畋苑中至蓬萊池，謂左右曰：「李絳必諫，今可還也。」其見憚如此。後閲月不賜對，絳奏曰：「大臣持禄不敢諫，小臣畏罪不敢言，管仲以爲害霸最甚。今臣等飽食不言，無履危之患，自爲計得矣，其如聖治何？」詔明日對三殿。

白居易因論事言陛下錯，帝怒，欲黜之，以語絳。絳曰：「陛下容納直言，故群臣欲竭誠無隱。居易言雖少，思志在納忠。陛下今日罪之，恐天下各思箝口，非所以廣聰明，昭聖德也。」帝悦待居易如初。

時帝未立太子，絳奏曰：「陛下臨御四年，儲闈未立，豈所以承宗廟，重社稷？」遂立鄧王寧爲皇太子。帝怪前代任賢致治，今無賢可任。絳曰：「自古無借才異代者，惟聖王慎選，極其才分，不以己能蓋覆，折節下之，則賢者乃出。」帝曰：「何由知其賢而任之？」對曰：「循其名，而驗以事，所得十七。若任官廉辨，措事不阿，無希望依違之態、邪媚愉悦之容，此近于賢。賢則當任，任則當久，賢者中立而寡助，舉其類則不肖者怨，杜邪徑則懷奸者疾，一制度則貴戚毁傷，正過失則人君疏忌。用賢豈容易哉？」帝曰：「卿言得之矣。」

六年，罷學士，遷户部侍郎。帝問：「户部故有獻，卿何獨無？」絳曰：「守土之官，厚斂于人，以市私恩，天下猶共非之，況户部所掌，皆陛下府庫之物，烏有羨餘。若以爲獻，是徙東庫物實西庫，臣不敢踵此弊也。」帝瞿然悟。尋欲相之，以承璀不合，先出爲淮南監軍。始拜絳同平章事，封高邑男。時裴垍已罷，絳與李吉甫并相。吉甫善逢迎上意，而絳鯁直，數争論于帝前。吉甫嘗盛贊天子威德，宜及時太平爲樂。絳曰：「陛下自視今日何如漢文帝？」帝曰：「朕安敢望。」對曰：「是時賈誼猶以爲厝火積薪之下，不可謂安。今法令所不及者五十餘州，西戎内訌，接近涇、隴，烽火屢驚，加以水旱時作，倉廪空虚，正陛下宵衣旰食之時，豈得謂之太平遽爲樂哉？」帝悦，顧謂左右曰：「吉甫專爲悦媚，如李絳，真宰相也。」吉甫言：「人臣，當使君悦臣安，不宜彊諫。」絳曰：「人臣，當犯顔苦口，指陳得失。若陷君于惡，豈得爲忠？」吉甫又言：「今惠澤已深，宜振刑威中外，懈惰願加嚴以束之。」絳曰：「王者之政，尚德不尚刑，豈可捨成康文景，而效始皇父子乎？」帝曰：「絳言是也。」吉甫至中書，卧不視事，長吁而已。絳或久不諫，上輒謂之曰：「豈朕不能容受耶？將無事可諫耶？」論者謂元和之君臣，有貞觀之風焉。

元義方媚承璀得京兆尹，絳惡而出之。義方因言絳私其同年許季同，帝以問絳，對曰：「陛下不以臣愚，備位宰相。宰相職在量才授任，若其人果才，雖在兄弟子姪之中，猶將用之，況同年乎？」帝曰：「善！」

田季安死，子懷諫請襲節度，吉甫議發兵討之。絳以爲魏博不必用兵，當自歸朝廷，請蓄威以俟，不過數月，必有自效于軍中。未幾，其軍果擁立田興，遷懷諫，以魏博聽朝命。帝大悦，吉甫請遣中使宣慰，以觀其變。絳曰：「不可，田興奉其土地兵衆，坐待詔命，不乘此際，推心撫納，結以大恩，必待勑使至，彼持將士表來請節鉞，然後與之，則是恩出于下，將士爲重，朝廷輕矣。」帝竟遣宣慰。絳固請曰：「如興萬一不受命，即姑息，復如向時。朝廷恩威得失，在此一舉，時機可惜，奈何棄之？」由是拜興節度使。絳又言：「魏博不霑王化五十餘年，一旦挈六州來歸，刳河朔之腹心，傾叛亂之巢穴，不有重賞，過其所望，則無以慰士卒之心，使四鄰勸慕。請發内庫錢百五十萬緡賜之。」宦官以爲太過，絳曰：「使國家發十五萬兵以取六州，期年而克之，其費豈止百五十萬緡已乎？」帝悦，曰：「朕所以惡衣菲食，蓄聚貨財者，正欲平定四方，不然徒貯之府庫何益？」即遣裴度，頒賞賜復，軍民歡聲動地，成德兖鄆使者見之，相顧失色，歎曰：「倔强者果何益耶？」

帝患朋黨，以問絳，對曰：「自古人君最惡者朋黨，小人揣知，故常藉口以激怒上心。夫朋黨者，尋之則無跡，言之則可疑。以此目之，則天下賢人君子無能免者，此東漢所以亡也，願陛下深察之。」

王播爲鹽鐵使，有月進。絳曰：「比禁天下正賦外不得有他獻，而播妄名羨餘，不出禄廪家貲，願悉付有司。」帝曰：「善。」訖絳在位，獻不入禁中。

絳嘗奏，振武、天德左右良田可萬頃，請擇能吏開置營田。帝即命盧坦經度，四年之間，開田四千八百頃，歲省度支錢二十餘萬緡。

帝問：「凡人舉事，常病不通于理，陷于過失，古人處此，有道否？」絳曰：「事或過差，雖聖哲不免，惟天子有諫臣，所以救過。聖人改過不吝，願陛下以此自處。」教坊使稱密詔，閲良家女子及别宅婦人納禁中，京師囂然。吉甫畏，不敢諫。絳獨上疏論之。帝曰：「朕以丹王等無侍者，命訪閭里，以貲致之，秖取願者四人，豈知便爾生事。」乃悉放歸。

俄足疾求免，罷爲禮部尚書。由是復召承璀于淮南。十年，出絳爲華州刺史。承璀田多在部中，主奴擾民，絳捕繫之。會遣五坊使，帝戒曰：「至華宜自戢；絳，大臣，有奏即行法矣。」入爲兵部尚書，母喪免。後復召入。穆宗素游畋，絳切諫，不納。以疾辭，爲東都留守。寶歷初，拜尚書左僕射。絳偉儀質，以直道進退，望冠一時，然賢不肖太分，故屢爲讒邪所中。皇甫鎛、李逢吉皆惡之。

文宗立，召爲太常卿，累封趙郡公。太和四年，南蠻寇蜀，詔絳募兵千人往赴，不半道，蠻已去，兵還。監軍使楊叔元，素疾絳，遣人迎説軍士曰：「將收募直而還爲民。」士皆怒，大譟而入，絳不及設備，遂遇害，年六十七。事聞，贈司徒，謚曰貞。

絳所論萬餘言，其甥夏侯孜以授蔣偕，次爲七篇。

論曰：李絳論事得大體，動協機宜，其才可爲王佐。而方正鯁直，惓惓以納忠爲己任，則魏徵、宋璟之流，他人何足以及之。惜不幸，多遇小人，吐突承璀、皇甫鎛、李逢吉不能加害，而禍生所忽，卒墮楊叔元之計，悲夫！然絳也知有國而不知有身，躬歷四朝，年近七十，此亦非所吝矣！

裴度

裴度，字中立，河東聞喜人也。貞元初，擢進士第，以宏辭補校書郎。舉賢良方正異等，調河陰尉。遷監察御史，論權倖忤旨，貶官。

元和七年，以知制誥，宣慰魏博節度田興，爲興陳君臣上下之義，興聽之，終食不倦，請度遍行所部，宣布朝命，奉法令輸賦稅。累遷至御史中丞。宣徽五坊小使，方秋閱鷹狗，所過暴横，苦百姓，撓官司，厚得餉遺乃去。下邽令裴寰，才吏也，不爲禮，小使奏寰出慢語，帝怒，下詔獄，論大不敬，宰相不能解。度奏寰無罪，帝愈怒，度曰：「陛下愛百姓何如愛小使？今寰以愛百姓加罪可乎？」帝色霽，乃釋寰。

王師討蔡，以度視行營諸軍，還，奏攻取策，與帝意合。問諸將孰才，度言：「李光顏義而勇，當有成功。」不三日，果奏大捷。帝歎其知人，進兼刑部侍郎。

王承宗、李師道謀緩兵，伏盜京師，刺宰相武元衡，又擊度，刃三進，斷鞾，刜背，裂巾單，復傷首，度帽氈，得不死。騶王義持賊大呼，賊斷義手。度墜溝，賊意已死，因亡去。議者請罷度官，以安二鎮反側。帝怒曰：「度得全，天也。若罷之，是賊計適行。朝綱盡廢，吾倚度，足破二賊矣。」度亦自以綱紀未張，王室凌遲，常愧恨無死所。自行營歸，知賊曲折，帝益信仗。及病創再旬，分衛兵護第，存候踵路。疾愈，拜中書侍郎、同平章事。自是以平賊爲己任。

始，德宗多猜忌，朝士有相過從者，金吾皆伺察以聞，宰相至闔門謝賓客。度以時多故，宜延天下髦英咨籌策，乃請還第與士大夫相見，詔可。會莊憲太后崩，爲禮儀使。帝不聽政，議置冢宰。度以爲不宜徇空名，稽庶務。乃詔百司權聽中書門下處可。

王鍔死，家奴告鍔子稷易父奏末，冒留遺獻。帝留奴仗内，遣使者如東都按責其貲。度諫曰：「鍔死，雖有遺獻，今因告訐而省其私，恐天下將帥聞之，有以家爲計者。」帝悟，殺二奴，還使者。

于時，討蔡數不利，群臣争請罷兵。錢徽、蕭俛尤力。度奏：「病在腹心，不時去，且爲大患。兩河亦將視此爲逆順。」會唐鄧節度高霞寓戰卻，他相請赦賊，鈎帝意。帝曰：「勝負，兵家常勢。今但論帥臣勇怯、兵强弱、處置何如耳，渠一敗便沮成計乎？」于是左右不能間。十二年，宰相李逢吉建言：「餉億煩匱，宜休師。」度請身督戰。帝獨目度留，曰：「果爲朕行乎？」度俯伏流涕，曰：「臣誓不與賊偕存。臣比觀元濟表，勢實窘蹙，但諸將心不一，不併力迫之，故未降耳。若臣自詣行營，諸將恐臣奪其功，必争進破賊矣。」帝然之，即以本官兼彰義節度、淮西宣慰招討處置使。

度以韓弘領都統，乃上還招討以避弘，表韓愈等爲行軍司馬。入對延英，曰：「主憂臣辱，義在必死。賊未授首，臣無還期。」帝壯之，爲流淚。

度至郾城，勞諸軍，宣朝廷厚意，士奮于勇。奏罷，中使監軍使諸將得專制號令，皆大悦，戰氣數倍。冬十月，李愬用李祐計，將襲蔡。遣掌書記鄭澥白度，度大喜，曰：「兵非出奇不勝，常侍良圖也。」愬果以雪夜入蔡州，縛吴元濟。度乃建彰義旌節，領洄曲，降卒萬人，往撫定之。除元濟苛禁偶語、燃燭、酒食饋遺，聽從民便，蔡人始知有生之樂。度以蔡牙卒侍帳下，或謂不可，度笑曰：「吾爲彰義節度使，元惡已擒，蔡人即吾人也。」衆聞之，皆感泣。

度入朝，行至郾城，會帝封二劍付監軍梁守謙，使悉誅賊將。度乃復還蔡，騰奏申解，全宥甚衆。策勳進上柱國、晉國公，復知政事。

程异、皇甫鎛以言財賦進羨餘得幸，俄至爲宰相。制下朝野駭愕，度三上書，極陳其不可，帝不聽。表求自退，亦不許。度復上疏曰：「鎛、异皆錢穀俗吏、巧佞小人，一旦爲相，中外駭笑，臣若不退，天下謂臣無恥。臣若不言，天下謂臣負恩。今退既不許，言又不聽，臣如烈火焚心，衆鏑叢體。所可惜者，淮西盪定，河北底寧，承宗斂手削地，韓弘輿疾討賊，陛下建昇平之業，十已八九，何忍遽自隳壞，使四方解體乎？」帝以度爲朋黨，弗之省。又與崔群言五坊使楊朝汶暴横，妄捕繫無辜，責息錢，誣引至千人。帝曰：「此小事，朕自處置，且與卿商量東軍。」度曰：「兵事不理，憂止山東。中人横暴，將亂都下。」帝不悦，退召朝汶，責之曰：「以汝故，令吾羞見宰相。」命誅之，而原繫者。由是京師澄肅。

初，蔡平，王承宗懼度，遣辯士栢耆脅説，乃獻德、棣二州，納質子。又諭程權入覲。始判滄、景、德、棣爲一鎮，朝廷命帥，承宗勢促。李師道怙强，度勸帝討之。奏令宣武、義成、武寧、横海四節度與田弘正將兵，自楊劉渡河，直抵鄆州。師道平河南、北三十餘州，藩鎮跋扈，垂六十年，至是盡遵朝廷約束。度乃纂述蔡、鄆用兵以來，帝之憂勤機略，因侍宴獻之，請付史館，卒爲异、鑄所構，以平章事出爲河東節度使。

穆宗即位，進檢校司空。朱克融、王庭湊亂河朔，加度鎮州行營招討使。時元微之結宦官魏弘簡求執政，恐度復當國，凡度所奏軍事，多與弘簡從中撓之，不使有功。度上表暴二人過惡，以爲：「逆竪搆亂，震驚山東，奸臣作朋，撓敗國政。陛下欲掃蕩幽鎮，先宜肅清朝廷，何者，河北逆賊，只亂山東，禁闈奸臣，必亂天下。是則河朔患小，禁闥患大，小者臣與諸將必能翦滅，大者非陛下覺悟制斷無以驅除。臣自兵興以來，所陳章疏，皆是至切。所奉書詔，多有參差。蒙陛下委付之意不輕，遭奸臣抑損之事不少，但欲令臣失所，使臣無成，則天下理亂，山東勝負悉不顧矣。若朝中奸臣盡去，則河朔逆賊，不討自平。臣伏讀國史，知代宗之朝，被程元振壅蔽，幾危社稷。當時柳伉乃太常一博士耳，猶抗表歸皋，爲國除害。今臣所任，兼總將相，豈可坐視凶邪，有噎日月，天鑒孔昭，照臣肝血，但得天下之人知臣不負陛下，則臣雖死之日，猶生之年。」表三上，帝雖不悦，以度大臣，不得已，罷弘簡、微之近職。俄擢微之宰相，以度守司空、平章事、東都留守。諫官叩延英，言不可罷度兵，搖衆心。不聽。于是交章極論，亦不省。

會中人使幽、鎮還，言：「軍中謂度在朝，兩河諸侯無不懷畏，今居東，人人失望。」帝悟，詔度入朝。度見帝，先謝奉命討賊無功，次陳所以入覲意，感慨流涕。帝爲動容。時以度無援，且久外，爲奸憸恨抑，慮帝未能明其忠。及進見，詞切氣和，卓然當天子意。在位聞者皆竦，武夫貴臣至咨嗟出涕。乃拜度守司徒，領淮南節度使。

會昭義監軍劉承偕數陵轢節度使劉悟，陰與張汶謀，縛悟送闕，舉軍譁怒，執承偕，欲殺悟拘以聞。帝問度何以處置，度對曰：「承偕驕縱不法，臣所素知，陛下必欲收忠義心，惟有令悟集將士斬之。」帝曰：「太后以爲養子，卿更思其次。」度奏請流承偕于遠州，帝從之。

是時，徐州王智興逐崔群，諸軍盤互河北。議者交口請相度，乃以本官同平章事。而權佞側目，咸謂逢吉善謀，可以構度，共諷帝自襄陽召逢吉還。度居位再閱月，果爲逢吉所間，罷爲左僕射。帝暴風眩，中外不聞問者凡三日。度數請到内殿，求立太子，翼日乃見。帝遂立景王爲嗣。逢吉既代相，出度山南西道節度使。

長慶四年，王廷凑屠牛元翼之家，敬宗羞惋，歎宰輔非人，使兇賊熾肆。學士韋處厚上疏曰：「臣聞汲黯在朝，淮南寢謀。干木處魏，諸侯息兵。裴度元勳巨德，文武兼備，若置之巖廊，委其參決，河北、山東必禀朝算。陛下當食歎息，恨無蕭、曹，今有一裴度，尚不能留，此馮唐所以謂漢文得頗、牧不能用也。」帝見度奏狀，無同平章事，問何故。處厚奏爲逢吉所擠，于是復兼平章事。帝雖幼孺，然實注意度，中人至度所，必丁寧慰安，且示召期。寶歷二年，度求入朝。逢吉黨大懼。張權輿作僞謡云：「緋衣小兒坦其腹，天上有口被驅逐。」又長安城中有六岡，横亘如乾象，度宅居第五岡。權輿上言：「度名應圖讖，宅占岡原，不召而來，其意可見。」帝雖年少，獨能察其誣，待度益厚，留輔政。

帝將幸東都，諸臣切諫，不聽。度奏言：「國家設立兩都，本備巡幸，但自多難以來，宫闕營壘，百司廨舍，荒圮弗治，必假歲月完新，然後可行。」帝悦，曰：「群臣諫朕，不及此。如卿言，誠有未便。」因止不行。

令狐楚爲觀察使，言亳州聖水出，飲者疾輒愈。度判曰：「妖由人興，水不自作。」命所在禁塞。

朱克融執賜衣中使楊文端，詭言所賜濫惡，又匄假度支帛三十萬匹，且助丁匠五千，修東都。帝患之，欲遣重臣宣慰。仍索勑，使度曰：「克融無禮，已甚殆，將亡也。譬如猛獸自于山林咆哮跳踉，久當自困，必不敢輒離巢穴。陛下無庸遣宣慰，徐賜詔書，言：『中人倨驕，待到，當自譴。春衣不謹，方詰有司。所上丁匠宜即遣，來已詔所在，排比供擬。』如此，則賊謀窮矣。若欲示含容，則云：『東都宫闕，事在有司，不假丁匠遠來。其預借春衣，非朕所愛，秪是事體，不可獨給范陽。』帝曰：「善。」不旬日，幽州軍亂，殺克融及二子，如度所料。

帝縱弛，日晏坐朝。度諫曰：「邇陛下月數臨朝，人知勤政，河朔賊臣皆聳畏。近開延英益稀，恐萬幾壅閼。夫頤養之道，當順適時候，則六氣平和，萬壽可保。今方居盛夏，謂宜詰旦數坐，廣加延問。漏及已午，則炎赫可畏，聖躬勞矣。」帝嘉納。

帝爲宦寺劉克明等所弑，王守澄等討亂，迎立江王，是爲文宗。進階開府儀同三司，實封三百户。太和四年，數引疾，上政事，乃詔進司徒、平章軍國重事。牛僧孺、李宗閔輔政，又出爲山南東道節度使。八年，徙東都留守。李訓之禍，宦官肆戮，凡訓、注宗亞賓客悉收逮無遺，度上疏申理，全活數十姓。

時閹竪擅威，天子擁虚器，縉紳道喪，度不復有經濟意，乃治第東都集賢里，沼石林叢，岑繚幽勝。午橋作别墅，具燠館凉臺，號緑野堂，激波其下。度野服蕭散，與白居易、劉禹錫爲文章、把酒，窮晝夜相歡，不問人間事。而帝知度年雖及，神明不衰，每大臣自洛來，必問度安否。開成二年，復以本官節度河東。固辭老疾，帝命諭意曰：「爲朕卧護北門可也？」度乃之鎮。三年，以病匄還東都。拜中書令。上已宴群臣曲江，度不赴，帝賜詩及御札，使者及門，而度卒，年七十六，贈太傅，謚文忠。帝怪無遺奏，敕家人索之，得半稿，以儲貳爲請，無私言。

度退然纔中人，而神觀邁爽，操守堅正，善占對。既有功，名震四陲。使外國者，其君長必問度年歲幾何，狀貌孰似，天子用否。其威譽德業比郭汾陽，而用不用常爲天下重輕。及没之後，莫不思其風烈。

論曰：度始佐憲宗平淮蔡，功無與比。唐書以爲非度破賊之難，排群議任度之爲難，可謂知言者矣。廣德以來，藩鎮跋扈，河南、北三十餘州，久非唐家所有。自度爲相，海内肅然，遵朝廷約束，而憸壬小夫，乃不肯使一日安其身于廟堂之上。至于穆宗，抑又甚焉。盧龍、成德、瀛州、相州諸軍繼亂，魏博、武寧未幾亦失，則宰相非其人之故也。敬宗有志用度而不永，文宗徒事外貌而無實。天不祐唐，度亦安能如之何哉？晚歲優游，緑野史氏，以浮沉目之，不知蔡、鄆成功，鎛、异讒構之日，度之宜去久矣。彼亦自以用舍關天下盛衰，故可進可退，而終不忍恝然，則其忠不可及也。